△ 县城全景(王健/摄)

文成年鉴

WENCHENG YEARBOOK

文成县地方志编纂委员会　编

2018

方志出版社
Publishing House of Local Records

图书在版编目(CIP)数据

文成年鉴. 2018 / 文成县地方志编纂委员会编. —
北京 : 方志出版社, 2018.11
ISBN 978-7-5144-3433-0

Ⅰ. ①文… Ⅱ. ①文… Ⅲ. ①文成县—2018—年鉴
Ⅳ. ①Z525.54

中国版本图书馆CIP数据核字(2018)第267035号

文成年鉴(2018)

编　　者: 文成县地方志编纂委员会
责任编辑: 李志瑜
出 版 人: 冀祥德
出 版 者: 方志出版社
地址　北京市朝阳区潘家园东里9号(国家方志馆4层)
邮编　100021
网址　http: //www.fzph.org
发　　行: 方志出版社图书经销中心
电话(010)67110500
经　　销: 各地新华书店
印　　刷: 杭州富春电子印务有限公司
开　　本: 889×1194　1/16
印　　张: 27.75
字　　数: 677千字
版　　次: 2018年11月第1版　2018年11月第1次印刷
印　　数: 0001~1000册
ISBN 978-7-5144-3433-0　**定价:** 198.00元

文成县地方志编纂委员会

顾　　问　王彩莲

主　　任　章寿禹

副 主 任　徐清雨　张行安

成　　员　县委办、县人大办、县府办、县政协办、县委组织部、县委宣传部、县委政法委、县委史志办、县档案局、县委农办(农业局、扶贫办)、县发改局、县教育局、县民政局、县财政局、县住建局、县交通运输局、县文广新局、县卫计局、县市场监管局、县机关事务局主要负责人

文成县地方志编纂委员会下设办公室,负责日常事务

办公室主任　周建东

办公室副主任　季志娥

《文成年鉴》编辑部

主　　编　季志娥

执行主编　余贤福

编　　辑　王晶晶　朱慧敏　纪迎春　林津津　胡珍敏

编 辑 说 明

一、《文成年鉴》是依据《地方志工作条例》关于“以县级以上行政区域名称冠名的地方志书、地方综合年鉴。分别由本级人民政府负责地方志工作机构按照规划组织编纂，其他组织和个人不得编纂”的规定，由中共文成县委、文成县人民政府主办，文成县地方志编纂委员会承编的综合性地方年鉴。《文成年鉴》编纂始终坚持以马列主义、毛泽东思想、邓小平理论、“三个代表”重要思想、科学发展观、习近平新时代中国特色社会主义思想以及辩证唯物主义和历史唯物主义为指导。旨在记述文成县自然环境、经济、政治、文化、社会概貌和发展情况，为各级机关单位和社会各界人士了解、研究文成，提供比较全面、翔实、系统的信息资料，并为文成县积累史料。

二、《文成年鉴》(2018年卷)收录范围：地域以文成县现有行政区划为界，时间以2017年1月1日—12月31日为限。采用分类编辑法，以类目、分目、条目(有的含子目)3个基本层次组成框架结构，用设类立目突出地方性和年度性，记述并展示全县经济社会发展的综合概貌。装帧为彩色精装本。

三、本年鉴卷首特载、文成概况、大事记。百科以自然、政治、经济、文化、社会5大部类为序排列，文成县概况、中国共产党文成县委员会、文成县人民代表大会、文成县人民政府、政协文成县委员会、社会团体、国防事业、法治、国土资源·环境保护、农业林业水利、工业、建筑和房地产业、商务流通、旅游业、交通运输、信息传媒、综合管理、财政税收、金融保险、科技教育、文化体育卫生、社会生活、乡镇概貌和人物。卷末设附录、索引。其结构主线明确，层次清晰、简明，符合科学合理的基本要求。

四、本年鉴采用的文稿、图表均由县各机关、部门单位、乡镇提供，经年鉴编辑部修改、统稿，各项数据有出入的以统计局统计数据为准。编纂工作得到各乡镇、部门单位领导的支持及撰稿人的通力协作，在此深表谢意。如有疏漏、差错之处，恳请读者批评指正。

2018年9月

△ 1月5日，文成县“百场活动惠万民”启动仪式在县文化中心剧院举行(王健/摄影)

△ 2月16日，文成县第一批集中开工项目暨322国道西坑至景宁段改建工程动工仪式在铜铃山镇中垟村举行（王健/摄影）

△ 2月3日，文成县百丈漈镇发生民房倒塌事件，图为救援现场（王健/摄影）

△ 2月20日，政协第九届文成县委员会第一次会议在县文化中心剧院开幕（王健/摄影）

△ 2月21日，文成县第十六届人民代表大会第一次会议在县文化中心剧院开幕（王健/摄影）

△ 3月9日，文成县志愿服务月暨万朵鲜花送雷锋活动在县体育中心启动（王健/摄影）

△ 3月24日，市民在参观2017温州文博会文成馆（朱伟/摄影）

△ 3月28日，伯温讲坛进校园，文成县委史志办主任钟雪华在文成县实验小学宣讲红色历史（纪迎春/摄影）

△ 3月28日，文成县开展“跟着河长去巡河活动”（王健/摄影）

△ 五一劳动节小长假期间，文成县百丈漈景区（朱伟/摄影）

△ 7月7日，文成县全域旅游环境再造动员会在县文化中心剧院召开(王健/摄影)

◁ 7月11日，文成县与浙江省旅游集团战略合作协议签署仪式在杭州举行(林佳涛/摄影)

▷ 7月11日，文成县与浙江省旅游集团正式签署战略合作协议(林佳涛/摄影)

△ 7月14日，文成县“建制村客车村村通”攻坚行动首战大捷暨开通仪式举行，标志着文成县“村村通”首批农村客运班线正式开通(林佳涛/摄影)

△ 8月15日，文成县沙垟城中村改造项目房屋拆除工作全面启动(王健/摄影)

△ 9月26日，文成县城市书房开馆仪式举行(王健/摄影)

△ 9月27日，文成县籍画家施昌秀画展在县博物馆展厅举行(王健/摄影)

△ 9月28日，第三届世界文成人大会在文成县文化中心剧院举行（王健/摄影）

▷ 9月28日，第三届世界文成人大会项目签约仪式举行（王健/摄影）

◁ 10月26日，文成县创建“刘伯温故里”国家AAAAA级景区誓师大会在县府礼堂召开（朱伟/摄影）

△ 10月31日，文成县各地掀起宣讲中共十九大精神热潮(王健/摄影)

△ 11月10日，全程取景于文成县拍摄的丛林动作片《十三猎杀》开机新闻发布会在阳光大酒店举行(林佳涛/摄影)

△ 11月17日，全国晚报社社长、总编辑深入文成县报道两山理论在温州的生动实践(朱伟/摄影)

△ 12月9日，第三届刘基文化国际学术研讨会在文成县举行（朱伟/摄影）

◁ 12月10日，2017浙江马拉松精英赛暨全国媒体人马拉松挑战赛在文成县举行（朱伟/摄影）

▷ 12月27日，文成县颁发温州市首批土地承包经营权证（包晓莲/摄影）

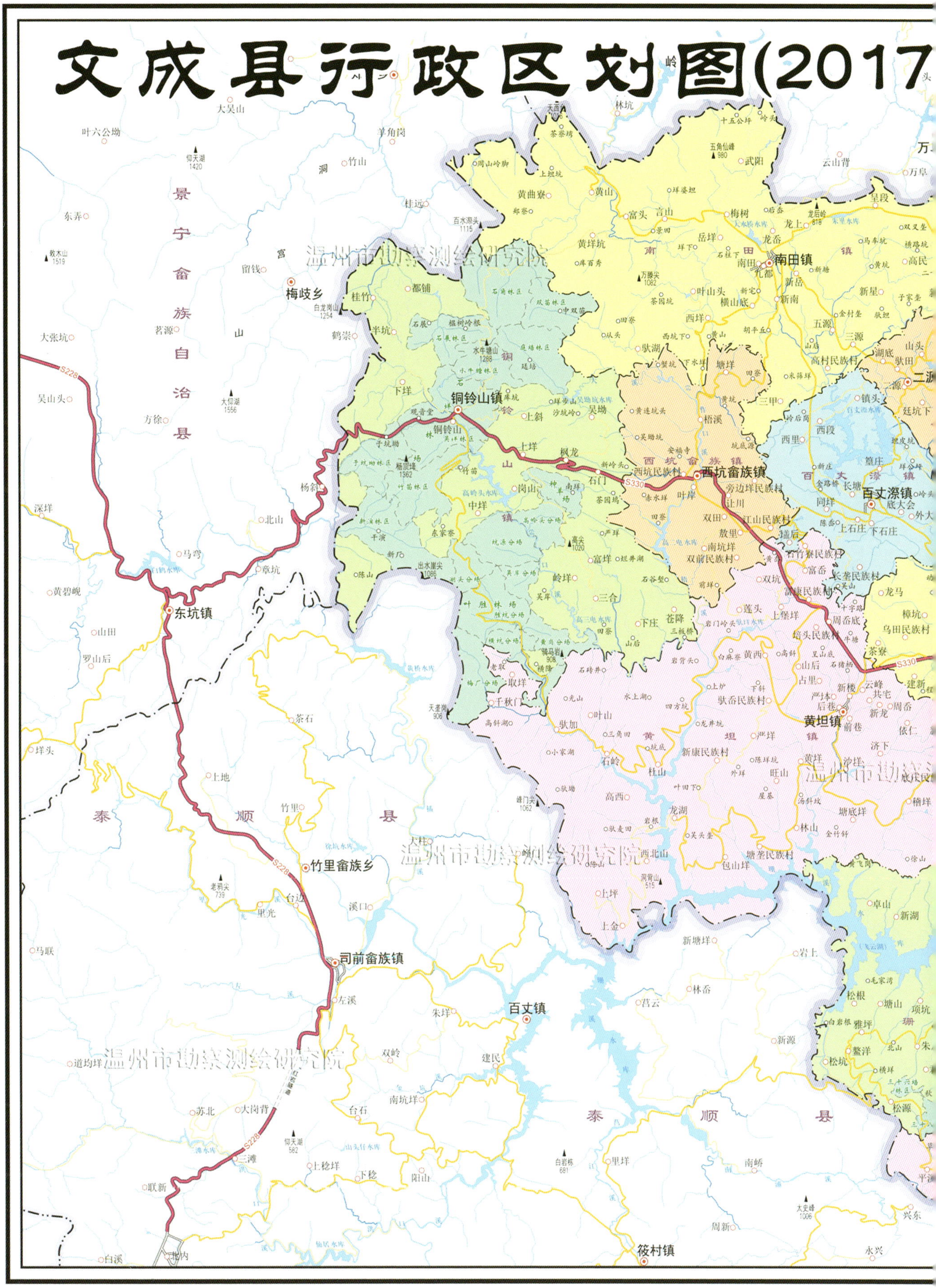
文成县行政区划图(2017
景宁畲族自治县
梅岐乡
东坑镇
铜铃山镇
南田镇
西坑畲族镇
百丈漈镇
黄坦镇
二源
竹里畲族乡
司前畲族镇
百丈镇
筱村镇
泰顺县
温州市勘察测绘研究院
S228
S330
大洋山
叶六公坳
羊角岗
竹山
东弄
桂远
留钱
大张坑
吴山头
方徐
杨斜
深垟
北山
马弯
章坑
黄碧岘
山田
罗山后
垟头
茶石
上地
竹里
台边
里光
溪口
马联
左溪
朱垟
双岭
建民
道均垟
苏北
大岗背
台石
南坑垟
三滩
上稔垟
下稔
阳山
联新
白溪
里垟
南峤
周新
永兴
兴东
新塘垟
岩上
林岙
营云
新源
桂竹
都铺
半坑
下垟
中垟
东家寮
新山
岗山
石门
上垟
枫龙
吴坳
黄曲寮
黄坑
富头
言山
岳垟
梅树
武阳
龙上
黄垟坑
西垟
横山底
叶山头
新岳
新南
五源
三源
湖底
驮田
南坑垟
双前民族村
江山民族村
旁边垟民族村
让川
双田
敖里
叶岸
富岙
双坑
莲头
上堡垟
周岙底
长垄民族村
乌田民族村
樟坑
龙马
古里
前巷
黄西
驮岙民族村
新康民族村
驮加
叶山
石岭
杜山
高西
龙湖
西北山
上坪
上金
沙垟
黄垟
旺山
林山
塘底垟
镇头
西段
西里
陈岙
同垟
长塘
底大会
上石庄
下石庄
云峰
共宅
新龙
依仁
建新
新湖
卓山
松根
雅坪
鳌洋
塘山
松瀛
高民
新星
底民
稽垟

数据来源：天地图·浙江
审图号：浙S（2016）161号

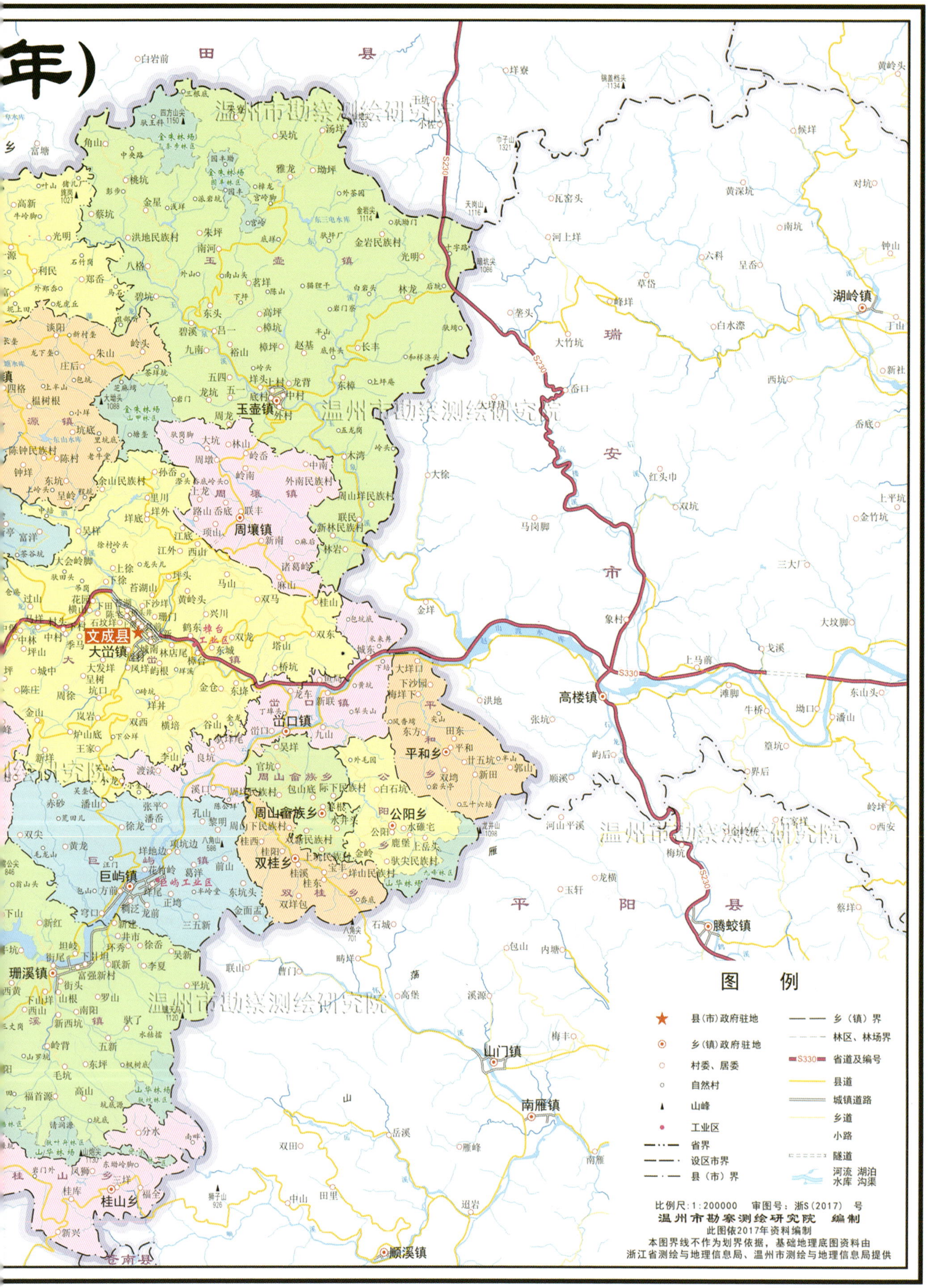

年）
文成县
大峃镇
玉壶镇
周壤镇
峃口镇
平和乡
周山畲族乡
公阳乡
双桂乡
巨屿镇
珊溪镇
桂山乡
湖岭镇
高楼镇
腾蛟镇
山门镇
南雁镇
顺溪镇
瑞安市
平阳县
苍南县
田县
图例
县(市)政府驻地
乡(镇)政府驻地
村委、居委
自然村
山峰
工业区
省界
设区市界
县(市)界
乡(镇)界
林区、林场界
S330 省道及编号
县道
城镇道路
乡道
小路
隧道
河流 湖泊
水库 沟渠
比例尺：1:200000 审图号：浙S(2017) 号
温州市勘察测绘研究院 编制
此图依2017年资料编制
本图界线不作为划界依据，基础地理底图资料由
浙江省测绘与地理信息局、温州市测绘与地理信息局提供

Table of Contents

总　目

目 录

中国共产党文成县委员会

文成县人民代表大会

文成县人民政府

中国人民政治协商会议文成县委员会

工商联·社会团体

法　治

国 防 建 设

国土资源　环境保护

农业 林业 水利

工 业

城市建设与管理

商贸　流通

旅 游 业

交通 运输

信 息 传 媒

综合管理

财政 税务

金融　保险

科技　教育

文化·新闻·出版

卫生·体育

社会生活

乡镇概貌

人物

统计资料

索引

特　载

实干担当　创先争优
高质量完成全年目标任务

——在县委十三届二次全体(扩大)会议上的报告

县委书记　王彩莲

(2017年8月10日)

这次县委全会的主要任务是,认真贯彻落实省第十四次党代会、市委十二届二次全会、县第十三次党代会和省委车俊书记来文成调研时的重要讲话精神,回顾总结上半年工作,研究部署下一阶段任务,进一步动员全县上下强化实干担当、奋力创先争优,高质量完成全年各项目标任务。审议通过《中共文成县委关于从严加强干部队伍建设 争当“提速‘两山’转化、打造‘三美’文成”排头兵的决定》。

下面,我代表县委常委会向大会作报告。

一、把握发展态势,始终坚定加快赶超的信心和决心

今年以来,我们认真贯彻中央和省市委的重大决策,按照县第十三次党代会的总体部署,致力谋全局、抓开局、创新局,经济社会发展取得了新成效。上半年,全县实现地区生产总值35.74亿元,增长8.0%;实现财政总收入5.62亿元,其中一般公共预算收入4.14亿元,分别增长15.1%和13.1%;城乡居民人均可支配收入分别为18387元、7961元,分别增长9.0%、9.3%。

(一)经济运行稳中有进。坚持增量扩张和存量挖潜并举、主体培育与链条延伸并抓,着力振兴实体经济。大力实施全域旅游发展战略,伯温故里创AAAAA通过国家景观质量评审,有序推进国家全域旅游示范区创建,旅游综合收入增长11.9%,文成旅游的知名度、美誉度进一步提升。加快现代农业高效发展,培育一批农业龙头企业,新建和改造一批生态农庄、精品民宿。推动生态工业集聚发展,组织开展“双十”助企活动,落实“减税降费”政策,加快工业园区整合提升,对接引进入园优质企业16家。加大主体培育力度,启动企业上市工作,新引进总部经济企业4家,电商企业达到37家。

(二)项目建设破难推进。坚持把项目建设作为重中之重,着力抓攻坚、招大商、强保障,完成固定资产投资32.28亿元,同比增长11.3%。在项目推进上,整合完善项目建设工作机制,强势推进“重点项目百日攻坚”,下垟城中村改造、G322樟台至龙川段等项目率先突破,龙丽温高速瑞文段、飞云江治理二期工程、天鹅堡二

期等项目加快推进，县职业中专迁建工程、百丈漈垃圾填埋场等项目迎头赶上。在招商引资上，招大引强实现新突破，成功与浙旅集团签订战略合作协议。在要素保障上，创新投融资模式和建设方式，灵活运用银行融资、产业基金和政府购买服务等多渠道融资，大力推行“移动互联网+审批”，统筹推进低“旱改水”及垦造水田、低效用地再开发、土地清理、“坡地村镇”建设，全力保障重大项目建设。

（三）**环境再造全域启动**。始终把扬生态之长作为核心竞争力工程，致力推进生态环境全域再造。坚持快刀斩乱麻推进“大拆大整”，今年全县完成城中村改造签约800户、拆除402户；拆除违法建筑19万平方米，拆后土地利用超过70%；整治居住出租房、合用场所864家，整治“四无”生产经营单位1000家，基本实现既定目标。坚持谋定而后动推进全域旅游化环境再造，抓好方案编制和规划设计，全面启动“4+2”专项行动，16个乡镇的整治规划均已通过批复和备案，完成建设类整治项目投资5.75亿元；中国气候养生福地通过初评，成功创建国家卫生县城和全省“基本无违建县”；南坑垟村、新亭村、碧溪村、吴垟村、养根村、大坑村等6个村获评全市“五美”乡村。全面开展“治水剿劣”专项行动，治水投资、河湖库塘清淤分别完成全年计划65%、89.8%，在全市率先完成劣V类小微水体销号，荣获治水“大禹鼎”。

（四）**社会民生持续改善**。坚定安全至上的思想自觉和行动自觉，以彻底解决“底线性”问题为重点，铁腕开展“除隐患、保安全”，全县共排查出城镇危旧房1075幢、农村危旧住房104427户，“三类重点危房”均已腾空，“五个一律”完成率100%，C级危旧房治理率超过53%，D级危旧房拆除率达71%以上；今年计划完成的40处地质灾害避让搬迁点原房腾空率达100%、计划完成的37个工程治理项目完成13处，完成并投入使用乡镇避灾中心3个、村级避灾点169个；扎实开展农房建设质量安全管理试点，探索建立了选址、设计、审批、勘察、验收“一条龙”标准体系。强化民生保障，以“优化供给、补齐短板、兜住底线、提高绩效”为重点，办好民生“关键小事”，开展新一轮低收入农户认定排查工作，落实系列扶贫举措，获得全省“两山(一类)”建设财政专项激励资金支持；加快教育现代化县创建步伐，推动医疗资源“双下沉、两提升”，全力开展省级文化强县创建，积极做好省级体育强县复评工作，实施建制村客车“村村通”，乡镇幼儿园、农村文化礼堂等一批公共服务基础设施加快建设；全力落实“最多跑一次”改革，推行“一窗受理、集成服务”，创新“办事不出村”便民服务机制，有效避免群众办事无效跑和多头跑。创新社会治理，抓好基层治理“四个平台”建设，实现17个乡镇全覆盖；强化安全生产、食品药品安全监管，加强立体化社会治安防控体系建设，开展信访督查“百千万”专项行动，保持重大敏感时段“零非访”，实现省级平安县“十连创”。

（五）**管党治党全面从严**。发挥县委领导核心作用，支持保障人大、政府、政协和监察机关、审判机关、检察机关开展工作，巩固壮大爱国统一战线，谋划开展群团组织改革，扎实做好党管武装工作，统揽协调各方同轴运转、同向推进。大力加强干部队伍思想政治建设，扎实推进“两学一做”学习教育常态化制度化，进一步形成了讲政治、顾大局、守纪律的良好导向。率全省之先完成村级组织换届工作，经验做法得到省市委的充分肯定。深入开展以基层党建示范带建设、村社组织规范化建设、促进集体经济薄弱村转化、促进软弱落后村转化为重点的“两范两促”工作，切实强化基层党组织领导核心作用。狠抓意识形态领域工作，创新落实主体责任，稳妥有效处置涉文舆情，牢牢掌握工作主动权。坚定不移反腐倡廉，顺利组建县监察委员会，进一步健全巡察和派驻工作机制，深入开展“强责任敢担当、治顽疾优环境”作风建设活动，严肃查处了一批违法违纪案件。

在肯定成绩的同时，我们更清醒地看到，我县经济社会发展中还存在不少短板和问题，突出表现在：一是发展速度不快，一些主要经济指标增速落后于全市平均水平，在全省26县发展实绩考核仍然处于落后梯队，短期内难以缩小差距，赶超发展仍须精准发力。二是动力支撑不足，内生动力成长不快与外力借用不够并存，平台、产业和企业的“低散弱”问题互为因果，科技、人才等创新要素制约明显，动能培育还需深处着力。三是生活品质不优，城镇功能短板突出，辐射带动力不强，县城的旅游目的地城市还未突显；环境建设长效机制尚未形成，城乡居住环境与面貌改善还不明显；教育、医疗、养老等公共服务供给不足，除险安居、精准扶贫的任务还很繁重，提升群众幸福感需要持续努力。四是维稳压力不小，“治危拆违”进展不平衡，存在D级危房回迁、C级危房返租等安全隐患，加上一批重大信访积案和遗留问题等不确定因素，平安工作还存在许多薄弱环节，重点时段的安保维稳要靠超常之力。五是干部作风不实，一些干部思想观念跟不上时代发展变化，对外来事物、新生事物缺少开放包容的态度，懒得想、不愿学、不会干；一些干部工作中不敏锐、不精准、不及时，抓而不紧、抓而不实、抓而不常等作风问题不同程度存在，导致一些上级要求、自身需求的重点工作严重滞后；“四风”问题出现反弹，顶风违纪现象仍有发生，作风建设亟待从严用力。我们要坚持问题导向、效果导向，采取针对性措施，切实加以解决。

二、强化实干争先，确保高质量完成年度目标任务

今年是党的十九大胜利召开之年，也是建设“三美文成”的开局之年。站在“两个一百年”奋斗目标交汇的关键节点上，省第十四次党代会胜利召开，向全省发出了“坚定不移沿着‘八八战略’指引的路子走下去，高水平谱写实现‘两个一百年’奋斗目标的浙江新篇章”动员令。省党代会闭幕后，省委车俊书记选择温州作为调研的第一站，并亲自走进文成宣讲省党代会精神，强调要以“两山”重要思想引领山区发展，认真谋划实施“大花园行动纲要”，集中精力做好“生态+”“旅游+”“农业+”等文章，进一步打通绿水青山就是金山银山的通道，确保山区与全省同步实现“两个高水平”。刚刚召开的市委十二届二次全会，按照省委、省政府特别是车俊书记对温州提出的“再造新优势、再创新辉煌、打造‘铁三角’”的要求，以更高的站位、更宽的视野、更大的格局来谋划和推动温州新一轮改革发展，作出了“构建五大发展生态、建设国际时尚智城”的决策部署。面对新形势、新要求，如果不增强抢抓机遇、补短扬长的竞争意识，如果不克服甘于人后、丧失信心的精神懈怠，如果不纠正“零敲碎打”“临时突击”的短期行为，文成必然从基础性、局部性落后陷入系统性、全面性落后的被动局面。我们必须立足当前、着眼长远，唱响实干担当、创先争优的时代强音，保持提节奏与强攻坚的常态化，把握重点突破与整体推进的平衡点，找准提升优势与打造亮点的结合点，力争跑出“绿色发展、后发崛起”的加速度。根据上述要求，县委明确，下半年要在继续深入实施系列“三年行动计划”、抓好面上工作的同时，集中力量、集中精力开展“十大攻坚行动”。

（一）**除险安居攻坚行动。**除险安居是实现全面小康的必过之坎、必破之题，要切实把握“大拆大整”“大建大美”的历史机遇，全力实施“三四五工程”，全面消除安全隐患。重点抓好五个方面：一要持续推进城乡危旧房整治，纵深推进“大拆大整”专项行动，确保既定任务保质保量完成；强势推进城乡危旧房整治，确保8月底前D级危房拆除率达100%、9月底前完成C级危房治理改造任务；全面开展农房建设质量安全管理，从源头上消除农村住房安全隐患。二要大力推进地质灾害点治理，确保9月底前

完成地质灾害点避让搬迁40处、295户1238人，年内完成工程治理37处。三要加快推进避灾安置场所建设，按照“一年保重点、两年保覆盖”要求，确保8月底前完成村级避灾点年度建设任务、县防灾减灾应急中心投入使用，年内建成铜铃山、双桂、公阳、桂山等4个乡镇避灾中心，同步启动明年既定建设任务。四要深入开展消防安全隐患排查整治，巩固深化居住出租房、合用场所整治成果，9月底前完成民房电气线路改造整治。五要狠抓防灾减灾能力建设，完善群测群防体系和防灾预案，整体提高人防、技防、工程防水平，最大限度保障群众生命财产安全。

（二）振兴实体经济攻坚行动。要把壮大实体经济作为转型升级的主攻方向，突出抓好强产业、优平台、育主体，推动实体经济快速增长。重点抓好五个方面：一要着力提升核心产业竞争力，强化“跳出旅游抓旅游”的理念，充分对接浙西南生态旅游带、温州西部生态休闲产业带建设，加快国家全域旅游示范县创建，完成伯温故里景区创AAAAA年度任务，加快与浙旅集团战略合作落地，推出一批精品民宿、休闲养生等高端旅游产品，进一步打响文成旅游品牌。二要重抓工业园区提质扩容，理顺园区管理体制，组建生态产业园管理委员会，统筹管理巨屿、百丈漈、黄坦三大园区的规划建设、工业招商、产业培育；按照“三年任务一年完成”的要求，重点抓好百丈漈小微企业园、名泰小微创业园建设，确保年底前建成标准厂房14万平方米，让引进的企业早竣工、早投产；完成黄坦生态产业基地规划调整，启动起步区建设。三要加快重大平台建设，集中资源推进天湖旅游度假区、省级服务业集聚区、特色小镇等平台建设，积极谋划山海协作生态旅游文化产业园，加快培育一批新型众创空间，确保年内认定省级众创空间1个。四要加大主体培育力度，创新企业上市促进机制，对拟挂牌上市企业实行“一企一策”，实现资本市场新突破；大力发展商贸物流，有序推进县物流中心、城南商贸综合体、苔湖商贸街区、绿云电子商务园等商业中心建设，年内建成峃口龙车配送中心，启动建设县生态农产品批发中心以及百丈漈镇、南田镇等2个物流配送站；积极推进两化融合，确保全年完成“上云企业”170家，新建农村电商服务点50个、新增服务业商家电商应用100家以上。五要深入开展“双十”助企服务专项活动，年内基本解决企业反映突出的共性问题。

（三）重点项目攻坚行动。项目投资仍然是当前文成发展的最大引擎，要加大力度、加快速度，推动重大项目落地，增强发展后劲。重点抓好三个方面：一要持续开展重点项目百日攻坚，以“6大重点攻坚项目+13个重点建设项目+19个重点前期项目+各乡镇攻坚项目”集中攻坚为突破口，示范带动全县项目建设提速提效，确保完成年度投资任务，增长12%以上。二要提前谋划重大项目，紧盯国家、省市政策动向，主动对接“1210”交通强省行动、“大花园”建设行动、培育旅游万亿产业等重大部署，突出全域旅游、现代农业、特色小镇、康体养生、生态环境等领域，谋划包装一批投资大、效益好、带动性强的大项目好项目，争取更多项目列入省重点，为下步发展提供更大支撑。三要突出抓好用地保障，加大土地清理力度，统筹做好做地、储备、出让工作，确保年底完成宅基地复垦70.4公顷，完成垦造水田及旱改水193.6公顷、立项243.33公顷；全年消化城市批次未供土地66.67公顷以上、已供土地按期开工率90%以上。

（四）交通突围攻坚行动。要以全省交通补短板示范县建设为抓手，按照“超前谋划、积极争取、加快建设”的工作要求，加快实现交通突围。重点抓好四个方面：一要加快推进重大交通项目建设，紧盯“2019年建成通车”目标，加快推进龙丽温高速瑞文段项目建设，确保年内完成投资6亿元；G322樟台至龙川段改建工程完成投资3亿元以上。二要提速推进重大交通项目前期，加快推进溧宁高速文泰段项目政策处理，力争10月份开工建设；年底前完成溧宁高速文景段项目工可和初步设计；确保G322西坑至景宁段11月前全线开工，青文泰公路玉壶至渡渎段完成工可文本和初步设计。三要加快打造县域“半小时交通圈”，加快推进西坑至南田、峃口至周山等通乡公路改造提升，争取珊溪至桂山、峃口至公阳等通乡公路年内开工；加快农村公路贯通联网，确保年内完成农村公路改造提升40公里。四要大力实施公共交通优先发展，完善以县城为中心的城乡客运网络和以乡镇为中心的乡村客运网络，确保年底实现客运班车“村村通”。

（五）**招商引资攻坚行动**。坚持把招商引资作为“生命线工程”来抓，强化精准招商、精准服务，尤其要在大企业大项目招商落地上取得新突破。重点抓好四个方面：一要主动对接全省重点培育的生物医药、清洁能源、健康、旅游等未来产业和八大万亿产业，进一步梳理明确我县主导培育的新动能产业，并出台针对性政策、开展针对性招商，集中力量培育好、发展好。二要招引更多大企业大项目落户文成，确保拟引进16家企业入园进驻，力争一批在谈合作项目成功签约。三要搭建招商大平台，支持世界文成人联谊总会、异地文成商会、海外联谊会等平台建设，办好第三次世界文成人大会，推介签约一批重大招商项目，确保完成省外浙商回归到位资金22亿元以上。四要开展招商项目落地“回头看”，正式签约半年以上的招商项目，年内要全部开工建设。

（六）**环境再造攻坚行动**。要以全域旅游化环境再造工程为抓手，推动城乡面貌“破茧化蝶”。重点抓好六个方面：一要加快启动县城旅游化改造，完成泗溪河中央水轴、县城入口、集中开发区块、主干道路等重点区域城市设计，加快泗溪沿岸线缆入地、亲水平台打造、绿化景观提升改造等工程，推进亮点区块打造；加快城东污水处理厂、县城水厂二期扩建、县城生活垃圾填埋场提升改造、县城停车场等公共服务配套设施建设，提升县城旅游接待能力和综合承载能力；有序推进下沙垟、珊门、樟岭、樟台、龙川片城中村改造，加快城市有机更新。二要全力打造美丽小镇，狠抓小城镇环境综合整治，围绕“一加强一改造三整治”目标要求，确保6个达标乡镇通过省级验收，其他乡镇整治项目形象进度达40%以上。三要推进“美丽乡村”扩面提质，全面深化4条美丽乡村风景线打造，开工建设20个沿边整治村、8个示范村、4个精品村。四要打造美丽公路，提速推进G322县城至西坑段美丽公路建设，年底前开工县城至南田段美丽公路项目，加快峃口到巨屿、珊溪美丽公路前期。五要统筹推进生态创建，编制完成生态文明建设规划，启动玉壶、南田、西坑、周山国家生态文明建设乡镇创建，确保通过国家生态文明建设示范县创建省级评估；全面深化“清洁家园”专项行动，开展生活垃圾分类处理，完成农村生活垃圾治理资源化减量化处理村110个；深入实施“绿满文成”专项行动，突出抓好铜铃山十里杜鹃长廊、二源－百丈漈镇千亩杜鹃花海、县城周边彩色健康森林、云江十里画廊彩叶林带等森林景观工程，开展“一村万树”试点工作；组织开展“美丽庭院”创建试点工作，年内创建示范村1个、示范户600户。六要推进“无违建县”创建，抓好“基本无违建乡镇”整改提升，完成“三改”18.5万平方米、拆违32万平方米，确保创成省级“无违建县”。

（七）**社会民生攻坚行动**。要坚持问题导向、效果导向，强化均衡优质、公平普惠，不断提升群众获得感。重点抓好六个方面：一要大力推进精准扶贫，坚持扶真贫、真扶贫，深入实施低收入农户收入倍增计划，用好“两山”建设财政专项资金奖励政策，积极推动产业扶持、低保政策、社会帮扶、金融扶贫等到村到户，确保低收入农户人均增收10%以上。二要大力推进“文化强县”建设，新建文化礼堂10家以上、提升建设精品示范文化礼堂5家，年内建成文化驿站、城市书房和百姓书屋各1个。三要围绕教育现代化县创建目标，加快推进文成中学扩建、职业中专迁建等在建教育项目，建成大峃镇中心幼儿园、南田伯温小学（一期），启动教育建设项目前期7个，确保通过省基本实现教育现代化县评估验收。四要完善医疗卫生计生服务体系，持续深化公立医院改革，全面启动医养结合试点，开工建设县人民医院新建项目主体工程，乡镇卫生院开工建设2个、整体搬迁4个，建设村卫生室6个。五要更加注重体育健身、体旅融合，加快推进百丈漈天顶湖环湖绿道建设，抓好天湖汽车文化休闲运动中心等时尚体育项目前期，举办浙江马拉松精英赛等品牌赛事，确保通过省级体育强县复评验收。六要协调推进社保、养老等社会事业发展，建立"多缴多得、长缴多得"的养老保险体系，实现全县基本养老保险参保率80%以上，基本医疗保险参保率98%以上，协调发展残联、红十字会、公积金等社会事业。

（八）基层治理攻坚行动。要树立"大平安"理念，筑牢安全基础，守牢安全底线，确保社会和谐稳定。重点抓好五个方面：一要深入开展"平安护航十九大"攻坚行动，统筹加强防恐防爆、矛盾化解、治安防控、重点人员稳控、网络安全等领域长效机制建设，确保党的十九大等重大敏感时期社会大局稳定。二要深入推进平安文成建设，深化社会风险大排查、大化解、大整治，铁腕整治消防和安全生产、交通道路、食品药品等领域风险隐患，深入开展基层平安共建、平安宣传，确保实现省级平安县"十一连创"。三要全面加强法治文成建设，推进依法行政、公正司法、普法教育等工作，深化司法体制改革，完善公共法律服务体系，加强党内规范性文件备案审查工作。四要抓好意识形态和宗教领域工作，严格落实意识形态工作责任制，牢牢把握舆论引导的主动权和话语权。深化"同心同行·共建和谐"活动，积极引导宗教与社会主义社会相适应。五要深化信用体系建设，大力弘扬诚信文化、契约精神、规则意识，依法严厉打击逃废债，加快推进失信被执行人信用监督和惩戒机制建设，让"诚信光荣、失信可耻"蔚然成风。

（九）改革争先攻坚行动。牢牢把握供给侧结构性改革这条主线，聚焦重点领域和关键环节，坚持上下联动、集中发力，确保改革规定动作抓到位、自选动作有创新。重点抓好四个方面：一要加速深化"最多跑一次"改革，9月底前公布所有"最多跑一次"事项；全面深化"一窗受理、集成服务"改革，加快推进乡镇行政服务中心和村社便民服务中心建设，全面推动"最多跑一次"向基层延伸。二要高质量抓好重点改革项目，大力推进乡镇"四个平台"建设、企业减负体制机制创新、农房建设质量安全管理、全域旅游化环境再造机制创新、县管领导干部正负面信息管理机制改革等5个重点改革项目和八大领域31项年度改革任务落地达效。三要深化农业供给侧结构性改革，加快推进农村土地承包经营权确权登记颁证，年底发证率达90%以上；大力探索"富民强村"路子，做大做强村级集体经济，确保年内消除薄弱村135个，实现经营性收入5万元以上村占总村数35%以上。四要加大重点领域改革探索，积极推进国家全域旅游示范区试点建设、国家生态示范县建设、国家重点生态功能区建设、"坡地村镇"建设和低碳县试点等省级以上改革试点落地，打造一批改革的"文成样板"。

（十）作风效能攻坚行动。坚持以群众满意度为标准，驰而不息抓作风效能建设，营造干事创业的浓厚氛围。重点抓好四个方面：一要严厉整治作风顽疾，持续推进"强责任敢担当、治顽疾优环境"作风建设活动，深入开展"执法不严、执法不公"专项整治，全面整治基层执法不严不公、吃拿卡要等作风顽疾；实行全程跟踪督办，开展重大决策部署执行情况专项检查，严肃查处在重大项目审批、落地、推进过程中存在的不作为、慢作为、推诿扯皮等问题。二要优化政务服务环境，加强"互联网+政务服务"建设，开展行政审批取消事项落实情况专项检查，探索重点区域、特定项目高效审批，深入推进简政放权，提升政府行政效能，推动便民服务向乡镇农村、企业一线等基层末端延伸，进一步优化政务服务和营商环境。三要开展“千人评议”活动，优化对机关中层科室和基层站所的监督和评议，提升基层执法水平和服务能力。四要落实工作绩效考核办法，强化考绩结果运用，凭实绩论英雄、用干部。开展每月现场会、季度“比学树”，营造比学赶超的浓厚氛围。

三、强化提神振气，全力塑造文成铁军新形象

实现全年目标，核心在党，关键靠干部。全县各级党组织要按照全面从严治党的要求，以学习贯彻习近平总书记“7.26”重要讲话和党的十九大精神为新动力，进一步提振干部精气神，凝聚发展正能量，以强劲的发展势头、工作激情和落实力度，展现新作为、干出新业绩、开创新局面。

（一）永葆对党忠诚、维护核心的政治品质。要旗帜鲜明讲政治，坚定政治方向，提高政治站位，牢固树立“四个意识”，坚决维护以习近平同志为核心的党中央权威和党中央集中统一领导，确保中央和省市委政令畅通、决策落地生根。不断加强和改进党委（党组）中心组学习，深入学习贯彻习近平总书记系列重要讲话精神和治国理政新理念新思想新战略，用马克思主义中国化最新理论成果武装头脑、指导实践、推动工作、规范行为。大力推行基层党组织和党员“党性体检”，推进“两学一做”学习教育常态化制度化。要严守政治纪律政治规矩，全面落实《准则》《条例》，严肃党内政治生活，严格落实民主生活会和组织生活会制度，严格执行领导干部个人有关事项报告、重大问题请示报告等制度，做到对党忠诚、对组织老实。要强化同频共振、同心同向，重视发挥老干部作用，进一步巩固和发展党政军民团结共建、人大政协齐上一线、统战群团和衷共济的生动局面，为改革发展凝聚最广泛的人心、汇聚最强大的合力。

（二）锻造担当有为、全面过硬的文成铁军。坚持党管干部原则，落实好干部标准，更加突出实干导向、基层导向，以实干论英雄、凭实绩选干部，进一步加强干部队伍建设，加大对狮子型、实干型干部的培养选拔使用力度。强化“学干一体、实战历练”，在“十大攻坚行动”中磨砺干部、挑选良将，使一线成为干部成长的沃土。加强干部队伍专业化建设，加大旅游发展、生态建设、城市建设、经济管理等专业干部和优秀人才的培养引进力度，逐步提高专业干部比例。实施基层干部激励计划，推进中层干部跨部门、跨乡镇交流，逐步建立业务相近单位联动交流常态化机制，破解中层干部成长“中梗阻”问题。从严加强干部考核、监督和管理，让“为官慢为、为官不为”的干部当下则下，形成能者上、庸者让、劣者汰的用人导向和从政环境。

（三）筑牢基础扎实、坚强有力的战斗堡垒。要全面落实党委（党组）抓基层党建工作责任制，贯彻“一切工作到支部”的理念，乘势而上抓好“整乡推进、整县提升”，持续用功转化软弱落后党组织，完善村级组织运行，推动基层组织建设全面进步、全面过硬。统筹加强农村、社区、机关、国企、两新组织等各领域党的建设，实现党的组织、党的工作和党员作用发挥全覆盖。加快推进基层党建特色示范带建设，建成1条市级、3条县级基层党建示范带。全面落实增强村干部战斗力“新十条”，重视培养“红色领头雁”队伍，深入开展党员干部“戴党徽、亮身份、树形象”活动，全面推行支部主题党日，努力让每一位党员都成为一面旗帜、每一个党支部都成为一个堡垒。

（四）弘扬遵规守纪、清正廉洁的优良党风。要层层压实管党治党主体责任和监督责任，推动全面从严治党向纵深推进、向基层延伸、向每个党支部和每名党员覆盖。要不断巩固巡视整改成果，把纠正“四风”往深里抓、实里

改，做到越往后执纪越严。把握用好监督执纪“四种形态”，坚持抓早抓小、动辄则咎，有效推动干部管理监督关口前移，大力推进党员干部家庭、家风、家规建设，切实筑牢拒腐防变的堤坝。深化监察体制改革试点工作，强化对行使公权力的公职人员全面监察，发挥巡察和派驻“探头”作用，以优良的党风政风带动民风社风，持续呵护政治上的绿水青山。

同志们，机遇在前，重任在肩。让我们更加紧密地团结在以习近平同志为核心的党中央周围，在省市委的正确领导下，坚定信心、保持定力，创新破难、有效落实，以干部的“辛苦指数”、党员的“先锋指数”换取全年工作的“完成指数”、人民群众的“幸福指数”，为建设“三美文成”做出新的贡献，以优异的成绩向党的十九大献礼！

以十九大精神为引领 以高质量发展为标向 全面开启新时代“三美文成”建设新征程

——在县委十三届三次全体(扩大)会议上的报告

县委书记 王彩莲

(2018年1月15日)

这次县委全会的主要任务是,高举习近平新时代中国特色社会主义思想伟大旗帜,全面贯彻落实党的十九大和中央经济工作会议精神,按照省市委的决策部署,回顾总结县十三次党代会以来的工作,研究部署今年工作任务,审议通过《关于深入学习宣传贯彻党的十九大精神,打开“两山”转化新通道,开创绿色高质量发展新时代的决定》,进一步动员全县上下全面开启新时代“三美文成”建设新征程,为决胜全面小康而努力奋斗。

下面,我代表县委常委会向大会作报告,请大家审议。

一、坚持系统谋划、苦干实干,开局之年取得新业绩

县第十三次党代会和县委十三届一次全会以来,新一届县委常委会认真贯彻落实中央和省市委的重大决策部署,紧紧围绕“提速‘两山’转化,打造‘三美’文成”战略目标,致力谋全局、扎实抓开局、努力创新局,推动文成改革发展迈上了新台阶。

回顾过去一年,县委常委会特别强调讲政治、抓发展、惠民生、严作风、求实效。我们始终坚持正确政治方向,认真做好迎接十九大、学习宣传贯彻十九大精神的各项工作,坚定不移维护核心,忠贞不渝紧跟领袖,坚定自觉地同以习近平同志为核心的党中央保持高度一致,在新时代新征程中找准文成历史方位,把握好前进方向;始终坚持接力探索、接续奋斗,切实抓好省委车俊书记在文调研并宣讲省第十四次党代会精神重要讲话的贯彻落实,形成深入实施“十大攻坚行动”的具体目标、实施路径、工作抓手,推动县党代会决策部署深化、细化、具体化,致力在践行“两山”理论的生动实践中不断打开转换通道;始终坚持以人民为中心,强调以“最多跑一次”改革为主引擎推动各领域各方面改革,从人民利益出发谋划改革思路、制定改革举措,从人民群众关心的事情做起,从让人民群众满意的事情做起,不断提升人民群众获得感、幸福感和安全感;始终坚持求真务实、善作善成,一切从实际出发,严格按照规律办事,全力抓好全域旅游化环境再造、重大涉旅招商项目落地等事关全局、影响长远的大事要事,不为困难所惧、不为杂音所扰、不为虚名所惑,说实话、谋实事、出实招、求实效;始终坚持总揽全局、协调各方,既发挥好县委在全县的领导核心作用,在重要任务、重点难题、复杂局面上稳得住、看得准、有办法,又统筹协调好与人大、政府、政协班子之间的关系,形成全县上下同心同向、团结奋斗的良好态势。这“五个始终坚持”,是县委常委会立言立行、践诺兑诺的具体体现,是县委常委会履行职责、推动工作的切身体会,也是县委常委会为全县各级党组织和广大党员干部树立的鲜明导向。

一年来，在全县上下的共同努力下，经济发展呈现良好态势，社会大局保持和谐稳定。预计2017年全县地区生产总值增长8%；财政总收入增长10.2%，其中一般公共预算收入增长8.1%；社会消费品零售总额增长13.5%；城镇、农村常住居民人均可支配收入分别增长9%和9.5%。主要表现在：

（一）项目投资在破难攻坚中增强新动能。坚持项目为王，着力抓攻坚、招大商、强保障，完成固定资产投资78.6亿元。在项目推进上，有效落实专项巡察等重大项目推进机制，持续开展"重点项目百日攻坚"，下沙垟城中村改造、刘基庙外围街区征迁等项目破难推进，龙丽温高速瑞文段、溧宁高速文泰段、G322樟台至龙川段改建等重大交通项目加快推进，县职业中专迁建、县人民医院新建等工程迎头赶上。在项目招商上，成功召开第三届世界文成人大会，全年签约项目10个、总投资171亿元，实现招大引强新突破。在要素保障上，灵活运用银行贷款、政府购买服务等多渠道融资，大力推行"移动互联网+审批"，采用PPP、EPC等模式，实现项目提速提效；加快批而未供、供而未用土地清理，完成"旱改水"验收92.27公顷、垦造耕地22.67公顷，全力保障重大项目建设。

（二）经济转型在内培外引中呈现新态势。坚持内培与外引并重，着力振兴实体经济。全域旅游加快推进，刘伯温故里创AAAAA高分通过国家景观质量专家评审，创建攻坚强势推进，带动新增天顶湖生态农庄、九溪欢乐谷等2个AAA级景区，创成18个A级景区村庄，打造了一批乡村旅游综合体，"旅游+"产业链条不断延伸，我县先后在浙江省旅游发展大会、全省推进全域旅游发展研讨班上作工作经验交流。加快推进农旅融合发展，培育一批农业龙头企业，新建和改造一批生态农庄、精品民宿。推动生态工业增量扩容，持续开展"双十"助企服务活动，加快工业园区整合提升，小微企业园建设进度全市第一，引进优质企业36家，实现数量与质量双提升。加大主体培育力度，全年新增各类市场主体1189家，超过近三年总和。

（三）城乡环境在全域再造中焕发新形象。坚持把环境建设作为核心竞争力工程，整合融资20亿，带动社会资本近50亿，大手笔推进全域旅游化环境再造工程，有序铺开"4+2"专项行动，重点推进215个整治提升类项目，小城镇环境综合整治项目开工率、完成率均居全市首位，6个村入选温州市"五美乡村"，全域美丽创建初显成效。大力度开展"大拆大整"，完成城中村改造签约1239户，拆除违法建筑29.3万平方米；排查出租房、合用场所、民宿和"四无"生产经营单位6875户，整治合格率均为100%。积极配合完成中央环保督察问题整改，有效解决群众反映强烈的环境问题，成功创建国家卫生县城，获评中国气候养生福地。全面开展"治水剿劣"专项行动，在全市率先完成劣V类小微水体销号，荣获治水"大禹鼎"。

（四）社会民生在共建共享中取得新进步。坚持把共建共享作为社会民生建设主攻方向，深刻吸取"2·2"民房坍塌事件教训，铁腕推进"治危拆违""除险安居"，C级、D级危旧房治理完成率均为100%；地质灾害综合治理全面推进，建成并投用避灾安置场所219个，实现村级避灾场所重点区域全覆盖；开工建设安置房4200套，集聚搬迁1.5万人。深化推进改革惠民，在意大利米兰设立首个海外代办服务点，成功打造"最多跑一次"海外版，"最多跑一次"改革群众满意度排名全市第一，农村土地承包经营权确权登记试点工作进度领跑全市，农房建设质量安全管理试点形成"一条龙"标准体系。不断强化民生保障，完成新一轮低收入农户认定排查，获得全省"两山（一类）"建设财政专项激励资金支持；加快教育现代化县创建步伐，新高考上线率再创新高；深化"医院托管"，多层次开展与温州中医院、浙江中医药大学的合作，县人民医院成功申报浙江省中医药重点学科单位，实现了历史性突破；全力开展省级文化强县创建，通过省级体育强县复评，乡镇幼儿园、城市书房、农村文化礼堂等一批公共服务基础设施加快建设；新增172个建制村通客车，实现客车“村村通”。创新社会治理，实现基层治理“四个平台”所有乡镇全覆盖，强化安全生产、食品药品安全监管，加强立体化社会治安防控体系建设，推行“三三一”人民解调工作模式，开展信访督查“百千万”专项行动，保持重大敏感时段“零非访”，连续27个月实现进京“零非访”，省级平安县有望实现“十一连创”。

（五）党的建设在从严从实中得到新提升。加强县委对一切工作的领导，支持保障人大、政协和“一府一委两院”开展工作，巩固壮大爱国统一战线，扎实推进群团改革，加强党管武装工作，统揽统筹各方同轴运转、同向推进。深入学习贯彻党的十九大精神，推进“两学一做”教育常态化制度化，思想引领、信仰认同形成新热潮。高质量完成县级班子换届，率全省之先完成村级组织换届，完成260个村“消薄”任务，25个软弱落后村完成转化，打造党建样板村、示范村72个，建成两新组织示范点20个，基层组织力有效提升。实行领导干部正负面清单管理，推进干部一线历练、组团攻坚，大规模开展中层干部跨单位交流，加大人才工作力度，干部队伍活力进一步增强。狠抓意识形态领域工作，创新落实主体责任，稳妥有效处置涉文舆情，牢牢掌握工作主动权。全面落实从严治党主体责任，强化政治监督和纪律保障，持之以恒推进作风建设，始终保持反腐败高压态势，巡察工作不断强化，完成监察体制改革试点阶段任务，成功追回中共党的十九大后全省首例中央追逃办挂牌督办的“红通人员”，获得省市嘉奖。

回顾总结全年工作，新一届县委县政府始终抓住根本、着眼长远，致力推动全域旅游从粗放型高速增长向品质型内涵发展、项目投资从零敲碎打向重点产业体系聚焦、环境建设从运动式修复向全域化提升的“三大转变”，并取得了积极成效。我们深知，这些取得的新成效、发生的新变化，是上级党委正确领导的结果，是县四套班子团结协作、共同努力的结果，是全县广大干部群众苦干实干、创业创新的结果，是社会各界积极参与、大力支持的结果。在此，我代表县委常委会向全县广大干部群众，向关心支持文成改革发展的各界人士，表示衷心的感谢和崇高的敬意！

与此同时，我们更要以翻篇归零的姿态，清醒看到当前工作中存在的突出问题和困难：一是经济发展不平衡不充分，平台落地缓慢，缺乏大项目、大企业示范引领，主导产业链条不长，传统产业改造提升缺少要素、人才、科技创新支撑，实体经济、企业经营持续向好的基础尚不稳固，“两山”转化的通道还需进一步打开；二是城乡统筹不平衡不充分，中心城区建设品位不高，与旅游目的地要求差距较远，城镇辐射力不强，城乡环卫、交通等基础设施历史欠账较多，城乡一体化融合发展格局还没有真正形成；三是社会建设不平衡不充分，文化、教育、医疗、养老等优质公共服务供给不足，平安建设的薄弱点、风险点还不少，实现群众“安居梦”“增收梦”还要加快落地；四是干部队伍建设不平衡不充分，干部队伍中学习不够、本领不高、政策不懂、执行不力等问题不同程度存在，改善营商环境、提升行政效能的呼声比较强烈，“四风”问题时有反复，八项规定风化俗成还需持续加力。对此，我们必须高度重视，采取有效措施加以解决。

二、坚持以中共党的十九大精神为指引，在新时代新发展中找准方位、体现作为

中共党的十九大，是在全面建成小康社会决胜阶段、中国特色社会主义进入新时代的关键时期召开的一次十分重要的大会。大会确立了习近平新时代中国特色社会主义思想的历史地位，向全党发出了“实现中华民族伟大

复兴”的政治宣言。为深入贯彻十九大精神，省委十四届二次全会作出了《关于高举习近平新时代中国特色社会主义思想伟大旗帜，奋力推进“两个高水平”建设》的决定，温州市委也在十二届三次全会上作出了《关于深入学习宣传贯彻党的十九大精神，再造改革开放新优势、再创高质量发展新辉煌》的决定。全县上下要按照中央和省市委的部署要求，学懂弄通做实十九大精神，争当绿色高质量发展排头兵。我们要坚定清醒、果敢担当，努力破解好“作为国家重点生态功能区的文成，如何在呵护生态品牌中加快绿水青山向金山银山的价值转化；处于‘历史发展不足、现实发展不快’的文成，如何在把握社会主要矛盾变化要求中实现更平衡更充分更全面的发展；即将实现交通突围的文成，如何在抢抓机遇中夯实迎接后高速时代的发展基础”这“三大命题”，持续为“三美文成”建设注入新内涵、培育新动能、激发新活力。

要在把握重大部署中抢抓新机遇、扛起新使命。十九大提出的实施乡村振兴战略、推进绿色发展、建设美丽中国，浙江推进“大湾区大花园大通道”、温州建设西部生态休闲产业带等重大战略部署，为文成发展创造了前所未有的机遇。我们必须顺应新时代新形势，把战略机遇转化为战略部署、落实到具体行动，坚定扛起“在践行‘两山’道路中率先探索、加快崛起，在温州西部生态休闲产业带建设中找准定位、作好示范，在迎接后高速时代中全面提升、赶超跨越”三大使命，全力打造国家全域旅游示范区、全省旅游目的地名城、温州美丽大花园。

要在对照战略目标中明确新方位、谋划新方略。十九大从全面建成小康社会、到基本实现社会主义现代化，再到建成社会主义现代化强国，确立了“新三步走”战略目标。我们要对标十九大精神和省市委部署要求，客观做好“十三五”规划实施情况中期评估，进一步明确文成实现“同步全面小康、同步现代化”的阶段安排、奋斗指向、发展方略，找准强优势的着力点、补短板的着重点、强保障的关键点，努力创造经得起实践检验、群众检验和历史检验的新业绩。

要在适应根本要求中找准新路径、推动新发展。十九大作出中国特色社会主义进入新时代的重大政治判断。推动高质量发展是新时代经济发展的基本特点，是新时代经济工作的根本要求。我们要深刻把握高质量发展的根本内涵，决不能把高质量发展与较快增长对立起来，决不能简单理解高质量发展不要增速，更不能把高质量发展作为速度下滑、自我减压的“挡箭牌”。要充分认识到，“快”是发展的量变，“好”是发展的质变，没有量的渐变，就没有质的突变；没有一定的速度，所谓追求质量就是无源之水、无本之木。文成经济总量小，我们必须贯彻新发展理念，遵循发展规律，克服“换档焦虑”，把实现高质量高效益可持续作为根本导向，把解决发展不平衡不充分不全面问题作为主攻方向，把培育新动能新空间新优势作为主要路径，推动文成发展水平整体性提升。

三、坚持高质量发展根本要求，奋力完成全年各项目标任务

2018年是全面贯彻落实中共党的十九大精神的开局之年，是改革开放40周年，是决胜全面建成小康社会、实施“十三五”规划承上启下的关键之年，做好今年工作至关重要、意义重大。县委常委会决定把2018年确定为“改革突破年”“项目攻坚年”和“产业提升年”。全县工作的总体要求是：高举习近平新时代中国特色社会主义思想伟大旗帜，全面贯彻落实中共党的十九大精神，围绕省市重大部署，以高质量发展为要求，以全域旅游引领为主线，以实施乡村振兴战略为重点，以深化改革为动力，以全面从

严治党为保障，全面提速建设“三美文成”，以优异成绩献礼改革开放40周年。建议经济社会发展主要预期目标为全县地区生产总值增长7.5%左右，一般公共预算收入增长8%，全社会消费品零售总额增长11%，城乡居民人均可支配收入分别增长8.5%和9%；完成上级下达的节能减排任务。重点抓好五方面工作：

（一）以改革攻坚为根本方法，努力在破除发展制约上实现新突破。牢牢把握改革正确方向，围绕改革为发展破题、为群众增利两大目标，坚持承接顶层设计与强化底层探索并抓，紧紧扭住“最多跑一次”改革这一“牛鼻子”，统筹推进重要领域和关键环节改革落地见效，形成改革的“文成特色”“文成经验”。

深化“最多跑一次”改革。坚持把“最多跑一次”改革摆在突出战略位置，推进内涵再丰富、外延再拓展、质量再提升，全面实现标准化全覆盖，全面做优“一窗受理、集成服务”主入口，全面深化“互联网+政务服务”，全面推进便民服务“一证办、移动办”，确保实现行政权力事项全覆盖，网上办理、“零上门”办结事项比重大幅提升，信息孤岛、企业投资项目审批等重点难点问题全面突破。要扩大海外代办服务点，打造“最多跑一次”海外升级版。

推进六大重点领域深化改革。着眼于破解制约文成发展的堵点、痛点、风险点，坚持系统推进与条块并抓相结合，加大改革攻坚力度，形成点上突破、面上协同的改革新局面。(1)在经济机制体制领域改革取得新突破。推进投融资体制改革，做大做强国有投资平台，积极推进县旅投公司上市，推动旅游产业基金实体化运作，争取在PPP、企业债券发行等方面实现新突破；开展“亩均论英雄”改革，推进“标准地”供给，用市场来选择项目、引进项目。(2)在党的制度建设和民主法制领域改革取得新突破。探索完善民生实事项目人大代表票决制，形成会前征询项目、会中酝酿讨论、会后监督实施、大会综合评价的完整闭环，强化人大代表的话语权、决定权和监督权；深化干部正负面信息管理改革，推进清单管理向单位中层干部延伸，提升识人用人精准度；深化司法体制改革，制定完善“大立案、大调解、大服务”机制，推进执行体制改革，有效解决执行难的问题。(3)在社会民生领域改革取得新突破。全面推进教师“县管校聘”管理改革，促进教育师资合理流通、教师队伍城乡一体化发展；深化民办教育改革，实行民办学校分类登记，加强内涵建设，促进民办教育规范化特色化发展；稳步推进县电影公司和影剧院体制改革，积极推进文化中心剧院管理体制改革，探索市场化运营机制，充分发挥剧院的社会效益；加快推进公立医院改革，推进名医工作室建设，推行电子化临床路径管理，进一步降低住院和门诊均次费用，着力解决“看病难、看病贵”问题。(4)在农村综合改革领域取得新突破。深化农村土地制度改革，全面完成农村土地确权登记颁证，巩固和完善农村基本经营制度，完善承包地“三权”分置制度，建立健全城乡融合发展体制机制和政策体系；积极开展农村产权抵押贷款工作；深入推进“三位一体”合作经济体系改革，加快形成具有生产、供销、信用等多种功能的为农服务体系。(5)在生态文明机制体制改革领域取得新突破。扎实推进国家重点生态功能区、国家主体功能区、小城市培育等国家和省市改革试点，提供更多先行先试的文成素材；推行“区域环评+环境标准”改革，优化环保审批服务与管理机制；坚持保护生态、保障职工生活、促进发展的目标导向，稳妥推进国有林场改革，实现管护方式和监管体制创新。(6)在完善容错纠错机制、激励干部担当尽责上取得新突破。突出实干担当导向，坚持“三个区分开来”，推进容错纠错具体化制度化；实施干部跨部门跨条块常态化交流、非领导职务择优晋升等激励措施，出台更加科学管用的绩效考核和问责办法，实现干部战斗力和行政效能“双提升”。

强化改革合力。建立健全重点改革项目定期研究、协调推进、进度督察、清单销号等制度，进一步强化县委深改领导小组牵头抓总和改革办督查管理作用，落实各专项小组和牵头部门主体责任，以“硬举措”破解“中梗阻”取得“真实效”。探索实行第三方评价机制，建立社会参与机制，最大限度地汇集改革智慧和力量，努力实现改革成果共创与共享的有机统一。抓住改革开放40周年契机，精心组织开展主题宣传系列活动，集中展现文成改革发展成果，弘扬改革主旋律、凝聚改革正能量。

（二）以培植动能为根本支撑，努力在构筑特色经济体系上实现新突破。主动顺应质量变革、效率变革、动力变革大逻辑，始终突出文成产业绿色化鲜明特征，调结构、转方式，抓培育、长链条，建设具有山区特色的现代经济体系。

要把全域旅游作为提升生态产业核心竞争力的关键点。深刻把握旅游高速增长向优质发展转变的大趋势，坚持以打造温州西部生态休闲产业带示范区为新引擎，以提升产品和服务品质为核心，以完善配套设施为支撑，以提高知名度、美誉度为关键，推动旅游产品升级和供给创新，真正使全域旅游成为文成绿色崛起的战略支柱。加快提升精品景区，要紧扣节点、紧抓重点、紧盯难点，强势推进创建攻坚，力争实现刘伯温故里创国家AAAAA级景区目标，确保森林氧吧小镇创成国家AAAA级景区、铜铃山森林公园创成国家生态旅游示范区，推动国有与民营景区同步改造、同步提升，完善旅游服务体系，强化精准落地营销，形成精品景区集群效应。突出重大板块支撑，按照“重点板块带动型发展”的思路，坚持高起点规划、高标准建设、大项目引领，谋划推进环天顶湖、大铜铃山、环飞云湖三大板块建设，着力打造差异定位、功能互补、产品多元的高品质旅游板块。今年，要全力推进空中花园小镇、天顶湖山地运动休闲中心、凤凰山文化园、“东方慢城”飞云湖小镇、巨屿影视文化产业园、飞云湖秘途风情小镇等核心项目建设，极力促成南田六福山禅意小镇、刘基庙外围仿古街区等示范项目落地建设。打造旅游全产业链条，深入实施“旅游+”“+旅游”，围绕做大乡村旅游、做特康养产业、做强文创产业、做优运动休闲产业，组织实施休闲产业发展三年行动计划，强化“一个产业、一个目标、一名领导、一个团队、一套政策”的落实机制，加快培育“十大新业态”，推进旅游产业链条一体化延伸。

要把市场主体培育作为振兴实体经济的着力点。突出增量提质，大力实施生态工业三年倍增计划，按照“一个平台一个特色”的要求，推进百丈漈生态产业基地和巨屿工业基地转型提升，加快启动黄坦生态产业基地起步区建设，优化助企强工政策，大力推进“互联网+”“机器换人”“腾笼换鸟”“零地技改”，引导要素资源向培育潜力大、成长性强、财政贡献高的生态企业集聚，着力形成规模经济效应和企业生产集群，全年引进优质工业企业20家以上。坚持抓大育小，积极引导企业对接资本市场，尽快实现我县上市企业“零”的突破；实施商贸内培外引行动，全力开展省级批发零售业试点，加快县物流中心、苔湖商贸街区、绿云电子商务园等商业中心建设，构建以县城为核心、中心镇为支撑、乡村为节点的商业体系，力争引进10家以上超亿元商贸总部企业、5家以上进出口外贸企业，实现商贸业增量提质。加快创新平台建设，充分发挥院士专家工作站、科技特派员工作站、农e众创空间等平台作用，深化校地合作，加快中药研究院、农林科学研究院、下石庄文创基地等平台落地建设，带动人才孵化、成果转化、企业成长。

要把项目建设作为解决不平衡不充分问题的主攻点。当前和今后一段时期，文成仍处在投资驱动的发展阶段，必须紧紧抓住项目建设这一“牛鼻子”，充分发挥投资关键作用，推动文成发展速度和质量双提升。精准推进项目，以实施“书记和县长项目工程”为载体，紧盯省市集中开工项目、十大已签约招商项目、年度竣工项目，持续开展重点项目百日攻坚，实行专班负责、清单管理、挂图作战，强化全程跟踪和专项巡察，全面提升项目开工率、进度达标率、投资完成率，确保固定资产投资增长11%以上。精准招引项目，深入实施招商引资“一号工程”，既抓项目洽谈，更重招商落地，大力度优化招商政策、做深项目前期、完善平台配套，下决心兑现招商承诺、处置过期协议、解决遗留问题，重建营商环境、重拾客商信心，真正让协议变项目、让项目早达效。精准服务项目，突出强化供地保障，扩大垦造水田规模，推行“标准地”制度，提升做地、储地、出地工作及时性有效性，下决心处置“僵尸项目、蜗牛工程”，力争激活一批停滞项目，盘活一批闲置土地；要以“时不再来”的紧迫感抢抓政策窗口期，加快融资平台运作步伐，大力推行PPP、EPC等模式，深化“移动互联网+审批”，切实提升服务效率和质量，全力保障重大项目建设。

（三）以区域融合为根本要求，努力在提升城乡品质品位上实现新突破。强化“统筹兼顾”思维，主动融入全省“大湾区大花园大通道”战略，树立全域规划和城乡一体化发展理念，坚持城镇化与乡村振兴双轮驱动，推动城乡之间资源共享、优势互补，让全县居民共享更好的生活品质。

高标准提升城镇品质。围绕“全省旅游目的地名城”目标定位，按照人口集聚“三个三分之一”的原则，坚持旧城改造与新区建设并进，推进空间重构、完善功能、提升品质、再造形象。提速县城旅游化改造，强化城市设计引领，全面启动泗溪河两岸建筑立面改造，年内完成体育场路、伯温路部分路段景观工程和桥梁景观提升工程，完成寨山公园一期主体工程，启动西山公园、绿道慢行系统、高速出入口景观工程等建设项目，全力打造立体开放的美丽生态“中央水轴”，带动县城改出新形象、实现新变化。加快打造重点区块，坚持将“大建大美”进行到底，重点聚焦县城入城口、沿泗溪河中央水轴、城市纵向发展轴、樟山片区等核心区，加大城中村改造力度，加快兴福堂、下沙垟、龙船垟、泉台等项目建设，加快推进苕湖街二期、珊门等项目征迁工作，深化二新片区等项目前期，加快红枫路等城市通道延伸，完成樟山、龙川大片区规划研究和编制，形成安排科学、时序衔接的开发梯队。要同步跟进公共功能配套、旅游业态植入、特色街区打造，推进产城融合。加快建设“智慧城市”，以创建省级示范文明县城为主抓手，深化城市管理体制和执法体制改革，进一步提高城市精细化管理水平。全力打造美丽小镇，按照“179”总体布局，强化“无设计不施工”的理念，强势推进小城镇环境综合整治，力争第二批10个乡镇顺利通过省级考核验收，形成“一镇一品、一镇一韵”的发展新格局，打造一批在省市有影响力的旅游风情小镇。要保持控违拆违高压态势，持续开展“三改一拆”攻坚，全年开工建设9个以上旧村改造项目、建成8个组团式小区，完成拆违15万平方米以上，确保创成“无违建县”。

全面实施乡村振兴战略。坚持农业农村优先发展，按照“产业兴旺、生态宜居、乡风文明、治理有效、生活富裕”的总要求，以全省“五万工程”为主抓手，加快推进农业农村现代化。强化规划引领，系统编制全县乡村振兴具体规划和三年行动计划，抓好村庄规划修编，根据各村具体实际、产业基础和资源禀赋，量身定制发展路径、建设模式，形成“一村一策、一村一特”的规划布局。强化产业支撑，持续深化农业供给侧结构性改革，围绕提升价值链、打通供应链、延伸产业链，突出抓好“十大生态农庄”提升工程和“十大休闲农业示范园”建设，打响“文成原农”区域公共品牌，加快建设以生态农产品交易市场为核心、以仓储物流中心为串联、以电商平台为依托、以特色农产品基地为支撑的“线上线下”平台体系，积极探索田园综合体、庄园经济体、产业联合体、精品民宿群等模式，创成省级休闲农业与乡村旅游示范县。强化环境改善，以省级美丽乡村示范县创建为载体，加快补齐农村基础设施和公共服务短板，推进“四好农村路”建设，全面开展农村“污水革命”“垃圾革命”“厕所革命”，统筹推进“绿满文成”“清洁家园”

和“美丽庭院”拓面创建等系列美丽行动，持续提升乡村人居环境质量。年内要完成美丽乡村“四条规划带”的整治提升，建成5个示范村、6个精品村，创建4个AAA级景区村庄，创成5个“美丽庭院”示范村、打造200个以上示范户，形成一批可观摩、可学习、可推广的示范点。强化乡村治理，依托农村文化礼堂、家风馆等阵地，积极开展最美风尚培育、社会主义核心价值观游学、“孝德文成”品牌提升“三大工程”，狠刹歪风邪气、遏制陈规陋习、推进移风易俗，让清风正气充盈每一个乡村，让家教家风滋润每一个家庭，让乡村文脉传承到下一代。要坚持自治、法治、德治相结合，积极创建民主法治村，实施乡村德治工程，切实形成“大事一起干、好坏大家评、事事有人管”的乡村治理新格局。强化活力激发，充分调动广大农民积极性，健全城乡融合发展体制机制，清除要素下乡各种障碍，大力实施市民下乡、能人返乡、企业兴乡“三乡工程”，吸引资本、技术、人才等要素向乡村流动，培养造就一支懂农业、爱农村、爱农民的“三农”工作队伍。

加快建设温州西部交通枢纽。紧抓全省交通补短板试点县和温州西部生态休闲产业带建设重大机遇，积极谋划“东进南下、西连北接”战略，加强规划衔接，加密路网建设，加快实现从交通末端迈向连接浙南闽北赣东的温州西部交通枢纽。突出加速融合，加快构建外快交通，全力推进龙丽温高速瑞文段、溧宁高速文泰段工程建设，确保分别在2019年、2020年建成通车，全线铺开G322文成西坑至景宁段改建工程，开工建设溧宁高速文景段工程，加快通用航空机场、温武吉铁路前期工作，全力以赴争取文青高速列入省规划，积极开展S 216省道规划研究。突出区域一体，加快打造内畅交通，确保G322樟台至龙川段改建工程2019年建成通车，开工建设青文泰公路玉壶至渡渎段控制性工程，完成西南公路、黄坦云塘公路建设和周山通乡公路改造提升，加快平和公路、南田至十源公路改造提升，开工峃口至公阳、珊溪至桂山等公路提升工程，积极开展G322城东过境公路前期研究。突出便捷顺美，加快打造游憩交通，启动“连村通景公路改造提升工程”，加快美丽公路和绿道网建设，提前谋划高速互通布点镇的入城口改造提升，打造优美的交通环境。

（四）以“高分夺鼎”为总目标，努力在创新社会治理上实现新突破。以省级平安县“十二连创”为目标，以推进治理体系和治理能力现代化为总要求，深化法治文成和平安文成建设，维护社会大局持续稳定。

强化平安创建基础。全力打好“平安护航大会战”，全面完成各级“两会”等重大活动维稳安保任务。坚持防控优先理念，深化立体化治安防控体系建设，创新基层基础管控，扎实推进“雪亮工程”，不断优化“云眼声控”平台建设，进一步增强社会治安风险的预警、预测、预防能力。突出高层建筑消防、电瓶车充电安全等领域，深入开展平安补短板“六大攻坚行动”，深化安全领域综合治理。强化农产品质量监测，完善食品药品监管体系，争创省级食品安全县，确保“舌尖上的安全”。

强化社会治理创新。深化基层社会治理体系“四个平台”建设，推动全科网格扩面提质，加快“一三五”基层应急处置规范化建设，确保县镇两级综治中心全部实体化运行。探索建立县领导包案化解捆绑和案件化解公示机制，推动一批信访历史积案实质性化解；健全矛盾纠纷多元化调处机制，深入推进“三三一”人民调解工作新模式，推动各类矛盾纠纷、社会风险化解在萌芽状态。

强化法治文成建设。全面深化法治型党委政府建设，加强“一府两院”加“一委”执法司法协作，发挥法律顾问作用，严格规范性文件和重大决策实体审查程序，不断提高依法执政水平。完善司法责任制，加快司法标准化体系建设，支持法院、检察院依法独立公正行使审判权、检察权，确保司法公平公正。深入实施“七五”普法行动，建立健全公共法律服务体系，在全社会形成尊法学法、守法用法的良好氛围。

(五)以增进福祉为工作取向,努力在提升民生保障水平上实现新突破。聚焦上一代的养老、下一代的教育、年轻一代的生活品质,尽力而为、量力而行,切实保障和改善民生,增强群众看得见、摸得着的获得感,让发展更有温度、幸福更有质感。

坚决打赢精准扶贫攻坚战。坚持扶贫与扶志、扶智相结合,统筹用好省级“两山(一类)”专项资金,集中资源、集中力量,强化产业扶贫、搬迁扶贫、光伏扶贫,实现金融扶贫、社会帮扶、低保兜底等政策到村到户,确保全面小康路上“一个也不掉队”。要重点抓好低收入农户补充保险,切实解决因病致贫、因病返贫问题,巩固“消除4600”成果。要突出阳光扶贫,严肃查处雁过拔毛、抢占掠夺扶贫资金财物等问题,确保每一分钱都真正花到困难群众身上。要强化扶贫责任,健全完善联片挂钩县领导、部门挂钩帮扶责任机制,全面落实“一村一策一干部”,实现真脱贫、脱真贫。

持续提升公共服务水平。坚持政府主导、社会联动,推动政府购买服务力度加大、领域扩大、效果放大。召开全县教育发展大会,加快省级教育现代化县创建,深入实施教育建设项目攻坚三年行动计划,完成投用大峃镇中心幼儿园、县第三实验小学等一批校网工程,加快职业中专迁建、武阳书院等工程,全面开工建设城东小学,启动兴福堂小区套幼儿园建设,积极谋划文成二高新建、樟台学校迁建、实验二小迁建等项目,同步规划苔湖街等小区配套幼儿园。加快推动健康文成建设,深入实施“双下沉、两提升”工程,加快推进县人民医院新建工程,启动县中医院迁建工作,大力推动乡镇卫生院标准化建设,提升医疗卫生服务能力。深入实施文化惠民工程,加快乡镇文化服务中心、农村文化礼堂建设,推动文化品牌项目、文化驿站和城市书房向乡镇延伸,着力以文化人、以德润城。大力发展体育事业和体育产业,加大公共体育设施建管用,积极举办品牌赛事,推动全民健身与全民健康深度融合。

不断夯实民生保障基础。大力推进除险安居“三四五工程”,完成地质灾害综合治理任务,减少灾害威胁649户2205人;加快推进避灾场所建设,建成5个乡镇避灾中心,实现村级避灾安置点全覆盖。充分发挥社保托底兜底功能,推动养老、医疗保险精准扩面、住房公积金长效扩面,进一步完善社会救助体系,统筹推进扶老、助残、济困、优抚等社会福利事业建设,大力发展慈善事业,健全留守儿童和妇女、老年人关爱服务体系。持续完善住房保障体系,建立促进房地产市场平稳健康发展长效机制。主动适应人口老龄化,建立健全居家养老和综合养老服务体系,全面推行“医养融合”养老模式,探索居家养老服务照料中心社会化运营,推进玉壶养老院、南田敬老院等养老项目,加快实现老有所养、老有所乐。

四、坚持全面从严治党,努力构建风清气正的政治生态

推进新时代文成新发展,核心在党,关键在干部。要按照新时代党的建设总要求,坚定扛起全面从严治党的政治责任,不断提升党建质量,优化政治生态,推动各项决策部署落地生根。重点要开展“五大提升行动”:

(一)开展政治领导力提升行动。坚持把政治建设放在首位,牢固树立“四个意识”,坚定“四个自信”,自觉在政治立场、政治方向、政治原则、政治道路上同以习近平同志为核心的党中央保持高度一致。坚定执行党的政治路线,严守党的政治纪律和政治规矩,严肃党内政治生活,深入开展“五看五是否”政治对标行动,不断提高党员干部的政治素养。坚持党对一切工作的领导,不断提高把方向、谋大局、定政策、促改革的能力,进一步巩固和发展党政军民团结共建、人大政协齐上一线、统战群团和衷共济的生动局面。

(二)开展思想引领力提升行动。坚持用习

近平新时代中国特色社会主义思想武装头脑、指导实践、推动工作，扎实推进“两学一做”学习教育常态化制度化，认真开展“不忘初心、牢记使命”主题教育，自觉把“红船精神”融入血脉、化作基因。全面落实意识形态工作责任制，突出阵地和队伍管理，强化主流舆论引导，打造更加清朗的网络空间。

（三）开展干部战斗力提升行动。坚持以好班长好班子好梯队为重点，突出政治标准，强化实干实绩和基层导向，真正把好干部选出来、用到位。积极搭建干部锻炼培养平台，用好上挂、下派等多种实践形式，建立局长讲坛，深化“百村干部话发展”活动，精准开展教育培训，提高干部队伍专业化水平。推进年轻干部“接力工程”，探索推行“专控岗位”等做法，选好用好各年龄段干部，统筹做好年轻干部、女干部、少数民族干部和党外干部培养选拔工作。坚持严管和厚爱相结合、激励和约束并重，健全鼓励激励、能上能下机制，实施干部关爱计划，完成乡镇机关“五小”建设，同步提升干部工作环境、工作条件、身心健康。加强老干部工作，坚持党管人才原则，加快探索山区特色人才工作新路子。

（四）开展基层组织力提升行动。坚持狠抓基础、大抓基层，全面夯实党的执政基础。严格执行“双岗双责”制度，加强党建督查巡查，推动基层党建换挡提速。统筹推进“红色堡垒”创建、“红色动力工程”、党建带群建，全面提升基层组织服务力、向心力。坚持精品乡村示范带、美丽经济产业带和基层党建示范带“三带共建”，加快带出生产力、建成新形象。全面落实村干部“金十条”，加强“红色领头雁”队伍建设，全力推行支部主题党日，深入开展党员干部“戴党徽、亮身份、树形象”活动，完善联系服务群众长效化常态化机制。巩固“消薄”成果，推进村级集体经济发展项目全覆盖，让基层组织始终迸发充足的“源头活水”。

（五）开展拒腐免疫力提升行动。认真贯彻落实习近平总书记关于纠正“四风”、加强作风建设的重要批示精神，动真碰硬纠“四风”、正作风、树新风，推动中央八项规定精神落实落细、成风化俗。开展上级重大决策部署贯彻落实执行情况督促检查，确保政令畅通、令行禁止，强化有效执行、高效落实。坚持无禁区、全覆盖、零容忍，坚持重遏制、强高压、长震慑，巩固拓展监察体制改革试点成果，深化加强县直机关和农村基层巡察工作，有效运用监督执纪“四种形态”，深入推进反腐败斗争。深化廉政风险防控机制建设，紧盯重点领域和关键岗位，加强廉政风险预警防范和动态管理，保证权力在阳光下运行，让干部能干事、干成事、不出事。

踏上新时代我们重任在肩，开启新征程我们信心满怀。让我们高举习近平新时代中国特色社会主义思想伟大旗帜，紧密团结在以习近平同志为核心的党中央周围，在省市委的坚强领导下，不忘初心、牢记使命，创新实干、赓续奋斗，加快建设“三美文成”，奋力谱写新时代文成绿色高质量发展的精彩篇章！

文成县人民代表大会常务委员会工作报告

——在文成县第十六届人民代表大会第二次会议上

文成县人大常委会主任 郑建华

（2018年1月20日）

我受县十六届人大常委会的委托，向大会报告工作，请予审议，并请列席会议的同志提出意见。

2017年的主要工作

2017年是县十六届人大常委会履职的起始之年。一年来，县人大常委会以习近平新时代中国特色社会主义思想为指导，在中共文成县委的坚强领导下，紧紧围绕全县改革发展稳定大局，真抓实干，积极作为，全面履行各项法定职权，实现了本届人大常委会工作的良好开局，为我县经济社会发展和民主法治建设作出了积极贡献。

一、服务改革发展大局，全力助推“三美”文成建设

常委会牢固树立全局观念和大局意识，把贯彻落实县委决策部署贯穿于人大工作始终，紧紧围绕改革发展大局，依法履职，在“三美”文成建设中展现人大作为。

（一）深度参与重大项目谋划，助推美丽经济发展。

支持重大项目建设。审议批准县政府关于调整2016年度政府债券资金项目、百丈漈小微企业园列入2017年政府投资项目计划、322国道文成西坑至景宁交界段改建工程PPP项目建设有关事项等议案，为全县重大项目建设提供有力的资金保障。参与重点项目建设。县人大常委会领导全程督查东方慢城·飞云湖小镇项目推进、刘伯温故里创AAAAA等重点工作，挂钩指导垦造水田、黄坦镇旧村改造、通乡公路提升等重点项目建设，联系对接通用航空机场、青文泰公路玉壶至渡渎段改建、天然气“县县通”、温武吉铁路等重点前期项目，深入一线抓前期、抓开工、抓建设，全力指导、协调和督促相关工作落实。加强政府投资项目监督。跟踪督查重大交通工程、小微企业园、生态农业发展、森林氧吧小镇和保障房建设等重点投资项目进度，推动项目提质提效。修订《文成县政府投资项目监督办法》，完善政府重大项目审查监督机制，规范政府投资行为。督促政府提升服务效能。开展“最多跑一次”改革专项监督，深入到乡镇、部门、企业，广泛听取和征求各方面意见建议，针对“部门信息资源共享不足、办事人员业务不精、办事窗口整合不到位”等突出问题，督促政府进一步简化项目审批流程，提升服务效能，切实改善营商环境。

（二）大力参与全域旅游化环境再造，助推美丽家园建设。

开展全程同步监督。积极响应县委关于全域旅游化环境再造的重大决策部署，将全域旅游化环境再造工程纳入监督重点。及时研究制

定专项监督实施方案，成立专项监督领导小组和6个专项督查组，对县城旅游化改造、美丽小镇创建、美丽乡村提升、水路两轴线性工程、“清洁家园”行动、“绿满文成”行动等六大任务开展全程监督，全面督查工程进展情况，全力推动各项工作落地见效。发动代表参与监督。深入开展代表主题监督活动，积极引导和动员全县广大代表参与全域旅游化环境再造工程监督，依托乡镇代表联络站，按照就地、就近原则，紧盯工程重点环节和重点部位，及时发现问题、督促整改，为改善人居环境、建设美丽家园凝心聚力，营造“人人参与，人人共享”的良好氛围。开展生态环境调研。关注文成水源保护、森林资源保护和开发利用，开展剿灭劣Ⅴ类水暨水质巩固提升、松材线虫病防治等专题调研，积极配合省市人大开展森林康养经济和生态公益林保护调研，为推进我县全域旅游发展保护好绿水青山。

(三)全面参与民生事业改善，助推美好生活构建。

聚焦百姓安居。开展农村建房审批调研，督促政府简化审批流程，加强中介服务市场管理，建立健全农房建设监管体系，破解农民建房难题。跟踪督查震后重建审议意见落实情况，针对“重建指标严重空缺、项目形象进度缓慢、工程质量存在隐患”等困难和问题，督促政府加快工程进度，保障工程质量，让重建户早日实现“住有所居”。聚焦百姓健康。开展医药卫生体制改革工作调研，督促政府推动公立医院综合改革，加强人才队伍建设，建立分级诊疗制度，发展智慧医疗健康服务，着力解决群众看病难问题。配合市人大开展“双下沉、两提升”工作监督，促进基层医疗卫生事业健康发展。开展群众体育工作调研，督促政府加强体育设施建设，合理开放单位体育设施，更好地满足人民群众日益增长的体育健身需求。聚焦百姓诉求。开展侨务工作调研，督促政府加强侨乡基础设施建设，优化华侨投资创业环境，重视华侨子女华文教育。开展民宿经济发展调研，助推乡村旅游发展，促进百姓创业增收。做好人大信访工作，接待群众25批45人次，受理来信30件，促进信访矛盾化解。常委会领导积极参与定期接访调解，挂钩信访积案包案化解工作，督促相关部门采取有力措施，解决好群众合理合法诉求。

二、坚持民主实践创新，加快推进法治文成建设

常委会坚持把推进法治建设作为人大工作的根本任务，积极践行民主法治，加强对行政机关和司法机关的法律监督，切实维护社会公平正义，大力营造浓厚的民主法治环境。

(一)全面推进民生实事项目人大代表票决制。

推进县级民生实事项目代表票决制工作。民生实事项目代表票决制是我省基层民主政治建设的一项实践创新。根据省委《关于实施民生实事项目人大代表票决制工作的意见》精神，深入开展调查研究，牵头组织县政府有关部门和县人大相关工委赴舟山定海、宁波奉化、宁海等地考察，学习借鉴先进经验和做法。协助县委制定实施民生实事项目代表票决制工作意见，推动县政府全面启动2018年民生实事项目征集工作，通过社会征集、座谈征集、调研征集和海外征集等多种途径，广泛征求社会各界意见建议，梳理确定高速公路建设、美丽小镇和美丽乡村建设、教育设施建设、县城交通治堵等13个大类32个子项目，作为2018年县政府民生实事候选项目，提请本次大会审议票决。指导乡镇民生实事项目代表票决制工作。协助县委制定关于全面推行乡镇民生实事项目代表票决制的指导意见，加强对乡镇民生实事项目代表票决制工作的指导，通过乡镇人大座谈会，及时沟通交流存在的问题，推广好的举措，推动乡镇民生实事项目代表票决制有序开展。目前，全县

17个乡镇均已全面启动民生实事项目代表票决制工作，制定出台民生实事项目代表票决制实施办法等配套制度，成立工作领导小组，广泛开展项目初步征集工作。

（二）深入开展司法监督和执法检查。

强化司法监督。开展检察院司法体制改革试点成效评估，提出"畅通检察人员晋升和交流路径，重视检察业务与行政工作的协调发展，完善新型办案模式和内设机构运行机制"等审议意见，推动检察院继续深化司法体制改革。关注家事案件多元化纠纷解决机制建设，助推法院家事审判工作机制改革，促进家庭和睦、社会和谐。开展民事行政检察工作调研，提出"加强部门联动配合、拓宽渠道挖掘案源、强化队伍专业化建设"等审议意见，进一步提高检察机关法律监督质量和效果，更好地发挥民事行政检察工作的职能作用。开展执法检查。对《行政处罚法》在我县的实施情况开展检查，针对检查中发现的问题，提出"加强法律学习宣传、转变执法理念、规范执法程序、提升执法队伍素质"等审议意见，督促县政府及相关执法部门转变作风、整改落实，为进一步优化改革发展环境提供坚强的法治保障。积极配合省人大开展《浙江省少数民族权益保障条例》执法检查，通过省人大积极争取少数民族地区扶持政策，促进少数民族地区发展。认真配合市人大开展立法工作，协助做好《温州市电梯安全条例》《温州市城市绿化条例》立法意见征集，传递基层声音。修订完善《规范性文件备案审查办法》，督促县政府依法及时报备规范性文件50个，积极推动法治文成建设。

（三）依法行使重大事项决定权和人事任免权。

依法决定重大事项。加强计划审查监督，定期听取国民经济和社会发展计划执行情况报告，全面、准确把握经济运行规律和态势，适时调整部分政府项目投资计划，为全县经济社会平稳健康发展提供保障。实行全口径预决算审查监督，定期听取和审议预算执行、决算工作报告，审查批准县级财政预算、政府债务限额和预算调整、政府债券资金调整方案，促进预算编制科学、合理、精准。重视和支持审计监督，跟踪督促审计问题的整改落实，促进财政资金规范、高效运行。一年来，依法作出批准县政府增设预备费、2016年县级财政决算、2017年县级财政预算部分调整、2017年政府债务限额和预算调整等决议决定9个。严格行使人事任免。坚持党管干部与人大依法任免的有机统一，认真审议表决各项人事任免案，严格按照新修订的《文成县人大常委会人事任免办法》，认真把关任前法律知识考试、任职表态发言、审议票决、颁发任命书、宪法宣誓仪式等程序，增强任免干部的宪法意识和责任意识。一年来，依法任免65名国家机关工作人员，接受3名县人大常委会组成人员、10名县人大代表的辞职请求，补选9名县人大代表，保证了国家机关的正常运转。根据国家监察体制改革试点工作要求，做好县监察委员会组成人员任免工作，确保试点稳步推进。

三、发挥代表主体作用，着力夯实人大工作基础

常委会坚持突出代表主体地位，不断完善代表工作机制，搭建代表履职平台，提升代表履职能力，进一步加强和改进代表工作。

（一）着力提升代表履职能力。高度重视代表履职能力提升，把强化学习培训作为提高代表履职能力的重要手段，组织全县人大代表履职培训，全面深入学习中共党的十九大精神以及政治理论、法律知识、人大业务知识，增强广大代表的履职意识和责任意识，提高代表依法履职的综合素质和理论水平。坚持邀请代表列席县人大常委会会议、参加调研视察和执法检查等履职活动，不断提高代表参与常委会工作的广度和深度，为更好地履职尽责发挥作用。

(二)积极拓宽代表履职渠道。健全常委会组成人员联系代表、代表联系群众的工作制度。积极推进代表履职平台建设，按照“全覆盖、制度化、常活动”的要求，在全县17个乡镇建立代表联络站，打通代表联系服务群众的“最后一公里”。加快推进网上代表联络站建设，实现线上线下全天候、便捷化联系，进一步拓宽代表知情明政和反映问题的渠道。以代表联络站为依托，认真组织代表开展“剿灭劣V类水 人大代表在行动”“视察小城镇环境综合整治”等主题活动，深入践行人大代表为民代言、为民履职的职责。

(三)切实增强建议办理实效。高度重视代表议案和建议办理工作，坚持以解决问题为核心、以代表满意为标准，切实加大建议督办力度。通过常委会领导重点督办、现场督办、跟踪督办、办理“回头看”等多种途径，督促责任单位加快办理进度、提高办理质量，不断增强建议办理实效。县十六届人大一次会议以来，代表提出的234件建议已经全部办理答复，其中已经解决或基本解决的有129件，占55.1%；列入计划逐步加以解决的有89件，占38%。一批代表和群众关注的民生热点、难点问题得到妥善解决。

四、加强人大自身建设，不断提高人大工作水平

常委会始终把加强自身建设摆在重要位置，不断强化理论武装，改进工作作风，加强制度建设，努力推动人大工作更加有序、务实、高效开展。

(一)不断加强思想政治建设。坚持把思想政治建设摆在首位，加强人大干部学习培训，深入学习贯彻习近平新时代中国特色社会主义思想和党的十九大精神，切实把思想和行动统一到以习近平同志为核心的党中央决策部署上来。通过组织专题学习、参加集中培训、邀请专家授课、开展理论研讨，进一步增强“四个意识”，不断提高人大干部适应新时代人大工作的政治素质和履职能力，指导人大工作实践。

(二)不断加强机关效能建设。扎实推进“两学一做”学习教育常态化、制度化，认真落实全面从严治党主体责任，严格执行中央“八项规定”精神，深入推进党风廉政建设，持之以恒纠“四风”，锲而不舍正作风，努力打造一支“政治坚定、作风过硬、工作一流”的人大铁军。全面修订《人大常委会议事规则》《主任会议议事规则》《专门委员会工作规则》等一系列人大工作制度，不断推进人大工作制度化、规范化和科学化。强化人大宣传阵地建设，完成文成人大网站改版升级，加强“文成人大”微信公众号管理，全年发布信息106篇，被省市人大采纳发布39篇，进一步扩大人大工作的社会影响。

(三)不断加强乡镇人大工作指导。推行“全县乡镇人大主席联席会议”制度，定期召开联席会议，加强县乡两级人大工作交流和联动，提高我县人大工作整体水平。实行常委会领导分片联系乡镇人大工作制度，对工作程序、制度建设、职能履行等方面进行指导。注重乡镇人大干部履职能力培养，通过邀请乡镇人大主席列席常委会会议、参加履职培训、组织外出学习考察等方式，有效提升乡镇人大工作水平。

各位代表，过去一年常委会所取得的成绩，是县委正确领导的结果，是常委会组成人员和全体人大代表共同努力的结果，是“一府两院”积极配合的结果，也是全县广大人民群众和社会各界人士大力支持的结果。在此，我谨代表县十六届人大常委会，向大家表示衷心的感谢！

在看到成绩的同时，我们也清醒地认识到，常委会工作与社会主义民主法治建设的新要求，与新时代党和人民群众的新期望相比，还存在一定差距。主要是代表服务保障机制不够完善，联系代表不够紧密，代表主体作用发挥不充分；监督落实审议意见和代表议案建议的力度

不大，询问、质询、特定问题调查等刚性监督手段运用不够；人大干部依法履职能力不强，常委会会议审议质量不高，与新时代人大工作要求不相匹配。对此，常委会将高度重视，在今后的工作中认真加以改进。

2018年的主要任务

2018年是全面贯彻落实中共党的十九大精神的开局之年，是改革开放40周年，也是决胜全面建成小康社会、实施“十三五”规划承上启下的关键之年。2018年县人大常委会工作的总体要求是：高举习近平新时代中国特色社会主义思想伟大旗帜，全面贯彻落实中共党的十九大精神和县委十三届三次全会精神，坚持党的领导、人民当家做主、依法治国有机统一，服务发展大局，促进民生改善，推进民主法治，更加有效地履行法定职权，为提速建设“三美”文成作出新的贡献。

根据上述总体要求，今年常委会工作的主要任务是：

一、坚持以党的十九大精神为引领，牢牢把握新时代人大工作方向

深入贯彻落实中共党的十九大精神，深刻领会习近平新时代中国特色社会主义思想的核心要义和丰富内涵，切实增强“四个意识”，坚定“四个自信”，坚决同以习近平同志为核心的党中央保持高度一致。准确把握关于社会主义民主法治建设的新要求，努力做到学深悟透、融会贯通，不断把学习成果转化为谋发展的思路、促改革的举措、干事业的激情，努力推动人大工作不断向前发展。深刻把握新时代社会主要矛盾的新变化、新特征，充分发挥人民代表大会制度优势，努力推动解决发展不平衡、不充分的问题。牢牢把握服务改革发展稳定大局的工作方向，自觉将人大工作置于党的领导下，紧紧围绕县委决策部署，依法履职，积极贡献人大智慧和力量。

二、坚持以提高保障和改善民生水平为目标，着力提升人大监督实效

时刻牢记“人民选我当代表，我当代表为人民”的宗旨，加大监督力度，健全监督机制，着力提升人大监督实效。开展“十三五”规划实施情况中期评估和重大项目建设监督，深化计划和财政预决算审查监督，加强对审计发现突出问题整改情况的跟踪监督，推动我县经济高质量发展。聚焦美丽乡村建设、现代农业园区建设、城市基础设施建设、环境卫生管理、农村饮用水巩固提升等专项工作监督，对民生实事项目实施情况开展全过程、全方位监督，健全督促落实和跟踪问效工作机制，在听取部门年度工作报告、开展满意度测评和部门工作评议等监督基础上，积极探索运用询问、质询、特定问题调查等刚性监督手段和形式，切实增强人大监督实效，让人民群众拥有更多的获得感和幸福感。

三、坚持以贯彻依法治国理念为遵循，持续推进民主法治建设进程

按照中共党的十九大提出深化依法治国的新要求，主动在民主法治建设的第一线，依法履职行权。加强对政府及其职能部门的法律监督，开展《文物保护法》执法检查和《行政处罚法》执法检查审议意见跟踪监督，推动政府依法行政。认真开展规范性文件备案审查，维护法制统一。开展部门工作评议，促进部门进一步优化行政效能，推动工作落实。创新司法监督形式，开展“两官”履职情况测评，依法加强对司法人员的监督，努力维护社会公平正义。关注新形势下人民调解工作，推动社会矛盾化解，促进社会和谐稳定。健全完善人大信访工作机

制，畅通群众来信来访渠道，倾听群众呼声和诉求，促进相关信访问题得到依法解决。

四、坚持以推进“两个机关”建设为保障，不断加强人大自身建设

中共党的十九大提出，“使各级人大及其常委会成为全面担负起宪法法律赋予的各项职责的工作机关，成为同人民群众保持密切联系的代表机关。”要主动适应、积极探索新时代人大工作的新思路和新举措，高标准推进“两个机关”建设，努力把人大工作提高到一个新的水平。进一步密切与代表和群众的联系，加强代表联络站规范化建设，强化代表建议督办力度，支持保障代表依法履职。深入开展“不忘初心、牢记使命”主题教育，持续推进“两学一做”学习教育，驰而不息纠正“四风”顽疾，切实防止四风反弹回潮，努力营造人大机关干事创业的浓厚氛围。以“智慧人大”为抓手，着力抓好文成人大网站和微信平台建设，及时宣传人大工作新动态、新举措和新成果，唱响人大好声音，展现人大新作为，树立人大新形象。

新时代开启新征程，新征程续写新篇章。让我们高举习近平新时代中国特色社会主义思想伟大旗帜，紧密团结在以习近平同志为核心的党中央周围，在中共文成县委的坚强领导下，不忘初心、牢记使命、忠诚履职、砥砺奋进，为奋力开创我县人大工作新局面，提速建设“三美”文成，谱写新时代文成绿色高质量发展新篇章作出新的更大贡献！

政府工作报告

——在文成县第十六届人民代表大会第二次会议上

县人民政府县长 章寿禹

（2018年1月19日）

现在，我代表县人民政府，向大会作政府工作报告，请予审议，并请县政协委员和其他列席人员提出意见。

一、2017年政府工作回顾

2017年，面对复杂的经济形势和艰巨的工作任务，新一届政府按照县委的总体部署，围绕县十六届人大一次会议确定的目标任务，创新实干，攻坚破难，全县经济社会发展稳健起步、奋勇开局。预计全县实现地区生产总值87.5亿元、增长8%，财政总收入11亿元、增长10.2%，一般公共预算收入8.3亿元、增长8.1%，社会消费品零售总额43.8亿元、增长13.5%，城镇常住居民人均可支配收入35690元、增长9%，农村常住居民人均可支配收入15780元、增长9.5%，较好地完成了年初确定的各项目标任务。一年来，我们主要做了以下工作：

（一）造氛围强保障，取得了"项目攻坚、赶超进度"的新突破。项目建设破难推进。以重点项目"百日攻坚"为抓手，强势推进重大项目建设，打赢了龙丽温高速瑞文段、溧宁高速文泰段、G322樟台至龙川段改建等重大交通项目政策处理攻坚战，刘基庙外围仿古街区征地拆迁、巨屿云江商业中心留地处置等一批历史遗留难题得到妥善解决，下沙垟旧村改造创下了我县城中村征迁新速度，预计全年完成固定资产投资78.6亿元、增长9%。项目招商态势良好。开展招商引资项目攻坚行动，突出招大引强，成立招商专班，紧密对接浙旅集团等大企业来文考察洽谈，成功召开第三届世界文成人大会，全年签约项目10个、总投资171亿元，在招商项目体量、成熟度和产业类别上较往年均有重大突破。项目要素保障有力。以公共服务领域项目为重点，争取"两山"建设专项资金4.5亿元、政府债券10.1亿元，清理整合财政存量资金2.38亿元，积极探索PPP、EPC等建设模式，融资渠道不断拓宽。清理批而未供土地131.2公顷、供而未用土地49.73公顷，完成"旱改水"验收92.27公顷、垦造耕地22.67公顷，项目用地得到有效保障。

（二）搭平台创品牌，展现了"产业融合、转型升级"的新态势。旅游主业不断壮大。启动国家全域旅游示范区和浙江省全域旅游示范县创建工作，刘伯温故里创AAAAA通过国家景观质量评审，九溪欢乐谷和天顶湖生态农庄创成国家AAA级旅游景区，武阳村和让川村创成浙江省首批AAA级景区村庄。稳步推进嘉南美地、天鹅堡小镇等项目，百丈漈旅游服务中心、问道刘基馆等项目相继建成。加快培育民宿经济，建成悦慢武阳、石门台等精品民宿5家。举办"三月三"畲乡文化节、第十届万种枫情节等节庆活动，全年实现景区接待人数141.8万人次、增长40.5%，接待过夜游客45.1万人次、增长21.6%，门票收入5094万元、增长18.4%。生态农业稳步增长。围绕农业供给侧结构性改革，扶持壮大茶叶、杨梅、高山蔬菜等优势主导产业，进一步扩大中华蜜蜂、糯米山药、红心猕猴桃、鲜切花等特色农产品规模，文成东魁杨梅荣获“2017浙江省十佳杨梅”称号，实现农业总产值12.64亿元、增长3.5%。加快推进农业与旅游、文化、康养等产业融合发展，实现休闲农业和乡村旅游营业收入9821万元、增长15%。生态工业增量扩容。建成县生态产业园公共服务中心，推进巨屿工业基地和百丈漈生态产业基地转型提升，引进工业企业12家，打破了近三年未能引进工业企业的困局。开工建设百丈漈小微企业园，建成巨屿名泰小微创业园并引进优质企业34家。完善助企强工系列扶持政策，积极开展“双十”助企服务活动，帮助企业解决土地抵押登记等难题86个、应急转贷资金5216万元。全年新增规上工业企业5家，实现工业总产值44亿元。新兴业态发展迅速。建成省级众创空间1家、农村电商服务站50个，实现网络销售额10亿元、增长38%。新引进总部企业9家，实现创税1953万元。新培育建筑业三级企业7家，全县实现建筑业总产值25亿元。引入影视公司5家，《十三猎杀》等9部院线和网络电影在文成拍摄。建成峃口农产品储藏中心，苔湖街商业综合体完成招商。全年新增股份制企业3家，完成“个转企”38家、限下转限上5家，净增各类市场主体1189家。

（三）治乱点树亮点，拉开了“城乡统筹、环境再造”的新序幕。高要求推进“大拆大整”行动。坚持以拆促改、拆改结合，全力推进珊溪街尾、玉壶龙背等22个城中村改造项目，完成签约1239户、29万平方米。稳步推进“无违建县”创建，拆除违法建筑29.3万平方米，拆后土地利用率达87.2%。排查出租房、合用场所、民宿和“四无”生产经营单位6875户，整治合格率均为100%。高起点启动全域旅游化环境再造。编制中心城区总体城市设计，有序推进苔湖街改造、兴福堂城市综合体、泗溪沿岸线缆入地等项目，创成国家卫生县城。谋划小城镇环境综合整治项目215个，开工195个，完成投资1.85亿元。推进“美丽乡村”扩面提质，开展“清洁家园”专项行动，6个村获评温州市“五美乡村”。建成G322县城至西坑段美丽公路，启动新56省道接南田公路景观美化工程，完成公路彩色硬路肩改造60公里。建设珍贵彩色森林2566.67公顷，完成人工更新造林113.67公顷。高标准开展治水治气。全面深化“治水剿劣”专项行动，加快推进飞云江治理二期、城镇污水管网改造等项目建设，在全市率先完成8个劣V类小微水体整治，14条县级以上河道水质均在Ⅲ类以上，荣获治水“大禹鼎”。进一步推进大气污染防治，整治铸造企业8家，淘汰燃煤锅炉6台，空气质量优良率达97.5%。创成“中国气候养生福地”，重点生态环境指标位居省市前列。

（四）守底线补短板，实现了“安全系数、幸福指数”的新提升。“除险安居”工作成效显著。全县共排查城镇危旧房1075幢、农村危旧房10.44万户，鉴定并治理C级危旧房1611户、D级危旧房2189户，治理完成率均为100%。建立农房质量安全监管体系，实现农房建设规范化管理。全面推进地质灾害综合治理，完成地质灾害避让搬迁40处、工程治理34处。建成并投用避灾安置场所219个，实现村级避灾场所重点区域全覆盖。10个抗震安居小区项目全面开工建设，全年完成异地搬迁770户2466人。社会事业多点开花。加快省级教育现代化县创建，武阳书院、县第三实验小学等项目扎实推进，建成大峃中心幼儿园和玉壶华侨幼儿园，推行县城学校课后管理，新高考上线率和一段上线率再创历史新高。开工建设县人民医院新建工程，有效推进“双下沉、两提升”、分级诊疗和责任医生签约服务，医疗卫生和计生服务水平不断提高。以文化强县创建为载体，开展“伯温读书节”等文化惠民活动3228场次，建成城市书房1个、文化驿站3个、农村文化礼堂14个。积极推进全民健身工程建设，浙江马拉松精英赛长期落户文成。实施系列精准扶贫措施，促进低收入群体增收，预计低收入农户人均纯收入增长16%。新增172个建制村通客车，建成安保设施387公里，实现客车“村村通”。加大县城交通治堵力度，新增停车场2个、车位270个。养老、医疗保险户籍参保率分别达92.7%和98.7%，城乡居民大病保险支付比例提高到60%，新增城镇就业人数2074人，实现失业人员再就业743人。社会治理持续加强。加大社会治安专项整治力度，全县刑事发案率下降39.5%，290个村实现全年刑事“零发案”。推进“无欠薪”县建设工作，追回拖欠工资1238万元。积极开展“七五”普法，健全人民调解组织，排查解决各类矛盾纠纷5023起。强化安全生产、食品药品安全监管，开展信访积案督查化解专项行动，圆满完成党的十九大等重点时段维稳安保任务，实现省级平安县“十连创”。工会、共青团、妇女、儿童、老龄、慈善、残疾人、红十字等事业全面发展，民宗、侨务、双拥、移民、气象、档案、老干部、地方志、人民武装、军民融合、人防建设、关心下一代等工作取得新成绩。

（五）抓改革优服务，树立了“依法行政、廉洁高效”的新形象。“最多跑一次”改革走在前列。在全省率先推广“移动互联网+审批”模式，构建了以“一端、一号、四库”为核心的移动互联网服务平台，梳理公布事项689大项、1081小项，可通过移动端申报的零上门事项增加至142个，申报材料简化率达43.5%，办理时限压缩27%，积极推进“一窗受理、集成服务”改革向海外和乡村延伸，“最多跑一次”改革群众满意度居全市第一。廉政建设更为扎实。深入推进“两学一做”学习教育常态化制度化，持之以恒纠正“四风”，全面开展国有房产清查整治，完善财政资金竞争性存放机制，“三公”经费支出下降23.9%。认真落实政府党风廉政建设主体责任，全面加强审计监督，抓好重点领域和关键岗位的风险防控，切实把权力关进制度的“笼子”。依法行政深入推进。自觉接受人大的法律监督、工作监督和政协的民主监督，认真办理人大代表建议234件、政协委员提案142件，办结率均为100%，满意率分别达99.6%和98.6%。深入推进行政复议体制改革，成立行政复议局，完善重大行政决策和规范文件制定程序，进一步规范政府工作程序和行政行为，法治政府建设不断加强。

各位代表，过去的一年，我们在发展中夯实基础，在艰难中谋求突破，全县经济社会实现了新发展，对外形象取得了新提升。这些成绩来之不易，是县委统揽全局、正确领导的结果，是县人大、县政协及社会各界有力监督、大力支持的结果，更是全县上下勇于拼搏、克难奋进的结果。在此，我代表县人民政府，向全体人大代表、政协委员，向所有关心、支持、参与我县建设和发展的驻文部队、工商联、人民团体、海外侨胞、社会各界人士和在文投资者、建设者，表示衷心的感谢和崇高的敬意！

在肯定成绩的同时，我们也清醒地认识到，当前文成发展不平衡不充分的一些突出问题尚未有效解决，政府工作面临诸多困难和挑战，主要表现在：经济发展方面，主导产业培育和重大平台建设推进缓慢，交通尚未实现突围见效，土地、人才、资金、环保等制约因素日益趋紧，发展新动能还未真正形成。城乡环境方面，城中村改造和基础设施建设相对滞后，配套功能还不够完善，城乡风貌、品位和特色离全域旅游化的要求相距较远，城乡管理精细化水平有待提升。社会民生方面，教育、卫生、文体、养老等设施建设短板较为明显，公共服务供给与群众期望仍有差距，部分低收入群体生活依然困难，安全生产、社会治安等领域仍存隐患。自身建设方面，一些干部的思想认识与新时代发展的要求不相适应，作风不实、执行不力等现象不同程度存在，服务项目、服务企业、服务群众的能力有待提高。对于这些问题，我们将高度重视，采取有力措施，认真加以解决。

二、2018年政府工作的总体要求和主要任务

2018年，是全面贯彻落实中共党的十九大精神的开局之年，是改革开放40周年，也是决胜全面建成小康社会、实施"十三五"规划承上启下的关键一年，做好全年各项工作意义重大。当前，文成既面临着改革政策红利释放、后发优势日益增强的历史性机遇，又肩负着追赶发达地区、同步全面建成小康社会的历史性使命，可谓机遇与挑战并存，但是机遇远远大于挑战。生态后发优势正在显现。中共党的十九大把生态文明建设摆在更加突出的位置，提出了加快生态文明体制改革、建设美丽中国的战略布局，为我县充分发挥生态优势、提速"两山"转化带来了重大战略机遇。我们要将自身生态优势置于整个宏观发展大势的背景下来考量，作为区域发展的价值洼地去评估，真正树立起生态后发崛起的战略自信。交通后发优势加速形成。国家和浙江省分别提出建设"交通强国"和"交通强省"的重大目标，综合交通发展迎来更加难得的黄金机遇期。经过多年努力，我县重大交通工程进展顺利，为进一步改善区位优势、拉近与外部的空间距离、融入更高水平的发展平台奠定了坚实基础。政策后发优势逐步叠加。中共党的十九大提出了实施乡村振兴、区域协调发展等重大战略，以及完善主体功能区配套政策和生态补偿机制等战略措施；省委、省政府进一步加大对26县的扶持力度，大力实施"大花园"战略和万亿旅游产业"511"行动；市委、市政府把温州西部生态休闲产业带建设作为实现更平衡更充分发展、加快山区绿色崛起的主要抓手，这些战略部署符合我县资源禀赋和现实发展需求，必将为我县经济社会赶超发展带来重大机遇。因此，在新的一年里，我们要坚定信心、迎难而上、狠抓机遇、奋勇拼搏，努力开创文成绿色发展、赶超跨越的新局面。

根据上述形势的分析和判断，今年政府工作的总体要求是高举习近平新时代中国特色社会主义思想伟大旗帜，全面贯彻落实党的十九大精神，围绕"宜游宜居生态县"发展战略，根据中央、省委经济工作会议和县委十三届三次全会的决策部署，紧扣社会主要矛盾变化，按照高质量发展的要求，以全域旅游引领为主线，着力扩大有效投资、振兴实体经济、建设美丽家园、提升环境质量、增进民生福祉，全面提速建设"三美"文成，以优异成绩向改革开放40周年献礼。

通过综合分析和评估，今年经济社会发展主要预期目标为地区生产总值增长7.5%，财政总收入增长8%，一般公共预算收入增长8%，固定资产投资增长11%，城镇常住居民人均可支配收入增长8.5%，农村常住居民人均可支配收入增长9%，社会消费品零售总额增长11%，主要污染物排放总量等各项约束性指标完成省市下达任务。

实现上述目标，我们要重点抓好以下五方面工作：

(一)围绕扩大有效投资，以"重大项目全程跟踪"为抓手，加快培育动能强劲的增长热点。 坚持项目为王，全力抓好项目建设、招商引资、要素保障各个环节，持续加大攻坚力度，不断优化投资结构，进一步增强发展后劲。

强势推进项目攻坚。 开展重大项目全程跟踪行动，集中力量、集中资源、集中政策，掀起新一轮大抓项目、大上项目的热潮。全力加快项目建设。狠抓政策处理"清零"，着力破解一批历史性、瓶颈性、短板性难题，开工建设溧宁高速文景段、G322西坑至景宁段改建、凤凰山文化园、玉壶东大门开发、青文泰公路玉壶至渡渎段控制性工程等重点项目，全速推进龙丽温高速瑞文段、溧宁高速文泰段、G322樟台至龙川段改建、珊溪李井抗震安居小区二期等重大项目，确保列入省重点项目10个、"411"项目4个。做深做细项目前期。健全重大项目前期推

进机制，紧盯规划衔接、评估论证、项目审批、政策处理等环节，加快推进西北片城乡供水提升工程、通用航空机场、抽水蓄能电站等项目前期，争取文青高速列入省规划，配合做好温武吉铁路、天然气“县县通”工程前期工作，推动项目早落地、早开工，形成投资项目滚动发展的良好态势。精准谋划重大项目。准确把握政策导向、市场方向和现实要素支撑，突出休闲旅游、健康养生、现代农业、基础设施、公共服务等重点领域，谋划一批产业项目和民生项目，争取列入市重点前期项目6个以上。

全面提升招商实效。坚持把招商引资作为“生命线工程”来抓，不断优化营商环境，努力在重大产业项目招引上取得新突破。力促招商落地。开展招商项目历史遗留问题清理专项行动，加强重大招商项目专班对接，列出问题清单，逐条销号解决，确保巨屿影视文化产业园、“东方慢城”飞云湖小镇、空中花园小镇、南田六福山禅意小镇、百丈漈喃山医院等项目在落地开工方面有实质性进展，争取开工10亿元以上项目2个，完成浙商回归到位资金22亿元。创新招商方式。坚持精准化、精品化招商，打好驻点招商、乡情招商、以商招商“组合拳”，聚焦产业平台和众创空间，实施华侨要素回流和文商回归工程，主动对接央企、省企和区域性、行业性龙头骨干企业，加大龙船垟城市综合体、天圣山隐修谷等项目推介力度，确保列入省市盯引清单项目3个、完成项目签约8个。完善招商机制。理顺招商项目“包装上报、预审评估、洽谈签约、移交建设”等流程，着力构建分工合理、精简高效、协同推进的流水线工作模式。健全招商项目退出机制，进一步提高签约项目履约率、到资率和开工率。

狠抓项目要素保障。创新土地利用方式、资金筹集模式和人才引培机制，为项目建设提供有力支撑。强化土地保障。完善土地开发激励机制，大力推进垦造耕地和农村土地综合整治，完成“旱改水”验收100公顷、立项33.33公顷，完成高标准农田建设2333.33公顷、宅基地整理立项6.67公顷，全力做好省级重点项目的农转用报批工作。积极盘活存量建设用地，消化利用批而未供土地33.33公顷、城镇低效用地6.67公顷。推进“标准地”供给，研究制定“做地、储备、出让”一整套联动计划，实现用地出让66.67公顷。强化资金支撑。积极争取上级资金补助和政策性银行融资支持，综合运用银行贷款、PPP、政府购买服务等方式，拓宽政府投资项目融资渠道。推进企业债券发行平台建设，用足用好旅游产业基金，加快县旅投公司等企业上市步伐，吸引更多社会资本进入产业发展、基础设施、公共服务等领域。强化人才引培。把人才作为经济社会发展的第一资源，实施“人才新政”，完善人才培育、评价和激励机制，大力引进高层次人才和工程技术紧缺人才，确保各类人才引得进、留得住、用得活。

（二）围绕振兴实体经济，以“重大平台落地”为支撑，加快构建链条完整的产业体系。坚持“实业兴县”，更加注重质量和效益，进一步发挥旅游主业的融合带动功能，搭平台、优政策、育主体，着力打造温州西部生态休闲产业带示范区。

推进全域旅游业态升级。以国家全域旅游示范区创建为统领，突出核心景区打造和产业平台建设，促进“旅游+”产业融合，不断提升以旅游为引领的现代服务业。全力抓好AAAAA创建。严格对照创建标准，完成西南公路改造提升、森林氧吧小镇城市客厅、刘基庙景区提升、游客服务中心、景区线缆改造、A级厕所改建等项目建设，完善景区旅游集散、文化展示、标识标牌、导游解说、旅游安全等服务系统，健全智慧旅游服务体系，全面提升景区景观品质，力争创成刘伯温故里国家AAAAA级旅游景区。加快发展休闲旅游。强化天湖省级旅游度假区、省市特色小镇、刘伯温文旅产业园等重大平台支撑，加快推进刘基庙外围仿古街区基础设施、天顶湖山地运动休闲中心等项目建设，积极发展山地运动、房车露营、特色美食、影视互动、拓展培训等体验项目，融入名人文化、红色文化、侨乡文化、畲乡文化、宗教文化、太极文化、孝文化等主题元素，不断丰富全域旅游产品供给。优化星级酒店和乡村民宿的结构和档次，加快推进珊瑚岛旅游接待中心、飞云湖秘途风情小镇、百丈漈石庄民宿群二期等项目，新增酒店和民宿床位1200张。引导传统景区向主题型、特色化发展，铜铃山森林公园创成国家生态旅游示范区，森林氧吧小镇创成国家AAAA级旅游景区，新增国家AAA级旅游景区1个、AAA级景区村庄4个。积极开展精准旅游营销，不断拓宽旅游市场，全年实现景区接待人数增长25.1%、接待过夜游客增长32.1%、门票收入增长27.3%。大力培育新兴业态。加快创新平台建设，成立文成农林科学研究院，带动人才孵化、科技转化和企业成长。积极发展康养产业，推进西坑隐居安福、铜铃山森林康养基地、岙口中意康乐养老院等项目建设。培育建筑业二级企业1家、新增企业2家，完成建筑业产值27.5亿元、增长10%。加强绿云电子商务园等电商平台建设，实现网络零售额11亿元。继续发展总部经济，引进总部经济企业5家以上。出台文化产业发展规划和扶持政策，着力打造全域无围墙微电影基地。

加快生态农业提质增效。围绕构建现代农业产业体系，进一步推进农业品牌化、特色化、标准化发展，不断提高农业综合效益。突出品牌化发展。大力实施农业品牌战略，重点打造“文成原农”区域公共品牌，深入推进“文成贡茶、文成杨梅、文成高山蔬菜、文成糯米山药、文成土蜂蜜、文成素面”等农业品牌建设，做大做强茶叶、杨梅、高山蔬菜等传统主导产业，积极扶持红心猕猴桃、糯米山药、食用花卉、食用菌等高效农业发展，全面推动农产品提档升级，实现农业增加值增长3%以上。突出特色化发展。以创建省级休闲农业和乡村旅游示范县为目标，依托美丽乡村、生态农庄和休闲农业，探索建设田园综合体；提升九龙山、仙人居、邱老汉等生态农庄，新建南田高村、二源山头、周山官坑等休闲农业基地，打造一批庄园经济体；推进珊溪万亩杨梅、南田循环农业等现代农业园区转型升级，逐步形成集生产、加工、销售等功能的产业联合体；持续发展彩色稻田、观赏花卉等创意农业，办好早茶节、利柿节等农事节庆活动，做好“农文旅”融合文章。突出标准化发展。大力发展生态循环农业，全面完成“一控两减三基本”年度任务，健全农业标准、农产品检测和质量追溯体系，农产品质量安全抽检合格率达98%以上、农业标准化生产覆盖率达64%以上，创成省级农产品质量安全放心示范县。保障粮食安全，加强粮食生产功能区建设，全年粮食播种面积和产量分别稳定在8333.33公顷、5万吨。

促进生态工业增量转型。实施生态工业三年倍增计划，推动工业经济绿色发展、集聚发展、创新发展，完成规上工业增加值增长8%以上。提速工业园区建设。成立县生态产业园管理委员会，加强园区基础设施建设和环境整治，加快推进巨屿工业基地和百丈漈生态产业基地扩容提质，启动黄坦生态产业基地起步区建设，发展壮大巨屿名泰小微创业园，建成百丈漈小微企业园，引进优质工业企业20家以上。推进存量企业优化。进一步深化“四换三名”“三转一市”，实施企业“机器换人”2家，完成企业股改2家、“新三板”挂牌1家、小升规4家。加大技改投入，完成工业技改投资3亿元、增长25%，占工业投资比重达60%以上。培育国家高新技术企业1家、科技型企业8家，实现高新技术产业增加值增长10%以上。加强信息化基础设施建设，申报市级“两化融合”试点企业2家以上。实施精准助企服务。积极落实助企强工优惠政策，打好简政放权、减税降费、金融扶持等系列组合拳，大力营造合力扶工氛围。深入推进“双十”助企服务活动，重点破解企业融资、环评审批、产权证办理等难题，全力护航企业发展。

围绕建设美丽家园，以“全域旅游化环境再造”为载体，加快建设品质卓越的城乡集群。坚持“小县大城”发展战略，统筹推进县城、集镇、乡村协调发展，进一步美化城乡环境、完善城乡功能、提升城乡特色，努力构建全域美丽“大花园”。

精心打造美丽县城。以培育重点生态功能区小城市为目标，全方位推进城市空间优化、功能重构、形象再造、品质提升。注重亮点打造。突出城市设计引领，全面实施泗溪两岸建筑立面改造，开工建设兴福堂桥和沙垟桥，加快推进体育场路、伯温路景观工程和桥梁景观提升工程，完成寨山公园一期主体工程，启动高速出入口景观工程、绿道慢行系统、西山公园等项目建设，全力打造立体开放的美丽生态“中央水轴”。加大城中村改造力度，加快下沙垟、龙船垟、泉台等城中村改造，统筹推进苔湖街二期改造、珊门旧村改造等项目征迁工作，深化二新片区城中村改造等项目前期，开展樟山片区、龙川片区等新区建设研究。注重功能完善。围绕补齐城市功能短板，加快推进县城自来水厂扩建、垃圾填埋场提升、综合垃圾处理厂、体育中心地下停车库、天然气输气工程等一批公共配套项目建设，启动红枫路、文化路等城市通道建设前期。深化省级服务业集聚区创建，开工建设鸭头山旅游配套和县物流中心项目，建成兴福堂酒店、百丈漈旅游服务中心酒店，加快打造苔湖商贸街、二新特色购物街、城东欧陆风情商业街、中央水轴休闲廊道等特色街区。注重精细管理。以创建省级示范文明县城为抓手，深化城市管理体制机制改革，加快“智慧城市”建设，规范城市秩序、市政园林、市容环卫、公用事业等行业管理，逐步形成与旅游城市相匹配的运行管理体系。全力打好拆违攻坚战，完成拆违15万平方米，确保创成“无违建县”。

着力创建美丽小镇。坚持以景区建设的理念提升城镇建设水平，培育一批品质凸显、配套齐全、功能突出的新型小城镇。加快环境整治。全面推进小城镇环境综合整治，围绕城镇出入口、主要道路、公共核心区、背街小巷等重点区域，突出抓好“环境卫生、城镇秩序、乡容镇貌”三大整治任务，打造具有文化内涵和特色品位的形象展示窗口，完成项目投资2.7亿元，力争第二批10个乡镇通过省级考核验收。加快有机更新。开工建设珊溪街尾二期、玉壶东樟等9个城中村改造项目，建成南田南阳小区、巨屿垟地边抗震安居小区等8个组团式居民小区。推进商贸服务、社会民生、市政公用、停车场所等配套设施建设，加快打造玉壶国际慢城、南田旅游风情小镇、二源高山田园风情小镇、铜铃山冰雪运动休闲小镇等一批特色小镇，形成“一镇一品、一镇一韵”的发展新格局。加快互联互通。完成黄坦云塘公路建设和周山通乡公路改造提升，加快平和公路、南田至十源公路改造提升，开工建设公阳、桂山通乡公路改造提升工程和百丈漈十黄线至新亭联网公路，推进“四好农村路”建设，完成农村公路大中修62.5公里，启动“连村通景公路改造提升工程”，加快构建县域半小时交通圈。

全面提升美丽乡村。紧密对接乡村振兴战略，以四条美丽乡村精品带建设为核心，推进“产村人”融合、“居业游”共进，争创省级美丽乡村示范县。提升环境美。加快打造美丽乡村升级版，全面开展“污水革命”“垃圾革命”“厕所革命”，统筹推进“清洁家园”“美丽庭院”“最美农居”等系列美丽行动，建成交通绿道23公里、滨水生态修复节点15处，创成风景线沿边整治村25个、示范村5个、精品村6个，推动美丽乡村“盆景”变“风景”。突出产业美。巩固和完善农村土地承包关系，加强新型农业经营主体和职业农民培训，大力发展乡村旅游、民宿民居、农村电商、来料加工、光伏工程等富民产业，促进农村一二三产业融合发展，实现所有村集体经营性年收入稳定在5万元以上。实现长效美。编制全县乡村振兴规划和三年行动计划，健全城乡融合发展体制机制，加强农村日常运维管理，推动公共财政向农村倾斜、基础设施向农村

延伸、公共服务向农村覆盖，实现美丽乡村“一时美”向“一直美”转化。

（四）围绕提升环境质量，以“国家生态文明建设示范县”为目标，加快打造山清水秀的生态样板。坚持人与自然和谐共生，树立和践行绿水青山就是金山银山的理念，全面加强生态建设和环境保护，构筑全省一流生态高地。

强化水环境污染防治。全面落实中央环保督查整改要求，加快推进飞云江治理二期、城镇污水管网、天顶湖清淤等项目，开工建设玉泉溪综合治理二期、梧溪治理二期、峃口河道生态提升等工程，完成城东、玉壶、黄坦等污水处理厂尾水深度处理工程，城镇污水处理率、城镇污水处理厂运载负荷率、农村生活污水治理农户受益率分别达85%、90%、80%以上。建立健全“河长制”“湖长制”，巩固治水剿劣成果，深入推进“清三河”向小沟、小渠、小池塘等小微水体延伸，做到治理无盲区、全覆盖，确保县域所有出境水质提升至Ⅱ类以上、乡镇交接断面水质保持Ⅲ类以上。

提升治气治土水平。实施大气污染防治计划，推进燃煤烟气、工业废气、汽车尾气、餐饮油烟、工地扬尘“五气共治”，确保二氧化硫、氮氧化物等指标符合总量控制要求，空气质量优良天数比例达97%以上，PM2.5浓度保持在每立方米35微克以下。开展土壤污染治理修复，建成永久基本农田示范区环境监测网络，确保耕地土壤环境质量达标率在73%以上。实施耕地总量保护，基本农田保护面积和耕地保有量达到省定任务数。以垃圾减量化、资源化和无害化处置为突破口，全面推进生活垃圾分类处理，实现生活垃圾集中收集处理全覆盖，农村生活垃圾减量化资源化处理建制村覆盖率达50%以上。

加大植绿护林力度。大力推进“绿满文成”行动，全年新植珍贵树种43万株，重点打造G322沿线、环飞云湖及飞云江两岸彩色森林景观带，完成珍贵彩色森林建设2933.33公顷、森林抚育1166.67公顷。扎实推进以生态红线管控为重点的森林资源保护，启动国家森林城市、牛栏湾省级森林公园和黄寮自然保护区建设，提升森林消防综合防控能力，加强生态公益林管护，加大松材线虫病除治力度，深化“青山白化”治理，确保林木蓄积量增长25万立方米、森林覆盖率保持在71.5%以上、阔叶林及针阔混交林占森林面积比重达45%以上。

（五）围绕增进民生福祉，以“十大民生实事”为重点，加快形成幸福和谐的民生网络。坚持以人民为中心，提高保障和改善民生水平，加强和创新社会治理，使人民获得感、幸福感、安全感更加充实、更有保障、更可持续。

大力发展社会事业。优先发展教育事业，加快省级教育现代化县创建，建成县第三实验小学和南田伯温小学，加快建设职业中专迁建、武阳书院、城东小学、黄坦中心小学、周壤中心幼儿园等项目，推进教师“县管校聘”管理改革，规范提升民办教育，义务教育学校标准化率达97.3%，学前教育等级幼儿园覆盖率达96%。积极发展文化事业，开工建设玉壶侨乡文化陈列馆，新建乡镇文化站4个、城市书房1个、百姓书屋2个、文化驿站2个，新增农村文化礼堂10个以上，做好大会岭、道岭古道和玉壶中美合作所申报国保单位工作。深入实施全民健身计划，加强体育设施建设和管理，举办浙江马拉松精英赛、环浙江自行车系列公开赛等高端品牌赛事。全力打造“健康文成”，深化医药卫生体制改革，推动省市医疗资源下沉和县域“医联体”建设，加快推进县人民医院新建工程，开工建设黄坦、桂山、周山等乡镇卫生院，乡镇卫生院标准化率达100%。优化计生服务管理，促进人口均衡发展。

持续加强社会保障。实施精准扶贫，强化帮扶举措，坚决打好低收入百姓增收攻坚战，完成扶贫异地搬迁2232户7590人，实现低收入农户人均纯收入增长10%以上。扩大养老、医疗等保险覆盖面，提高统筹层次和保障水平。加快建设“无欠薪”县，开展就业技能培训，城镇登记失业率控制在2.8%以内。加快建立“多主体供给、多渠道保障、租购并举”的住房制度，合理增加土地供给，科学引导市场预期和购房行为，促进房地产市场平稳健康发展。加强低保动态管理，实现应保尽保。完善社会救助制度，加大困难群众、残疾人等弱势群体的帮扶力度。支持公益和慈善事业发展，健全留守儿童、妇女和老年人关爱服务体系。推进养老机构医养结合，加快玉壶养老院、南田敬老院等项目建设。提升综合防灾减灾能力，建成5个乡镇避灾中心、75个村级避灾安置点。

不断创新社会治理。深化“平安文成”建设，全面实施“雪亮工程”，完善立体化社会治安防控体系，依法严厉打击各类违法犯罪行为。严格落实安全生产责任制，加强生产、消防、交通、特种设备等重点领域安全隐患整治，确保重大事故隐患挂牌整治率达100%。健全食品药品安全监管体系，创成省级食品安全县。加快建立信用信息综合服务平台，完善社会诚信体系。全面实施地质灾害综合治理，完成地质灾害避让搬迁19处、工程治理23处。继续加强乡镇“四个平台”建设，完善矛盾纠纷排查调处机制，提升基层社会治理水平，为实现省级平安县“十二连创”夯实基础。

民之所望、政之所向！每年做好十大民生实事项目，是我们坚持多年的传统。今年，我县按照民生实事“群众提、大家定、政府办”的理念，首次实施民生实事项目人大代表票决制。经过广泛征集，我们认真梳理了高速公路建设、国省道改建、人民医院新建、教育设施建设、旅游惠民、县城交通治堵、除险安居、文化设施改善、饮用水改造提升、美丽小镇和美丽乡村建设、飞云江治理、天然气输气和政务便民等13个候选项目，提交此次大会票决。下一步，我们将根据代表们的票决结果，不折不扣、全力以赴把民生实事项目办实办好。

三、切实加强政府自身建设

各位代表，发展的重任、竞争的态势、人民的期盼，对政府自身建设提出了更高要求。我们将坚持用习近平新时代中国特色社会主义思想武装头脑，切实强化争先意识、为民意识、担当意识、法治意识、廉政意识，“实”字当头，“干”字为先，全力打造绝对忠诚、干事担当、干净自律、充满活力的政府铁军。

（一）增强争先意识，紧盯一个目标。牢固树立“小地方也有大作为”的理念，正确把握发展“风向标”，对照先进找差距，拉高标杆促发展，形成“争先恐后、你追我赶”的干事创业氛围。大力倡导立说立行、雷厉风行的工作作风，增强抢的意识、争的劲头、拼的勇气，全力创造发展新优势。紧盯争先目标，抢抓发展机遇，加快赶超步伐，力争在各个领域、各项工作中争先创优，在全省26个加快发展县中进等升位。

（二）增强为民意识，保持一颗初心。始终牢记为民服务的初心，坚持把群众满意作为第一准则，做到与群众感情上“心连心”、工作上“面对面”、办事上“实打实”。着眼于解决老百姓的痛点、堵点和难点问题，集中更多时间和精力办好人民最关心最直接最现实的民生实事、关键小事，以干部的辛勤付出换取人民群众更多的获得感。持续深化“最多跑一次”改革，完善“一窗受理、平台处置、网格出件”新模式，加快打破“信息孤岛”，真正实现“数据跑”代替“群众跑”。

（三）增强担当意识，负起一份责任。健全激励引导机制，旗帜鲜明地为敢为、善为、有为者撑腰，为想事、干事、成事者搭台，激发干部干事创业热情。加大对懒政怠政行为的追责问责力度，严厉整治行政不作为、慢作为、少作为，让敢于担当、善于担当蔚然成风。要敢打攻坚战、善啃硬骨头、勇做改革者，坚决扫除一切阻碍发展的“拦路虎”和“绊脚石”，着力破解征地难、拆迁难、招商难等问题，以实干担当赢得群众的口碑和政府的公信力。

（四）增强法治意识，紧握一把标尺。坚持把依法行政作为政府行权履职的重要标尺，扎实开展“七五”普法，加强公共法律服务体系建设，自觉运用法治思维和法治方式推动工作，切实将政府活动全面纳入法治轨道。严格落实行政执法责任制，规范行政执法行为。主动接受人大法律监督、工作监督和政协民主监督，积极执行人大决议决定，认真办理人大代表议案、建议和政协委员提案。依法实行政务公开，更加重视社会公众监督和新闻舆论监督，及时回应社会关切，让权力在阳光下运行。

(五)增强廉政意识，牢筑一道防线。严守政治纪律和规矩，严格落实全面从严治党主体责任，深入推进政府系统党风廉政建设和反腐败斗争，筑牢拒腐防变的思想道德防线，切实增强不想腐的自觉。以更高标准、更严要求落实中央“八项规定”精神，驰而不息纠“四风”、持之以恒正作风，坚决防止不正之风反弹回潮。加强重点领域、重要环节和关键岗位的廉政风险防控，从源头上预防腐败，努力营造风清气正的政务环境。

新时代孕育新机遇，新征程当有新作为。让我们高举习近平新时代中国特色社会主义思想伟大旗帜，紧密团结在以习近平为核心的党中央周围，在中共文成县委的坚强领导下，紧紧依靠全县人民，以更加开阔的眼界、更加务实的作风、更加昂扬的斗志，不忘初心、砥砺前行，敢想敢为、善作善成，为提速建设“三美”文成，谱写新时代文成绿色高质量发展新篇章而努力奋斗！

注释：

1）**“两山”建设资金**：2017年，浙江省设立振兴实体经济(传统产业改造)、“两山(一类)”和“两山(二类)”建设三项财政专项激励资金，实施竞争性分配，连续支持三年。2017—2019年共安排162亿元，择优支持48个县(市、区)。我县入选“两山(一类)”建设财政专项激励政策分配对象，省财政给予每年专项激励资金1.5亿元。

2）**PPP**：即公私合作模式，通过特许经营权转让等方式，政府与社会资本在基础设施及公共服务领域建立“利益共享、风险共担、全程合作”的长期合作关系。

3）**EPC**：是指公司受业主委托，按照合同约定对工程建设项目的设计、采购、施工、试运行等实行全过程或若干阶段的承包。

4）**五美乡村(P4)**：是指温州以环境美、风尚美、人文美、秩序美、创业美为主题，在改善环境、富民强村、教化风俗等方面加大工作力度，深化乡村文明建设。

5）**城市书房**：是指以24小时自助实体图书馆为基础，利用信息化和RFID技术，实现无人值守和自助服务的全开放、不打烊、高品位的自助实体街区图书馆。

6）**文化驿站**：是指由文化部门或文化组织创意并发起的公益文化平台，主要开展文化宣传、组织讲座、学习及交流等活动。

7）**一端、一号、四库(P5)**：“一端”是指政务服务网移动客户端、“一号”是指文成县行政审批服务中心微信公众号、“四库”是指个人数据库、法人单位数据库、电子证照库、公共信用信息库。

8）**万亿旅游产业“511”行动(P8)**：2016年浙江省提出，力争通过5年努力，培育5家旅游类上市企业，撬动社会资本投资1000亿元以上，参与建设100个旅游项目。

9）**“411”**：即万亿产业转型升级工程、万亿基础设施完善工程、万亿统筹城乡建设工程、万亿公共服务提升工程，建设1000个以上省重大项目，带动全社会固定资产投资超过10万亿元。

10）**标准地**：是指带着建设规划、能耗、环境、投资强度、亩产税收等系列标准进行出让的建设用地，企业拿地后通过“一窗受理”即可直接开工，建成投产后按照法定条件和既定标准进行验收。

11）**文成原农**：是一个覆盖文成全区域、全品类、全产业链的县级农产品区域公共品牌，致力于为消费者提供放心、安全、口感好的文成原生态农产品。

12）**一控、两减、三基本**："一控"是指控制农业用水总量和农业水环境污染；"两减"是指化肥、农药减量使用；"三基本"是指畜禽粪污、农膜、农作物秸秆基本得到资源化、综合循环再利用和无害化处理。

13）**新三板**：是指全国性的非上市股份有限公司股权交易平台，主要针对的是中小微型企业。

14）**两化融合**：是指信息化和工业化的高层次深度结合。

15）**四好农村路**：习近平总书记于2014年3月提出要进一步把农村公路"建好、管好、护好、运营好"，逐步消除制约农村发展的交通瓶颈。

16）**百姓书屋**：是指设在农村百姓自己家门口的无人值守图书馆，可为读者提供全天候、全自助的办证、借阅、续借、还书等服务。

17）**医联体**：是指区域医疗联合体，将同一个区域内的医疗资源整合在一起，通常由一个区域内的三级医院与二级医院、社区医院、村医院组成。

18）**雪亮工程**：是指以县、乡、村三级综治中心为指挥平台、以综治信息化为支撑、以网格化管理为基础、以公共安全视频监控联网应用为重点的"群众性治安防控工程"。因为"群众的眼睛是雪亮的"，所以称之为"雪亮工程"。

19）**四个平台**：是指"乡镇综治工作、市场监管、综合执法、便民服务"等"四个平台"的基层治理体系。

中国人民政治协商会议第九届文成县委员会常务委员会工作报告

——在政协第九届文成县委员会第二次会议上

县政协主席　刘金红

（2018年1月18日）

我代表政协第九届文成县委员会常务委员会，向大会报告工作，请予审议，并请列席会议的同志提出意见。

一、2017年工作回顾

2017年是九届县政协的开局之年，是我县人民政协事业在继承中创新、在创新中发展的一年。一年来，在中共文成县委的坚强领导下，县政协常委会高举爱国主义和社会主义旗帜，坚持团结和民主两大主题，紧紧围绕"宜游宜居生态县"总战略，扎实履行政治协商、民主监督、参政议政职能，为提速"两山"转化，打造"三美"文成，决战决胜全面建成小康社会作出了积极贡献。

（一）加强学习、凝聚共识，进一步坚定正确政治方向

常委会坚持把加强思想政治建设摆在首要位置，坚持通过常委会、党组会议、主席会议、理论中心组学习会、机关党支部会议等认真组织学习，不断巩固共同思想基础，进一步坚定正确政治方向。深入学习贯彻中共党的十九大精神，以及习近平新时代中国特色社会主义思想，不断增强政治意识、大局意识、核心意识、看齐意识，坚定"四个自信"和实现"中国梦"的信心和决心。深入学习贯彻省市县党代会和县委全会精神，切实增强同县委保持高度一致的思想自觉、政治自觉和行动自觉，引导政协委员和机关干部聚焦发展和民生突出问题，积极投身于"三美"文成建设实践。组织学习统一战线理论和人民政协基本知识，开展政协理论研究，进一步提高委员的理论素养和履职能力。

（二）聚智聚力、咨政建言，倾力服务全县发展大局

常委会坚持把服务大局作为履行职能的第一要务，紧紧围绕事关全局的重大问题和全县中心工作，精选议题，凝聚各方智慧和力量，广泛议政建言，努力为全县改革发展建睿智之言，献务实之策。

政治协商积极有为。着力推进协商民主广泛多层制度化发展，组织委员围绕全县中心工作，开展广泛多层次协商民主活动，共谋发展大计。一年来，共召开全体会议1次、常委会6次、主席会议12次，其他协商座谈会议20余次。九届一次会议深入贯彻落实县第十三次党代会精神，围绕"三美"文成建设主题，认真协商讨论我县"一府两院"工作报告和其他有关报告，以提案、小组讨论等形式提出160多条意见建议。其中，"完善县域总体规划，建设美丽县城；加快推进人民医院新院区建设；挖掘本土文化，促进文旅融合；打造微电影基地；加强农村生活污水治理长效管理"等许多真知灼见，得到了县委、县政府领导的重视和采纳，并落实到具体工作中。常委会和主席会议着重就我县经济发展、交通建设、城镇建设、环境保护、行政审批制度改革等事关全局的大事要事开展专题协商讨论，以事实和数据深入分析问题实质，提出许多具有前瞻性和可行性的意见建议，促进了党政决策的科学化、民主化。各专委会、界别工作组主动加强与对口部门的联系交流和沟通协调，通过组织座谈、情况交流、征求意见等形式，及时就县城城市设计、通乡公路建设、美丽乡村建设等相关领域的重要事项，开展对口协商或界别协商，促进了部门相关工作的顺利开展。

民主监督务实有效。紧盯全县重点难点工作，组织委员深入开展三大集体民主监督活动，有力推动县委、县政府重大决策部署落实和部门工作改进。持续深化"五水共治"专项集体民主监督，以"剿灭劣V类水"为重点，成立4个民主监督小组，先后组织委员358人次开展28次监督调研，实事求是地反映问题，提出对策建议30余条，跟踪督促整改落实有关问题20个，为我县在全市率先完成"剿劣"任务作出了积极贡献。深入开展"大拆大整"专项行动民主监督，针对"工作谋划不足、政策对接未到位、资金紧缺"等问题，提出"高站位规划、推进货币化和异地安置、完善统筹协调管理和资金补助机制"等具体有效的对策建议，有效助推全县"大拆大整"专项行动落实。精心组织开展"最多跑一次"改革专项民主监督，通过实地考察、走访部门单位、座谈交流，深入分析改革中存在的主要问题和深层次原因，群策群力提出"加快信息平台建设、明确办事事项标准、加强窗口队伍建设、加大宣传监督力度"等工作建议，有力促进我县行政效能改革。此外，根据县委"百日攻坚"工作部署，县政协主席、副主席分别挂帅相关重点项目攻坚组，常态化开展实地监督、协调解决实际困难、帮助争取落实资金，干在一线、督在一线，有力推进相关重点攻坚项目落实。

参政议政成果丰硕。精心选取党政关注的重点问题、改革发展稳定面临的难点问题、人民群众反映强烈的热点问题，深入开展调研视察，积极参政议政，为推动文成经济社会全面发展建诤言、献良策、出实招。开展生态工业发展调研，形成《关于我县生态工业发展情况的调研报告》，提出"坚定工业发展决心、化解历史遗留问题、合力推进转型发展、营造良好发展环境"等工作建议，为我县生态工业发展提供高质量的参考。开展茶产业发展调研，形成《关于我县茶产业发展情况的调研报告》，对我县茶产业发展现状、存在问题、潜在的优势条件进行深入分析，提出"制定茶业发展专项规划、完善茶业发展扶持政策、培育专业服务茶农队伍、建立茶旅文化融合基地、建设茶业交易市场、提升地理标志商标"等工作建议，为我县茶产业振兴提供重要参考。组织开展高速公路建设、侨韵玉壶·国际慢城建设、侨品汇发展、影视产业发展和宗教工作等专项视察，委员们认真巡视察看、咨政建言，通过听汇报、看成果、座谈交流，广泛汇集各方意见建议，形成专项视察报告5个，针对"高速公路建设政策处理难、侨韵玉壶·国际慢城建设协调难度大、侨品汇发展扶持力度不够、影视产业发展认识不足、宗教管理队伍力量薄弱"等突出问题，提出具体对策措施，促进了部门工作的落实和改进。

（三）关注民生、反映民意，努力增进人民群众福祉

常委会坚持把人民群众的根本利益作为履行职能的出发点和落脚点，积极反映社情民意、建言民生改善、服务民生公益，努力促进人民群众生活水平提升。

积极反映社情民意。紧扣社会热点，及时反映民声诉求，为党委政府和群众架起沟通的桥梁。召开信息工作专题会议，遴选聘任20名社情民意信息员，加强工作力量，拓宽信息渠道；制定反映社情民意信息工作实施办法（试行），规范信息工作，激发委员反映社情民意的积极性和主动性；开展信息工作业务培训，进一步提升县政协反映社情民意信息工作水平。一年来，共向市政协报送社情民意信息32篇，向县委、县政府报送社情民意信息专报7期。其中，《浙江山区"除险安居"工作遭遇现实困难，亟待政策支持》《抓规范促提升，打造海外调解工作升级版的建议》等信息分别被省、市政协采用；《农村危房监管改造的现状、问题及建议》《当前社区矫正存在的问题及对策》《推进地方政协智库建设，聚智聚力更好服务政协履职》等信息被县主要领导批示落实。这些高质量的社情民意信息，为党政决策和有关部门工作落实提供了民意民智支持。

努力建言民生改善。围绕民生民本，扎实做好政协提案工作。以提高提案质量和办理实效为核心，积极探索创新提案征集、审核、办理方式方法，修订完善提案工作系列制度，联合两办制定县委、县政府领导领办重点提案制度，促进提案办理取得实效。通过县政协领导督办重点提案，组织提案办理面商、民主评议、"不满意件"复办、"回头看"等措施，促使各类合理化建议得到落实和采纳。九届一次全会以来，共审查立案142件提案，截止目前已全部办答，满意率为98.6%。其中，提升本地及外来游客在我县旅游体验的建议等多个提案的综合意见，被纳入县政府2018年十大民生实事项目备选目录；加大文成避灾安置场所建设力度的建议，促成县政府落实国债、特扶资金7000万元，全力推进避灾场所建设；景区创AAAAA、加强物业管理、推进美丽乡村整体规划建设、调整审批中心窗口上班时间等一大批优秀提案的建议意见得到办理和落实，使许多重要民生问题得以妥善解决。

真情服务民生公益。充分发挥政协人才荟萃、联系广泛的优势，组织引导委员和社会各界人士深入基层，开展扶贫济困、爱心救助和"六送下乡"活动，以实际行动践行履职为民宗旨。政协九届一次会议以来，县政协认真组织各专委会联合县有关单位赴乡镇开展"送文化、送卫生、送科技、送教育、送法律、送体育"下乡活动，各工作组、联络组相继开展"情系家乡，真情助学""法律知识进社区、进乡镇、进企业""文艺敬老，情暖冬至""守望童心，亲情体验"等一系列公益慈善活动，为困难群众送去温暖和关怀，赢得了广泛好评和赞誉。据不完全统计，一年来，共引导广大委员和社会各界人士为我县教育卫生事业、美丽乡村建设、贫困救助等社会公益事业捐款捐物（部分为认捐）价值2100余万元，助学结对贫困学生20人，慰问困难群众420多人。

（四）发扬民主、增进团结，积极维护社会和谐稳定

常委会坚持团结和民主两大主题，充分发挥人民政协代表性强、联系面广、包容性大的独特优势，广泛开展联络联谊交流，凝聚人心、汇集力量，共同致力于文成经济发展和社会和谐稳定。

广泛开展联谊交流。主动邀请工商联、党外人士参加各类协商会议和调研视察活动，共同研究政协工作中的重要事项。加强与港澳台侨和非公经济人士的联谊交流，组织港澳台侨界委员赴苍南县考察侨企、台企，开展联谊交流活动。加强与商会、侨团的联络联系，积极引导在外文商侨商回归发展。加强与宗教界人士的交流交往，组织委员走访宗教场所，积极为宗教事务管理建言。

加强文史征编工作。制定《文史资料征编工作五年规划》和《文史征集编辑出版规范化工作方案》，进一步加强和改进政协文史工作。充分发挥文史资料"存史、资政、团结、育人"的作用，组织敖里、龙川文史雅集，收集地方姓氏文献资料，征集、编纂、出版《文成文史资料》第三十二辑（《疚庼日记》第三、四册），促进了地域文化与经济社会协调发展。

着力发挥社团作用。理顺机制体制，将县茶文化研究会和政协书画院纳入政协专委会统筹管理。大力支持县茶文化研究会和政协书画院开展活动，设立委员之家为社团和委员活动提供场所；开展茶产业发展调研，联合有关单位举办2017年文成县茶产业发展论坛；联合县博物馆举办拓片技艺及历史专题讲座，促进了优秀传统文化的传承和发展。

（五）固本强基、开拓进取，持续提升政协履职能力

常委会高度重视自身建设，充分发挥政协党组领导核心作用，不断加强学习培训、健全工作机制、强化机关建设，着力构建委员为主、专委会为基、机关为辅的工作体系，持续提升政协工作科学化、制度化、规范化水平。

加强委员队伍建设。将委员培训工作列入主席会议重要议事日程，组织举办覆盖全体委员的履职能力提升专题研修班，分三期对新一届政协委员开展集中轮训，就省第十四次党代会精神、提案和社情民意信息工作等实用课程进行培训辅导，有效地提升了委员整体素质和履职能力。制定《委员履职情况量化管理办法（试行）》，细化履职要求，实行动态管理，不断增强委员履职的主动性和积极性。搭建委员活动和知情明政平台，召开政情通报会，认真组织开展会前活动，积极为委员知情明政、履职尽责创造条件。加强对界别工作组、乡镇联络组的工作指导，组织引导委员开展形式多样、内容丰富的联谊交流和履职活动，努力发挥广大委员的主体作用。

加强专委会建设。根据市政协的指导意见，在县委的高度重视下，原6个专委会优化调整为8个。明确县政协专职常委协助各专委会工作，专题研究、配齐配强专委会兼职副主任和委员，进一步增强专委会工作力量。一年以来，专委会加强与对口单位、相关界别的联络联系，认真做好委员提案、反映社情民意、团结联谊、文史资料等经常性工作，相继组织委员开展10项专题调研视察、民主监督活动，较好地发挥了政协履职的基础性作用。

加强政协机关建设。出台《政协党组议事规则》《关于切实加强领导班子自身建设的决定》，以政协党组为领导核心，全面落实从严治党主体责任。深入开展"两学一做"学习教育常态化制度化活动，常态化组织党组、党支部集中学习，严格贯彻落实中央"八项规定"和省市县作风建设、廉洁自律有关要求，修订完善政协会议、委员履职、机关管理三方面18项制度，使政协机关工作更加高效、严谨、规范、有序。加强政协理论研究，深入开展政协协商民主、民主监督、智库建设等方面理论调研，组织撰写理论调研文章4篇，获市政协理论研讨会二等奖一名、优秀奖两名。加强政协宣传工作，通过省政协联谊报、县政协网站和微信公众平台发布信息140条，积极宣传政协履职实践和履职成果，传递政协声音。密切与宣传部门和新闻单位的联系和协作，认真做好会议和活动的宣传报道，展现委员风采，营造良好履职氛围，不断扩大政协社会影响力。

回顾过去一年的工作，县政协常委会坚持以新时期人民政协工作的新特点、新要求，努力探索政协工作新途径、新方法，顺利完成了各项工作任务，取得了较好的工作成效。这是县委正确领导的结果，是县人大、县政府和社会各界鼎力支持的结果，凝聚着县政协各参加单位、广大委员和机关全体同志共同努力的心血和汗水。在此，我谨代表县政协常委会，向所有为人民政协事业付出辛勤劳动和所有关心、支持政协工作的各位领导、同志们、朋友们，致以崇高的敬意和诚挚的感谢！

看到成绩的同时，我们也清醒地认识到工作中存在的不足，主要是政协协商民主建设有待进一步深化，民主监督实效有待进一步提升，参政议政成果有待进一步转化，委员主体作用有待进一步发挥，委员履职能力和水平有待进一步提高，政协机关作风建设有待进一步加强等等。这些问题，我们将在今后的工作实践中采取措施努力改进。

二、2018年工作任务

2018年是全面贯彻落实中共党的十九大精神的开局之年，也是九届政协工作务实创新、持续推进的一年。今年县政协工作的总体要求是:高举习近平新时代中国特色社会主义思想伟大旗帜,全面贯彻落实中共党的十九大和省市县委全会精神,牢牢把握团结和民主两大主题,紧紧围绕全县中心工作,充分发挥人民政协协商民主重要作用,以助推发展、改善民生、促进和谐为重点,认真履行政治协商、民主监督、参政议政职能,努力为"三美"文成建设作出充满政协智慧的贡献。

(一)强化理论武装,着力凝聚强大发展合力

全面深入学习贯彻落实中共党的十九大精神,是人民政协当前和今后一个时期的首要政治任务。要有针对性的采取多种形式深化学习,认真研读、深刻领会中共党的十九大报告和习近平总书记新时代中国特色社会主义思想的精神实质,增强对中国特色社会主义的道路自信、理论自信、制度自信和文化自信,坚定实现"中国梦"的信心和决心,切实把广大委员、参加政协的各人民团体和各界人士的思想和行动统一到十九大精神上来。要深入学习贯彻县委全会精神,充分发挥协调关系、汇聚力量、建言献策、服务大局的作用,积极引导广大委员和政协机关干部与县委重大决策部署保持同一个声音、同一个步调,将智慧和力量凝聚到"三美"文成建设上来。要深化政协理论研究,以理论创新推动工作实践。

(二)围绕中心工作,着力助推经济社会发展

围绕中心、服务大局是人民政协履行职能的第一要务。要以加强协商民主建设为抓手,认真履行政治协商、民主监督、参政议政职能,全力助推经济社会发展。要广泛协商议政。按照中共党的十九大关于推动协商民主广泛、多层、制度化发展的要求,认真贯彻落实好县委《关于进一步加强人民政协协商民主建设的实施意见》,精心研究制订协商工作计划,充分利用全体会议协商、常委会协商、主席会议协商、专题协商、对口协商、界别协商、提案办理协商、媒体协商等形式,围绕县委全会重大决策、"一府两院"工作报告、"十三五"规划的实施,以及事关全县改革发展稳定的重大课题和人民群众关注的热点难点问题开展广泛协商,努力为"三美"文成建设献计献策。要深化民主监督。认真贯彻落实省委《关于加强人民政协民主监督的意见》,通过专项民主监督、提案监督、委派民主监督、民主评议监督等多种形式,组织广大政协委员围绕县委、县政府重要决策部署,以及政府职能部门的工作效能开展民主监督,切实提升民主监督的质量和水平,努力使民主监督成为落实党政决策、改进工作作风、提高工作效能的重要手段。要积极参政建言。不断拓宽参政议政渠道,继承发展调研视察、政情通报、听证会、委员工作室等有效履职形式,围绕重大项目、重大平台、环境再造、生态文明、民生实事落实,以及全面深化改革、美丽乡村建设、美丽县城建设、侨韵玉壶·国际慢城建设、垃圾分类处理、社区矫正、体育事业发展、侨品汇发展等重要工作,深入开展调研视察,努力为县委、县政府完善决策部署和落实重点工作提供高质量的参考意见。

(三)牢记履职为民,着力促进民生保障和改善

履职为民是人民政协工作的根本宗旨。要坚持以人民为中心的工作导向,听民声、纾民困、解民忧、暖民心,主动当好党委政府联系各界群众的桥梁和纽带,积极协助党委政府做好保障和改善民生工作。要畅通民意渠道。加强反映社情民意信息工作,积极搭建民意反映有效平台,充分发挥政协专委会、工作组和联络组,以及广大委员的主体作用,经常性组织开展信息沙龙和调研活动,真诚倾听群众呼声,真实反映群众期盼,使社情民意信息成为党委政府联系群众、科学决策的重要渠道。要促进民生改善。紧紧围绕县委、县政府重大民生决策和县政府十大民生实事,以及教育、医疗、社会保障等群众最关心、最直接、最现实的民生问题,组织开展调研视察、民主监督,及时以提案、社情民意信息、协商纪要等形式向党委政府建言。常态化开展县领导领衔办理重点提案工作，精心筛选重要民生提案提交县领导领衔办理，努力促进民生实事落地见效。要深化民生活动。找准新形势下政协群众工作的着力点，以专委会和界别工作组为主体，组织委员深入开展扶贫慰问、慈善捐赠及“六送下乡”等系列民生活动，多干让人民群众满意的好事、实事。

（四）扩大团结民主，着力营造和谐稳定氛围

团结民主是做好政协工作的重要基础。要充分发挥人民政协作为最广泛爱国统一战线组织的作用，加强团结、发扬民主、增进共识，努力为我县营造和谐稳定的发展环境。要深化联谊交流。积极促进社会各界的团结合作，主动为各人民团体、无党派人士发表意见建议创造条件，积极推动不同界别阶层、不同利益群体，通过政协协商平台参政议政。加强政协智库建设，联同县委政研室、县发改局等有关部门，共同探索建立我县“智库联盟”。密切与港澳台侨界和非公经济人士的联系，积极帮助他们协调解决实际困难和问题，鼓励引导在外文成人回归发展。全面贯彻落实党的民族宗教政策，积极助推少数民族乡村经济社会发展，加强与民族宗教界人士的经常性沟通，主动关心、及时反映他们的意见和诉求，巩固和促进民族团结、宗教和睦、社会和谐的稳定局面。要重视文史工作。加强文史工作交流，组织开展文史考察、刘基文化研究、民俗文化挖掘等活动，鼓励广大委员撰写文史资料，编辑出版《文成文史资料》第三十三辑，协助市政协文史委完成人民公社“三亲史料”征集任务。要加强社团管理。开展县茶文化研究会、政协书画院换届工作，组织茶艺交流、书画采风等活动，编辑出版《边走边画：雅庄古村》作品集，充分发挥县茶文化研究会和政协书画院的作用，进一步做好联系人、团结人、凝聚人的工作。

（五）加强自身建设，着力激发政协工作活力

加强自身建设是做好政协工作的基础和保证。要充分发挥政协党组在政协工作中的领导核心作用，深入开展“两学一做”学习教育活动，不忘初心，牢记使命，切实履行党组全面从严治党主体责任，不断加强县政协队伍建设，激发政协工作活力。要加强常委会建设。定期召开常委会，组织专题学习，开展协商议政，全面提升常委会参政议政的能力和水平，努力把常委会建设成一个立场坚定、勤学笃思、能谋善谏的领导集体。要加强专委会建设。推进专委会规范化建设，加强对界别工作组、片联络组的工作指导，以专委会和界别为依托，积极搭建委员履职平台，组织引导委员规范、有序开展协商议政、民主监督、调研视察和联谊交流等履职活动，努力提升政协参政议政的整体水平。要加强委员服务管理。探索开办“政协讲坛”，为政协委员和政协工作者提供学习交流平台。深入实施委员履职量化管理办法，注重发挥委员的特长和优势，不断增强委员履职活力和成效，着力打造一支“懂政协、会协商、善议政”的委员队伍。要加强政协机关建设。加强政协机关的政治建设、思想建设、组织建设、作风建设和纪律建设，认真组织学习贯彻落实政协工作各项制度，坚持用学习强素质、用制度促规范、用事实鼓干劲，着力改进政协机关工作作风，提高机关干部的综合素质、宗旨意识和服务能力，努力打造一支政治坚定、作风优良、业务熟练的政协干部队伍。

人民政协事业的光荣使命正在激励和鞭策着我们，风劲帆满图新志，砥砺奋进正当时！让我们更加紧密地团结在以习近平为核心的党中央周围，在中共文成县委的坚强领导下，同心同德、聚智聚力，努力为加快建设“三美”文成，实现与全省同步全面建成小康社会作出新的更大贡献！

大事记

1月

1月4日 以浙江省国土资源厅副厅长夏晓鸿为组长的省验收组到文成县，对“基本无违建县”创建工作进行考核验收。

1月6日 温州市委常委、常务副市长陈作荣到公阳乡开展挂钩帮扶活动，落实帮扶资金125万元。副市长苗伟伦率市有关单位和部分企业，到平和乡开展挂钩帮扶活动，落实帮扶资金70万元。

1月9日 温州市委副书记、市长张耕到黄坦镇开展“送温暖”活动，走访慰问当地部分困难群众。全县村级组织换届试点工作动员会在西坑畲族镇召开。整个试点工作从1月9日开始，2月22日结束。要求全面完成全镇11个行政村党组织、村民委员会、村务监督委员会和村（股份）经济合作社的换届选举任务。

1月11日 西坑-南田（西南）公路改造提升工程开工仪式举行。西南公路按三级公路标准建设，起点为刘伯温故里南田镇诚意路路口处，终点与西坑镇相接，项目总投资8334.98万元，全长12.9公里，途经梧溪、西垟、横山等多个村庄，路基7.5米，路面6.5米，路面采用沥青砼。

1月中旬 浙江省统计局、省环保厅联合印发《2015年浙江生态文明建设评价结果》（2016年对上年评价），全省54个县（市）和7个区生态文明建设综合评价指数出炉，文成县生态文明建设综合评价总指数为105.58，全市范围内在洞头之后位列第二。

1月16日 文成县首座电动汽车快充站在文成宾馆内建成，站内设630千伏安专变1台，安装8个充电桩，其中120千瓦和60千瓦的快充充电桩各4个。

2月

2月2—3日 2日上午8时许，文成县百丈漈镇外大会村发生一起四间四层半民房坍塌事件，共有两户9人被困，其中一户6人，分别是一对老夫妻、儿子、儿媳妇、孙子和外孙，另一户3人，分别是一对夫妻和女儿。截至3日上午10点，9名被困人员的搜救工作完成，其中7人遇难，2人生还。搜救工作结束后，市委书记徐立毅看望并慰问受伤人员和死伤者家属以及一线救援人员。

2月16日 温州市青田至泰顺公路文成玉壶至珊溪段工程工可报告评审会议在文成县召开，评审专家认为，报告基本可行，但仍需综合考虑多方因素进行优化完善。

2月中旬 文成县刘伯温故里旅游景区参与全国AAAAA级景区景观价值评审会，以高分景观价值通过景观资源评估。

2月20—23日 中国人民政治协商会议第九届文成县委员会第一次会议在县文化中心剧院举行。选举产生政协文成县第九届委员会主席、副主席、秘书长和常务委员。刘金红当选为政协第九届文成县委员会主席；胡晓雄、郑士钗、雷旭燕当选为政协第九届文成县委员会副主席；叶洪锋当选为政协第九届文成县委员会秘书长；叶萍等32人当选为政协第九届文成县委员会常务委员。

2月21—24日 文成县第十六届人民代表大会第一次会议在县文化中心剧院召开。大会应到代表200人，实到代表191人，符合法定人数。大会由主席团常务主席、执行主席刘建忠主持，县委副书记、代县长章寿禹代表县人民政府向大会作政府工作报告。依法选举产生县人大常委会主任、副主任、委员，县人民政府县长、副县长，县监察委员会主任，县人民法院院长，县人民检察院检察长和文成县出席温州市第十三届人民代表大会代表。根据投票选举结果，郑建华当选为县人大常委会主任，吴育民、钟信友、林乐融、陈成武当选为县人大常委会副主任；章寿禹当选为县人民政府县长，吴昌亮、李标、金一玲、赵东佐、刘云、毛伟新当选为县人民政府副县长；蔡爱东当选为县监察委员会主任；朱鹏鸣当选为县人民法院院长；卢小明当选为县人民检察院检察长；会议还选举汪驰、王彩莲、刘建忠等28人为出席温州市第十三届人民代表大会代表。

2月25日 市委书记周江勇到文成调研，实地察看县城苔湖片区城中村改造现场，详细听取县城旅游化改造及城中村改造情况介绍。

3月

3月4日 文成县巨屿派出所民警叶希在"'最美浙江人'大型公益活动——万朵鲜花送雷锋"活动中，荣获"活雷锋"称号。

3月5日 爱心人士、志愿者林炳良获"2016感动温州十大人物"称号。

3月上旬 文成县首部品牌辑要图书——《文成品牌风采》正式出版，该画册图文并茂收录了县域范围内的2个浙江名牌产品、12枚浙江省著名商标、22个温州名牌产品、16枚温州市知名商标，是文成质量发展的见证材料。

3月8日 国家住建部城市建设司世界遗产与风景名胜区管理处处长左小平、省建设厅总规划师顾浩带领调研组到文成调研风景名胜区，并于次日召开百丈漈—飞云湖风景名胜区总体规划范围专题报告论证会。

3月9日 浙江省国土资源厅厅长陈铁雄一行到文成调研地质灾害综合治理工作。走访视察周山畲族乡官坑村岀周公路改造情况、杨梅树栽铁皮石斛试种情况、岀口镇政府后山泥石流、县求知中学后山边坡治理情况、大岀镇下沙垟村官山西脚滑坡现场、龙川地质灾害避让搬迁安置点建设情况，并与相关人员进行交流。

3月10日 中午11时许在县前街与伯温路交叉口发生一起惨烈的交通事故，一辆大货车与一辆电瓶车相撞，造成电瓶车驾驶员重伤，经抢救无效死亡。

3月14日 浙江省民政厅厅长王剑侯、副厅长王忠志一行到文成县调研民政工作。考察珊溪镇李井村避灾安置小区，听取珊溪灾后重建小区建设、小区危旧房拆除、避灾小区公共服务配套设施建设等工作情况。同日，温州"最美文化礼堂人"评选活动结果揭晓，钟维禄获评温州市"最美文化礼堂人"。

3月15日 浙江省副省长冯飞一行到文成调研工业经济发展和科技工作，察看文成县山哥哥科技企业孵化创业园，重点考察文成县农e众创空间的建设情况。

3月21日 文成县长章寿禹主持召开危旧房再排查再整治紧急部署会议，要求各乡镇进一步增强责任感和紧迫感，全面开展拉网式排查、地毯式检查，确保D级危房"五个一律"严格落实到位，切实消除安全隐患，确保群众生命财产安全。

3月23日 浙江省公路局副局长楼晓寅一行到文成县调研公路管理情况。实地考察龙丽温高速一标段樟台隧道、高速二标段、樟台鸭头山322国道樟台至龙川段工程项目部和鸭头山隧道的建设情况，认真听取关于项目概况、建设进度的工作汇报。

3月24日 华侨施德如向文成县侨联，捐赠一套外汇兑换券。

3月下旬，浙江省财政厅公布振兴实体经济(传统产业改造)、“两山(一类)”和“两山(二类)”等三项财政专项激励资金实施竞争性分配情况，文成县入选“两山(一类)”建设财政专项激励政策分配对象，省财政将给予每年专项激励资金1.5亿元。

3月28日 以“文成红色记忆”为主题的伯温讲坛进校园活动在文成县实验小学举行，活动由县委宣传部、县委史志办、县社科联主办，文成社区学院、文成县实验小学承办。文成县实验小学一年级200余名学生参加活动。

3月下旬 浙江省交通运输厅公布2016年度全省国省道公路路况检测评定结果。文成县国省道公路路况综合得分为94.7，位列全省第一。

3月30日 浙江省公路管理局副局长孙校伟率省局计财处、安全处、养护处等领导，会同省安监局、公安交管局等部门领导，对322国道生命防护工程进行交(竣)工验收。通过现场查堪和台账审阅，同意将该工程评定为优良工程。

3月下旬 文成县被浙江省打击传销工作联席会议评定为2016年度无传销县。

4月

4月上旬，文成县贡茶协会和文成县杨梅协会申报的“文成贡茶”“文成杨梅”两件地理标志证明商标，正式经国家工商总局商标局批准注册，至此全县农产品地理标志证明商标增至3件。

4月9日 文成县第二届青少年创客文化节举行。文化节活动以“放飞梦想 智创未来”为题，由县教育局、县科学技术协会、县科技局主办，县青少年活动中心协办，县实验小学承办。

4月11日 2017浙江首届“青春秀文成”旅游主播年度直播大赛新闻发布会举行。发布会在共青团浙江省委指导下，由文成县人民政府、温州市旅游局主办，浙江电视台影视娱乐频道等单位协办。

4月13日 文成县第十批省级爱国主义教育基地测评考核组到县烈士纪念馆调研。

4月14—15日 温州市市委书记周江勇到文成县调研，详细了解百丈漈镇“除隐患、保安全”系列攻坚战开展情况。

4月15日 文成县首届梨花节在二源镇山头村拉开帷幕，近2000人次到雪梨基地赏梨花、观旗袍秀等活动。

4月18日 浙江省侨联党组书记岑国荣率队的省市督导组到文成县督导剿灭劣V类水工作。

4月19日 在2016年全省科学技术奖励大会上，文成企业浙江中星钢管机械有限公司和浙江师范大学合作的“智能全自动冷轧管机关键技术开发及产业化”项目荣获浙江省科技进步奖三等奖。

4月23日 第二届文成县茶文化旅游节暨第四届“采茶节”技能大赛在百丈漈镇新亭村举行。

4月26日 市民林清芳、田毅、郑伟斌和王义荣获市级劳动模范称号，县城镇环境卫生管理所荣获市模范集体称号。

4月27日 浙江省委组织部、省旅游局联合举办的“推进全域旅游发展专题研讨班”在省委党校举行，文成县委书记王彩莲受邀参加“县委书记谈全域旅游”专题论坛并做《全域旅游的文成探索与实践》主题发言。

4月27—28日 文成县委书记王彩莲带领县党政代表团赴诸暨、安吉、景宁学习考察。

5月

5月1日 “五一”劳动节小长假期间，全县接待游客20.75万人次，实现旅游收入8735.75万元。

5月9日 浙江省安福利生慈善基金会(简称安基金)发展规划汇报会在文成县召开。安基金诞生于2017年3月,经由省民宗委和省民政厅批准设立,注册资金1000万元,由释达照法师为主发起并担任理事长。这是文成县第一个宗教慈善基金,温州市首个省级宗教慈善基金。

5月13日 法国中国和平统一促进会执行会长王加清率法国中国和平统一促进会访问团到文成县学习考察,召开法国中国和平统一促进会2017共圆中国梦回国访问团到文访问座谈会,共叙桑梓之情,共求家乡繁荣发展。

5月20日 温州市第十六届运动会柔道比赛在文成县体育中心举行,为期3天,采用单循环赛形式,共计141场比赛。

5月22日 意大利教育考察团到文成县访问考察交流会暨合作办学洽谈会召开,会上双方签署建立友好交流关系意向书,并就双方合作办学等事宜进行洽谈交流。

5月23日 浙江省发改委、省公路管理局组织的G322国道文成西坑至景宁交界段改建工程初步设计审查会在文成召开。现场勘查让川村、西坑畲族镇、安福寺、石门道班、石垟林场等5个线路点,并听取设计单位现场讲解工程的设计思路和工程设计概况,详细了解项目选址区域地质地貌、线路优化情况、桥梁隧道设计方案等。同日,意大利教育考察团一行到文成七星武阳乡村旅游景区、刘基庙、玉壶国际慢城、各大中小学校等地考察访问,并签署关于合作解决意大利文成籍大学毕业生就业协议书。

5月下旬,浙江省委书记车俊点赞文成避灾场所建设好做法。避灾场所建设"文成方案":两年内,通过新建拆建、改造提升、调用规范等途径,重新布局超400个避灾安置场所,基本形成县镇村三级网络全覆盖。

5月26日 浙江省农产品经纪人协会三届六次会长工作会议在文成召开。浙江省供销社纪委书记、监事会主任、浙江省农产品经纪人协会会长施祖法出席会议,省供销社副巡视员、监事会副主任、浙江省农产品经纪人协会副会长申屠步生主持会议。同日,首次地震应急桌面演练在文成举行,省地震局地震应急处处长叶建青应邀参加演练,副县长李标担任演练指挥长。

6月

6月2日 文成县启动"双十"助企服务活动,以做强绿色产业为载体,以平台建设、商贸升级和企业上市为主攻方向,实现振兴实体经济的目标。

6月5日 文成县率先在温州市实行孕妇免费产前筛查和诊断补助项目。

6月7日 浙江安福利生慈善基金(简称安基金)成立大会在文成安福寺隆重举行。浙江省民宗委副主任倪忠扬,温州市政协副主席黄寿龙,温州市委统战部副部长、市民宗局局长金国平,文成县委副书记、县长章寿禹,文成县政协主席刘金红等省、市、县有关领导和部分高僧大德应邀出席成立大会。

6月上旬 温州一正药房连锁有限公司文成店领取文成县的首张《食品药品经营许可证》。

6月上旬 人保财险文成支公司在文成率先开办杨梅采摘期降雨气象指数保险试点。

6月20日 2017年,温州市青少年艾滋病防治教育工程现场会暨文成基地授牌仪式在振中学校举行。全国人大常委、全国人大教科文卫委副主任委员,中国工程院院士、中华预防医学会会长王陇德,省市有关部门领导,县长章寿禹、副县长金一玲等出席仪式。

6月21—22日,浙江省委书记车俊到文成县调研,宣讲并指导学习省党代会精神。先后走访百丈漈镇腾飞小区、避灾安置中心等,了解下山搬迁、农村危旧房整治等情况,还实地考察新亭村村民中心、村容村貌等,了解换届后村级新班子新思路新面貌。

6月23日 文成县委召开常委(扩大)会议,对省委书记车俊在文成县调研、宣讲时的重要讲话精神进行第一时间传达、第一时间贯彻落实。

6月23—25日 闽粤浙3省百家旅行商和媒体代表开展"走进文成大型踩线及推广活动"。

6月24日 文成县全县普高报名人数841人,上线834人,上线率99.17%;第一段上线人数138人(含体艺类45人),第一段上线率16.4%,再创历史新高。

6月26日 由文成籍导演周守多执导的电影《宝岛情人劫》在铜铃山镇正式开机。

6月30日 文成县委召开庆祝中国共产党成立96周年大会。县委副书记、县长章寿禹主持会议,县委书记王彩莲作重要讲话,会议要求全县各级党组织和广大党员干部要以更加奋发有为的精神状态,求真务实的工作作风,团结一心,奋力拼搏,全力打好新一届党委政府"开门仗",为打造"三美"文成再立新功,以优异的成绩迎接党的十九大胜利召开。县委常委、组织部部长虞绍榜宣读表彰先进的文件,与会县领导为受表彰的先进集体和个人颁奖。还举行《中国共产党文成历史》第二卷首发仪式。

7月

7月2日 来自江苏无锡的22名驴友在文成县巨屿镇白水际峡谷户外溯溪爬山被困。经过12个小时的搜寻、救援和撤离,全部人员于中午安全下山,无人员伤亡。

7月4日 文成县委召开常委(扩大)会议,围绕依法执政工作进行专题研讨。会议围绕省委书记车俊在全省党政领导依法执政专题研讨班开班仪式上的讲话精神,结合文成工作实际,就如何贯彻落实车俊书记的讲话精神,提高全县各级领导干部的依法执政能力和水平,推进基层治理法治化,加快"法治文成"建设进程进行专题研讨。

7月11日 文成县与浙江省旅游集团正式签署战略合作协议,助力文成旅游发展从"景点游"到"全域游"、从"观光游"向"休闲度假游"转型。

7月12日 民航华东管理局机场处调研员滕力鹏一行到文成审查通用机场选址工作,并召开审查会议就文成通用机场选址提出意见和建议。

7月14日 文成县"建制村客车村村通"攻坚行动首战大捷暨开通仪式。同日,文成县中心城区总体城市设计方案征集汇报评审专题会议召开。在评审会上,上海同济城市规划设计研究院、浙江省城乡规划设计研究院、深圳市建筑设计研究总院3家设计单位依次进行汇报,就文成中心城区总体城市设计的功能产业定位、文化创意与内涵、空间形态、用地布局、交通组织等核心内容进行了阐述。县委党史县志办公室组织召开《中国共产党文成历史》第三卷专题编写培训会,特邀省委党史研究室三处处长俞红霞作专题讲座。承编单位分管负责人、撰稿人等50余人参加培训会。

7月26日 2017年度征兵工作会议召开。同日,文成县人民政府与中国联通温州分公司签订战略合作协议,共同加快推进文成"十三五"信息经济发展。

8月

8月10日 文成县委召开十三届二次全体(扩大)会议。回顾总结上半年工作,研究部署下一阶段任务,进一步动员全县上下强化实干担当、奋力创先争优,高质量完成全年各项目标任务。会议审议通过《中共文成县委关于从严加强干部队伍建设 争当"提速'两山'转化、打造"'三美'文成"排头兵的决定》。县委书记王彩莲代表县委常委会向全会作报告。县委副书记、县长章寿禹，县委常委等参加会议。

8月18日 文成县下沙垟城中村改造项目房屋拆除工作启动。

8月23日 在温州市鹿城区鹿城剧院开展的“农民进城晒文化”——2017年浙江省农村文化礼堂群众文艺优秀作品成果展演活动中，文成民族乐团选送的《刘基出山》奏响温州舞台。

9月

9月5日 文成县人民政府召开2017年兵工作会议，会议汇报全县征兵工作情况，正式确定新兵应征入伍人数，并通报新兵名单及去向。

9月6日 文成县人民政府与浙江省建设投资集团签订战略合作协议，内容涉及全域旅游化改造、小城镇综合治理、美丽乡村建设等项目。

9月10日 2017年9月“浙江好人”正式公示，文成县市民周建海上榜。

9月13日 文成县全县防御第18号台风“泰利”部署会议召开。会议传达国家和省、市防指视频会议精神，通报防御18号台风“泰利”前期工作情况，并对下一步工作进行部署。

9月28日 世界文成人联谊总会第三届理事会召开。本次理事会选举产生会长1名、常务副会长1名、副会长27名、秘书长1名，县委副书记徐清雨当选联谊总会第三届理事会会长。会议审议第二届理事会工作报告；听取关于世界文成人联谊总会第三届理事会换届大会筹备工作及人事安排、《章程》修改的情况说明；审议《世界文成人联谊总会章程》（修改稿）；审议《世界文成人联谊总会第三届理事会选举办法》（草案）；审议《世界文成人联谊总会顾问建议名单》。联谊总会第三届理事会共有理事277名，其中县各级领导5名，港澳台胞9名，文成籍工商界人士75名，城市联络站代表15名，县内代表12名，海外华侨161名.

9月30日 烈士纪念日，县党群部门、部队官兵、老干部、学校师生等各界代表齐聚县烈士陵园举行公祭活动，深切缅怀为民族独立、人民解放和国家富强、人民幸福英勇献身的革命烈士。王彩莲、章寿禹、郑建华、刘金红、徐清雨等县四套班子领导出席活动。

10月

10月3日 文成籍运动员蔡颖颖获得第十四届世界武术锦标赛武术散打女子60公斤级冠军。

10月11日 浙江省委常委、市委书记周江勇在市委常委米建康、副市长苗伟伦陪同下到文成调研生态休闲产业带建设情况，先后到铜铃山镇和铜铃山国家森林公园、猴王谷景区开展调研活动。全域旅游化环境再造工程三年总投资30亿元，含308个子项目，2017年计划投资4.3亿，到9月份累计完成投资额3.5亿元，完成年度任务84%。

10月17日 中国工程院院士、国家流域水循环模拟与调控重点实验室主任、中国水利水电科学研究院水资源所名誉所长王浩一行到文成考察，与文成县签订合作共建院士专家工作站框架协议。

10月18日 温州医科大学校长吕帆一行到文成开展调研活动，与文成县签订校地科技合作协议并举行温州医科大学来华留学生中国文化体验实践基地揭牌仪式。

10月19日 温州市人大常委会主任葛益平到文成调研医疗卫生体制综合改革工作，到县人民医院，通过对网络医疗服务平台的演示模拟，对县医疗信息化、平台优势等进行初步了解。

10月下旬 在省第六届运动休闲旅游节上，文成县天鹅堡室内滑雪项目成功获评省运动休闲旅游优秀项目，成为继绿水尖高山户外滑雪、九溪峡谷穿越之后，全县第三家获此殊荣的单位。

10月23日 浙江省老促会领导到文成调研红色旅游并召开座谈会，对进一步发展红色旅游建言献策。

10月25日 首批二价宫颈癌疫苗针运抵文成，这种疫苗适用于年龄9-25岁之间的女性。

10月26日 浙江省医联医疗扶持和救助公益基金会扶持、救助第一站，在县人民医院开展义诊公益活动。同日，中信产业集团下属中景信旅游集团副总裁张树民考察组一行到文成考察旅游投资环境。先后来到铜铃山国家森林公园、安福寺、百丈漈、天顶湖进行实地考察。

10月27日 文成县领导干部会议召开。会议认真传达学习党的十九大精神及省市委贯彻意见。

10月28—29日 浙江旅游集团总经理陈祝毅一行到文成调研全县各大景区，通过实地观摩考察，着力为文成旅游带来更多的新理念、新思维，谋划出对市场有冲击力的旅游产品，推进文成旅游业实现更高水平的发展。

10月31日 浙江省督查组到文成开展“五水共治”“三改一拆”和小城镇环境综合整治工作第三轮督查活动，并在活动前召开汇报会，了解全县上述各项工作具体情况。

11月

11月1日 浙江省公路局局长洪秀敏到文成调研交通建设工作情况，参加调研座谈会就文成交通建设工作给予针对性指导建议。

11月2日 浙江省民政厅副厅长余强一行到文成开展调研活动。先后前往县光荣院、百丈漈镇镇级避灾安置中心、西里避灾点及巨屿镇垟地边避灾安置点进行实地调研，走访各点负责人，听取相关汇报，详细了解民政各项工作情况。

11月4日 在浙江省第十一届青少年中华经典诗文诵读活动暨“大艺树杯”诵读大赛全省总决赛中，文成选手毛依阳、陈林分别获得中学个人组二等奖、小学个人组三等奖。同时，陈琰、胡琼霞获得温州市优秀指导老师称号。

11月7日 温州市人大常委会副主任张洪国带队到文成，就民生实事项目征集工作开展调研。

11月上旬 文成县华侨文化研究会获“温州市侨务文化基地”的荣誉称号授牌。

11月9日 温州市文明办指导组到文成调研县城市文明程度指数测评工作，并召开反馈会。

11月10日 文成县第三届“刘伯温诗歌奖”颁奖典礼在县文化中心隆重举办。臧海英、刘年、张伟锋获第三届“刘伯温诗歌奖”，蒋立波、梁尔源、笨水、祝立根、王琪获诗歌提名奖。

11月11日 “文成县公益福彩 大爱文成”关爱部分困难家庭暨福利彩票活动在县文化中心广场举行。14日上午，“关爱困难家庭”现场，市福彩中心为文成县25位困难家庭每人发放2000元的福彩公益资助金。

11月13日 浙南中药温郁金质量标志物高峰论坛在文成县举办，并于会议期间召开文成县中医药科技与康养产业发展咨询会，为文成中医药产业发展和中药研究院的建设提出建设性的意见和建议，加快破解文成中医药产业发展的制约和瓶颈。中国工程院院士陈洪铎、刘昌孝及中医药专家、医药企业代表等参加会议。

11月15日 文成县茶产业发展论坛讲座交流会召开。会议邀请中国农业科学院茶叶研究所茶叶专家韩文炎、马建强、江和源，为茶商茶农讲座解疑，以茶为媒，共叙茶文化、共谋茶产业未来发展。同日，温州市委副书记、市长张耕到文成开展挂钩帮扶慰问及调研活动，先后到大峃镇兴福堂，现场察看文商回归旅游配套服务业集聚区兴福堂综合体项目建设情况，二源镇邱老汉基地，考察低收入农户帮扶示范点情况，随后驱车前往二源镇二源村，看望慰问部分老党员和困难群众。召开会议研究相关工作，指出，要认真学习贯彻落实党的十九大精神，坚定不移践行“两山”理论，充分发挥资源禀赋优势，做好生态保护利用文章，加大扶贫开发攻坚力度，以扎实的工作举措决战决胜高水平全面建成小康社会。

11月17日 由中国晚报工作者协会、新民晚报社、温州市委宣传部、文成县委、县政府，温州日报报业集团主办的全国晚报社长、总编辑“超构故里行”走转改大型采访活动正式启动。包括21家省会（副省级）城市晚报在内的全国61家报社的百位社长、总编辑、编委、名记者深入文成采访，报道“两山理论”等治国理政新理念新思想新战略在温州的生动实践。

11月18—19日 国家旅游局规划财务司副司长蔡家成一行到文成开展调研活动，先后考察百丈漈景区、七星武阳景区等地，对景区建设、民宿发展、旅游配套服务开发等情况进行详细了解，并召开会议研讨文成相关旅游工作。

11月19日 文成籍运动员蔡颖颖在2017年全国武术散打冠军赛中再次夺冠。

11月21日 温州科技职业学院党委书记唐闻捷一行到文成调研农业科技相关工作，并召开温科院-文成县农业科技合作座谈会，签订共建文成农业科技研究院框架协议。

11月21—22日 中国国务院侨务办公室副主任郭军到文成调研工作。

11月22日 温州市副市长汪驰一行到文成开展挂钩帮扶及人大代表进站服务工作活动，对文成扶贫工作进行专项部署，要求坚决打赢脱贫攻坚战，同时切实做好人大代表进站服务工作。

11月23日 文成县城市设计汇报会召开。会议听取编制单位关于文成县城规划设计方案的汇报，并围绕注重规划设计理念、城市建设布局、设计定位、公共设施投入、水系建设等方面内容，结合文成实际进行研究讨论，提出指导性意见。同日，市政协副主席、党组副书记陈作荣率队到公阳乡开展扶贫挂钩帮扶活动。

11月24日 温州市委副书记姚高员到文成专题调研西部生态休闲产业带建设，召开汇报会，对文成打造温州西部生态休闲产业示范区等情况进行详细了解，深入研讨。同日，文成首个县国税局、县地税局联合办税服务厅正式“开业”运行。

11月下旬 在温州市公安机关警务创新项目评审会上，文成公安局推送的“标准强基基础通APP”在24个参赛项目中取得第二的好成绩，在12个县市区公安机关参赛项目中排名第一。

11月27日 杭州市温州青联主席苏维锋一行到文成县黄坦镇培头民族小学开展公益活动，与培头民族小学进行结对帮扶。

11月29日 杭州市余杭区区委常委、统战部长袁水良，副区长许玲娣带队到文成县开展少数民族村镇结对帮扶工作。

11月30日 温州市委常委、组织部长马永良、市政协副主席诸葛启钏率市多家单位及企业负责人到平和乡开展扶贫挂钩帮扶活动。同日，文成县农家乐喜获2017中国（温州）乡村文化旅游节之温州乡村美食大赛7项大奖。

11月30日 浙江省共青团省委书记、党组书记朱林森，团省委常委、组织部长盛乐一行到文成调研工作。

12月

12月3日 文成县第十届万种“枫”情节暨温州徒步大会召开。

12月6日 浙江省农业厅厅长林健东一行到文成调研指导农业工作。

12月7日 温州市委常委、宣传部长胡剑谨，市人大常委会副主任王祖焕率市多家单位及企业负责人到桂山乡开展扶贫挂钩活动。同日，文成县飞云江省级湿地公园总体规划通过省级评审。

12月9日 第三届刘基文化国际学术研讨会在文成县举行，世界各地研究刘基文化的权威专家、学者齐聚文成，开展学术研讨交流，重温先贤刘伯温“道通天地、德贯古今”的帝师风采。

12月10日 2017浙江马拉松精英赛暨全国媒体人马拉松挑战赛在文成举行。来自全国的马拉松精英、来自百余家媒体和其他社会各界的跑友参加了挑战赛。浙江省体育局授权将浙江马拉松精英赛长期落户文成。

12月11日 中共文成县委离退休干部工作委员会成立大会召开，县离退休干部党工委正式挂牌。

12月12日 第三批浙江省劳动模范休养基地落户文成。

12月13日 温州军分区政治工作处主任朱涛、市委组织部常务副部长徐强中率考评组到文成开展党管武装工作和人武部全面量化考评，并反馈考评结果。

12月14日 浙江省气象局局长苗长明带队到文成调研气象工作，通过现场视察和听取汇报等方式，详细了解气象工作开展情况。

12月14日 浙江省环保厅组织的《文成县生态文明建设规划》(以下简称《规划》)编制专家评审会召开。会议通过听取文成县生态文明建设工作情况及《规划》编制情况，审阅相关资料，深入探讨论证，专家组一致同意《规划》通过评审。

12月15日 浙江省国家税务局党组书记、局长龙岳辉一行到文成县地税局调研指导工作。

12月18日 全国“幸福文成之旅”百家旅行商采风活动旅游推介会在文成召开，来自全国各地的百家旅行商及相关新闻媒体参加会议。

12月18日 文成首部网络大电影《迷情生死局》，原名《风水局》首映。

12月19日 “健康浙江 青春力量”健康直通车大型公益义诊活动走进玉壶镇卫生院，为当地百姓送去温暖和关怀。活动由省卫生计生委、团省委、浙江日报报业集团主办，温州医科大学附属第一医院协办。

12月20日 文成县黄坦镇仙人居生态农庄被授予“温州市干部教育培训现场教学示范基地”。

12月25日 由文成籍女高音歌唱家陈芬芳带来的“人民在我心中—江南情韵，大地芬芳”音乐会在县文化中心剧院举行。

12月27日 南田镇横山村12位村民在文成县农村土地承包经营权证颁证仪式上领取了“大红本本”—新版农村土地承包经营权证。这是文成县第一批、也是温州市第一批农村土地承包经营权证书。

(胡珍敏)

文成概览

自然地理

【位置面积】 文成县位于浙江省南部山区，温州市西南部，飞云江中上游，北纬27°34’～27°59’，东经119°46’～120°15’。东邻瑞安市，南界平阳、苍南县，西倚泰顺、景宁县，北接青田县，总面积1292.16平方千米。隶属温州市，县政府驻地大峃镇，距省会杭州市274千米，距温州市区62千米，距东海62千米(均系直线距离)。

【地形地貌】 文成县域属浙南山地，境内山峦起伏，连绵不绝，山地面积占全县总面积的82.5%，俗称“八山一水一分田”。地势自西北向东南倾斜，西北部地势较高，山势高峻陡峭，千米以上山峰有159座，最高为石垟林场杨顶垟，海拔1362米，东南部地势显得平坦，县境入口平和乡大垟口，海拔15米，为全县最低点。山脉分属两支，江北属南田山脉，为洞宫山脉分支。江南为南雁荡山脉分支，从平阳县进入文成县，南田高山平台，为文成县山地的典型地貌。河流绝大部分属飞云江水系，主要河流是飞云江(中上游)，横贯县境南部，流程43.5公里。

气候特征

【气候状况】 2017年，较常年(1981—2010年)年平均气温略偏高；年降水量偏少。上半年第一季度1—2月均有冷空气影响，4—5月冷空气偏少，冷空气总体偏弱，总体气温略偏高，日照充足，降水量较常年相似，气候条件对农业生产、林业生产等有利；下半年前期连阴雨天气，其中6月日照较常年明显偏少对农业生产、林业生产极为不利；，中期受台风影响略小，台风整体对农业收成利大于弊，光照充足，雨量适宜，光合作用强，对瓜果、蔬菜等农作物均带来较大收益。年内台风主要受“纳沙”和“海棠”双台风以及局地强对流天气影响，全县房屋、农业、水利、电力、交通等设施损失严重。

气温　年平均气温19.2℃，与常年(1981—2010年)18.3℃偏高0.9℃，月平均气温除了6、12月份比常年偏低外，其余月份均比常年偏高。其中偏高1℃或以上的有1、8、9、10共四个月。年最高气温40.2℃，出现在7月24日，年最低气温-0.9℃，出现在2月12、13日。年内≥35℃的高温日数有52天。

2017年与历年各月平均气温(℃)

表1

时间	1	2	3	4	5	6	7	8	9	10	11	12	全年
2017年	11.1	10.2	12.5	18.2	22.6	23.9	28.8	28.9	27.0	21.2	15.6	9.4	19.2
历年	8.2	9.3	12.3	17.3	21.7	25.1	28.3	27.6	24.6	20.0	15.1	9.9	18.3
距平	2.9	0.9	0.2	0.9	0.9	-1.2	0.5	1.3	2.4	1.2	0.5	-0.5	0.9

降水 年降水量1525.6毫米，比常年1830.6毫米，偏少305毫米，降水日数173天，比常年178.4天偏少5.4天。降水量的月际变化：2017年有4个月的降水量比常年偏多，其中偏多的月份中6月偏多最多，偏少的月份中以5月偏少最多。

2017年与历年各月降水量(毫米)

表2

时间	1	2	3	4	5	6	7	8	9	10	11	12	全年
2017年	28.9	24.9	200.9	108.6	56.3	451.3	196.6	164.7	60.3	104.8	101.9	26.4	1525.6
历年	57.9	81.3	155.1	156.9	210.8	274.0	226.5	289.5	203.5	69.5	63.1	42.5	1830.6
距平	-29	-56.4	45.8	-48.3	-154..5	177.3	-29.9	-124.8	-143.2	35.3	38.8	-16.1	-305

日照 全年日照时数1609.7小时，比常年1714.2小时偏少104.5小时。年度有6个月的日照时数偏少，其余6个月略偏多。在偏少的6个月份中，只有6、11两个月份偏少50小时以上。

2017年与历年各日照时数(小时)

表3

时间	1	2	3	4	5	6	7	8	9	10	11	12	全年
2017年	93.1	126.4	78.5	140.9	133.3	45.4	238.1	212.5	196.9	159.9	62.4	128.6	1609.7
历史	106.2	89.2	101.5	127.3	142.1	140.1	228.3	207.4	157.7	151.0	127.6	135.8	1714.2
距平	-13.1	37.2	-23	13.6	-8.8	-94.7	9.8	5.1	39.2	8.9	-65.2	-6.9	-104.5

【主要气候事件】 **冷空气** 2017年1月有3次冷空气过程，分别出现在9—11号、23—25号、30—31号。其中23—25日的强寒潮对文成县影响较大，受强寒潮影响，气温下降明显，未存在明显降雨天气，中高山地区出现不同程度的霜冻和道路结冰等情况。24日早晨县气温降至0℃以下，高山地区-3—-5℃。其中日最低气温突出站点如下：石垟社区-4.8℃、百丈漈-4.8℃、南田镇-4.2℃3个站点，低温冰冻天气给文成县农畜牧业、生产生活带来严重的影响。2月受冷空气影响，8—10日有一次雨雪、降温和大风天气过程，8日夜里文成县部分山区出现霰，受此次持续冷空气影响，文成县多站在2月12日出现本月最低气温，其中日最低气温突出站点如下：铜铃山-7.1℃、百丈漈-7.1℃、南田镇-6.3℃、黄坦镇-5.8℃。11月影响文成县的冷空气总体偏弱，月内主要有3次冷空气过程，分别出现在6—8日、17—19日、24—26日。本月多冷空气过程，多阴雨天气，其中17—19日影响较为明显，降温幅度较大。12月有3次较强冷空气过程，分别出现在17—19日、24—25日、30—31日。其中24—25日影响较大。

梅汛期 6月份文成县已由前期降水偏少转为降水增多趋势，全县降水过程增多、强度明显增强。6月1—8日全县平均降水量139.1毫米，比历史同期(60.9毫米)明显偏多，且在6月1日出现本月本站最大降水量74.1毫米。7月12日出梅，梅雨期持续34日。梅雨期明显，6月降水较常年明显偏多、7月降水较常年较偏少，6月总降水量451.3毫米，属于降水较多的月份。

热带气旋 2017年第9号台风“纳沙”，第10号台风“海棠”，第18号台风“泰利”对文成县影响较大。“纳沙”和“海棠”双台风先后影响文成县，“海棠”登陆后与“纳沙”合体，历史少见。双台风“藤原效应”致台风影响时间长，全县普降暴雨到大暴雨，局部特大暴雨，造成部分道路塌方、城乡积涝，但极端雨强不强（小于100毫米/小时），未出现明显灾情，总体上利大于弊。受“纳沙”和“海棠”共同影响，7月29日11时—8月1日20时，全县面雨量为230.1毫米，单站累计雨量超过300毫米的共3个站，超过250毫米的共13个站，超过200毫米的共31个站，其中雨量最大的前3位为岭头317.8毫米、桂山314.7毫米、巨屿309.6毫米。29日11时—8月1日20时，文成县有15个站出现8级（17.2米/秒）以上大风，7个站出现9级（20.8米/秒）以上大风，2个站风力达10级（24.5米/秒）以上。2017年第18号台风“泰利”于9月11日凌晨2点钟加强为强热带风暴级，11日晚上加强为台风级，13日下午加强为强台风级，15日8时位于文成偏东方向约435公里的海面上，以每小时10公里左右的速度向北偏东转东北方向移动。台风“泰利“路径逐渐远离我县，对文成县影响减弱，无明显降水过程。12日08时—15日08时，普遍出现5~7级大风，无8级以上大风过程。

【气候影响综合评价】 **气候与粮食生产** 2017年气候上半年前期冷空气频繁，4—5月冷空气偏少，总体气温略偏高，日照充足，气候条件对农业生产、林业生产等都比较有利；下半年前期主要为6月梅雨带影响接连的连阴雨天气对粮食的收割不利，直接影响粮食的产量，同时光照较常年的严重缺失影响了粮食和果蔬的品质。7月底受双台风“纳沙”和“海棠”影响有农田被冲毁或受淹，粮食、蔬菜及一些水果受灾。但总体而言，台风影响虽然出现树木倒伏、水稻倒伏现象、道路塌方、大棚倒塌、作物受损等灾害，但双台风也有效地缓解旱情，促进农作物的恢复生长。

单季晚稻 2017年，晚稻生育期间，平均气温偏高，降水偏少，日照时数偏少，气象条件属于较好年景。单季晚稻播种育秧顺利，秧苗长势较好。移栽分蘖期多高温晴热，高温伴随着强日照，降水稀少，山区一些田块缺乏灌溉，出现局部旱情，影响植株的生长。成熟期在国庆前后，9月较常年降水偏少但不至于干旱严重，日照偏多。10月前期出10月3号降暴雨外，均为晴好天气，总体而言适合农作物收割。

蔬菜、大棚作物 2017年初的寒潮使蔬菜遭受冻害，对产量影响较大；大棚作物因棚内温度低、湿度大，甜度降低，品质变差，还发生腐烂掉落。6月的连阴雨天气造成日照严重不足，影响蔬菜、大棚作物品质。

气候与林业 2017年，气候对林业生产而言是较不利年景。春季雨量与往年相比属略偏少，总体上来说还是有利于植树造林。无降水日192天，最长连续无降水日20天，气温高于35℃的高温天气有52天。气候条件虽然极易引发森林火灾，但由于林业和其他有关部门措施到位，制度到位，全县未发生重特大森林火灾事故，火灾引起的各种灾情也减少到最低限度。

气候与水电 2017年，文成县的水电资源相当丰富，发电效益大小主要决定于自然降水量、时空分布及降水强度等因素。雨量与往年相比偏少，降雨主要集中在6月份。县内各水电站发电量与去年总体与上年有增涨。

气候与其他 2017年，灾害性天气主要是寒潮、台风和暴雨天气。由于灾害性天气来临之前，文成县做到早会商、早服务，并科学提出建议；各有关部门也做了措施到位，预防到位。因此降低灾害性天气带来的不利影响。

（陈 勇）

自然资源

【生物资源】 2017年，文成县拥有森林面积9.68万公顷，森林覆盖率71.5%，森林蓄积量635万立方米，当年人工造林97公顷。全县林业用地面积94120公顷，占全县土地面积的72.6%，有林地面积90033.33公顷，森林覆盖率70.9%，活立木总蓄积492万立方米。生态公益林49080公顷，占全县林业用地总面积的52.14%；商品林（地）45040公顷，占全县林业用地总面积的47.86%。建有4个国有林场，其中，石垟林场曾为全国先进单位。有南方红豆杉等国家珍稀濒危树种18种，有树龄百年以上，胸径1米以上的古树250多株，其他林产品有油茶籽、油桐籽和乌桕籽。在原始森林中有脊椎动物5纲34目379种，其中列为国家重点保护的珍贵动物有云豹、黑麂、黄腹角雉、猕猴、短尾猴、金钱豹、金猫、白颈长尾雉、穿山甲、水獭等17种，其他两栖类和鸟类等动物100余种。

水资源 2017年，文成县水资源蕴藏丰富，水能蕴藏量达50万千瓦，可开发资源42.29万千瓦，居温州市第一位，全省第五位。百丈漈水力发电厂座落在县城北面，后相继建成百丈二级、三级电站，西坑高岭头一级、二级和三级电站。珊溪水利枢纽工程为全国重点工程，截流形成的飞云湖面积35.4平方公里，装机容量20万千瓦，平均年发电量3.55亿千瓦时。

矿产资源 2017年，文成县矿产资源分布面广量多，已发现的有锰、铜、金和铅锌矿等13种，其中尤以非金属矿、花岗石、高岭土、萤石、叶腊石储量最为丰富，其中花岗岩储量达15亿立方米。

【旅游资源】 2017年，文成县风景旅游资源得天独厚，自然人文风光独树一帜。境内百丈漈－飞云湖国家重点风景名胜区的百丈飞瀑，为全国最高的瀑布；铜铃山国家森林公园的壶穴碧潭，属世界奇观；饱经沧桑的刘基庙（墓），系国家重点文保单位，驰名遐迩。全年平均气温摄氏15.2℃，舒适期长，空气负离子含量高，空气质量优于国家一级标准，地面水环境符合国家一类标准。至2017年年末，全县旅行社10家，星级饭店4家。新增九溪欢乐谷和天顶湖休闲农庄为国家AAA级旅游景区；刘伯温故里旅游景区申报国家级AAAAA 景区通过国家级资源评估。创建成1个省级中医药文化养生旅游示范基地，3个市级特色旅游村（新联村、新亭村、塘山村），5个市级旅游特色客栈。

历史人文

【历史沿革】 文成县古属春秋战国时期瓯越地。秦统一六国后，废封国，设郡县，属闽中郡。西汉惠帝三年（前192）属东瓯国。西汉始元二年（前85）以东瓯地回浦乡建立回浦县，为回浦县辖地，属会稽郡。东汉章和元年（87），改回浦县为章安县。东汉永和三年（138），析章安县东瓯乡置永宁县，为永宁县辖地。东汉建安八年（203），析章安县南乡建立松阳县，青田地为其所辖。仍属会稽郡。三国吴赤乌二年（239），析永宁县置罗阳县，瑞安、泰顺地为其所辖。三国吴太平二年（257），罗阳县、松阳县归属临海郡。三国吴宝鼎三年（268），改罗阳县为安阳县。西晋太康元年（280），改安阳县为安固县。东晋太宁元年（323），从临海郡析置永嘉郡。松阳、安固2县均属永嘉郡。隋开皇九年（589），废郡，改永嘉郡为处州，分松阳县东乡建立括苍青，青田为括苍县辖地。括苍、安固同属处州。隋开皇十二后（592），处州改称括州。隋大业三年（607），改括州为永嘉郡。唐武德四年（621），永嘉郡复改称括州。唐上元二年（675），析括州置温州。安固县为温州属地。唐景云二年（711），从括苍县析置青田县，属括州。唐天宝元年(742)，改州为郡，括州改称缙云郡，温州改为永嘉郡。青田县属缙云郡，安固县属永嘉郡。唐乾元元年(758)，复改郡为州。缙云郡复称括州，永嘉郡复称温州。唐大力十四年(779)，又改括州为处州，青田县属处州。唐天复二年(902)，改安固县为瑞安县。宋咸淳元年(1265)改温州为瑞安府。瑞安县为其一部分。元至元十三年(1276)，改瑞安府为浙江行省温州路。瑞安县为温州路一部分。元元贞元年(1295)，瑞安县升为瑞安州，仍隶属温州路。元代，青田县隶属浙江省处州路。明洪武元年(1368)，改温州路为温州府。明洪武三年(1370)，瑞安州复改为瑞安县。明景泰三年(1452)，析瑞安、平阳地置泰顺县。明代，青田县隶属处州府。清康熙六年(1667)，浙江省设杭嘉湖、宁绍台、金衢严、温处四道。青田县隶属温处道处州府，瑞安、泰顺两县属温处道温州府。清宣统三年(1911)，浙江成立军政府，青田县属处州军政分府，瑞安、泰顺两县属温州军政分府。民国3年(1914)，温州、处州合并，称瓯海道。民国16年(1927)废道，实行省、县二级制。县直隶浙江省。民国21年(1932)，实行县政督察制，县隶属行政督察区。瑞安县辖地先后属浙江省第十行政督察区、第四特区、永嘉行政督察区、第八行政督察区、第五行政督察区；青田县辖地先后属第十一行政督察区、第二特区、第九行政督察区、第七行政督察区、第六行政监察区；泰顺县辖地先后属第十二行政督察区、第三特区、永嘉行政督察区、第八行政督察区、第六行政督察区、第五行政督察区。民国35年(1946)12月，行政院核准以瑞安、青田、泰顺三县边区析置文成县。民国37年(1948)7月1日，文成县政府成立。县隶属浙江省第五行政督察区。1949年5月8日文成县解放，6月改名大南县。1949年8月，恢复文成县原名，成立文成县人民政府。1958年10月撤销文成县，和瑞安县合并。1961年9月，文成县又从瑞安县析置。中华人民共和国成立后，文成县先后隶属浙江省第五专区、浙江省温州专区、浙江省温州地区革命委员会、浙江省温州地区。1981年9月，温州地、市合并，实行市管县体制，文成县归属温州市领导。2017年年末，文成县辖大峃、珊溪、玉壶、南田、黄坦、西坑畲族、百丈漈、峃口、巨屿、周壤、二源、铜铃山12镇，周山畲族、双桂、平和、公阳、桂山5乡，56个农村新社区、385个行政村。县人民政府驻大峃镇建设路125号。

【行政区划】 2017年，文成县辖大峃、珊溪、玉壶、南田、黄坦、西坑畲族、百丈漈、峃口、巨屿、周壤、二源、铜铃山12镇，周山畲族、双桂、平和、公阳、桂山5乡，56个农村新社区、385个行政村。县人民政府驻大峃镇建设路125号。

【人口状况】 2017年，文成县年末总户数13.76万户，总人口40.60万人，男女比例为112.36∶100(以女性为100)。其中，畲族人口1.64万人。全年全县出生人口7761人，出生率19.21‰；死亡人口3159人，死亡率7.82‰；自然增长率为11.39‰。计划生育率97.13%。全年国家免费孕前优生健康检查1728人，目标人群覆盖率84.71%。

2017年文成县人口数及其构成

表4

指 标	年末数(人)	比重(%)
全县总人	406018	100.0
其中:城镇人口	100874	24.8
乡村人口	305144	75.2
其中:男性	214825	52.9
女性	191193	47.1
其中:0-17 岁	84153	20.7
18-34 岁	88813	21.9
35-59 岁	159637	39.3
60岁及以上	73415	18.1

国民经济发展

【经济总量】 2017年，文成县实现地区生产总值88.45亿元，同比增长8.4%。其中，第一产业增加值8.80亿元，同比增长3.6%；第二产业增加值23.50亿元，同比增长5.5%；第三产业增加值56.1亿元，同比增长10.6%。按户籍人口计算，全县人均GDP为21893元（按年平均汇率6.7518折算为3243美元），较上年增长7.1%。一、二、三次产业对经济增长的贡献率分别为4.4%、18.2%、77.4%。三次产业的构成由上年的10.9∶26.7∶62.4调整为9.9∶26.6∶63.5，第三产业比重比上年提升1.1个百分点。

【农林牧渔业产值实现稳步增长】 2017年，全县农林牧渔业总产值12.76亿元，按可比价格计算，比上年增长3.6%。其中，农、林、牧、渔业产值分别为10.31亿元、0.92亿元、1.23亿元和0.16亿元，分别同比增长3.6%、4.5%、2.1%和8.6%，农林牧渔服务业0.15亿元，同比增长7.9%。农、林、牧、渔、服务业行业结构为80.8∶7.2∶9.6∶1.3∶1.1。

【工业稳步快速增长】 2017年，文成县全年实现工业增加值11.68亿元，比上年增长3.3%。全年规模以上工业增加值5.43亿元，比上年下降7.3%。其中，轻工业增加值0.95亿元、增长17.5%，重工业增加值4.48亿元、下降10.7%；高新技术产业、装备制造业、战略性新兴产业增加值分别比上年增长25.4%、17.9%、33.1%，占规模以上工业的12.2%、12.5%、8.5%。

【建筑业发展态势良好】 2017年，文成县全县有资质建筑业企业21家，比上年增加4家。实现建筑业产值29.65亿元，同比增长20.4%。其中，在外省完成产值9.66亿元，同比增长62.2%。全年房屋施工面积88.65万平方米，竣工面积24.86万平方米。

【旅游业取得较好成绩】 2017年，文成县全年到文成旅游总人数600.46万人次，增长4.2%；实现旅游总收入31.84亿元，增长11.2%。各主要景区（点）累计接待游客141.75万人次，增长40.5%；实现门票收入5094.30万元，增长18.4%。全年接待过夜游客45.05万人次，增长21.6%。

【固定资产投资超额完成任务】 2017年，文成县全年固定资产投资76.21亿元，比上年增长9.3%。其中国有投资39.30亿元，增长27.1%；民间投资36.91亿元，下降4.9%，占固定资产投资的48.4%。全年房地产开发投资15.97亿元，比上年下降15.2%；商品房销售面积18.15万平方米，增长30.1%。

【开放型经济恢复性增长】 2017年，文成县全年进出口总额17885万元，比上年下降45.4%。其中，出口总额17598万元，比上年下降45.2%。外贸公司实现出口供货值6986万元，比上年下降70.2%。实际使用外资127万美元。全年新签约项目10个、协议资金171.1亿元。全年引进总部经济企业9家。

2017年主要组织机构及负责人名单
（注：*指当年调离现任岗位）

中共文成县第十三届委员会

书　记　王彩莲（女）
副书记　章寿禹　　徐清雨
常　委　王彩莲（女）　章寿禹　徐清雨　蔡爱东
　　　　季昌丰　郑文东　吴昌亮
　　　　徐良悟*　虞绍榜

文成县监察委员会

主　任　蔡爱东
副主任　赵富春　　富汉峰

委　员　王宝坎　黄金杰　陈　杰　朱荣锋

文成县人民代表大会常务委员会

人大常委会

主　任　刘建忠*　郑建华

副主任　吴宇凌(女)*　吴育民　钟信友(畲)　林乐融　陈成武

委　员(以姓名笔划为序)

王　军　叶　华　叶云峰　朱慧杰　刘　英(女)　李修勤　吴正豪　吴全海　吴笑媚(女)*　陈式海　陈红兵(女)　林炳欧　林梅伍　金一玲(女)*　金光宇　周智华*　郑明道　赵东平　胡雄兵　钟雪华　夏景宜　徐　刚　傅华斌　蒋东海　程一锋　富键旺　雷本钱(畲)　雷建华(畲)*　虞循友　蔡耕勇

人大党组

党组书记　郑建华

党组副书记　吴育民

文成县人民政府

县　长　章寿禹

常务副县长　吴昌亮

副县长　蔡爱东　季昌丰　郑文东　吴昌亮*　杨　洲(挂职)　龚国庆(挂职)　李　标　金一玲(女)　刘　云　毛伟新　梁　广(挂职)

副县长级干部　朱明阳

县政协第九届委员会

政协常委会

主　席　郑建华*　刘金红

副主席　余云初*　刘建华*　胡晓雄　郑士钗　雷旭燕(女)

秘书长　叶洪锋

常务委员(按姓氏笔画为序)

叶　萍(女)　包小荣(女)　刘少彬　池文锋　纪庆南　李先炜　李顺华　张丽俊(女)　张玲玲(女)　陈伟银(女)　陈清清(女)　陈燕燕(女)　林为口　林观海(12月22日止)　林绍银　季成夏　周小春(女)　郑丹丹(女)　赵　蔺(女)　赵文忠　赵文波　赵翁钦　胡长林　胡文铰　洪汝锦　夏肇旭　徐声福　徐瑞霞(女)(12月22日止)　程秀娟(女)　释则庄　蓝旭丹(女,畲)　雷　武(畲)

政协党组

党组书记　刘金红(女)

中共文成县纪律检查委员会

书　记　蔡爱东

副书记　赵富春　刘树智*　富汉峰

常　委　蔡爱东　赵富春　刘树智*　富汉峰　周建东*　王宝坎　赵彬洁(女)　黄金杰　郑志华

县纪委派驻纪检组

县纪委派驻第一纪检组(驻县委办纪检组)

组　长　郑爱国

副组长　郑延东

县纪委派驻第二纪检组(驻县府办纪检组)

组　长　刘光煜*　赵丽春

副组长　李进催

县纪委派驻第三纪检组(驻县委组织部纪检组)

组　长　张慧君(女)*　蔡晓艳

副组长　叶建春

县纪委派驻第四纪检组(驻县委宣传部纪检组)

组　长　刘华芳(女)*　胡希文

副组长　蔡丹丹(女)

县纪委派驻第五纪检组(驻县委统战部纪检组)

组　长　赵丽春*　张　璐

副组长　李春娥(女)

县纪委派驻第六纪检组(驻县财政局纪检组)

组　长　王彩梅(女)

县纪委派驻第七纪检组(驻县委农办纪检组)

组　长　周上党

县纪委派驻第八纪检组(驻县住建局纪检组)

组　长　杨有根*　刘丽红(女)

县纪委派驻第九纪检组(驻县卫计局纪检组)

组　长　刘丽红(女)*　包可仁

县纪委派驻第十纪检组(驻县市场监管局纪检组)

组　长　廖兴华*　陈圣豹

县纪委驻县人民法院纪检组

组　长　郭瑞一

县纪委驻人民检察院纪检组

组　长　朱丽静(女)*　张旭锋

县纪委驻县教育局纪检组

组　长　刘立光*　廖兴华

县纪委驻县公安局纪检组

组　长　徐松灿

县直机关纪工委

书　记　刘　敏(女)

县委工作部门

县委办公室

主　任　赵东佐*　刘树智

副主任　夏晓恩　王国林*
吴炎春(兼职)(女)
王　宗　王庆州　朱昌乐

县考绩委员会办公室

主　任　王国林

副主任　蔡微微(女)

组织部

部　长　虞绍榜

常务副部长　金一玲(女)*　陈永格

副部长　王　军　陈增聪(兼职)
包学潘(兼职)　周成高(兼职)
钟邑标(畲　兼职)　邢越锋*
毛瑞务

“两新”党工委书记　王　军

“两新”党工委副书记　毛瑞务*　严王飞

宣传部

部　长　郑文东

常务副部长　王荣华*　周　法

副部长　王孟森(兼职)*　吴　丰*
李　武

统战部

部　长　季昌丰

常务副部长　季成夏

副部长　刘　军　周　斌　夏朝敏

政法委员会

书　记　徐清雨

副书记　吴昌亮　徐良悟*　林炳欧*
吴昌银　郑国法　李晓群

社会治安综合治理委员会办公室

主　　任　林炳欧*　郑国法

副 主 任　包小春(女)

防范和处理邪教问题领导小组办公室

主　　任　林炳欧*　吴昌银

副 主 任　赵智勇*　毛文袍

维护稳定工作领导小组办公室

主　　任　林炳欧*　李晓群

副 主 任　张晓斌

机构编制委员会办公室

主　　任　包学潘

副 主 任　林绍生　郑　宁

县直属机关工作委员会

书　　记　钟邑标(畲)

副 书 记　潘方开

县委党校

校　　长　徐清雨*　虞绍榜

行政校长　吴昌亮

常务副校长　蓝昌盛(畲)*　张慧君(女)

副 校 长　刘飞娥(女)　林建辉

党委书记　蓝昌盛(畲)*　张慧君(女)

老干部局

局　　长　周成高

副 局 长　蔡忠钏　张志敏(兼职)

党史县志办公室

主　　任　钟雪华(女,畲)*　周建东

副 主 任　蓝潮平　季志娥(女)

档案局

局　　长　刘化田

副 局 长　纪泽锋　金光侠*　陈　才

县委台湾工作办公室

政府台湾事务办公室

主　　任　刘　军*　周　斌

县委县政府农村工作办公室

(县农业局、县扶贫老区工作办公室)

主　　任　蔡建国

副 主 任　刘利华*　蔡晓艳(女)*　厉林甫

池元亮　吴笑媚(女)　刘少彬

王慧琴(女)*　胡学铐

党 委 书 记　蔡建国

党委副书记　刘利华*　胡学铐

信访局

局　　长　吴炎春(女)

副 局 长　周建闽*　朱和平　李　广

王延满

党 组 书 记　吴炎春(女)

县精神文明建设指导委员会办公室(创建办)

主　　任　王孟森*　刘华芳(女)

副 主 任　陈思然　胡瑜庆(女)

张世朝

县人大常委会工作部门

办公室

主　　任　赵东平

副 主 任　吴笑媚(女)*　刘忠秀　董金乐

法制工作委员会

主　　任　叶云峰

副 主 任　朱慧杰

财政经济工作委员会

主　　任　李修勤

副主任　刘　英(女)

农村与资源保护工作委员会

主　　任　傅华斌*

副主任　包向阳

城乡建设环境保护委员会

主　　任　金光宇

副主任　虞循友

科教文卫民侨工作委员会

主　　任　蒋东海

副主任　雷建华(畲)*　王一荣

代表工作委员会

主　　任　雷本钱(畲)*　梅则铭

副主任　周　跃

功能区

文成大峃城市新区管委会

主　　任　程旗荣*

副主任　陈永坤　刘优林*　刘文锋

党委书记　郑士钗*　程旗荣

纪委书记　赵东进

文成百丈漈——飞云湖
生态旅游度假区管委会
(县风景旅游管理局)

主　　任　林永熙*

副主任　赵惠文(女)　赵汉海*　王　炜

党委书记　王建军

党委副书记　林永熙*　赵惠文(女)*　王孟森

纪委书记　胡希隆

总工程师　赵汉增*

政府工作部门

办公室

主　　任　陈永格*　王　军

副主任　王汉曹*　朱昌乐*　苏海成*　余协胆　胡希文*　毛振味　姚瑞琼(女)　林世铮(兼职)　吴　丰　纪相伦　郑金桥　吴世忠

党组书记　陈永格*　王　军

党组副书记　王汉曹*

法制办公室

主　　任　陈永格*　王　军

副主任　陈茂平　胡碧华

人民防空办公室

主　　任　廖观星

发展和改革局(粮食局)

局　　长　李　标*　郑志阳

副局长　纪相伦*　厉旭华　朱曙光　赵松青　陈　铣

统计局副局长　陈　铣*　赵玲丽

党委书记　李　标*　郑志阳

党委副书记　纪相伦*　陈　铣

人武部长　朱炳淼

经济商务和信息化局

局　　长　程　东*　王国林

副局长　胡曙明　赵献慧(女)　魏　剑

党委书记　程　东*　王国林

教育局

局　　长　王新亮

副局长　夏建秋　胡国栋　杨有根

党委书记　王新亮

党委副书记　夏建秋

科学技术局

局　　长　吴昌银*　程　东

副　局　长　周晓东　周宗华
党 组 书 记　吴昌银*　程　东

民族宗教事务局

局　　　长　季成夏
副　局　长　蓝旭丹(女、畲)*　钟永亮
　　　　　　赵小燕(女)

公安局

局　　　长　徐良悟*
常务副局长　季知章*
副　局　长　吴建斌　潘振达　林彬彬*
　　　　　　李忠钦　王慕伟(挂职)
党 委 书 记　徐良悟*
政　　　委　潘青来
党委副书记　潘青来　季知章

民政局

局　　长　施彩微(女)*　　雷旭燕(女)(兼)
副 局 长　陈燎原*　俞　东　陈汉斌
党组书记　施彩微(女)*　　王汉曹

司法局

局　　　长　林加会*　徐文鑫
副　局　长　周士焕　徐剑平　徐声福
　　　　　　叶葱葱(女)
党 组 书 记　林加会*　徐文鑫
党组副书记　周士焕
纪 检 组 长　王一荣

财政局

局　　　长　朱明阳
副　局　长　金宪树　叶信钏　王光远
党 委 书 记　朱明阳
党委副书记　金宪树

国有资产管理办公室

主　　任　朱明阳(兼职)

副 主 任　胡国鑫　王晓宗

地方税务局

局　　长　朱明阳
副 局 长　刘少民　包建阳
总会计师　王　彬

人力资源和社会保障局

局　　　长　陈增聪
副　局　长　李忠彬*　叶仕平　陈　光
　　　　　　朱正选(06起)
党 组 书 记　陈增聪
党组副书记　朱正选
社会保险管理服务中心主任　陈　光

土资源局

局　　　长　林观海*　包朝阳
副　局　长　周碎榜*　周月钱　林　哲
　　　　　　李文福
党 委 书 记　林观海*
党委副书记　周碎榜*
总 规 划 师　秦振国*
纪 委 书 记　郑建立

住房和城乡规划建设局

局　　　长　郑志阳*　杨小锋
副　局　长　胡三东　赵金远*　赵小飞
　　　　　　林日进　赵汉增　周江深*
　　　　　　郑金桥*
总 工 程 师　赵小飞
党 委 书 记　郑志阳*　杨小锋
党委副书记　胡三东

县保障性安居工程建设统筹办公室

主　　　任　赵金远*

交通运输局

局　　　长　季建明

副　局　长　叶怀华　夏克余　叶李林
总工程师　吴士华
党委书记　季建明
党委副书记　叶怀华
纪委书记　陈圣豹*

畜牧兽医局

局　　长　刘小昌

水利局

局　　长　孟晓豪
副　局　长　郑长进　周光毅　周江涤
　　　　　刘　勇(兼职)
总工程师　邢伟济
党组书记　孟晓豪
党组副书记　郑长进

县珊溪水利枢纽水源保护管理委员会办公室

副主任　刘　勇

林业局

局　　长　廖忠明
副　局　长　蒋赛平*　赵青松　池文锋
　　　　　朱应理　叶正环(兼职)
党委书记　廖忠明
党委副书记　蒋赛平
纪委书记　蔡小忆*　赵青松

文化广电新闻出版局

局　　长　蒋海波*　张丽俊(女)
副　局　长　张　璐*　周建旺*　陈清清(女)*
林增金　钟建芳
党组书记　蒋海波*　林永熙
党组副书记　张　璐*

卫生和计划生育局

局　　长　王日康
副　局　长　周国勇　周　云　李顺华
　　　　　季敏华
党委书记　王日康
党委副书记　周国勇

审计局

局　　长　梅则铭
副　局　长　胡冰亮　钱德荣
总审计师　郑爱忠
党组书记　梅则铭
党组副书记　胡冰亮
纪检组长　金　琦*

环境保护局

局　　长　黄　伟
副　局　长　池元亮*　郑剑康　郑国阳
党组书记　黄　伟

安全生产监督管理局

局　　长　赵　聪*　赵文锋
副　局　长　钟永亮(畲)　吴正川*
　　　　　张　灵
党组书记　夏朝敏*　赵文锋
纪检组长　黄正千*

市场监督管理局

局　　长　赵建荣
副　局　长　朱正选*　刘日年*
　　　　　余　坚(兼职)　林日进*
　　　　　赵汉海　陈燎源
党委书记　赵建荣
党委副书记　朱正选*　刘日年
总工程师　梅伟杰

综合行政执法局

局　　长　吴志成
副　局　长　孟世忠*　陈　杰*　林胜斌
　　　　　刘立光　朱应波

党 组 书 记　吴志成
党组副书记　孟世忠*

政协工作部门

办公室

主　任　叶洪锋(12月22日止)
　　　　胡学奏(12月22日始)
副主任　夏　玲　谢俊杰

提案委员会

主　任　郑丹丹
副主任　王汉曹(兼)　纪相伦(兼)
　　　　赵玲丽(兼)

委员工作委员会

主　任　郑丹丹
副主任　夏凤英　季成夏(兼)

经济科技委员会

主　任　李先炜
副主任　王慧琴　蓝旭丹(兼)
　　　　陈上都(兼)　纪相伦(兼)

农业和农村工作委员会

主　任　施彩微
副主任　刘利华　刘少彬(兼)
　　　　池文锋(兼)　刘　勇(兼)

城乡建设和资源环境委员会

主　任　蒋海波
副主任　赵沛标(兼)　毛跃锋(兼)

文教卫体和文史委员会

主　任　赵翁钦
副主任　叶丽华　王国侧(兼)
　　　　夏建秋(兼)　李顺华(兼)

社会法制和民族宗教委员会

主　任　林加会
副主任　黄拥政(兼)　吴　键(兼)
　　　　徐声福(兼)

港澳台侨和外事委员会

主　任　胡文铰
副主任　包小荣(兼)　陈燕燕(兼)

专职常委

陈清清　赵文忠　赵文波
胡长林　洪汝锦

检察院　法院

县人民检察院

检 察 长　卢小明
副检察长　刘际当　施明聪　周恩峰
党组书记　卢小明
党组副书记　刘际当

县人民法院

院　　长　朱鹏鸣
副 院 长　陈永海　包晓龙
党组书记　朱鹏鸣
党组副书记　陈永海

军事机构

县人民武装部

部　　长　吴步程*　俞　俊
政　　委　周　钧*
副 部 长　范方彪

县公安消防局

局　　长　詹云雷
政　　委　彭成志*　房敏卿

县武警中队

中 队 长　徐华杰
指 导 员　宣建斌
副中队长　范建刚

直属事业 企业单位

行政审批中心(审管办)

主　　任　周洪胜
副 主 任　罗文增　张　静
党组书记　吴昌亮(兼)
党组副书记　周洪胜

机关事务管理局

局　　长　赵文锋*　蓝昌盛
副 局 长　吴霏霏(女)　李　斌　郑锋炎*
党组书记　赵文锋
党组副书记　吴霏霏(女)

广播电视台

台　　长　陈岳平
副 台 长　赵青松*　赵雪微(女)
　　　　　钟建芬(女,畲)*　周林燕
总工程师　林文旌
总 编 辑　周林燕(女)　赵　蔺
党组书记　陈岳平

体育事业发展局

局　　长　刘　飚
副 局 长　周建旺(10月21日始)
　　　　　郑国模(5月26日止)　吴　刚
党组书记　刘　飚
纪检组长　胡碧华(9月4日止)

经济技术协作办公室

(招商引资管理局)
主　任(局　长)　周琦峰*　赵　聪
副主任(副局长)　钟晓炜(畲)*　陈蓓蓓(女)*
　　　　　　　　吴正川　包小荣
党　组　书　记　周琦峰
党组副书记　钟晓炜(畲)*
纪　检　组　长　纪泽锋*

移民安置办公室

主　　任　王光满
副 主 任　张　圣
　　　　　吴海青*　刘光煜
党组书记　王光满
纪检组长　吴桂芳(女)*

生态产业园管理办公室

主　　任　朱志斌
副 主 任

公共资源交易管理委员会办公室

主　　任　胡学奏
副 主 任　朱应波*　夏晓曦　周宽群
党组书记　胡学奏

公共资源交易中心

主　　任　周洸毅*

商业工作办公室

主　　任　李先炜*
副 主 任　张　灵　王廷军(兼职)
　　　　　毛文袍(兼职)
党委书记
党委副书记　李先炜*　王廷军
纪委书记　毛文袍*

供销总社

主　　任　陈　琪
副 主 任　厉林甫(6月止)
　　　　　程建利　郑锋炎
党委书记　陈　琪
“农合联”专职副主任　傅丽萍(女,5月止)
　　　　　　　　　　胡永袍

公路管理局

局　　长　叶建斌

道路运输管理局
局　　长　纪庆静

长途汽车运输有限公司
董事长、总经理　季碎平
党总支书记　金献平

电力开发投资有限公司
副总经理　周向阳
党委副书记　周向阳
纪委书记　林德标*　林微青

县公用事业投资有限公司
董事长　魏运贵
总经理　魏运贵

县国有资产投资有限公司
副总经理　刘建平　王时锋

石垟林场
场　　长　叶正环
副场长　潘建瑞
党委书记　叶正环
党委副书记　潘建瑞
纪委书记　周小华*

金融工作办公室
主　　任　夏德明
副主任　张世锋*　刘玲艺

双重管理部门

邮政局
局　　长　刘正敏
局长助理　苏仕聪

浙江省电信公司文成分公司
总经理　王浙江
副总经理　贾克林　张时夏
党委书记　王浙江

移动通信有限公司
总经理　赵洪生
副总经理　郑　加
总经理助理　严一莲(女)

中国联通有限公司文成分公司
总经理　秦声平
总经理助理　郑　乐(11月起)

供电公司
总经理　王大军
副总经理　刘际波　季余忠　刘文标
党委书记　叶小绪
党委副书记　王大军　徐元校
纪委书记　徐元校

国家税务局
局　　长　林　毅
副局长　王海燕　金崇波　杨汉康
　　　　刘旭东(5月15日起)
党组书记　林　毅
纪检组长　刘旭东(5月15日止)
　　　　黄　浦(5月15日起)

烟草专卖局(烟草公司)
局长(经理)　汤时荣
副局长　钟景杰
副经理　李文武
党组书记　汤时荣
纪检组长　钟景杰

气象局
局　　长　杨林燕
副局长　杨林燕(主持工作)

朱　景　邢文理

中国人民银行文成县支行

行　　长　林肖亮
副 行 长　赵海慰　黄忠伟

人 民 团 体

县工商业联合会(总商会)

主　　席　张丽俊(女)*　蓝旭丹
副 主 席　林佳俊
党组书记　周　斌*　夏朝敏

县总工会

主　　席　刘建华*　陈式海
副 主 席　陈式海*　赵东者*
　　　　　赵小燕(女)*　钟旭彬
　　　　　蒋赛平
党组书记　陈式海

共青团文成县委员会

书　　记　周智华*　贾约拿
副 书 记　吴　键

县妇女联合会

主　　席　陈红兵(女)*　钟雪华(畲,女)
副 主 席　张琦巧(女)

县归国华侨联合会
外事侨务办公室

主　席(主　任)　胡立帅
副主席(副主任)　吴�(女)*
　　　　　　　　包小荣(女)

县科学技术协会

主　　席　陈上都
副 主 席　林海斌

县文学艺术界联合会

主　　席　王国侧
党组书记　王国侧
副 主 席　柳晓峰

县社会科学界联合会

主　　席　赵雪微
主席人选　周　洁*
副 主 席　王国林(兼职)*
　　　　　刘华芳(女,兼职)*
　　　　　张　璐(兼职)*
　　　　　赵东平(兼职)*
　　　　　俞　东(兼职)*

县残疾人联合会

理 事 长　黄拥政
副理事长　钟旭彬(畲)　郑明道
党组书记　黄拥政

县红十字会

会　　长　雷　宇
常务副会长　夏宏伟
副会长人选　林　文

乡 镇 机 构

大峃镇

党委书记　赵东佐
副 书 记　薛乐之　赵沛标　林增金
纪委书记　叶　胜
委　　员　吴国英(女)　刘日力　毛跃锋
　　　　　王庆捷　蔡友标　潘　跃
　　　　　林胜斌*　吴世忠*　李文福*
　　　　　王文杭(女)*
人大主席　刘文光
副 主 席　陈永登　胡启候
镇　　长　杨小锋
副 镇 长　李文福*　毛跃锋　王庆捷
　　　　　王晓薪　雷锦凯(畲)

(注　党委书记、副书记、纪委书记同时为党委委员,下同)

珊溪镇

党委书记 富汉峰* 蓝建荣(畲)
副书记 刘俊峰 吴方海 金丽丽(女)
纪委书记 叶明友* 刘化切
委员 叶瑞兴 叶明友 陈方美
陈云云(女) 林微燕(女)
高泉标
人大主席 季伟斌* 孟世忠
副主席 周作存 陈方明
镇长 毛伟新* 刘俊峰
副镇长 陈方美 刘化切*
刘晓彬 叶永梳

玉壶镇

党委书记 包朝阳* 王荣华
副书记 严旭武 毛跃锋* 严成
纪委书记 王建文
委员 蔡友标* 赵军勇 赵汉柒
蔡丽英(女) 钟建忠(畲)
张杰
人大主席 包雪玲(女)
副主席 胡永星 胡建南
镇长 严旭武
副镇长 赵汉柒 赵军勇 王任
程洲

南田镇

党委书记 赵建怀
副书记 周友银 李晓群*
常小东(挂职)* 陈亮
纪委书记 陈增国
委员 白洪川 吴军* 陈方静
雷海武(畲) 陈珊珊 赵永旺
人大主席 陈维强
副主席 吴志通 林卫斌*
镇长 李晓群* 周友银
副镇长 吴军* 陈方静 胡瑞烨
赵东夏 林卫斌

黄坦镇

党委书记 薛乐之* 林世铮
副书记 兰大潘(畲) 包绍兴* 吴军
纪委书记 李瑞超
委员 赵沛宽 李瑞超 赵小惠(女)
刘俊杰 赵浒 叶金成
叶涛
人大主席 富绍平
副主席 张幅 季丰林
镇长 兰大潘(畲)
副镇长 赵小惠(女) 刘俊杰 郑海燕(女)
王啸侠

西坑畲族镇

党委书记 严炳宽
副书记 蓝绯绯(女,畲) 徐秀秀(女)*
胡立杆
纪委书记 吴国英(女)* 夏美妙(女)
委员 苏立峰 潘跃* 周国安*
周容 赵直群 林晓武
薛立富
人大主席 夏建武
副主席 雷美兰(女,畲)*
镇长 雷旭燕(女,畲)* 蓝绯绯(女,畲)
副镇长 周容 周国安* 蔡少瑜
刘小洲

百丈漈镇

党委书记 邢文东
副书记 朱志斌 胡立杆* 赵赣生
林统*
纪委书记 孟世清
委员 林守斌 赵岳丰 余尉军
富嫣嫣(女) 刘旭红(女)
陈镇亮
人大主席 林小波
副主席 纪相君
镇长 朱志斌

副镇长　余尉军　赵岳丰　黄亦锋
林来来

峃口镇

党委书记　徐文鑫*　邢越锋
副书记　刘俊峰*　张淑芳(女)
周　赟　叶乐安(挂职)*
纪委书记　毛海伟
委　　员　毛海伟　雷小明(畲)
周　洪　毛雄斌
赵淑清(女)　刘双燕(女)
董愉星
人大主席　张淑芳(女)*　周建闽
副主席　黄成标*
镇　　长　刘俊峰*　张淑芳(女)
副镇长　毛雄斌　周　洪
雷　武(畲)　李国平

巨屿镇

党委书记　王　军*　刘一忠
副书记　刘　波*　叶　锋　夏青云
徐一波
纪委书记　钟胜男(女,畲)
委　　员　陈建全*　林庆文*　刘志林
杨微微(女)　张　帆*　刘日胜
陈丕雷　陈赛锋
人大主席　毛祥劲*　郑国模
副主席　雷隆章　朱应军*
镇　　长　刘　波*　叶　锋
副镇长　刘志林　李莉(女)
夏澎云　郑吴静

周壤镇

党委书记　林永波
副书记　刘丽丹(女)　姜伟杰
纪委书记　徐文桂
委　　员　朱伟德　朱应军　徐文桂
赵赣生*　刘碎芬(女)
蒋学友　林　锋
人大主席　叶　华(女)
副主席　郑献东
镇　　长　刘丽丹(女)
副镇长　朱应军　赵赣生*　翁仕鹏
周世锋　林　锋

二源镇

党委书记　张　敏
副书记　兰绯绯(女、畲)*　周智华
严　成*　赵智勇
纪委书记　贾约拿*　富海镪
委　　员　赵建军　吴国伟
林素丹(女)　叶　委　胡伟光
人大主席　王君巧
副主席　叶　斌
镇　　长　兰绯绯(女,畲)*　周智华
副镇长　赵建军　吴国伟　卢健斌
徐国斌

铜铃山镇

党委书记　蓝建荣(畲)*　苏海成
副书记　李正益　钟汉忠(畲)
纪委书记　夏美妙(女)*　周国安
委　　员　王荣伟　周裕前　蔡小彬
吴昌连
人大主席　刘玉明
副主席　李日东
镇　　长　李正益
副镇长　王荣伟　郑晓建　吴春怀

周山畲族乡

党委书记　刘一忠*　毛祥劲
副书记　钟菲菲(女,畲)　陈余友
纪委书记　余荣中
委　　员　雷昌华(畲)　王邦巨　郑丽丽
人大主席　王延满*　雷建华
乡　　长　钟菲菲(女,畲)

副 乡 长　雷昌华（畲）　蓝秀燕（女，畲）

双桂乡

党委书记　刘　彤
副 书 记　林安海*　富绍平　吴黎明
纪委书记　吴红燕（女）
委　　员　郑灵敏　刘国荣　程洪亮
　　　　　纪爱芬（女）
人大主席　厉琰乾*　金丽丽（女）
乡　　长　林安海*　富绍平
副 乡 长　郑灵敏　陈海龙
　　　　　金晶晶（女）

平和乡

党委书记　张仁化（女）
副 书 记　罗运魁　蔡海潮
纪委书记　周作林
委　　员　苏　城　林　建*　陈丕雷*
　　　　　徐开杰　叶　骏　胡　彪
人大主席　黄　霞（女）
乡　　长　罗运魁
副 乡 长　苏　城　朱爱晓

公阳乡

党委书记　戴智勇*
副 书 记　吴淑丹（女）　蓝文杰（畲）
纪委书记　雷文锋（畲）
委　　员　叶瑞兴*　廖建锋　章碎孟
　　　　　张艳晴（女）　郑振光
人大主席　郑明道*　诸葛荣峰
乡　　长　吴淑丹（女）
副 乡 长　廖建锋　李丙滚

桂山乡

党委书记　周友银*
副 书 记　雷文宾（畲）　刘繁荣
纪委书记　叶慧君（女）
委　　员　潘　跃*　刘日胜　包绍庆
人大主席　刘　坚
乡　　长　雷文宾（畲）
副 乡 长　潘　跃*　陈思利　雷海斌（畲）

（县委组织部　供稿）

中国共产党文成县委员会

综　述

2017年，是中国共产党的十九大胜利召开之年，也是文成县提速“两山”转化、打造“三美文成”的开局之年，中共文成县委员会（以下简称文成县委）认真学习贯彻落实党的十九大精神，对接全省“大湾区大花园大通道”和全市西部生态休闲产业带建设等重大决策部署，组织实施除险安居、振兴实体经济、重点项目等“十大攻坚行动”，不断增强自我“造血”功能，提速推进绿色发展、生态富民，后发崛起。全县实现地区生产总值88.45亿元、同比增长8.4%，财政总收入11.03亿元、同比增长10.2%，一般财政预算收入8.25亿元、同比增长8.1%，全社会消费品零售总额43.99亿元、同比增长14.1%，城镇常住居民人均可支配收入35730元，农村常住居民人均可支配收入15859元，同比分别增长9.1%和10.0%。

中共文成县委办公室（政研室、考绩办）编制54名，其中行政编制数23人，行政工勤编制1人，年末行政在编人员23人，行政科室9个，分别为人事秘书科、政策体制改革科、综合科、县机要局（县密码管理局）、新闻信息科、县保密局、考绩办综合科、绩效考核科、督查督办科；事业编制数30人，年末事业在编人员23人，事业单位9个，分别为记者站、计算机网络处理中心、法治工作中心、农村政策调研中心、保密技术检查中心、县委、县政府总值班室、环境再造服务中心、目标考核服务中心、美丽乡村创建中心。县委办被县委、县政府评为“2017年度落实全面从严治党优秀单位”“2017年度工作考核优秀单位”。

【办文办会】 2017年，文成县委办公室办理上级文件1761件、下发文件543件，编发督查通报、通知193期，办理省市县委领导批示件973件；完成县委十三届二次全体（扩大）会议、全县旅游发展工作委员会扩大会议、全县“除隐患、保安全”动员大会、全县全域旅游化环境再造动员大会、第三届世界文成人大会、刘伯温故里景区创国家AAAAA级景区誓师大会、全县领导干部会议、全县旅游经济运行分析会等各类综合文稿223篇；全年累计接待各级领导干部63批次458人次。全年召开全县性会议98个，县委常委会24个、县委专题会议7个。

【信息工作】 2017年，文成县委办新闻信息科围绕县委中心工作，及时、准确、全面收集和报送大量高质量的社会热点信息和文成县经济社会发展的特色信息，为各级党委掌握情况、科学决策提供重要参考。2017年编辑《政研与信息》《“大拆大整”专项行动工作简报》80期；组织上报中办和省、市委办公厅信息1760余条次，被省委办公厅、市委办公厅录用780条次，其中《文成县率全市之先完成村两委换届选举“选优配强”基层铁军》《文成县推进“最多跑一次”改革　打造审批服务“文成样板”》等多篇专题报道信息得到市委书记周江勇批示，获得“全市党委系统信息工作先进单位”荣誉称号。

【新闻报道稿】 2017年，文成县委办在全国各大媒体报道文成新闻1177篇(条)，其中温州日报382篇，专题12个，浙江日报53篇，新华网、人民网等转载190多篇，所报道的《高山生态米，3元一斤，不妨尝尝》获得市委书记周江勇的批示。《省委书记点赞避灾场所建设"文成方案"》《文成谱新篇打造全域"大花园"》《末端突围直指浙西南交通枢纽》《文成方便群众办事推行手机审批从"最多跑一次"到"一次都不用跑"》《文成吹响AAAAA级旅游景区攻坚号》等新闻，引起社会广泛关注。同时，策划"全域旅游化环境再造工程""最多跑一次改革""小城镇环境综合整治""第三届世界文成人大会""除隐患保安全""2·2民房坍塌事件"等系列重大专题报道，剖析文成在城乡环境、经济生态、人民生活等方面发生的变化，记录文成发展轨迹，并通过县内外各级各类媒体，将文成的发展成果呈现给人民群众。

【督查考绩】 2017年，文成县委办制定出台《2017年度乡镇(功能区)考绩办法》《2017年度县机关单位考绩办法》，更加突出倾斜基层和差异化考核导向，推出"1个乡镇1张清单"的考核办法，牵头组织开展2017年度乡镇(功能区)"比学赶超"活动，使督考体系得到进一步完善。在收集省对26县、市对县各项考核指标公布的数据基础上，研判分析文成及同类县考绩指标运行情况，为部门推进工作和县领导决策提供意见建议，全年上报分析材料、《考绩专报》10期。针对"省对26县考核指标面上数据掌握难"的问题，帮助督促各指标承接单位加强与省市部门的沟通对接，并同步加强与市里各条线的对接，动态掌握了解本县各指标运行情况。2017年度文成县在市里的考绩中被评为"良好单位"，县对乡镇(功能区)、县机关单位考绩结果客观精准。

聚焦重点、紧盯难点，多途径加强督查。聚焦有效投资、"百日攻坚"项目、"除险安居""三边三化""五水共治"美丽乡村创建等重点工作，联合相关部门开展专项督查30余次。同时，利用县府电子显示屏，对固定资产投资、"大拆大整"等重点工作(考绩项目)进展情况进行滚动播放，每周更新相关工作进展情况。此外，针对督查中发现的形式主义、重复督查、多头督查等问题，及时制定《关于进一步加强工作统筹精简督查检查活动的通知》，进一步规范督查检查活动，为基层降压减负。全年，县委县政府督查室办理领导批示件616件，督查媒体曝光整改事项近50项，上报《督查专报》30期，刊发《重点工作月报》8期、《督查通报》160余期，更新电子显示屏内容20余期。

【政研改革】 2017年，文成县委办研究制定《县委全面深化改革领导小组2017年工作要点》《2017年重点改革项目实施方案》，明确2017年度八大类31项改革任务，重点推进全域旅游化环境再造机制创新、农房建设质量安全管理改革、企业减负体制机制创新、乡镇"四个平台"建设改革和县管领导干部正负面信息管理机制改革，在全省创新实施"最多跑一次"海外版，争取到检察院内设机构整合改革试点、农房建设质量安全管理试点和批发零售业改造提升试点等一批省级改革试点，形成生态旅游发展、全域旅游化环境再造、土地确权登记等一批改革典型经验并在省市层面得到推广，得到市委书记周江勇、副省长熊建平、中国侨联副主席乔卫的批示肯定。结合县委中心工作及主要领导指示精神，先后围绕全域旅游化环境再造工程、大康养大数据新兴产业发展、县城建设、重大项目百日攻坚、基层党建、招商引资等中心工作，以及文成参与全省大花园大通道建设、温州西部休闲产业带建设等开展工作调研并建言献策，先后完成《全域旅游化环境再造4+2工程实施方案》《文成县发展康养产业若干问题研究》《文成参与全省大花园建设基本思路》《打造温州西部休闲产业核心示范区战略研究》等各类调研报告。

【保密工作】 2017年，文成县委办组织开展涉密载体集中清退、统一定点销毁工作，按照有关规定保管好国家秘密文件，切实履行保密职责。依托“文成保密”微信公众号、知识小手册等渠道开展多层次保密宣传，进一步增强干部职工保密意识。年中组织精干力量就县内各乡镇部门涉密人员管理情况、国家秘密载体管理、信息系统和信息设备保密管理情况等10方面内容，开展不打招呼式检查，检查全县17个乡镇以及45个部门，对检查中发现的问题给予指导并发文通报，收到相关单位整改通知书35份。

【机要与密码管理】 2017年，文成县委办利用全市开展党政机要密码工作大规范大提升三年行动的有利契机，精心实施“短板”攻坚计划：在硬件提升方面，争取到省补助资金70万元、县级配套100余万元，优化“机要楼”改造建设，高标准改造会议中心并升级涉密视频会议系统，新建2个涉密视频会议室，提前完成密码基础设施规范化建设，圆满完成十九大通信保障等60余次中央和省市组织召开的相关视频会议的技术保障工作任务，全年承办明密电1000余份，实现“零”疏漏；在软件建设方面，率先落实机要密码工作定岗定责方案，完善机制建设，改进专兼职互补、密码干部与电子政务内网技术人员互助等机制，先后承办了全省山区复杂环境下的密码通信信息演练和全省技术比武温州市的人员集训，连续5年获评全省密码工作先进单位。

【法治工作】 2017年，文成县委办抓住“法治文成”建设的重点难点，坚持以示范创建和深化改革为突破口，先后在全市率先开展规范性文件下备工作，创新实施法治建设“九个一”机制，积极探索未入额法官协助员额法官办案，率先推出“特邀海外调解员”机制、设立涉侨网络法庭，开展“涉外公证”“村干部任前法律知识考试”，形成一批典型经验，受到最高院和省高院批示肯定。此外，还将党政主要负责人履行推进法治建设第一责任人职责情况列入年终述职内容，履行职责情况纳入考核指标体系，并通过规范性文件下备一级工作，将法治意识和法治权威延伸到乡镇。乡镇部门党委（党组）报备64件、提醒11件。同时，做好法治信息编写报送工作，全年向《温州法治》报送信息20余篇，其中，被《温州法治》录用12篇。2017年，文成被推荐为全国法治县创建活动先进单位。

【值班工作】 2017年，文成县委办初步建立起以县委、县政府总值班室为枢纽，以各乡镇、部门值班室为节点，层层相连、上下畅通的网络体系。县委、县政府总值班室受理处置各类紧急信息150余条次，落实各级领导批示32条，报送主要领导外出请假信息211人次，全县未出现重大突发事件迟报、漏报、瞒报情况。进一步加强节假日、重大活动期间的值班值守工作，并对乡镇、部门的值班工作跟进指导。全年组织开展值班抽查9次。其中，在党的十九大及世界互联网大会期间，县委县政府总值班室与县纪委、县委政法委组成联合督察组，借助实地走访、电话抽查等多种形式，全县30余个重点部门和17个乡镇的值班值守情况。

重要会议

【中共文成县委十三届二次全会】 2017年8月10日，县委十三届二次全体（扩大）会议召开，会议内容：认真贯彻落实省第十四次党代会、市委十二届二次全会、县第十三次党代会和省委书记车俊到文成调研宣讲时的重要讲话精神，回顾总结上半年工作，研究部署下一阶段任务，进一步动员全县上下强化实干担当、奋力创先争优，高质量完成全年各项目标任务。会议审议通过《中共文成县委关于从严加强干部队伍建设 争当“提速‘两山’转化、打造“‘三美’文成”排头兵的决定》。

【城乡住房安全再排查再整治专项部署会】 2017年2月4日，全县城乡住房安全再排查再整治专项部署会召开，会议强调，要深刻汲取百丈漈镇外大会村民房坍塌事件教训，痛定思痛，知耻后勇，重拳出击，抓实抓细，不留死角、不留盲区排查房屋安全隐患，并以重整山河的勇气和决心推进城乡规范建设，切实保障群众住房安全。会议通报百丈漈“2·2”民房坍塌事件相关情况，传达中央、省市领导指示精神；会议听取各乡镇危旧房排查及人员转移情况汇报，并对全县城乡住房安全再排查再整治有关工作进行安排部署。

【旅游发展工作委员会扩大会议】 2017年3月16日，文成县旅游发展工作委员会扩大会议召开。会议研究分析、总结部署国家AAAAA景区创建工作，明确目标、落实责任，动员全县上下合力推进创建工作。会议强调，在全域旅游化改造过程当中，要尽早出台县城旅游化改造方案，并进行多层级的评审；旅游风情小镇、乡镇旅游示范村、示范精品公路打造要分阶段、分重点推进，争取走在全省全市前列；要引进和培育疗休养、旅游+培训、旅游创客等各类基地，解决优化客源、吸引人才等问题，提升软硬件实力，激发内外活力；要尽快出台旅游行业的标准和管理，涉旅部门、单位、机构、企业、从业人员要提高对旅游的认知，并将旅游规范化管理的要求内化于心；要加快迈进旅游营销和国际化步伐，结合大型活动，把文成旅游品牌打得更响，把知名度和美誉度提得更高，实现更大的经济和社会效益。

【“除隐患、保安全”动员大会】 2017年3月30日，文成县“除隐患、保安全”动员大会召开。会上，17个乡镇签订《2017年度除隐患保安全责任书》；县住建局、大峃镇、玉壶镇五一村等7个单位作表态发言；与会人员观看农房安全警示宣传片。县委书记王彩莲在会上强调，各地各部门要认清形势、凝聚共识、注重方法，坚决打赢“除隐患、保安全”这场硬仗，确保人民群众生命财产安全。

3月30日，文成县“除隐患、保安全”动员大会召开（县新闻中心王健提供）

【重点项目“百日攻坚”行动动员大会】 2017年6月8日，文成县重点项目“百日攻坚”行动动员大会召开。县委书记王彩莲在会上强调，加快推进项目建设事关当前，影响长远。各级各部门一定要有只争朝夕的精神，按照县委、县政府的统一部署，集中精力，狠抓落实，克难攻坚，奋战一百天，确保全面完成今年各项重点项目建设任务，以优异的成绩迎接中共党的十九大胜利召开。

【旅游化环境再造动员大会】 2017年7月7日，文成县全县全域旅游化环境再造动员大会召开。会议强调，全县干部要把全域旅游化环境再造作为检验作风的大考场、比拼实绩的大擂台，在直面问题中考验担当，在解决问题中检验能力，比学赶超、创先争优，干出一番新业绩、闯出一片新天地。会上还举行县综合行政执法局授牌仪式。

【第三届世界文成人大会】 2017年9月28日，第三届世界文成人大会在文成县举行，330多名海内外乡贤齐聚现场，本次大会以“打造全域旅游，实现三美愿景”为共同主题，畅叙桑梓情谊，共谋发展大计。大会期间，7个招商引资项目现场签约，总投资额达134.1亿元，推介包括旅游类、商贸类、文化类、康养类、先进制造业等5大类10个项目，总投资520亿元。

【创建“刘伯温故里”国家AAAAA级景区誓师大会】 2017年10月26日文成县召开创建“刘伯温故里”国家AAAAA级旅游景区誓师大会，全面吹响文成县创建国家AAAAA级旅游景区攻坚号，号召举全县之力打好创AAAAA攻坚战，按时间节点完成各项创建任务。

10月26日，文成县召开创建“刘伯温故里”国家AAAAA级旅游景区誓师大会（县新闻中心王健提供）

【领导干部会议】 2017年10月27日，文成县委召开全县领导干部会议，认真传达学习党的十九大精神及省市委贯彻意见。县委书记王彩莲在会上强调，全县上下要在十九大精神的指引下，坚持以习近平新时代中国特色社会主义思想为指导，以更加自觉的政治担当，以翻篇归零的创业激情，不忘初心、牢记使命，坚定扛起文成探索“两山”道路的使命担当，奋力续写好文成的发展史，努力在新时代中国特色社会主义道路上奋勇前行。

【全县旅游经济形势分析会】 2017年11月24日，文成县召开旅游经济形势分析会，回顾总结近年县旅游工作，分析把握当前旅游经济发展态势，部署当前及今后一段时间旅游产业发展。县委书记王彩莲在会上强调，全县上下要进一步统一思想，形成共识，锁定目标，精准发力，推动旅游产业真正成为文成可持续的一号产业。

（刘　成）

重要决策

【推进现代农业产业发展】 2017年，文成县委提速推进现代农业产业发展，精心打造农业“两区”升级版，修编调整粮食生产功能区建设规划，累计建成粮食生产功能区71个面积2800公顷；加快提升现代农业园区建设，累计建成市级以上现代农业园区34个。重点抓好休闲农业项目建设及改造提升，形成仙人居农庄马鞭草、武阳荷花、周山彩色稻田、二源投缘花海等一批创意农业，累计建成生态农庄22家，有12家对外营业。全县有在册农家乐（民宿）57个、农家乐特色村9个，农家乐总餐位11137个，总床位4229张。“美丽乡村”建设扩面提质，建成省级美丽乡村示范乡镇1个、省级美丽乡村特色精品村2个，6个村获评全市“五美”乡村。完成历史文化村落保护利用村4个。推进农村生活污水治理，先后完成2014—2016年农村生活污水治理竣工验收和设施运维移交223个村。实施农村生活垃圾分类减量化资源化处理114个村。加强农村土地流转，累计流转面积7133.33公顷。引进农业招商引资项目2个，到位资金5659万元。打好脱贫攻坚战，做好“三年特扶”、精准扶贫工作，让低收入农户人均可支配收入达13324元，农民增收渠道持续得到进一步拓宽。

【改造提升传统产业】 2017年，文成县委以生态化改造提升壮大工业，继续以“一核多园”模式，推进四大生态工业平台整合提升，加快实施工业发展“三年提升行动”和小微企业“三年成长计划”，进一步深化“四化三名”“三转一市”，鼓励企业加大技改投入，传统产业得到改造提升。全年实现工业增加值11.68亿元，同比增长3.3%。全年规模以上工业增加值5.43亿元，同比下降7.3%。其中，轻工业增加值为0.95亿元，同比增长17.5%，重工业增加值4.48亿元，同比下降10.7%；高新技术产业、装备制造业、战略性新兴产业增加值同比分别增长25.4%、17.9%、33.1%，占规模以上工业的12.2%、12.5%、8.5%。规模以上工业销售产值20.78亿元，同比下降9.5%，其中出口交货值0.44亿元，同比下降1.3%。新产品产值率11.6%，同比降低0.5个百分点。全年规模以上工业企业实现利润2.44亿元，同比下降35.7%。全年规模以上工业全员劳动生产率30.85万元/人，同比增长5.1%。

【全域推进特色服务业】 2017年，文成县"刘伯温故里"景区创AAAAA高分通过国家景观质量评审，是全省2017年唯一通过国家AAAAA评审的景区，九溪欢乐谷和天顶湖农庄创成AAA级景区，武阳和让川创成AAA级景区村庄。问道刘基馆、赵超构纪念馆等一批文旅项目相继开放。天顶湖山地运动休闲中心等项目开工建设，浙江马拉松精英赛项目永久落户文成。创成A级景区村庄18个，打造下石庄等乡村旅游综合体5个。全年接待游客人数、景区接待人数、门票收入、旅游综合收入同比分别增长4.19%、40.48%、18.41%、11.21%，荣获"浙江旅游总评榜之年度全域旅游推进奖"。建成农村电商服务站50个，实现网络销售额9.5亿元、同比增长32%。新引进总部企业9家，实现创税1953万元。新培育建筑业三级企业7家，完成建筑业总产值21亿元。引入文化企业5家，《十三猎杀》等10部院线和网络电影在文成拍摄。苔湖街商业综合体完成招商，建成峃口农产品储藏中心。全年完成"个转企"38家、限下转限上2家。全年新增各类市场主体1189家，超过近3年的总和。

【打造环境再造工程】 2017年，文成县把环境建设作为核心竞争力工程，整合融资20亿元，带动社会资本近50亿元，大手笔推进全域旅游化环境再造工程，有序铺开"4+2"专项行动，重点推进215个整治提升类项目，全域美丽创建初显成效，文成县获评全省小城镇环境综合整治工作优秀县，在年度全省小城镇环境综合整治考核中成绩位列全市第一。大力度开展"大拆大整"，完成城中村改造签约1239户，拆除违法建筑29.3万平方米；排查出租房、合用场所、民宿和"四无"生产经营单位6875户，整治合格率均为100%。配合完成中央环保督察问题整改，有效解决群众反映强烈的环境问题，创成国家卫生县城，成为全国第一个通过中国气候养生福地评审的县级单位。全面开展"治水剿劣"专项行动，在全市率先完成劣V类小微水体销号，荣获治水"大禹鼎"。

【全方位保障重大项目建议】 2017年，文成县坚持项目为主，聚焦抓攻坚、招大商、强保障，完成固定资产投资78.6亿元。在项目推进上，有效落实专项巡察等重大项目推进机制，持续开展"重点项目百日攻坚"，下沙垟城中村改造、刘基庙外围街区征迁等项目破难推进，龙丽温高速瑞文段、溧宁高速文泰段、G322樟台至龙川段改建等重大交通项目加快推进，县职业中专迁建、县人民医院新建等工程迎头赶上。在项目招商上，成功召开第三届世界文成人大会，全年签约项目10个、总投资171亿元，实现招大引强新突破。在要素保障上，大力推行"移动互联网+审批"，采用PPP、EPC等模式，实现项目提速提效；加快批而未供、供而未用土地清理，完成"旱改水"验收92.27公顷、垦造耕地22.67公顷，全方位保障重大项目建设。

【强化保障民生事业】 2017年，文成县委不断强化民生保障，深刻吸取"2·2"民房坍塌事件教训，铁腕推进"治危拆违""除险安居"，C级、D级危旧房治理完成率均为100%；地质灾害综合治理全面推进，建成并投用避灾安置场所219

个，实现村级避灾场所重点区域全覆盖；开工建设安置房4200套，集聚搬迁1.5万人。不断强化民生保障，完成新一轮低收入农户认定排查，获得全省“两山(一类)”建设财政专项激励资金支持；加快教育现代化县创建步伐，新高考上线率再创新高；深化“医院托管”，多层次开展与温州中医院、浙江中医药大学的合作，县人民医院成功申报浙江省中医药重点学科单位，实现历史性突破；开展省级文化强县创建，通过省级体育强县复评，乡镇幼儿园、城市书房、农村文化礼堂等一批公共服务基础设施加快建设；新增172个建制村通客车，实现客车“村村通”。创新社会治理，基层治理“四个平台”实现所有乡镇全覆盖，强化安全生产、食品药品安全监管，加强立体化社会治安防控体系建设，推行“三三一”人民调解工作模式，开展信访督查“百千万”专项行动，保持重大敏感时段“零非访”，连续30个月实现进京“零非访”。

【深化各领域改革】 2017年，文成县委对接省市全面深化改革工作部署，研究制定《县委全面深化改革领导小组2017年工作要点》和《2017年度重点改革项目工作方案》，推动2017年度8大类31项改革任务落实，重点推进全域旅游化环境再造、农村住房建设质量安全管理、企业减负体制机制创新、乡镇“四个平台”建设改革等“1+4”重点改革项目。创新实施“最多跑一次”海外版、全域旅游化环境再造、县管领导干部“正负面信息管理”、农村住房建设质量安全管理等一批富有成效的改革项目，并先后争取和开展检察院内设机构整合改革试点、农房建设质量安全管理试点和批发零售业改造提升试点等省级改革试点工作，形成了生态旅游发展、全域旅游化环境再造、土地承包经营权确权登记等一批改革典型经验在省市层面推广，并得到市委书记周江勇、省政府副省长熊建平、中国侨联副主席乔卫的批示肯定。

（刘　成）

纪检监察

【概况】 2017年2月25日，文成县正式成立监察委员会，内设机构10个：办公室、干部室、宣传教育室、党风政风监督室、信访室、案件监督管理室、案件审查室、第一纪检监察室、第二纪检监察室、第三纪检监察室；下属事业科室2个，分别是文成县机关效能监察投诉中心、文成县纪检监察后勤服务中心；设立机关总支1个。行政编制39名，行政工勤3名，文成县机关效能投诉中心(参公编制)9名，纪检监察后勤服务中心(事业编制)2名，核准中层职数17名，包括内设机构中层16名，纪检监察后勤服务中心中层1名。

6月29日上午，县纪委机关党支部组织全体党员到文成烈士纪念馆、文成烈士陵园参观，追寻红色记忆，感受峥嵘岁月(县纪委提供)

【主体责任落实】 2017年，文成县纪委常委会多次专题研究从严治党工作，专题听取全县党风廉政建设情况报告和工作建议，县领导带队开展主体责任落实情况年中督查和年终检查，层层传导压力。县纪委抓住党委主体责任这个“牛鼻子”，协助县委将“党风廉政建设责任制落实情况考核”调整为“全面从严治党主体责任落实情况考核”，督促各乡镇部门认真落实责任分解、责任清单、约谈提醒等制度，逐级夯实全面从严治党政治责任；深化报告评议工作，17个乡镇和8个重点部门党委（党组）"一把手"向县纪委当面报告履行主体责任情况，接受现场评议，并针对存在的问题限期做好整改工作。严格执行党内问责条例，加大"一案双查"力度，对2名履行"两个责任"不力的领导干部予以问责，持续释放失责必问、问责必严的强烈信号。全面从严治党群众满意度调查全市排名第三。

【廉政宣传教育】 2017年，文成县纪委深入开展"严守纪律、干净干事"党风廉政专题宣讲活动，县领导带头宣讲，受教育8000多人次。深入开展传统家规家训教育，制作的刘伯温家风家训专题片及相关图片文字在中纪委监察部网站播出，人民网等主流媒体纷纷转载，取得良好的教育效果和社会效果。组织50多个单位1700多名党员干部参观县法纪教育基地。开展干部廉政档案建设工作，建档1853份，为全面掌握"树木""森林"状况提供有力支撑。将廉政文化有机融入党建示范带，建成周壤陈茂烈廉政文化园等一批廉政文化阵地。

【作风效能建设】 2017年，文成县纪委围绕县委重点项目特别是"百日攻坚"专项行动开展监督检查。针对城中村改造、刘基庙前街拆迁、文瑞和文泰高速公路项目中存在的政策处理工作难以推进等问题，专门成立纪律保障组，严明"四带头""六严禁"纪律要求，启动"涉公人员签约情况一天一报告、约谈涉公人员及其单位负责人、安排专人牵头狠抓落实"等扎实举措，约谈党员干部100余人，为项目落地提供有力保障；围绕"刘伯温故里"创AAAAA级景区、卫生县城巩固工作、26县发展实绩考核等中心工作开展专项督查，查纠工作推进不力、落实决策部署不到位等问题50余个，问责20余家单位共计30余人，其中诫勉谈话处理6人。加强对村级组织换届纪律的监督，协助党委严把政治关、廉洁关和形象关，审核候选人资格6492人次，否决181人，保障换届选举风清气正，助推文成县率先全省完成村级组织换届。

8月25日上午，政风行风监督员换届工作会议召开（县纪委提供）

【正风肃纪】 2017年，文成县纪委以"强责任敢担当，治顽疾优环境"为主题，牵头开展"作风问题大排查、基层执法大治理、服务效能大提升"三大行动，梳理并督促整改作风问题240多个，问责党员干部44人，其中诫勉谈话处理8件8人，立案查处28件36人。深化"千人评议"活动，把全县154个中层科室和基层站所纳入评议范围，评选群众满意单位5家、不满意单位5家。紧盯重点时间节点，开展正风肃纪专项督查120余次，督促问题整改150余个，查处违反中央八项规定精神问题7件7人，同比分别增长200%，其中1名科级干部收受管理服务对象超市卡问题被市纪委作为典型案例采用；查处群众身边的不正之风和腐败问题16件17人，同比分别增长78%和89%；查处扶贫领域案件4件4人，同比增长200%。牵头深化招投标市场专项整治，涉案金额1.3亿元，涉案29人，查处党员干部违纪案件6件，处理党员干部12人，其中党纪处分乡科级干部2人、诫勉谈话处理乡科级干部1人，同时向有关单位移送立案14人。

【反腐败工作】 2017年，文成县纪委按照上级统一部署，推进监察体制改革试点工作，整合行政监察和检察院查处贪污贿赂、失职渎职以及预防职务犯罪等相关职能，挂牌成立县监察委员会，实现了反腐力量、资源、手段的再整合、再丰富和再强化。牢牢把握监察体制改革试点工作契机，形成党委牵头抓总、纪委主抓直管、相关部门协助配合的工作格局，党风廉政建设和反腐败工作取得显著成效。全年立案查处违纪违法案件173件(结案171件)，同比增长53.1%，其中移送司法机关1件，乡科级干部8件。在市纪委和县委的坚强领导下，成功追回党的十九大后全省首例中央追逃办挂牌督办的“红通人员”陈碎园，得到了省纪委、市委和市纪委主要领导的高度肯定以及市委反腐败协调小组通报表扬，相关经验做法在中纪委监察部网站、中国纪检监察报、中央电视台新闻频道、人民网、浙江日报、温州日报等媒体刊发报道。

【信访工作】 2017年，文成县纪委围绕“件件有着落、事事有回音、质量有保证”总要求，不断提高办信质量、效率，破解涉纪信访积案难题，最大限度化解矛盾纠纷。全年受理信访举报486件次，其中信访转立案10起，实施信访监督(函询)12件。自6月份开始，在全县范围开展涉纪信访积案化解“百日攻坚”专项行动，通过集中排查、分析研判、分类化解、总结提升等方法，严格落实“一周一研判”“两周一通报”“一月一推进”等工作机制，梳理涉纪信访积案60件，化解55件，化解率达91.67%。全面推行“一套”舆情处置机制、县乡“两级”会商机制、“三级”专项督查机制的涉纪维稳“一、二、三”综合举措，落实“有序接访、靠前约访、借力查访”等有效方式，狠抓重点时期信访维稳工作，实现党的十九大期间涉纪信访赴省进京“零上访”、网络舆情“零发酵”、涉纪信访恶性事件“零发生”等“三个零”的目标。

【巡察监督】 2017年文成县纪委突出政治巡察定位，在常规开展农村基层和县直单位巡察的基础上，围绕重点工作、重点项目、重点资金以及招投标市场、扶贫领域等开展专项巡察，全年巡察部门7个、乡镇5个、基层站所3个、行政村54个、重点项目4个、重点资金2项、重点工作2项以及招投标市场和扶贫领域，反馈并督促问题整改260个，党纪政务处分15人。推进巡察工作常态化，协助县委出台《关于进一步加强巡察工作的实施意见》，组建县委巡察办和4个巡察组，制订系列配套制度。探索建立信息沟通、挂钩联系、协同联动、快查快处等四大机制，实现纪检监察工作与巡察工作资源共享、优势互补的有机结合，巡察成果持续巩固，巡察实效不断提升。

【自身建设】 2017年文成县纪委开展“树新形象、做好榜样”主题教育实践活动，坚持“周一夜学”制度。深化机关党建，通过开展专题讲座、主题征文、知识测试、廉政书画展等多种形式学习宣传贯彻省党代会和中共党的十九大精神，县纪委代表队荣获全市纪检监察系统贯彻省党代会精神知识竞赛三等奖，1名干部荣获全县“中共党的十九大精神暨‘我最喜爱的习总书记的一句话’主题微党课比赛一等奖。推行分片联系指导、定期工作例会、重点工作定期通报、年度工作述职等制度，指导督促乡镇(管委会)纪委、派驻(出)机构履行监督执纪问责职责。坚持“信任不能代替监督”，严格执行干部考勤、请销假、外出报告、个人事项报告等制度。

(廖素军)

组织工作

【概况】 2017年，文成县委组织部(县“两新”工委、县党代表联络办)下设办公室、组织科(组织员管理办公室)、干部一科、干部二科、干部监督室、干部教育科、干部综合科(参照公务员制度管理办公室)、党代表指导科、党建指导办(两新科)、县委人才办、电教中心、干部教育培训中心、组织史编纂办。核定编制数38名，2017年年末有在编在岗34人。

【县乡村集中换届】 2017年，文成组织工作围绕中心大局，紧扣全面从严治党主线，以率先、平稳、有序为目标抓好县乡村集中换届，以“两范两促”为重点抓实基层组织建设，以活力激发为重点选优配强干部，以人才“十大行动”为抓手提速招才引智，以对标“六度”联考联创为载体强化自身建设，取得积极的成效。省市委领导先后9次对文成组织工作经验做法作出批示，中央省市组工信息、人民日报、中国组织人事报、浙江日报、温州日报、《共产党员》杂志等内部刊物和报刊杂志刊发文成县经验做法90多篇。在年度考绩中，文成组织工作取得全市同类县第一、全县考绩优秀的好成绩。

【基层组织建设】 2017年，文成县开展村级组织换届工作。村和社区组织换届试点工作于1月9日在西坑畲族镇启动，2月19日圆满完成村级组织换届试点工作。3月6日全省部署会后全面铺开，3月20日完成村(居)党组织换届，4月15日率全省之先完成村“两委”换届，4月18日全面完成村四套班子换届工作。全县共选配村“两委”干部2893名，其中女性干部656名，比上届提高8.3%；35周岁以下的439名，比上届提高64.4%，其中90后年轻干部93名，比上届提高65.7%；大学以上学历227名，比上届提高18.2%。

基层党建示范带建设 年内，按照“点上抓示范、面上抓规范”的创建思路，以县道、美丽乡村风情带为轴线，结合特色文化、产业发展和生态优势等，在全县沿江沿路沿景区地段打造16个党建样板村、56个示范村，着力打造2条市级党建示范带、3条县级党建示范带和17条乡镇党建示范带。其中，市、县两级5条示范带共覆盖72个示范村，20家两新组织，辐射周边200多个基层组织，基本形成“两轴三翼”的党建示范带格局。

文成县峃口镇鱼局村党建公园(组织部提供)

村级组织规范化建设 年内，全面实施村干部履职“双十清单”，严格执行“五议两公开”“一单两制”“三务公开”“四必到四必访”、印章管理、财务支出审签制度等各项村级制度，加强对村干部坐班值班、请销假制度的经常性检查。严格落实“三会一课”、五星争创、主题党日、党员固定活动日等支部活动，加强督查巡查，使支部活动规范化、标准化、正常化。

党建责任体系建设 年内，推行清单式标准化党建责任制做法，综合运用党建督查、跟踪督办、立体考评等手段，分别从县乡党委、党委书记、组织委员、驻村干部四个层面明确各自的党建“责任田”，形成“四位一体”的责任落实机制。全年明查暗访213个行政村，通报批评乡镇党委1个，约谈乡镇党委书记1人、组织委员4人，组织调整驻村干部1人。创新推出驻村干部履职“三十清单”做法，通过列出驻村干部干事指南，切实解决驻村干部做什么、怎么做等问题。该做法得到市委组织部部长马永良批示肯定。

村级集体经济发展 年内，以“集中消灭经济薄弱村”为目标，以开展“扩优挖潜”行动为载体，深入实施“强村惠民三年行动计划”，按照“一村一策”的思路，强化“强村十策”引路、全覆盖结对帮扶、兴村发展投资有限公司兜底保障等政策运用，集全县之力破解村集体经济发展难题。截止2017年12月20日，文成260个消薄任务全面完成，385个村全面实现经营性收入10万元以上，展现了“消薄摘帽”的文成速度。

软弱落后村整顿转化工作 年内，制定下发《关于集中开展软弱落后村整顿转化工作的通知》，创新推行7大活动和7项基本制度，安排25名县领导、25名乡镇领导干部和25名第一书记（乡镇下派）挂钩帮扶，扎实推进整转工作。同时，各乡镇按照“一村一策”要求，逐村制定了整转方案。截止2017年12月，通过全县上下联动，内外发力，整合资源，破解软弱落后村“软、散、乱、穷”等根源性问题，完成25个软弱落后村整转工作。

【干部工作】 2017年，文成县委出台《关于从严加强干部队伍建设争当提速“两山”转化、打造“三美”文成排头兵的决定》，坚持将政治过硬、敢抓敢管、勇往直前、富有团队精神和实绩突出、清正廉洁的干部提拔到领导干部岗位上来。全年调整人事268人次，其中提任64人，转任重要岗位10人，平职交流163人，因任职年龄到限、调离文成工作等原因免职31人。加大优秀县管后备干部的选拔培养工作，结合乡镇、县直部门领导班子和领导干部年度暨任期考核工作，建立139名县管正科级后备干部库、217名副科级后备干部库和93名优秀年轻干部培养库，并逐步建立成长档案，实行优进劣出、动态管理。推动群团组织改革，通过公开比选的方式，择优选用6名群团组织挂职班子副职干部和7名群团组织兼职班子副职干部，有效改善群团组织班子结构。

干部培养锻炼 创新干部教育培训模式，探索“高校培训+参观考察+专题研讨+实战练兵”的“学干一体”培养机制。注重“一线历练”，将60名中青班学员分成4个项目攻坚组，到一线开展现场教学实践，选派68名资历深、农村工作经历丰富的党员干部到农村担任第一书记，并分批有计划地选派后备干部到重点工作和重点项目主战场担任攻坚员。年内，选派265名干部到中心工作和重点项目主战场开展实战攻坚历练。重点针对城建、旅游等紧缺型专业干部，精心举办全县有效投资和产业培育专题研讨班、全域旅游创建专题研讨班、城乡建设管理专题研讨班、中青班、新任村干部培训班等共7期535余人次。创新推出微讲课、微交流、微小结、微选课、微平台的“五微学堂”。得到市委组织部部长马永良的批示。开展中层干部大交流，综合采用提拔交流、平职交流、降职交流、挂职交流等形式，推动中层干部在部门、乡镇、单位内部合理流动，让干部在更多的工作岗位经受锻炼，激发干部队伍整体活力。全年交流中层干部71人，其中提拔交流5人，平直交流63人，逆向交流3人。

干部人事监督 制定出台《县管领导干部正负面信息管理实施意见》，对县管干部、县管后备干部负面信息进行收集整理，建立干部负面信息评估联席会议制度，在拟提拔人选酝酿过程中，通过比对县管干部负面信息8类情形，将拟提拔人选预先进行“政治扫描体检”，作为使用干部的重要依据。该创新做法得到市委组织部部长马永良的批示肯定，在省委组织部《领导参阅》和《温州日报》等媒体刊发。年末，收集县管以上干部负面信息189条，召开联席会议3次，11名干部因负面信息在意向性人选研究酝酿过程中被暂缓或不纳入考察，并责令教育整改。开展“三超两乱”专项整治、国家工作人员在社会团体兼任领导职务情况大排查、国家工作人员因私出国（境）专项治理等工作。

【强化意识形态工作实效】 2017年，文成县委深入学习宣传贯彻党的十九大精神，推进“两学一做”教育常态化、制度化，思想引领、信仰认同形成新热潮。高质量完成县级班子换届，率全省之先完成村级组织换届，完成260个村“消薄”任务，25个软弱落后村转化，打造党建样板村、示范村72个，建成两新组织示范点20个，基层组织力有效提升。推进干部一线历炼、组团攻坚，大规模开展中层干部跨单位交流，加大人才工作力度，干部队伍活力进一步增强。狠抓意识形态领域工作，创新落实主体责任，稳妥有效处置涉文舆情，牢牢掌握工作主动权。全面落实从严治党主体责任，强化政治监督和纪律保障，持之以恒推进作风建设，始终保持反腐败高压态势，文成在全面从严治党群众满意度调查中排名全市第三，巡察工作不断强化，完成监察体制改革试点阶段任务，成功追回中共党的十九大后全省首例中央追逃办挂牌督办的“红通人员”，获得省市嘉奖，并被中央电视台等多家媒体广泛报道，为国家和省市追逃“红通人员”提供文成素材和文成经验。

【人才工作】 2017年，文成县委优化环境，健全部门和乡镇人才工作架构，建立8个海内外人才工作联络站。县委常委会5次专题研究人才工作，26名县领导共联系人才144人，帮助解决问题46个，落实资金3117万元。第三届世界文成人大会期间，利用在外文成人才的人脉资源促成大会签约7个大项目，总资金达134.2亿元。出台“加强版”的文成人才政策，如在市“人才十条新政”规定的基础上给予120%的配套奖励。围绕最多跑一次，制定“人才个性服务清单”，累计开展上门服务80余次，办理事项127件。

年内，建立全省首个“科技特派员工作站”；成立两家“院士专家工作站”推进治水、旅游等项目实施；先后与北京大学、温州医科大学、温州大学、浙江中医药大学等合作共建中医药研究院、农业科技研究院。实施“医院托管”“柔性引才”模式，从浙江中医院大学、温州一医等引进卫生人才50余人；与名家名校联合创办振中实验学校和武阳书院，引进教育名师团队60人。

年内，开展“人才工作大起底”活动，年末，新增各类入库人才1000多人。开展“人才大培育”活动，将体制外人才培训纳入干部培训教育范畴，累计投入200多万元，举办系列班次29期1620人次。选派专业人才到浙大、浙江旅游职业学院培训等。开展人才评选表彰活动，评出优秀专业技术人才、创业创新人才、乡土人才、优秀科技特派员58名，发放人才奖励金140余万元。

【部机关自身建设】 2017年，文成县委紧盯组织部门突出的薄弱环节，深化组织部门对标“六度”联考联创活动，开展“六型”机关创建活动。执行部务会议学政策、“周三夜学”“组工讲堂”等制度，抓好新任组工干部的岗位培训，创建“学习型”机关。结合“双联双抓”活动和“立标对标创标”活动，定期开展专题调研，组织开展“开拓之旅”系列活动，向优秀县市学经验、学做法，创建“创新型”机关。组织部机关干部分片到联系部门、乡镇开展谈心谈话、结对帮扶、业务指导、难题破解、创先争优等系列活动，开展“服务质量大比拼”活动，树立组织部门党员之家、干部之家、人才之家的良好形象，创建“服务型”机关。牢固树立“工作主题化、主题载体化、载体项目化、项目计划化、计划责任化”的工作理念和模式，研究确定每季工作主题，精心创设工作载体，细化工作项目和计划安排，常态化开展督查，创建“实干型”机关。开展组织系统工作“擂台赛”，坚持亮点工作“大比武”，强化日常工作“大比拼”，持续激发干事热情，创建“活力型”机关。支持配合驻部纪检组履行职责，落实一岗双责，加强岗位风险防范管理，确保监督、执纪、问责职能落实到位，创建“廉洁型”机关。

七一重温入党誓词（组织部提供）

（组织部供稿）

宣传工作

【概况】 2017年，中共文成县委宣传部（社科联），内设办公室、宣传科（县网信办、外宣办、新闻办）、党教理论科、文化科四个行政科室，县网管中心、网宣中心两个下属事业单位。有编制25名，在编22人，在岗28人（含临时人员4人、编制未迁入2人）。12月，在县委宣传部下设立宣传员管理办公室，增设中层职数1名。年内，文成县宣传思想工作贯彻习近平总书记系列重要讲话精神和省、市宣传思想工作会议精神，坚持党管意识形态、党管宣传、党管媒体的基本原则不动摇，围绕中心、服务大局，唱响主旋律，打好主动仗，围绕县委、县政府的决策部署和中心任务，巩固积极健康向上的主流思想舆论，培育和践行社会主义核心价值观，提升市民文明素质和城乡文明程度，提速“两山”转化、打造“三美”文成提供思想保证、精神力量、道德滋养和文化条件。

【意识形态工作】 2017年年初，文成县委宣传部与各乡镇、部门签订落实意识形态工作责任制的责任书，不断完善《文成县党政领导班子履行意识形态工作责任制“四个一”工作机制》，制定出台《文成县2017年落实意识形态工作责任制组织领导和责任分工》《2017年度落实意识形态工作责任制考核方案》等。

【理论工作】 2017年年初，文成县委宣传部理论学习工作纵深推进，提出2017年全县各级党委（党组）理论学习中心组学习意见，制订《中共文成县委理论学习中心组2017年学习计划》。至11月底，县委中心组组织集中学习研讨会12次，其中文成讲坛7期。深化“六学制度”，全面铺开“八个一”系列活动。不断深化“导学、领学、评学、督学、考学、送学制度”。牵头举办以“话治水　强担当　聚力‘三美’文成”为主题的文成县第六届微型党课赛课活动和党的十九大精神暨“我最喜爱的习总书记的一句话”主题党课活动，150余名参赛选手分享亲历体会，讲述身边故事。年内，开展市县党代会精神、省第十四次党代会精神、治水剿劣、最多跑一次改革、中共党的十九大精神等主题巡讲活动1500余场，受众10万余人次。中共党的十九大精神的宣讲活动形式多样、亮点纷呈，得到中央、省、市媒体的关注，如峃口、公阳的“庭院”宣讲、周山畲族乡的“乡村大喇叭”、文化礼堂“口袋书”宣讲、平和乡的“布袋戏”宣讲和自导自演的文化总干事联盟抱团巡演等宣讲形式被人民网、浙江新闻APP等媒体进行报道。

【文化礼堂扩面提质】 年内，基本建成农村文化礼堂14家。有60余家农村文化礼堂开展公益基金募集工作。据统计，在公益基金的带动引领下，全县各农村文化礼堂围绕“回顾旧岁展望蓝图”“春来送福　喜迎新年”“暖心你我　志愿相随”“铭记历史　鉴往知来”“青春五月　溢彩飞扬”“情系留守　春泥护花”等月度活动主题，累计开展理论宣讲、技能培训、民俗文化活动、“新青年下乡”活动1000场次。

【思政教育工作】 2017年，文成县中小学德育工作有序推进。根据《文成县中小学德育工作三年行动计划》要求，抓好学校德育工作，围绕社会主义核心价值观，继续打造“一校一品牌”，坚持实践育人，丰富活动载体，优化德育工作内容，创新德育工作方法，形成多方面多角度的合力育人氛围；形成学校、社会、家庭“三位一体”齐抓共教的德育大格局，发挥媒体作用，着力宣传德育特色，形成协调会议制度，助推德育工作有序推进。“新青年下乡”活动不断深化。年内，抓好“新青年下乡”工作，取得较好成绩，被温州市委宣传部评为2016—2017学年全市“新青年下乡”活动先进集体，在全市“新青年下乡”推进会上作典型发言。加强与温州商学院（原温州大学城市学院）的对接，提出了在实施国家政策理论知识引领计划、文艺送演乐民计划、志愿服务接力计划、文化传承星火计划、科技服务惠民计划等5大计划的基础上，开展国旗护卫暨“国歌嘹亮、国旗飘扬”“春泥护花”培训辅导、“美化乡村”“学创送种”文艺惠民等系列主题活动。协调共青团文成县委、各乡镇开展“新青年下乡”各项服务工作，扎实推进以乡镇文化礼堂为主阵地开展理论宣讲、文艺送演、志愿服务、文化传承、服务惠民、社会调查等各类活动300多场次，累计社会实践学生2000多人次，服务群众2万多人次。

【舆论导向】 2017年年初，文成县委宣传部做好主题宣传报道。围绕县委、县政府中心工作，组织新闻媒体开设《“大拆大整”文成在行动》《百日攻坚决战决胜》《深化五水共治 剿灭劣Ⅴ类水》《砥砺奋进 聚力发展》《最多跑一次跑出便民新速度》《喜迎十九大》《学习贯彻党的十九大精神》等专题专栏30余个，推出相关报道1000余篇。以“喜迎十九大”和“贯彻十九大”为契机，印发《砥砺奋进的五年》《学习贯彻党的十九大》《十九大精神》等宣传图片1000余套，利用LED电子显示屏投放十九大精神宣传动漫以及在公交站点及各地交通要道印刷十九大宣传标语，将十九大精神宣传到基层。完善舆论监督栏目运行机制。定期开展《今日关注》回头看，加大对工作不力、进展缓慢的单位和个人的进行曝光和监督力度。全年播出37期节目，曝光涉及征地拆迁、环境保护、民生建设、监督维权、城市管理等方面问题48处。开展革命传统宣传教育。以纪念建军90周年，香港回归20周年为契机，丰富“我的中国梦”主题教育实践活动，在全县各中小学校开展“童心向党”歌咏活动、清明祭英烈、“文成红色记忆”伯温讲堂进校园活动、“弘扬雷锋精神 争做时代先锋”主题活动、“中华魂—辉煌与梦想”主题教育实践等活动。

【对外宣传】 2017年，文成县委宣传部组织开展“三月三”畲乡风情节、2017第六届环浙江自行车公开赛暨中华第一高瀑百丈漈爬坡赛、第五季情系瓯越——文成重机骑行、闽粤浙旅行商和媒体走进文成大型踩线活动、央视七套“美丽中国乡村行”走进文成、央视四套《走遍中国》栏目走进文成品味文成慢生活、全国晚报社长总编“超构故里行”等重大活动外宣报道。推出外宣稿件800余篇，其中在人民日报、光明日报、经济日报等国家级主流媒体推出外宣稿件27篇，在浙江日报、浙江卫视、浙江之声等省级主流媒体推出外宣稿件153篇，在温州日报头版、温州电视台新闻联播等市级主流媒体推出外宣稿件178篇，特别是中央电视台《新闻联播》节目、浙江卫视新闻联播分别播出了文成峃口镇十九大报告宣讲走进最美庭院的新闻报道，提升文成的知名度和美誉度。

【网络宣传】 2017年，文成县委宣传部加强网络主流内容建设，开展网上宣传活动，营造良好网络舆论氛围。策划推出文成县第三届网络文化节活动，举办第二届时评挑战赛等16项子活动。推进网络问政工程，制定党政“一把手”对话网民访谈活动方案，常态开展“文网议事厅”访谈直播活动，全年开展在线访谈活动7期，征集到网友留言、意见建议160余条。实施网民培育工程。组织“大枫树”网络微联盟成员，以“清朗网络 共建共享”为主题，开展“文明上网进机关、进网吧、进校园、进文化礼堂”等网络文明公益宣传活动，走进17家文化礼堂、20个机关单位、6间网吧，发放网络文明倡议书5000余份，签署承诺书1000余份。推进新媒体矩阵建设，以“文成发布”为龙头的政务新媒体矩阵建设，完善信息发布、编辑审核等机制，加强栏目设置管理、议题设置，全年发布信息3500余条，被温州发布等上级媒体录用微博、微信200余条。以“网聚微力公益行”为载体，统筹全县社会公益团队，通过“互联互通、信息共享”的网络微公益模式，定期组织开展公益活动。

【舆情应对管理】 2017年，文成县委宣传部加强舆情应对处置。年内，启动各类应急响应10余次，累计监测发现并处置大小涉文舆情近50余起，成功处置“百丈漈2·2民房坍塌事件”“百丈漈景区4·23落石打击游客事件”“二源镇拐卖儿童网络谣言”“百丈漈西段村村民举报事件”“黄坦镇严垟村非正常死亡事件”等网络舆情，编写舆情专报9期，舆情月报10期。完善舆情应对机制。制定《文成县网络舆情应急处置预案》《网络舆情网上网下协同联动机制》《文成县突发公共事件舆论引导工作指导细则》。强化舆情队伍建设，聘请网络红色大V或舆情处置专家组成舆情研判处置队伍，制定《文成县网评员考核奖励办法》，组建网评特战队一队和二队，进行2次培训。全力维护网络安全。开展“网络安全周”线下宣传活动，对县内重要信息系统开展网站安全检查督查，共签订网站安全责任书51份，发放责令改正通知书4份，隐患整改通知书3份。将11家网站托管到省大数据中心，有效提升党群机关党委网站安全防护能力。

【未成年人思想道德建设】 2017年年初，文成县委宣传部做好“春泥计划”实施点和乡村学校少年宫的提质扩面增效工作，全县有“春泥计划”示范点52个，乡村学校少年宫22所。深入开展“我的中国梦”和“我学习 我践行”社会主义核心价值观主题教育活动，组织开展“我们的节日”“元宵猜灯谜”、春节写赠春联、文化礼堂“开蒙礼”“相约博物馆 感知家乡文化”等系列活动传承、普及优秀传统文化。同时，在各中小学校开展“道德红榜进校园”活动10余场，举办2017年“学习和争做美德少年”活动。

（郑海秋）

统战工作

【概况】 2017年，文成县委统战部贯彻落实中央、省委统战工作会议、《中国共产党统战工作条例（试行）》（以下简称《条例》）和全国、全省宗教工作会议精神，围绕“绿色发展、生态富民、后发崛起”发展战略，紧抓大团结大联合主题，充分发挥凝心聚力的“法宝”作用，开拓文成统战工作新局面。

【贯彻执行党的十九大精神】 2017年，文成县委统战部及时组织各领域代表人士收看十九大报道，分领域集中授课900余人次；坚持做好“三换两创”，即工商联、知联会、世文会换届和山哥哥产业园新社会阶层实践基地、乡镇民宗所规范化创建，召开新闻发布会举行挂牌仪式；组织统战系统各界人士开展调研，形成专业调研文章4篇，调研建议30条。通过“学习季”“梦想季”“拓展季”“建言季”“联谊季”——“五季绘同心”，打造文成统战贯彻落实十九大精神新平台，形成发展新氛围。

【统战工作条例专项督查工作】 2017年，文成县委统战部多次召开县委统战工作领导小组座谈会，开展《条例》学习和落实督查工作，并于12月1日召开县委组织部、统战部联席会议，就《条例》规定的部分指标进行协商落实。会后形成《党外干部工作联席会议纪要》。

【新型政商关系探索】 2017年，文成县委统战部探索建立工商联与公安局、检察院合作机制，深化“工商联+”，制定出台《进一步优化营商环境的实施意见》，并携手司法局开展法律助企活动，在北京、上海、丽水、义乌、杭州、广州等地设立法律服务联络点，促进新型政商关系发展。

【党外代表人士综合评价体系建立】 2017年，文成县委统战部坚持“凡进必评”原则，全年开展完成非公经济人士综合评价539人次（获评非公经济人士46人）。重视加强调研宣传信息工作。制定《2017年度全县统战信息工作奖励办法》《2017年县委统战部信息工作考核办法》，全年报送信息140条。

【党外人士参政议政】 2017年，文成县委统战部推进党外人士参政议政，全年收到建言献策292条。同时与县广电局开设政协社情民意“直通车”栏目，全年播报社情民意信息10期。

【新的社会阶层重点群体工作】 2017年，文成县委统战部开展新的社会阶层人士调查，完善党外代表人士数据库，新增入库32人，新增在外知名人士280人。加强对四类群体的团结引导，开展送法下乡、“剿灭劣Ⅴ类水 共创秀美文成”文艺晚会等活动，全年新的社会阶层人士参与活动350余人次。

【非公有制经济人士提升工程】 2017年，文成县委统战部开展“不忘初心 逐梦前行”系列学习座谈活动、组织工商联界政协委员、新生代企业家共30多人赴平阳县红军北上挺进师纪念园参观学习，开展“百会（企）扶百村”精准扶贫活动。各地商会和行业协会共结对19个村，落实帮扶资金97.6万元。开展“青蓝接力”培养活动。全年组织新生代企业家开展创业分享会、现场观摩会、创业交流会“青蓝接力 再创辉煌”新生代企业家主题论坛、“师徒”结对等一系列活动，培训新生代企业家120人次。

【民族团结和谐稳定】 2017年，文成县委统战部推进民族团结进步事业。推进培头、西坑、周垟、高村等4个民族特色村寨建设，培头民族村入选第二批中国少数民族特色村寨名录和市级农家乐休闲旅游特色村。11月底，争取各类帮扶资金7785万元。

【宗教领域安全稳定】 2017年，文成县委统战部完成安福寺二期和温州佛学院教学综合楼建设等重点项目，为佛学院争取办学经费400万元，完成固定资产投资1.85亿元。先后举办“佛教讲经交流会”、《世界再大，也要回家》中秋情景音乐会、“助力五水共治·剿灭劣五类水”科学合理放生等多项文化活动。开展宗教专项行政执法工作，查处假僧及违规违戒僧人4名。推进乡镇民宗所规范化建设，17个乡镇48名民宗员已全部到位。推进宗教活动场所视联网工程建设，落实专项经费78.6万元，受到市民宗局通报表彰2次。深入开展“同心同行、共建和谐”活动，做到全覆盖。成立浙江安福利生慈善基金会，系温州市首个省级宗教慈善基金会。全年共捐赠善款300多万元。

【第三届世界文成人大会】 2017年，文成县委统战部召开第三届世界文成人大会。大会签约7个招商引资项目，总投资额达134.1亿元，推介10个项目，总投资达520亿元。拓展世界文成人联谊交流的新渠道，在世文会期间与相关部门联合建立海外人才联络站10个、海外旅游办事处8个，聘请文成旅游海外代言人10人。同时，新建“世界文成人乡情驿站”2个，并走访开展各类联谊交流活动500人次，邀请港澳台海外人士到文成考察2000余人次。

【港澳台地区及海外统战工作】 2017年，文成县委统战部推动对台招商引资工作。邀请台胞台商到文成考察、洽谈、投资；主办4次招商推介会，赴台商集聚区招商4次，落实文成福州商会联络站与福州台协会之间签订联谊合作协议。全年接待香港浙江同乡会、香港青年交流团等200余人次到文成开展交流。积极牵线搭桥，县政府成功与意大利卡萨哥市建立友好城市，签订《文成籍大学毕业生在意大利就业的协议书》。同时，在意大利米兰建立全国首个海外公证联络站，已办理涉侨公证29起。举办“亲情中华·汉语桥”夏令营等活动。

【党外代表人士队伍培养】 2017年，文成县委统战部完善党外干部数据库，做好党外干部队伍“千人计划”培养工程。组织30多名统战对象参加各类培训班，注重党外代表人士交流。落实统战部长“同心约谈”制度，全年约谈150人次，注重培养选拔使用党外干部。全年，有党外副科级以上干部35人，其中政府部门10人，党外实职正科级干部5人。17个乡镇中有9个乡镇政府班子配备党外领导干部，比例53%。各项指标全部达标。

（统战部供稿）

老干部工作

【概况】 2017年，文成县委老干部局内设办公室、管理服务科两个职能科室，下设县老干部活动中心和老年大学两个直属事业单位（其中老干部活动中心为参公事业单位），县关工委办公室挂靠县委老干部局。核定行政编制（含关工办）11名，全额拨款事业编制2名，年末，全县有离休干部105人（其中行政单位60人，企事业单位45人），享受县处级待遇的有26人，抗日战争时期参加革命工作的有8人，解放战争时期参加革命工作的有97人；县处级退休干部28人（其中正县级8人，副县级20人）。

【思想政治教育】 2017年，文成县委老干部局加强离退休干部党建工作。按照《中共浙江省委办公厅、浙江省人民政府办公厅印发〈关于进一步加强和改进离退休干部工作的实施意见〉的通知》（浙委办发〔2017〕51号）精神和市委要求，12月，成立文成县离退休干部党工委（文委发〔2017〕61号）。离退休干部党工委书记由县委组织部副部长、老干部局局长周成高担任，副书记由老干部局副局长张志敏担任，委员由县委组织部、县直机关工委等6家单位负责人担任。离退休干部党工委主要职责：协同有关部门指导、检查、督促全县离退休干部党建工作；负责离退休干部党员思想政治工作，组织指导县直单位离退休干部党员的教育培训工作；组织引导离退休干部党组织和离退休干部党员积极发挥作用，为党和人民的事业增添正能量等。在离退休干部党组织建设方面，县委老干部局根据部分离休干部党支部党员年龄越来越大、人数越来越少的现状，指导那些党员人数较少、活动难以开展的离休干部党支部与退休干部党支部合并，让离休党员干部能按规定参加组织活动，不让一名离休党员游离党组织之外。

文成县离退休干部党工委成立（老干部局提供）

【思想政治教育】 坚持每季度召开一次离退休干部党支部书记、学习组长学习例会，组织学习中央、省、市、县的重要文件、领导重要讲话精神以及国际国内重要时事和先进典型等，让老干部思想常新、信念永存。10月，在中共党的十九大开幕时，组织老干部代表集中收看收听习近平总书记所作报告，加强老干部思想政治教育。各离退休干部党支部也结合党员固定学习日开展集中学习。根据离休干部“双高期”行动不便的特点，开展“送学上门”，为离休干部党支部订阅《人民日报》《党建文汇》等报刊杂志，为每一位离休干部和副县级以上退休干部订阅《人民日报》《温州日报》《浙江老年报》等报刊杂志，为他们分发《党的十九大报告》《党的十九大报告辅导读本》等学习资料，让他们在家也可以学习。依托清明节、烈士纪念日等节日，组织老干部赴官山背烈士陵园开展纪念活动，使老干部坚定理想信念。结合县委、县政府召开的经济形势通报会、征求意见座谈会等重要会议和重大活动，组织老干部代表参会，让老干部思想紧跟县情发展。5月，联合县委组织部、县委党校、县人社局开办老干部读书班1期，100多名老干部参加学习。11月，举办党的十九大精神宣讲报告会，邀请县委党校施明业讲师作专题报告，向离休干部、享受副县级以上待遇的退休干部传达中共党的十九大精神。

老干部集中收看中共十九大报告（老干部局提供）

【管理服务工作】 2017年，文成县委老干部局开展“两项督查”行动。8月，联合县委组织部对有关乡镇、部门2016年度离休干部增发的各项生活补贴和离休干部遗属生活补助等两项经费发放执行情况进行督查。在督查的同时，还对有疑问的单位进行详细解释和指导，确保离休干部、离休干部遗属各项政策、补助资金落实到位。

关爱帮扶老干部 加强“三张网络”建设，细化关爱帮扶。以全力打造亲情关爱网、生活服务网、困难帮扶网“三张网络”为切入点，不折不扣落实好离休干部关爱帮扶工作。坚持挂钩联系制度。为100名老干部发放“一键通”应急手机，方便老干部实时联系医院、家人和单位工作人员。开展“常走访，常看看，勤上门”关怀慰问老干部工作，及时掌握老干部生活情况。全年，走访慰问老干部及遗属253人次，慰问生病住院老干部15人次，为29名逢十老干部举办集体祝寿会，协助18位过世老干部家属办理丧事，处理善后工作。做好关爱帮扶工作。为有困难的老干部及老干部遗属提供帮助，全年为无固定收入离休干部遗属发放大病救助资金41.97万元，为离休干部发放帮困资金27.36万元，为无固定收入的离休干部配偶或遗属发放医疗包干资金82.5万元。健全医疗保健机制。协调解决7名老干部7.89万元超支住院医疗费用，为老干部统一换发“医疗红证”。加强与县人民医院合作，邀请医院专家为老干部讲授健康养生知识，定期提供“一对一”健康巡诊服务。通过多方协调，出台文成县《调整离退休人员和在职人员医疗待遇实施方案》（文委办〔2017〕70号）文件，按照新标准组织老干部进行健康体检。

组织老干部考察活动 年内，组织17名副县级以上离退休干部到龙丽温高速瑞文段工程实地考察交通建设情况，为交通建设建言献策。结合剿灭劣Ⅴ类水工作开展“文成老干部剿灭劣Ⅴ类水”主题志愿活动，组织老干部治水志愿队、老年大学剿灭劣Ⅴ类水志愿队到二源镇、平和乡等地对水质进行督查整治，为全县水环境保护发挥正能量。开展“红色典藏”行动。动员有能力的老干部挖掘本土文化，编写书籍，宣传文成红色文化，全年，收集著作58册，充实老干部图书馆。深化“争做最美老干部”行动。在《文成网》上推广2016年评选出的20名“最美老干部”“最美离退休干部党支部书记”先进事迹，并以他们为先进典型，带动老干部自觉弘扬社会主义核心价值观，扩大“最美老干部”社会影响力。

“银色人才志愿”行动 组织20余名医学

专家，到偏远山区学校十源小学、三源小学，为411名学生进行健康体检；组织30余名有文艺专长的老干部，到农村和学校宣传党的方针政策、红色文化、优秀传统文化等。组织50余名退休女干部组成“平安妈妈”志愿队，帮助宣传平安建设、文明礼仪等知识，受到县委、县政府的高度评价和广大市民的点赞。

老干部赴龙丽温高速瑞文段工程实地考察交通建设情况(老干部局提供)

【老年大学】 2017年，文成县委老干部局开办春季、秋季两期班，累计注册学员408人(次)。全年举办开学典礼暨表彰大会1次，期末联欢会暨教学成果展示2次。党组织建设方面，设立临时党支部1个，临时党小组4个，共有党员32人。

丰富学习内容。两期班均开设文艺、舞蹈、太极、电脑和二胡等5个班，并根据学员需求设置7个课程。邀请叶氏太极协会会长雷加浩担任新开设的太极班授课教师，深受学员欢迎。在做好课堂教育的同时，组织丰富的课外活动，拓宽教育渠道。3月，组织学员到官山背烈士陵园进行爱国主义教育，通过祭扫革命陵园方式，增强学员理想信念。4月，组织班委和临时党支部党员到二源镇参加“梨花节”，增进学员凝聚力。11月，组织班委和临时党支部党员到泰顺参观美丽乡村建设，开阔视野。12月，邀请县人民医院医学专家为学员讲授健康养生知识，做好老年保健工作。

改善老年大学办学条件 对校园环境及硬件设施进行整修，美化校园环境。更换不适用的课桌椅和教学仪器，更换空调4台，提升学员上课体验。为授课教师配备扩音器，增强授课效果。

拓展课外活动。3月组织文艺班学员到周壤镇项山村文化礼堂开展“送文化下乡”活动，丰富村民文化生活。4月，组织巾帼志愿队开展“剿灭劣V类水，巾帼在行动”活动，为保护凤溪河水环境出力。5月末，联合城东老年大学开展庆“六一”活动。6月末，举办庆“七一”老干部书画展，共有40余幅书画作品展出。7月，组织志愿队到长途客运站，为出行旅客送清凉。8月，组织文艺队到大峃镇府前社区开展“一月一礼堂”活动，联合书画协会到巨屿镇穹口村开展“四千结对”活动，现场教授青少年写字、画画技巧。9月，组织临时党支部党员到百丈漈镇参观生态农庄，丰富课外活动。10月，举办“庆国庆”书画展，共展出30余幅学员书画作品，共庆国庆。12月，组织文艺班、太极班学员到巨屿镇穹口村开展“四千结对”活动，教授村民太极、二胡等知识。

【老干部活动中心】 2017年，文成县委老干部局根据老干部活动需求，老干部活动中心设有电脑室、乒乓球室、棋牌室、阅览室、书画室、多功能厅和排练厅，设有腰鼓、书画、健身球、乒乓球等4个协会，共有会员171人。全年，组织开展丰富多彩活动：5月，举办第七届老干部乒乓球友谊赛，30多名老干部和老年大学学员参加。6月，组织乒乓球协会会员赴乐清参加温州市委老干部局举办的第八届老干部乒乓球比赛，获团体第三名。7月，举办庆“七一”联欢会，庆祝中国共产党成立96周年。11月，举办第八届趣味运动会，丰富老干部业余生活。12月，举办庆祝元旦联欢会，邀请老干部和老年大学学员共庆元旦佳节。

【老干部党校】 2017年，文成县委党校加强对离退休干部思想政治工作的领导，经县委批准同意，于11月成立文成县老干部党校(文委办发〔2017〕194号)。老干部党校校长由县委常委、组织部部长虞绍榜担任,常务副校长由县委组织部副部长、老干部局局长周成高担任,副校长由老干部局副局长蔡忠钏、张志敏担任。老干部党校的成立,加强离退休干部党支部建设和党员思想政治教育搭建平台,拓宽县老干部学习渠道。

【关心下一代工作】 2017年,文成县委各级关工委参与青少年思想道德教育。围绕社会主义核心价值观教育主线,结合雷锋纪念日、劳动节、建党节、烈士纪念日等特定纪念日和文成红色资源,开展“两史三爱”教育,引导青少年树立“爱祖国、爱学习、爱劳动 ”理念,教育青少年听党话跟党走。全年,各级关工委组织1.1万余人次青少年开展学雷锋活动;开展“清洁家园”“小河长治水”等美化家园活动130余次,参与青少年3000余人次;开展革命传统、爱国教育等各类主题教育1400多场次,受教育学生4.65万多人次。“五老”人员借助“孝道文化”“家风家训文化”等优秀传统文化精髓,引导青少年弘扬传统孝道美德。据统计,各级关工委开展活动120多场(次),1.7万余名青少年受到教育,培养青少年从小树立中华文化自信。各级关工委还配合公安、司法部门及青年志愿者,参与建设社会主义法治文化,教育青少年树立遵法守法理念。县关工委继续在全县100多个行政村开展“无违法犯罪、无不孝子女、无辍学失学”的“三无”村创建活动,营造良好法治社会环境。据不完全统计,年末全县各级关工委开展法制宣传教育140余场次,受教育学生1.3万余人次。

青少年助学帮扶关爱 2017年,县关工委争取助学资金66.52万元,对全县15所学校、428名困难家庭的学生进行不同程度的资助,并相应建立困难学生档案,对特殊对象跟踪关爱。联合县检察机关在涉及未成年人刑事和民事诉讼中,让“五老”担任“合适成年人”,参与4例未成年人刑事案件询问、提审、庭审等过程,做好青少年合法权益的保障工作。为二源学校、西坑学校、十源学校、樟台学校等十余所学校的学生送去《汉语成语小词典》《英汉双语词典》及其他各类学习用书等5000余册,价值5万余元;为桂山乡校80余名留守儿童送去1.5万元“爱心餐补”,解决住校留守儿童的吃饭困难问题。此外,还为桂山学校的每位学生送去御寒校服一套,总价值1万余元。组织县退医协医学界老专家为偏远山区学校的孩子健康体检,为三源、十源等学校411名学生进行了健康体检。暑假期间,玉壶镇、巨屿镇、公阳乡等关工委开办“假日学校”11期,为900多名留守儿童提供帮助。

“五老”骨干的带动作用 年内,组织“五老”骨干学习习近平总书记对关心下一代工作的重要指示和省市关心下一代工作会议精神;组织学习中共党的十九大精神,提供中共党的十九大有关学习资料和《中国火炬》《铁军》等杂志,让他们思想常新、信念永存。走访调查15所学校,50多个行政村,对农村留守儿童教育情况,农村未成年人健康情况进行专题的调研,收集农村留守儿童相关信息,形成《浅谈文成农村留守儿童教育问题及建议》调研文章,在市人大召开的文成县未成年人司法保护调研座谈会上作专题汇报,得到县人大的充分肯定。年终对20余名“五老”骨干上门慰问,给他们送去1000元慰问金,对工作出色的县退医协关工委、退教协关工委、城东社区关工委、珊溪镇街头村关工委一定的工作经费补助,调动“五老”参与关爱青少年热情。通过“五老”骨干的带动作用,全县关工委组织覆盖17个乡镇、6个社区、303个行政村和42所学校,有1400多位“五老”人员参与关心下一代工作。全年,在省级媒体上发表信息66篇,在《今日文成》《文成网》等本地主流媒体上发表信息10篇。

(县老部局供稿)

党 校

【概况】 2017年，文成县委党校下设办公室、教务科、教研室，下属事业单位科研信息中心。全校在岗15人，其中高级职称4人，中级职称3人。2017年获“全市党校系统先进单位”“全县考绩优秀单位”和“全县宣传工作先进集体”等荣誉称号。

【干部培训】 2017年，文成县委党校突出教育培训，助力打造文成铁军。坚持“党校姓党”，聚焦教学模式创新，进一步确立“贴近文成经济社会发展实际、贴近县委、县政府工作大局、贴近干部学习需求”培训理念，在干部教育培训形式、内容、师资上大胆创新，取得了干部教育培训工作新突破。2017年以来，共牵头举办各类主体班次11期，培训干部960人次，协助部门办班18期，培训干部2400人次。

抓基础，强化党性教育。先后把习近平总书记系列讲话精神、中共十九大及十八大历次全会精神、党章党规党纪等内容引入所有主体班课堂，有效引导学员坚定理想信念、强化责任担当。如新任村两委主要干部培训班、纪检监察工作研讨班等专题班次党性教育类课程达到70%以上，定期举办学习贯彻十九大精神集中轮训班。抓重点，精准培训“好班长”。针对新形势下文成各级领导干部特别是“一把手”存在着发展理念与新常态不相适应的“履职恐慌”“本领恐慌”，党校创新开展“异地培训”，先后在复旦大学、同济大学举办“提速‘两山’转化、打造‘三美’文成”专题研讨班和县重点工程项目干部培育三年行动计划暨2017年城乡建设管理专题研讨班，通过问计百年学府、取经标杆名城，帮助领导干部攻克本领“恐慌症”。该做法得到市委组织部部长马永良的批示：坚持问题导向，坚持名校办班的做法值得各地学习借鉴。抓创新，探索干训新模式。推出“五微学堂”干教形式，即学员课前10分钟微讲课互学，课后微交流互动，每课、每天、每周微小结互评，“温州网络学堂”“旧课再学库”微选课互促及依托微信、QQ等进行微平台互比等。全年在6期主体班次中开设“五微学堂”。开展“以战代训”干教形式，如中青班学员分成“美丽县城”“大拆大整”等4个攻坚组，深入基层实战历练1个月，获良好实效。固化“干部教、教干部”干教形式。规定每期主体班均邀请相关部门负责人上讲台授课，建立领导干部讲师团和教学专题库。年末，7位县委常委，25位其他领导干部在各主体班次授课。

组织部部长虞绍榜带领中青班学员下基层调研(党校提供)

【科研资政】 2017年，文成县委党校围绕“研究县情、探索规律、服务发展”的目标，将咨政研究方向瞄准党委和政府中心工作、重大决策部署，坚持科研成果服务教学、服务县委、县政府决策。

保持优势，科研成果丰硕。年内，课题获省委党校立项2项、市委党校立项2项，立项率100%；编发《决策参阅》4期，《县情研究》2期，获县领导签批3期次。获省级优秀课题1个、省级优秀决策咨询成果三等奖1项、省市理论研讨和市县社科联一、二、三等奖5篇次，发表论文4篇。

强化“合力”，咨政功能发挥。倾心打造科研协作团队，鼓励教师“抱团合作”，就县委县政府的重点工作和社会热点问题开展团队攻关，并实行校领衔委负责制，领导班子成员每年至少挂帅1项科研课题并带队开展调查研究，提升决策咨询成果质量。

教学科研成果进课堂 根据不同的培训班次和不同的培训对象，精选具有现实意义的调研成果改编为讲稿进入课堂讲授；鼓励教师立足自身所学专业进行研究，将理论层次高、研究价值好、论述观点新的研究成果整理成课件。如刘基廉政思想、生态补偿路径研究的做法与经验成了教学科研的精品案例。

“四千结对”之送书活动（党校提供）

【特色宣讲】 2017年，文成县委党校结合党校理论宣讲职责，加强基层政策理论宣讲，尤其是推进中共党的十九大、十八大历次全会精神及习总书记治国理政等政策新趋势、新精神“进基层、进群众、进工作”，全年共有6位教师外出宣讲授课82场次，受众累计7000多人。

“最美庭院”宣讲形式，央视新闻联播点赞。率先推出“最美庭院”板凳宣讲方式，党校老师直接在村民家里庭院中，以“小故事”阐述“大道理”的方式，将十九大精神用通俗易懂的语言面对面、心贴心地传递给村民，该宣讲方式得到文成宣传部的肯定、采用和推广，并在10月28日中央电视台《新闻联播》节目播出。

多渠道宣讲，扩大宣讲覆盖面。创新推出“方言宣讲”“多媒体宣讲”等方式，第一时间向基层传递新常态下党和国家的重要政策、方针，以及县委、县政府发展战略思路和决策等。如通过“红色星期一”电视栏目、温州日报、文成新闻等渠道现场解读省市县党代会精神、2017年政府工作报告精神等。

拓展阵地，助推宣讲水平提升。借鉴省市微党课比赛经验，联合县委宣传部、纪委等部门开展第六届微党课赛课和党校微党课集体备课活动，培养发现党课宣讲苗子20余人进入讲师团，提升县党课宣讲整体水平。

党员固定活动赴浙一大会址重温入党誓言（党校提供）

【内部管理】 2017年，文成县委党校围绕“为教学科研服务，为学员服务，为教职工服务”的理念，狠抓内部管理，严明工作纪律，提升后勤服务质量，营造党校风清气正的学风校风。

理论学习 本着党校教师“先学一步、学深一步”的要求，校委班子带头认真学习党的十九大及十八大历次全会精神、习总书记系列讲话精神，掌握十八大以来党的创新理论的脉络，重点及精神实质，并组织全体干部开展专题学习会、教学研讨会25次，做到学在先，讲到位，做实在。加强对《关于新形势下党内政治生活的若干准则》《中国共产党党内监督条例》等党规党纪学习，引导全体教职工自觉做到“对党忠诚、个人干净、敢于担当”。

制度建设 重新修订完善办公室工作、行政后勤、财务等相关制度，提升党校日常管理；制定《每周跑一次调研制度》，提升科研资政能力；下发《关于开展正风肃纪专项活动的工作方案》，严格落实“一岗双责”和“三重一大”制度，强化责任落实和作风效能督察，实现党校事业发展提供政治和纪律保证。

队伍建设 深化青年教师成长导师带培制度，组建教学“5人团”、科研“3人组”，开展导师课题辅导、教学技能传授、基层走访实践等帮带活动，组织教研人员赴先进地区考察学习，全面提升教师教科研水平。下派第一书记1人，列入中层考察对象2人，鼓励党校教职工立足岗位成长。引进全日制研究生1人，使教师队伍结构得到进一步优化。

（夏克李）

信访工作

【概况】 2017年，文成县信访局内设2个行政科室：办公室（督查科、复查复核科、办信科、政务平台管理科）、接访科；下设2个事业科室，为民情接访中心和12345政务热线服务中心。县信访局人员编制数19名（在编17人），其中行政编制6名（在编6人），事业编制13名（在编11人）。全年信访办理情况：县本级接待群众来访409批753人次，其中受理群众来访156批467人次（包括领导接待日接待群众81批208人次），同比去年批次人次下降28.8%和8.3%；接待不予受理、不再受理及咨询类来访253批286人；受理群众复查申请18件，其中不予受理13件、撤销处理意见4件、维持处理意见1件。办理群众来信195件，同比下降14.5%；办理网上信访288件，同比上升157%；群众来电接听总量为11044件，其中现场答复7895件，流转办理3149件；另外承办市局来电425件，网络问政件257件。群众越级：从浙江省统一政务咨询投诉举报平台系统登记情况看，群众越级上访82批次154人次，同比去年批次上升30.1%和18.5%。（其中进京上访7批9人次，同比上年批次人次分别下降36.4%和18.1%；赴省上访32批次56人次，同比上年批次人次分别上升33.3%和64.7%；到市上访43批次89人次，同比去年批次人次分别上升53.6%和4.7%）。越级非访：重大活动和敏感节点未发生滋事扰序事件，年末，文成县非访为零，实现连续27个月“零非访”。

【围绕中心推动信访工作】 2017年，随着文成县新一轮经济社会大发展，由此引发的信访新情况、新问题在所难免。年初，县委、县政府要求全县各级防范于未然，把加强对信访工作的领导作为减少矛盾纠纷的大事来抓，夯实领导责任，分解工作任务，稳定全县信访维稳大局。高位推动，主动部署。县委常委会经常专题研究信访工作，定期分析信访形势，部署和分解任务。先后召开全县平安综治信访工作会议、平安建设和信访维稳形势分析专题会议、县级党政领导包案工作专题会议、“平安护航十九大”期间信访工作专题会议及各级“两会”和党代会、“一带一路”高峰论坛和“金砖五国峰会”等重要节点期间召开前夕部署信访工作专题会议，排查化解各类矛盾纠纷，集中开展信访积案化解、信访督查“百千万”专项行动、信访重点人员稳控落实、非访及缠访闹访整治等工作进行专门部署。一线面对，主动接访。严格落实分管副县长每月1次的分类接访日和15日的综合接待制度，从年初开始就明确并向社会公布全年的县领导接访日程计划表，特别是从7月1日开始，集中开展县领导大接访活动，每天至少安排1名县级领导到信访局坐班接访。乡镇与部门实行AB岗值班接访，随时确保1名以上副科级以上领导坐班接访。活动开展以来，安排县级领导134人次坐班接访，接待来访群众106批次155人次。带头挂帅，主动督案。建立包案督办挂牌销号制度，由县委书记率先垂范，县四套班子领导结合重要节点期间下基层督查等契机，约访督办对象，亲自督办的重点疑难信访问题。全年，19件县级领导督办重点信访事项已全部化解，化解率100%。

文成县委书记大接访 近距离倾听百姓呼声 化解百姓"心头结"(县信访局提供)

【强化服务"最多跑一次"】 2017年，文成县信访局地毯式排查，摸清底数不糊涂。以防患于未然的思路抓源头防控，始终坚持"县级每月、镇(乡)每旬、社区每周、村居随时"定期排查和重要敏感时期集中排查化解矛盾纠纷工作机制，做到镇(乡)不漏村(居)，村(居)不漏户、户不漏人，随时掌握社会不稳定因素的苗头动向，在县本级、镇(乡)、社区、村(居)中形成信访工作四级联动"倒逼机制"，做到层层有责任，级级有压力，人人有任务，确保矛盾排查"无盲区、无疏漏"，从根本上减少大量的矛盾纠纷问题。对接乡镇四个平台建设,充分发挥全科网格员的作用，特别是对群众关心的热点、难点问题，做到及时发现，准确掌握，超前处置，为第一时间掌握信访维稳动态奠定扎实的基层基础。全年有594个网格，落实专兼职网格员1773个(其中专职网格员594个)。规范化办理，跟踪回访不拖延。落实信访事项受理办理规定，研究细化各环节的具体标准和要求，强化信访部门与有权处理机关的工作对接，确保标准统一、程序规范、责任明确、衔接顺畅。同时，建立以跟踪回访核实为抓手、群众满意为目标的信访基础业务经常性检查通报制度，主动接受群众监督，纠正工作中存在的不规范问题，形成业务闭环，以实际行动服务"最多跑一次"改革。科学化定责，压实责任不含糊。借力考绩法，健全完善信访工作考评办法。年初，县委、县政府与各乡镇、有关单位签订信访工作目标责任书，各乡镇与各村(居)签订目标责任书，将定性、定量和专项指标融入信访工作考核体系，强化对信访基础性工作考核，弱化对信访数量考核，进一步加大对上访量、案件办结率、案件处理力度、稳控工作等方面的考核、督查、通报力度，发挥信访局在改进工作、完善政策、给予处分等"三项建议权"的作用，信访工作逐步走向规范化和制度化的轨道。

【依法维护人民群众合法权益】 2017年，文成县始终坚持以化解为主线，把化解做在办理之前，用化解积案的态度对待初信初访，用初信初访的心态对待信访积案。做法是：关口前移，抓好初信初访这一"起点"，严控信访增量。抓住维护群众合法权益这个根本点，把初信初访办理作为一项重点工作来抓，做到事前即受理、办理阶段分别提前5天、7天电话提醒事权单位抓紧处理，事中加强业务指导督促办理格式和答复内容要统一规范，事后进行每月网络抽查、实地督查并通报等方式，确保事权单位及时受理、按时办理、规范答复。年末，开展抽查、督查16次、通报10期，未发现超期办理件、差错件。通过对初信初访认真及时妥善处理，有效防止矛盾激化、升级和减少信访处理"成本"。

【12345政务热线整合】 2017年，文成县政务服务类热线整合并入12345平台后，通过增设来

电接听席、建立来电事项流转办理等工作机制、与人社局等相关单位联合开展宣传活动等形式，完善12345平台功能，增强影响力。年内，对所有的来电投诉举报都第一时间进行流转、交办、督办，针对群众反映的热点问题特别是当前开展的大拆大整、剿灭劣V类水等重点工作，与县委宣传部、县电视台合作，对一些突出问题在文成电视台“今日关注”栏目集中曝光，倒逼事权单位提高办事效能，取得良好的效果。，全年，来电事项按期答复率99.85%，办结率100%，满意率99.12%，参评率81.7%。

【信访积案化解“老难点”】 2017年，文成县信访局在抓好新发生信访问题的同时，坚持对历史遗留和重复访问题进行全面梳理，开展由县委书记率先垂范，县四套班子领导亲自包案、亲自化解、亲自督办的重点疑难信访问题专项化解活动。对所有信访积案按照“一个积案、一名领导、一套班子、一套方案、一抓到底”的要求落实包案责任，按照“妥善解决一批，教育疏导一批，信访救助一批，三级终结一批，依法处置一批”的方法抓好化解工作，做到信访积案化解，县级领导“既挂帅、又出征”。特别是对于很多事权单位的非文成县的三跨三分离案件，在协调过程中仍然处于主导地位，在三跨三分离案件难协调、难解决的情况之下，仍然竭尽全力，主动出击，做到哪怕有1%合理诉求，也尽100%努力为其解决。12月底，全县以签订息诉罢访承诺书或协议书化解信访积案累计120件，完成任务率387.10%，完成率全市排名第二。

【信访上访基准线】 2017年，文成县信访局按照“敏感时期抓稳控”的思路，坚持依靠基层、依靠群众，千方百计做好人员稳控。首先，开展“两访”整治活动。年内，对所有赴省进京越级访事项进行认真核查，逐件分析研判，督促事权单位务必做好信访人的思想疏导和教育化解工作，防止再次发生群众越级访甚至非访，共核查18件。其次，实战演练打好基础。各级“两会”“一带一路”高峰论坛、省党代会、“金砖五国峰会”及党的十九大等重要会议不断，做好党的十九大期间信访稳定工作，把上半年以来的各个重要活动节点当作党的十九大前期的实战演练，连续25个月实现“零非访”“零滋事”。最后，依法打击违法信访行为。用好省公检法“三个指导意见”，形成工作合力，加大对越级非正常上访、幕后唆使组织串联者及在县府门口缠访、闹访等违法信访行为的打击力度，巩固非访治理成果，十九大期间全县信访维稳形势平稳。

【信访法治化】 2017年，文成县信访局围绕习近平总书记关于信访工作重要指示和第八次全国信访工作会议、全省信访工作会议及中共党的十九大精神，组织开展集中宣传活动。通过宣传信访工作制度改革所取得的成就以及信访工作在反映社情民意、维护群众合法权益、促进社会和谐过程中所作出的贡献，开展学习贯彻中共党的十九大精神主题宣传。通过宣传信访部门在诉访分离、依法分类处理信访诉求、律师参与信访工作等信访法治化建设方面法律法规，加强政策解读、曝光典型案例，营造信访法治化浓厚氛围。做好适应新形势下宣传舆论工作，深化“互联网+信访宣传”，做好网站、微博、微信、政务头条号等新闻媒体建设工作，形成权威发布、集群发声、强势传播的信访全媒体矩阵。

文成县信访局开展法治、信访条例宣传和12333全国宣传日活动现场（县信访局提供）

【提升信访干部素质】 2017年，文成县信访局提高认识，牢固树立“四个意识”，强化责任担当，主动适应形势变化，抓好信访部门自身建设，把做好新时期信访工作，尤其是重要节点、敏感节点的信访稳定工作作为对信访干部队伍党性和忠诚性的现实检验。认真学习。认真学习习总书记系列讲话精神和中央、省、市各级会议精神，将理论学习与信访工作的各项目标任务结合起来，增强使命担当，强化实践探索，打造一支“对党忠诚、为民担当、履职尽责、遵纪守规”的文成信访铁军。要求信访干部加强对法律法规相关业务知识的系统学习培训，特别是以“请进来、走出去”的方式，对基层信访干部的业务培训，提升干部的综合素质。

（柳双林）

文明创建

【概况】 2017年，文成县文明办内设职能科室为综合科（宣传教育科）、城镇文明建设协调科、农村文明建设指导科，下属事业单位为未成人思想道德建设办公室，行政编制9名，事业编制6名。2017年，文成县委宣传部落实公民思想道德建设，实施最美风尚培育行动，深化“我推荐 我评议身边好人”活动。通过各途径和平台，发动广大群众，挖掘好人好事，年内，入围中国好人1人、入选浙江好人5人、温州好人7人。累计入选中国好人3人、浙江好人12人、温州好人7人、市道德模范4人、感动温州十大人物7人，评出县级道德模范45人。结合最美主题，开展“最美家庭”评选活动，全年，评选出123户。健全道德典型人物关爱帮扶机制，落实2016年新当选文成道德模范、浙江好人等道德典型人物20余人在就学、医疗、通信、用水用电、公交出行、景区参观等方面的优待政策。开展各类道德实践活动，组织开展“爱心文成·守望相助”“文明文成·你我参与”“美丽文成·共同缔造”等三大系列志愿服务活动100余次，开展“传家风 行孝道 育美德”文艺汇演、微“孝”行动、“表孝心 暖夕阳”等各类“孝德品牌”实践活动200多场。年内文成县成功创成国家卫生县城，县文明办荣获2017年度浙江省信息工作先进集体、2017年度温州市未成年人思想道德建设工作先进单位，未成人思想道德建设办公室在2017年度文成县千人评机关中层科室活动中被评为满意科室。

【公民思想道德建设】 2017年，文成县文明办实施核心价值普及行动。推进“讲文明·树新风”公益广告宣传。投入50多万元，在建成区重点路段和公共场所，设置户外大型广告。提升住宅小区的公益广告品质。提升广播电视、文成新闻网（今日文成）、各级政府、部门门户网站的公益广告覆盖和质量。举办9·20第十五个公民道德日宣传活动。联合开展“最美家庭”评选活动。开展8·8诚信日主题宣传活动。开展“文明餐桌”宣传活动，发放文明餐桌提示牌、海报、桌贴1万多个。召开文明旅游座谈会，部署落实相关文明旅游工作。

最美风尚培育行动 2017年，文成县文明办深化“我推荐 我评议身边好人”活动，入围中国好人1人、入选浙江好人5人、温州好人8人、温州市第六届道德模范2名。开展最美文成人巡讲、道德红榜进校园、身边好人交流活动。健全道德典型人物关爱帮扶机制，落实新当选文成道德模范、浙江好人等道德典型人物20余人在就学、医疗、通信、用水用电、公交出行、景区参观等方面的优待政策。推进乡镇民间道德奖的运用，彰显“好人有好报”的价值导向。

志愿服务制度化 2017年，文成县文明办制定出台《关于在全县开展“弘扬志愿精神 助力‘三美’建设”志愿服务主题活动的通知》文件，要求各部门、乡镇、志愿队伍广泛开展“爱心文成·守望相助”志愿服务、“文明文成·你我参与”志愿服务、“美丽文成·共同缔造”志愿服务等三大系列活动。并于3·5举办“弘扬志愿精神助力‘三美’建设”志愿服务月暨万朵鲜花送雷锋活动启动仪式，全县陆续开展五水共治、清洁家园、文明交通等文明志愿活动。

3月5日，学雷锋志愿服务月暨万朵鲜花送雷锋活动启动仪式（县文明办提供）

优秀文化传承行动 2017年，文成县文明办围绕四季八节，积极开展“我们的节日”系列民俗节庆活动。开展“文明过新春，欢乐闹元宵”活动、“缅怀革命先烈 弘扬民族精神”主题祭扫活动等。各乡镇、各部门也通过举办“三月三”畲乡风情节、七夕情人节、月圆中秋等各类民俗文化活动，丰富了“我们的节日”，传承了优秀传统文化。

【精神文明创建】 2017年，文成县顺利通过“国家卫生县城”创建验收，7月，被命名为国家卫生县城。有序推进省级文明单位、村镇申报复评工作，全年有省级文明单位16家、省级文明村7个、省级文明镇3个参与复评，其中玉壶镇创成国家文明镇。持续推进“五美乡村”创建工作，全年有6个村获得温州市“五美”乡村荣誉称号。

【孝德文成品牌提升行动】 2017年，文成县文明办抓阵地建设。投入140万元，完成文成首个家风家训馆—刘基家风家训馆的建设。该项目被评为全市基层宣传思想文化工作“双百”培育计划市级示范项目。抓实践。举办“孝德文成 情满重阳”—文成县首届孝文化主题活动，发动各乡镇部门开展孝评选表彰、孝老爱亲志愿服务、老人防诈骗宣传、孝行200、寻找百岁老人、敬老礼仪展示等20多场“以孝为名”的实践活动。温州日报对活动启动仪式全程网络直播，对“孝德文成”进行专题报道，连续一周在全市1000台阅报屏上播放，得到社会的一致好评。抓宣传。利用传统节日、节假日等，开展“传家风 行孝道 育美德”文艺会演等家风家训系列活动10余次。举办“孝道故事会”宣讲活动，将孝文化送进村、文化礼堂、机关单位等，起到很好的教育效果。联合制作母亲节特别节目—《你陪我们长大 我陪你慢慢变老》，讲述游子周建海的孝老敬老感人故事，先后在浙江卫视、文成电视台等媒体进行连续展播。

文成县首个家风家训馆在南田镇武阳村刘基故居（县文明办提供）

文成县首届孝文化主题活动（县文明办提供）

【未成年人思想道德建设】 2017年，文成县文明办抓示范带动。实施“春泥计划”和乡村学校少年宫的提质扩面工程。利用“1+X”的辐射作用，提升春泥计划实施点和农村文化礼堂春泥活动室建设，建成“春泥计划”示范点52个，乡村学校少年宫22所。文成县《中小学生综合素质实践基地》项目被评为全市基层宣传思想文化工作“双百”培育计划县级示范项目。抓机制保障。对建成的乡村学校少年宫，根据考核评估结果，分别给予5万元、3万元、2万元的运行经费补助。给2017年新增的26个春泥计划示范点每个安排2万元的运行活动经费。推进主题活动。深入开展日行一善、民俗体验、平安自护、快乐阅读等系列活动20余场。举行学习和争做美德少年、“童心向党”“向国旗敬礼”“网上祭英烈”等主题活动10余场。组织开展元宵猜灯谜、春节写赠春联、“开蒙礼”等系列节日活动10余场。出台文明校园创建方案和考评细则，开展“文明校园”创建活动，12月底，创成文明校园19所。征集“润德教育”“我的绝活之米塑”等文明校园创建成果视频和作品，报送作品《水果盛宴》荣获中国未成年人网举办的“绝活传承者”传承与弘扬优秀传统文化活动非遗类作品三等奖。开展童谣征集活动，征集童谣293首，评出一、二、三等奖88首。

2017年“学习和争做美德少年”启动仪式暨乡村(城市)学校少年宫国学经典诵读展示活动(县文明办提供)

【组建小小志愿者队伍】 2017年，文成县文明办结合“洒扫应对”“日行一善”等主题，开展小小志愿者服务活动30余次。突出孝德教育。开展“微孝”道德实践行动，如组织“弘扬好家风 传承好家训”小学生书法作品展、微“孝”行动、“表孝心 暖夕阳”等传承家风家训系列活动10余次。突出寓教于乐。充分展现本地特色，开展中华小导游、快乐国学营、孝学堂、学校少年宫国学经典诵读等主题活动。在第五届“中华小导游”全国未成年人思想道德教育主题实践活动中，报送的作品《侨乡专题厅讲解》获得中央传统文化项目传播贡献奖，选手陈鑫楠、赵欣妍获得优秀奖。联合开展流动少年宫走进乡村学校活动，在流动少年宫专门设计增加春泥计划实践馆，让孩子们在活动参与中增长知识。

【群众性精神文明创建】 2017年，文成县文明办 深化“文明县城”创建。创成“国家卫生县城”。7月，被命名为国家卫生县城。巩固“省级文明县城”创建成果。分解温州市城市文明指数测评细则，将职能细化到相关的30多个部门。针对县城管理的十大乱点，起草城市精细化管理方案，建立健全十大管理机制和实施五大专项行动，补齐城市管理短板，提升城市品位。建立一周一巡查、一月一通报、一季一回头制度，抓好城市文明指数测评和城市精细化管理的督查督办，巩固提升省级文明县城创建成果，争创省示范文明县城。

推进“文明细胞”创建 2017年，文成县文明办指导玉壶镇创成文成首个、温州市第五个国家级文明镇，召开创成国家级文明乡镇新闻发布会，将其做法作为典型向全县推广。全年，创成国家级文明镇1个(玉壶镇)、省级文明单位1个(温州银行股份有限公司文成支行)、省级文明乡镇1个(南田镇)、省级文明村3个(西坑畲族镇南坑垟村、周山畲族乡养根村、周山畲族乡吴垟村)以及玉壶茗垟等12个市级文明村；完成3个省级文明镇、16家省级文明单位、7个省级文明村的复评工作。进一步深化“幸福社区”创建，巨屿镇花前社区成功创成温州市五星级幸福社区。

倡导“移风易俗”理念 2017年，文成县文明办指导全县各村制定“一约四会”制度，开展“倡导移风易俗、推进乡村文明”活动，在玉壶镇打造移风易俗示范镇、移风易俗示范村。在全县普及推广“中式婚礼进文化礼堂”活动，通过传统婚礼把特有的喜庆热闹和浓浓的乡土气息融合在一起，引导年轻人树立不铺张不浪费节俭办喜事的观念。全年，全县开展传统婚礼进礼堂130余场，其做法先后被人民网、光明网等媒体报道。加强“五美乡村”创建，年末，创成“五美乡村”5个，其中示范村2个，精品村2个，先进村1个。

中式婚礼进文化礼堂（县文明办提供）

（邢丽萍）

机关党建

【概况】 2017年，文成县直机关工委现有行政编制5名，事业编制3名，在职干部8人，下设办公室（组宣科），机关工委工会。纪工委3名（编制在纪委）。管辖机关党委23个，直属党总支部9个，直属党支部57个，党支部302个，党员4905名。机关工委委员于10月调整为：县纪委、监察委、县委组织部、县委宣传部、县直机关工委、县直机关工委、县直机关纪工委等7部门6人组成。《小支部大党课》获全市机关党建创新项目二等奖；《发展党员1331+1工程》获全市机关党建工作品牌三等奖；谢劭蔚荣获2017年度全省机关党建信息工作优秀个人奖。

【巡查督查】 2017年，文成县直机关工委开展“千人评议”工作。不定期对中层科室、审批窗口、基层站所等涉及管理、审批、服务等科室站所进行巡查，巡查结果按扣分计入该单位年度党建考核，并作为满意与不满意科室评比的重要依据。

日常党建督查 每月现场抽查机关党委、直属党总支部、直属党支部党建工作落实情况，听取机关党建工作开展情况的汇报，座谈交流，查阅资料，被查单位存在的问题，所做的工作一目了然。“一对一”“手把手”地分析指导、帮助解决机关基层党组织在机关党建工作中存在的困难和疑惑。

党建“三找一促”检查活动 11月中旬开展为期4天的全县机关基层党组织“找经验、找差距、找措施、促提升”党建工作检查活动。该活动在各机关党组织抽调党组织领导或党务干部分24个检查组，采取听取汇报、现场查阅、个别谈话的方式进行。各机关党组织对自身和被查单位工作开展情况进行严肃认真全面的自查自纠，坚持实事求是，突出问题导向，梳理工作中存在的问题，提出解决措施。梳理出6条共性问题、42条个性问题，反馈至各党组织并整改，收到良好的效果，检查结果作为年度考核的重要组成部分和得分重要依据。

【组织建设】 2017年，文成县直机关工委规范党的组织生活。3月出台指导性文件《关于严格规范党的组织生活的意见》，印制成小册子下发600余册；敦促和监管各党组织开展组织生活，要求各机关党组织严格落实“三会一课”“六制六规范”、主题党日活动等制度，每月报告组织生活开展情况，并列入机关党组织党建年度考核的重要指标。9月组织召开“国税局机关支部支部主题党日”观摩会，为各机关党组织提供参考样板。创新性地开展“小支部·大党课”活动。

优化基层组织结构 年内撤销1个直属支部，增设1个直属支部，机关党委下属党支部撤并报工委备案12个。经工委审核把关并任免的机关党组织书记副书记22人，督促12个党组织及时完善班子配备，均由部门实职副科级领导干部担任机关党组织书记。根据中央文件精神，教育局要对20余所乡镇学校的党组织和党员关系进行接收，工委召开多次会议形成建议意见，对教育局机关党委在加强对中小学校党建工作的业务指导，及时有序地开展全县中小学校党员组织关系接转。实际完成28所学校，31个支部、688名党员的组织隶属关系转接；另外新设立2个退休党支部。

【培训教育】 2017年，文成县直机关工委集中培训。5月，组织机关党务干部到浙江乔司监狱等地开展警示教育活动。7月，组织70多名入党积极分子开展为期一周的集中培训。

5月，机关党务干部到浙江乔司监狱开展警示教育（县机关工委提供）

学习会现场（县机关工委提供）

党务培训。年内，分别于7月中旬、8月中旬、9月中旬开展温州市委党校、丽水市委党校、泰顺平阳现场学习会等3期党务干部培训班共计270余人次，完成支部书记年度轮训一次的任务。

【纪律处分】 2017年，文成县直机关工委深化机关作风效能建设，不定期走访暗查机关党员干部作风纪律。积极发挥纪工委监督执纪问责职能，严肃查处党员干部违纪。审理县移民办周某某、县委办赵某某等2起违法或违纪案件，按组织程序研究处理违纪党员2人，其中开除党籍1人，留党察看1人。

【党员发展】 2017年，文成县直机关工委深化发展党员“1331+1”工程，即“一张清单明责任、三级审查保标准、三次谈话提质量、一次承诺表决心、二库数据优管理”的发展党员规范管理，该项目《发展党员1331+1工程》获全市机关党建工作品牌三等奖。制作《发展党员全程纪实表》，规范党员发展的工作流程，对入党申请人进行了解，对入党积极分子进行动态管理，对发展对象进行严格政治审查，对预备党员进行组织培养考察，全面把牢党员发展“入口关”。始终把政治标准放在首位，把一贯表现和社会服务、组织评价和群众评议相结合，把入党动机端正，具有坚定的理想信念和良好的道德品行，在工作一线起先锋模范作用的入党积极分子列入优先发展对象，突出先进性。年末，全县机关党组织收到165份入党申请书，确定为入党积极分子70名，按计划接收预备党员40名，审批预备党员转正40名。

【党员管理】 2017年，文成县直机关工委加强党员信息管理。7月份，全县机关党组织完成全国党员管理信息系统数据采集和核实，党员信息管理告别“孤岛式”，实现“联网互通”，组织关系也实现在线转接。

档案管理 文成县直机关工委以全国党员

管理信息系统上线为契机，以党支部为单位，对全县机关党员的组织关系按要求进行再排查再完善，排查出“老大难”共性档案问题5个，《入党志愿书》等档案缺数量新增121份，补充完善党员档案82份。

组织关系转接 全年接转组织关系1089人次，认真审核，严格把关，对党员的档案不齐备、不规范的，一律要求补正后予以办理接转。

党内关爱 落实党内关怀帮扶制度和“五访”关爱制度，坚持春节、“七一”等重大节日走访、慰问的常态化，全年走访党员186人，发放慰问金10.82万元。

【党建调研】 2017年，文成县直机关工委根据温州市直机关工委《2017年温州市机关党建调研课题实施方案》的要求，围绕以机关党建历史方位和工作模式问题研究，以机关党建工作责任落实问题研究，以机关党建制度保障问题研究三个课题进行调研。全县机关党组织撰写调研文章23篇，被市直机关工委评为二等奖1篇。

7月13日，省直机关工委副书记吴晓宏带第5调研小组到文成开展党建调研督查工作。走访法院、国税两个基层党组织进行实地调研，了解机关党建工作现状、督促重点工作落实。

（谢劭蔚）

文成县人民代表大会

重要会议

【概况】 2017年，县人大常委会围绕全县工作大局，努力践行党的领导、人民当家作主、依法治国的有机统一，认真履行宪法和法律赋予的职责和权力，完成县十六届人大一次会议确定的工作任务。年内，召开县人大常委会会议10次，主任会议19次，听取和审议“一府两院”专项工作报告25个、部门年度工作报告31个、重大事项议案6个，作出19项决议、决定和8项审议意见。

【文成县十六届人大一次会议】 2017年2月21—24日，县第十六届人民代表大会第一次会议在县城举行，会期4天。出席会议代表200人，列席191人。

会议听取和审议县人民政府代县长章寿禹所作的《政府工作报告》、县人大常委会主任刘建忠所作的《文成县人民代表大会常务委员会工作报告》、县人民法院院长朱鹏鸣所作的《文成县人民法院工作报告》、县人民检察院检察长卢小明所作的《文成县人民检察院工作报告》，审议县发展和改革局的《关于文成县2016年国民经济和社会发展计划执行情况与2017年国民经济和社会发展计划草案的报告》和县财政局的《关于文成县2016年全县和县级预算执行情况及2017年全县和县级预算草案的报告》（书面报告）。会议对上述6个工作报告通过相应决议。

大会秘书处收到代表10人以上联名提出的议案29件。其中，农业资源类2件，城建环保类6件，旅游生态类8件，社会事业类4件，交通运输类9件。经讨论研究，这些代表议案内容均不属于县人大及其常委会职权范围内的事项，不由县人大及其常委会作出决议、决定，所以大会秘书处决定将29件议案全部转为建议、批评和意见，交有关机关、组织研究处理并负责答复代表。此外，205件代表建议、批评和意见中，城建环保类30件，交通运输类50件，旅游生态类12件，农业资源类45件，社会事业类40件，其他类28件。

【文成县第十五届人大常委会】 **第四十三次会议** 2017年1月12日在县地税局六楼会议室举行。县人大常委会主任刘建忠，副主任吴宇凌、钟信友、林乐融、陈成武和常委会其他组成人员21人出席会议。会议分别由吴宇凌、钟信友副主任主持。县委王彩莲，县政府季昌丰、吴昌亮、徐良悟，县法院朱鹏鸣、陈永海，县检察院卢小明、施明聪列席会议。会议听取县政府办公室、发展和改革局、经济商务和信息化局、教育局、科学技术局、民族宗教事务局、公安局、监察局、民政局、司法局、财政局、人力资源和社会保障局、国土资源局、住房和城乡规划建设局、交通运输局、农业局、水利局、林业局、文化广电新闻出版局、卫生和计划生育局、审计局、环境保护局、安全生产监督管理局、市场监督管理局、综合行政执法局、行政审批服务中心、机关事务管理局、体育事业发展局、风景旅游管理局、招商引资管理局、广播电视台、公共资源交易委员会办公室等单位的2016年度工作报告，并进行满意度测评。听取和审议县人大常委会代表资格审查委员会主任委员林乐融所作的《关于文成县第十六届人民代表大会代表资格审查的报告》。会议通过关于确认县第十六届人民代表大会代表资格的公告。会议听取和审议县人大常委会主任会议提请的《关于推荐2016年度优秀代表建议的议案》和《关于确定2016年度人大工作先进工作者的议案》，并表决通过相关决定。县委书记王彩莲、县人大常委会主任刘建忠在会上作重要讲话。

第四十四次会议 2017年1月23日在县政府6号会议室举行。县人大常委会主任刘建忠，副主任吴宇凌、钟信友、林乐融、陈成武和常委会其他组成人员21人出席会议。会议分别由林乐融、陈成武副主任主持。县政府章寿禹、季昌丰，县法院陈永海、包晓龙，县检察院刘际当列席会议。会议初审县政府、法院、检察院工作报告及县政府关于文成县2016年国民经济和社会发展计划执行情况与2017年国民经济和社会发展计划草案的报告、关于文成县2016年全县和县级预算执行情况及2017年全县和县级预算执草案的报告，提出了一些具体的修改意见，要求“一府两院”对报告进行修改完善后提请县十六届人大一次会议审查。会议审查2017年拟新建的政府投资项目计划草案，经无记名投票表决，同意将54个新建项目提交县十六届人大一次会议审查批准。会议审议重点审查的2017年部门预算（草案），经无记名投票表决，同意将科技局、民政局、财政局、国土局、住建局、林业局、安监局、工商联、侨联（外侨办）、科协、红十字会等10个重点审查的年度部门预算（草案）提交县十六届人大一次会议审查。会议审议通过县人大常委会工作报告稿，决定修改后提请县十六届人大一次会议审查，并确定刘建忠主任为报告人。会议听取和审议县人大常委会主任刘建忠提请的《关于举行县第十六届人民代表大会第一次会议的议案》和《关于建立县第十六届人民代表大会第一次会议筹备处的议案》，并表决通过相关决定。会议审议通过县十六届人大一次会议各项建议名单，决定提请县十六届人大一次会议预备会议和主席团会议审议。会议初审了县十六届人大一次会议日程（草案），决定提请县十六届人大一次会议主席团会议审议。会议初审了县十六届人大一次会议选举办法（草案），决定提请县十六届人大一次会议主席团会议审议。会议初审《文成县人民代表大会议事规则》草案，决定提请县十六届人大一次会议审议。会议听取和审议县法院提请的《关于白莉莉任职的议案》，经无记名投票表决，会议任命白莉莉为文成县人民法院审判员。

第四十五次会议 2017年2月15日下午在县人大五楼会议室举行。县人大常委会主任刘建忠，副主任钟信友、林乐融、陈成武和常委会其他组成人员20人出席会议。会议由钟信友副主任主持。县人大常委会党组副书记吴育民列席会议。会议听取县代表资格审查委员会关于珊溪镇第五选区县人大代表资格审查情况的报告。会议审议通过县十六届人大一次会议日程草案。会议审议通过县十六届人大一次会议列席人员名单调整方案。会议审议通过县十六届人大一次会议总监票人调整方案。会议初审设立县十六届人大专门委员会的决定草案。会议初审县十六届人大专门委员会组成人员人选通过办法草案。

【文成县第十六届人大常委会】 **第一次会议** 2017年2月25日上午在县地税局六楼会议室举行。县人大常委会主任郑建华，副主任吴育民、钟信友、林乐融、陈成武和常委会其他组成人员34人出席会议。会议由吴育民副主任主持。县政府副县长金一玲，县监察委员会主任蔡爱东，县法院副院长陈永海，县检察院副检察长刘际当列席会议。会议听取和审议县监察委员会提请的关于赵富春等5人任职的议案。经无记名投票表决,会议任命赵富春、刘树智为县监察委员会副主任,周建东、王宝坎、黄金杰为县监察委员会委员。

第二次会议 2017年4月24日下午在县地税局六楼会议室举行。县人大常委会主任郑建华,副主任吴育民、钟信友、林乐融和常委会其他组成人员31人出席会议。会议由钟信友副主任主持。县政府常务副县长吴昌亮,县监察委员会副主任赵富春,县人民法院院长朱鹏鸣,县人民检察院检察长卢小明列席本次会议。会议听取审议县人大常委会主任会议提请的《关于县人大常委会法制工作委员会更名的议案》,会议决定将县人大常委会法制工作委员会更名为县人大常委会法制内务司法工作委员会。会议听取和审议县人大常委会主任会议提请的《关于提请审议县第十六届人大常委会代表资格审查委员会组成人员名单的议案》,并表决通过相关决定。会议分别听取和审议县人大常委会、县政府、县监察委员会、县人民检察院相关人事议案。经无记名投票表决,任命杨洲、龚国庆为县人民政府副县长;任命林炳欧为县人大常委会农村与资源保护工作委员会主任,黄金乐为县人大常委会办公室副主任;任命王军为县人民政府办公室主任,郑志阳为县发展和改革局(统计局、粮食局)局长,王国林为县经济商务和信息化局长,王新亮为县教育局局长,程东为县科学技术局局长,季成夏为县民族宗教事务局局长,徐良悟为县公安局局长,雷旭燕为县民政局局长,徐文鑫为县司法局局长,朱明阳为县财政局局长,陈增聪为县人力资源和社会保障局局长,杨小锋为县住房和城乡规划建设局局长,季建明为县交通运输局局长,蔡建国为县农业局局长,孟晓豪为县水利局局长,廖忠明为县林业局局长,张丽俊为县文化广电新闻出版局局长,王日康为县卫生和计划生育局局长,梅则铭为县审计局局长,黄伟为县环境保护局局长,赵文锋为县安全生产监督管理局局长,赵建荣为县市场监督管理局局长,吴志成为县综合行政执法局局长。会议审议吴笑媚、周智华请求辞去县十六届人大常委会委员职务的报告,并表决通过相关决定。

第三次会议 2017年5月26日上午在县地税局六楼会议室举行。县人大常委会主任郑建华,副主任吴育民、钟信友、林乐融、陈成武和常委会其他组成人员29人出席会议。会议由林乐融副主任主持。县政府副县长金一玲、毛伟新,县人民法院院长朱鹏鸣,县人民检察院副检察长周恩峰列席本次会议。会议听取和审议县人民政府提请的《关于增设预备费的报告》,经无记名投票表决,会议通过相关决定。会议听取和审议县人民政府提请的《关于调整2016年度地方政府债券资金项目的报告》,经无记名投票表决,会议通过相关决定。会议听取和审议县政府关于农村建房审批管理情况的专项工作报告和县人大常委会调研组关于农村建房审批情况的调研报告。常委会组成人员认为,县政府及相关部门为破解农民建房难问题做大量工作。但仍存在审批程序不完善,农村建房服务滞后、审批监管力量薄弱等问题。常委会组成人员向县政府提出确保农民建房选址、简化农村建房审批手续、优化农村建房服务、加强中介服务市场管理、加强审批监管力量等建议。会议审议通过《文成县人民代表大会专门委员会工作规则》《关于文成县监察委员会副主任、委员任免办法的决定》和《文成县人民代表大会常务委员会议事规则(修订草案)》《文成县人民代表大会常务委员会主任会议议事规则(修订草案)》《文成县人民代表常务委员会人事任免办法(修订说明)》《文成县人民代表大会常务委员会干部任前法律知识考试办法(修订草案)》《文成县人民代表大会常务委员会规范性文件备案审查办法(修订草案)》。会议听取和审议县法院提请的人事议案。经无记名投票表决,任命白莉莉为文成县人民法院南田人民法庭副庭长,免去刘志文的文成县人民法院民事审判第二庭副庭长职务。

第四次会议 2017年8月1—2日在县地税局六楼会议室举行。县人大常委会主任郑建华,副主任吴育民、钟信友、林乐融、陈成武和常委会其他组成人员31人出席会议。会议由分别由吴育民、钟信友、林乐融、陈成武副主任主持。县政府县长章寿禹,常务副县长吴昌亮,副县长杨洲、李标、金一玲、赵东佐、刘云、毛伟新、梁广;县法院院长朱鹏鸣,副院长包晓龙;县检察院检察长卢小明,副检察长周恩峰列席本次会议。会议听取和审议县政府副县长分管工作报告。常委会组成人员认为充分肯定换届以来副县长的工作,并从重点项目建设、产业培育、城乡建设、社会事业等方面提出建议意见。会议听取和审议县政府提请《关于2017年度地方政府债务预算调整的报告》,经无记名投票表决,会议通过相关决定。会议听取和审议县政府提请《关于确定2017年度地方政府债务限额的报告》,经无记名投票表决,会议通过相关决定。会议听取和审议县发展和改革局局长郑志阳、县财政局局长朱明阳、县审计局局长梅则铭分别受县政府委托所作的《关于2017年1—6月国民经济和社会发展计划执行情况的报告》《关于2017年全县限额以上建设项目进展情况的报告》《关于2016年县级财政决算(草案)和2017年1—6月全县和县级财政预算执行情况的报告》《关于2016年县级财政预算执行和其他财政收支的审计工作报告》,听取县人大常委会财经工委副主任刘英所作的《关于2016年县级财政决算的审查报告》。会议批准县政府提出的2016年县级财政决算。会议听取和审议县政府关于农村建房审批管理情况的专项工作报告和县人大常委会调研组关于农村建房审批情况的调研报告。常委会组成人员认为,县政府及相关部门为破解农民建房难问题做了大量工作。但仍存在审批程序不完善,农村建房服务滞后、审批监管力量薄弱等问题。常委会组成人员向县政府提出确保农民建房选址、简化农村建房审批手续、优化农村建房服务、加强中介服务市场管理、加强审批监管力量等建议。会议审议通过《文成县政府投资项目监督办法(修订草案)》。会议听取和审议县政府《关于剿灭劣五类水(水质巩固提升)情况的报告》和县人大常委会《关于剿灭劣五类水(水质巩固提升)情况的调研报告》。会议认为,县政府有序推进"五水共治",成功创建"清三河"首批达标县,剿灭劣五类水(水质巩固提升)工作取得阶段性成效。但也存在着源头污染防治不到位、基础设施建设滞后、机制体制建设不完善、全民治水氛围不浓厚等问题。会议要求,县政府要营造氛围,构建全民治水格局;突出重点,合理推进科学治水;完善体制,构建长效管理机制;抓住机遇,助推产业转型升级。会议听取和审议有关人事议案。经无记名投票表决,任命梁广为县政府副县长;叶云峰为县人大常委会法制内务司法工作委员会主任,朱慧杰为县人大常委会法制内务司法工作委员会副主任;陈杰、朱荣锋为县监察委员会委员。县人大常委会主任郑建华,县政府县长章寿禹分别在会上作重要讲话。

第五次会议 2017年9月26日在县政府8号会议室举行。县人大常委会主任郑建华,副主任吴育民、林乐融和常委会其他组成人员29人出席会议。会议由分别由吴育民、林乐融副主任主持。列席本次会议的有县政府常务副县长吴昌亮,副县长赵东佐;县监察委员会副主任赵富春;县法院院长朱鹏鸣,县检察院副检察长刘际当、周恩峰。会议听取和审议县政府《关于"最多跑一次"改革情况的报告》和县人大常委会调研组《关于"最多跑一次"改革调研情况的报告》。会议认为县"最多跑一次"改革推进工作总体情况良好,县政府、相关部门及乡镇非常重视、行动迅速,工作有创新、有亮点、有成效。但也存在宣传引导不够到位、"信息孤岛"现象突出、审批标准不够统一、网格员队伍不够完善、窗口建设有待加强等不足和问题，会议要求县政府加大改革宣传引导、提高群众知晓度，整合政府信息平台、加快电子政务建设，优化行政审批流程、提高政府办事效率，理顺部门职责权限、提升政府管理水平，完善工作机制、提高政府服务水平，以问题效果为导向、推动改革向纵深发展。会议听取和审议县政府《关于县十六届人大一次会议代表建议办理情况的报告》和县人大常委会代表工委《关于县十六届人大一次会议代表建议督办情况的报告》。会议认为大多数承办单位重视代表建议办理工作，但在办理态度上需进一步改进、在问题解决上需进一步务实、在办理程序上需进一步规范。会议要求承办单位要进一步增强建议办理的责任意识，完善丰富建议督办方式，不断推进实际问题解决。会议审议通过《关于实施县政府民生实事项目人大代表票决制的决定》和《关于县政府民生实事项目人大代表票决制实施与监督办法》，初审《县十六届人大二次会议关于县政府民生实事项目人大代表投票表决办法》。会议听取和审议县政府《关于评选推荐“文成县第三批爱乡楷模和荣誉市民”的议案》，经无记名投票表决，会议决定授予赵沛枸、胡志岳、刘守群、夏盛满、潘明都、陈晓春等六人“爱乡楷模”称号，授予董军、王振中等两人“荣誉市民”称号。会议听取和审议县政府《关于要求将百丈漈小微企业园列入2017年政府投资项目计划的议案》，经无记名投票表决，会议决定同意将百丈漈小微企业园列入2017年政府投资项目计划。会议听取县政府《关于政府购买县兴福堂片区一期安置房项目服务资金纳入县财政预算管理的报告》《关于政府购买县樟台村城中村项目服务资金纳入县财政预算管理的报告》《关于政府购买县二中片区城中村项目服务资金纳入县财政预算管理的报告》《关于政府购买县下沙垟城中村项目服务资金纳入县财政预算管理的报告》。会议听取和审议县法院《关于家事纠纷案件多元化解决机制情况的报告》和县人大常委会调研组《关于家事纠纷案件多元化解决机制调研情况的报告》。会议认为县家事案件多元化纠纷解决机制工作，在县法院的引领和推动下，在相关部门单位的共同努力下取得初步的成效。但也存在干部群众对家事案件多元化纠纷解决机制重要性认识有待提高，家事案件多元化纠纷解决机制工作合力不够，调解队伍力量和能力有待加强等问题和不足。会议要求县有关单位要进一步加大宣传力度，提高对家事案件多元化纠纷解决机制重要性和迫切性的认识；完善工作机制，有效形成家事案件多元化纠纷解决机制工作合力；加强调解队伍建设，在提高调解能力上下功夫。

会议听取和审议有关人事议案。经无记名投票表决，决定任命王一荣为县人大常委会教科文卫民侨工作委员会副主任，富汉峰为县监察委员会副主任；免去雷建华的县人大常委会教科文卫民侨工委副主任职务，刘树智的县监察委员会副主任职务，朱丽静的县人民检察院检察委员会委员职务；接受雷建华辞去县十六届人大常委会委员职务。

第六次会议 2017年12月11—12日在县政府5号会议室举行。县人大常委会主任郑建华，副主任吴育民、林乐融、钟信友、陈成武和常委会其他组成人员30人出席会议。会议分别由吴育民、钟信友、陈成武副主任主持。县政府常务副县长吴昌亮，副县长金一玲、梁广；县法院副院长陈永海、包晓龙，县检察院副检察长刘际当、周恩峰列席本次会议。会议听取和审议县发展和改革局局长郑志阳受县政府委托所作的《关于2017年1-10月国民经济和社会发展计划执行情况的报告》及《关于2017年政府投资项目建设情况的报告》。会议听取和审议县财政局局长朱明阳受县政府委托所作的《关于2017年1-10月财政预算执行情况和年度预算调整（草案）的报告》。会议表决通过关于批准2017年度县级财政预算部分调整的决定。会议听取和审议县政府常务副县长吴昌亮所作的《关于县本级2016年度财政预算执行和其他财政收支审计查出问题的纠正情况和整改结果报告》。会议听取和审议县政府副县长梁广所作的《关于民宿经济发展情况的报告》和县人大常委会调研组包向阳副主任所作的《关于民宿经济发展调研情况的报告》。会议认为县民宿经济发展,在盘活农村闲置资源、带动农民就业、促进农民增收、保护农村古建筑、建设美丽乡村等方面发挥重要作用,但也存在个性特色不明显,产品市场吸引力不强;配套设施不完善,难以满足发展需求;经营管理简单粗放,营销松散无序;政策扶持力度有限,用地存在困难等问题。会议建议县政府要坚持突出个性,注重特色,走差异化发展之路;加强配套建设,优化环境,完善综合服务功能;加强内培引导,外宣营销,提高管理服务水平;完善政策导向,改革创新,探索破解制约瓶颈。会议听取和审议县检察院副检察长刘际当所作的《关于县检察院司法体制改革试点成效的自评报告》和县人大常委会评估组叶云峰主任所作的《关于县检察院司法体制改革试点成效的评估报告》。会议听取市人大代表富汉峰、施巨盛的述职报告。会议审议包朝阳、刘云、刘波、吴笑媚、周智华、徐文鑫、富汉峰、雷建华、苏德兆等9人请求辞去县十六届人大代表职务的报告,经无记名投票,会议决定上述9人辞去县十六届人大代表职务的请求。会议听取和审议县人大常委会代表资格审查委员会《关于包朝阳等同志辞去代表职务或调离本行政区域代表资格终止的报告》,并表决通过相关公告。会议听取和审议县人大常委会主任郑建华提请的《关于补选县第十六届人大代表的议案》,并表决通过相关决定。会议听取和审议县政府常务副县长吴昌亮所作的《关于行政处罚法实施情况的报告》和县人大常委会执法检查组朱慧杰副主任所作的《关于检查行政处罚法实施情况的报告》。会议肯定行政处罚法实施取得良好的成效,指出法律宣传、执法理念、规范执法、执法队伍等方面存在的问题。会议要求县政府加大《行政处罚法》学习宣传力度、加大行政处罚力度、规范执法行为、加强执法队伍建设。会议听取和审议县政府副县长金一玲所作的《关于医疗卫生体制改革情况的报告》和县人大常委会调研组王一荣副主任所作的《关于医疗卫生体制改革调研情况的报告》。会议认为,县政府稳步推进公立医院综合改革、建立分级诊疗制度、推进医保体制改革、发展智慧医疗健康服务和社会办医等各项工作,医药卫生体制改革工作取得一定成效。但也存在分级诊疗推行力度不大、按病种付费试点病种面不广、医护人员流失严重、财政扶持力度不大等问题。会议建议县政府要落实责任,推进分级诊疗工作;扩大试点,提高按病种付费占比;出台政策,加强人才队伍建设;保障到位,加大财政补助力度标本兼治,规范医疗服务。会议听取和审议县人大常委会主任郑建华提请的《关于任命十六届人大常委会各工委委员的议案》,表决通过相关任命。会议听取和审议县法院人事议案。经无记名投票表决,任命刘世平、肖若楼、陈炜、李晶晶、李佳佳等5人为县人民法院审判员。

第七次会议 2017年12月29日在县政府8号会议室举行。县人大常委会主任郑建华,副主任吴育民、林乐融、钟信友、陈成武和常委会其他组成人员30人出席会议。会议听取和审议县人大常委会主任郑建华提请的《关于召开县十六届人大二次会议的议案》和《关于建立县十六届人大二次会议筹备处的议案》,并表决通过相关决定。会议审议通过县十六届人大二次会议列席人员名单。

常委会日常工作

【视察检查调研】 2017年,文成县人大常委会依法履行职责,积极作为,围绕文成县发展大局,视察督促"一府两院"依法行政,公正司法,切实维护人民群众合法权益，推动文成县经济社会各项事业健康稳定发展。

4月10—28日，县人大常委会调研组由钟信友副主任带队，对县农村建房审批管理工作进行调研。

4月28日—5月12日，县人大常委会调研组由钟信友副主任带队，对县群众体育开展情况进行视察。

6月19日—7月10日，县人大常委会调研组由钟信友副主任带队，对县剿灭劣Ⅴ类水(水质巩固提升情况)工作进行调研。

6月26日—7月13日，县人大常委会检查组由陈成武副主任带队，对县2017年上半年财政经济工作进行调研。

6月中旬—8月下旬，县人大常委会检查组由陈成武副主任带队，对县"最多跑一次"改革开展督查。

7月11—20日，县人大常委会调研组由林乐融副主任带队，对县松材线虫病防治工作开展调研。

8月22日—9月15日，县人大常委会调研组由钟信友副主任带队，开展环境保护与相关产业发展调研。

8月8—24日，县人大常委会调研组由林乐融副主任带队，对县家事案件多元化纠纷解决机制工作进行调研。

8月8—24日，县人大常委会检查组由林乐融副主任带队，对县检察院民行检察工作进行调研。

8月14—25日，县人大常委会检查组由钟信友副主任带队，对县医药卫生体制改革工作开展情况进行调研。

8月开始，县人大常委会调查组由林乐融副主任带队，在全县范围内对《中华人民共和国行政处罚法》的实施情况进行检查。

9月20日—10月16日，县人大常委会调查组由林乐融副主任带队，对县民宿经济发展工作开展调研。

10月16日—11月10日，县人大常委会评估组由林乐融副主任带队，对县检察院开展司法体制改革成效评估进行工作。

11月13—20日，县人大常委会检查组由陈成武副主任带队，开展2017年1—10月全县经济运行情况调研。

11月14—20日，县人大常委会检查组由钟信友副主任带队，对县侨务工作开展情况进行调研。

11月22—29日，县人大常委会督查组由钟信友副主任带队，对县震后重建工作进行督查。

【干部任免】 2017年，文成县人大常委会坚持党管干部和人大依法任免相结合，修订完善人事任免办法和任前法律知识考试办法，严格落实任前法律知识考试、任前承诺、民主票决、任职宣誓和颁发任命书制度。2017年，任免国家机关工作人员80人次，接受辞职3人次。

【代表工作】 2017年，文成县人大常委会着力提升代表履职能力。高度重视代表履职能力提升，把强化学习培训作为提高代表履职能力的重要手段，组织全县人大代表履职培训，分别于1月17日在县文化中心举办县第十六届人大代表第一期培训班，11月8—10日在温州城市大学举办县第十六届人大代表第二期培训班，深入学习党的十九大精神以及政治理论、法律知识、人大业务知识，增强广大代表的履职意识和责任意识，提高代表依法履职的综合素质和理论水平。坚持邀请代表列席县人大常委会会议、参加调研视察和执法检查等履职活动，不断提高代表参与常委会工作的广度和深度，为更好地履职尽责发挥作用。

【拓宽代表履职渠道】 2017年，文成县人大常委会健全常委会组成人员联系代表、代表联系群众的工作制度。5月下旬开始，开展走访县第十六届人大代表活动，常委会主任、副主任分别带队，全面走访县第十六届人大代表，了解代表工作、学习、生活、执行代表职务等方面情况以及遇到的困难和问题，听取代表对县人大常委会和“一府两院”工作的意见、建议。积极推进代表履职平台建设，按照“全覆盖、制度化、常活动”的要求，在全县17个乡镇建立代表联络站，打通代表联系服务群众的“最后一公里”。加快推进网上代表联络站建设，实现线上线下全天候、便捷化联系，进一步拓宽代表知情明政和反映问题的渠道。以代表联络站为依托，认真组织代表开展“剿灭劣Ⅴ类水人大代表在行动”“视察小城镇环境综合整治”等主题活动，深入践行人大代表为民代言、为民履职的职责。

【增强议案办理实效】 2017年，文成县人大常委会高度重视代表议案和建议办理工作，坚持以解决问题为核心、以代表满意为标准，切实加大建议督办力度。通过常委会领导重点督办、现场督办、跟踪督办、办理“回头看”等多种途径，督促责任单位加快办理进度、提高办理质量，不断增强建议办理实效。县十六届人大一次会议代表提出的234件建议已经解决或基本解决的有129件，占总数的55.1%；正在解决或列入计划解决的有89件，占总数的38%；由于受资金、政策等原因限制，尚不能解决的有16件，占总数的6.9%。

【推进民生实事项目人大代表票决制】 2017年，文成县人大常委会根据省委《关于实施民生实事项目人大代表票决制工作的意见》精神，深入开展调查研究，牵头组织县政府有关部门和县人大相关工委赴舟山定海、宁波奉化、宁海等地考察，学习借鉴先进经验和做法。协助县委制定实施民生实事项目代表票决制工作意见，做出关于实施县政府民生实事项目人大代表票决制工作的决定，出台关于县政府民生实事项目人大代表票决制实施与监督办法。协助县委制定关于全面推行乡镇民生实事项目代表票决制的指导意见，加强对乡镇民生实事项目代表票决制工作的指导。

【信访工作】 2017年，文成县人大常委会认真分析新形势人大信访工作，探索完善人大信访工作新机制。县人大常委会领导带头接访和阅批重要信访件，有关委办及时转办、督办有关信访案件，妥善处理信访反映问题，耐心做好息诉息访工作。一年来，接待群众来访25批45人次，受理来信30件。

【办公室工作】 2017年，文成县人大常委会办公室认真做好县十六届人大一次会议、10次人大常委会会议、19次主任会议和有关省市人大领导来文的会议筹备工作；全年起草、印发县人大常委会文件33个，常委会会议纪要10个，主任会议纪要19个，办公室文件77个；强化人大信息宣传工作，积极向省市人大推荐采写信息，做好文成人大网站、文成人大微信公众号的日常维护，完善人大资料库，为机关的正常工作运转提供保障。年内，在各工委的参与下，制定好年度工作计划，统筹安排好各阶段的工作，确保机关工作有条不紊地推进；创造条件为机关干部服务，力所能及地安排好干部的业余活动，丰富干部业余生活；抓好机关干部学习教育。7月24—28日在浙大举办县人大系统履职培训班，提高人大干部适应新时代人大工作的政治素质和履职能力。四是做好财务、车辆管理及物资采购等工作。严格执行各项财务制度，加大财务管理水平，使有限的资金发挥最大的效益；五是努力为老干部做好服务，定期召开老干部座谈会，通报常委会的重大工作，倾听他们的建议、意见，为老干部征订报纸、杂志，组织老干部外出考察，丰富老干部的晚年生活。全年接待上级和外县人大常委会来文成县考察人员29批482人次。

（县人大供稿）

文成县人民政府

综　述

2017年，文成县人民政府办公室设秘书科、政工科、综合一科、综合二科、信息科、督办科，执法监督科、立案科、审理科、应诉科、人防审批管理科、机关党委，突发公共事件应急管理办公室升格为副科级。县政府办公室下属事业单位有县行政执法投诉中心、县人防工程建设管理所、县政府政策研究中心、县社会应急联动协调中心，县大数据管理中心升格为副科级。有行政科室13个，事业科室5个。年末，办公室有工作人员50人，其中行政干部21人，事业干部20人，临时人员9人。

【办文办会】 全年以县政府及县府办名义起草印发各类文件430余件；处理上下级来文5100余件；送阅县政府领导文件4200件；撰写各种会议纪要122期。为县政府领导起草各类报告、讲话稿260余篇，100余万字，撰写会议纪要28篇。开展规范性文件清理，清理县政府及县府办规范性文件435件，废止71件；加强规范性文件三统一管理，公布规范性文件制定计划47项，出具规范性文件编号66件。刊发《文成政务》21期、《专报信息》13期，被省市动态录用120条、专报10篇，其中《文成县避灾场所建设大提速》《文成县城乡住房安全再排查整治情况及长效举措》等5篇文章获省领导批示。

【应急管理】 年内，完成视联网系统设备建设，实现县、乡（镇）二级应急工作视频会商、监测预警和指挥决策等功能，提高快速反应能力，缩短各类灾害事故应急响应时间。2017年该县发生H7N9病例3例，该县自接到第一位病例报告后，第一时间启动应急预案，按照H7N9防控要求开展病家场所外环境消杀，及时关闭活禽市场，加强监测和督查，设立卡点限制外来活禽调运，同时开展H7N9防治知识的宣传教育等控制措施进行有效控制，未引起不良的社会影响。

【调研督查】 年内，编发调研文章10余篇。立项督查各类政府工作事项351项，其中专项督查10项，下发督查通报33期。通过督查，有效推动溧宁高速文泰段、县人民医院新建、县第三实验小学、下沙垟城中村改造、兴福堂城市综合体等一批重点项目的政策处理，以及刘基庙外围仿古街区、巨屿云江商业中心留地处置等一批历史遗留问题的化解。督办人大代表建议234件、政协委员提案142件，办结率均为100%，满意率分别达99.6%和98.6%。

【法治建设】 2017年，文成县政府认真做好行政复议、行政调解、行政应诉等工作，成立行政复议局，建立行政执法监督和公益诉讼联席会议制度，受理行政复议申请8件，办结7件；行政调解成功1465件，成功率91%；创新实施法治建设“九个一”机制，并被浙江法治网作为典型推广，获评省市法治工作先进单位。完善落实综合执法制度，成立县综合行政执法局，在全县17个乡镇设立综合执法派出机构9个，所涉相关执法部门人员和编制在2017年初进行划转。全面推进政务公开工作，发布便民服务信息474条，发布权力清单信息6347条，发布行政处罚结果信息2970条。

（包芳芳）

重要会议

【政府常务会议】 2017年，文成县政府召开常务工作会议16次，即第64次至第14次常务会议，审议研究政府有关事宜111项，会议由章寿禹县长主持。

第64次常务会议 2017年1月20日，代县长章寿禹主持召开县政府第64次常务会议。参加会议的有常务副县长吴昌亮，副县长蔡爱东、季昌丰、郑文东、杨洲，县府办主任陈永格。县人大常委会副主任林乐融应邀参加会议。会议审议并原则通过县金融办提交的《关于鼓励和支持企业股份制改造推进挂牌上市的意见》、会议听取县发改局关于进一步规范职能部门事项下放大峃城市新区管委会有关事宜的汇报及关于2017年固定资产投资计划安排情况的汇报，会议审议并原则同意《政府工作报告》《关于文成县2016年国民经济和社会发展计划执行情况与2017年国民经济和社会发展计划草案的报告》和《关于文成县2016年地方财政预算执行情况和2017年地方财政预算预算草案的报告》及《2017年十方面民生实事项目》。

第65次常务会议 2017年2月17日，代县长章寿禹主持召开县政府第65次常务会议。参加会议的有常务副县长吴昌亮，副县长蔡爱东、季昌丰、郑文东，县府办主任陈永格。县人大常委会副主任陈成武，县政协副主席胡晓雄应邀参加会议。会议审议并原则通过县民政局提交的《文成县避灾安置场所建设方案》、通过县府办提交的《文成县民房避险和灾后重建实施意见》、通过县财政局提交的《文成县国有资产出租管理办法》、通过县财政局提交的《文成县壮大村集体经济投资基金管理办法（试行）》、通过县财政局提交的《文成县2017年度政府向社会力量购买服务指导目录》，会议听取县住建局关于文成县城区域三个地下停车场（库）进行政府购买服务有关事宜的汇报，会议审议并原则通过县经信局提交的《关于文成县商业综合体项目扶持政策的实施意见》，会议审议并原则通过大峃城市新区提交的《关于苔湖街商业综合体整体公开招租方案》、通过县发改局提交的《关于文成县钢铁企业去产能职工安置和转型发展奖补方案》。

第1次常务会议 2017年2月26日，县长章寿禹主持召开县政府第1次常务会议。参加会议的有常务副县长吴昌亮，副县长李标、金一玲、赵东佐、刘云、毛伟新，县府办主任陈永格。县人大常委会副主任陈成武，县政协副主席雷旭燕应邀参加会议。会议审议并原则通过县府办提交的《文成县人民政府工作规则》（修订），会议讨论研究2017年政府工作报告及十方面民生实事项目相关任务分解。

第2次常务会议 2017年4月6日，县长章寿禹主持召开县政府第2次常务会议。参加会议的有常务副县长吴昌亮，副县长杨洲、李标、金一玲、赵东佐、刘云、毛伟新，县府办主任陈永格。县人大常委会副主任吴育民，县政协副主席胡晓雄、县监察委副主任赵富春应邀参加会议。会议审议并原则通过县编办、县审管办提交的《文成县加快推进"最多跑一次"改革实施方案》《文成县"最多跑一次"改革工作计划安排表》《文成县行政审批"一窗受理、集成服务"改革推进方案》，县住建局提交的《文成县农房建设质量安全管理试点工作实施方案》，县国土局提交的《文成县个人建房审批管理办法》，县征收办提交的《文成县房屋征收市场化安置实施办法（试行）》，县财政局提交的《文成县财政性补助项目资金管理办法》。会议听取县农办、县财政局（国资办）关于文成县中国美丽乡村建设工程项目相关事项的汇报、县特色小镇创建办关于文成县森林氧吧特色小镇医药咨询企业创业园招商引资的情况汇报、县住建局关于要求确定城市设计相关事宜的汇报。

第3次常务会议 2017年5月5日，县长章寿禹主持召开县政府第3次常务会议。参加会议的有常务副县长吴昌亮，副县长杨洲、金一玲、赵东佐、毛伟新、龚国庆，县府办主任王军。县人大常委会副主任钟信友，县政协副主席雷旭燕、县监察委副主任赵富春应邀参加会议。会议审议并原则通过县法制办提交的《2017年度县政府行政规范性文件制定计划》、县交通运输局提交的《关于推进建制村客车村村通攻坚行动实施方案》、县经信局提交的《关于促进网络经济发展的若干意见》，会议听取县国土资源局关于地热和矿泉水探矿权设置相关问题的汇报以及县府办关于周壤镇、二源镇、铜铃山镇要求设立新农村建设投资有限公司有关情况汇报。

第4次常务会议 2017年5月27日，县长章寿禹主持召开县政府第4次常务会议。参加会议的有常务副县长吴昌亮，副县长杨洲、李标、金一玲、赵东佐、刘云、毛伟新，县府办主任王军。县人大常委会副主任林乐融，县政协副主席雷旭燕、县监察委副主任赵富春应邀参加会议。会议听取县农办（农业局）关于文成县"两山（一类）"建设财政专项激励政策实施方案的情况汇报、县安监局关于文成县上半年安全生产工作情况的汇报、县综合行政执法局关于综合行政执法职权划转有关事宜的汇报，会议审议并原则通过县征收办关于文成县大峃镇下沙垟村城中村改造项目的房屋征收决定及征收补偿方案，会议听取县交通运输局关于要求确定南田公路绿化景观设计有关事宜的汇报、县交通运输局关于部分交通工程前期服务自行采购有关事宜的汇报、县委老干部局关于要求调整离退休人员及在职人员医疗待遇的汇报、县人力社保局关于给予伊加麟等25人记三等功和雷绍飞等240人嘉奖的情况汇报。

第5次常务会议 2017年6月23日，县长章寿禹主持召开县政府第5次常务会议。参加会议的有常务副县长吴昌亮，副县长杨洲、李标、金一玲、赵东佐、毛伟新、龚国庆，县府办主任王军。县人大常委会副主任吴育民，县政协副主席郑士钗应邀参加会议。会议审议并原则通过县财政局提交的《文成县"中国美丽乡村"建设项目和资金管理办法》，会议听取县财政局关于加强登记注册在外县的单位或者个体户来县提供建筑服务的税收管理建议有关事宜的汇报、县资管办关于文成县政府投资小额工程建设项目招投标指导意见的汇报，会议审议并原则通过县经信局提交的《文成县人民政府关于助企强工的若干意见》，会议听取县教育局关于县中心幼儿园等学校校舍加固项目建设事宜的汇报、县国投公司关于要求成立文成县兴村发展投资有限公司的情况汇报。

第6次常务会议 2017年7月18日，县长章寿禹主持召开县政府第6次常务会议。参加会议的有常务副县长吴昌亮，副县长李标、金一玲、赵东佐、刘云、毛伟新、龚国庆，副县长人选梁广，县府办主任王军。县政协副主席郑士钗应邀参加会议。会议审议并原则通过县经信局提交的《文成县节能降耗财政专项资金管理办法（修订）》、县农办提交的《关于文成县农村生活垃圾分类减量化资源化处理工作实施方案》，会议听取县人力社保局关于重点工作考核奖励相关事宜的汇报。

第7次常务会议 2017年8月10日，县长章寿禹主持召开县政府第7次常务会议。参加会议的有常务副县长吴昌亮，副县长杨洲、李标、金一玲、赵东佐、刘云、毛伟新、梁广，县府办主任王军。县人大常委会副主任林乐融、县政协副主席雷旭燕、风景旅游管委会主任王建军、县监委副主任赵富春应邀参加会议。会议审议并原则通过县安监局提交的《文成县安全生产委员会组织结构设置及工作规则》《文成县安全生产巡查工作制度（试行）》《文成县安全生产警示约谈暂行办法》、通过县教育局提交的《文成县乡村教师支持计划（2017—2020年）实施细则》，会议听取县人力社保局关于完善被征地农民衔接转入企业职工基本养老保险政策相关事宜的汇报、大峃城市新区管委会关于要求明确苔湖片区一期旧城改造项目安置剩余房源销售方案及销售价格的报告、县卫计局关于文成县人民医院新建工程施工招标事宜的汇报、县国投公司关于要求同意建设文成县百丈漈小微企业园有关事宜的汇报、县财政局关于规范文成县国有企业费用开支控制标准相关事宜的汇报、风景旅游管委会关于聘用县旅投公司总经理相关事宜的汇报。

第8次常务会议 2017年9月4日，县长章寿禹主持召开县政府第8次常务会议。参加会议的有副县长杨洲、李标、金一玲、赵东佐、刘云、毛伟新、梁广，县府办主任王军。县人大常委会副主任陈成武、县政协副主席胡晓雄、县监委副主任赵富春应邀参加会议。会议听取县农办关于全面消除集体经济薄弱村暨发展壮大村集体经济实施意见的汇报、县财政局关于规范文成县行政事业单位经费开支控制标准的汇报，会议审议并原则通过县财政局提交的《关于调整文成县县级财政资金竞争性存放管理暂行办法》，听取大峃城市新区管委会关于要求明确下沙垟城中村、樟台村城中村改造项目招标有关事宜的汇报、大峃城市新区管委会关于文成县棚户区改造项目采取政府购买服务模式实施有关事宜的汇报、县征收办关于文成县二源镇二源村(宫前、初阳)城中村改造房屋征收有关事宜的汇报、县环境再造办关于文成县全域旅游化环境再造工程实施EPC总承包模式相关问题的汇报、风景旅游管委会关于要求采用单一来源方式采购文成刘伯温故里景区标识系统项目制作安装单位的汇报、县府办关于文成县第三批爱乡楷模和荣誉市民评选推荐情况的汇报、县招商局关于东方慢城飞云湖小镇项目投资框架性协议书的汇报。

第9次常务会议 2017年9月19日，县长章寿禹主持召开县政府第9次常务会议。参加会议的有副县长吴昌亮、杨洲、金一玲、赵东佐、毛伟新、梁广，县府办主任王军。县政协副主席郑士钗应邀参加会议。会议听取县经信局提交的文成县盐业体制改革实施方案的汇报、县地税局关于文成县调整城镇土地使用税政策促进土地集约节约利用工作实施方案的汇报、大峃镇关于要求解决文成县职业中等专业学校迁建、天然气门站、文教园区花园路、樟岭村城东污水处理厂等项目被征地农民失地保险遗留问题有关事宜的汇报、县招商局关于文成县开展产业驻点招商实施方案的汇报。

第10次常务会议 2017年10月18日，县长章寿禹主持召开县政府第10次常务会议。参加会议的有常务副县长吴昌亮，副县长杨洲、李标、赵东佐、毛伟新、龚国庆，县府办主任王军。县人大常委会副主任吴育民、县政协副主席雷旭燕、县人武部部长俞俊、县监委副主任赵富春应邀参加会议。会议听取县交通运输局提出的大峃镇沙垟桥、兴福堂大桥建设工程及新56省道接南田公路景观美化工程建设相关事宜的汇报、巨屿镇关于要求解决巨屿镇云江商务区留地项目(白鹭公寓)建设遗留问题的汇报、大峃镇关于龙丽温高速樟台枢纽工程及G322改建工程房屋征收相关事宜的汇报、南田镇提交的文成县南田镇刘基庙外围片区房屋征收决定和补偿方案的汇报、县住建局提交的文成县建设项目容积率指标计算规定的汇报、县综合执法局关于综合行政执法职权划转有关事宜的汇报，会议审议并原则通过县经信局《关于完善文成县鼓励开放型经济发展若干扶持措施》、通过县经信局提交的《文成县促进商贸流通业发展若干规定》、通过县金融办《关于进一步鼓励和支持企业股改推进挂牌上市补充意见》，会议听取大峃镇关于要求给予刘勇开除处分相关事宜的汇报。

第11次常务会议 2017年10月30日，县长章寿禹主持召开县政府第11次常务会议。参加会议的有常务副县长吴昌亮，副县长杨洲、李标、金一玲、赵东佐、刘云、毛伟新、梁广，县府办主任王军。县人大常委会副主任林乐融、县政协副主席胡晓雄、县监委副主任赵富春应邀参加会议。会议听取县法制办关于2017年县政府及县政府办公室规范性文件清理结果的汇报、县交通运输局关于明确322国道文成西坑至景宁交界段改建工程PPP项目实施方案相关事宜的汇报、县瑞东公路建设开发有限公司关于要求解决瑞东公路建设开发有限公司人员遗留问题的汇报、县民政局关于文成县殡仪馆迁建工程二次招标有关事宜的汇报、县水利局关于要求解决飞云江治理二期工程失地农民养老保险指标问题相关事宜的汇报、大峃镇关于要求解决文成县人民医院新建工程项目被征地农民失地保险空缺名额的汇报、县教育局关于文成县城东小学建设项目有关事宜的汇报、大峃城市新区关于文成县旧城改造前期工作实行购买事务代理服务的汇报,会议审议县综合行政执法局提交的《文成县违法建筑认定标准及分类处置办法》。

第12次常务会议 2017年11月13日,县长章寿禹主持召开县政府第12次常务会议。参加会议的有常务副县长吴昌亮,副县长杨洲、李标、赵东佐、刘云、毛伟新,县府办主任王军。县人大常委会副主任钟信友、县政协副主席郑士钗、县人武部部长俞俊应邀参加会议。会议听取县法制办关于行政复议体制改革工作方案的汇报、县法制办关于出台文成县行政规范性文件管理办法的汇报、县国投公司关于将巨屿工业园区镇中东路84号等三个地块转变为商业用地功能等相关问题的汇报、县国土资源局关于百丈漈天湖庄园相关问题的汇报、县环保局关于文成县生态保护红线划定方案的汇报、县环境再造办关于文成县全域旅游化环境再造(小城镇环境综合整治)工程实施全过程工程咨询试点工作方案的汇报。

第13次常务会议 2017年11月25日,县长章寿禹主持召开县政府第13次常务会议。参加会议的有常务副县长吴昌亮,副县长杨洲、李标、金一玲、赵东佐、刘云、毛伟新、龚国庆,县府办主任王军。县政协副主席雷旭燕、县人武部部长俞俊、县监委副主任赵富春应邀参加会议。会议审议并原则通过县法制办提交的《文成县人民政府重大行政决策程序实施办法》、通过县法制办提交的《文成县重大行政执法决定法制审核办法》、通过县发改局提交的《文成县2017年1—10月国民经济和社会发展计划执行情况报告》、通过县财政局提交的《文成县2017年1月至10月财政预算执行情况和年度预算调整报告》、通过县审计局提交的《文成县本级2016年度财政预算执行和其他财政收支审计查出问题整改情况报告》,会议听取县人社局关于文成县县级公立医院薪酬制度改革试点工作实施意见的汇报、县教育局提交的文成县推进教师"县管校聘"管理改革试点工作实施意见的汇报、县公用公司关于要求明确文成县城镇管网改造工程路面"白改黑"相关事宜的汇报。

第14次常务会议 2017年12月22日,县长章寿禹主持召开县政府第14次常务会议。参加会议的有常务副县长吴昌亮,副县长杨洲、李标、金一玲、赵东佐、刘云、毛伟新、龚国庆,县府办主任王军。县人大常委会副主任吴育民应邀参加会议。会议审议并原则同意《2018年政府工作报告》,会议听取县府办关于2018年县政府民生实事建议项目安排方案的汇报,会议审议并原则同意县发改局提交的《文成县2017年国民经济和社会发展计划执行情况与2018年国民经济和社会发展计划(草案)的报告》、县财政局提交的《文成县2017年全县和县级预算执行情况及2018年全县和县级预算(草案)的报告》,会议听取县国土资源局关于巨屿镇东洋沙洲33.67公顷政府已做地项目纳入储备相关事宜的汇报。

(包芳芳)

重要政事

【项目建设】 2017年,文成县项目建设破难推进。以重点项目"百日攻坚"为抓手,强势推进重大项目建设,完成龙丽温高速瑞文段、溧宁高速文泰段、G322樟台至龙川段改建等重大交通项目政策处理,刘基庙外围仿古街区征地拆迁、巨屿云江商业中心留地处置等一批历史遗留难题得到妥善解决，下沙垟旧村改造创下全县城中村征迁新速度，全年完成固定资产投资78.6亿元，完成年度计划的99.2%；省市重点建设项目完成投资22.6亿元，完成年度计划的116.6%。项目招商态势良好。开展招商引资项目攻坚行动，突出招大引强，成立招商专班，紧密对接浙旅集团等大企业来文成县考察洽谈，成功召开第三届世界文成人大会，全年签约项目10个、总投资171亿元，在招商项目体量、成熟度和产业类别上较往年均有重大突破。项目要素保障有力。以公共服务领域项目为重点，争取"两山"建设专项资金4.5亿元、政府债券10.1亿元，清理整合财政存量资金2.38亿元。积极探索PPP、EPC等建设模式，融资渠道不断拓宽。清理批而未供土地131.2公顷、供而未用土地49.73公顷，完成"旱改水"验收92.27公顷、垦造耕地22.67公顷，项目用地得到有效保障。

【旅游产业发展】 2017年，文成县加快推进全域旅游创建。启动国家全域旅游示范区创建工作，开展全域旅游化环境再造、景区品质提升、特色（风情）小镇建设、A级景区村庄创建等系列工程。刘伯温故里景区创AAAAA通过国家景观质量评审，铜铃山森林公园创建国家生态旅游示范区。南田镇成功列入浙江省旅游小镇培育名单，武阳村、让川村被评审为首批浙江省AAA级景区村庄。天顶湖旅游接待中心、九溪欢乐谷、百丈漈洞式电梯暨上下入口服务设施、森林氧吧小镇城市客厅等旅游项目稳步推进。成功举办"三月三"畲乡文化节、第十届万种枫情节等节庆活动，以"天然文成、伯温故里"为口号，旅游营销呈现新态势。全年实现接待游客600.5万人次，同比增长4.2%；景区接待人数141.8万人，同比增长40.5%；接待过夜游客45.1万人，同比增长21.6%；旅游综合收入31.8亿元，同比增长11.2%；门票收入5094万元，同比增长18.4%。

【传统产业转型升级】 2017年，文成县稳步推进特色农业。扶持壮大茶叶、杨梅、高山蔬菜等优势主导产业，新建大棚蔬菜、食用菌等农业产业基地8个，加快天湖庄园、仙人居等休闲农庄的建设和提升。进一步扩大中华蜜蜂、蓝莓等农业特色产品。大力实施区域公用品牌创建，文成东魁杨梅成功荣获"2017浙江省十佳杨梅"称号、文成九龙山生态茶园荣获"2017年全国最美茶园"称号。举办蜂业旅游文化节、公阳利柿节、龙川风车节等系列农事节庆活动。预计实现农业总产值12.64亿元、增长3.5%。

【工业转型提质】 2017年，文成县推进落后产能淘汰，做好名泰等2家企业安置和转型发展工作。完善助企强工系列扶持政策，开展"双十"助企服务活动。引进优质工业增量，对接温州、瑞安等地企业用地紧张的情况，引进拟入驻企业12家。加速推进两大小微园建设，巨屿名泰小微创业园完成入驻企业34家，百丈漈小微园启动10家企业的入驻招引工作。全年新增规模以上工业企业5家，实现工业总产值44亿元。

【新经济业态呈现多样化】 2017年，文成县推进网络经济、总部经济、文化产业、乡村民宿、森林康养等新业态，挖掘经济增长点。加快发展网络经济，建成50个农村电商服务站，实现网络销售额10亿元，增长38%。积极发展总部经济，新引进总部企业9家，实现创税1953万元。着力培育微电影产业，引进5家影视公司入驻文成，《十三猎杀》等9部院线和网络电影在文成拍摄。加快培育民宿经济，建成悦慢武阳、石门台等精品民宿5家，引进"武阳开臣""雅庄迷途"等精品民宿22家。开展医养结合工作，助推康养产业发展。强化创新驱动，与温州医科大学签订校地科技合作协议，与北大建筑与景观设计学院合作共建学研基地。采用民办公助的众创空间建设新模式，推进文成县农e众创空间建设。

【城乡建设】 2017年，文成县推进“三位一体”城乡大网络统筹。以小县大城战略为引领，实施县城旅游化改造，深化城市设计。加速推进苔湖街、兴福堂、下沙垟等重点区块建设，城东污水处理厂尾水深度处理工程、大峃镇城镇管网改造、泗溪河两岸线缆入地工程等市政项目建设加快推进，启动泗溪中央水轴旅游化改造。按照产业集聚、生产生活生态空间相融合的要求，积极打造森林氧吧小镇、空中花园小镇、国际慢城等一批特色小镇，全年完成省级特色小镇投资6.38亿元。“美丽乡村”扩面提质，编制文成县美丽乡村建设规划升级版，南坑垟村、新亭村等6个村获评全市“五美”乡村，让川、武阳等示范村改造提升，百丈漈下石庄村等省历史文化村落保护利用深入推进。“除险安居”扎实推进。全县排查城镇危旧房1075幢、农村危旧房10.44万户，鉴定并治理C级危旧房1611户、D级危旧房2189户，治理完成率均100%。建立农房质量安全监管体系，实现农房建设规范化管理。推进地质灾害综合治理，完成地质灾害避让搬迁40处、工程治理34处。建成并投用避灾安置场所219个，实现村级避灾场所重点区域全覆盖。10个抗震安居小区项目全面开工建设，全年完成异地搬迁770户2466人。

【环境整治】 2017年，文成县 推进“大拆大整”行动。坚持以拆促改、拆改结合，推进珊溪街尾、玉壶龙背等22个城中村改造项目，完成签约1239户、29万平方米。稳步推进“无违建县”创建，拆除违法建筑29.3万平方米，拆后土地利用率达87.2%。排查出租房、合用场所、民宿和“四无”生产经营单位6875户，整治合格率均为100%。启动全域旅游化环境再造。编制中心城区总体城市设计，有序推进苔湖街改造、兴福堂城市综合体、泗溪沿岸线缆入地等项目，创成国家卫生县城。谋划小城镇环境综合整治项目215个，开工195个，完成投资1.85亿元。推进“美丽乡村”扩面提质，开展“清洁家园”专项行动，6个村获评温州市“五美乡村”。建成G322县城至西坑段美丽公路，启动新56省道接南田公路景观美化工程，完成公路彩色硬路肩改造60公里。建设珍贵彩色森林2566.66公顷，完成人工更新造林113.67公顷。开展治水治气。全面深化“治水剿劣”专项行动，加快推进飞云江治理二期、城镇污水管网改造等项目建设，在全市率先完成8个劣V类小微水体整治，14条县级以上河道水质均在Ⅲ类以上，荣获治水“大禹鼎”。进一步推进大气污染防治，整治铸造企业8家，淘汰燃煤锅炉6台，空气质量优良率达97.5%。创成“中国气候养生福地”，重点生态环境指标位居省市前列。

【民生事业】 2017年，文成县落实就业、社会保障、养老服务、搬迁扶贫、产业扶贫、教育、医疗、全民健身工程等惠民政策。年内，新增城镇就业人员2074人，失业人员实现再就业人数743人，失业率1.96%。不断扩大社会保障覆盖面，稳步提高社会保障待遇水平，全县养老、医疗保险户籍参保率分别达到92.7%和98.7%。大病保险制度进一步完善，提高大病支付比例到60%。健全养老服务体系，推进公办养老服务设施社会化运营和医养结合养老新模式，完成77个居家养老服务照料中心建设，全县共有机构养老床位数2202张。积极实施搬迁扶贫、产业扶贫等扶贫举措，不断增强低收入农户的“造血”功能。制定落实“一村一策”实施方案，集体经济薄弱村“消薄”全面完成。全力推进避灾安置场所建设,建成并投入使用避灾安置场所219个,实现村级避灾场所全覆盖。推进教育现代化县创建，县第三实验小学、武阳书院、乡镇幼儿园等教育基础设施建设加快推进。深入实施美丽校园创建，全县95%学校完成“美丽校园”创建。进一步推进卫生优质资源“双下沉、两提升”工作，完善分级诊疗制度，深入推进责任医生签约服务，全县17家乡镇卫生院启动有效签约。加快卫生基础设施建设，县人民医院新建工程开工建设，完成玉壶、巨屿、峃口等乡镇卫生院主体建设。开展文化惠民服务，举办大型节庆活动56场，送戏下乡310场，送展览讲座95场，送电影下乡2676场次，建成城市书房1家，农村文化礼堂14家。加快全民健身工程建设，完成省小康体育村10个，社区多功能运动场2个，笼式足球场1个，标准篮球场3个，健身步道4.5公里，举办浙江省首届冰雪嘉年华活动、2017年浙江马拉松精英赛暨全国媒体人马拉松挑战赛等品牌赛事。推进"平安文成"建设，社会安定局面有效加强，国防、粮食、物价、计生、妇女儿童、移民、安全生产等工作扎实推进。

【改革创新】 2017年，文成县在全省率先推广"移动互联网+审批"模式，构建以"一端一号四库"为核心的移动互联网一端服务平台，实现"一次都不跑"，梳理公布事项689大项、1081小项，可通过移动端申报的零上门事项增加至142个，申报材料简化率达43.5%，办理时限压缩27%，在意大利米兰设立首个海外代办服务点，成功打造"最多跑一次"海外版。稳步推进国家重点生态功能区和国家主体功能区建设试点，编制《文成县国家重点生态功能区产业准入负面清单》，开展省级低碳县试点建设，成功列入全省清洁能源示范县创建。全面推进农村土地确权登记工作，完成权属调查、外业测绘指界、审核公示、签订合同3个100%，质量领跑全市。针对当前农民自建房存在布局散、风格乱、质量差等问题，结合"大拆大整""大建大美"，积极推进农房建设质量安全管理试点。在全市率先落实派驻人员管理制度、率先建成全科网格、率先规范指挥体系，"四个平台"建设取得显著成效。推进地方特色政策性保险开展，在全市率先开展茶叶低温气象指数保险试点工作。推进社会信用体系建设工作，开展县前街"诚信一条街"创建活动。

（包芳芳）

外事侨务

【概况】 文成县是浙江省仅次于青田县的第二大重点侨乡。2017年，全县有16.86万华侨华人旅居世界70多个国家和地区，其中95%以上分布在意大利、荷兰、法国、西班牙和德国等西欧5国。担任海外侨团副会长以上的华侨华人达1600多人，又称"侨领之乡"。国内侨眷7.3万人。县侨联是县委县政府联系全县广大归侨侨眷和海外侨胞的桥梁和纽带，是县政协组成单位之一。县侨联、外侨办有事业参公编制8名，下设办公室、外事侨务科2个内设机构，有下属事业单位1个——华侨服务中心，事业编制3名，实有工作人员12人，其中主席（主任）1人，副主席（副主任）2人，党组成员1人。

【促进侨商回归服务侨民】 2017年，文成县组织161名文成籍侨界代表参加9月28日召开的世界文成人大会，促进侨商回归。期间，各乡镇组织召开10多场次引智引资活动，引进侨商回归项目2个，约21亿人民币。签约鹤东康养科技文化生态园项目和国际慢城绿道项目。做好侨品汇O2O体验中心（引进近百侨商入驻）、百丈漈旅游服务中心商务度假酒店、玉壶镇优品咖啡等项目的全方位跟踪服务，帮助企业解难题、办实事，为项目配套服务落地、及时开工建设、早日竣工努力，提

2017文成旅游十大海外代言人（侨联外侨办提供）

供服务。深入开展进村入企活动，为侨资企业服务推出新举措。同时确定1名专职工作人员为侨资企业全程跟踪服务。帮助侨企解决纠纷5件。

【侨界协会造福桑梓】 2017年，文成县侨界爱心协会筹集爱心款1200多万元，多次开展助学、助困、助老等活动，实施侨爱工程20个，促进县教育基础设施、美丽乡村等事业的建设。全年走访慰问困难归侨侨眷350多户，慰问清卫工人300多人次，结对贫困生100多名，解决品学兼优贫困生的辍学问题。通过这些公益活动，传递侨界正能量，引导海内外侨胞侨眷积极参与社会建设，为改善文成县社稷民生和公益事业发展做贡献。

华侨华人捐赠仪式(侨联外侨办提供)

【华侨文化】 2017年，文成县外事侨务部门积极指导热心华侨文化研究的会员、顾问开展华侨文化研究工作，出版第四期《文成华侨研究》。年内暑期，文成县分别举办“亲情中华·汉语桥”夏令营 、“中国寻根之旅”华裔青少年夏令营、亲情中华侨界留守儿童“快乐营”，有540多人参加活动。

【海外联谊】 2017年，文成县外事侨务部门全年接待来文成的华侨及外宾660多人次。邀请意大利皮埃蒙特大区政府体育部部长来文成考察，与意大利卡萨哥市签署建立友好交流关系意向书，签订《关于合作解决意大利文成籍大学毕业生就业的协议书》，争取文成籍毕业生优先录用，促进在意文成籍大学生就业安排，帮助2名毕业生成功就业。同时，签订文成县职业中等专业学校、意大利卡萨哥专业酒店培训中心合作办学协议书，国内外双方实现教学互动，在国内学习，领意大利证书，实现职业教育的国际化。

意大利教育考察团到文成考察(侨联外侨办提供)

【为侨民回国定居养老服务】 2017年，文成县外事侨务部门全年办理华侨回国定居证1074份。进一步优化县行政审批服务中心窗口服务工作，加强与其他涉侨部门的沟通，方便广大侨胞办理华侨回国定居手续等服务工作。推行周六无休日电话预约受理制度，情况特殊或情况紧急时可预约周六前来受理。年内，办理“三侨生”中高考加分170份、华侨子女就读证明19份，华侨身份证明243份。

做好玉壶镇九南村、周壤镇项山村居家养老和大峃镇城北社区居家养老服务中心工作，创建集吃、住、娱乐、休闲、健身于一体的现代养老中心。去年项山村居家养老中心与华数集团合作，将血压、血糖等数据动态输入数据库，方便医生和国内外的子女监控和了解。同时，在居家养老中心的食堂、健身房等地及150户侨界留守老人家中安装监控摄像头，国外子女可以随时了解老人的动态，并实现对话互动。

8月份联合温州市眼视光医院、市华商会，在大峃、南田、玉壶开展白内障复明援助活动，为30多华侨名白内障患者进行免费手术。

白内障复明援助活动（侨联外侨办提供）

【侨爱童心乐园】 2017年，文成县外事侨务部门紧扣玉壶侨乡留守儿童多的特点，联合当地小学，落实"春泥计划"，打造侨界留守儿童"侨爱童心乐园"暖心工程，为3000多位侨界留守儿童建立成长档案，并建立长期跟踪机制，将每一个侨界留守儿童纳入关爱视线，掌握其成长脉动，及时提供相关帮助。"侨爱童心乐园"每年为200多名问题儿童开展儿童游园、趣味互动、心理辅导、感恩社会等活动，为他们带去新知识、新思想、新理念，引导树立正确人生观、价值观。注重完善和落实一对一结对制度，鼓励退休教师和其他热心人士担任留守儿童的代理家长，从生活上、学习上、情感上给孩子们帮助引导。

加强海外调解员工作。聘请19名文成籍海外华侨作为特邀海外联络员，继续完善人才配置，构建海外司法联络体系，打造海外网格化工作机制，细化与完善人员与运行经费的监督管理，提升为侨服务水平。

【外事侨务因公出国】 2017年，文成县外事侨务部门在出访方面，严格按照上级部门的有关文件精神，做好团组审核把关及服务工作。年内，自组2个团，2人组赴澳大利亚参加"国际慢城"年会，2人赴香港参加联谊和招商引资活动，1人随温州人大团赴捷克、丹麦。严格执行出访人员、经费的控制，没有发生违反外事纪律的事件。

【海外维稳】 2017年，文成县外事侨务部门充分发挥联络处信息快速、内外联动的资源优势，注重加强宣传力度，增强防范意识，使广大侨胞学会如何保护自身的合法权益。同时，加强对联络处工作人员相关知识的培训，制订长期学习计划，提高培训质量，拓宽知识面，增强各联络员的协调处理能力。8月3日，周壤、黄坦、周山三个基层海外领事保护联络处授牌成立。年末，文成县在玉壶、珊溪、南田、大峃、周壤、黄坦、周山等乡镇成立7个基层海外领事保护联络处，基本覆盖重点侨乡镇。10月23日，文成县举办基层海外领事保护工作培训会，县外侨办全体干部及各基层海外领事保护联络处负责人和基层侨务工作站负责人参加，增强联络处和基层侨务工作人员应对海外突发事件的能力。

10月23日，黄坦镇海外领事保护联络处挂牌仪式（侨联外侨办提供）

2017年部分侨团和文成籍侨领名录

表5

序号	侨团名称	负责人姓名	序号	侨团名称	负责人姓名
1	欧洲文成华侨华人(社团)总会	吴步双	29	意大利中国总商会	陈正溪
2	意大利南部文成同乡总会	蒋忠南	30	旅德浙江华人联合总会	洪尚眉
3	意大利米兰文成同乡会	胡守银	31	意大利罗维戈商会	胡春鹏
4	意大利中部文成同乡会	胡立元	32	意大利西海岸华商总会	金邦贺
5	荷兰文成同乡会	林运票	33	意大利维罗纳华人商会	叶永旭
6	法国文成联谊会	朱少云	34	意大利北部华侨华人经贸总会	叶　平
7	西班牙华侨华人文成联谊会	胡立多	35	欧洲中华少数民族联谊总会	雷开勋
8	西班牙巴塞罗那文成同乡会	林　福	36	意大利华商总会摩代纳商会	王勇弟
9	德国文成华人华侨联谊会	王永成	37	全欧洲中医药学会联合会	董志林
10	意大利中文学校联合总会	陈小微	38	西班牙华侨工商会	胡绍枢
11	意大利布雷西亚华人商会	陈文旭	39	埃及中国和平统一促进会	陈建南
12	雷焦艾米利亚华侨华人联谊会	胡文胜	40	丹麦中华工商联合协会	林　洲
13	米兰浙江华侨华人联谊会	朱金亮	41	德国巴阀利亚洲华人华侨联合总会	郑爱国
14	意大利华商总会普拉托商会	王增理	42	奥地利浙南商会	朱茂奏
15	意大利浙江大学校友会	陈建宗	43	中意妇女联谊会	王红霞
16	意大利米兰华侨华人妇女会	金瑞红(女)	44	荷兰中国商会	胡志光
17	意大利威尼托华侨华人总会	刘建国	45	荷兰中国和平统一促进会	胡允革
18	维罗纳华侨华人总商会	董文认	46	德国浙江华人总会	洪尚眉
19	意大利米兰华侨华人妇女联谊总会	陈银燕(女)	47	德国中餐协会	胡立备
20	欧洲侨爱基金会	朱碎兰(女)	48	意大利中国和平统一促进会	胡光利
21	法国华人贸易促进会	周碎金	49	意大利中国总商会	陈正溪
22	奥地利文成同乡会	胡永赛	50	中意青年会	陈　铭
23	美国北加州温州同乡会	林培炼	51	中意文艺协会主席	胡式宽
24	苏里南浙江同乡会	郑国庆	52	意大利威尼斯华侨华人企业家联合总会	胡建平
25	苏里南浙江商会	林　峰	53	意大利撒丁岛华侨华人联谊会	胡绍北
26	欧洲刘基文化学会	刘旭海	54	旅荷华侨总会中部总会	林太找
27	意大利都灵华人工商联合会会长	王　珍	55	几内亚浙江商会	许金全
28	意大利库内奥华侨华人联谊会	邓伦巧	56	瑞典华侨华人联合会	胡永明

（叶荣荣）

招商引资

【概况】 2017年，文成县人民政府经济技术协作办公室(简称县协作办)与文成县招商引资管理局(简称县招商局)合署办公，主要承担全县招商引资活动的组织、指导，全国各地在外文成人商会和在外文成人的联系、服务、协调和指导，总部经济企业的入驻、服务和管理，招商项目的推介、服务、跟踪和督查等多项重要职能。

2017年县招商引资局编制14名，其中行政编制数9人，全年调出干部2人，调入2人，考试录用2人，年末在编人员9人，行政科室数3个，分别为综合科、招商科、协作科；事业编制数5人，年末在编人员5人，下属事业站所一个，为招商服务中心。

【招商引资】 2017年，文成县坚持招商引资"一号工程""生命线工程"不动摇，拓展招商领域，搭建招商载体，加大招商力度，稳步推进招商引资工作，取得一定成效。全年完成招商引资到位资金16.54亿元；实现项目新开工10个；实现项目新签约10个，协议资金共计171.1亿元。

【总部经济】 2017年，文成县围绕"稳中求进、量质并举"的工作思路，引"新血"激发经济活力，助推文成产业结构转型升级。年底，在册总部经济企业41家，创税5032.25万元，同比增长44.85%，构成地方税收2455.33万元，同比增长46.56%。

【招商成效】 2017年，文成县招商项目成熟度实现"大幅提升"。2017年签约的东方慢城—飞云湖小镇、天顶湖山地运动休闲中心等10个项目(总投资171.1亿元)，相较往年的签约项目，在要素保障等方面的成熟度有大幅提升。

招大引强实现"倍增"。紧抓在外文成商会、海外侨团等关系资源，发挥党政"一把手"带头招商作用，客商来访数量倍增。全年接待到文成考察客商130余批次，累计450余人，相比2016年度接待200余人，同比增长约52%。其中浙旅集团、雅居乐集团、悦榕庄、自游港文商旅集团、中国老龄事业发展基金会等央企、实力民企的占比在70%以上。

项目签约实现"三大突破"。一是突破百亿大关。以第三届世界文成人大会为载体，在大会上签约项目7个，协议资金134.1亿元，其中东方慢城·飞云湖小镇，项目体量达到100亿元，同时该项目通过"以商招商"，成功引入悦榕庄、绿城等知名企业联手开发；二是打破开工记录。天顶湖山地运动休闲中心项目于9月底签约到12月中旬开工，创造招商签约项目80天内开工的最快记录。三是填补领域空白。天顶湖山地运动休闲中心、文成鑫鸿影视文化产业园、文成晡山骨科医院等3个项目有力填补县多年来在体育、文化、医疗等领域的招商空白。

招商方式实现"三个首次"。一是成为温州首个引入全景VR新技术用于招商项目推介的县市区。二是成为温州首个正式发文建立驻点招商联络站的县市区。三是成为温州首个通过"以商招商"方式引入悦榕庄这类国际名企的县市区。

9月28日，第三届世界文成人大会在文成县文化中心剧院隆重举行大会现场签约招商项目7个，总投资额134.1亿元(县招商局提供)

【在外文商】 2017年，文成县一方面积极开展“访文商促回归”活动。全年走访北京、上海、杭州等异地文成商会或文成籍担任会长的省、市级商会8个，走访文商企业20余家，协助杭州文成商会成功换届。另一方面开展“文商之春”走访慰问活动。以春节这个重要节日为契机，以总部经济回归文商、异地商会会长、重点到文成投资企业代表等的亲属为慰问重点，以小队形式分别前往峃口、黄坦、玉壶、珊溪、巨屿等地进行走访慰问，全年走访慰问60余人次。

【山海协作】 2017年6月，文成县以浙江省“山海协作生态旅游文化产业园”政策为契机，与瑞安市签署《文成—瑞安共建山海协作生态旅游文化产业园框架协议》，实现文、瑞双方15年来山海协作结队帮扶工程的转型升级。双方计划用5年时间，通过“挖掘刘伯温文化内涵、提升旅游品质、拓展休闲度假发展”新模式，打造一个集高山避暑、田园休闲、文化养生为一体的心灵度假目的地。

文成—瑞安生态旅游文化产业园位于文成县城西北部10公里处的南田、西坑、百丈漈和二源四镇交界处，围绕85.86平方公里的用地面积形成“一园两点”结构布局，其中“一园”指刘基文化产业园，由伯温·帝师文化园板块、国学·易学体验园板块和道传福地养生中心等3大板块构成，“两点”主要指天圣山文化园、生态旅游文化创业园。

【重点项目】 2017年，文成县东方慢城—飞云湖小镇：该项目总投资约100亿元，总用地面积约50平方公里，其中建设用地约186.67公顷，总建筑面积约200万平方米。建设内容主要包括休闲度假、国学禅修、特色观光、田园居住、健康理疗、体育运动、文化教育等功能区，并规划森林小火车等特色项目。

天顶湖山地运动休闲中心：该项目总投资约5.6亿元，计划用地面积约86.67公顷谋划打造成为国际化、国家级汽车运动基地及汽车文化创意产业示范区。

文成鑫鸿影视产业园项目：该项目总投资12亿元，总用地面积为42.59公顷，项目建设内容包括拍摄场景用房、购物、酒店、餐饮及亭台楼阁构筑物等。

【招商机制】 2017年，文成县按照“一个项目、一名领导、一套班子、一个方案、一抓到底”的“五个一”原则，全程专班推进。对全县签约项目逐一成立专班，定人、定岗、定时限，结合清单管理、专题协调、现场勘探、现场办公等方式，促进签约项目尽快落地开工。以突破企业投资项目审批等为重点，依托全程电子化登记平台，做优企业商事全程代办和全程跟踪服务。招商局商事代办点从8月设立至2017年底，成功帮助企业代办设立登记、税收登记、企业名称预先审核等商事9件，其中4件实现当天受理当天办结。

（林 跃）

机关事务管理

【概况】 2017年，文成县政府重新设定县机关事务管理局主要职责，内设机构和人员编制，将房产管理科和公共机构节能管理科合并为公共机构节能和公房管理科，增设文成县机关后勤服务中心，核定财政全额拨款事业编制7名，其中领导职数2名，增设文成县公房管理中心，核定财政全额拨款事业编制5名，其中领导职数2名。新增牵头负责全县行政事业单位办公用房的管理和负责县委、县政府接待用餐服务工作两项职责。年内，李斌获2017年度全市机关事务管理系统先进个人；雷董慧获2017年度全市机关事务管理系统信息工作先进个人。

【公车改革】 2017年，文成县机关事务管理局摸清底数，完成涉改车辆资产调拨转移。严格规范，加强公务用车定点停放和使用。为加强对非工作时间及节假日期间公务用车的使用和管理，县车改办下发《关于开展公务用车定点停放情况自查的通知》文件，对全县350辆公车的定点停放情况进行统计，并对部分车辆停放不规范的情况进行整改，统一标识，推进公务用车标识化工作。对全县公车的定位系统进行更新，实行实时监控。落实"12345"为公车使用举报电话。创新推出县公务用车聘用司机薪酬绩效管理办法。制定出台《公务用车服务中心聘用司机的薪酬管理办法（试行）》。启动更新公务用车车辆，投入800多万元更新面包车3辆、商务车2辆和轿车24辆，且优先解决乡镇公务用车更新工作。完成喷涂"公务"和监督电话"12345"的机要应急调研用车。

【国有房产清查整治】 2017年，文成县机关事务管理局根据《文成县关于开展国有房产清查整治工作实施方案的通知》精神，对全县范围内国有房产施以"重拳"进行清查整治。针对清查整治过程中的存在的问题，召开领导小组会议1次、办公室专题研究6次，发出文件通知5次，工作专报6期。全县85家单位上报数据共计1180处房屋，面积987513.35平方米。

房产分布情况：县级机关单位621处，面积477121.93平方米；乡镇107处，面积107081.17平方米；教育（学校）343处，面积311205.96平方米；卫生（医院）109处，面积92104.29平方米。

房产性质：办公用房812处，面积762832.18平方米；宿舍115处，面积80476.85平方米；出租（借）商用房196处，面积111690.04平方米；闲置84处，面积32514.33平方米。

房产安全状况：全县共排查各类公房836处，面积709011.94平方米。其中安全（A级、B级）房屋544处，面积571751.45平方米；C级房屋189处，面积100978.16平方米；D级房屋58处，面积26459.97平方米；正在鉴定房屋43处，面积9872.36平方米；已整治149处，面积85130.07平方米；违规被占用76处，面积达36337.72平方米，整治面积11813.65平方米，出租未经财政审批201处，面积72203.51平方米。

5月31日，全县国有房产清查整治工作动员会（县公房管理中心提供）

【办公环境提升】 2017年，文成县机关事务管理局邀请浙江农林大学园林设计院、浙江大学古建筑设计院的专业团队为县政府大院环境再造绿化规划设计和行政中心"环境再造、治危提升"整体规划设计。全年投入1000多万元对县政府会议中心进行维修改建，投入400多万元对县政府大院进行排污管道治理、路面白改黑及环境绿化等提升整治工作。做好县政府大院绿化苗木修剪、环境卫生整治、排污管道治理、卫生间改造、楼道特色主题改进及会议中心修建工程进度管理等工作，提升县府大院工作环境。

县府大院绿化改造效果（县公房管理中心提供）

【节能减排】 2017年,文成县机关事务管理局开展公共机构节能减排工作宣传,参与县节能减排工作政策的制定、贯彻,督促全县公共机构节能减排工作落到实处。全年投入30多万元在行政审批中心楼顶建设31千瓦的太阳能光伏发电项目,协助乡镇、部门单位推进太阳能光伏发电项目建设。

【公务接待】 2017年,文成县机关事务管理局完成意大利教育考察团和国家、省、市领导来文成调研指导工作以及县外领导到文成交流指导工作等重大接待服务工作,有效提高伯温故里·生态文成的美誉度。根据省、市加强接待经费管理有关文件精神和兄弟县的经验做法,结合物价上涨因素和工作实际,按照"有利公务、节俭实在、杜绝浪费"原则,全县对公务接待经费管理相关事项予以调整明确,出台了《关于明确文成县公务接待经费管理的函》。

【安全保卫】 2017年,文成县机关事务管理局加强政府部门安全保卫工作,加大资金投入,完善门禁系统,对县行政中心实行出入证管理,为行政中心工作人员办理"智慧卡"750多张,为非驻行政中心县机关及各乡镇办理"通行证"2500张。投入资金,完善监控设施设备,加大硬盘空间,使监控存留时间更长。加大消防设施的更新完善,更换140多个灭火器,新增3个消防栓。强化安保力量,新增4名保安员,组织2次教育引导和技能培训,加大对县府大院及周边范围每天至少2次的巡逻巡查力度,并严格对来访人员、出入车辆的进行登记管理和跟踪监督服务。

【后勤保障】 2017年,文成县机关事务管理局加强县府食堂管理。县府大院24家机关单位20多万人次用餐全年没发生安全事故。水电设施管理。全年对消防设施进行维护保养2次,消防控制系统模拟演练测试1次,供排水管道维护检修2次,对便槽、供电线路等相关公共设备设施维护检修4次。落实卫生保洁制度,明确卫生保洁工作职责范围,对卫生保洁人员进行礼仪培训。重大会议保障。组织后勤服务人员参加县委、政府安排的各类重大接待服务工作。完成党代会、人代会、政协会、世界文成人大会和旅游战略合作、中国气候养生福地评审会以及全市"比学树"活动等18场次的大型活动会议的保障服务工作。

2017世界文成人大会大会后勤工作部署会(县机关事务管理局提供)

(县机关事务局供稿)

中国人民政治协商会议文成县委员会

综　述

2017年，文成县政协九届常委会深入贯彻落实中央、省、市、县委重大决策和习近平总书记系列重要讲话精神，围绕建设“宜游宜居生态县”战略目标，认真履行政治协商、民主监督、参政议政职能，为文成绿色发展、后发崛起作出积极贡献。

年内，县政协对第九届文成县委员会各专委进行调整，由原来的6个专委会，增设为8个专委会。政协委员规模206人，设中共、无党派人士、总工会、共青团、妇联、工商联、台联、侨联、文艺界、科技界、社科界、经济界、农业界、教育界、体育界、新闻出版界、医卫界、社会福利和社会保障界、少数民族界、宗教界、特邀人士等21个界别。召开常委会5次、主席会议12次。开展各类调研视察、民主监督活动等10余次。

政协九届一次全体会议会场（县政协提供）

重要会议

【文成县政协九届一次全体会议】　2017年2月20—23日，文成县政协九届第一次会议在县城举行，会期4天。县委书记王彩莲出席开幕会，并在会上作重要讲话，对全体政协委员，王彩莲代表县委提三点希望和要求：一要紧扣发展大局，积极履行职责；二要紧扣团结主题，汇聚人心力量；三要紧扣素质提升，增强履职能力。

会上，县政协副主席胡晓雄代表政协第八届文成县委员会常务委员会，向大会报告工作。报告总结回顾县政协五年来的工作，指出，政协第八届文成县委员会任期的五年，在面对各种挑战下，经济社会发展稳中有进，综合实力持续提升。

政协代表剪影（县政协提供）

县政协副主席郑士钗向大会作政协提案工作的报告。县政协八届一次会议以来，广大政协委员紧紧围绕县委、县政府中心工作和群众普遍关心关注的热点难点问题，认真履行职责，积极建言献策，以提案形式提出意见建议622件。经审查，立案617件，立案率99.2%，参与提案的委员1687人次。其中，委员们提出的涉及文成经济发展的提案287件，占提案总数的46.5%；有关科技、教育、文化、卫生、体育等方面的提案141件，占提案总数的22.9%；有关政协统战、民主法制、社会保障、劳动人事、民族宗教等方面的提案189件，占提案总数的30.6%。针对新一届政协提案工作，报告提出三点建议：一是强化质量意识，力求提案多出精品；二是注重督查督办，力求办理更显成效；三是积极探索创新，力求机制日臻完善。

大会选举刘金红为政协第九届文成县委员会主席，胡晓雄、郑士钗、雷旭燕为政协第九届文成县委员会副主席，叶洪锋为政协第九届文成县委员会秘书长，叶萍、包小荣、刘少彬、池文锋、纪庆南、李先炜、李顺华、张丽俊、张玲玲、陈伟银、陈清清、陈燕燕、林为口、林观海、林绍银、季成夏、周小春、郑丹丹、赵蔺、赵文忠、赵文波、赵翁钦、胡长林、胡文铰、洪汝锦、夏肇旭、徐声福、徐瑞霞、程秀娟、释则庄、蓝旭丹、雷武等为政协第九届文成县委员会常务委员。第九届县政协主席刘金红在闭幕会上讲话。

【县政协常务委员会会议】 **九届一次常委会议** 2月23日，县文化中心剧院举行。主席刘金红，副主席胡晓雄、郑士钗、雷旭燕参加会议。刘金红主席主持会议。会议审议通过《政协第九届文成县委员会第一次会议决议》（草案）和政协第九届文成县委员会各工作组、联络组组长和副组长名单。

九届二次常委会议 4月6日，县府5号会议室举行。主席刘金红，副主席胡晓雄、郑士钗、雷旭燕参加会议。刘金红主席主持会议。会议审议通过政协第九届文成县委员会常务委员会关于专门委员会调整增设的决定，政协第九届文成县委员会调整增设为提案委员会、委员工作委员会、经济科技委员会、农业和农村工作委员会、城乡建设和资源环境委员会、文教卫体和文史委员会、社会法制和民族宗教委员会、港澳台侨和外事委员会。

九届三次常委会议 5月9日，县地税局6楼会议室举行。主席刘金红，副主席胡晓雄、郑士钗、雷旭燕参加会议。副县长龚国庆应邀出席会议。胡晓雄副主席主持会议。会议听取政协各工作组、联络组关于2017年度工作计划的汇报；审议通过《中国人民政治协商会议文成县委员会常务委员会工作规则》；审议通过有关人事事项。

九届四次常委会议 8月30日，县府8号会议室举行。主席刘金红，副主席胡晓雄、郑士钗、雷旭燕参加会议。郑士钗副主席主持会议。县委常委、常务副县长吴昌亮列席会议并通报文成县2017年上半年政府工作情况和下半年工作思路。会议还审议通过《中国人民政协商会议文成县委员会全体会议工作规则》《中国人民政协商会议文成县委员会专门委员会工作规则》《关于我县生态工业发展情况的调研报告》；听取《县政协“最多跑一次”专项民主监督工作情况》。

政协九届四次常委会会场（县政协提供）

九届五次常委会议 12月22日，县府8号会议室举行。主席刘金红，副主席胡晓雄、郑士钗、雷旭燕参加会议。雷旭燕副主席主持会议。会议审议通过政协提案工作办法、重点提案遴选与督办办法、优秀提案评选表彰办法；审议通过政协委员履职量化考评办法；听取县政协"五水共治"专项民主监督工作情况和"大拆大整"专项民主监督工作情况；审议通过文成县茶产业发展情况调研报告；审议通过有关人事事项；审议通过县政协九届二次会议议程（草案）、日程。

重要工作

【视察调研】 2017年，县政协围绕省、市政协统一部署，以及县委、县政府的决策要求，开展"五水共治"专项集体民主监督列为年度重点工作，组织监督调研组，深入基层、深入群众、深入实际，聚焦全面剿灭劣Ⅴ类水，持续深化开展"五水共治"专项集体民主监督，坚持在服务中监督、在监督中服务，找准问题短板，形成《县政协"五水共治"暨剿灭劣Ⅴ类水专项集体民主监督工作报告》，提出务实科学管用的对策建议，促进相关工作的高效高标完成。5月下旬，文成县政协组成调研组，开展高速公路建设前期工作调研。调研组一行通过实地线路考察、召开座谈会广泛听取意见，并赴景宁、泰顺、瑞安三县（市）考察学习，形成《关于我县高速公路建设情况的调研报告》，介绍高速公路建设的情况、存在的困难和问题，并提出工作建议。

【生态产业园调研】 2017年6—7月，文成县政协调研组深入县生态产业园、小微企业创业园了解相关情况，走访部分企业，考察兄弟县生态工业转型升级的先进经验，广泛听取政协委员、企业家代表及相关部门的意见建议，对县生态工业发展的现状、问题和对策进行调查、分析和思考，形成《关于我县生态工业发展情况的调研报告》，提出"坚定工业发展决心、化解历史遗留问题、合力推进转型发展、营造良好发展环境"等工作建议，为县生态工业发展提供高质量的参考。

政协调研组在县生态产业园考察（县政协提供）

【侨品汇建设视察】 2017年6月中旬，文成县政协组成以副主席胡晓雄为组长的政协委员视察组，对县侨品汇建设情况开展专题视察。视察组一行先后实地考察青田县侨乡进口商品城和县侨品汇体验中心，听取青田县商务局和文成侨品汇公司负责人的情况介绍，并多次联系走访县经信局、发改局、财政局、侨品汇公司等相关单位听取意见，形成《关于我县侨品汇建设情况的视察报告》，提出"加强领导、创设吸纳侨商侨资回归建设大平台和新路径，制订侨品汇发展规划和产业布局设计，加大扶持力度、加大侨品汇建设的投入"等工作建议。

【民主监督"最多跑一次"】 2017年7月，助推县"最多跑一次"改革落地见效，县政协利用一个月时间，精心组织集中开展"最多跑一次"改革专项民主监督，形成《县政协"最多跑一次"改革专项民主监督工作情况的报告》，提出"加快信息平台建设、明确事项标准、完善窗口人员队伍建设、加强宣传和监督力度"等工作建议。

“最多跑一次”民主监督小组到县行政审批中心开展民主监督(县政协提供)

【影视产业调研】 2017年7月初，文成县政协组织召开影视产业发展情况座谈会，实地走访巨屿沙洲和百丈漈影视基地，并专程赴象山和磐安就影视产业发展情况进行学习考察。视察组针对文成县影视产业发展的资源和优势，以及当前影视产业发展的瓶颈，提出“凝聚共识、坚定发展影视产业的决心，制定政策、明确产业导向，强化运作、全力推进影视产业发展”等对策。

政协主席刘金红(右五)带队赴宁波象山影视城开展产业调研(县政协提供)

【茶产业调研】 2017年6—11月，文成县政协组织部分委员就县茶产业发展情况开展调研，并赴松阳、新昌、泰顺三县学习考察，在此基础上多次召开专题研讨会，分析存在问题，提出对策建议，形成《关于我县茶产业发展情况的调研报告》，对该县茶产业发展现状、存在问题、潜在优势条件进行深入分析，提出“制定茶业发展专项规划、完善茶业发展扶持政策、培育专业服务茶农队伍、建立茶旅文化融合基地、建设茶业交易市场、提升地理标志商标”等工作建议，为该县茶产业振兴提供重要参考。

政协主席刘金红(中)在茶场调研(县政协提供)

【宗教工作专题视察】 2017年9月，文成县政协副主席雷旭燕、县政协社法民宗委组织部分

政协副主席雷旭燕(右三)带队到温州太平寺开展宗教调研(县政协提供)

委员，会同有关部门，先后到温州太平寺、护国寺、妙果寺、江心寺，以及县的栖真寺、安福寺、七甲寺、大峃镇基督教堂等宗教场所，进行专题视察和座谈交流，了解这些宗教活动场所的发展和管理情况。形成《关于我县宗教工作情况的视察报告》，提出“健全完善宗教工作机制、加强宗教管理队伍建设、规范宗教内部管理、加强引导发挥宗教正能量作用”等工作建议。

【大拆大整”专项调研】 2017年7—9月，文成县政协组建监督调研组开展“大拆大整”专项行动民主监督活动，深入大峃新区、大峃镇、珊溪镇、黄坦镇、百丈漈镇、住建局、经信局、综合执法局等单位进行调研，形成《县政协“大拆大整”专项行动民主监督工作报告》，为工作开展提供有益的建议。

【政协领导重要活动】 3月22日，县政协主席刘金红参加全省剿灭劣Ⅴ类水誓师大会（视频会议，省市县三级会议）。

3月23日，副主席郑士钗带队到百丈漈、二源、南田、西坑、铜铃山等乡镇开展剿灭劣Ⅴ类水“五水共治”专项集体民主监督活动。

3月24日，主席刘金红陪同市政协督查调研组副秘书长李世斌一行赴巨屿、珊溪两地检查“五水共治”工作。副主席胡晓雄带队开展“五水共治”民主监督暨“干、查、督”大行动。

3月27日，主席刘金红参加政协第十一届温州市委员会委员培训会。

3月29日，县政协领导班子组织参加领导干部报告个人有关事项规定文件的学习会。

3月30日，主席刘金红参加全县“除隐患、保安全”动员大会。

4月6日，主席刘金红陪同省政协副主席陈小平一行调研飞云江流域“河长制”落实情况。

4月7日，主席刘金红到瑞安参加飞云江流域“河长制”工作会议。

4月10日，主席刘金红赴百丈漈、二源、南田镇开展“五水共治”民主监督活动。

4月12日，县政协领导班子参加全县作风效能建设暨考绩表彰大会。

4月15—20日，主席刘金红赴温州参加温州市“两会”——政协第十一届温州市委员会第一次会议和温州市第十三届人民代表大会第一次会议。

4月21日，主席刘金红参加“情系家乡、真情助学”结对帮扶爱心助学活动。

4月22日，主席刘金红前往珊溪看望慰问政协委员。

4月23日，主席刘金红参加第二届文成县茶文化旅游节暨第四届采茶技能大赛。

4月25日，县政协领导班子参加县委常委会（扩大）会议、县委常委会。

4月27日，副主席郑士钗参加2017年度县人大代表建议、政协委员提案交办会。

4月28日，县政协召开九届三次主席（扩大）会议暨党组会议。

5月5日，副主席雷旭燕参加“执行攻坚年”暨“诚信行天下，文成无老赖”专项执行活动推进会。

5月8日，县政协召开九届四次主席（扩大）会议。

5月9日，县政协召开九届三次常委会议。

5月12日，主席刘金红、副主席郑士钗陪同市政协主席余梅生一行到周山畲族乡开展“送卫生下乡”活动。

5月16日，主席刘金红、副主席郑士钗陪同市政协副主席陈作荣到二源镇调研特色农业。

5月17日—18日，主席刘金红参加中国国际茶叶博览会高峰论坛。

5月23日，主席刘金红、副主席胡晓雄参加2017年“送科技下乡”黄坦行活动。副主席郑士钗率提案委赴乐清学习提案督办、重点提案遴选与办理的经验。

5月25日，主席刘金红、副主席雷旭燕到西坑参加“送教育下乡”活动。

5月31日，副主席胡晓雄赴黄坦参加科技下乡活动。

6月2日，副主席胡晓雄参加文成县振兴实体经济大会暨“双十”助企服务活动动员会。

6月3日，副主席胡晓雄参加2017第六届环浙江自行车公开赛暨中华第一高瀑百丈漈爬坡赛+环瓯骑行开幕式。

6月6日，主席刘金红参加全市政协反映社情民意信息工作会议；下午参加市政协界别活动组、委员联络组暨全市政协委员工作会议。市政协来文视察宗教慈善事业发展现状，副主席雷旭燕参加座谈会。

6月7日，主席刘金红、副主席雷旭燕参加浙江安福利生慈善基金成立大会，陪同市政协副主席黄寿龙视察宗教慈善事业发展工作。

6月8日，县政协领导参加重点项目“百日攻坚”行动动员大会。

6月9日，召开县政协党组暨九届五次主席（扩大）会议。

6月14日，副主席郑士钗陪同市政协三农委来文考察“五水共治”、察看“百日攻坚”重点项目。

6月15日，主席刘金红、主席雷旭燕副前往黄坦镇开展“送文化下乡”活动。

6月16日，副主席郑士钗赴市政协参加全市提案工作会议。

6月19日，县政协领导班子参加县委理论学习中心组（扩大）学习会。

6月21日，主席刘金红参加平和乡第四届采茶文化节。

6月22日，县政协领导班子参加省第十四次党代会精神宣讲会。

6月23日，县政协领导班子参加县委常委（扩大）会议。

6月27日，副主席胡晓雄赴青田考察侨品汇市场发展情况。

6月29日-30日，县政协领导班子在温州市委党校参加2017年度市县两级政协培训班。

7月2日，主席刘金红陪同武汉市政协副主席调研文成旅游发展情况。

7月4日，副主席胡晓雄带队赴百丈祭开展生态工业调研。

7月5日，副主席郑士钗参加文成县抽水蓄能电站选点规划审查会。

7月6日，主席刘金红开展“最多跑一次”民主监督活动。

7月7日，县政协领导班子参加全域旅游化环境再造动员大会。

7月11日，县政协召开九届六次主席会议。郑士钗副主席参加市政协“五水共治”专项集体民主监督工作推进会。

7月12日，主席刘金红调研“五水共治”重点工程飞云江治理二期工程。

7月12-14日，副主席胡晓雄带队赴仙居、云和开展工业调研。

7月14日，主席刘金红参加市政协十一届二次常委会议。郑士钗副主席到农业局召开提案督办会。

7月17日，副主席郑士钗参加市政协委员工委第一次全体会议。

7月18日，主席刘金红、副主席胡晓雄接待市政协副主席徐有平率队调研组（调研小城镇环境综合整治工作）。

7月19日，主席刘金红走访结对联系两新组织（周壤镇岙底村文成县鸿丰实业有限公司）；副主席胡晓雄陪同市半年度扩大有效投资专项督查组来文督查。

7月21日，县政协召开社情民意信息工作会议。

7月23日，副主席郑士钗参加市政协《政情民意中间站》15周年活动。

7月28日，副主席胡晓雄带队赴巨屿开展生态工业调研。副主席雷旭燕赴周山慰问困难党员。

8月3日，主席刘金红、副主席郑士钗察看

百日攻坚前期项目抽水蓄能电站选址。

8月4日，主席刘金红参加全省“三改一拆”和小城镇环境综合整治推进会（视频会议）。刘主席金红参加2017年重点提案督办协商会。

8月7日，主席刘金红调研浙江省天然气县县通工程（文成段）。

8月8日，主席刘金红、副主席胡晓雄召开危旧房改造工作座谈会。

8月10日，县政协领导班子参加县委十三届二次全会；县政协领导班子参加“最多跑一次”改革专题学习研讨会。

8月11日，县政协召开九届七次主席（扩大）会议。

8月17日，主席刘金红参加市政协委员活动日活动。县政协领导班子参加县委常委（扩大）会议。

8月18日，副主席胡晓雄参加市政协经济科技研讨会。

8月22日，主席刘金红、副主席雷旭燕参加宣传文化系统座谈会及县微电影协会座谈会。

8月22日-23日，主席刘金红开展茶产业发展情况调研。

8月24日，县政协领导班子召开县政协九届八次主席（扩大）会议。

8月25日，县政协领导班子召开县政协九届四次常委会。

8月28日，主席刘金红赴杭州参加“加快推进城乡危旧房改造”为主题的第三十七期“浙江政协·民生论坛”。

8月29—9月1日，县政协在浙江大学华家池校区举办县政协九届委员第一期培训班。

9月2日，主席刘金红陪同瓯海区政协主席林宝新一行考察美丽乡村建设情况。

9月5日，主席刘金红赴南田镇小、二源镇校开展教师节慰问活动。雷旭燕副主席带队影视产业发展视察组到巨屿、百丈漈视察影视基地。

9月11—15日，县政协在金华市委党校举办九届政协委员第二、三期培训班。

9月19-20，主席刘金红参加市政协组织在温州市的省政协委员和各县市区政协主席赴嘉兴、湖州市（安吉、嘉善）学习考察特色小镇和美丽乡村建设情况。

9月25—26日，主席刘金红赴象山、磐安调研影视产业发展情况。

9月26日，副主席雷旭燕陪同市政协副主席黄寿龙一行来文调研民族乡村精准扶贫工作。

9月27日，主席刘金红、副主席郑士钗参加飞云江流域“河长制”工作会议。

9月27日-28日，县政协领导参加第三届世界文成人大会系列活动。

10月9日-12日，主席刘金红、副主席郑士钗赴泰顺、松阳、新昌等地开展茶产业发展调研。

10月11日，县政协领导班子参加第57期《文成讲坛》报告会。

10月20日，县政协领导班子参加第58期《文成讲坛》报告会。

10月27日，县政协领导班子参加全县领导干部会议。

10月31日，县政协党组暨九届九次主席（扩大）会议。

11月4日，主席刘金红带领联系软弱后进村村两委赴公阳、平和、峃口调研有关村集体经济发展、美丽庭院建设、村容村貌整治等工作。

11月6日，副主席胡晓雄参加侨联组委员视察活动。

11月7日，县政协领导班子参加县委理论学习中心组意识形态（网络意识形态）工作专题学习研讨会。主席刘金红、副主席郑士钗陪同景宁县政协考察全域旅游发展工作。副主席胡晓雄带队视察文成县高速公路和G322文成樟台至龙川段改建工程建设情况。

11月10日，县政协召开民主协商建设课题调研座谈会。

11月14日，主席刘金红陪同专家赴平和、岀口调研茶产业发展情况。

11月15日，主席刘金红、副主席雷旭燕参加浙江省体育强县复评汇报会。

11月16日，主席刘金红赴铜铃山镇岭后雅庄古村落调研。

11月16日，副主席胡晓雄赴玉壶国际慢城建设情况视察。副主席郑士钗陪同景宁县政协经济委来文考察。

11月17日，主席刘金红参加全市领导干部会议。

11月20日，主席刘金红参加市政协十一届四次常委会。

11月21日—22日，主席刘金红参加浙江省市县(市区)茶文化工作联谊会暨茶·中医药与健康(杭州)论坛。

11月23日，主席刘金红、副主席郑士钗陪同市政协副主席陈作荣开展扶贫挂钩帮扶活动。

11月24日，县政协领导班子参加旅游经济形势分析会。

11月30日，县政协领导班子参加中共十九大精神专题报告会。

12月1日，主席刘金红参加县(市、区)政协工作交流会。

12月7日，召开县政协党组暨九届十次主席(扩大)会议。

12月10日—12月14日，主席刘金红、副主席胡晓雄、郑士钗参加全市县处级领导干部学习贯彻十九大精神集中轮训。

12月19日，县政协班子领导参加“绿满文成”专项行动义务植树活动。

12月20日，主席刘金红考察百丈漈开展影视文化产业、体育产业发展情况。

12月21日，县政协召开九届十一次主席(扩大)会议。

12月22日，县政协领导班子参加县委理论学习中心组学习会。县政协召开九届五次常委会。

12月24日，主席刘金红、副主席胡晓雄参加中央第二环境保护督查组督查浙江省情况反馈会(视频会议)。

12月26日，县政协领导班子参加县级领导干部民主推荐会。主席刘金红参加市政协十一届五次常委会。

12月27日，主席刘金红参加县残联第七次代表大会开幕式。县政协召开党组会议审议九届二次全会名单。

12月28日，副主席雷旭燕参加县行政复议局成立大会。

12月29日，县政协召开九届十二次主席(扩大)会议。

【提案工作】 2017年，文成县政协委员围绕“三美”文成建设，聚焦县政治、经济、文化、社会等方面的重大问题，运用提案履行职能，共以提案形式提出意见建议142件，经审查立案142件。其中，委员联名提案43件，委员个人提案99件，参与提案的委员270人次。这些提案内容丰富、分析透彻、建议务实，凝聚着提案者的智慧和心血，较为集中地反映县经济社会发展中的重点、难点、热点问题，体现出广大政协委员高度的政治责任感和较高的参政议政水平。

县政协的协调和各有关单位的承办下，大部分得到有效的办理。142件提案分别送交42家单位办理，办理答复142件，办答率100%。所提的问题解决或基本解决的72件；列入计划，正在逐步落实的59件；因政策、条件所限，暂时难以解决的11件。根据委员意见反馈，其中满意的98件，非常满意的42件，满意率达到98.6%。通过政协提案，许多来自基层的意见建议得到采纳，成为制定政策或改进工作的重要参考依据，一大批与群众生活密切相关的热点、难点问题得到妥善解决，提案的价值得以充分体现。

【办公室工作】 2017年，文成县政府办公室做好县政协九届一次会议、政协常委会会议、主席会议和有关省市政协领导到文成的会议筹备工作，全年起草、印发县政协委员会文件44个，办公室文件60个，党组文件3个；强化政协信息宣传工作，向省、市政协投稿社情民意信息32篇，向县委、县政府报送社情民意信息专报7期；编辑文成政协网站、微信平台的各类信息140多条；做好政协资料归档工作。配合政协常委会拟定调研视察的计划、方案，确保调研视察取得实效。严格执行《党政机关厉行节约反对浪费条例》和《党政机关国内公务接待管理规定》，严格按照规定做好接待、财务管理、车辆管理。做好离退休干部的服务工作。做好上级和外县政协到文成考察人员的接待工作。

【委员、常委、常委会人员变动】 2017年，文成县政协第八届文成县委员会第二十二次常委会议决定：同意赵华辞去政协第八届文成县委员会常务委员职务。政协第九届文成县委员会常务委员会第三次会议决定：增补林加会、施彩微、蒋海波为政协第九届文成县委员会委员。政协第九届文成县委员会常务委员会第五次会议决定：同意赵玲丽、邢越锋、王汉曹、林观海、赵东者、周洁、陈燎原、徐瑞霞、毛跃锋、包绍兴、徐秀秀等11人辞去政协第九届文成县委员会委员职务；增补毛瑞务、吴军、赵雪微、赵智勇、赵赣生、胡学奏、钟旭彬、夏晓恩等8人为政协第九届文成县委员会委员；同意林观海、徐瑞霞辞去政协第九届文成县委员会常务委员职务。

（王　芳）

工商联·社会团体

工商业联合会

【概况】 2017年,文成县工商联内设办公室和会员服务中心,行政编制4名,事业编制2名,专职工作人员6名。设有专职主席1名,专职副主席兼秘书长1名,兼职副主席12名(非公有制经济人士),常委28名(其中非公经济人士26名),执委63名(其中非公经济人士49名),会员963名,其中企业会员130名,个人会员813名,团体会员20个。年内,文成县工商联围绕县委、县政府建设“三美”文成战略部署,把握“两个健康”工作主题,以换届为契机,补齐工作短板,增强工商联的影响力、凝聚力和执行力,“搭建‘工商联+’四大服务平台护航非公有制经济健康发展”工作项目获得2017年度温州市工商联系统工作创新奖。

【理想信念教育活动】 2017年,文成县工商联以商会活动为契机,通过座谈会、学思会、实地考察等多种方式开展理想信念教育活动22次,共500多人次参与,有效提升非公有制经济人士思想政治素质,树立正确的理想信念。创新工作方式,打造“十九大精神宣讲套餐”,通过“移动课堂”进车间、党政一把手入企上党课、面对面宣讲等方式迅速兴起学习宣传贯彻中共十九大精神热潮,组织开展集中学习12次;工商联领导班子面对面宣讲15次;5个商协会召开专题学习交流会;2个企业园区组织员工学习,共400多人参与。8月3日,文成县工商联组织非公有制经济人士赴浙南(平阳)抗日根据地旧址开展以“守法诚信、坚定信心”为重点的理想信念教育实践活动。县工商联执委、县工商联界政协委员、县新生代企业家代表30余人参加。县委常委、统战部长季昌丰参加活动并作重要讲话。

8月3日,非公经济人士到平阳参观学习(县工商联提供)

【参政议政】 2017年,文成县工商联引导督促县工商联界别中的人大代表、政协委员参加市、县“两会”,认真参政议政。两会期间,组织县工商联界政协委员、人大代表积极参政议政,围绕重点工作项目认真开展调查研究,参与研究讨论,为县委、县政府建言献策,上交提案、建议19件次。县政协会议期间,工商联界别组组长蓝旭丹作《全面开展“厕所革命”助推“三美”文成建设》的提案发言。组织代表人士开展系统学习,年初组织县政协工商联界别组委员参加提案撰写培训班;9月,组织前往浙江大学、浙江师范大学等高校参加履职学习3期；组织召开参政议政工作座谈会，赴平阳等地学习考察，进一步提升工商联界别委员的参政议政能力。

【光彩公益】 2017年，文成县工商联认真贯彻中央精准扶贫工作会议精神，深入开展“百会（企）扶百村助千户”精准扶贫行动，引导非公有制经济人士有针对性地开展帮扶行动，年内，开展爱心助学、助老助困等慈善公益活动21次，受益800多人次。牵线19家商协会与全县19个村进行结对帮扶，落实资金113.6万元。

【服务企业】 2017年，文成县工商联走访基层商协会9个、企业82家，排查到税负、用工、人才、融资等难题和意见50多条，帮助解决26件。与县检察院、公安局、司法局、人力资源和社会保障局、总工会等部门建立长效合作机制，搭建“法律直通车”“绿色预警”“服务面对面”“就业无忧”四大平台。设立检察院驻工商联服务站1个、惠企便民法律服务点8个，定期开展入企实地走访、上门体检、免费咨询等，已为98家企业提供相关服务。

【信息报道宣传】 2017年，文成县工商联与县电视台、今日文成等主流媒体合作，对县工商联重要活动和县非公经济人士先进事迹进行全方位宣传，利用“世界文成”微信转发18条信息。加强信息通联工作，县工商联信息被省工商联采用12条，市工商联采用24条，进一步扩大县工商联的影响力。

【帮助企业解难题】 2017年3月10日，文成县检察院、工商联联合召开“新春助企业解难题促发展”座谈会。县检察院检察长卢小明、副检察长刘际当、施明聪和有关处室负责人、县部分企业家代表及县工商联全体干部参加会议。

【工商业联合会七次代表大会】 2017年6月28日，文成县工商业联合会召开第七次代表大会，县委、县政府、县政协等领导应邀出席大会，来自全县各商协会组织和非公经济人士代表200多人参加大会。会议听取和审议通过七届县工商联主席人选蓝旭丹代表县工商联第六届执委会向大会所作的工作报告；选举产生县工商联第七届执行委员会，蓝旭丹当选为县工商联第七届执行委员会主席，总商会会长。王延东等12人当选为县工商联第七届执行委员会副主席，朱进洪等10人当选为总商会副会长，林佳俊兼任县工商联、总商会第七届秘书长。

6月28日，县工商联第七次代表大会召开（县工商联提供）

【工商联“青蓝接力”活动】 2017年9月12日，文成县工商联“青蓝接力”培养行动——第二批“师徒”结对活动仪式在天顶湖生态农庄举行。由陈晓春、陈继森、康安贤、潘益文、朱进洪等5名企业家组成导师团与县10名新生代企业家结对，助力年轻一代企业家健康成长。县委常委、统战部部长季昌丰出席活动仪式并为陈晓春等5名导师授聘书。

【工商联调研】 2017年10月12—13日，文成县委常委、统战部部长季昌丰前往义乌文成商会进行实地走访调研，考察义乌乔泰电子科技有限公司、梦琪化妆有限公司等企业，县委统战部副部长、县工商联党组书记夏朝敏、县工商联主席蓝旭丹陪同调研。

10月24日下午，文成县工商联组织工商界政协委员来到西坑畲族镇叶岸村走访慰问孤寡、空巢、特困老人，并送上慰问金和食用油。

10月24日，工商界政协委员到西坑畲族镇叶岸村慰问（县工商联提供）

11月28日，文成县工商联主席蓝旭丹与县司法局副局长叶葱葱一行前往山哥哥科技孵化创业园实地走访文成县电子商务协会、伯温酿酒有限公司、淘梦网络科技有限公司、农e众创空间等，针对中共十九大后企业的发展规划和技术创新与企业家们进行探讨。

（王　芬）

总工会

【概况】 2017年，文成县总工会委员会主席1人，副主席5人(其中兼挂职副主席3名)。县总工会党组书记1人，副书记1人，党组成员1人，退二线领导干部2名。内设办公室和权益保障部(增挂基层工作部)2个；下属县工人文化宫和职工维权帮扶中心(增挂“网上工会”服务中心牌子)。干部职工19人，其中干部8人，职业化工会工作者9名，临时工2名。

【创业创新促发展】 2017年，文成县总工会围绕县重点工程开展立功竞赛活动。组织上报飞云江治理二期工程、G322文成樟台至龙川段改建工程、龙丽温高速文瑞段第2标项目部参加市总工会联合举办立功竞赛活动。同时发动全县各乡镇总工会及机关企事业单位参与剿灭劣V类水行动，建立23支志愿者队伍，发动6879名职工参与，开展27场专项行动，提出135条合理化建议；实施“职工大培训、大献策、大练兵、大比武”活动。举办第二届文成县茶文化旅游节暨第四届“采茶节”、文成县卫生应急技能、文成县卫生临床实践操作技能和首届月嫂服务等4场职工技能比武活动，参赛职工达6000多人次；举办班组培训、一线职工素质提升、基层工会主席培训等培训班14期，计1350人次，提升职工综合素质；开展“安康杯”竞赛活动。联合县安监局开展“安全生产月”系列活动，通过实施“三送安全进企业”，举办安全生产培训、职业病防治专题讲座等形式；开展“查找身边事故隐患，提合理化建议”，帮助企业提高安全生产水平。征集安

4月23日，第二届文成县茶文化旅游节暨第四届采茶节技能大赛（县总工会提供）

基层工会主席培训（县总工会提供）

全生产合理化建议35条，向市级选送上报优秀建议11条，其中龙丽温高速文成段工程建设指挥部邢珍海的《队伍及班组安全生产比拼奖罚制度》评为温州市合理化建议三等奖。

【基层组织建设】 2017年，文成县总工会以“六个起来”和“六有”工会为建设目标，开展示范工会创建工作。

智慧工会系统数据采集和录入工作。年底，做好工会组织信息、工会会员信息模块数据录入与核校工作，夯实数据基础建设。全年完成工会录入303家，其中总工会17家，工会委员会3家，单独工会282家，联合工会1家；完成会员录入11727人，其中农民工2826，占比24.15%，女职工4672，占比39.93%。

完善组建工作目标责任。坚持“党建带工建，工建服务党建”的工作方式，全年新增建立基层独立工会34家，其中独建非公企业11家，新增联合工会1家，新发展会员1152人。“六有”工会达标率为80%，厂务公开和职代会建制率达90%。

工会自身建设举办县机关工会干部专题学习班。认真学习中共十九大精神和习近平总书记系列重要讲话，引导广大职工开展“两学一做”常态化教育活动。贯彻群团改革工作会议精神，加强财务基础建设，规范工会资产管理，依法收、管、用好工会经费。2017年，上缴工会经费921649.43万元。并首次组织全县17个乡镇开展交叉互审活动，同时对县总工会本级和下属事业单位工人文化宫工会经费、预算和决算执行情况进行审查。加强“五位一体”职工服务中心基础设施、五项功能完善工作、工人文化宫装修建设，从资金投入、服务内容、硬件设施等方面，提高帮扶中心、工人文化宫整体功能配套设施建设规范化、制度化建设水平。

【劳模推荐评选宣传工作】 2017年3—4月份，文成县总工会在全县开展2015—2016年市、县级劳动模范、模范集体和2017年全国五一劳动奖的推荐评选表彰活动。通过逐级筛选，温州英桥生物科技有限公司王义、文成县人民医院田毅、文成中学郑伟斌被温州市人民政府评为市级劳动劳模；文成县城镇环境卫生管理所被评为市级劳动模范集体；文成县实验小学林清芳荣获2017年全国“五一”劳动奖章。

5月2日，在县文化中心剧院举行“中国梦.劳动美”庆祝“五一”国际劳动节表彰文艺晚会。表彰刘晶晶等15名县级劳动模范，县公安消防局等5个县级模范集体，并推荐选树国网浙江省电力公司文成县供电公司梅慧敏高技能人才创新工作1家。

2015—2016年县级劳动模范与县领导合影(县总工会提供)

5月2日，举行“中国梦.劳动美”庆祝“五一”国际劳动节表彰文艺晚会(县总工会提供)

【劳模精神主题宣传活动】 2017年，文成县总工会在五一期间，通过媒体《劳模风采》专题宣传报道，营造尊重劳模、争当工匠的社会风尚。

加强劳模日常管理，开展关爱劳模系列活动，向上级工会申报农业劳模津贴，其中朱德平、雷衍开、李道銮等3人享受到劳模津贴。先后组织全县30名全国、省、市、县级劳模到温州慈铭体检医疗中心进行免费体检，了解劳模的身体状况，还组织部分劳模到千岛湖免费疗养。走访慰问林清芳等10多位一线劳模，带去节日问候和祝福，并为他们送去慰问金。

【劳动模范疗休养基地申报】 2017年，文成县总工会通过逐级筛选、经浙江省劳动模范协会考察、联评，文成县被命名为第三批浙江省劳动模范疗休养基地，12月12日在杭州之江饭店举行授牌仪式。

【工匠精神弘扬活动】 2017年，文成县总工会发动各乡镇工会、企业职工围绕“弘扬工匠精神，助推三美文成建设”为时代主题，以“工匠精神与核心价值观”为主要内容，深入基层挖掘一批米塑、根雕等具有传统技艺的匠人，发动17个乡镇开展“工匠精神”大讨论活动，征集“践行工匠精神”论文7篇，宣传、弘扬“匠人精神”，营造“赞美工匠、争当匠人、崇尚制造”的热烈氛围。

【文体赛事活动】 2017年，文成县总工会开展庆“三八”趣味运动会、干部职工篮球赛、送书画下基层、“欢庆十九大，情满夕阳红”文艺汇演等系列文体活动，其中书画名家笔会走进百丈漈西里文化礼堂，7名书、画家挥毫泼墨，现场作书法、画画21余幅，捐赠书籍300余册，丰富职工文娱生活。举办各类职工讲堂、培训10场，送演出、电影下基层10场，推选申报省级工会职工书屋示范点2家。

10月28日，“欢庆十九大，情满夕阳红”文艺汇演送基层（县总工会提供）

【职工工资集体协商维权】 2017年5月6日，文成县总工会召开专题会议，讨论职工工资集体协商事宜，明确工作思路和重点。5月11日，根据省总工会《关于开展2017年工资集体协商“要约行动”的通知》精神，邀请30多家企业，在县总工会开展要约行动。

按照程序做好协商准备、协商主体、协商程序、协商效果、合同履行的落实，公布实施8个有“三上墙”，续签53家企业工资集体协商工作，上报示范企业（行业）1家参与温州市第三届工资集体协商示范企业（行业）评选工作。培育选树先进典型，推动工资集体协商深入开展。同时开展劳动关系劳动合同（集体合同）、工时制度、工资制度、社会保险、女工保护、安全生产、调解组织、工会组织、民主管理、职工培训、依法经营等11项内容活动检查督导，促进劳动关系和谐稳定。

年内，被评为省市县劳动关系和谐企业，行业协商提升质效创建22家，其中省级3家为文成县阳光大酒店、浙江金飞汽配有限公司、文成县百丈漈电厂。

【帮扶困难职工】 2017年，文成县总工会为困难职工300多人建档。全年通过开展大病慰问、金秋助学、临时救助、爱心透析、高温慰问等形式，相继发放慰问资金累计67.2万元，其中两节慰问，发放慰问资金41.45万元；金秋助学，发放助学金6.5万元；百丈漈镇“2·2”民房倒塌慰问，发放临时救助金3.5万元；“爱心透析”帮扶活动，发放帮扶资金3.15万元；发放高温慰问品2000余份，金额12.6万元。高温期间，县委书记王彩莲亲赴龙丽温高速等县重点工程施工单位慰问。

8月28日，温州市总工会领导童裳显到文成县督查工资集体协商工作（县总工会提供）

【职工依法维权】 2017年12月4日宪法宣传日，文成县总工会以《浙江省工会劳动法律监督条例》颁布实施为契机，开展“送法到基层”，举办“职工法律讲堂”，组织服务农民工进企业的普法宣传等活动8场次；开展温州工会“牵手劳动者服务零距离”普法巡回讲坛文成宣讲活动。与县人社局联合分4个组到17个乡镇28家规模以上企业，开展春查劳动合同签订、夏查劳动安全保障、秋查社会保险缴纳、冬查工资报酬支付“监督四季行”活动。

【工会劳动法律监督】 2017年，文成县建立健全工会劳动法律监督组织和监督员队伍。全县各级工会建立劳动法律监督委员会30家，建制率100%。组织参加劳动法律监督员培训42人。全年，服务中心接待来信来访登记26件，办理维权案件8件。

举办四季招聘会。年内，与县人社局等单位联合举办四季招聘会，每次有40多家企业参与招聘，引导农民工县内就业、县内创业。全年累计参加招聘人数700多人，其中200多名求职者被招聘就业。

【职工疗休养工作】 2017年，文成县总工会、县财政局、县人力资源和社会保障局等单位联合下发《关于文成县职工疗休养管理工作实施办法的通知》（文总工〔2017〕30号）文件。全县各单位工会符合参加疗养对象共2912人，其中教育系统813人，乡镇340人，机关和其他单位1759人。根据文件精神，安排职工疗休养线路17条，方便职工疗休养。七八月间，组织基层一线职工50人，在洞头免费疗养。

【职工医疗互助保障工作】 2017年，文成县总工会全年互助保障任务数1.5万人，全县参保单位239家，参保人数31713人，完成全年任务211.42%，全市排名第一位；参保金额634284.00元。理赔374人次，理赔金额69.3030万元，理赔率109.26%。

【女职工工作】 2017年3月，文成县总工会召开工会女职工五届五次全委（扩大）会议，部署基层工会以“梦想伴我行、温暖你我行、健康伴我行、活动伴我行、幸福伴我行”等五大主题服务活动。其中开展女职工组织“六有”达标规范化建设，推广妈咪暖心小屋创建3家，县供电公司被评为四星级妈咪暖心小屋。

（白小芬）

共青团文成县委员会

【概况】 2017年，文成县有团员17358人，基层团委40个，基层团工委4个，基层团总支9个，基层团支部773个。团县委机关内设办公室、基层工作部（组宣部）2个科室，核定行政编制5人。下设县志工中心、县青少年活动中心2个事业单位，核定事业编制5人。全年发展新团员636人。

【集中入团仪式】 2017年5月5日，共青团文成县委员会、县教育局主办，县第二高级中学承办的“文成青少年纪念建团95周年暨五四运动98周年主题集会·入团仪式”活动在县第二高级中学举行。县领导虞绍榜出席并讲话，钟信友、金一玲、胡晓雄等县领导参加仪式。仪式以“青春

喜迎十九大 不忘初心跟党走”为主题，分为升旗仪式、宣读新团员名单、颁发团徽和团员证、新团员宣誓、宣读团员义务和权利、新老团员代表发言、领导讲话、唱团歌等环节进行。来自县城5所中学的341名学生光荣地加入中国共青团，新团员戴上团徽，在团旗下庄严宣誓，将自己的入团誓词铭刻在心，增强一名共青团员的荣誉感和责任感。

文成青少年纪念建团95周年暨五四运动98周年主题集会·入团仪式(团县委提供)

【希望工程助学】 2017年5月5日，共青团文成县委员会凝聚各方资源，推进希望工程助学行动，保障贫困学生成长成才。在寒暑假期间，组织乡镇团干、各志愿服务队走访特困学生家庭，确认详细信息，同时加强与县关工委、慈善总会等部门的信息共享，防止出现重复结对，保障助学资金效用最大化。寒假期间，累计走访困难学生95名，发放慰问资金6.5万元。3月22日，共青团温州市委会、市慈善总会主办的“滴水微公益·圆梦微心愿”大型公益行动走进文成县百丈漈镇中心学校；11月27日上午，由杭州市温州青联主席苏维锋一行到黄坦镇培头民族小学开展公益活动，并与该校进行结对帮扶。此外，文成县团委积极整合团属资源，依托县青企协、县青创会等团属力量，由会长带头结对10名学生，会员跟进助学方式，增强助学力量。年末，通过希望工程共结对助学696名学生，发放助学金58.37万元。

【新青年下乡暖冬行动】 2017年1月14日，温州市“新青年下乡”暖冬行动启动。15日，温州商学院7支服务小分队148位大学生志愿者到文成县，慰问贫困群众、留守儿童，在文化礼堂开展“我们的村晚”文艺汇演，大学生牵手山区儿童的“牵手·圆梦计划”，为文成的孩子送上物质和精神的双重新春礼物。6月30日，温州市“新青年下乡”暑期集中行动暨大中学生社会实践启动，11支来自温州商学院的暑期实践队伍到各乡镇开展服务活动。“新青年下乡”活动按照“集中活动+常态服务”结合模式，利用周末或节假日深入到结对村或文化礼堂开展治水剿劣、美化村居等服务活动，实现常态化服务。

【青少年思想工作】 2017年，共青团文成县委员会重视青年人入团工作，严把团员入团关，将真正优秀的学生吸收到团组织中来，推动团员发展对象成为注册志愿者，将志愿服务时长做为发展新团员的考核依据。开展“红领巾心向党”“红领巾相约中国梦”“向国旗敬礼 向烈士致敬等主题活动，筑牢少先队阵地，引导青少年树立正确的的道德价值取向，引领青少年听党

团县委组织团员和少先队员开展“清明祭先烈”活动(团县委提供)

话，跟党走。加强青年网军建设，引导青少年在网络文明志愿者队伍中发挥作用。根据农村青年、企业青年、新居民青年、青少年学生等四类青年群体的不同特点，做好分类引导工作。六一前夕开展“美德少年”评选，“学习和争做美德少年”系列活动，宣传展示美德少年事迹，引导未成年人学习身边榜样，传承中华美德。在温州市评选活动中，5名文成少先队员获“温州市美德少年”荣誉称号。

【青年参与乡镇治理工作】 2017年，共青团文成县委员会 开展“我与老屋合影”“无人机巡查”“清洁卫士随手拍”等活动，助力乡村“大拆大整”治理工作。在“治水剿劣”工作方面，发动团员青年、志愿服务队伍争当“河小二”，担负起帮助基层河长治水护水的职责，《浙江日报》作了报道。年内，创新开展“青年骑行河长”等各类治水活动52场次，唱响山城治水之歌。在助力“文商回归”方面，充分发挥青联、青创会等组织优势，拓宽内外沟通渠道，加强文成籍青年和海外侨二代青年的凝聚力，提高在外新生代文商、侨胞青年对家乡的认知度和归属感。组建第三届“世文会”青年志愿者服务队，向世界文成人展示家乡青年良好形象、热情的服务和严谨的态度。

青年志愿者服务“第三届世界文成人大会”（团县委提供）

【志愿者服务管理】 2017年，共青团文成县委员会加强志愿者服务力量培育，全年新增爱善、益启帮等志愿服务队伍2支。4月份制定出台《机关党员发展对象参加志愿服务活动实施方案》，要求新发展党员必须达到一定的志愿服务时长，以此提升党员发展对象的社会服务意识，增强全县志愿服务力量。依托“志愿汇”平台，持续推进志愿者注册、活动发布、时长统计等一站式服务。推出志愿积分兑换商城，志愿者凭参加服务的活动时长换取积分并可在商城兑换礼品，提高志愿者参与积极性。全年通过“志愿汇”发布服务项目838个，累计志愿服务时长5.7万个小时，年末，全县注册志愿者56323人。全年，团县委以“三五学雷锋活动月”“五四行动季”“红七月”等为节点，以服务中心、服务社会、服务青年为重点，常态化开展志愿服务活动。

【共青团换届及群团改革】 2017年9月，共青团文成县委员会全面完成县17个乡镇、392个村社共青团换届工作，吸收和凝聚一批优秀青年代表进入团组织工作，14个乡镇团委均从辖区学校、机关企事业单位中挑选优秀青年担任乡镇团委兼职副书记。建立团县委机关干部、志愿服务队、新青年下乡队伍乡镇联片结对制度，坚持重心下移、力量下沉。10月，在全县范围内通过公开比选方式选出团县委“90后”挂、兼职副书记各1名，增添青春新活力。11月，文成县《中国共产主义青年团文成县委员会机关主要职责内设机构和人员编制方案》通过，依托调整优化共青团职责，推进改革工作。10—12月，推进群团改革“1+6”试点工作，挑选百丈漈镇、新联村、绿云电子商务产业园等作为改革试点，推进群团共建、党建带群建、商务圈群建等项目。11月30日—12月1日，共青团浙江省委书记朱林森一行来文成县调研，调研期间，朱林森一行相继走访峃口镇新联村、百丈漈镇、天顶湖生态农庄等地，对文成县党建带团建、群团共建、青年创业等工作表示肯定。

12月1日，共青团浙江省委书记朱林森（前排右一）一行到文成调研共青团工作（团县委提供）

【学习宣传十九大】 2017年，共青团文成县委员会以中共十九大召开为契机，深入推进“喜迎十九大”“护航十九大”“学习宣传十九大”三大专项行动。开展“青春喜迎十九大·不忘初心跟党走”主题集会·入团仪式，在各学校少先队中开展“喜迎十九大——我向习爷爷说句心里话”主题活动，在青少年群体中广泛营造迎接十九大良好氛围。在微信、微博平台推送“喜迎十九大——习总书记在浙江 的探索与实践”系列信息。在十九大召开期间，组织团干、团员、少先队员收看十九大开幕式，开展“护航十九大”系列活动，以“青春护航十九大——消防安全进社区”“青春护航十九大——急救知识进礼堂”等志愿服务活动，为十九大顺利召开保驾护航。

双桂学校开展“喜迎十九大--我向习爷爷说句心里话”活动（团县委提供）

在十九大召开后，通过微信公众号推送“团团带你学十九大精神”等原创推送，带领广大青年团员一起学习十九大。11月22—24日，组织开展团干培训班和少先队辅导员培训班，在培训中开设十九大精神解读课程，让团干部集中学习十九大会议精神。

（柳孟魁）

妇女联合会

【概况】 2017年，文成县妇女联合会内设办公室、权益部，年末，在职人数10人，编制8人，其中县妇联行政编制5个，县妇女儿童服务中心事业编制1个，县妇女儿童活动中心事业编制2个。增设挂职副主席1人，兼职副主席1人。

【“双学双比”活动】 2017年，文成县妇女联合会响应瓯越工匠3年行动计划，促进县月嫂技能提升和品牌化建设，县妇联依托“创业创新服务中心”，以政府购买服务的形式开展巾帼家政等培训，举办月嫂、养老护理、电商等妇女劳动技能培训31场，培训妇女2200人次；2月9日，与县社保局、县总工会联合举办文成首届月嫂技能大赛，选拔并树立一批技术过硬、素质较高的月嫂专业人才。组织代表队参加市级月嫂、养老护理技能大赛，获得月嫂项一等奖、三等奖各1名。

2017第三期初级母婴护理培训班（县妇联提供）

2月9日，文成县首届月嫂技能大赛举行（县妇联提供）

年内，联合县人社局等单位开展“春风行动”，分别在春季和秋季举办招聘会，为广大女性送政策、送岗位、送信息、送服务。推进“巾帼信贷支持行动”和小额贷款贴息支持行动，与信用联社等单位沟通建立巾帼信贷情况数据库，用好用活省妇女儿童发展专项资金，助推妇女创业就业。

以巾帼文化沙龙活动为主载体，开展“浦江游学”等创业交流活动等。通过“双学双比女能手”协会，联系县内各行各业的女企业家，以调研、座谈、联谊等形式，实现女企业家之间的取长补短，优势互补，旨在促进县内经济协同发展。

联合县总工会、团县委、县农民合作经济组织等单位，在百丈漈镇新亭村举办第二届文成县茶文化旅游节暨第四届采茶技能大赛，弘扬茶文化，以茶为媒，打造贡茶品牌，推动县旅游产业的发展。

【“巾帼建功”活动】 2017年3月13日，文成县妇女联合会组织省级以上“巾帼文明岗”岗员前往黄坦镇富岙村开展“我为文成添片绿 建设美丽文成”巾帼志愿者植树造林活动。年内，围绕县委、县政府“五水共治”“平安家庭”创建、“美丽庭院”等中心工作，调动巾帼力量，推进中心工作；贯彻落实县委、县政府剿灭劣V类水的重要部署，发挥群团助推作用；推进“五水共治”工作，5月9日，联合县治水办等单位在县文化中心广场举行“巾帼心向党助力‘三美’文成”主题系列活动之“五水共治巾帼行”—剿灭劣V类水专项行动推进会。9月8日，县妇联联合县平安办、县综合行政执法局等5家单位，在县青少年活动中心多功能厅举办以“巾帼护平安　喜迎十九大”为主题的文成县平安家庭创建推进会暨平安宣传季启动仪式。会上，授旗成立县巾帼平安志愿服务团和17个乡镇的“巾帼平安志愿服务队”。年内，平安家庭创建工作月排名稳居全市A类。

9月8日，文成县巾帼平安志愿团成立（县妇联提供）

【巾帼网络创业知识培训】 2017年，文成县妇女联合会顺应现代互联网+时代的发展潮流，3

3月21日，巾帼网络创业知识培训班举行（县妇联通提供）

月21日，以政府购买服务的方式委托文成县知源职业技能培训学校承办，邀请温州市巾帼网络创业知识大讲堂的讲师到文成开展为期3天的巾帼网络知识培训。

【家庭文明创建工作】 **寻找、表彰“最美家庭”活动** 2017年，文成县妇女联合会以创建“五好文明家庭”、寻找“最美家庭”推进家庭教育，围绕习总书记“三注重”创建示范家庭。牵手县宣传部、文明办等单位开展寻找“最美家庭”活动，在全县广泛开展议家风家训家规、晒家庭幸福生活、展家庭文明风采等丰富多样的活动，引导广大妇女和万千家庭树立家庭美德观念，形成良好文明家风。自寻找“最美家庭”活动开展以来，文成县涌现出一批在家庭和美、夫妻恩爱、孝老爱亲、科学教子、热心公益、自强不息等方面感人至深的先进家庭。包玉芬、夏念禹、胡克金、刘丽珠、雷爱娥等35个家庭评为2017年文成县“最美家庭”荣誉称号。年内，贯彻落实习近平总书记“三个注重”重要指示精神，深化家庭文明建设工作，宣传“最美家庭”，以好家庭传承好家风，以好家风带动好民风，使千千万万个家庭成为国家发展、民族进步、社会和谐的重要基点。8月9日、10日，联合县纪委、县委宣传部等7家单位在县文化馆4楼多功能厅举行文成县“最美家庭”暨传承良好家风 建设三美文成主题演讲比赛和颁奖仪式。县第二实验中学的张静和南田镇人民政府的王中旺，凭借在决赛中的优异表现从15名选手中脱颖而出荣获一等奖；邵疆疆、颜颖颖、蒋炳凤、陈栩栩等四人获得二等奖。年内，县妇联以温州市“百万父母进家长学校”家庭教育活动为契机，邀请浙江省家庭教育讲师团成员周奇到文成县讲座，县农村信用联社120余名员工到场聆听。

“感恩母亲 情满让川”活动 在母亲节来临之际，文成县妇联联合慢悦民宿、特农会在让川村文化礼堂联合举办“感恩母亲 情满让川”母亲节关爱活动，以此表达对天下母亲的不尽感恩。让川村近60名80岁以上的老母亲齐聚文化礼堂尝美食、拉家常，叙旧情，热热闹闹庆祝"母亲节"。弘扬中华民族孝老爱亲的传统美德，传递社会正能量，感恩母爱。

“平安家庭”创建工作 拓宽妇女工作的活动领域，搭建起妇联与信教妇女联系沟通的桥梁，更好地把党的十九大精神和国家的政策、法律法规和平安家庭知识在广大信众中学习、宣传、贯彻。11月6日上午，文成县妇联、文成县民宗局在大峃镇基督教堂联合开展学习十九大精神和党的政策、法规培训会，参加活动的信众有120余人，县妇联党组成员王施丽丽，民宗局副局长赵小燕等人参加。

【妈妈禁毒联盟】 2017年6月24日，文成县妇联联合县禁毒办，组织50余名“禁毒妈妈”前往北至十米路，南至二新街，西至凤垟村，东至珊门村开展“全民参与，无毒家园”为主题的入户宣传活动。2017年，妈妈禁毒联盟被省禁毒委员会授予最美禁毒人称号。

6月24日，妈妈禁毒联盟开展公益活动（县妇联提供）

【妇女维权工作】 2017年，文成县妇女联合会深化法律宣传和维权服务，关注妇女民生，营造男女平等的良好社会氛围，开展“七五”普法和妇女维权工作，制定实施《文成县妇联系统开展法治宣传教育的第七个五年规划（2016—

2020年）》。注重普法宣传教育，在全县11个乡镇19个村的文化礼堂开展平安家庭、禁毒、反家暴知识进文化礼堂活动；联合计生等单位推出“卫生计生文艺巡演走基层”活动；联合平安办广泛开展“最美平安妈妈”寻找活动；开展以“建设法治文成·巾帼在行动”为主题的“三八”维权周法律宣传活动；在全县开展“护航十九大，巾帼助平安”系列活动；配合市妇联在大峃、西坑、二源等行政开展“幸福婚姻 与法同行 ——百场家庭讲座下基层”活动；联合县检察院、县人民法院、县委平安办、县公安局、县司法局、大峃镇妇联等单位开展"反对家庭暴力，共促平安和谐"第十二个反家暴周宣传活动；组织县乡村三级妇联干部进行平安家庭创建培训；组织16名担任法院家事调查员的“平安妈妈”和妇联干部到法院观摩家事案件审理过程，提高广大妇联干部和妇女维权志愿者的能力和水平。组织各志愿队开展宣传活动472次，发动志愿者5480人次，发放各类宣传资料4.5万份。

【婚姻家庭纠纷调解】 2017年，文成县妇女联合会实行综合干预行动，发挥县婚姻家庭纠纷人民调解委员会的作用。年内，调解婚姻家庭类案件23起；以规范预防和制止家庭暴力工作为切入点，实施家庭暴力综合干预行动，着力构筑反家暴社会防线，促进家庭和谐、社会文明；发挥女性陪审员参与法院家事案件审理工作，协助法院做好婚姻案件的庭前、庭中调解工作，参与陪审案件5件；跟进基层派出所规范家暴投诉受理和推进家庭暴力告诫制度，完善重大家庭暴力案件跟踪督办、联办、回访等机制。发出家暴告诫书36份，出具人身安全保护裁定2份。继续深化婚姻家庭矛盾纠纷调解工作，发挥婚姻家庭纠纷人民调解委员会作用，筑牢维护和谐婚姻关系的第一道防线。受理婚姻家庭类调解案件31起，其中调和3起，成功调离28起。

【妇女信访维权服务】 2017年，文成县妇女联合会健全完善妇女法律咨询、利益协调、诉求表达、矛盾调处等机制，开展婚姻指导、心理咨询、矛盾调解、法律援助等工作。发挥基层妇女维权站关注问题、疏导情绪、引导舆情的重要作用，将问题尽量化解在基层。关注妇女维权热点、重点问题，典型案件及时介入，跟踪督办，维护弱势群体家庭权益。协同农业、信访部门妥善解决两起因家庭矛盾引起的土地和宅基地纠纷信访案件。十九大期间，制定信访维稳预案；上半年，为3名家庭困难的妇女提供法律援助，接待妇女来信来访案件36件，信访处理率100%。

【儿少工作】 2017年，文成县妇女联合会在“六一”儿童节来临之际，协调县四套班子领导到各大幼儿园和学校开展六一慰问关爱活动，为小朋友送去节日的关爱与祝福；联合县教育局前往县城及部分乡镇幼儿园开展慰问活动，为小朋友们送去玩具、积木等礼物，并向小朋友们送上节日的问候和祝福；联合县教育局、县体育局、县计划生育协会举办“大手拉小手 清水护家园”庆“六一”亲子运动会。

庆“六一”活动（县妇联提供）

家庭亲子阅读活动　年内，文成县妇联以促进儿童身心健康为目标，提高家长素质为主线，依托亲子读书会，开展亲子朗读公益培训，挖掘利用优质阅读资源，因地制宜开展丰富多彩的家庭亲子阅读活动，传递家庭教育理念。以“书香家庭”创建为载体，鼓励县妇女儿童活动中心、县育苗幼儿园联合承办“守望童心 亲情体验”DIY进家长学校、进社区、进文化礼堂三进活动，帮助农村家长与孩子建立良好的亲子关系，促进儿童成长。全年开展亲子DIY送下乡活动10场，惠及800余户家庭。

5月1日，“守望童心 亲情体验”亲子DIY活动（县妇联提供）

依靠文成亲子阅读志愿者讲师团启动家庭教育学堂进图书馆，面向全县儿童家长，不定期邀请家庭教育专家举办家庭教育公益讲座，搭建家长交流家庭教育经验的平台。

【爱心助学活动】 年内，文成县妇联对接中共温州市在沪温商党工委到文成开展“情系家乡、真情助学”活动，获得捐款95.7万元，帮助一批家庭经济比较困难的儿童解决实际困难，受益学生160余名。5月6日，县妇联与县残联、县益启帮公益服务社、县双学双比女能手协会联合举办“传爱助残 情系教育”爱心捐款仪式，为30余名学生募捐助学金。

【女童保护】 2017年3—7月，由温州市妇联联合文成县妇联举办的“温州百场女童保护进基层”在全县17个乡镇的60余个社区、村文化礼堂，通过游戏问答、图片等体验式学习方式，教孩子们如何正确认识自己的身体，使孩子们更加懂得如何最大限度地保护自己身体，规避风险，避免受到身心伤害，更好地保护好自己的生命。全年开展活动60余场，受益儿童2300余人次。

【关爱工作】 2017年，文成县妇女联合会以“三八”节为契机，开展“巾帼心向党·勇立潮头行”主题宣传活动暨庆三八趣味运动会和“金色玫瑰 关爱女性健康”等宣传活动，丰富妇女业余文化生活和普及妇女保健知识。通过每年一度的女领导干部联谊会，营造和谐融洽的文娱活动氛围，促进女领导干部间的交流联谊，体现妇联组织的温暖。开展“三八”“妇女关爱基金捐赠日”捐赠活动，募得5090元上交温州市妇女儿童关爱基金会。促进妇女慈善事业发展，“帮扶一位妇女 幸福一个家庭”。

3月8日，关爱女性健康宣传活动（县妇联提供）

【妇女组织建设工作】 2017年3月22日上午，文成县妇女联合会十届十次执委（扩大）会议在青少年活动中心四楼召开。会议总结回顾2016年各级妇联组织工作，研究部署2017年主要工作任务。县十届执委会全体执委，各乡镇妇联主席，县直机关妇委会主任及部分受表彰的人员等近80人参加会议。县委常委、组织部长虞绍榜参加会议并讲话。8月3日，县妇联在文成县文化中心剧院举办首届村级妇联干部培训会暨“美丽庭院”创建培训会，县委副书记徐清雨出席会议。各乡镇妇联班子成员、新一届村级妇联主席450余人参加培训。

【县妇联十届十一次执委会】 2017年6月2日，文成县妇女联合会在行政审批中心五楼会议室召开十届十一次执委会。县妇联副主席张琦巧主持会议，县妇联十一届常委、执委等30人参加会议。会议增补县妇联第十届执委会执委11名、常委1名，选举钟雪华为县妇联第十届执行委员会主席。

【“会改联”组织建设】 2017年，文成县妇女联合会按照省、市妇联《基层组织改革工作方案》要求，实施村妇代会改建为村妇联工作，(即“会改联”工作)。年内，通过基层妇女组织调研座谈会、妇代会主任动员会、部署会等方法对全县10个乡镇进行摸排，立足本地实际，结合基层妇联改革政策要求确定方案。建立试点村定档分类制度，根据分类情况将“四必访四必到”联系群众制度落实到位。下发“会改联”资料汇编手册，规范改建程序，同时将“会改联”工作纳入乡镇考核。制定村级妇联工作任务清单，明确村级妇联以开展妇女议事活动、调解家庭纠纷、宣传家风家教为主要职责。根据形势和新时期妇联工作要求，通过举办培训班，提高妇联干部业务能力。

【“两学一做”专题教育】 2017年，文成县妇女联合会开展学党章党规、学系列讲话，做合格党员的“两学一做”学习教育活动。县妇联制定学习计划，认真组织学习，确保“两学一做”专题教育学好做实。通过集中学习、个人自学相结合，把“两学一做”工作与妇联各项工作结合起来，把握大局、明辨方向、找准重点、谋划工作；充分利用妇女网络和微信公众平台，大力宣传，开展丰富多彩、形式多样的教育活动，不断增强妇女自觉履行社会责任和家庭责任。6月19日，开展向“瓯海好支书”潘宝良学习主题活动；6月21日，县妇联召开妇联系统学习会，传达学习省第十四次党代会精神。

【群团组织改革】 2017年，文成县妇女联合会成立县委群团改革专项小组，负责统筹谋划、综合协调、督促推动改革相关工作。开展调查摸底，查找梳理县群团组织“四化”方面的突出问题，借鉴前期先行开展改革试点的市级群团组织和区县优秀经验的基础上，研究县群团改革“1+6+X”实施方案，即：1个群团改革总方案，工青妇科工残等6个专项改革子方案，以及若干配套改革方案，实现总方案与专项方案对接一致。县妇联班子成员深入群团改革“1+6”试点单位，开展实地调研并对接落实群团改革工作，按照定目标、定任务、定人员、定责任、定时限的“五定”原则，倒排时间进度，夯实责任，实行全过程跟踪，组织各群团部门联手开展群团改革，落实群团改革工作。

（邢欣欣）

科学技术协会

【概况】 2017年，文成县科协编制6名，其中公务员编制3名，工勤人员编制2名，全额事业编制1名，在岗工作人员7人(超编1人)。

12月27日下午，县科学技术协会第八次代表大会召开，会议听取并审议县科学技术协会第七届委员会工作报告，明确今后五年县科协事业的指导思想、奋斗目标和工作任务。选举产生以陈上都为主席，林海斌、周晓东、胡国栋、周旭宝、蒋加勇、胡雄兵为副主席，林海斌为秘书长的县科协第八届委员会。

县科协八届委员会设委员45名，常委15名，副主席6名(其中挂职1名，兼职4名)，主席1名。县科协下属17个乡镇科协，8个学会，5个农技协会。

【科普品牌活动】 2017年，文成县科协“科技科普活动周”期间举办多种体验性强、参与度大的广场宣传、送医下乡、科普讲座、科普进校园等活动10余场，发放宣传资料4000余份，受益群众3万余人。同时，组织专家教授深入农村和基地开展产业科技的服务，帮助农民解决生产中遇到的技术问题，依靠科技提升素质实现增收。“全国科普日活动”期间，县科协联合县委宣传部、县市监局、县环保局等15家单位，开展科普日“创新驱动发展,科学破除愚昧”广场主题宣传活动。联合市监局和相关单位举办一场“四品一械安全为先”科普宣传活动，两场活动受益群众2500多人，发放资料25种，共计6000余份。县科协还在微信公众号“大众爱科普”客户端举办全民科学素质科普知识和“五水共治”知识竞赛两期，参赛人员6000余人次，210人获奖。

【“五水共治”科普活动】 2017年，温州市“五水共治”科普服务团巡回报告会在文成举行启动仪式，组建“五水共治”科普服务团，组织凝聚全市跟"水"有关的科技工作者走进基层第一线，实地指导民众科技治水，现场普及治水知识。启动仪式结束后还在文举办《饮用水源地保护》主题报告、举办河长制培训班、开展科技支农惠库区活动，推进“五水共治”工作，提升库区绿色经济发展的自我“造血”能力提供智力支持。

【科协“六下乡”活动】 2017年，文成县科协“六下乡”活动启动仪式在县黄坦镇举行。活动旨在丰富农村文化生活，促进科普知识在农村的传播，增进农民健康，推动农村公共卫生事业发展，促进新农村建设和社会和谐建设。活动内容包括文化、卫生等6个方面14项具体活动。

【科普渠道建设】 2017年，文成县科协充分发挥“大众科普”微信公众号科普主阵地作用。针对社会热点和舆情问题，及时挖掘，精准定位，工作日每天推送服务。年末，推送984篇，阅读总数166047次，61829人，微信平台关注人数5491人。同时整合线上线下科普资源，实现微信在线报名，开展科普知识有奖竞猜、在线竞答等活动。

做好“掌上科技馆”移动客户端和3G版科普网的维护，与微信紧密配合，拓展科普知识传播渠道，加快信息传播速度，方便公众获取科普知识。年内，农村、社区、学校等地方布局“科普e站”8台，实现“科普中国”优质资源落地应用，为广大公众提供精准科普服务。

【科普媒体宣传】 2017年，文成县有4个对外宣传窗口，文成科技之窗(电视，2周播一次)，《科普天地》广播节目(每周一期)，微信科普平台(每周五期)，文成科普网进行实时更新。“5·30”我国首个科技工作者日，在县电视台新闻频道连续五天播放祝词和科技工作者风采视频，进一步营造崇尚科学、尊重人才、关心科技工作者的良好社会氛围。

【科技服务农业产业】 2017年，文成县科协针对县各产业不同现状，为解决产业发展中问题，举办或协办多场学术研讨会。浙南中药温郁金质量标志物高峰论坛在文成召开，工程院院士陈洪铎、刘昌孝到会指导；韩国江原大学教授金一燮到文成调研并指导蔬菜产业发展；举办花卉行业发展、茶产业发展、中蜂产业发展等大型论坛，精准把脉产业发展方向，剖析产业发展中将遇到的“痛点”“难点”和“亮点”，提出解决方案，对推进产业发展指明方向，具有很好现实意义。

【农函大办学】 2017年，文成县农函大文成分校讲师团的老师们除按计划有步骤地组织开展培训授课外，还会深入企业、学员家中，深入田间地块、厩舍了解学员的学习运用情况，有针对性地进行技术指导，送药送技术，帮助学员解决生产实践中碰到的技术难题，深受广大学员和农民群众的欢迎。全年培训一年制学员700余名，开办讲座、短期培训班12期，培训学员1200人次。农职称评定 农民技师1名。

【乡土人才建设】 2017年12月28日上午，文成县科协举办一期乡土人才素质提升培训班，县科协邀请浙江大学王友明副教授、浙江农林大学陈永根博士为县乡土人才开展题为《田园综合体建设的现状及其政策分析》和《田园综合体建设案例分析》的讲座，百余名乡土人才参加培训。

【院士专家工作站】 2017年，文成县科协经过搭桥牵线，文成县和王浩院士签订共建框架协议，成立县首家院士专家工作站，本次协议签订对文成县经济社会发展意义重大，推进生态环境的改善和产业转型升级提供智力保障。

【科普示范基地建设】 2017年，文成县科协创建的市级科普示范基地2个，分别是鹤狮山后肉蜜柚种植基地、紫霞山铁皮石斛种植基地；创建示范单位3个，分别是双桂乡、双桂乡宝丰村、玉壶镇龙背村。文成县武阳家庭农场市级农村示范基地由市科协验收。通过近年来不断努力，年末，有市级科普示范基地14个，市级科普教育基地2处，新建科普活动室2个，科普画廊4个。这将促进县农业科技产业化的发展。

【青少年科普活动】 2017年，文成县科协开展科普进校园活动4次，邀请温州市航模协会表演队为学生们献上内容丰富的航模表演，激发学生们探索科技的热情；举办第十八届青少年科技创新大赛。大赛分青少年和科技辅导员两大版块，以“创新、体验、成长”为主题，开展科幻画大赛、青少年科技制作竞赛、机器人创意比赛。举行第二届青少年创客文化节。活动以“放飞梦想 智创未来”为题，开展亮点纷呈的科技展示活动，邀请Mikey（伊朗籍知名创客专家）、顾恺城博士作《3D打印的现状和未来》《机器人竞赛及编程》的讲座。文化节期间，举行县第二批“创客教育基地”学校授牌仪式。

【科技软课题研究】 2017年，文成县科协报送题为《充分发挥科技特派员及其桥梁作用，促进文成创新驱动快速发展》和《文成中蜂产业现状及对策建议》科技工作者建议2篇，同时，联合科技特派员团队、旅游、国土、农业等部门单位，组建课题组，启动“文成农耕文化与旅游”的课题研究。

【科协组织自身建设】 2017年，文成县科协举办全县科协系统培训班1期，各乡镇科协主席、学会干部、科普信息员等80余人参加；开展“一把手”上党课4次，班子上党课3次，廉政宣讲4次，爱国主义教育活动2次。召开县全民科学素质工作领导小组（扩大）会议，下发《文成县全民科学素质工作要点》分解任务到各相关单位，要求各牵头单位和各责任部门要按照各自职责分工，加强上下联动、协作配合，形成做好全民科学素质工作的强大合力。召开全委会1次，常委会2次，12月底召开科协第八届代表大会。

【科协系统改革】 2017年，文成县科协经过前期调研，听取基层乡镇、企业、学会、科技工作者等的意见和建议后，完成《文成县科协系统深化改革实施计划》的制定。文成县群团改革“1+6”试点项目内容：一是试点乡镇。百丈漈镇完成镇科协换届，基本完成群团之家建设。二是党建带群建。在新联村成立科普协会。三是非公群建。浙江德卡公司成立企业科协。四是商务圈群建。成立绿云电子商务园科普协会。五是村级群建。百丈漈镇新亭村成立科普协会。六是协会群建。文成县摄影家协会成立科普领导小组。

（孟安清）

残疾人联合会

【概况】 2017年9月，文成县设立残疾人康复服务指导中心，为残联下属公益一类事业单位，核定财政全额拨款事业编制3名。根据浙江省残疾人联合会业务系统统计，至2017年文成县办理二代残疾人证7353人，其中视力残疾776人，听力残疾922人，言语残疾154人，肢体残疾3901人，智力残疾658人，精神残疾753人，多重残疾189人。

【残疾人社会保障】 2017年，文成县持证残疾人7353人，其中一、二级重度残疾人3549人。按照《文成县人民政府关于加快推进残疾人全面小康进程的实施意见(文政发〔2016〕122号)文件精神，全面落实困难残疾人生活补贴、重度残疾人护理补贴、残疾人康复补贴、社会保险补贴四项补贴制度。全年文成县困难残疾人生活补贴和重度残疾人护理补贴受益人数6483人，发放资金1692多万元。转化重度残疾人到低保1800人，使困难残疾人生活得到保障。年内，免费赠送每位残疾人30元个性化意外保险，增加自然死亡慰问金每人1000元赔偿。

【特殊教育培训就业】 2017年，文成县残疾人联合会加快发展特殊教育，继续实施“助学工程”。年末，全县基本形成以特教学校为骨干、随班就读为主体的残疾人儿童少年义务教育格局，做好一对一送教上门服务；对全县残疾学生(含贫困残疾人家庭)给予助学补助150人次。

千方百计促进和扩大残疾人就业，继续落实残疾人就业创业帮扶政策。全县新增就业残疾人87人，其中电商就业创业16人，按比例就业15人，个体创业30人，灵活就业14人，其他类型就业12人。补助种养殖基地、工业、服务业等19家，发放资金25.8万元；补助残疾人贷款贴息、就业创业79人，发放资金45.96万元。拓展残疾人就业创业平台，组织参加中、西式面点、盲人保健按摩、手语培训、蔬菜种植技术、大学生职业指导讲座、中医刮痧讲座、艾灸、插花等各种技能培训。发展残疾人就业指导员4名，完成残疾人职业技能培训115人，其中电商培训61人，命名残疾人就业创业孵化园1家。对未按比例安置残疾人就业的用人单位，依法缴纳残疾人就业保障金。

【康复工作】 2017年，文成县残疾人联合会扩大康复服务覆盖面，残疾人生活状况有更明显的改善。完成和落实各项康复服务指标。适配低视力患者助视器6例；适配助听器50台；假肢安装12例；开展0–8周岁儿童抢救性康复66例；免费配发轮椅、拐杖等辅助器具180多件，无障碍设施进家庭150户。

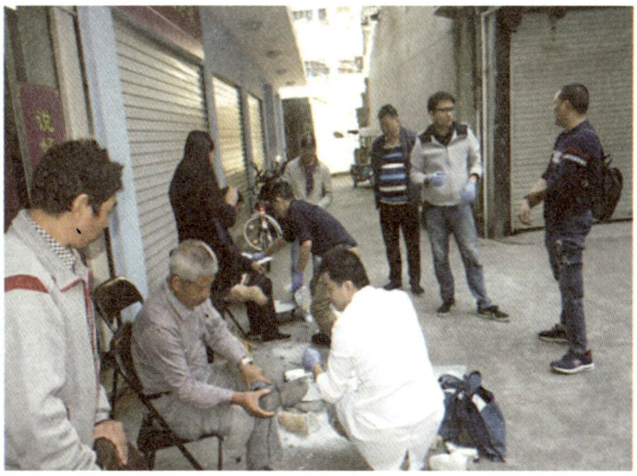

为残疾人免费安装假肢(县残联提供)

【助残宣传活动】 2017年，文成县残疾人联合会开展第18次全国“爱耳日”宣传教育活动，以户外专题宣传、残疾预防知识讲座、发放康复服务手册等为载体，做好残疾预防知识的宣传和普及；开展“残健共融·益起行”关爱孤独症儿童，在第27次全国助残日，县残联以“推进残疾预防，健康成就小康”为主题开展一系列形式多样助残活动；开展五进社区文化演出宣传活动，呼吁社会各界爱心人士以更大的热忱、更切实的行动关心和支持残疾人公益事业；利用全国助残日、国际助残日、春节，慰问困难残疾人84人，发放资金6.72万元，对特困人员发放大额慰问金1万元。开展益启帮公益助残行动。4月，成立益启帮公益服务公社，注册志愿者120人。益启帮助残志愿者队伍积极性高、技能性强、活动内容丰富、帮扶对象精准，每个月开展三到四次的社区及乡村送服务活动。全年收到捐款10多万元，慰问困难残疾人58户，弘扬人道主义和助残高尚品德。

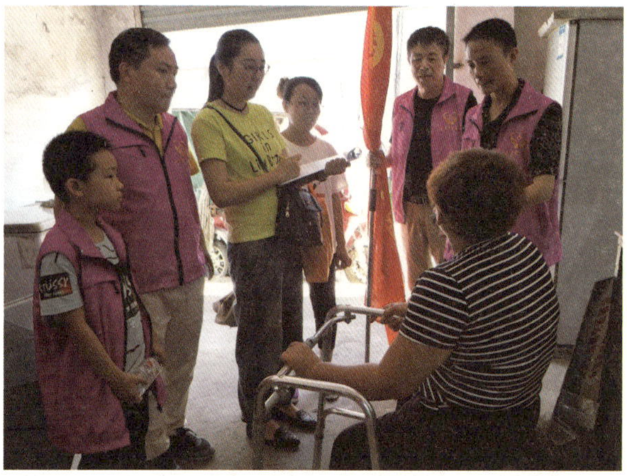

益启帮公益助残活动（县残联提供）

【残疾人数据动态更新】 2017年，文成县残疾人联合会制定《文成县残疾人基本服务状况和需求专项调查实施方案》，转变工作方式，雇用大学生对全县7029名持证残疾人开展面对面入户调查、数据分析、信息审核，完成调查数据录入并通过复录验收。2017年8月2—5日，抽取大峃镇等18个村，精准调查全县267户残疾人家庭样本，对残疾人家庭的26项指标的进行监测调查。

【残疾人联合会换届选举】 2017年，文成县残疾人联合会根据《中国残疾人联合会章程》和《浙江省残疾人联合会关于全省市、县（市、区）、乡镇（街道）残疾人联合会换届工作的实施意见》（浙残联发〔2017〕25号）文件精神，各乡镇残联11月10日完成换届工作。12月27日，县残联完成第七次代表大会选举，同时，在全县党政机关、事业单位中公开比选县残联挂职副理事长2名；兼职副理事长1名，干部配备到位。

12月27日，文成县残疾人联合会第七次代表大会召开，县长章寿禹（中）参加会议（县残联提供）

【残疾人康复中心项目建设】 2017年，文成县残疾人康复中心位于文成县城区新322国道边，用地面积0.39公顷，总建筑面积6755.71平方米，104张床位，总投资2800万元，是残疾人康复、文化建设等一体化综合性服务平台。

扶残助残文化演出（县残联提供）

【残疾人信访维权】 2017年,文成县残疾人联合会开展残疾人合法权益法律法规宣讲活动2次,发放宣传资料1120册/份。认真做好残疾人来信来访和接待工作,从残疾人的愿望出发,充分发挥好服务职能,做到热情接待,认真查处,事事有落实,件件有结果,使残疾人来信来访落到实处。全年,接到来信6件,来访43人次,办结率100%,没有发生集体越级上访事件。

(王　施)

文学艺术界联合会

【概况】 2017年 文成县文学艺术界联合会(简称文成县文联)是参照公务员法管理的事业单位,编制6名,内设科室1个(办公室),下属事业单位1个(文成县刘基文化研究会);年末在职人员6人。

【第三届中国"刘伯温诗歌奖"颁奖典礼】 2017年11月10日下午,第三届中国"刘伯温诗歌奖"颁奖典礼在文成县文化中心隆重举行。臧海英、刘年、张伟锋获第三届"刘伯温诗歌奖",蒋立波、梁尔源、笨水、祝立根、王琪获诗歌提名奖。中国作家协会副主席白庚胜,浙江省文联副主席、温州市文联主席邹跃飞,县委书记王彩莲为典礼致辞。颁奖现场进行了少儿群诵《读书之法》、获奖作品联诵、对诵《与妻书》等精彩节目表演。此次诗歌奖自2016年11月征稿以来,在诗人和读者中引起较大反响,截至征稿结束,有3897人投稿,收到应征诗歌1.8万多首。

【《诗歌风赏》第二届全国女子诗会】 2017年3月22—25日,文成县文联与《诗歌风赏》编辑部、浙江省铜铃山国家森林公园管理委员会联合举办《诗歌风赏》第二届全国女子诗会。邀请中国诗歌学会副秘书长周所同、《诗歌风赏》主编娜仁琪琪格和雷霆、程绍国、翁美玲、成路、扎西才让等40多位全国知名作家诗人参加2017·魅力文成诗会,活动中诗人们先后到猴王谷、铜铃山、刘基故里(庙)、安福寺、岩庵岭、岭南茶园等地采风,并举行第二届全国女子诗会座谈会。在2017年《诗歌风赏》第二届全国女子诗会专刊第三卷隆重推出"山水文成"采风作品。

【第四届"铜铃山杯"全国诗歌大赛颁奖典礼】 2017年3月24日下午,第四届"铜铃山杯"全国诗歌大赛颁奖典礼在文成县青少年活动中心举行,副县长金一玲参加颁奖仪式并致辞。著名诗人周所同、雷霆、娜仁琪琪格等来自全国各地40来位诗人作家一起参加颁奖典礼。第四届"铜铃山杯"全国诗歌大赛是由浙江省作家协会《江南》杂志社、文成县文联、浙江省铜铃山国家森林公园管委会联合举办,连续举办四届,旨在更好地宣传文成,宣传铜铃山,提高文成旅游的知名度和美誉度。本届"铜铃山杯"全国诗歌(散文)征文大赛收到有效稿件5107(件),计13269首诗歌(含散文诗),评出一等奖1名,二等奖3名,三等奖9名。武强华等13位诗人获得第四届"铜铃山杯"全国诗歌(散文)等级奖。

【第三届文成县少儿文艺大赛】 2017年,文成县文联举办第三届文成县少儿文艺大赛。6月份启动报名,7月份组织比赛和评奖。7月22日,第三届文成县少儿文艺大赛暨第十七届温州市少儿文艺大赛(文成赛区)选拔赛在县实验中学举行。全县540名少年儿童围绕"青山绿水,大美温州"主题,参加写作、书法、美术、剪纸等传统类比赛,用文艺手法表达少年儿童关心"两美"温州和"三美"文成建设。经评审,推荐165件优秀作品参加第十七届温州市少儿文艺总决赛。在市总决赛中,文成县少儿取得作文、书法、美术、舞蹈、声乐、朗诵26金34银54铜的好成绩。同时,县文联在第十七届温州市少儿文艺大赛工作中被授予优秀组织奖。

【“伯温杯”温州市首届书法大展完成评审】 2017年，文成县文联进一步推动温州书法事业繁荣发展，展示当代书法创作的艺术成就，打造温州书坛品牌，“伯温杯”温州市首届书法大展在文成完成评审。本次大展设立“温州书法奖”，分别设立书法、篆刻、刻字三个门类，收到600多件投稿，其中篆刻43件，刻字41件。经过多轮评审，陈明之、梅晓露、叶荟3人获得“温州书法奖”，13位作者获得“温州书法奖”提名奖。最终评出入展125人（含获奖人员），其中书法108人，篆刻12人，刻字5人；入选名单85人。本次大展将于2018年元月举行开幕式、颁奖仪式及作品集首发式。

【创建“文成文艺创作基地—风清云闲”】 2017年4—5月，文成县文联经过走访、勘察，定于百丈漈镇下石庄村为“文成文艺创作基地”。该基地规划建设特色图书馆（国学馆）、主题酒吧、根雕（花卉）展示厅、文艺沙龙会所、画廊（书画、摄影展厅）、乡村图书馆，中国诗人（文艺家）创作基地（创建“中国诗歌之乡”等）、文创工作室、青年旅社、中国文艺名家工作室等。经过前期项目规划，资金落实，进村政策处理等事项的顺利进展，年底完成古建筑改造工程。

【文艺活动】 2017年，文成县文联开展系列文艺活动：与著名刊物《诗歌月刊》联合举办第五届“铜铃山杯”全国诗歌大赛；召开文联五届二次全委（扩大）会议；承办温州作家、诗人诗歌改稿会，并邀请著名诗人、作家朱零作文学讲座；举办文成、泰顺两县作家文学创作交流会；组织县书法、美术、摄影等协会20多位文艺工作者到百丈漈新亭文化礼堂、石庄古村落现场采风创作，并将创作的60多幅书画、摄影作品送给当地文化礼堂和古村落。举办“喜迎十九大，我们的村歌我来唱”2017文成县村歌合唱大赛；带领文艺家“走出去学”；组织大小书法家为上金村村民写春联，慰问困难户，开展第九届元宵灯谜展。

【文化艺术精品创作奖】 2017年，文成县文联开展2016年度文化精品创作生产扶持奖材料收集、整理、初审和终审工作。根据《文成县文化精品创作生产扶持奖励实施办法》和评奖实施细则，通过文化社团与个人申报，经县文化精品工程指导委员会初评、审核、终评等程序，评出2016年度第八届文化精品创作奖（包括团体和个人）和确立2017年度重点题材（活动）扶持项目，内容涵盖文艺、社科、新闻等，颁发奖励和项目扶持资金93.206万元。

【文艺人才队伍调研】 2017年，文成县文联开展文艺人才调研活动，发掘各类文艺人才，发展壮大文艺队伍，年内，通过协会集聚人才。加强文艺协会建设，指导文艺工作者成立文艺协会，文联下辖12个协（学）会和公安文联。组织培训培育人才。通过“请进来教”与“走出去学”相结合，加强协会会员技艺培训。先后邀请朱零、张翎、叶慧敏、吴小淮等文学、书法、摄影门类专家、学者到文成讲学、培训，受益人员800多人。同时，支持鼓励协会会员积极参与专题交流培训和全国各级文艺赛事。年内，加入国家级会员12人，省级会员17人，市级会员24人。

【文艺创作】 2017年，文成县各文艺团体创作活跃，成绩喜人。据不完全统计，获国家级等级奖93人次，入展国家级展演21人次；获省级等级奖91人次，入展13人次；获市级等级奖154人次；在省级以上刊物发表的文艺作品257件。其中诗人慕白创作丰硕：诗歌荣获第五届马鞍山李白诗歌奖三等奖；诗歌《苍山乐土》（组诗）获，“核桃漾濞”全国散文诗歌大奖二等奖；诗歌《锦溪恋歌》获“水乡有约”全国诗歌大赛二等奖；荣获首届中国徐霞客地学诗歌散文奖二等奖；荣获中国“普安红”全球茶诗大赛现代诗类二等奖；获第五届中国诗歌节最佳诗歌创作作品奖；周锋小说《血旗袍之人皮刺绣》《血旗袍之蚀骨迷情》在贵州人民出版社公开出版。王美伟散文集《兰野芳踪》、陈胜华古典文学《聆听刘基》在团结出版社公开出版。文成原创戏剧小品《吃饭,请关手机》在CCTV3央视综艺频道《我爱满堂彩》播出,首次登上央视舞台。魏莎白表演唱《城市书香》获浙江省第十六届音乐新作演唱演奏大赛银奖。摄影家吴志伟、余锋、胡立雷、夏肇旭、余坚、金求真、包成义等人取得丰硕成果:2017年"中国畲乡杯"瓯江行丽水摄影大展中,13件作品入展,5件作品入选。《一个人的村庄》《绿地天使》《水墨广场舞》《春意》《意外》入展第六届全国农民摄影大展。20多幅摄影作品在《大众摄影》杂志、《中国摄影报》《摄影世界》《照相机》杂志等国家级刊物发表;罗挺绘画《静静村庄系列之一》入选"剿灭劣V类水"浙江省美术作品展(温州展区)。雷斌绘画《泳池丽影》《美丽乡村系列-夏日欢歌》分别入选"禹迹新图——全省美术馆工作者基层采风创作展"和"剿灭劣V类水"浙江省美术作品展(温州展区)。陈丕欢书法作品参加"浙江书法精品创作工程之二——浙江书坛精英50家作品展"和"浙江书法200家优秀作品展"并入编作品集。胡玉胜、朱华君刻字作品入展"第六届浙江省刻字艺术大展"。器乐演奏《刘基出山》获"农民进城文化"——2017浙江省农村文化礼堂优秀群众文艺作品大赛入围奖。在第七届中国木(竹)雕展中,根雕作品获2金4银4铜。

【文艺惠民和协会活动】 2017年,文成县开展文艺惠民和协会活动。

县作家协会:6月9日,《泗溪文丛》新书首发式暨县作协2017年年会活动在县文化馆四楼会议室召开。活动现场,《泗溪文丛》的七位作者为参加活动的作家、文友签名赠书,并互相交流心得体会。6月14日,在十亩之间农庄举办"再读鲁迅——民国的思与想"读书会。

县摄影家协会:1月1—20日,县摄影家协会在县博物馆一楼临时展厅承办"云江梦"文成县首届摄影艺术展。展览分为"秀美山川"和"乡土风情"两部分,精选出100多幅优秀作品,从不同角度体现文成的山水风光和人文特色。1月14日,县摄影家协会联合铜铃山镇、大地数码照相馆开展"福送万家"活动,活动先后走进铜铃山镇下垟村和都铺村,为老人们免费照相。4月22日,文成县专题摄影创作高级研修班开班,全县15位骨干摄影学员参加第一阶段2天的集训。4—6月,协会邀请名家每两周开展一次辅导集训。

县书法家协会:1月22日,县书法家协会承办的"温情暖冬,喜迎新春"——文成书法家文化惠民写福送春联活动在文化中心广场举行,现场18位书法家为市民们义务免费写春联。1月17—20日,县老干部书画协会12位书法爱好者分别在南田镇、珊溪镇街头村、县前街工商银行门口开展送春联活动,为广大市民免费赠送1000余幅春联。3月9—10日,温州市书法家协会创作委员会丁酉年会在文成召开。3月9日—4月30日,温州市书法家协会创作委员会委员书法作品展74件作品在县博物馆临时展厅展出。协会开启篆隶楷行草书法创作公益周期培训。举办2017年文成县公阳乡留守儿童暑期公益书法培训班。8月13日,书法家叶慧敏受邀到文成为书协创作小组成员作书法辅导。

县诗词楹联学会:组织会员深入梧溪、石庄、玉壶等地采风创作,撰写大量诗词。2月27日上午,县诗词楹联学会在安福寺召开《安福诗草》新书发布会暨新春诗会。4月11日,县诗词楹联学会会员王美伟的散文集《兰野芳踪》新书发布会在县新闻中心会议室召开。县诗词楹联学会会长郑扬松的诗词楹联集《秋风红叶》由华夏文艺出版社出版。

县流行音乐协会:举办"梦想新声 乐动文成"——第二届文成好声音暨第八届群众声乐大赛。8月12日晚,决赛在县文化中心剧院圆满落幕,经过激烈的争夺,来自南田镇的胡家赫最终以一首《浮夸》夺得冠军宝座。组织会员参加第十六届温州市群众声乐大赛，赵伟豪获流行组第一名，选手胡家赫、赵均霖获流行组三等奖。

县根雕艺术协会：5月3—10日，“根艺意境”——文成县第三届根雕艺术作品展在县博物馆开展。此次展出的根艺作品有158件，包括竹艺作品48件。

县美术协会：5月21日，县美协开展“剿灭劣V类水共创秀美文成”采风创作。美术家们深入月老山、雅庄古村落等地采风写生，创作的作品在治水视觉艺术作品展上展出。

县舞蹈家协会：5月11日，县舞蹈家协会首场文艺巡演走进珊溪镇，打响劣V类水剿灭战。10多场文艺巡演走进社区、广场、乡镇，助力剿灭劣V类水战。

县朗诵艺术学会：7月23日，在县振中学校举办第二届少儿朗诵艺术大赛暨第十七届温州市少儿朗诵艺术大赛选拔赛。10月29日，承办文成站“跟着诗歌去旅行·刘基故里寻秋意”诗歌朗诵会。

文艺家在文化驿站开讲：受文成县文化馆邀请，9月8日，作家协会主席富健旺在文化驿站作《“读〈时间简史〉，一起探索宇宙的奥秘”》讲座；9月15日，美协主席罗挺作《美的视角——从国人的审美谈起》讲座；摄影家协会主席徐铭作《带你穿越中国百年摄影史》讲座，带领市民跟着老照片品读百年中国史。9月30日晚，县诗词楹联学会在文化驿站开展“今夕此会知何趣？邀您共赴一场中秋诗会”。

【刘基文化研究活动】 2017年，文成县文联开展系列刘基文化研究活动：编印《刘伯温研究》（第10期）会刊；公开出版《刘伯温传说》《刘伯温传说（新编乡土教材）》《聆听刘基——陈胜华转述〈郁离子〉》《诗史刘基——刘基诗词编年笺注》等刘基研究专著；撰写《从〈郁离子〉探析刘基走向大明的心路历程》《元末明初部分南田山作家略考》等10余篇学术论文，其中《刘基〈写情集〉：从戎后的心旅历程》《刘基为什么会是个全才》等2篇在省级学术期刊上发表，《公共文化视角下“太公祭”传承探析》《元末刘基说》《从刘伯温入明以前的长赋看其从仕元到入明的心路历程》等10篇在第三届刘基文化国际学术研讨会上交流探讨。召开刘基文化研究会2017年年会暨学术研讨会。

（郑碎珍　雷克丑）

社会科学界联合会

【概况】 2017年6月26日，文成县社会科学界联合会（简称文成县社科联），第一届理事会第二次全体会议上选举赵雪微为县社科联主席，王国健不再担任县社科联主席。

2017年，县社科联参与全市“乡愁”民间故事演讲大赛、温州市2017年度社科普及周活动启动仪式；举办第三届刘基文化国际学术研讨会、全国晚报社长总编辑“超构故里行”、竹韵汉诗协会文成雅集活动、叶大密太极文化发展同盟首届峰会等社科活动。2017年，县社科联成功申报市级社科基地1个：文成县博物馆。年末，全县拥有市级社科基地11个，县级社科基地27个。年内文成县它山文化传媒公司、文成社区学院被评为温州市年度社会科学普及周先进集体；珊溪镇的陈云云、县委宣传部的周环、县社科联的林永汉荣获温州市年度社会科学普及周先进个人。

【社科成果】 2017年，文成县社科联2个课题被评为年度温州市哲学社会科学规划立项不资助课题；5篇论文荣获年度温州市社科论文评比一、二、三等奖。11月，《聆听刘基：陈胜华转述郁离子》《诗史刘基：刘基诗词编年笺注》两书出版。《刘伯温珍稀史料集》评为年度市级社会科学学术著作重点资助出版项目。

2017年，文成县社科联动员社科工作者深入开展社科课题研究，收集到12个课题，其中，课题《新形势下文成县应对灾害体系建设研究》(施明业)、《富弼的"中和"思想及其当代价值的研究》(富树斌)被评为年度温州市哲学社会科学规划立项不资助课题。

县社科联向上级部门推介社科研究成果，选送5个书稿申报年度市级社会科学学术著作出版资金资助项目。经资格初审、评审专家评审、市社科联审定，金邦一代表文成县刘基文化研究会上报的《刘伯温珍稀史料集》被评为年度市级社会科学学术著作重点资助出版项目，列入"温州文化丛书"，10月与浙江大学出版社有限责任公司、温州市社科联签约，计划2018年出版。

【社科优秀论文征集评比】 2017年，文成县社科联开展优秀社科论文征集、评比活动，收到论文23篇，其中5篇在温州市社科论文评比中分别获得一、二、三等奖。《基于发展权视角的水源保护区生态补偿路径研究——以文成珊溪库区为例》(郑碎丹、蓝昌成)获得一等奖、《新常态下文成山区新型城镇化制约因素与发展策略研究》(蒋伟煌、刘飞娥、夏克李)获得二等奖、《文成县在"大拆大整"视域下违法建筑整治的困境与方法》(陈怡惠)、《以新发展理念为引导 创新基层法院党建工作》(刘洋洋)、《以新发展理念为引领 打好劣V类水剿灭战》(王银银)获得三等奖。

【研究成果专著化】 2017年，文成县社科联密切联系社科人才，促进研究成果的专著化，取得重大突破。与温州北大方印务有限公司等单位合作，《聆听刘基：陈胜华转述郁离子》等社科研究成果，11月出版。金邦一的《诗史刘基：刘基诗词编年笺注》书稿作为年度文成县社科重点题材扶持项目，11月正式出版。同年，县社科联资助、协助县富弼研究会印刷《中国历代帝王庙79位陪祀名臣之一——富弼》《富弼文集》等社科基础材料。富晓春的《报人赵超构》作为社科研究成果本年度出版发行，11月17日在文成举办首发式、座谈会。

【社科活动】 2017年6月，温州市社科联、市乡村文化建设促进会组织全市"乡愁"民间故事演讲大赛，县社科联推荐三位选手参赛，余晨芳荣获大赛二等奖。

9月13日，温州市2017年社科普及周活动启动仪式暨瓯海区社科普及周活动开幕式在瓯海区南白象街道万象城广场举行，县社科联与县它山文化传媒有限公司合作，把微电影事业建设成果作为文成特色社科文化进行展示。

11月16—19日，全国晚报社长、总编辑"超构故里行"走转改大型采访活动举行，包括21家省会(副省级)城市晚报在内全国61家报社的百名社长、总编辑、名记者到文成采访。通过深入挖掘文化资源，布置"富家大院"，展示赵超构生平事迹，全国60多家晚报进行集中宣传报道，有效推介文成本土名人赵超构。

11月24—27日，"竹韵汉诗协会文成雅集活动"在文成县开展。该活动由县委宣传部、县社科联等单位联合组织，县叶式太极拳研究会承办，邀请法国、澳大利亚等国家以及国内18个省的75位汉学专家学者到文成，探讨和弘扬文成地方传统文化，留下200多首有关文成地方文化的诗词文章。

【第三届刘基文化国际学术研讨会】 2017年12月8—9日，第三届刘基文化国际学术研讨会在文成县召开，该活动由亚细亚国际民俗学会、中国社会科学院民俗文化研究中心、文成县人民政府、温州市社会科学界联合会、浙江工贸职业技术学院主办，文成县委宣传部、文成县社科联、青田县社科联、温州大学浙江省非遗研究中心、温州市刘基文化研究会等单位承办。来自世界各地研究刘基文化的权威专家、学者近百人，齐聚文成，开展学术研讨交流，重温先贤刘伯温"道通天地、德贯古今"的帝师风采。会议期间，与会人员对67篇论文进行深入全面的研讨，分别提出看法和意见，内容涉及历史考评、著述研究、思想军事研究、民俗研究、文化应用等。

11月17日，全国晚报社长、总编辑“超构故里行”活动《新民晚报》社培训基地挂牌仪式在西坑梧溪村举行

【叶大密太极文化发展同盟首届峰会】 2017年12月10日，县社科联下属的县叶式太极拳研究会在文成举办叶大密太极文化发展同盟首届峰会，全国各地叶大密太极文化发展同盟成员的21个单位代表、叶式太极拳传人、各地太极拳同仁，以及国内外特邀嘉宾，共计300余人参加峰会，对叶大密太极文化进行深入探讨。

12月10日，叶大密太极文化发展同盟首届峰会在文成举行，全国300余人参加

【社科普及】 2017年，文成县“社科普及周”“社科服务基层行”活动，历时10个月，参与活动单位有40多家，分为6个板块59项具体活动，面向家庭、学校、机关及农村等不同群体推广宣传社科知识，取得很好的效果。

【宣讲十九大精神】 2017年，文成县社科联充分发挥社科人才的作用，参与中共党的十九大精神的宣讲，通过“社科知识进校园系列活动”、社科普及活动与十九大精神宣讲相结合等方式，在全县各个社科普及社科示范基地，用平民百姓的语言阐述会议精神，使十九大精神在基层第一线开花结果、在群众心坎里落地生根。“文成美丽庭院宣讲”新闻上了中央电视台，“文成口袋书把十九大精神带回家”被《光明日报》刊登。

【“十亩之间社科读书会”】 2017年，文成县社科联还与温州十亩之间休闲农庄有限公司等单位合作，打造“十亩之间社科读书会”，通过这个载体，将县内外大批有思想、有创意的人才聚集起来，面对面交流、沟通和探讨，推动智库建设，为“三美文成”建设出谋划策。

【《伯温讲坛》栏目】 2017年，文成县社科联继续办好品牌栏目《伯温讲坛》。聘请素质高、业务强、阅历多、口才好的专家学者担任主讲嘉宾，到乡镇、社区、学校开展讲座，并录成视频上传到文成新闻网供广大市民点播，全年开讲、录制《伯温讲坛》18期。

【研究会与文化礼堂结对发展】 2017年，文成县社科联，创新机制，让下属研究会与社科资源相对集中的文化礼堂结对发展。研究会与文化礼堂结对情况如下：(1)县新四军历史研究会结对石门文化礼堂；(2)县刘基文化研究会结对新富文化礼堂；(3)县华侨文化研究会结对巨屿葛垟文化礼堂；(4)县长寿研究会结对南田十源文化礼堂；(5)县叶式太极拳研究会结对巨屿黄龙文化礼堂；(6)县富弼研究会结对西坑梧溪文化礼堂。

（林永汉）

红十字会

【概况】 文成县红十字会于2011年5月由县卫生局托管转为县政府联系，列为县群团机关正科级单位管理，会长由县政府分管领导兼任。2013年9月，县委、县政府出台《关于促进红十字事业发展的意见》，2014年9月配备常务副会长。2017年年末，编制3人，工作人员5人。年内被温州市红十字会评为博爱助学工作先进单位，亦被省红十字会、省民政厅、省卫生和计划生育委员会、省老龄工作委员会办公室评为红十字会参与养老服务工作省级试点单位。

【精神传播】 2017年，浙江省、温州市、文成县各大媒体为文成县红十字会报道救护培训、器官捐献、造血干细胞采样、贫困助学、志愿服务等新闻52条。在县红十字会官网和微信公众号全年更新信息22条。5月12日协同人防办、民政局、科技局等单位在中央公馆广场开展知识展览、知识问答等多种形式的防灾减灾主题宣传。9月12日在玉壶小学开展主题为“急救与家庭意外伤害”的世界急救日活动。

【救护培训】 2017年，文成县红十字会完成救护员培训937人，完成率104.11%；完成救护知识普及6023人，完成率105.30%。县红十字会根据市红会的部署，着重抓教育系统和高危行业，在中小学生实践基地开展大量救护知识普及，在培训中心开展救护员培训。还在户外救援、路跑协会、消防安全等高危行业人群中开展救护员的培训。年内，市红会举办的师资队伍复训中，派出两名平时教学较多的教师参加4天的复训全部合格，保证师资队伍的充足。年内，为文成浙江马拉松精英赛培训100名公众急救志愿者。

【关爱生命】 2017年，文成县红十字会器官捐献登记5例，实现眼角膜捐献1例，帮助他人实现光明的愿望。造血干细胞血样采集任务37人，完成采集37人，完成率100%，参与无偿献血宣传十余次，弘扬红十字会“人道，博爱，奉献”的精神。

【人道救助】 2017年，文成县红十字会努力浇筑人道救助民生工程。全年社会筹资19.55万余元，用于助学、助困、帮扶等活动。救助贫困学生80人13.8万元，分别是救助小学生每人1000元，救助初中生每人2000元，救助高中生每人3000元。；政府人道救助金10万元救济100户困难家庭；继续开展关爱精神疾病患者项目，救助困难家庭的精神疾病患者，向社会发出消除偏见，勇于关爱的呼吁，让精神病患者积极地面对治疗，生活得有尊严。

【红十字会志愿者队伍】 2017年，文成县红十字会组建的金手仗志愿者队伍和应急救护志愿者两支队伍。年内，人员不断壮大，服务质量不断提高，开展活动逐渐增多，在全县范围内经常性地开展各种志愿服务品牌的敬老爱幼助贫活动。应急救护志愿者队伍在成功为2015年的文成马拉松赛事提供100名公众急救志愿者服务的基础上，2017年又为文成浙江马拉松精英赛提供100名医疗观察员的任务。经常联合“你我同行”“爱善”等志愿服务团体一起开展各类活动。

（林尚东）

法 治

平安综治

【概况】 2017年，中共文成县委政法委员会和文成县社会治安综合治理委员会办公室（简称综治办）、中共文成县委维护稳定工作领导小组办公室（简称维稳办）、中共文成县委建设“平安文成”领导小组办公室（简称平安办）合署办公，中共文成县委防范和处理邪教问题领导小组办公室挂靠县委政法委，增设文成县“四个平台”指挥中心。核定行政编制8名（含工勤1名），参公3名，事业9名，编外用工4名，内设办公室（政治处）、执法监督科、综治工作督导科、平安建设协调科、防范办综合科等5个职能科室，下设文成县平安维稳工作协调中心、文成县“四个平台”综合指挥协调中心、文成县法学会秘书处等3个事业单位。年末在职人员23人，其中行政7人，工勤1人，参公3人，退二线1人（编制在公安），事业7人，借用1人，编外用工3人。

2017年，县委政法委围绕中共党的十九大维稳安保这一主题和省级平安县“十一连创”的目标，坚持问题导向和效果导向，严肃责任落实，推进政法平安综治维稳各项机制落地生效，社会大局持续和谐稳定。2017年度平安建设“负面清单”排名为同类县第二、全市第三，完成省级平安县创建“十一连创”目标。

【机制健全】 2017年，中共文成县委落实《平安建设工作约谈制度》（文委办发〔2012〕209号），实施《文成县平安维稳工作责任追究办法（试行）》（文委办发〔2016〕72号）等责任追究机制。年内，对平安县考核过程性指标被评定为B、C等级的5个部门主要领导集体约谈，对在市“护平安·树标杆”专项督查中排名末位的大峃镇进行综治挂牌整治，对涉及的部门负责人进行约谈。

常态化明查暗访督查机制 2017年，中共文成县委综治办组建31人明查暗访专家库，成立分别由县委办、县府办、县委政法委牵头的3个专项督查组，每月深入乡镇开展一明一暗两次督查。年内，县平安督查组对各乡镇、各重点部门及重点部位开展督查52次，查处问题468个。通过发放抄告单的形式督促各责任单位限期整改，并报送整改情况，县委平安办再根据报送的整改情况进行“回访”，发放抄告单55期。针对省、市、县各级督查发现的突出问题，由县委副书记亲自牵头召开平安建设重点问题交办会，将问题一一交办给责任单位，限期整改。全年对涉及5个部门的32个问题重点交办，并全部完成整改。

平安综治领导责任制 2017年，中共文成县委综治办根据中共中央办公厅、国务院办公厅出台的《健全落实社会治安综合治理领导责任制》和省、市关于综治领导责任制的一系列要求，深入研究，多方征求意见，由县两办印发《文成县平安建设和社会治安综合治理领导责任制实施细则》，县委、县政府与各乡镇、综治委成员单位，各乡镇、综治委成员单位与村、站、所，层层签订年度平安建设和社会治安综合治理目标管理责任书，明确各自职责，营造齐抓共管格局。建立党政“一把手”为第一责任人，分管领导为直接责任人，其他领导负与其职责相应的责任规范。将综治工作纳入全员绩效考核，对民转刑案件实行“一案双查”，严肃追究相关单位和人员的责任。年内，县综治委对乡镇开展20余轮的检查督导，对7个乡镇进行通报，约谈了120人，对1个乡镇进行挂牌整治。严格落实“一票否决”制，将公职人员逃避、抗拒执行或具有能力而拒不履行生效法律裁判的“公职老赖”纳入综治“一票否决”事项，全年，累计对410个单位（村）和2616人次进行综治“一票否决”审核，否决2名公职老赖，同时，还对“村两委”换届选举和县“两代表”候选人进行审查，共计7653名候选人，其中否决78名候选人。

【维护社会稳定】 2017年，中共文成县委综治办以“平安护航十九大大会战”为载体，按照“四个不发生”的要求，在中共党的十九大、金砖峰会、世界互联网大会等重大活动中实现县内社会稳定。实施社会稳定三色预警机制，全年共发预警通报12期，发出黄色预警78项，橙色预警16项，红色预警5项。深化“三评一考”重大决策社会稳定风险评估机制，通过指定评、督办评、追责评、强化考核，做到应评尽评。年内，县确定30个项目为年度重大决策社会稳定风险评估重点评估报备项目，并对“黄坦镇严本村旧村改造”等32个事项进行风险评估。深化“一三五”应急处置规范化建设，县17个乡镇均完成应急工作队伍建设、机制创建等工作，全年共开展反恐、抗台、应急联动等部门演练9次，确定西坑镇、黄坦镇作为国家示范镇创建。

【平安创建】 2017年，中共文成县委综治办以“1+12”平安护航十九大攻坚行动实施方案为总纲领，推进平安建设突出问题整改。以“大排查+大起底”兜清隐患底数。加大对重点人、重点事、重点领域、重点部位的“拉网式”“地毯式”排查。年内，出动人员3567人次，排查矛盾纠纷6326件，重点人员7445人，重点场所1647处，各类隐患13378个。以“大化解+大整治”消除隐患问题。对排查出来的矛盾纠纷和隐患问题建档立案，落实问题清单、责任清单、整改清单，分类处置。年内开展安全生产大检查行动，检查各类生产经营单位2315家次，排查安全生产隐患8298项，整治8117项，整改率达97.8%，查处严重违法行为10起，关闭取缔4家，停产整顿18家次。加强临水、临崖高落差等危险路段和事故多发路段的隐患排查，开展“一创一治”、小城镇“车乱开”“滥用远光灯”等专项整治行动，重点查处渣土车等四类重点车辆、酒驾、无证驾驶等严重交通违法行为，查处各类交通违法行为6.5万起，同比上升65.99%。保持消防安全严打整治高压态势，年内开展10次霹雳行动、5次护航行动、1次清雷行动和1次攻坚行动，检查单位4655家，整改隐患8562处，办理行政处罚案件63起，临时查封15处，责令“三停”单位9家，罚款19.6万元。全年未发生较大以上安全生产事故，交通事故警情同比下降7.61%，未发生3人以上道路交通事故，火灾起数下降48.57%，交通、消防安全形势大有改善。以“大培训+大宣传”营造创安氛围。从县领导到基层网格员，从部门到基层科站队所，分层次、分条块，纵向到底、横向到边开展大培训，增强平安建设意识和提高业务水平。全年组织开展学习培训29场次，参与培训3539人次。组织开展“共建平安文成 共享美好生活”有奖问卷调查活动，发放调查问卷10万份，发放奖金5万元，280人获奖。投入8万元组织开展“小手拉大手”小学生平安知识网络有奖竞答活动，3万余名家长参加。利用“平安文成频道”“方言版平安小讲堂”“平安文成微信公众号”、平安文成网等新媒体扩宽平安建设宣传面。全年录制播出“方言版平安小讲堂”6期，通过“平安文成微信公众号”编辑上传平安文成建设动态及平安知识750多条。建立平安市民监督团18个，团员469名，开展集中咨询活动31次，平安巡防宣传125批次、3167人次，巡查点545个，发现问题隐患458处，举报线索13495条，办理13309件，分发宣传资料5.3万多份。文成县平安市民监督团被评为2017年平安市民监督团优秀分团。

【全科网格建设】 2017年，中共文成县委综治办推进全科网格建设，深化综治“一张网”，推进基层治理体系“四个平台”建设。全年，累计新增事件29432件，事件流转率42.4%；事件办理29587件，结案率99.3%，按期办结率99.9%。网格队伍按1+1+1+X的方式，即由乡镇招聘录用专职网格员，由驻村干部担任网格指导员，村主职干部为网格长，以及若干名兼职网格员组成。全年，全县优化为424个网格，其中A类网格60个，B类172个，C类189个、专属网格3个。专职网格员开展工作时，配备装有全科网格APP的手机，工作证、工作服、工作日志的“四件套”得到全面落实。

【强化精神病人管控】 2017年，中共文成县委综治办强化易肇事肇祸精神病人管控，年内，全县排查和管理的6大类严重精神障碍患者1350人，其中纳入公安列管肇事肇祸精神障碍患者85名。全年实现精神障碍患者肇事肇祸案件“零发生”。

【缉枪治爆专项行动】 2017年，中共文成县委综治办大力开展缉枪治爆专项行动，核查网络贩枪线索82条，收缴非法枪支23支，移送起诉6人。

【涉危、涉爆物品排查】 2017年，中共文成县委综治办查处涉危案件22起，其中烟花爆竹案件18起，收缴非法烟花爆竹700余箱。开展易制爆危险化学品排查整治专项行动，将13家易制爆危险化学品使用单位逐一录入浙江省危险化学品排查管控系统，开展常态治安管理。严格落实出租房、民宿、农家乐、旅馆、酒店、网吧等100%实名登记制，对寄递物流网点严格落实3个“百分百”。

【立体化治安防控体系建设】 2017年，中共文成县委综治办创新建立集“应急广播、视频会议、网络监控、实时指挥”于一体的“云眼声控”平台。首先在巨屿镇完成“云眼声控”平台建设试点，年内，已接入全县所有乡镇社会治安综合治理指挥室。“云眼声控”平台建设得到市里肯定，并在浙江新闻、平安温州播报等媒体宣传报道。推进智慧安防小区建设，组织到龙湾天鹅湖小区参观学习“智慧安防小区”龙湾试点经验，并对接温州和文成电信等建设单位进行实地勘验，完成基本建设方案。建立以公安民警、协辅警为主的专业巡防队伍；以安监、消防、市场监管、交通等专职检察人员组成的行业巡防队伍；以各部门、企事业单位、乡镇保安力量为主的内部安全巡防队伍；以乡（镇）级统一组织的民兵巡防队；以村干部、网格员、社会服务者、平安志愿者等为主组成的兼职平安巡防队，开展平安大巡防。同时，利用视频监控开展空中巡防、利用电动车巡防队开展分片巡防。全县组织432支各类型巡逻队，有5.84万人次参与巡逻，发放平安宣传资料3.5万份，排查整治各类问题9450余个。

【构建基层调解体系】 2017年，中共文成县委综治办创新推出人民调解“三三一”（三级调解平台、三支调解队伍、一个特殊品牌调解组织）工作模式，调解组织规范化建设不断加强，调解成效显现。2016年12月—2017年11月止，文成县受理矛盾纠纷5063件，调处成功5006件；调处率100%，调处成功率达98.8%。年内，全县村级调解组织发挥率达到81%：乡镇、村居调解组织化解矛盾纠纷数量占全县调解组织化解纠纷总量的91.9%。村级调解组织化解矛盾纠纷数量占全县调解组织化解纠纷总量的42.9%。

【执法司法】 2017年，中共文成县委综治办开展案件评查工作，年内共选出101件民事执行案件，共评查出96个问题，分别为执行措施未穷尽问题9个；实体处置违法违规问题1个；执行期间超期问题1个；送达告知不到位36个；法律文书有瑕疵问题22个；案件归档不规范问题14个；其他问题13个。最后选出5个重点评查案件，由市委政法委组织评查。开展信访积案化解工作，年内排查出涉法涉诉信访13起，化解4起，化解率31%。开展司法救助工作，全年司法救助13起，金额31.5万元，其中法院6起，检察院1起，公安局5起，政法委1起。

【法学会】 构架新的海外法律服务体系 2017年，文成县法学会在县法院特邀海外调解员制度的基础上，将法院、司法、公证、人民调解等业务相融合，以“互联网+服务”为核心理念，构架新的海外法律服务体系，成立国内首个法学会海外联络站、人民调解委员会米兰联络点、文成公证处米兰联络点。建立由知名法官、优秀人民调解员、公证员、各单位业务骨干、知名海外侨领等43人组成的法学会工作组，发展5名海外会员。成立以来，县公证处通过海外联络点完成放弃继承声明书取证11件，预约在办5件；海外调解联络站完成海外人民调解涉侨民商事纠纷10起，与国内调解委员会互动调解纠纷110起。该做法在《人民日报》《浙江新闻客户端》等进行报道。国务院侨办主任裘援平在米兰海外联络点实地考察时亲自体验并对县创新完善特邀海外调解员制度，维护海外华人华侨权益工作给予高度赞扬；受到市委副书记姚高员的批示肯定。在10月13日中国法学会到浙江调研情况交流会上，作为海外法律服务浙江经验在会上进行交流发言。省政法委、法学会将把文成海外法律服务工作模式作为省级品牌重点打造，推向全国。该经验做法在《民主与法制时报》、中国法学会、浙江法学会等官网作详细报道。中国侨联副主席乔卫、省政协副主席吴晶等领导签批肯定。

【队伍建设】 2017年，中共文成县委综治办狠抓政法队伍作风建设。成立由县委副书记、政法委书记为组长、政法委常务副书记和公检法司“一把手”为副组长，各派驻纪检监察组组长为成员的政法队伍作风建设专项整治工作领导小组，并设办公室，专门对接、协调作风整治工作。县委副书记、政法委书记徐清雨牵头召开全县政法队伍作风建设推进会对该项工作专题部署，分别到公检法司各部门进行政法队伍作风建设情况调研。县作风建设专项整治工作领导小组派出4个巡查组，参与巡查骨干18人，通过座谈会、个别谈话、民主测评、明查暗访基层科站队所庭室等各种形式开展交叉巡查。全县政法队伍作风建设巡查累计284次，巡查单位5个，召开座谈会25次，开展谈心2752人次，开展民主测评536人，向群众发放民意问卷调查1360余份，发现问题325个，受理群众信访件2件，接到举报电话8个。发现问题线索39件，督办整改完毕39件，办结100%。违法违纪处理1人，“一对一”帮扶10人，警示约谈43人，助推中心工作5项。各巡查组对各单位整改情况进行“回头看”，巡查发现问题整改率100%。

【机关政治作风建设】 2017年，中共文成县委综治办以推进“两学一做”学习教育常态化制度化为契机，以委机关理论学习中心组学习、民主生活会、“三会一课”为载体，认真学习中共十九大报告精神、习近平新时代中国特色社会主义思想、《新党章》《准则》和《条例》等，不断提升委机关班子和干部队伍的政治素质、业务素质。年内，开展委机关理论中心组学习12次、反腐倡廉理论专题学习会4次、集中学习会16

次，领导干部带头讲党课5次。全面落实从严治党责任制，明确单位“一把手”为党风廉政建设第一责任人，切实落实“一岗双责”，形成主要领导负总责，分管领导具体抓，一级抓一级，一级对一级负责的工作机制。坚持民主集中制，对“三重一大”事项，严格遵守“集体领导、民主集中、个别酝酿、会议决定”的原则，由集体讨论作出决定。用好、落实好谈心提醒制度，全年开展谈心提醒40次。严格对上下班迟到早退、在岗状态、请销假情况、值班值守情况等进行检查，及时发现问题督促整改，杜绝作风问题、腐败现象的产生。严格落实《干部选拔任用条例》及《中层干部选拔任用实施办法》。年内，从交通运输局交流到委机关中层正职干部1名，从委机关交流到大峃镇中层正职干部1名，委机关新提拔中层正职1名，中层副职1名。

2017年政法委机关集体荣誉和先进个人名录

表6

单位（个人）	授予荣誉称号	授予机构	授予时间
文成县	2016年度省级平安县	中共浙江省委 浙江省人民政府	2017.3.30
文成县	全省无邪教示范县	浙江省防范和处理邪教问题领导小组	2017.1.10
文成县	2016年度平安建设先进单位	中共温州市委 温州市人民政府	2017.1.26
县委政法委	全市党的十九大维稳安保工作中做出突出贡献集体	中共温州市委 温州市人民政府	2017.12.29
县委政法委	2016年度考绩优秀单位	中共文成县委 文成县人民政府	2017.2.27
吴昌银	全省党的十九大维稳安保工作中做出突出贡献个人	中共浙江省委 浙江省人民政府	2017.12.26
郑国法	2016-2017年度全省社会治安综合治理先进个人	中共浙江省委 浙江省人民政府	2017.3.28
吴昌银	2016年度温州市优秀工会积极分子	温州市总工会 温州市人力资源和社会保障局	2017.1.24
林炳欧	2015-2016年度全市政法系统先进个人	中共温州市委政法委员会 温州市人力资源和社会保障局	2017.2.9
包小春	全市党的十九大维稳安保工作中做出突出贡献个人	中共温州市委 温州市人民政府	2017.12.29
陈　静	全市党的十九大维稳安保工作中做出突出贡献个人	中共温州市委 温州市人民政府	2017.12.29
吴正壤	全市党的十九大维稳安保工作中做出突出贡献个人	中共温州市委 温州市人民政府	2017.12.29
李晓群	全县党的十九大维稳安保工作先进个人	中共文成县委 文成县人民政府	2017.12.29

续表6

单位（个人）	授予荣誉称号	授予机构	授予时间
毛文袍	全县党的十九大维稳安保工作先进个人	中共文成县委 文成县人民政府	2017.12.29
包绍兴	村和社区组织换届工作 先进个人	中共文成县委 文成县人民政府	2017.6.29
包绍兴	全县党的十九大维稳安保工作先进个人	中共文成县委 文成县人民政府	2017.12.29
张晓斌	2016年度全县政法工作 先进个人	中共文成县委 文成县人民政府	2017.4.11
张晓斌	全县党的十九大维稳安保工作先进个人	中共文成县委 文成县人民政府	2017.12.29
刘剑茹	2016年度平安综治维稳工作先进个人	中共文成县委 文成县人民政府	2017.4.11
刘剑茹	全县党的十九大维稳安保工作先进个人	中共文成县委 文成县人民政府	2017.12.29
刘　伟	嘉奖 2016年度公务员考核优秀	中共文成县委 文成县人民政府	2017.8.15
郑国法	2016年度领导干部考核优秀	中共文成县委组织部	2017.8.17
刘剑茹	2016年度全县部门决算工作二等奖	文成县财政局	2017.12
程丽丽	2016年度事业人员考核优秀	文成县人力资源和社会保障局	2017.2.27

（县政法委供稿）

公　安

【概况】 2017年，文成县公安局内设科室26个，基层派出所11个，其中、周壤派出所和大峃镇派出所、飞云湖水上派出所和珊溪派出所合署办公。核定编制367人，在册公安民警339人，职工7人，其中外县籍民警105人，占全局的30.9%；30岁以下民警123人，占全局的36.2%；现有局党委委员10人，中层干部127人。民警数占全县常住人口的0.083%。年内，文成县公安局贯彻落实习近平总书记“四句话、十六字”讲话精神，发挥平安文成主力军作用，保持文成社会大局稳定、治安清净。全年接刑事+治安警情1609起，同比下降31.62%；盗窃等四类侵财案件的刑事发案同比下降34.3%，侵财刑事案件破案率达78%；全年仅接山头赌博警情3起，站街招嫖现象基本消失，社会风气全面好转；全县385个行政村中有290个行政村实现刑事零发案。全年，文成公安围绕文成经济社会发展为建设“三美文成”保驾护航。在县人大满意度评议中，文成县公安局并列第一；“千人评议”中，文成县公安局珊溪派出所、南田派出所获得全县满意基层站所称号，出入境户政管理大队获得全县满意科室称号；文成县公安局队伍正规化建设被省厅评为优秀单位；县直机关考绩，文成县局取得“四连优”的好成绩。全年荣立个人二等功1名、荣立三等功7名、受到嘉奖30名和1个集体，24个集体和60名个人单项工作获各级党委政府及上级公安机关的表彰。县公安消防局荣立集体三等功1次，荣立二等功1名，荣立三等功2名，荣立温州市政府二等功2名，县公安消防局被县政府表彰为集体劳模，下属文成中队被省公安厅消防总队表彰为“先进基层党支部”。

【护航经济发展】 2017年，文成县公安局提升预测预警预防能力，收集涉稳情报信息683条，网上舆情信息8675条，提前妥善处置多个工地欠薪事件、兴福堂项目村民维权、“2·2”民房倒塌、“9·19”非正常死亡等涉稳事件；网警、治安、特警、派出所联动成功处置黄坦拆迁事件舆情、微信群造谣并落地查处3人，网络生态持续清净；保障龙丽温高速瑞文段等重大交通项目“零障碍”施工，“拆、治、归”等党委政府中心工作顺利推进。成功查处泗溪路沿岸入地工程、“旱改水”等串投标案件6起，涉及工程11个，标的额约1.4亿；开展“云端2017”专项行动，强化传销、非法集资等社会风险点防范，抓获法院临控人员45名，助推文成县诚信商业体系建设，维护经济社会发展的良好秩序。

【打击违法犯罪】 2017年，文成县公安局全年移诉犯罪嫌疑人346人，行政处罚违法人员1570人，保持打击力度与警情发案同步匹配。缉枪治爆，收缴枪支34支，移诉9人，查处涉危案件24起，收缴非法烟花爆竹700余箱。刑事侦查犯罪中心常态化应用空中无人缉毒模式，禁种铲毒取得显著成效，移诉毒品犯罪嫌疑人10名，查获吸毒人员88人次，铲除罂粟215株。坚持“有逃必追、一追到底”，“猎狐行动”取得重大进展，首次在境外抓获省重点猎狐行动逃犯、涉嫌贪污罪人员陈某某，并顺利押解回国。

【平安创建】 2017年，文成县公安局以助力创省级平安县“十一连创”为目标，推行“以大峃为中心”的顶格管控模式，对标治安基础要素100%管控要求，全县公安基础更加夯实。组织开展“一创一治”小城镇“车乱开”“滥用远光灯”“开车打手机、不系安全带”等专项整治行动，从严从重打击交通违法行为。全县查处各类交通违法行为为65148起，与上年同期39248起相比上升65.99%。连续开展5次“护航”行动，全县消防队伍接警236起，其中发生火灾104起，死亡0人，受伤0人，直接经济损失158.6万元。同比上年，火灾起数下降48.57%，死亡人数下降100%，直接财产损失下降13.79%。检查单位5106家，整改隐患9223处，办理行政处罚案件66起，临时查封18处，责令“三停”单位10家，罚款20.8万元，全县挂牌督办3家，市县两级重大火灾隐患单位并全部完成整改。开展居住出租房及合用场所消防安全整治，全县有居住出租房2092家，整治率100%，登记备案2092家，登记备案率100%，全年有合用场所3727家，整治率100%，登记备案3255家，登记备案率87.3%。

【法治公安建设】 2017年，文成县公安局推进执法软硬件建设，相继制定出台《推进执法信息化建设的通知》《办案区安全管理五项禁令》《常见刑事行政案件取证指引》“典型案例评析制度”“十大执法陋习”等机制和制度，结合每季度开展法律素质测试，提高民警的执法素养。全年组织法律素质测试4次；通过执法考试基本级99%，中级通过率74%。推行办案“三审三评一复核”制度，对于刑事下走案件、行政未结案，进一步落实专人开展专项督查，保障案件质量。全年文成县局行政诉讼案件13起，复议案件6起，组织民警参加庭审旁听，提高民警行政应诉能力。三位一体硬件建设取得突破性成绩。2017年建成办案中心、物证中心、案管中心三位一体县局执法三中心，三位一体整体系统项目配备智能手环，物证拍照，刻录一体机，电子签章等先进执法设备，提升文成县公安局执法信息化水平。

【警务改革创新】 2017年，文成县公安局开展派出所警务运行机制改革试点工作，探索创新警务机制，印发《文成县公安局派出所警务机制改革实施意见(试行)》，进一步夯实全县公安基层基础工作，提升派出所民警的综合能力。积极参加年度全市公安改革创新大赛，文成县局创新开发的“标准强基基础通APP”在2017年度全市公安机关改革创新大赛的24个参赛项目中取得第二的好成绩，在12个县市区公安机关参赛项目中排名第一，成为全市公安基础工作的“文成样板”，并代表温州参加全省警务创新大赛获得铜奖。

【创建品牌服务】 2017年，文成县公安局践行“最多跑一次改革”，在县行政审批中心成立“一站式”业务办理的公安综合服务窗口，8个月获评县行政审批中心流动红旗窗口，全年累计办件达2.2万件次。启用“百万申请网上办”应用平台，实现平均审批时限缩短50%，94项审批事项网上办理，覆盖率88.3%；完成档案数字化工作，被省公安厅、省档案局联合评定为省级“示范数字档案室”，做到让数据多跑路，群众少跑腿。年末，服务窗口实现“零投诉”，接到群众赠送的表扬锦旗、感谢信39件，再次打响文成良好口碑。

【党建工作】 2017年，文成县公安局培训入党积极分子12人次、发展预备党员6名、批准预备党员转正4名；持续推进党组织关系排查工作，7月底至8月，根据县委组织部门的要求，全面排查党员信息，全局317名党员的信息在新的党务工作系统全部录入完毕。发布《文成县公安局星级党支部创建工作方案》《文成县公安局“党员示范岗”创建活动实施方案》《关于开展“党员示范岗”评选工作的通知》等文件，组织开展“党员示范岗”评选活动，评选出32名示范岗的党员并颁发“党员示范岗”标牌，营造“党员在身边、身边有榜样、榜样在示范、示范带全面”的良好氛围。

【从严治党治警】 2017年，文成县公安局思想政治工作，相继制定印发《文成县公安局“警容风纪、内部管理”评比季活动实施方案》《文成县公安局“警容风纪、内部管理”提高季活动实施方案》《文成县公安局政工干部履职“五大指数”评估办法》等，建立“一主责、六层级”全面从严治党层级管理体系；开展“三严三铁”专项整治教育活动和政法队伍纪律作风专项整治行动，全年开展督查活动155次，发现和纠正各类问题282个次，提出督察建议148条，发督察法律文书12份，查、听、调、看音视频信息18.7万余条，查纠各类问题223个次，在县局主页《曝光台》常态曝光，年内曝光违规民警240人次，实现全年有责涉警信访零发生，队伍零违纪。

【宣传塑造警察形象】 2017年，文成县公安局以“媒体融合、主动宣传”为工作引领，把培树典型贯穿公安工作和队伍建设始终，打造“千名好民警(协警)”评选出“最美警嫂”，展示当代警嫂风采和公安民警良好形象；组织开展全县公安机关“铁班子、好主官”评选活动。加强和浙江日报、温州都市报等媒体的合作，摄录微电影《无人侦察》视频《文成公安形象宣传片》《基础通APP1.0》，真实的反映基层实战单位民警的工作和生活。全年编发图片新闻130篇、公安视频21篇、警营文化37篇。对外，在各级媒体刊发新闻145件，其中国家级8件、省级45件、温州市级46件、文成本地媒体刊发稿件46件；组织开展各类室外宣传活动16余次，完成各重大安保活动宣传任务10余场次，重大案件随警作战6次，完成各类会议、领导活动、现场踩点、统一行动的图片、音视频采集任务110余次；摄播《文成警视》电视栏目19期；发布公安微信、微博信息800余条、处理微信网友质疑事件30余起，多条原创信息被市局录用发布。

【强警素质训练】 2017年，文成县公安局按照“贴近实战、力求实效”的要求，结合县局实际，制定《2017年全县公安民警训练“三个全员工程”方案》《文成县公安局备战2017年全警技能大比武活动方案》《2017年度文成县公安局警种专业培训计划》等文件，组织全体民警进行警体基本技能、警种专业技能、警种专业技能为重点的战时专项培训；组织医疗急救知识、心理辅导等和公安工作实践密切相关的培训。全年，组织开展19期警种业务能力提升培训，受训人员490人次；组织开展警务技能培训3期，受训人员226人次。按照省、市公安机关相关标准和要求，加强教育训练基础建设力度，县局投入35万余元购置520件警体训练器材，为民警警体训练提供装备保障。制定《"传、帮、带"警师制工作规定》，在传统"老带新"工作法的基础上完善新警培养机制；在新警分配实习岗位前组织开展"师徒结对仪式"，强化警师的责任感和荣誉感。

【从优待警】 2017年，文成县公安局将从优待警工作作为一项系统工程来推进，规范14项从优待警举措项目化运行模式。先后看望、救助、慰问伤病和困难民警207人次，发放慰问金1.63万元；组织在职和离退休民警、职工415人参加体检，参加疗休养119人次；为全局民警、辅警累计669人投保温州市职工医疗互助保险和行政事业单位公共交通意外保险，累计全局民警341人投保全国公安民警人身意外伤害保险。文成县公安局强化维护和保障民警合法权益，全年查处阻碍民警执行职务和妨害公务案件12起。

【消防管理】 2017年，文成县消防队以平安护航十九大为圆心，聚焦防控风险，持续开展"七大重点领域"消防安全专项整治，联合多警种开展5次"护航"行动和10次"霹雳"夜查，强化刚性执法打击，消除一大批消防安全隐患，实现火灾形势的总体稳定。年内接警236起，出动消防车382辆次，消防人员2186人次，抢救被困人员90人，疏散人员35人，抢救财产价值2270万元。其中发生火灾104起，死亡0人，受伤0人，直接经济损失158.6万元，同比2016年，火灾起数下降48.57%，亡人数下降100%，伤人数与去年持平，直接财产损失下降13.79%。做好"一带一路"、金砖峰会、十九大、第四届世界互联网大会等重要会议的安保工作，成功处置"2·2"百丈漈民房倒塌事故、"7·2"巨屿黄龙村峡谷驴友被困救援工作。年内，检查单位5333家，整改火灾隐患9508处，责令"三停"单位10家，临时查封20处，拘留17人，罚款20.8万元。消防安全为推进"两山"转化，打造"三美"文成，建成小康社会提供保障。

（周瑞珊）

检 察

【概况】 2017年，文成县人民检察院下设办公室、政治部、侦查监督部、公诉部、检察监督部、案件管理办公室、珊溪检察室、检察事务中心8个下属机构及科室，有在职干警56人。面对监察体制改革和司法体制改革双重改革，文成县人民检察院以践行绿色司法为主线，坚持深化改革创新，打造检察铁军，不断提升司法工作品质，维护社会公平正义，建设"三美文成"提供司法保障。

【审查批捕起诉】 2017年，文成县人民检察院全年受理公安机关提请批准逮捕案件132件176人，经审查，批准逮捕84件110人，审结逮捕案件131件175人；受理公安机关移送审查起诉案件246件340人，起诉209件284人，移送其他院审查起诉2件2人。加大与公安、法院的相互配合制约，打击影响群众安全感的多发性侵财犯罪和严重暴力犯罪，批准逮捕"盗抢骗"和"黄赌毒"犯罪63人，起诉113人。不批准逮捕65人，不捕率为36.9%，同比上升7.4%；不起诉55人，不诉率为17.0%，同比上升6.5%。贯彻宽严相济刑事政策，就交通肇事、故意伤害等轻微刑事案件，符合当事人和解法定条件的，创造调解条件，修复社会关系，减少社会对抗。践行保护性司法，完善未成年人案件分案办理、犯罪记录封存制度，实行一站式询问未成年被害人办案模式，推进预防未成年人犯罪宣讲进校园。维护弱势群体权益，开展检察环节司法救助工作，对未成年被害人进行司法救助和心理辅导。

【刑事诉讼监督】 2017年，文成县人民检察院加强刑事诉讼监督，对应当立案而不立案的刑事案件，监督立案3件3人，包括对危害食品药品安全犯罪立案监督1件1人，对应当起诉而未移送起诉的，追诉漏罪2件2人，漏犯1人。对侦查活动中的不规范行为，发出纠正违法通知书3份。办结刑事申诉案件6件。加大对刑罚执行和监管活动的监督，办理羁押必要性审查案件6件6人；办理收监执行提请审查案件7件7人；办理暂予监外执行审查案件14件14人，其中提出不同意暂予监外执行检察意见5件5人，纠正决定不当2件2人；监督财产刑执行17人，执行缴纳罚金37.4万元。协同法院开展因"醉驾"被判处实刑财产刑未执行案件专项检查活动，推动94件该类案件得以执行，执行缴纳罚金36.2万元。

【民事行政检察监督】 2017年，文成县人民检察院加强民事行政检察监督。办理生效裁判监督案件3件，其中向市检察院提请抗诉1件。加强与县法院的沟通协作，办理民事执行监督案件9件。会同县政府出台《关于建立行政执法监督和公益诉讼协作机制的实施意见》，办理行政执法监督案件7件，向县行政部门和乡镇人民政府发送检察建议书7份，追回国有资产70余万元。接待民事行政申诉13件19人次，受理2件，对其中11件不符合申诉条件的案件做好释法说理和息诉工作。推进公益诉讼工作有序开展，成功办理县首件公益诉讼诉前程序案。年内，向县委报送年度行政执法监督工作报告《文成县检察院不断提升行政执法监督水平强化"三美文成"建设司法保障》，得到县委领导肯定。

检法携手，突围"民事执行监督难"困境(县检察院提供)

【维稳安保工作】 2017年，文成县人民检察院坚持守土有责，做好十九大、金砖会议、互联网大会等重要活动的维稳安保工作。会同公安、法院等有关部门开展严打暴恐、打黑除恶等专项工作，对重大案件提前介入、引导侦查，依法快捕快诉，凸显打击震慑实效。坚持一手抓案件办理，一手抓矛盾疏导化解，办结来访来信(控告)89件。梳理重大敏感案件、重点涉法涉诉人员，对涉检信访案件实行领导包案，及时做好维稳应急预案，强化矛盾风险防控，协助乡镇做好稳控工作。开展预约接访、远程接访，完善检察长接待日制度，由检察长及分管检察长接访、处理、督办抓落实，解决接访处理的信访问题。

【推进司法体制改革】 2017年，文成县人民检察院 明确"检察官权力清单"，落实"谁办案谁负责、谁决定谁负责"要求。刑事检察部门检察官独立决定案件占比76.4%，检察官办案主体地位进一步凸显。加强对检察官司法办案的全程监督，坚持问题导向，开展规范司法行为专项整治和日常评查，排查不规范司法行为，促进司法规范化。完善检察官考评机制，考察检察官办案数量、质量、效果等。职权责统一，完善检察官职业保障措施，落实检察官薪酬制度。

【推进监察体制改革】 2017年4月，文成县人民检察院被确定为全省检察机关内设机构改革试点院。各相关部门积极开展内设机构改革试点工作，坚持扁平化管理与专业化建设相结合，综合机构与业务机构同步改革，机构精简与职能优化统筹推进，将原有的10个内设机构整合为6个，实现机构大幅精简。做好监察体制改革各项衔接和思想政治工作，提高政治站位，机构、职能、人员平稳转隶。处理转隶前所立案件，移送职务犯罪线索，就转隶后职务犯罪案件办理工作与监察委建立协调衔接机制。

助推桂溪河截污纳管先期工程竣工（县检察院提供）

【诉讼制度改革】 2017年4月，文成县人民检察院被市检察院确定为公诉案件审查报告模式改革试点单位，以该项试点工作为契机，推进以审判为中心的诉讼制度改革。探索试行《公诉案件（一审）审查报告（普通版样本、简化版样本）》。与县法院、公安局、司法局出台《关于推进刑事案件证人出庭工作的实施办法》，推进庭审实质化。会同县公安局出台《关于对公安机关派出所刑事侦查活动监督的意见》，推进对基层派出所的检察监督。开展重大刑事案件侦查终结前讯问合法性核查工作，年内核查案件2件。

【生态环境司法保护】 2017年，文成县人民检察院 践行“两山理论”，开展破坏环境资源犯罪专项立案监督和剿灭劣Ⅴ类水行政执法专项监督，助力县“五水共治”“大拆大整”专项行动。出台《文成县人民检察院关于做好劣Ⅴ类水剿灭行动司法保障的实施方案》，运用检察建议等方式，促进依法行政和行政事项的解决，就双桂乡桂溪河沿河两岸分布着众多“小白管”的情况，检察院发出检察建议书督促该乡政府落实截污纳管工作，并协同县相关部门解决资金问题，助推桂溪河截污纳管先期工程顺利竣工。强化与县水利、环保等单位的协作配合，深入珊溪水库库区走访调研，并就库区周边存在的非法捕鱼现象向县水利局发送检察建议书，守护温州人的“大水缸”。

【服务非公经济发展】 2017年，文成县人民检察院突出“服务”和“保障”两个主题，服务全县经济发展大局。惩治各类经济犯罪，依法审查起诉非法吸收公众存款、组织领导传销活动、金融诈骗等破坏市场经济秩序犯罪42人，依法审查逮捕涉案金额高达2000余万元、受害人多达30余人的邱某非法吸收公众存款案。完善涉企案件办理机制，特别是涉及影响企业生存发展和社会稳定大局的涉众型案件，坚持公正执法，注重统筹各方诉求，确保“三个效果”有机统一，其中会同县法院办理一起逾期6年、涉案执行款达470余万元的温州泰兴钢业有限公司被执行案，保障非公企业合法权益。参与县委、县政府组织的“双十”助企服务活动。通过走访、召开座谈会和法律咨询和法律服务等形式了解听取涉法涉诉问题，帮助企业解决实际困难和问题。

检察长卢小明会同县工商联和文成县企业家开展2017年首次“新春助企解难题促发展”座谈会（县检察院提供）

【司法公开透明】 2017年，文成县人民检察院开展“最多跑一次”服务，明确“最多跑一次”事项清单，深化“一站式检察服务大厅”、人民检察院案件信息公开网等建设和应用。推行“岗长制”，接待受理查询案件程序性信息、律师申请阅卷等事项410余件（次）。案件信息公开，共公开案件程序性信息384条、法律文书237份、重要案件信息10条，主动向律师推送案件程序性信息46条。运用官方微博、微信和门户网站，与社会互动，讲好检察故事，树立检察形象。探索开展逮捕案件公开审查，对一起妨害公务案件举行听证式公开审查，以群众看得见的执法办案来回应人民群众对司法公正的关注和期待。

检察官走进振中学校开展“法护花季”进校园主题讲座（县检察院提供）

（王慧敏）

法 院

【概况】 2017年，文成县人民法院有在编干警101人，实有在职干警92人，其中员额法官26人。内设办公室、政治处、司法行政科、诉讼服务中心（立案庭）、民事家事审判庭、商事金融审判庭、行政审判庭、刑事审判庭、审判监督庭、执行局（执行庭）、执行实施科、执行监督科、司法警察大队等13个机构和珊溪、南田、玉壶三个派出人民法庭。全年受理各类案件5755件，办结5552件，同比分别上升21.44%和21.73%。

【服务大局】 2017年，文成县人民法院为全面剿灭劣Ⅴ类水行动和“大拆大整”等行动提供司法保障，协同乡镇开展房屋再排查工作，妥善审理涉“三改一拆”“五水共治”等重大项目案件165件。开展落后村结对、“四千结对”等活动，“一把手”带头深入乡镇村居解决群众难题。坚持重大敏感案件风险评估机制，成立专门化解领导小组就处理重点信访案件。实行十九大、第四届互联网大会等重要节点期间24小时无缝隙对接值班工作，不发生一起涉诉维稳安保事件。延伸司法职能，开展“3·15”“妇女权益维权周”等专项普法宣传活动，向党政机关、有关部门发送审判白皮书2份，司法建议2份。对2000余名“两代表一委员”候选人、拟提拔、交流人员等是否为刑事案件涉案人员及失信被执行人进行资格审查。

【立案】 2017年，文成县人民法院落实立案登记制，登记各类案件5575件，当场登记立案率99.96%，保障当事人合法诉权。完成南田诉讼服务中心和院机关诉讼服务中心的建设，先后出台《诉讼服务中心值班规定》《关于鼓励中青年干部到部分岗位锻炼的规定》，落实干警在诉讼服务中心锻炼和律师进驻诉讼服务中心值班制度，专人负责12368诉讼服务热线，为当事人提供“门诊式”更好的诉讼服务。在西坑镇设立延伸立案点，推广网上立案、预约立案等做法，实现让当事人“最多跑一次”。

【案件审判】 **刑事案件审判** 2017年，文成县人民法院受理刑事案件218件，审结222件，判处罪犯292人，其中三年有期徒刑以上32人。审结暴力及侵财型犯罪案件85件，维护群众生命财产安全。审结危险驾驶罪、交通肇事罪等危害公共安全案件55件，保障社会公共安全秩序。审结金融诈骗罪等破坏社会主义市场经济秩序案件14件，促进市场经济有序运行。审结寻衅滋事罪等妨碍社会管理秩序案件76件，维护社会治安。审结贪污、受贿等职务犯罪案件3件，保持反腐高压态势。贯彻宽严相济刑事政策，依法判处106名被告人非监禁刑。实施未成年人犯罪记录封存办法，发布未成年人犯罪审判工作白皮书，强化对未成年人司法保护。

民商事审判 2017年，文成县人民法院积极回应人民群众向法律寻求保护的关切与期待，审结民商事案件2972件，其中，审结民事案件1254件，审结商事案件1718件。审结商品房买卖等涉房地产案件80件，维护房地产市场的健康发展。审结金融借款案件330件、民间借贷纠纷969件，有效维护正常金融秩序。成立司法救助委员会，加大司法救助力度，为当事人缓、减、免交诉讼费23.6余元，为4名困难当事人发放救助金11万余元。

行政审判 2017年，文成县人民法院受理行政诉讼案件38件，审结36件，其中，判决行政机关撤销行政行为、履行法定职责3件，经协调后行政相对人撤诉6件。办结非诉行政案件170件，其中裁定准予执行118件，裁定准予撤回52件。构建司法与行政的良性互动机制，联合县政府出台《关于进一步做好国土领域非诉积案清理工作的通知》《关于涉国土资源非诉行政执行案件"裁执分离"实施办法的通知》和《文成县关于落实裁执分离机制的若干规定》，破解非诉行政执行难题。贯彻落实新行政诉讼法规定，审结院首例行政诉讼一并审理民事争议案件。落实行政机关负责人出庭应诉规定，实际出庭率93%。举行法制宣讲，为县综合行政执法局、公安局等部门授课3次，促进法治政府建设。

【案件执行】 2017年，文成县人民法院执结各类执行案件2095件。出台"基本解决执行难"实施方案，推动县委成立破难工作领导小组，召开县机关单位、各乡镇及"两委员一代表"等90余人参加的执行推进会，构建执行破难大格局。推动建立涉特殊主体案件执行联络协作机制，将涉特殊主体履行义务情况、依法协助执行情况等内容纳入县综治考核和平安考核。率全市之先向

文成县司法拘留社会矛盾化解工作室挂牌成立（县法院提供）

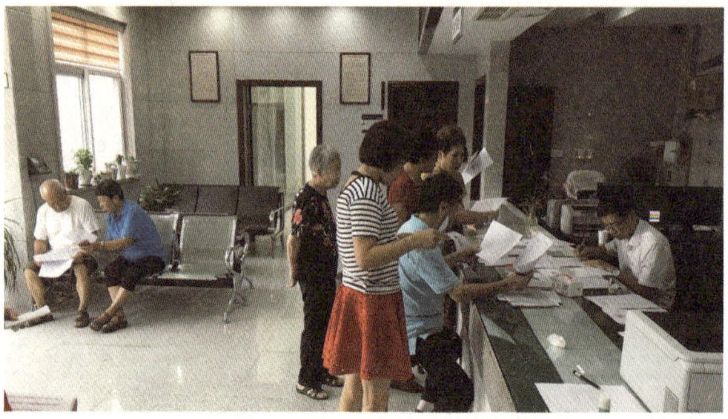

集中办理案款退赔现场，共计发放案款294万余元，46名受害人全部签署了分配公告和账户确认书（县法院提供）

执行局获当事人送锦旗致谢（县法院提供）

金融、工商、教育等领域的28个单位发送被执行人名单，开展联合惩戒。与公安局出台司法拘留矛盾化解工作会议纪要，并在文成县拘留所挂牌成立工作室。实施24小时值班备勤制度，开展“诚信进万家，文成无老赖”“春雷行动”“清房风暴”“冬季亮剑”等大型专项活动7次，用足用好网络司法拍卖、点对点网络查控、曝光等执行措施，共网上布控1154人，拘留233人，罚款22人，发布失信名单1022人，曝光144人，房产腾退39处，房产拍卖成交9604万元。加大拒执罪打击力度，移送5件拒执犯罪案件。完善执行团队建设，完善内部科室分工和执行实施案件办案流程，建立终本程序的实质标准和程序标准。制定出台执行案款管理办法，集中办理一起刑民交叉非法集资案件的案款退赔，发放案款294万余元，46名受害人全部签署分配公告和账户确认书。执行工作两次获当事人锦旗致谢，荣获全市法院第三季度擂台赛第一名。

【审判监督管理】 2017年，文成县人民法院引入科技管理，依托以法务通、审判管理系统、执行管理系统等为代表的办案系统，实现案件信息的快速查询、统计、检索和全程留痕。运用文书智能校对、信息录入评查等自动检测技术，提高案卷质量。建成数字审委会议室，实现审委会讨论全程录音录像。推行全院干警集中加班、健全周月光荣榜、办案能手评比、办案平均线、院长约谈督办等制度，倒逼干警多办案、快办案、办好案。《文成法院关于进一步改善审判执行质效的报告》获温州中院院长徐亚农批示肯定。“建立院长约谈督办机制，加大清理长期未结案力度”“每月创作部门审执质效短板提示、提升案件质效”等工作，成为全市法院审判管理工作亮点。

【司法改革】 2017年，文成县人民法院健全审判权力运行机制。出台《关于完善司法责任制改革的实施细则（试行）》及配套文件，重新修订未入额法官协助员额法官办案的若干规定，对合议庭、独任法官、审判辅助人员的审判职责、工作流程和工作考核作出详细规定，确保法官依法独立公正行使审判权。进一步落实院庭长办案相关规定，出台《人民法院院长庭长审判管理监督职责清单（试行）》，进一步规范院庭长的审判管理监督职责。院庭长办案数1906件，占全院办结诉讼案件总数的71.40%。加强对法官审判绩效、职业素养、作风纪律的考评，通过强化对案件庭审、文书和卷宗的质量监督管理，规范法官行为，倒逼法官审慎正确运行权利。

【司法资源优化配置】 2017年，文成县人民法院招录15名司法雇员，并落实薪酬待遇。推行内设机构改革，完成第三批共6名员额法官的遴选，重新组建22个审判团队，使精干力量更向办案一线集中。推行集中送达、集中排期、集中保全制度，提高送达效率，该项工作在全市法院作先进经验介绍。出台《关于案件随机分配的工作指引》，在全院全面推行电脑随机分配案件。完善繁简分流方式与简案速裁机制，实现80%以上的案件在诉讼服务中心消化，促进简案快办、难案精办，提高审判效率。引导民商事纠纷当事人先行由人民调解组织、行业调解组织进行调解，诉前调解各类纠纷350件，诉前纠纷化解率为11.62%。利用远程视频方式开庭审理刑事案件5件，降低押解风险。推进简式裁判文书和庭审记录方式改革，制作简式裁判文书180份，庭审改革适用率为94.72%。

【推进庭审实质化改革】 2017年，文成县人民法院成立以审判为中心的刑事诉讼制度改革领导小组，推动县委成立庭审实质化改革工作领导小组，出台《关于推进庭审实质化改革的实施意见》等文件，保障改革顺利进行。与检察院、公安局共同探索建立证人出庭联动机制，出台证人出庭相关费用报销与发放的暂行规定，建成隐蔽证人作证室，进一步解决证人、鉴定人出庭作证难的问题。年内，通知22位证人出庭作证，实到21人，包括3名警察。实行非法证据排除规则，完善冤假错案防纠机制。强化控辩平等对抗，保障被告人和律师诉讼权利，为1名聋哑当事人聘请翻译，为76名可能被判处三年以上有期徒刑的被告人指派律师辩护，三年以上辩护率达到100%。联合县检察院召开刑事案件繁简分流座谈会，就繁简标准、筛选流程、同案犯和关联性案件办理、认罪量刑等方面达成共识。

【家事审判工作机制改革】 2017年，文成县人民法院完成院机关、珊溪法庭家事审判专区建设，启动南田、玉壶法庭的家事法庭建设。出台《特邀家事调解员工作规程》等文件，与县司法局、县妇联联合成立文成县家事纠纷人民调解委员会，聘任特邀家事调解员、家事调查员和心理辅导员，协调社会各方力量，共同化解家事案件纠纷。创新体制机制，建立健全家事纠纷诉前调解、离婚案件当事人财产申报、离婚案件感情“冷静期”、父母对未成年子女强制抚养教育、反家暴人身保护和心理疏导等机制。共审结婚姻家庭、继承纠纷案件896件，发出离婚证明23份。签发人身安全保护令2份。法院在全市家事审判改革司法论坛会上作典型经验介绍，是县人大常委会年度监督项目之一。

【海外调解员制度品牌建设】 2017年，文成县人民法院在家事审判区域专门设立涉侨网络法庭，为涉诉华侨提供更便捷更周到的服务。年内召开特邀海外调解员工作会议，就健全海外工作联络机制，实践操作中遇到的难题进行交流讨论和业务培训。全年，特邀调解员协助法院、参与远程视频系统审理涉侨案件30件。加强海外调解员制度共享，帮助县司法局、公证处推广海外调解、公证取证等工作，助力将特邀海外调解员制度打造成地方性乃至全国性的司法品牌。中国侨办、中国侨联、最高院及省法学会相关领导分别到院实地调研。国务院侨办主任裘援平在米兰海外联络点实地考察时，亲自体验并对院创新完善特邀海外调解员制度，维护海外华人华侨权益工作给予高度赞扬。

国务院侨办主任裘援平（右三）实地考察米兰海外联络点（县法院提供）

【司法公开】 2017年，文成县人民法院主动公开审判流程、执行信息、裁判文书和庭审活动等各类司法信息和法院工作动态。通过“两微一网”发布各类信息3000余条、公布裁判文书1433份，提供电子档案查阅851人次，增设庭审直播庭5个，互联网直播庭审97件，观看量达8.79万余人次。与新闻媒体建立良好沟通联络机制，联合县广播电台合办双语法制类栏目《法在身边》，法官就百姓关注焦点热点问题现身说法。大型执行活动《冬季亮剑》全程在网络直播，直播首日收看人数即突破20万人次。“以案释法”微课作品《慈父之罪》荣获温州市首届“以案释法”微课比赛优秀奖。自主拍摄的《无处可逃》成为首部在最高院、人民法院报官媒播放的微电影。向县人大及其常委会汇报司法改革、家事审判机制改革和行政处罚法实施等重大事项和重要案件审判情况，邀请人大代表、政协委员视察调研、旁听庭审、亲历执行。配合检察机关依法履行法律监督职责，与县检察院召开联席会议，就民事、行政、执行监督等问题达成共识。落实《法官与律师互评工作实施办法（试行）》，实现法官与律师问题双向反馈。重视舆情、民意的收集与处理，召开特约监督员、老干部等座谈会，收集意见并做好整改。

【党风廉政】 2017年，文成县人民法院 组织开展“强责任敢担当，治顽疾优环境”“司法不严、司法不公”等审判纪律作风专项整治等活动，严格落实廉洁司法各项规定。抓住干警队伍建设不放松，开展廉政周教育、层层签订廉政责任状、向干警赠送廉政春联、发送廉洁短信等形式，筑牢干警拒腐防变思想防线。建立健全干警廉政档案、纪检信息月报告、科室间交叉巡查等制度，督促干警开展纪律作风问题的自查自纠，不断改进工作作风。

【法院队伍建设】 2017年，文成县人民法院将“两学一做”学习教育常态化、制度化，不断加强干警职业道德和司法良知教育，引导全体干警强化“四个意识”，坚定理想信念。注重干警的能力提升，举办法官论坛8期，24名法官为全体干警授课。组织干警参加各类培训172人次。召开调研工作暨第九届学术研讨会，推动学术交流和资源共享。注重中青年干警的培养，鼓励他们到基层法庭、立案、执行岗位锻炼成长。关心关爱干警，积极开展主题演讲比赛、登山等工青妇团活动，缓解干警工作压力，增强队伍归属感和向心力。

【综合服务保障】 2017年，文成县人民法院坚持“法院中心工作推进到哪里，司法保障工作就跟进到哪里”，完成珊溪法庭建设并投入使用，完成法院老宿舍、峃口法庭和珊溪老法庭的房屋鉴定并按规定进行相应处置。完成院机关、执行指挥中心及门厅建设。增设庭审直播庭1个，为法院配置WiFi、网络监控、单兵执法记录仪等办案和办公设施。完成公车改革和食堂改革。加强安保，增加院门口车辆识别系统、保安亭、防爆罐等设备，落实流动巡逻制度，有效地保障审判活动的顺利进行。

（林　丹）

司法行政

【概况】 2017年，文成县司法局内设办公室（法制科）、政治处、法制宣传教育科、基层工作管理科、社区矫正工作管理科（刑释解教人员安置帮教工作科）、法律服务管理科（行政审批科）、法律援助工作管理科等7个职能科室。下设基层司法所所9个。年内，贯彻落实习近平总书记系列重要讲话精神，推进司法行政平安建设、法治建设和过硬队伍建设，为全县提供优质高效的法律服务和法律保障。

【司法所建设】 2017年，文成县司法局开展星级司法所创建活动，全县9个司法所，其中大峃司法所被省厅命名为五星级司法所，黄坦所被省厅命名为四星级司法所，峃口、巨屿、百丈漈、西坑、珊溪、南田、玉壶等7家司法所被省厅命名为三星级司法所，全县星级司法所创建率达100%。

【人民调解】 2017年，文成县司法局着力构建“人民调解+”社会矛盾纠纷多元化机制。全年，各级调委会受理矛盾纠纷5063件，调处成功5006件；调处成功率98.8%。推出具有文成特色的“三三一”人民调解工作机制，成立人民调解中心专家咨询指导组；17个乡镇均成立社会矛盾联调中心。同时创新推出海外人民调解服务，邀请5名知名华侨担任首批海外人民调解员，出台涉侨民商事纠纷调解衔接工作实施办法、特邀海外人民调解员制度等文件。全年，海外联络点通过“视频连线”的方式调解涉侨民商事纠纷10起；与国内调解委员会互动调解纠纷110起。

【社区矫正】 2017年，文成县司法局接收社区矫正人员133名，解除202名，在册社区矫正人员225名。加强“执法规范化”建设，司法局与基层司法所签订责任书，与13家单位建立责任清单，落实社区矫正责任。对重点社区服刑人员，实行“日见面、日报告”，手机定位、电子腕带“双管控”。全年完成2名在逃社区服刑人员的收监和1名社区服刑人员收监执行工作。服务村（社区）组织换届选举，对全县7653名村四套班子候选人进行资格审查，审查出有社区矫正人矫记录候选人13名。

2月24日，海昌律师事务所在文成设立分所（县司法局提供）

【法律服务】 2017年，文成县司法局加快推进公共法律服务体系建设，在全市率先出台公共法律服务体系建设文件，在全县设立17个乡镇公共法律服务站、66个公共法律服务点。引进温州市知名律师事务所浙江海昌律师事务所在文成县开设分所，派驻三位执业律师。年内，县有执业律师11人。做好农村法律顾问工作，在县政府、24个县政府工作部门，17个乡镇，2个功能区聘请法律顾问。与全县385个行政村6个社区1个居民区签订法律顾问合同，覆盖率100%。深入开展惠企便民法律服务活动，局领导每人走访2家重点企业，组建诚意、兆佳、海昌、鹤城、公证5个法律服务团，开展“法律服务五进”活动，全年走访全县325家企业，开展法治宣传活动9次，法治讲座12场，收集问题25余条。建立巨屿工业园、百丈漈小微工业园等5个法律服务点，在黄坦镇建设企业公共法律服务中心。在北京、上海、丽水、义乌、杭州、广州等6家异地文成商会设立法律服务联络点。与文成山哥哥科技孵化创业园签订战略合作协议，实行坐班制度。律师担任全县26家企业的法律顾问，提供诉讼服务42次，指导审查规章制度12件，出具法律意见书4件，解答法律咨询80人次。

8月，在山哥哥科技孵化园建立惠企便民法律服务点（县司法局提供）

【公证业务】 2017年，文成县司法局受理涉外公证5341件，国内公证3574件，涉港澳台公证20件。创新推出海外公证服务，司法局在争取上级领导及相关部门的支持下，在世界文成人大会期间，邀请5名知名华侨担任首批海外公证联络员，建立海外联络站微信群，简化办证程序。年内，海外联络点通过“视频连线”的方式完成放弃继承声明书取证15件。打造“互联

11月21日，国侨办副主任郭军到文成县调研海外公证联络点建设（县司法局提供）

网+公证”，实行电子化卷宗管理，开通公证处在线公证平台、公证微官网，通过网络完成在线咨询、网上预约、公证申办、网上缴费、公证办证进度查询、公证书真伪核实、领证通知等一站式服务。全年网上办证53件。

【法律援助】 2017年，文成县司法局降低法律援助标准，将受援人的经济困难标准放宽到“最低工资标准”，对农民工讨薪、工伤赔偿案件等六大类因特定事项或人员申请法律援助，实行免经济状况审查。加强日常监控，实行结案评估和受援人回访工作。提高法律援助案件补贴发放标准。做好“法律援助户”工作，年内，全县新确定“法律援助户”418户，累计“法律援助户”826户。做好刑事法律援助工作，出台实施方案，扩大受理范围，简化受理和指派流程，实现县刑事案件律师辩护全覆盖。年末，受理法律援助案件238件，免于经济困难审查案件26件。

【法治宣传】 2017年，文成县司法局建立重点单位法治宣传责任清单；出台村干部任职法律知识培训考试制度；组织320名新任村干部学法培训和法律知识考试；组织4次71名非人大任命领导干部参加任前法律知识考试；与电视台签订12万元的合作协议，开办“法在身边”以案说法栏目。全年开展大型广场法治宣传活动9场；组织法治巡演活动7场；开展“护航村级换届选举”法治文艺汇演11场；“三美”文成主题巡回宣讲42次；各类有奖法律知识竞答活动5次；专项法治宣传活动25次；发放宣传资料1万余份。

【依法行政】 2017年，文成县司法局取得执法证人数36人，持证率为80%，执法人员均有持证上岗。组织司法行政工作人员和社区矫正协理员进行法制培训，严格落实网上管理、网上执法和审批制度，建立执法案件质量考评和案件办理质量标准。2017年，开展重大社区矫正执法合议会议15次；抽查144份公证；法律援助案件卷宗40件，质量监督卡的回收率100%。开展人民监督员三个一活动，即一次座谈会，一次参观预防犯罪基地（看守所），一次职务犯罪听庭活动。

【队伍建设】 2017年，文成县司法局每月25日开展全体干部集中学习；深入开展“两学一做”学习教育活动，制定工作方案和计划。全年组织集中学习2次，岗位大练兵活动4次，业务培训会3期，党课学习会8次。健全考勤、请销假、外出登记等制度，推行指纹考勤和“日志式”管理，把考核结果与评先评优相挂钩。年末，开展纪律作风巡查、明察暗访17次，开展分类谈心提醒活动70多人次。成立局督查组，对全局干部职工队伍作风情况进行督查，开展队伍状况分析4次，查找并整改县局层面问题7个。

2017年文成县司法系统先进集体名录

表7

序号	姓名	荣誉名称	发文时间	授予部门
1	文成县司法局	被评为2016年度平安综治工作先进集体	2017.04.11	中共文成县委 文成县人民政府
2	文成县司法局	被评为2016年度全县政法工作先进集体	2017.04.11	中共文成县委 文成县人民政府
3	文成县司法局	实施温州市“十二五”妇女儿童发展规划先进集体	2017.01	温州市两办
4	文成县司法局	温州市村和社区组织换届工作先进集体	2017.06	中共温州市委、温州市人民政府

2017年文成县司法系统先进个人名录

表8

序号	姓名	荣誉名称	发文时间	授予部门
1	徐声福	被评为文成县村和社区组织换届工作先进个人	2017.06	中共文成县委 文成县人民政府
2	富淑芳	被评为2016年度全县政法工作先进个人	2017.04.11	中共文成县委 文成县人民政府
3	刘荷娜	被评为2016年度全县平安综治维稳工作先进个人	2017.04.11	中共文成县委 文成县人民政府
4	徐剑平	被评为2016年度优秀等次公务员	2017.08.17	中共文成县委组织部
5	叶淑峰	被评为2016年度优秀等次公务员	2017.05.12	中共文成县委组织部、县人事劳动社会保障局
6	雷　鹏	被评为2016年度优秀等次公务员	2017.05.12	中共文成县委组织部、县人事劳动社会保障局
7	吴　江	被评为2016年度优秀等次公务员	2017.05.12	中共文成县委组织部、县人事劳动社会保障局
8	徐守松	被评为2016年度优秀等次公务员	2017.05.12	中共文成县委组织部、县人事劳动社会保障局
9	陈永久	被评为2016年度优秀等次公务员	2017.05.12	中共文成县委组织部、县人事劳动社会保障局
10	陈伊伦	被评为2016年度优秀等次公务员	2017.05.12	中共文成县委组织部、县人事劳动社会保障局
11	胡峥伟	全市司法系统理论调研文章优秀奖	2017.4.10	温州市司法局
12	季周颖	全市司法系统优秀信息员	2017.4.10	温州市司法局
13	叶淑峰	全市依法治理工作优秀信息员	2017.3.29	温州市普法依法治理领导小组

（季周颖）

国 防 建 设

人民武装

【概况】 2017年,文成县人民武装部在温州军分区党委和文成县委的领导下,贯彻上级党委决策部署,牢固确立强军目标根本指导,坚定举旗铸魂、聚力练兵备战、从严正风肃纪,深化党管武装、筑牢安全底线,完成年度各项工作任务。

【思想政治建设】 2017年,文成县人民武装部把落实习主席系列重要讲话精神作为首要政治任务,坚持第一时间学习领会、迅速形成思路举措、采取强力措施贯彻实践,确保人武部建设发展坚定正确的政治方向。按照"全员参与、全年贯穿"的要求,通过课堂交流、课后讨论,真学真悟党的理论和习主席讲话精神,做到入脑入心,坚定实现强国梦、强军梦的追求,筑牢听党话、跟党走的思想根基;组织机关党员参加"文成讲坛"辅导、参观文成县廉政教育基地,在机关党支部开展"党员之星"和"党员先锋岗"等评星创优活动;注重抓细抓常,坚持每周一天自学、每月一次述学、每两个月一次践诺自评、每季度一次党课制度不放松,切实把推进学党章党规,学系列讲话,做合格党员"两学一做"学习教育常态化制度化抓出成效。

【党管武装】 2017年,文成县人民武装部狠抓党管武装工作,在制度坚持、活动开展、军政团结方面保持优良传统。全年突出以制度抓规范,严格落实双重领导、双向兼职、党委议军、党管武装述职、"军事日"活动等7项党管武装制度。在年底全市党管武装工作考核中,成绩位列全市第五名,同类县第一名。注重专职武装干部队伍优化发展,专职武装干部进出交流渠道进一步顺畅,每年组织专职武装干部军事业务技能集训,突出组织指挥能力训练,实行排名考核通报,提升组织开展武装工作的能力水平,队伍结构进一步优化。12月27日,召开县委议军会议,分析当前文成县党管武装工作形势,会议对驻文部队开展工作过程中存在的困难和问题进行现场协调解决;会上对驻文成部队服务地方经济社会发展所付出的努力和贡献给予充分的肯定。并指出,文成县人民武装部不断加强队伍建设,快速动员能力显著提升,积极服务地方经济社会发展,在抢险救灾、维护稳定等方面做了大量扎实有效的工作,真正做到召之即来、来之能战、战之能胜。要求全县各级领导干部和相关部门要一如既往地帮助驻文成部队正常开展工作,对涉及部队建设的

温州军分区朱主任率联合考评组到文成县进行党管武装工作和全面建设量化考评(县人武部提供)

事项，要在人力、物力、财力上给予大力支持，为驻文部队营造良好的工作生活环境。要积极协调主动作为，把支持国防和部队建设作为义不容辞的政治责任，解决好驻文成部队存在的实际问题，为驻文成部队办实事、解难题、做好事。

【征兵工作】 2017年，文成县人民武装部本着早发动、早部署、早动员，强化组织领导，加大宣传力度，强力推进的原则，认真贯彻落实国防动员部关于做好征兵工作的重要指示，切实加强领导，严格审查把关，新兵中具有大学以上学历文化程度的人占比72.6%，高中以上学历人员比例达到100%，完成上级赋予文成县的新兵征集任务。为了积极鼓励高学历青年踊跃报名应征，在2013年研究出台“在退役大学生士兵中定向招录事业编制人员”的优待政策之后，2017年把大学生士兵奖励金提高到14492元，保留入伍公职人员福利待遇等优惠政策，提升参军入伍吸引力。利用广播、电视、手机、微信公众号、互联网等媒体，滚动播放征兵公益广告，发布征兵政策信息，组织国防宣传员和征兵政策宣讲员到高中学校开展征兵政策宣讲，持续营造参军氛围。县征兵办协调公安、法院等职能单位，加大对拒服兵役人员的处罚力度，促进依法征兵工作的有序进行。

2017年度文成县新兵入伍欢送仪在县文化广场举行（县人武部提供）

【军事训练】 2017年，文成县人民武装部以强化军事训练为中心地位，重点抓好机关干部、专职武装干部和基干民兵等三支队伍的训练。3月，结合民兵组织调整，指导各乡镇陆续开展基干民兵出入队训练，锤炼队伍，增强素质，培育战斗精神；5月，组织机关干部、专职武装干部和行政村民兵连长进行为期一周的军事业务技能训练，提升遂行非战争军事行动能力；11月，邀请洞头先锋女子民兵连骨干担任教员，组织专职武装干部和重点应急队伍干部骨干进行为期一周的队列教学法和轻武器分解结合及实弹射击训练，并组织年度军事业务技能排名考核，进一步提高民兵干部骨干组织指挥能力；12月初，组织县民兵应急连成建制开展盾牌警棍术、应急拉动、五公里负重战斗体能、山林灭火和轻武器射击等课目训练，突出针对性、应用性训练，达到“一队多能、一队多用、功能复合”效果，切实提升应急应战能力。人武部机关现役干部按分区业务部门要求，同步组织作战标图、识图用图、基础理论、手枪射击和3000米等课目补差训练。全县民兵参训600多人，其中专职武装干部、行政村民兵连长120人，重点应急队伍80人，民兵干部骨干280人，县民兵应急连125人。

文成县人民武装部组织机关干部军事业务技能训练（县人武部提供）

【抢险救灾】 2017年，文成县人民武装部出动民兵40批次1000余人参与山林灭火、防抗台风、安保维稳、应急求援等事件行动。2月2日，文成县百丈漈镇外大会村发生一起四间四层半农民自建房突然坍塌事件，文成县人民武装部接到地方救援电话后，立即启动应急响应机制。温州军分区参谋长张道义和文成县人民武装部部长吴步程分别带领前进指挥所和县民兵应急分队第一时间赶赴灾害现场，出动民兵120人次，连续奋战一昼夜，9名被困人员全部搜救完成。在7月，防抗9号、10号台风“纳沙”和“海棠”行动中，出动应急分队民兵150人次奔赴灾区，连夜转移受灾群众22人，疏通受灾道路10余处。

“2·.2”百丈漈镇房屋坍塌事件文成县人民武装部组织民兵应急分队抢险救灾行动(县人武部提供)

【民兵整组】 2017年，文成县人民武装部根据省军区有关民兵整组工作指示精神，调整民兵组织整顿工作领导小组，召开整组工作领导小组会议，组织人员到各乡镇和企事业单位进行调查摸底，拟制文成县民兵整组工作计划方案。周密部署整组任务，及时调整整组工作领导小组，组织开展业务培训。按照调查梳理拟制方案抓好培训部署任务，突出重点全面展开和检查验收总结点评四个步骤组织展开民兵整组工作。下半年，针对县应急连“四队兼备”建设现状，通过调查摸底，了解掌握兵源底数，优先选编退伍军人和军事基础好、专业素质高、平时管得住、用时拉得出的人员，在全县范围内统一调整组建。组建后县民兵应急连各项指标比例符合要求，确保遇有紧急任务拉得出、用得上、用得好。

文成县大峃镇基干民兵点验大会(县人武部提供)

【国防教育】 2017年，文成县人民武装部国防教育以新时期“强国梦·强军梦”为引领，坚持贯彻全民参与的方针，面向社会各界广泛开展群众性教育，不断扩大社会覆盖面。在建军90周年之际，结合县四套班子军事日活动，邀请国防大学戴旭教授为全县副科以上领导作国防形势教育专题辅导，从强化国防观念入手，把红色教育作为领导干部教育培训的重要内容，切实增强各级领导干部“红色传人”意识；组织2批次全县后备干部封闭式军事化训练，体验“当兵”生活，自觉强化关心国防、建设国防的使命感和责任感。突出青年学生这一重点，将校园作为开展红色教育的主阵地，广泛开展知识讲座、主题演讲、观看爱国影片、开办军人荣誉墙等活动，丰富样式扩展教育受益面。在龙川社区文成县中小学生综合素质训练基地，建设开辟军事技能拓展训练场和红色知识长廊，邀请老红军给学生讲述战斗故事，组织现役军人、专职武装干部作为校外辅导员，宣讲红色文化，使同学们感受红色氛围，培养红色情怀。实施“红色文化拓展工程”，以红色历史为背景、以身边典型为原型，充分利用报纸、广播、电视等媒体将红色文化向城乡延伸、向百姓生活渗透；依托手机、互联网等新兴媒介，开辟“文成县国教办”微信公众号，搭建“文成国防”网上教育平台，宣传红色典型、介绍红色文化、渲染红色氛围，开创文成县新时代全民国防教育新局面。

文成县人民武装部为县后备中青年干部开展国防形势教育讲座(县人武部提供)

【国防动员工作】 2017年,文成县人民武装部认真贯彻落实中共党的十九大精神,提高对新形势下加强国防动员和后备力量建设重要性的认识。动员工作始终是国家安全发展战略全局中的重大问题,它不仅直接关系着军队作战能力的生存,而且决定着国家战争潜力的转换,影响着国家战略能力的提升。充分认清新形势下加强国防动员建设的重大意义,认清肩负的重要职责,防止和克服无所作为、畏难情绪、满足现状等倾向。严格规范国防动员委员会各办公室工作制度,及时调整完善组织,保持机构常态运行。定期组织"八办"联络员会议和业务培训,高标准组织国防动员演习,各办公室专兼职人员能力素质不断得到加强。细致开展国防潜力普查,系统梳理录入"动员一号""辖区战场环境""双拥潜力数据"等8大类900余项动员潜力指标数据,定期更新完善,确保数据详实、准确。全年在全市率先完成潜力调查汇总上报工作任务。全县投入10.5亿元,改建新建国防交通公路近49公里;在建成文成县人防地面指挥中心办公楼和民防(人防)信息系统的基础上,继续投入30万元,建设人防警报器省市县三级统控联网系统。

【双拥工作】 2017年,文成县人民武装部把基层双拥工作提高到长远之计和固本之举的高度来认识,真正重视、真心关爱、真情帮助基层,解决服务优抚对象"最后一公里"难题。在"2·2"房屋坍塌事件,文成县人民武装部党委号召全体干部职工和专职武装干部向受灾军人家属捐款,现场筹集善款1.06万元。9月,文成县人民武装部和县民政部门到部队回访,看望126名文成籍新兵,并送上慰问金。春节期间,县委书记王彩莲、县长章寿禹带领"四套班子"及部门领导亲切慰问驻文成部队官兵,了解他们的工作、生活情况并送去慰问金。县四套班子及局领导先后走访各乡镇的特困优抚对象110多户,给每户送去慰问金及春联、年画。进一步加大双拥工作的宣传,利用广播、电视、县报等媒体加大宣传力度,创造双拥氛围,搞好军民共建,促进军民团结。

【后勤保障】 2017年,文成县人民武装部全面停止有偿服务。认真贯彻落实中央军委《关于军队和武警部队全面停止有偿服务活动的通知》精神,高标准做好全面停止有偿服务工作。1月,终止与新凯悦大酒店的租赁合同,收回房产。并将新凯悦大酒店的使用管理权移交给县国资委,签订《新凯悦大酒店使用管理权移交协议》,确保中央军委指示精神全面贯彻落实。抓紧好财务清查。强势推动"四个行业"集中专项整治。部党委高度重视,专门召开党委会,研究制定文成县人民武装部"四个行业"集中专项整治方案计划,成立以部长俞俊为组长,副部长范方彪,保障科长为副组长,纪检、财务等为组员的领导小组,集中三周时间对2013年度至2016年度财务票据凭证进行自查自纠。年内,专项整治工作正在有序推进。加强营区正规化管理建设。选编优秀退伍兵,担任营门警卫,规范人员、车辆出入登记统计。在营区增设限速牌,划设停车位,建设停车棚。维修加固办公楼消防楼梯,改善门岗执勤和住宿条件,增加营院监控设施,确保做到24小时不间断无死角。营区安全管理实行"日、周、月"工作制度,做到每日进行安全巡察,每周进行重点排查,每月进行全面清查，做到营院安全管理正规有序。改进后勤保障方式。加强饮食安全管理，建立分餐保障机制，确保饮食安全管理。

（洪婷婷）

武警文成县中队

【概况】 2017年，武警文成县中队认真贯彻上级指示精神，深入学习习近平主席十九大重要讲话精神，开展创先争优活动，不断提高党支部"三个能力"。依据新《军队基层建设纲要》和条令条例，理清思路，打牢基础，高标准实现"两个确保"。中队坚持以"做人、做事、吃苦、奉献"八字精神和"不择土壤不怕寂寞，扎根偏远无私奉献"的队训为主线教育引导官兵，工作学习中真诚帮带、日常生活中真心帮助，遇到困难真爱帮扶，着力传承中队优良传统。

【思想政治建设】 2017年，武警文成县中队结合自身实际，严格落实理论学习日、教育、晨读和"三个半小时"制度，深入抓好习主席系列讲话精神传达学习，组织肃清周永康、徐才厚、郭伯雄案件的影响，较大转变战士观念。结合封闭式管理、老兵退伍、抢险救灾等任务实际和工作特点，有针对性的开展随机教育，借助地方资源，丰富教育形式。始终坚持把战士作为部队建设的主人，不断提升官兵主人翁意识。每月召开思想汇报会、官兵恳谈会，广泛与战士谈心交心。组织开展"致战士家长一封信"活动，向战士家长汇报每名战士日常表现，征求战士家长对中队做好战士管理教育的意见建议。

【军事训练】 2017年，武警文成县中队在全面落实《纲要》的基础上，坚持以任务为牵引和"两严"方针，狠抓"八落实"，开展"五小练兵"活动，主要突出体能训练、技能训练等科目，狠抓战训结合，突出实战应用，加强情况研讨，训练成绩较往年进步明显。在总队、支队组织的各项军事比武中，均取得优异成绩，创造近年军事比武最好成绩。

【执勤战备】 2017年，武警文成县中队严格落实勤务制度，确保执勤和处理突发事故任务完成。正规执勤秩序。在贯彻上级有关执勤规定的同时，结合中队实际，制定中队的执勤补充规定，对各类执勤人员的职责进一步细化，坚持每周半天的勤务训练，提高官兵的处置能力；研究整改执勤"常见病、多发病"，端正哨兵的形象。加快"五防一体化"建设，中队整体执勤硬件软件水平都得到质的提升。加大监控查勤和实地查勤相结合的力度，确保哨兵以高度的警惕性站好每一班岗。加大哨兵防袭击动作的训练，学会一招制敌和首发命中的本领。落实上级指示精神，对新的要求进行规范和训练，确保执勤人员技能过硬、应变灵敏，保证目标绝对安全。五是中队支部做到常抓常议，协同目标单位搞好"三共""三个一遍"活动。中队根据任务的需要，进行处突预练，注重研究各种突发事件特点规律，通过演、练、讲、做相结合进一步提高官兵们的执勤处理突发事故的能力。

【后勤保障】 2017年，武警文成县中队牢记和发扬部队的优良传统，艰苦奋斗、勤俭节约，不断提高后勤建设科学化水平。中队党支部经过研究，对军械员和炊事员的选拔严格把关，合理调配。在日常工作中落实管理的各项规章制度，适时抓好思想建设和业务训练，后勤队伍的作用发挥明显。落实经费管理规定，落实各项制度，对经费开支，支部能从严把关，按章办事，做到有计划、有研究、有审批、有检查，制定落实日清、周查、月结、季度核对制度。按照"统一领导、财务归口、收支有序、加强监督"的原则，严格实行"收支两条线"，经费使用科学规范。落实《武警部队伙食管理规定》，尤其是落实好伙食管理五项制度，着重从抓好食物配送、实物验收等方面，发挥经济民主组等组织的作用，既克服“跑、冒、滴、漏”现象，又确保饮食卫生，防止病从口入。中队炊事员因工作出色，多次得到上级领导表扬。

【拥政爱民】 2017年，武警文成县中队支部高度重视军政军民的关系，积极参加县里的各项活动，支持地方建设，把关注弱势群体、开展扶贫帮困活动作为回报人民厚爱的具体活动。中队在春节前开展以宣传“三大纪律，八项注意”为中心的爱民月活动，提高遵守群众纪律，改进工作作风的自觉性。借助“雷锋日”活动组织官兵看望慰问孤寡老人，集中组织官兵进行一次无偿献血活动。2月上旬，出色完成文成县百丈漈房屋倒塌抢险救援任务。

中队官兵慰问驻地孤寡老人(武警中队提供)

2月2日，参加文成县百丈漈镇房屋倒塌抢险救援(武警中队提供)

人民防空

【概况】 2017年7月，文成县人民防空办公室(简称“文成县人防办”)人防工程质量监督站机构获县编办批复，正式成立，与人防工程建设管理所合署，主要负责贯彻执行人防工程质量监督方面法律、法规和方针、政策，依法对人防工程质量实施监督管理。年内，文成县人防办”贯彻“长期准备、重点建设、平战结合”的方针，履行“战时防空、平时服务、应急支援”的使命要求，以习近平总书记在全国第七次人防代表会议“人民防空是国之大事，是国家战略，是长期战略。”的讲话为引领，围绕年初省、市人民防空会议的部署，完成年度目标任务。

【人防指挥工程建设】 2017年，文成县人民防空地面指挥中心系统每周与温州市十一个县市区进行短波电台联通训练，与省、市人防办进行视频会议对接及训练，全年考核成绩优异。1月20日，为保证短波信号稳定，提升信息保密等级，投资13.3万元升级安装数字军用短波电台，并在验收后投入使用。5月23日，县长章寿禹参与人防基本指挥所选址。

5月23日，县长章寿禹(图位)参加人防基本指挥所选址(县人防办提供)

【方案与演练】 2017年，文成县人民防空办为适应新形势下的防空袭斗争，保障文成县经济和社会发展，根据省市人防办要求，对《文成县人民防空方案》进行新一轮修订。此次修订贴合县实际，增强方案的针对性和可操作性。11月10日，温州市人防办通过专家会审，22日通过县人民政府、县人武部批复。12月21日文成县人民防空办组织50余名专业队成员，进行为期2天的军事训练，训练涵盖体能训练、基本列队、国防人防知识培训等内容。通过训练，队员应急救援能力、相互协作能力、思想素质方面都得到提升，为履行战时防空、平时防灾职能奠定基础。

【人防教育列入学生素质教育】 2017年，文成县人民防空办把人防教育基地体验活动列入县中小学生素质教育实践基地课程，培训专业人防场馆讲课教师12名，参加课程学生将分级段进入不同人防体验馆体验学习。通过人防教育基地体验课程，全县学生能全面掌握空袭防护、灾害逃生、安全救护知识，提高应对突发事件能力。小学以参加人防知识教育和安全教育为主，初中以人防军事教育和体验训练为主，以进一步探索建立完善的人防教育基地常态化运行体制、机制。

人防教育基地专业教师讲解地震灾害知识（县人防办提供）

【人防应急报警与演练】 2017年，文成县人民防空办全年新安装固定电声警报器2台，扩大警报覆盖的范围，确保警报鸣响效果，同时为两台警报器配置储能电池组。5月12日、9月18日，全县统一试鸣防空、防灾警报信号。全县4所中学和第二实验小学开展人防课程教育和常年应急疏散演练。

【人防结建工程】 2017年，文成县人民防空办本着按时报监、按时备案、现场监督要求，对人防结建工程进行管理，发挥人防工程管理所的职能。

【人防工程专项检查综合执法】 2017年，文成县人民防空办根据上级文件要求，4月开展人防工程专项检查活动，对文成县竣工的13个工程进行全面检查，对于检查过程中发现的问题，及时向管理和使用单位进行反馈，责令其限时落实整改，并不定期进行复查。全年持续开展“双随机”抽查工作，制定抽查事项清单，明确抽查事项的抽查主体、抽查比例、抽查内容等。建立市场主体名录库和执法检查人员名录库，明确单位名称、检查事项等核心要素。

【人防宣传教育】 2017年，文成县人民防空办围绕3·1”国际民防日、“5·12”防灾减灾日等特殊日子，分发宣传资料、知识竞猜、宣传展板等方式，不断提高市民防空防灾知识。3月1日在珊溪镇文化广场开展“3·1”国际民防日活动；5月12日牵头8家单位联合在县中央公馆组织开展全国第九个防灾减灾日暨文成县“减少社区灾害风险 提升基层减灾能力”主题宣传教育活动，展出宣传展板70余幅，发放宣传资料1200余份，防灾减灾联合宣传是文成县防控办金名片；9月18日在文成县文化中心广场举行“铭记历史，勿忘国耻”纪念9·18事件86周年主题宣传活动；组建通讯报道骨干队伍，及时撰写报道各类人防信息；将人防知识教育课程纳入县党校中青班干部培训计划，5月9日，邀请市人防办胡希良副主任授课，制定人防进党校相关配套制度。

3月，在县政府门口宣传栏定制长期人防宣传窗口3个，每月3期，以人防职能为宣传内容，每期一职能，配以文字、图表、图片风采等方式，向社会、市民宣传人防重要工作、法律法规、应急救灾知识。年内，刊登30期，与电视台签订合作协议，把人防民防动画搬上电视，在文成电视台播放；将特殊节日宣传内容通过微信分享，运用新的媒体宣传，宣传范围、传播对象和宣传形式有新的突破。编排人防元素文艺节目《人民防空之歌》，9月27日，作为优秀节目参加浙江电视台"流动大舞台"录制。

5月12日，联合8个部门在中央公馆举行防灾减灾主题宣传活动(县人防办提供)

【人防工作现场交流会】 2017年6月29日，温州市人防工作现场交流会在文成县召开，参加会议的有各县(市、区)人防办主任、副主任；市人防办班子成员、机关中层干部、直属单位负责人等。县人防工作分管副县长毛伟新到场致辞，介绍文成县基本县情及如何做好文成县人防工作。会议开始前，参观文成县人防教育基地，并做现场交流。

6月29日，全市人防工作交流会现场(县人防办提供)

参观县人防教育基地交流会现场(县人防办提供)

(县人防办供稿)

国土资源 环境保护

国土资源

【土地利用总体规划调整完善】 2017年，文成县完成永久基本农田划定工作，并通过县、市、省级验收。省国土资源厅下达永久基本农田保护任务22000公顷，比原定保护任务减少2966.67公顷，永久基本农田示范区3800公顷。本次划定将中心城区周边及道路沿线部分优质耕地划入基本农田，贯彻落实保护优先思想，并将粮食功能区、高标准基本农田中的优质耕地纳入。此次全县共划定永久基本农田22020公顷，永久基本农田示范区4046.67公顷。完成永农界桩埋置800个，镇级永农保护牌10个，村级永农保护牌365个，公路沿线一字牌1处。

【建设用地报批】 2017年，浙江省下达文成县各类新增建设用地指标76.864公顷，农用地75.09公顷(耕地49.97公顷)。全年上报农转用征收12个批次和1个单独选址项目，总面积99.15公顷，使用新增建设用地指标76.86公顷，农用地75.0975.08(耕地49.97公顷)。其中1个批次取得省厅批文，6个批次通过审核，其余5个批次和1个单独选址项目上报省厅审查，各项指标完成率达100%。完成规划局部修改方案21个共88个项目，完成用地预审项目82个，完成文成至泰顺(浙闽界)公路(文成段)等1个国家重点项目报批组件。

【"坡地村镇"试点项目】 2017年，文成县是全省七个"坡地村镇"建设试点县之一，2015年获批的百丈漈天湖庄园项目于2017年5月11日成功摘牌。2016年获批的南田蔬康农业产业园项目，于2017年9月获得省人民政府批准，并取得省国土资源厅批文。

【重点项目跟踪服务】 2017年，文成县文泰高速(文成段)及其拆迁安置用地，申请用地总面积112.8978公顷，取得先行用地批准文件，农转用报批组件报省国土资源厅审查。文景高速用地预审取得国土资源部批复，计划于2018年上报农转用报批。G322樟台至龙川段及其拆迁安置用地，申请用地总面积55.7914公顷，农转用报批组件报至省国土资源厅审查。G322西坑至景宁段，完成项目勘测定界测绘，申请用地总面积72.2465公顷，完成永农方案论证并报省国土资源厅预审查。

【土地清理】 2017年，文成县完成批而未供土地131.2公顷(其中高速34.13公顷)，完成率为145.6%；完成盘活存量14.4公顷，完成率432.55%；启动城镇低效用23.93公顷，完成16.07公顷，完成率为241%；处置闲置土地15宗，闲置率为0；按期开工率为96.19%(90%以上按100%算)；完成农民建房1515户，完成率为101%。

【土地整治】 2017年，文成县完成垦造耕地验收22.66公顷，完成率为170%；完成"旱改水"验收92.28公顷，完成率为106.4%；完成耕地质量提升验收175.59公顷，完成率为114.5%；完成高标准农田建设验收2498.2公顷，完成率为102.6%。

【农民建房用地】 2017年，浙江省下达文成县农民建房专项用地计划指标7.87公顷，农用地7.07公顷，其中耕地4.93公顷。年末，完成全县17个乡镇共计430个地块农民建房报批工作。经前期审查后，全年上报农民建房农转用地块243个，使用新增建设用地指标3.48公顷，农用地3.42公顷，其中耕地1.54公顷。

【征地补偿安置】 2017年，文成县报批建设用地6个批次，文泰公路和G322改道工程2个单独批次，总面积188公顷。全年拨付征地补偿费1758万元，落实失地农民保险2099人，发布征收和补偿公告9个批次。重新公布征地补偿标准，在浙江省国土资源厅网站公开历年征地相关资料，要求新报征收的建设项目在报批前调查征收范围的承包权情况。

【地籍管理】 2017年，文成县完成覆盖全县城镇村庄数字地籍调查17.2平方公里，大峃镇数字地籍更新10.2平方公里，办理划拨转划拨手续136宗，收取土地收益金49.23万元，办理划拨转出让手续266宗，收取土地出让金575.3万元。

【执法监察】 2017年，文成县组织动态巡查913次，违法行为立案查处23宗，查处用地总面积1.33公顷，查处建筑面积11832.5平方米，罚款金额29.77万元。年度土地矿产卫片执法中，处置违法图斑19宗，涉及土地面积2.66公顷，耕地面积1.03公顷，确保2016年度土地卫片耕地违法比例控制在2%以内。2017年省级卫片违法图斑共7宗，用地宗面积5.37公顷，耕地面积0.92公顷。

【信访维稳】 2017年，收到来信85件，来访7批次12人。其中举报违法24件，有12件举报反映事项为同一事项，即巨屿镇潘岙村非法采砂石情况，该采沙场被拆除；5件举报事项作出行政处罚决定；7件举报反映情况经调查不属实。征地纠纷举报3件；信息公开2件，揭发控告17件，权属争议8件，网上咨询8件，申诉求决类5件，其他18件。

【地质灾害隐患综合治理“除险安居”三年行动】 2017年，文成县制定《文成县地质灾害综合治理三年行动计划（2017-2019）》，全县三年共有地质灾害综合治理任务173处，实施避让搬迁项目87个，工程治理项目86个，使1505户6042人摆脱地质灾害威胁。全年工程治理项目完成或基本完成项目有34个，完成167户654人，完成率87%。避让搬迁项目完成原房拆除332户1380人，完成率100%。

【不动产统一登记“最多跑一次”】 2017年3月29日，文成县成功实现“最多跑一次”试运行，并于4月1日实现正式运行。全年办理各类不动产登记38312件，其中“最多跑一次”28528件；查询13224件，其中法院查询2580件，单位查询3521件；办理查封422件，解封314件。梳理“最多跑一次”办事事项，公布不动产登记类3大项55小项，矿产资源类5大项10小项；用地审批7个项目均实现“最多跑一次”；公布地灾工作管理类目录3大项。通过挖掘内部受理、各环节的审批时限，抵押登记办理时限由原来的6个工作日办结压缩至3个工作日办结；抵押注销登记实现“零跑次”。开通不动产抵押登记“直通车”服务，抵押人到银行申请抵押贷款后无需再到不动产中心办理抵押登记，实现以“部门跑”“数据跑”代替“群众跑”。根据不动产最多跑一次实施情况重新编制《文成县不动产“最多跑一次”办事指南》，精简办事流程，全面优化服务。

【干部作风建设】 2017年，文成县国土资源局相继出台《关于印发〈文成县国土资源局干部职工请销假暂行办法〉的通知》《关于印发〈文成县国土资源局公务员平时考核工作方案〉的通知》《关于印发〈文成县国土资源局交通保障经费管理暂行办法〉的通知》《文成县国土资源系统作风建设专项督查方案》等一系列干部管理制度。7月，召开以“讲纪律、守规矩、抓落实、敢担当”为主题的全县国土资源系统中层干部座谈会，8月，召开全县国土资源系统党风廉政建设推进会，9月，召开全县国土资源系统作风整顿暨“最多跑一次”工作推进会，10月，召开全县国土资源系统值班制度落实推进会，加大作风建设整治力度，着力解决干部作风方面存在的突出问题。持续开展文成县国土资源系统作风建设专项督查，对3名违反作风建设纪律的干部作出诫勉谈话处分。

【“四个平台”建设】 2017年，文成县国土资源局出台《关于印发〈文成县国土资源局建立“四个平台”整体联动机制方案〉的通知》（文土资党委〔2017〕15号），制定《国土资源所对接综合执法平台处置运行流程图》，提升基层国土资源所管理和服务水平，纳入综合执法平台9个，基层国土资源所32人。

【干部任用】 2017年，文成县国土资源局全年提拔任用中层干部15人，其中副科级1人，中层正职4人，中层副职10人。

【监督执纪】 2017年，文成县国土资源局制定下发《2017年党风廉政建设工作计划》《2017年文成县国土资源系统纪检监察工作要点》及《文成县国土资源局2017年纪检监察工作计划》文件。召开年度全县国土资源系统党风廉政建设和反腐败工作会议，与局机关各科室、局属各事业单位、各国土资源所负责人层层签订党风廉政建设目标责任书。全年召开研究党风廉政建设专题会议4次，党委书记上党课3次。落实谈话制度，谈心提醒25人次，通过谈话制度的落实，对干部职工常扯衣袖，做到“红红脸、出出汗”。开展系统内部作风建设，明察暗访15余次，巡查单位46次。围绕项目用地报批、土地使用权出让、矿业权审查、不动产登记“最多跑一次”、土地开发和地质灾害综合治理三年行动计划等重点工作开展监督检查。深化监督责任，强化责任追究，通过巡查暗访和县纪委转办线索调查，查处干部职工7人，其中行政记过处分1人、诫勉谈话1人、扣发绩效工资5人，落实办理县纪委转办信访件3件。

【整改落实】 2017年，文成县制定下发《文成县国土资源系统作风建设专项督查工作方案》（文土资党委〔2017〕20号），用一年的时间开展全县国土资源系统内部规范化、常态化的工作纪律和工作作风专项督查，及时发现、查纠发生在国土系统内部的腐败问题和不正之风，解决不动产登记发证滞后、行政审批事项不规范、历史遗留问题久拖不决、工作效能低下、“庸政懒政”、为官不作为和群众反映强烈的其他问题。对全县国土资源系统人员出勤、工作纪律、办事效率和履行岗位职责等方面情况进行督查，实行督查情况和监督执纪情况通报制度。先后对局机关、不动产登记窗口、行政审批窗口及9个国土所开展作风建设全覆盖专项督查4次。

（雷叶倩）

环境保护

【概况】 2017年，文成县环境保护局人员编制数54名，年末在岗人员49人，其中在岗高级职称技术人员4人，中级职称技术人员11人，初级职称技术人员14人。

2017年，文成县荣获“两美浙江特色体验地”称号。该活动由省委省政府美丽浙江建设领导小组办公室、浙江日报社共同发起，经过半年多的公开征集、自主申报、全民投票、实地调研，结合智库专家意见、读者代表评分等，最终全省有14个县（市、区）脱颖而出，成为全省首批“两美浙江特色体验地”，文成县是全市唯一入选的县。县环保局被县法治政府建设工作领导小组办公室评为县法治政府建设工作先进单位，李文艳被评为县法治政府建设工作先进个人；郑剑康被县政府评为2017年度全县质量工作先进个人。

4月3日，飞云湖水质较好湖泊生态环境保护项目通过环保部技术组专家组审核，纳入到中央水污染防治（较好湖泊）资金项目库（县环保局提供）

10月17日，中国水利水电科学研究院王浩院士专家团队，和文成县签订共建院士专家工作站框架协议（县环保局提供）

【国家生态示范县创建】 2017年，文成县委托中国环科院开展《文成县生态文明建设规划》的专题研究和文本编制工作，作为指导文成县生态文明建设的战略纲要性文件。《规划》于2016年10月正式委托中国环科院，历经前期调研、初稿形成、征求意见、内部审议四个阶段，规划编制单位中国环科院通过会议座谈、资料收集、实地调研等多种形式，后期又及时根据环保部的最新指标要求进行调整。2017年9月28日，文成县向省环保厅提交《关于恳请对文成县生态文明建设规划组织论证的请示》，省环保厅于2017年12月14日组织召开《文成县生态文明建设规划》编制专家评审会，并一致同意《规划》通过评审。

【环境监测】 2017年，文成县加强环境监测，多项目、多方位、多频次地开展水质、大气、噪声等监测项目并形成监测月报，供领导决策参考。根据监测数据显示，文成县地表水11个断面水质情况均达标；珊溪水库库中及坝前两个断面的水质监测均为II类水质，满足功能区要求；文瑞交接断面水质为I类水质，水质情况有所改善。全县空气质量优良率为97.5%，PM2.5浓度值为29μg/m³。（昼间）区域环境噪声等效声级53.6dB（A），道路交通噪声加权平均声级值为63.0dB（A），功能区噪声2类功能区及4类功能区均达标，2017年文成县区域环境噪声质量等级为较好，道路交通噪声质量等级为好；年内，完成监测报告142份，其中委托性监测报告40份、监督性监测报告54份、例行监测报告48份。配合完成各项创建工作监测类台账整理。

【环境监察】 2017年，文成县加大环境监察执法力度。坚持重点污染源现场监察频次每月不低于1次，一般污染源现场监察频次每季度不低于1次。年内，出动环境监察执法人员1300人次，其中对污染防治设施现场检查总次数为686次，对建设项目现场监督检查108次，下达现场整改决定书24份。对3家企业违法排污行为依法予以立案查处，处罚金13万元。1—12月，大队受理信访件79件，其中12345转办40件，省厅转办3件，市转办36件，办结79件。受理人大建议、政协提案以及党代会提案共9件，全部按期办结，代表、委员们满意率100%。

【环境管理】 2017年，文成县深入开展最多跑一次改革工作，按照便民服务、投资审批、市场准入明确事项类型，按照即来即办、网上预审、预约上门服务三种模式分类确定具体事项的审批方式，公开办事程序,建立首问责任制、AB岗制等。同时,深化建设项目环境影响评价审批制度改革,所有环境影响登记表的建设项目实施网上备案,由建设单位自主根据项目类型在互联网上完成备案,实现“零上门”。年末,审批(或备案)环境影响评价文件59份,其中报告书4份、报告表20份、登记表35份,环评执行率达到100%。

【环境整治】 2017年,文成县进一步推进大气污染防治工作。完成《2017年大气污染防治行动计划》修编工作。为加强大气污染防治,改善空气环境质量,根据《文成县人民政府办公室关于印发文成县高污染燃料锅(窑)炉淘汰改造工作实施方案的通知》(文政办发〔2015〕75号)文件要求,县环保局同县发改、财政、市场监督管理局对浙江双凤食品有限公司等10家单位11台高污染燃料锅(窑)炉进行淘汰改造。每季度至安顺机动车检测站开展监督检查,做好监督记录并及时寄送温州市机排中心。年内,开展清新空气(负氧离子)监测网络建设,12月底前完成网络建设工作。

污染减排 2017年,文成县环保局根据《文成县排污口整治专项行动方案》(文政办发明电〔2017〕11号)文件精神,4月份开始针对县入河排污口开展调查排摸、挂图作战、分类推进、整改验收等工作,完成9个封堵、46个整治计55个排污口整治任务。年内,温州市环保局完成现场考核,11月9日排污口整治,通过市级现场验收。

环保专项行动 2017年,文成县环保局开展“铁拳I号”环境保护专项执法行动。结合县危废管理工作实际,对全县温州兴仕铜材有限公司、温州铜丰铜业有限公司、浙江金飞车辆配件有限公司等3家危废产生经营单位开展全面检查,打击各类恶意环境违法行为,督促企业严格规范危废管理,落实各项环境管理制度,消除各类环境污染事故隐患。

废铅酸蓄电池行业整治 2017年,文成县环保局按照“全面检查,突出重点;集中时间,重拳出击;疏堵结合,标本兼治”的原则,联合公安、交通、经信、市监等单位对全县范围内铅酸蓄电池经营、使用单位、废铅酸蓄电池收集单位开展专项整治,并印发《文成县2017年废铅酸蓄电池相关行业专项整治工作方案》,对县43家铅酸蓄电池经营、使用单位、废铅酸蓄电池收集单位落实部门废铅酸蓄电池监管责任,健全基本档案、台账,签订责任状长效管理机制,实施常态化管理。

重点污染行业提升改造 2017年,出台《文成县铸造行业整治提升实施方案》,重点针对县8家铸造行业整治提升工作,倒逼产业转型升级,进行原地改造提升,对照目标任务在规定期限内予以整改落实,年末,8家铸造行业整治工作全部完成。

【污染物减排】 2017年,文成县制定印发《文成县2017年主要污染物总量减排计划》,完成浙江名泰钢铁有限公司停产工作,珊溪-巨屿污水处理厂投入试运行,完成二氧化硫2.5%、氮氧化物1.0%、化学需氧量1.5%、氨氮1.5%的减排目标任务。

【环境宣传】 2017年,文成县围绕国家生态文明建设示范县创建和饮用水源保护这两项重点工作开展环境宣教工作,深入开展国家生态文明建设示范县创建和五水共治主题宣传教育,通过“6·5”世界环境日、“温州市生态文化月”等专题宣传活动的开展,文化月和生态日概念深入人心。年内,利用通讯平台、环保微博、微信宣传,累计发出宣传短信14多万条,微信公众号刊出31期。在浙江环保政务网、文成信息、文成政务网、文成新闻网等新闻媒体宣传报道。在浙江环保政务网投稿录取34篇,上报法制办信息22篇。

(县环保局供稿)

农业　林业　水利

综　述

2017年，文成县农林牧渔业产值实现稳步增长。全县农林牧渔业总产值12.76亿元，按可比价格计算，比上年增长3.6%。其中，农、林、牧、渔业产值分别为10.31亿元、0.92亿元、1.23亿元和0.16亿元，分别同比增长3.6%、4.5%、2.1%和8.6%，农林牧渔服务业0.15亿元，同比增长7.9%。农、林、牧、渔、服务业行业结构为80.8∶7.2∶9.6∶1.3∶1.1。

【农作物种植】 2017年，文成县农作物种植面积稳中略增。全县农作物种植面积1.83万公顷，比上年增加493公顷。粮食种植面积8358公顷，比上年增加126公顷，其中豆类种植面积增加153公顷，谷物种植面积减少30公顷。蔬菜种植面积6186公顷，较上年增加150公顷。中药材种植面积802公顷，较上年增加45公顷。粮食作物持续丰收，经济作物大多增收。全县粮食作物产值1.64亿元，增长1.7%。蔬菜、水果、药材、茶叶等经济作物实现增产，产值分别为3.26亿元、2.52亿元、1.29亿元、0.61亿元，分别增长5.9%、4.5%、5.8%、2.9%；受天气和市场等因素影响，食用菌产值下降明显，全年产值0.36亿元，同比下降15.8%。

【肉类】 2017年，文成县全县肉类总产量3763吨，比上年增产24吨。其中，猪肉产量613吨、增长5.0%，禽肉产量1406吨、下降3.7%，禽蛋产量625吨、下降0.8%。年末生猪存栏0.29万头，年内生猪出栏0.71万头；牛存、出栏分别为2454头和1318头；羊存、出栏分别为1.4万只和2.22万只；家禽存、出栏分别为33.03万只和98.96万只；兔存、出栏分别为30.75万只和73.27万只。发展生态养蜂产业，蜂箱1.1万箱。

【农业质量效益】 2017年，文成县不断提升农业质量效益。引进农业招商引资项目2个，计划总投资3.27亿元，到位资金5659万元。扶持壮大茶叶、杨梅、高山蔬菜等优势主导产业，新建农业产业基地8个；精心谋划文成高山台地风情田园综合体发展，创建二源高山蔬果特色农业强镇，先后建成二源镇富农高效蔬菜气雾栽培设施、邱老汉智能蔬菜育苗（水培设置提升）设施。推进创建省级农产品质量安全放心县，完成农产品定量检测538批次、定性检测7215批次，合格率分别99.7%、98.71%。全县食用农产品标牌标识追溯率100%，农业生产标准化覆盖率66.8%。

【“美丽乡村”扩面提质】 2017年，文成县新建成省美丽乡村示范乡镇1个、省美丽乡村特色精品村2个，建成市“五美”乡村6个。开展历史文化村落保护利用重点村1个、一般村3个。在册农家乐经营户（村、点）70个。抓好长效运行维护，实施并完成珊溪镇西山村等4个村的农村生活污水治理提标改造，2014—2016年农村生活污水治理竣工验收和设施运维移交村223个，建成农村生活垃圾分类减量化资源化处理村114个。加强农村土地流转，累计流转面积

7136.9公顷。"两山(一类)"建设财政专项激励资金、精准扶贫取得实效,实现低收入农户人均可支配收入13324元,巩固"消除家庭人均收入4600元以下的贫困对象"。

【水利基建】 2017年,文成县水库59座,其中大型水库1座,中型水库3座,小型水库55座。全年水利基建投资3.86亿元,完成率118%;"五水共治"建设美丽山水田园智城重点项目累计投资7.5亿元,完成率116%。完成14个省级农村饮水安全巩固提升工程,2个农村供水标准化管理创建工作;完成飞云江治理8公里,水土流失治理面积1424公顷,拆除涉河违章2600平方米,查处非法捕捞案件1起。

农业

【概况】 2017年,县委农办(县农业局、扶贫办)是负责全县统筹城乡发展和主管全县农村、农业经济发展的综合部门,既是党委工作部门,又是政府工作部门。下设办公室(科教科)、行政审批科、农村改革科、经营管理科、经济发展科、社会发展科、扶贫开发科、农产品质量安全监管科等8个行政职能科室;下辖畜牧兽医局(参公)、农业行政执法大队、扶贫开发服务中心、土地承包仲裁办公室,农业站、植物检疫站、经济特产工作站、农村合作经济经营管理站、农机管理总站、农产品质量安全监督管理站、农业科学研究所、动物疫病预防控制与动物产品安全检测中心、畜禽屠宰管理所、动物卫生监督所大峃分所、动物卫生监督所黄坦分所、动物卫生监督所珊溪分所、动物卫生监督所南田分所等17个全额事业单位。年末工作人员109人,其中,公务员18名、行政工勤人员2名、参公人员10名、事业编制人员79名。

【农业生产】 2017年,文成县农业经济继续保持良好发展态势,实现农林牧渔业总产值12.76亿元,按可比价格计算,同比增长3.6%。其中,农业产值10.31亿元,同比增长3.6%,畜牧业产值1.23亿元,同比增长2.1%。城镇居民人均可支配收入35690元,农村常住居民人均可支配收入15780元,分别同比增长9.0%和9.5%。全年农作物播种面积18309.15公顷,其中,粮食播种面积8364.18公顷,总产量5.08万吨;蔬菜播种面积6189.76公顷,总产量13.25万吨,产值3.27亿元;茶园面积1320.66公顷,总产量431吨,产值6079万元;水果栽培面积6196公顷,总产量4.65万吨,产值2.52亿元。

【生态农业发展】 2017年,文成县积极开展粮食高产创建活动,全年创建省级单季晚稻千亩高产示范片4个311.489公顷;扶持壮大茶叶、杨梅、高山蔬菜等优势主导产业,扩大中华蜜蜂、糯米山药、红心猕猴桃、鲜切花等特色农产品规模,新建大棚蔬菜、食用菌等农业产业基地8个,建成二源镇富农高效蔬菜气雾栽培设施、邱老汉智能蔬菜育苗设施改造提升、无土栽培设施建设等项目2个。起草制定《文成县中华蜜蜂发展规划》,成立文成县中蜂产业协会、举办蜂业旅游文化节、开展养殖技能培训等系列举措,鼓励农户发展生态养蜂产业,先后纳入养蜂业农民专业合作社、家庭农场等会员单位53家,从事养蜂农户数达100多人,全县发展蜂箱总数达1.1万箱。开展农业面源污染治理,完成测土配方施肥面积10471.9公顷,推广商品有机肥0.7万吨、应用配方肥0.24万吨,减少不合理

4月16日,文成蜂业旅游文化节开幕(县农办提供)

施用化肥量98.1吨；推广病虫害统防统治2334.5公顷，农药减量2.85吨；收获各类秸秆作物9418.04公顷，产生农作物秸秆5.27万吨，综合利用率96.44%；回收农药废弃包装物19吨，回收率83.7%，安全处置19吨，处置率100%。

【农产品品牌建设】 2017年，文成县实施农产品品牌战略，将"文成原农"作为农产品区域公共品牌进行重点打造，同时，推进"文成糯米山药"(糯山药)、文成蜂蜜等特色品牌发展。参加浙江精品果蔬展销会、浙江"十佳杨梅"评选、温州早茶节等各类品牌展示、展销评比活动，文成九龙山生态茶园荣获"2017年全国30座最美茶园"称号、文成东魁杨梅荣获"2017浙江省十佳杨梅"称号、黄坦仙果园艺场早熟梨荣获浙江省精品果蔬展销会优质奖。大力推进糯米山药向高端农产品发展，成功通过央视农业频道"聚焦三农"栏目以及浙江大型系列访谈节目《迈向新时代》等媒介进行宣传推介，成功入选上海农展会品鉴会品鉴食材及省农博会品鉴会品鉴食材，成为温州市唯一在浙江上海农展会上台推介的农产品，知名度得到大幅提升。正式成立文成县中蜂产业协会，先后举办第一期蜂业技术培训会、中蜂区域品牌名称评选会等，中蜂产业发展作为精准扶贫的重要举措被列入"两山"一类项目的三年计划。扎实开展农产品"三品一标"认证，累计认证无公害农产品产地70个、绿色食品10个、有机食品2个，"三品"产地面积5936.3公顷。

【农业行政执法】 2017年，文成县组织实施"绿剑"集中执法、禁限用农药专项整治、农产品质量安全排雷"百日攻坚"等专项整治活动，全年出动执法人员432人次，检查全县农资经营单位、规模养殖场等175家次，查处案件15起，罚没款合计2.33万元。推进省级农产品质量安全放心县创建，完成农产品定量检测714批次，定性检测7215批次，合格率分别达99.86%、98.71%，全县食用农产品标牌标识追溯率达100%，农业生产标准化生产覆盖率66.83%。

【养殖污染治理】 2017年，文成县全面开展畜牧业污染综合整治，发现并拆除反弹畜禽栏舍78处，涉及面积约7000多平方米；强化动物卫生监督管理，屠宰场检出病害动物及其产品折合数为131.44头，无害化处理率100%。加大重大动物疫病防控力度，全年开展春、夏、秋三季重大动物疫病集中免疫工作，免疫注射猪口蹄疫疫苗1.87万毫升，免疫猪0.5万头次；牛羊口蹄疫疫苗2.59万毫升，其中免疫牛0.21万头次、羊1.23万只次；使用禽流感疫苗54.54万毫升，免疫家禽39.23万羽次；使用猪瘟疫苗0.22万头份，免疫生猪0.119万头次，使用蓝耳病疫苗0.37头份，免疫猪0.32万头次；使用鸡新城疫疫苗97.1万羽份，免疫鸡24.9万羽次；使用小反刍兽疫疫苗1.01头份，免疫山羊0.9万只次，全县尚未发生重大动物疫情。全县年末生猪存栏0.29万头，年内生猪出栏0.71万头，分别比上年增加0.02万头和0.03万头；牛存、出栏分别为2454头和1318头；羊存、出栏分别为1.4万只和2.22万只；家禽存、出栏分别为33.03万只和98.96万只；兔存、出栏分别为30.75万只和73.27万只。

【农业生产安全】 2017年，文成县 落实农机强农惠农政策，全年投入购机总额354.345万元，购置补贴机具1149台(套)(其中耕整地机械1072台，田间管理机械59台，收获机械3台，农产品初加工机械13台，收获后处理机械2台)，享受财政补贴资金103.261万元，受益户数1117户。加强农机化技术服务，开展农机免费实地检验服务90台，检修农机具650台套，完成机耕面积4435.55公顷，机收面积1700.85公顷，机插面积113.39公顷，水稻耕种收综合机械化水平47.67%。开展农机安全操作教育培训，教育培训农机管理和技术人员11期164人次、新购机人员3期324人次、拖拉机驾驶员安全教育13期305人次、现场演示会4次405人次。开展农机安全生产活动，检测在册道路运输拖拉机199台，实施报废拖拉机16台，检查上道路拖拉机280台次，企（事）业单位38次。

【农技人员知识化培训】 2017年，文成县依托改革与补助项目、农业科技大讲堂、市农科院等平台开展农技人员知识更新培训，全年培训农技干部90人次。落实《文成县新型职业农民认定管理办法（试行）》，全年认定新型职业农民300人。

【新兴产业建设】 2017年，文成县加快推进农业与旅游、文化、康养等产业融合发展，持续抓好仙人居、天顶湖、邱老汉农庄、二源投缘农业观光园等项目建设及改造提升，发展周山彩色稻、武阳荷花、仙人居农庄马鞭草等新业态，成功举办蜂业旅游文化节、茶文化旅游节、梨花节、尝新节、菊花节、利柿节、热气球文化旅游节等系列农事创意活动，累计建成生态农庄22家（对外营业12家），仙人居农庄入选浙江省休闲农业与乡村旅游示范点，天顶湖农庄成为全市唯一获评"全国休闲农业与乡村旅游四星级示范企业"的单位。

【中堡素面】 文成县中堡素面（又称龙须面）从福建传入中堡等地，可追溯至200年前清末年间，具有煮时不糊，柔韧滑润，嚼不粘齿，牵丝缕缕的特点。民国时期，全村有6个"水碓"加工面粉，由赵、程、李等10多家作坊生产素面，以肩挑的方式销售到黄坦、西坑、南田、大峃等地。数百年来，中堡素面一直保持着纯手工制作的工艺，经发、捶、挤、搓、拉等9道工序精作而成，不同的季节、不同的天气有着不同的配方，和好面后，在大瓷盆中把它团成粗线条，再披挂在一尺多长的木棍上，在封闭的"面柜"中温上2、3个小时，之后才可以上架。最关键的是拉面，要掌握适当的力度，过大或不及都可能使素面变形。中堡素面更蕴含着当地独特的民俗文化，形成很多关于素面的民间习俗：男女老少过生日时都要来一碗素面煮成的寿面，一般用鸡汤，再加上两个鸭蛋，称为"太平面"，象征着平安长寿；男婚女嫁，男方给女方送礼金、素面，此面叫喜面；女人做月子要吃一个月的素面，一般用鸡汤，本地黄酒加姜煮沸加煮蛋，此叫月子面。2017年中堡所在地3个村有80多户个体作坊，年销售额500余万公斤，主要销往温州、丽水、台州、宁波、杭州等地。

（林 静）

农 村

【农村综合改革】 2017年，文成县牵头制定《关于全面消除集体经济薄弱村暨发展壮大村级集体经济的实施意见》等政策性文件。农村土地确权登记颁证领跑全市。全县开展土地确权登记343个村，完成权属调查343个村，外业测绘指界343个村，审核公示343个村，完成率分别达100%、100%、100%，签订合同63089份，完成率95.1%，进度排名列全市第一，顺利通过土地确权测绘成果专项检查验收，省级综合检查验收，率全市之先颁发第一本农村土地承包经营权证。加快推进农村产权交易发展，新增农村产权交易数83宗，交易金额达5520万元；发展壮大农村村级集体经济，全县260个集体经济薄弱村总收入全部达10万元以上，385个村村集体经营性收入全部达5万元以上，提早实现"三年任务一年完成"的"消薄"目标。

【农民专业合作组织】 2017年，文成县规范提升农民专业合作组织，新增家庭农场41家，培育示范性家庭农场9家，县级示范性农民专业合作社18家，率全省之先完成村股份经济合作社换届选举，确认社员股东数293074人，推选社员股东代表数15349人。

【涉农领域行政审批】 2017年，文成县落实涉农领域行政审批事项"最多跑一次"改革和"一窗受理、集成服务”改革，保留行政审批事项38项，梳理公共服务事项12项，编制完成办事指南50项，并办理农业行政许可23103件，组织林业、国土等多部门现场联合审核设施农用地85项。

【美丽乡村建设】 2017年，文成县加强历史古村落保护利用，有序推进省历史文化村落保护利用重点村——百丈漈下石庄村等历史文化村落保护利用，完成重点村1个、一般村3个。协助推进“美丽乡村”扩面提质，玉壶镇获评省美丽乡村示范乡镇、百丈漈镇新亭村、西坑镇让川村获评省美丽乡村特色精品村，南坑垟村、新亭村等6个村获评全市“五美”乡村。

【乡村农家乐建设】 2017年，文成县精心培育武阳、梧溪、让川等农家乐休闲特色村，深度开发“迷途·绵岭客栈”“悦慢小居”“香樟小院”等一批精品民宿，农家乐休闲旅游产业逐步得到发展。全县有在册农家乐（民宿）70个、农家乐特色村9个，总餐位11137个，总床位5117张。其中，省级农家乐特色村2个、市级农家乐特色村3个，五星级农家乐经营户（点）4家，四星级农家乐经营户（点）3家，三星级农家乐经营户（点）24家，二星级农家乐经营户（点）10家。现有直接从业人员1855人，间接从业人员560人，接待游客252.45万人次，实现直接营业收入9870.85万元，比去年同期分别增长15%以上。

【农居环境治理】 2017年，文成县开展农村生活污水治理项目提标改造，严格按照“一村一审一纪要”“一月一督查一月一通报”要求逐步推进，投资441万元，完成珊溪镇溪山村等农村生活污水治理提标改造村4个，新增受益1201户。组建验收和设施运维移交小组，完成2014—2016年农村生活污水治理竣工验收和设施运维移交223个村。深入实施农村生活垃圾分类减量化资源化处理，加快实行农户源头分类、保洁员收集分拣、可腐烂垃圾采用机械设备制肥和太阳能阳光房或简易沤肥池堆肥处理等农村生活垃圾收集处理模式，完成处理村114个，基本完成终端建设、分类培训、垃圾桶设置、垃圾分类清运车购置，并实现正常运转。

【农村基础建设】 2017年，文成县 农村“三资”管理。严格执行《浙江省农村集体资产管理条例》和《浙江省农业厅浙江省财政厅浙江省审计厅关于加强村级财务票据规范管理的意见》等政策性文件，开展村级财务“三年一轮审”，重点对上徐村近12年财务特别是工程项目进行审计，对水井头村开展信访审计，完成审计96个村，审计金额6867.18万元，涉及违纪违规村56个，违纪违规金额92.76万元。

【基层农技推广工作】 2017年，文成县全年安排基层农技推广体系改革与建设补助项目资金60万元，推广主导品种10个、主推技术12项，选聘优秀农业技术指导员50名，培训农技人员48人，实施科技示范基地项目2个，完成定向招生2名，发放各类宣传资料5000多份。

【农村工作指导员（第一书记）制度】 2017年省、市、县、乡镇各级选派农村工作指导员（第一书记）494名（其中省派3名、市派6名、县派100名、乡镇385名），各级农村指导员走访农户9910户，召开各类座谈会916次，完成农业农村调研报告47篇。

（林　静）

老区扶贫开发

【“两山（一类）”建设】 2017年，文成县成功入选浙江省“两山（一类）”建设财政专项激励政策分配对象，省财政在2017—2019年期间每年给予专项激励资金1.5亿元。2017年全县计划实施低收入农户增收和公共服务两大类12子类29个项目84个子项目，计划投资45046.8万元，安排省级专项激励资金1.5亿元、市县财政投入9820万元、社会资金投入15306.8万元，整合省以上资金4920万元。全年拨付两山资金4754.5万元，全县84个子项目全部开工，开工率100%。

【扶贫开发】 2017年，文成县在全面消除家庭人均收入4600元以下贫困户的基础上，抓好新一轮低收入农户调查认定、动态管理，瞄准扶持对象，落实各项扶贫政策。全年完成认定低收入农户14469户20814人，通过产业扶贫，累计发展来料加工点224个，解决1万多人的就业问题；通过搬迁扶贫，完成异地搬迁770户2466人；通过金融扶贫，向3197户低收入农户发放扶贫小额贷款9033万元、发放扶贫小额贷款财政贴息157.3万元、金融银行扶贫再贷款1.2亿元；累计发展扶贫资金互助会73家，向5734户会员发放借款8498.47万元。

2017年度农林系统县级及以上先进集体获奖名录

表9

序号	单位名称	获奖集体或科室名称	荣誉称号	表彰年度	授奖单位
1	文成县委农办（农业局）	文成县	2016年度全省农村生活污水工作优胜县	2017.2	浙江省“千村示范万村整治”工作领导小组办公室
2	文成县委农办（农业局）	文成县	2016年度全省农村生活垃圾治理工作优胜县	2017.2	浙江省“千村示范万村整治”工作领导小组办公室
3	文成县委农办（农业局）	文成县	2016年度温州市社会主义新农村建设优秀单位	2017.2	温州市社会主义新农村建设领导小组
4	文成县委农办（农业局）	文成县	2016年度省社会主义新农村建设优秀单位	2017.3	浙江省社会主义新农村建设领导小组
5	文成县委农办（农业局）	文成县农业局	2016年度食品药品安全工作先进单位	2017.3	文成县人民政府
6	文成县委农办（农业局）	文成县	2017年全省农业展会组织工作先进单位	2017.12	浙江农业博览会组委会

2017年度农林系统县级及以上先进个人获奖名录

表10

序号	姓名	性别	所在单位	荣誉称号	表彰年度	授奖单位
1	郑华	女	文成县委农办（县农业局）	2016年度县政协优秀提案	2017.1	中国人民政治协商会议浙江省文成县委员会
2	郑华	女	文成县委农办（县农业局）	中国人民政治协商会议第十一届浙江省温州市委员会委员	2017.3	中国人民政治协商会议第十一届浙江省温州市委员会
3	郑华	女	文成县委农办（县农业局）	2015-2016年文成县劳动模范	2017.4	中共文成县委、文成县人民政府

续表10

序号	姓名	性别	所在单位	荣誉称号	表彰年度	授奖单位
4	林玲	女	文成县委农办（县农业局）	村和社区组织换届工作先进个人称号	2017.6	中共温州市委 温州市人民政府
5	赵成东	男	文成县委农办（县农业局）	2016年度粮食生产工作先进个人	2017.6	文成县人民政府
6	蒋加勇	男	文成县委农办（县农业局）	丰收奖（山地黄瓜优质高效种植技术示范推广与应用）	2017.1	温州市农业局
7	蒋加勇	男	文成县委农办（县农业局）	发展农村电子商务 促进农业转型升级（优秀提案）	2017.1	文成县政协
8	蒋加勇	男	文成县委农办（县农业局）	浙江省第二批农业技术带头人培养人选	2017.12	浙江省农业厅

（林　静）

林　业

【概况】 2017年，文成县林业局机关内设办公室、行政审批科、绿化造林科、资源林政科等4个行政科室，1个直属行政机构森林公安局，种苗站、林业技术推广站、森林病虫害防治检疫站、森林消防办公室、林权管理中心和木材运输巡查大队等6个事业科室，下属事业单位有叶胜林场、山华林场、金朱林场和县苗圃。2017年，文成县林业用地面积96888.42公顷，占全县土地面积的74.7%，有林地面积88044公顷，森林覆盖率71.5%，活立木总蓄积646万立方米。生态公益林49104.54公顷，占全县林业用地总面积的50.68%；商品林（地）45062.52公顷，占全县林业用地总面积的46.51%。

【绿化造林】 2017年，文成县推进"绿满文成"专项行动、珍贵彩色健康森林建设三年行动、"珍贵彩色森林建设示范县"建设，推行植树造林"五化"行动，按照"一县一条景观带、一镇一片示范林、一村一爿护村林"的示范体系，通过减针补阔，补植珍贵、彩色树种，打造彩色森林景观带。重点做好铜铃山镇十里杜鹃长廊，二源镇、百丈漈镇千亩杜鹃花海，县城周边万亩油桐花，G322两侧、云江秀水十里画廊等珍贵彩色健康森林建设。全年完成彩色健康森林建设2567.95公顷，

3月12日，县领导参加义务植树活动（县林业局提供）

5月27日，全市营造林工作暨珍贵彩色森林建设推进会在文成县召开（县林业局提供）

平原绿化20.21公顷，新植珍贵树种44.2万株，义务植树18.5万株，完成局长示范林4处，珍贵树种示范点2处，珍贵树种示范单位3个。

【森林资源保护】 2017年，文成县推进行政审批服务提效增速。全年审批窗口受理办结各类行政许可3044件。确定“最多跑一次”事项30项，编制完成34个行政审批保留事项的办事指南。加强资源林政管理工作。严格执行森林采伐限额管理和林地定额管理，年内，全县采伐林木蓄积34217立方米，审核上报林地项目41个，使用县级林地限额12.097公顷，均控制在省限额和定额范围内。森林资源二类调查成果于9月顺利通过省市专家组的评审。按“一树一策”的要求，实施9个项目对24棵古树进行保护。飞云江峃口段规划建设省级湿地公园，获省林业厅批准。

【森林消防】 2017年，文成县推进数字化护林防火工作。出台《护林员管理考核办法》，重新聘用282名护林员，对护林员统一安装定位管理系统，实现护林防火数字化管理。推进“引水上山”森林消防工程建设。分别在石垟林场、山华林场开展“引水上山”森林消防工程建设，为专业森林消防队伍配强“引水灭火”装备。推广政府购买森林消防社会服务。率先在大峃镇、黄坦镇推广政府购买森林消防社会服务试点工作。

【森林公安】 2017年，文成县加强森林和野生动物资源保护，打击涉林违法犯罪，先后组织开展非法经营野生动物违法犯罪排查严打专项行动、“2017利剑行动”“春季护鸟”等专项整治行动。全年受理各类森林案件42起，查处42起，查处率100%。林业行政处罚49人次，林业行政罚款56.5万元。

【森林病虫害防治】 2017年，文成县组织完成去冬今春的松材线虫病防治工作，除治面积1000.5公顷，清理疑似病死树2.7万多株，烧毁病死树及其他枯死木120多万公斤。9月，开展对下半年的松材线虫病调查工作。对全县柳杉林进行调查监测，完成防治面积1000.5公顷。组织防治松龙岭、大会岭等5条红枫古道枫香古树病虫害3次，防治枫香古树1500多株。

【林业产业】 2017年，文成县做好木本油料产业提升项目。完成油茶良种推广53.36公顷，完成油茶抚育133.4公顷。继续实施“一亩山、万元钱”三年行动计划。以企业+专业合作社的复合经营模式发展林下经济，培育三叶青、铁皮石斛基地14.21公顷。做好森林康养基地建设。分别在石垟森林公园猴王谷景区和西坑镇让川创建并申报市级森林康养基地，发挥猴王谷景区森林资源和悦慢农家休闲资源优势，利用“生态+”“旅游+”模式，推进林业与旅游、文化、康养等产业的深度融合，带动周边农民脱贫致富。

9月19日，中国(温州)森林康养高峰论坛在文成县召开(县林业局提供)

【林业改革】 2017年，文成县林业金融改革稳步推进。创新林权抵押机制，年内，新增林权抵押贷款295万元，为林农新发个人贷款165万元，林权抵押贷款总额累计2460万元。启动公益林补偿收益质押权的贷款业务，拓宽林业融资空间，有效地破解文成县山区林农“融资难、融资贵”的难题。开展现代国有林场创建。石垟林场按照“生态保护优先、产业发展充分、基础设施完善、林区富裕和谐”的要求，对照现代国有林场标准，开展创建浙江省现代国有林场工作。

（陈丽伟）

石垟林场

【概况】 2017年，国营文成县石垟林场位于文成县西北部，地处文、景、泰三县交界处。全场工作由场两委会领导班子成员分工负责。内设场纪律检查委员会、人武部、森林派出所等机构，下设五大科室（即综合办公室、计划财务科、经营管理科、森林旅游科、防火办），九大林区（即吴垟、水牛塘、干坑坳、竹苗、新演、廷培、石展、石角、双苗），工会、共青团、妇联等社会团体组织健全。有人口900多人，在册职工452人，其中离退休235人、在岗管理人员39人。石垟林场经营总面积5416.04公顷，活立木蓄积为54万立方米，森林覆盖率为98.2%。主要从事森林经营管理、森林资源管护、森林公园建设等。

【环境资源】 2017年，文成县石垟林场山地属浙闽山地组成部分中山地带，境内最高峰杨顶岗海拔1362米，为文成县最高峰，温州第二高峰；最低点新演林区干坑口，海拔380米。东西长约7.5公里，南北宽约15公里，总面积约54.13平方公里，为温州市海拔最高、面积最大、森林植被最好、森林资源最丰富的林场。

【“两学一做”工作】 2017年，文成县石垟林场做好“两学一做”常态化制度化，抓好全场学习教育组织工作，谋划工作计划。严格要求党员，认真学习党章党规和习近平总书记系列讲话，参加各项活动，不断加强党性修养，努力做“四讲四有”共产党员。

【现代国有林场创建】 2017年，文成县石垟林场围绕构建“现代国有林场”这一中心，抓好林场重大项目建设，推进林业发展建设和林业产业化进程。根据有关文件，申报现代国有林场创建工作，10月底前完成验收文本，上报省林业厅验收。

【森林公园提升项目工作】 2017年，文成县石垟林场加快森林公园建设步伐，向林业厅申报项目，2017年度争取森林公园提升项目1000万，建设内容为游步道建设和游客接待中心建设。年内完成项目的规划设计，通过专家会审。

【基础设施建设】 2017年，文成县石垟林场完成廷培梨树坪至双苗林区道路硬化；完成石展林区和双苗林区管理房的规划图纸设计；投入200多万元完成石垟林场办公楼（吴垟林区管护用房）建设；投入20多万元对餐厅整修；投入20多万元完成老招待所旁配套基础设施建设。

【营林生产工作】 2017年，文成县石垟林场圆满完成年初各项营林生产计划，木材战略储备林省级示范林培育333.5公顷、迹地更新200.1公顷、中幼林抚育469.83公顷，造林2.21万株、防火线维修61.81公顷、林道维修224.5公里、木材采伐6120立方米，

【安全生产】 2017年，文成县石垟林场开展安全生产宣传，建立安全生产责任制，同各滑雪场、宾馆、山庄、餐厅、服务点签订责任书，组织有关人员对景区的旅游设施、交通工具、各宾馆、山庄、餐厅服务点进行检查。

【森林防火】 2017年，文成县石垟林场森林防火工作是林场所有工作中的重中之重，采取措施做好森林防火工作，与林区护林员签订森林防火责任书；继续对林场各林区周边的群众进行防火宣传教育，使护林防火家喻户晓，要求林场各林区护林员对本林区进行全年的巡护，尤

其是在防火期,要进行重点巡护。石垟林场连续30多年没发生一起大的山林火警火灾。

【社会维稳】 2017年,文成县石垟林场成立综治平安建设工作领导小组,坚持把维护稳定作为第一责任。年内开展矛盾纠纷大排查,花大力气受理和解决一批信访历史遗留难题,特别是职工人员工资待遇问题,亲自抓、主动抓,做到解民怨、顺民意,全场社会保持稳定。

【征兵民兵工作】 2017年,文成县石垟林场坚持党管武装,成立征兵工作领导小组,做好征兵、民兵预备役和民兵整组、民兵训练,退伍军人的安置和慰问。抓好民兵骨干、应急分队的演练。

【计划生育】 2017年,文成县石垟林场慰问计生困难家庭,申报养老保险、奖励扶助、公益金等,计划生育工作平稳有序开展,促进人口长期均衡发展。石垟林场连续几年计划生育符合率、晚婚率、四项手术节育率、发证率等各项指标均达标。

【群团组织】 2017年,文成县石垟林场支持工会、青年、妇联的工作和组织建设,保障青年、妇女、职工群众的合法权益。发挥工、青、妇自身的优势,提高工、青、妇干部的思想素质和组织建设。

(龚 勉)

水 利

【概况】 2017年,文成县水利局内设有办公室、水利行政审批科、规划建设科、治水科4个行政职能科室和下属事业单位10个:防汛防旱指挥部办公室、水政(渔政)监察大队、水土保持监督管理站、水利水电工程质量监督站、水利管理所、水产技术推广站、小水电开发管理站、河道管理中心、治水建设促进中心,新增珊溪水源保护工作站,全年机关在册干部职工65人。其中,行政编制10人、事业编制44人、参公管理编制15人。专业技术人才中,高级工程师4人,高级统计师1人,工程师15人,助理工程师15人,技术员2人,高级技工1人。管理类职员中,行政八级1人,行政九级3人,管理十级1人。文成县列入温州市2017年水利重点项目建设任务11个,完成水利建设投资3.86亿元,完成率118%。

【河道综合整治】 2017年,文成县水利局河道清淤整治工程为2公里。飞云江治理二期工程护岸8公里,投资1.2亿元,完成率100%。组织推进玉泉溪流域、泗溪流域朱溪段、峃作口流域梧溪段等中小流域综合治理项目前期工作。年内,文成县紧抓水利大发展,大建设,大投入时机,利用面上水利项目精准扶持政策,结合美丽乡村建设规划,引导当地政府和所在村开展农村河道或河沟整治工作,成效显著。飞云江驮垟尾段河道综合治理工程,完成治理长度2公里,完成率100%。平和方坑河道治理工程的新面貌为文成美丽乡村建设提供保障。

【农田水利建设】 2017年,文成县水利局实施19个高效节水灌溉工程,投资644万元,新增高效节水灌溉受益面积326.83公顷,实施8座山塘综合整治,提升工程生态效益,改善当地的农业生产条件,促进文成小型农田水利工程建设不断规范化、有序化。

【农村饮水安全巩固提升工程】 2017年,文成县水利局实施14个省级农村饮水安全巩固工程,完成投资768万元,解决农村1.16万人饮水安全;农村供水工程标准化管理。完成珊溪镇南阳村标准化创建。完成农村饮水安全巩固提升工程13个村,受益人口1.39万人。

【水利行政审批】 2017年,文成县水利局受理办结行政许可事项29件。发放催缴水资源费通知书58份，收取水资源费462万元。

【加强小水电管理】 2017年，文成县水利局水利”十三五“规划环境影响评估报告通过审查，7座增效扩容改造电站开工建设，其中高岭头一级电站完成机组启动验收。全县86座农村水电站签订安全生产目标管理责任书，落实并公布农村水电“双主体责任”人。

【淡水渔业发展】 2017年，文成县水利局巩固全县稻田养鱼166.75公顷，新建稻田养鱼示范基地68.034公顷。继续培育新岳稻田养鱼基地和武阳莲鱼共生基地转型升级为休闲渔业基地，面积20.68公顷。增殖投放水产苗种1126万尾，完成洁水渔业286.81公顷，检查养殖单位50家52场次；与35家养殖单位签订水产品安全生产承诺书；开展水产品抽检，县级抽检水产品数量17个批次，配合省市局抽检水产品数量22个批次，检测合格。水产养殖标准化示范推广工作，有3家养殖单位无公害水产品生产场地产品通过申报。

增殖放流投放水产苗种（县水利局提供）

【水利工程质监管理】 2017年，文成县水利局在建的质量监督项目16个，全部录入省质量监督平台。年内，5个项目完工（后期扫尾）但未验收，11个项目正在施工。全年开展质量监督检查26次，对质监活动中发现的问题，要求立即纠正并跟踪结果。进入县公共资源交易中心的项目（标段）有9个，完成招投标工作。完成3个200万以上项目的招投标监督工作，合计投资额5644万元。

【水土保持】 2017年，文成县水利局水土流失综合治理项目：治理三条小流域，分别是巨屿小流域水土流失综合治理工程、和平小流域水土流失综合治理工程、双桂小流域水土流失综合治理工程三个项目，总计14.24平方公里，工程总投资1567万元；水土保持监督管理工作：审批生产建设项目水土保持方案9项，制订《文成县水利局关于印发2017年度生产建设项目水土保持监督检查工作方案的通知》。累计缴纳水保补偿费99.98万元；两区管理情况：在省级水土流失重点预防区和省级水土流失重点治理区显著位置安装标识牌，累计安装简介牌、公告牌各13幅，宣传牌26幅，界桩14个。项目完成情况：象溪和龙溪项目护岸工程量增加，拦砂坝工程量减少。

【五水共治】 2017年，文成县水利局全年完成“五水共治”投资7.61亿元，完成率达116%。全市率先完成劣V类小微水体整改。2017年“五水共治”满意度列全市第三。实现河长制全覆盖，建立河长制信息化平台，推广温州河长通APP的使用。年内，县共有各级河长629名，督

第二十五届“世界水日”宣传活动（县水利局提供）

察长13名，警长37名，设立河长牌145块。夺得2017年度浙江省"五水共治"工作先进县"大禹鼎"，"大禹鼎"是浙江省"五水共治"工作的最高奖项，首次获得该奖项。

【水利执法】 2017年，文成县水利局以"三边三化""五水共治""无违建县"工作和河道采砂专项整治以及珊溪水利枢纽水源保护属地联合执法相结合作为水政渔政执法的中心工作。年内，加大执法力度，严厉打击涉水涉渔违法行为。年内，开展日常水政(渔政)执法、巡查102人次，夜间巡查120人次，现场制止6起、发放责令停止违法行为通知书2份；拆除2600平方米涉河违章；查处非法捕捞案件1起、抓获非法人员1名；收缴电鱼器3台，收缴罚没款0.5万元。

【飞云江治理二期工程】 2017年，文成县水利局飞云江治理二期工程为浙江重点工程项目，包括护岸工程、治滩整治和绿道工程三部分，以防洪为主，结合生态修复保护与综合利用。工程共涉及整治飞云江干流河道23.4千米，支流5条，护岸20.03千米，滨水生态修复节点15处，绿道23.2千米，计划投资27306万元。项目实施后将两岸亲水走廊串联，形成一个云江秀水，十里画廊的旅游模式。2017年该工程主要Ⅱ标段工程在施工建设，全年累计完成投资1.2亿元。

【水利工程标准化管理】 2017年，文成县水利局坚持稳步推进的原则，结合文成水利工程现状，突出"文成元素"，推动实施水利工程标准化管理，建立和完善浙江省水利管理标准化体系，实现水利建设与管理能力现代化。全年完成水库11座、农村供水工程2处、11处堤防等24处创建任务，完成投资800万元。

【河湖库塘清淤(污)工作】 2017年，文成县水利局针对山区源头县，河流清澈、塘多库少和少污多淤的实际，制定《文成县河湖库塘清污(淤)计划》，有效消除水体内污染，做到河湖库塘底无污染土、无障碍物，促进水生物群落多样化，提高防洪减灾能力，提升水体水质，改善水域水环境。全年，文成县河湖库塘清污淤完成50万立方米，其中河道35万立方米，水库1座15万立方米，完成率166%。

【防汛抗灾】 2017年，文成县水利局防汛抗灾工作采取签订防汛工作责任书和安全生产目标管理责任书，落实责任人。调整完善385个行政村的防汛工作预案，督查各乡镇预案情况。补充完善《文成县防台风应急预案》，完成《文成县珊溪防台前线指挥部应急抢险预案》，乡镇级的防汛防台预案陆续开展完善工作。为了提高预案的可操作性，年内，开展演练9次，其中县级2次、乡级7次，参演人员455人。备足防汛物资。投入30万元资金用于防汛物资采购，对县级防汛物资进行补充。监测预警设施维护。其中水雨情遥测站90多处，视频监控设施18处，防汛防台视频会商系统覆盖17个乡镇。

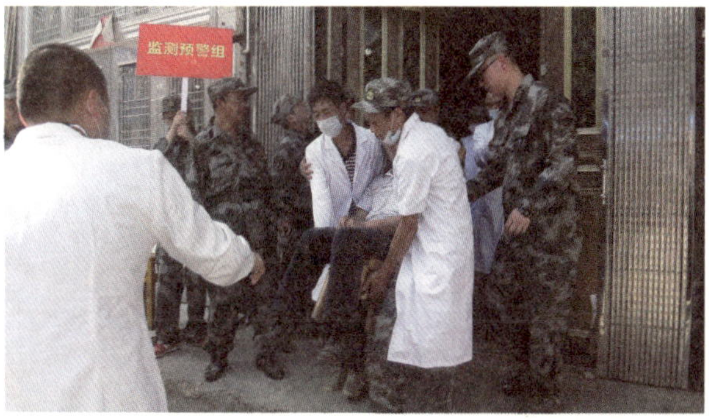

防汛防台应急预案演练(县水利局提供)

【水利工程建设措施】 2017年，文成县水毁工程修复，县水利局向上级争取水毁资金1380万多元，同时，县级落实配套资金近千万元用于水利水毁项目修复。全县205个村饮用水设施234处、29.6公里防洪堤水毁工程和6座山塘全面得到加固修复，包括小水电水毁修复投入资金4500万元。抢险救灾工作，各级政府领导靠前指挥，指导各地群众做好防台减灾，以“不死人，少伤人”的工作目标，落实防台措施，把损失减到最低限度，尽最大努力减少台风及山洪灾害损失。

【水文灾情】 2017年，文成县虽然受9号和10号双台风连续影响，但影响不大，没有出现明显灾情，属于风调雨顺之年。雨情：年内，平均累计降雨量1802毫米，与历史同期基本持平。梅汛期，主要出现2轮强降雨，最大在南田高村1小时雨量69毫米。风情：第9号台风“纳沙”，7月30日6时前后在福建省福清市沿海第二次登陆，登陆时中心附近最大风力有12级（33米/秒）。第10热带风暴“海棠”于31日凌晨2时50分前后在中国福建省福清市沿海登陆，登陆时中心附近最大风力有8级（18米/秒）。受第9号台风“纳沙”和10热带风暴“海棠”的双台风连续影响，文成县普降大雨到暴雨，个别站出现大暴雨，据统计全县平均过程降雨量112毫米（29日8时—31日08时48小时），其中最大225毫米（平和站）。虽然受9号和10号双台风影响，但雨势平稳，风力不大，根据实测数据1小时最大降雨量只有45毫米（玉壶光明站30日11时—12时），因此，没有造成明显灾情。

（县水利局供稿）

工 业

工业经济

【概况】 2017年，文成县实现工业增加值11.68亿元，比上年增长3.3%。全年规模以上工业增加值5.43亿元，比上年下降7.3%。其中，轻工业增加值0.95亿元、增长17.5%，重工业增加值4.48亿元、下降10.7%；高新技术产业、装备制造业、战略性新兴产业增加值分别比上年增长25.4%、17.9%、33.1%，占规模以上工业的12.2%、12.5%、8.5%。规模以上工业销售产值20.78亿元，下降9.5%，其中出口交货值0.44亿元，下降1.3%。新产品产值率为11.6%，比上年降低0.5个百分点。全年规模以上工业企业实现利润总额2.44亿元，下降35.7%。全年规模以上工业全员劳动生产率30.85万元/人，比上年增长5.1%。工业技改投资2.38亿元，下降35.5%，占工业投资的90.2%。

【减负降本】 2017年，文成县累计减负惠及企业2129户次，涉及金额9991万元。享受减免税、费的小微企业数量610户次，累计减免税费金额总计501万元。享受企业研发费用税前加计扣除政策企业5户，扣除费用367.87万元；享受高新技术企业政策2家，减免金额共计60.86万元。继续充分发挥政府应急转贷专项资金过桥作用，全年累计办理转贷资金16笔，转贷金额5038万元。

（吴慧侨）

供 电

【概况】 2017年，文成县全社会用电量38145万千瓦时，同比下降9.8%。其中，工业用电11150万千瓦时，同比下降38.3%；建筑业用电2302万千瓦时，同比增长91.2%；信息传输、计算机服务和软件业用电1831万千瓦时，同比增长9.1%；商业、住宿和餐饮业用电2232万千瓦时，同比增长10.8%；公共事业及管理组织用电3575万千瓦时，同比增长5.4%；城乡居民生活用电15110万千瓦时，同比增长5.2%。供电公司全年完成购电量3.81亿千瓦时，售电量3.53亿千瓦时。线损率7.5%。

【供电安全】 2017年，文成县供电公司电网安全稳定运行，管理人员履行职责到岗到位。年内，开展为期4个月的安全生产大检查、反违章专项行动以及隐患排查专项治理，全年发现问题68项、完成整改49项，排查治理隐患82项，查处违章600起。严格落实分包队伍“四统一”，全面实施分包队伍二维码“一标一卡”管理。全面部署应用安全生产云管控平台，持续推进检修作业踏勘、开票、审票“三集中”模式，实现评估及时率、闭环及时率、现场管控覆盖率全部百分百。加强交通、消防安全管理，社会治安综合治理工作。加强对车辆管理监督，有效杜绝公车私用、跨区域行驶、违章超速等现象；建立微型消防站，及时检查更换消防器材，重点排查范围的消防；开展综治治安安全检查，定期预测、排摸、布控各单位不稳定因素。持续加强带电作业力量，全年开展高压带电作业417次，累计减少停电时户数7506小时户。落实有序用电管理，做到“四个零”“五个杜绝”，确保电网安全稳定运行和电力有序供应，完成中共十九大、世界文成人大会、浙江马拉松等重大活动保电任务。开展情景式“防暴、防恐”应急演练，全面提升公司应急救援整体水平和工作效能。实施信访稳定工作机制，确保重大活动期间的“三个不发生”。全年未发生有关人员越级信访或不稳定事件。

【电网建设】 2017年，文成县供电公司完成全口径固定资产投资7842万元，按期完成文成县“十三五”新一轮农网改造升级规划编制工作，落实新一轮“十三五”规划与配网项目的衔接工作。紧密衔接县政府“三美文成”建设布局，编制《温州文成县森林氧吧小镇配电网专项规划》。顺利完成文成城区变电站全停全转专题研究编制。签署《关于全面加强文成县生态产业园区电网发展和电力合作框架协议》。顺利投产35千伏黄坦变异地迁改、35千伏百鹿3779线π接入南田变和110千伏栖霞输变电工程。全年新建与改造10千伏线路196.8千米，更换节能配变462台，新增配变布点43台，新建与改造0.4千伏低压线路113.2千米，全面整治配网“小容量配变、小容量台区、超半径台区、小截面导线”的问题和提升配网线路绝缘化水平，逐步消除供电“卡脖子”问题，提升用户用电可靠性、用电质量。小型基建项目顺利推进，变电运检用房项目在里程碑计划时间内按时完成。

【供电服务】 2017年，文成县供电公司贯彻落实“最多跑一次”，开通“最多跑一次”党员服务热线59005900，596666；推出“诚意号流动营业厅”，实现现场一体化服务。开展用电业务提质提速，打造客户经理快速服务绿色通道。主动服务地方小微企业转型发展，畅通“受理快、勘查快、施工快、验收快、送电快”用电“绿色通道”，推广“差异化、常态化、人性化、高效化、互动化”用电服务。年末，累计为小微企业上门服务20余次，现场解决用电问题9个，消除安全隐患8处，发放安全用电宣传手册400余册。打造南田供电所“勤廉之家”，将弘扬优秀传统文化与践行国网公司核心价值观“诚信、责任、创新、奉献”相融合，从标准化、规范化促进各项工作提质提效，完成南田“五星级供电所”创建工作，实现文成电力零的突破。对接小城镇环境综合整治行动，高质量提前完成西坑镇、铜铃山镇、周壤镇、周山畲族乡“上改下”工程和百丈漈镇、公阳乡、桂山乡线路规整工程，获得省环境综合整治办高度赞扬。开展“全能型”供电所方案编制工作。在《今日文成》上开辟专版，每月刊登电力相关工作，包括电力服务、电力科普、安全用电知识等多方面内容，取得良好的社会反响。公司服务三农、电能替代、电网建设等重点工作被人民日报、新华社、浙江卫视新闻联播等省级以上媒体深度报道20余次。

【经营管理】 2017年，文成县供电公司携手住建局、经信局共同推进“电气化”改造，出台“气改电”专项政策1项、电采暖推广政策1项，完成电能替代项目12个，增售电量527.59万千瓦时；实施内部节能项目9项，节约电量537.75万千瓦时；实施省节能公司外部节能项目1项，节约电量5.64万千瓦时。加强电费回收的日常监控，强化风险预控，持续推广“柔性催费十二法”，得到上级领导点赞表扬。克服“大拆大整”环境整治和到户电价调整压力，连续7年实现电费“颗粒归仓”，在全市率先实现电费回收每月双结零、2017年度电费结零。加强反窃电工作力度，查处窃电及违约用电32起。昌泰公司成功入围县小型建设工程输变电工程专业简易招标项目施工承包商名录库。推进法治企业建设，实现重大决策法律审核全覆盖。科技创新取得新成效，公司《应用供电可靠性大数据引领配网升级改造》项目荣获温州公司“互联网+智能运检”创新创意大赛优秀奖并入选省公司拟发布的120名内；《基于无人机的架空线路异物清扫装置的研制》项目荣获温州公司第三届职工“创意创新”大赛一等奖；《10KV-35KV氧化锌避雷器试验箱的研制》项目荣获温州公司QC小组活动成果一等奖；《一种配电网三相不平衡调节装置》荣获国家知识产权局实用新型专利。昌泰公司秉承“有限公司，无限服务”理念，取得社会和地方政府的认可和好评，先后获得“浙江省温州市A级纳税信用企业”“文成县优秀建筑企业”“文成县最具成长性建筑企业”“文成县建筑业系统突出贡献单位”等荣誉称号。

【多表合一】 2017年，文成县供电公司多渠道推进“多表合一”工作，6月，提前完成全年496户目标，并在全市率先实施水、电表集采集抄商用试点；于6月在全市率先完成居民智能交费（费控）推广全年目标任务，推广智能交费用户总计1.3万余户。

【党的建设】 2017年，文成县供电公司深入学习贯彻中共十九大精神，围绕学懂弄通做实，公司开设“红色课堂”，以“微党课”推动十九大精神进基层、进班组、进站所。深入推进“两学一做”学习教育常态化制度化，全面实施“旗帜领航三年登高”计划，以基础管理水平提升为重点，抓班子、带队伍、强管理，围绕公司中心工作，加强党的建设。创新理论中心组学习方式，开展“缅怀革命先烈 弘扬革命传统”现场学习会，全年开展中心组学习12次。以党支部“四个一”管理模式，促党务业务融合发展，夯实支部工作基础。坚持“双先指数”考核机制，抓实党委、纪委、工团基础工作，落实党支部量化考核工作，支部书记党建责任得到有效落实。开展“党建+服务”系列活动。定期开展供电服务短板问题分析，大峃支部与政府网格员、行政执法人员良好互动，反馈群众意见建议和设备缺陷50条，有效落实整改。南田支部建立“村居、社区”微信群，动态掌握辖区群众意见和需求，第一时间解决用户难题。珊溪党支部推行爱心服务卡，面对面服务群众500多户。昌泰公司党支部支持温州名泰创意园建设，优化供电方案、设备选型获好评。以“一所一特色”模式，打造以“忠、孝、仁、义、廉”为主线的“五美”文电工程。落地南田供电所“勤廉之家”文化项目，树立“勤廉相促”供电所管理理念，形成从管理、制度、空间多维度践行廉政文化的立体格局。深化党风廉政建设，落实“两个责任”“三书两报告”制度，推进廉政教育“四进工程”。层层签订党风廉政建设责任书36份，落实下级干部履责约谈45人，开展转任、提任中层干部任前谈话14人次，组织重要岗位人员、中层及以上干部廉政教育学习480余人次。

【干部队伍建设】 2017年，文成县供电公司完善股级后备干部选拔工作制度。重视青年干部培养，规范后备干部选拔程序。提升员工技能，全年新评中级及以上职称20人；举办、外送各类培训60余期，参培员工400余人次；梅慧敏技能大师工作室荣获温州市2017年高技能人才创新工作室荣誉称号。深化民主管理，全年开展职工代表巡视20余次。开展“四送五让”活动，增强员工归属感和幸福感。发挥共青团生力军作用，组织“青悦读”“青智汇”“阅赛越青春”等沙龙活动，增强团员青年岗位建功意识。

（王 哲）

水电开发

【概况】 2017年，文成县电力开发投资有限公司系统各电站全部在岗人员224人，其中公司正式在职职工19人、退休人员11人。年内，文成县电力开发投资有限公司投资建设的控股、参股电站高岭头一级水力发电有限公司、温州高岭头二级水力发电有限公司、东溪三级水力发电有限公司、坑下山电站、高岭头三级水力发电有限公司，全年共完成发电量11000万千瓦时，产品销售收入约5585亿元，上缴税费约882万元，公司实现利润154万元。

【企业管理】 2017年，文成县电力开发投资有限公司提高工作效能，推动企业科学发展，根据《文成县关于规范全县国有企业机构编制和员工管理的暂行办法》(文政发〔2015〕47号)公司结合实际对内设机构进行重组，保留办公室；撤销生产管理部、人事监察部、计划财务部、投资发展部；设立生产经营部、劳资财务部、党群工作部，全年，科学合理调度资金，增收节支，降低借款利息，年末公司负债减少500万元，不断推进企业健康稳定发展。

【企业党建】 2017年，文成县电力开发投资有限公司贯彻落实党风廉政责任制，层层签订《党风廉政建设责任书》，印发《文成县电力开发投资有限公司惩治和预防腐败体系2013—2017年实施细则》《2017年电投公司党风廉政建设和反腐败工作要点》《2017年电投公司正风肃纪工作方案》等相关文件，明确党风廉政建设的目标要求、主要任务、具体责任，同时落实检查和考核；全面加强党员干部学习宣传教育，通过上廉政党课、参观廉政教育基地等，树立正确履职、安全履职、廉洁履职的理念，营造风清气正的浓厚氛围。贯彻落实“党政同责、一岗双责、齐抓共管”的要求，加强安全生产工作同时确保企业和谐稳定发展。

党建之“红七月”系列活动(电投公司提供)

【系统劳动技能大赛】 2017年，文成县电力开发投资有限公司首次举办系统劳动技能大赛，开展《电力安全工作规程》、触电急救(心肺复苏)、消防技能、消防速度、后勤厨艺五个项目的大比拼，高一电、高二电、东三电，同时邀请靛青山电厂、坑下山电厂共5支代表队参赛，通过两天紧张的比赛提高企业干部职工积级向上的团结拼搏意识，提升以企业为荣的企业文化。在参加市总工会、市安监局举办的安全生产应急救援技能竞赛中，电投代表队员互相团结协作、紧密配合，经过脚踏实地的艰苦训练和奋勇拼搏，取得射水打靶第一名、理论考试第一名的优异成绩，荣获优胜集体；队员胡立光获优秀个人的荣誉称号。全年，通过多种渠道开展丰富的、有利职工身心健康的活动，打造温暖的职工之家，推动工会在企业发展中的作用。

技能大赛现场图(电投公司提供)

【安全生产】 2017年，文成县电力开发投资有限公司坚持“安全第一、预防为主、综合治理”的方针，落实安全生产责任制，把安全责任落实到每一个岗位、每一个人员，定期对各电站的设备设施、消防交通、教育培训、规章制度和预案执行等进行排查和整改，安全防范工作再检查、再部署、再落实，汛期树立“防大汛、抗大灾”的思想，制订科学的调度方式，严格落实防汛防台各项措施，做到损失最小化、效益最大化，实现全年安全生产零事故的总目标。

【重点工程】 2017文成县电力开发投资有限公司110千伏高文1039线跨龙船垟段线路设计施工一体化项目进入决算预审阶段。高一电电站增效扩容（报废重建）工程：11月24日110千伏接入系统通过验收并网试运行，29日机组通过启动验收并网发电，整个工程计划2018年上半年竣工验收。

坑下山电站增效扩容（报废重建）工程仍处于施工阶段，机电设备拟于2018年上半年进行安装。东三电电站增效扩容（报废重建）工程于2017年12月正式启动。

2017年文成县电力开发投资有限公司荣誉名录

表11

序号	集体/个人	荣誉称号	授予部门	授予时间
1	电投公司	温州市安全生产应急救援技能比赛“安康杯”竞赛优胜单位	温州市总工会 温州市安全生产监督管理局	2017.8
2	胡立光	温州市安全生产应急救援技能比赛安全生产理论考试个人单项第一名	温州市总工会 温州市安全生产监督管理局	2017.8
3	黄忠、赵岳顺、吴昌呑	温州市安全生产应急救援技能比赛射水打靶比赛集体第一名	温州市总工会 温州市安全生产监督管理局	2017.8
4	电投公司	2017年温州市安全生产月活动优秀单位	温州市安全生产委员会办公室	2017.11
5	电投公司	2017年度安全生产目标管理责任制考核优秀单位	文成县人民政府	2018.2
6	吴传清	浙江省农村水电技能知识竞赛二等奖	浙江省水电管理中心	2017.12
7	吴邦胜	2016年度水文资料整编先进个人	温州市水利局	2017.11
8	王微微	2017年5月《我们仨》读后感征文活动鼓励奖	文成县委宣传部 文成县教育局 文成县文化广电新闻出版局	2018.1

（周　瑾）

城市建设与管理

城镇规划

【规划编制】 2017年年末，文成县规划部门村庄规划编制有序推进，完成铜铃山镇下垟村、百丈漈镇上石庄村、西坑镇南坑垟村的规划编制任务和南田镇武阳村村庄规划设计；各类规划工作深入开展。年内，指导新成立乡镇（铜铃山、周壤、二源镇）完成总体规划编制；完成历史建筑保护。以“三普”名录为基础，在2015年编制的《文成县历史建筑保护与利用规划》的基础上公布历史建筑58处，制作历史建筑图册29处；完成海绵城市规划编制初步方案；中心城区设计方案落地。完成文成县中心城区城市设计方案征集工作，确定由浙江省城乡规划设计研究院继续深化完善方案，签订规划合同进入设计周期；指导乡镇完成小城镇整治规划。完成16个乡镇的小城镇环境综合整治规划的会议审查和相关报批工作，完成规划成果“回头看”和驻镇规划师工作，督促乡镇完成整治项目设计。

【规划管理】 2017年，文成县规划部门完善《文成县个人建房审批管理办法》，把每户占用耕地建房面积从40~50平方米调整为80~140平方米，并规定房屋建设层数原则上控制在3层，从而解决因“面积过小、层数过高”造成系列问题，保障农房质量安全。出台《文成县建设项目容积率指标计算规定》，规范计容面积的计算规则。主要体现在架空层和公共开放空间容积率计算、跃层住宅设置户内通高的要求、对建筑的飘窗、阳台、设备平台、花池等空间的容积率计算等方面。

梳理规划审批事项，按照省、市要求大力推进“最多跑一次”的改革；对项目选址、用地、工程三个审批公示环节合并为一次，在工程审批环节进行公示。

严格执行国家强制性标准和规范，依法进行各项行政许可证的审批，依法开展批前公示和批后公告。全县各基层所和受委托乡镇办理建设用地规划许可证407本，总用地面积54959平方米；办理建设工程规划许可证552本，总建筑面积311790平方米；办理规划核实确认书231本，总核实建筑面积95339平方米；办理乡村建设规划许可证252本，总建筑面积88671平方米。公建方面：全县办理建设项目选址意见书18本，总用地面积390808平方米；建设用地规划许可证32本，总用地面积2166510平方米；办理建设工程规划许可证39本，总建筑面积393287平方米；办理规划核实确认书38本，总核实建筑面积620799平方米。

【基础测绘】 2017年，文成县规划部门委托文成县测绘大队进行县级测量标志管理工作。委托测绘大队分三年（2016—2018）完成3个集镇、270村庄1:500地形图测绘；委托浙江省第二测绘院实施1:2000山区测图项目；委托温州市勘察测绘研究院进行“一区两率”监测、地理信息公共平台日常运行维护和《文成县影像图》编制。委托温州市勘察测绘研究院实施“数字文成地理空间框架维护2017”项目，完成文成县2012年1:2000 DOM和2014年1:5000 DOM入库并对接展示到基础系统；根据2017年“天地图·文成”数据融合成果，完成百丈漈镇部分区域框架数据的更新，面积约为0.14平方公里；完成省级提供的2014年0.5米分辨率航空影像在地理空间数据库的更新；与文成县地名管理办公室、文成县珊溪镇人民政府签订共建共享协议。

（董芳芳）

大峃城市新区

【概况】 2017年，文成县大峃城市新区管委会内设行政科室4个：办公室、经济发展局、规划建设局和财政局，设立建设项目前期工作中心、工程建设服务中心、征收与补偿服务中心3个下属事业单位。年末在职人员43人，其中行政干部13人，事业干部30人。

【固定资产投资】 2017年，文成县大峃城市新区管委会新区安排项目19个，其中建设项目16个，前期项目3个，年度计划投资16.24亿元，全年，累计完成年度投资14.63亿元。

【项目前期筹备】 2017年，文成县大峃城市新区管委会苔湖街改造二期项目，完成征询改造意愿调查，完成可研报告编制；二新片区改造项目，开展内业资料收集、测算，正在编制规划方案；樟山安置房三期工程，按计划完成用地定界、红线图编制。

【项目融资】 2017年，文成县大峃城市新区管委会做好项目抵押、资产抵押、担保融资，试行施工加垫资模式的运用，通过政策性银行融资、商业银行融资、信托融资，争取流动资金贷款，全年实现新增授信9.17亿，新增贷款5.08亿，归还贷款2.98亿。

【借力发展】 2017年，全年完成招商引资2.2亿元。其中，苔湖商业综合体项目已于今年4月份通过公开拍卖的方式顺利完成招租，时代广场集团以525万元的竞拍价获得租用权；龙船垟城市综合体项目正在与多家企业对接，初步规划设计和土地挂牌方案。

【资金回笼】 2017年，文成县大峃城市新区管委会优化安置房差价款结算制度，探索安置房提前定位制度，实行多余房源期房销售，全年实现资金回笼3.79亿元。其中，苔湖片区一期旧城改造项目完成房屋安置480套、剩余房源销售86套，回笼资金2.54亿元；樟山功能区一期安置房完成地下车位安置153个，回笼资金0.12亿元；龙川保障性安居工程二期A地块，完成拆迁安置94套，留地安置102套，回笼资金1.13亿元。

苔湖商业综合体一期旧城改造（新区管委会提供）

【信访维稳】 2017年，文成县大峃城市新区管委会收到政府信息公开申请书2件，信访问政件74件，其中县长热线61件，信访件13件，在规定时间内出具答复意见书，并做好相关回访工作，完成率100%，结案率100%。

【创新建设模式】 2017年，文成县大峃城市新区管委会探索实施购买社会力量，开展棚改前期工作，通过学习借鉴PPP模式在棚改项目中的运用，完善EPC承包模式在棚改项目中的运用，沟通省相关部门，成功将城中村（棚户区）改造项目列入EPC项目库。下沙垟城中村改造项目成为文成县首个经省住建厅同意，采用邀请招标实施EPC模式的项目。

【加强规范管理】 2017年，文成县大峃城市新区管委会实行“工程倒排工期、问题限期解决、进度定期督促”机制，严把工程设计关、招标关、监理关、验收关，进一步加强合同谈判，明确各方主体的职、权、责，最大限度减少项目推进中争议，确保各项目前期、施工、验收规范推进。2017年，苔湖片区一期旧城改造项目荣获浙江省优秀安装质量奖、温州市建设工程瓯江杯奖。

【创新监管模式】 2017年，文成县大峃城市新区管委会进一步规范工程款支付流程，时刻关注农民工工资发放问题，确保农民工工资及时发放。推行跟踪审计制度，最大限度杜绝项目验收，难以结算问题。试行项目建设顾问制度，解决过度设计、招标文件不合理、合同签订不严谨、实施工程联系单频繁问题，有效控制建设成本。

【地方中央资金保障】 2017年，文成县大峃城市新区管委会面对融资抵押物缺少、公司之间担保额度不够、“裸地”无法抵押等问题，配合财政、发改、住建部门，争取上级各类资金。年内，争取地方政府债券、中央补助资金2.25亿元，为项目建设稳步推进提供财力保障。

【龙川二期“龙德嘉苑”】 2017年，文成县大峃城市新区管委会龙川二期“龙德嘉苑”项目选址在大峃镇龙川社区中村上垟，规划用地面积37240平方米，建筑占地面积31580平方米，绿地休闲面积11053平方米，总建筑面积72266平方米，共设计商品房416套。

【樟山一期】 2017年，文成县大峃城市新区管委会樟山功能区一期安置点工程(即朝阳嘉园)，位于文成县大峃镇大发垟村，项目总用地24929平方米。

樟山功能区一期安置点(朝阳嘉园)，12月25日交付使用(新区管委会提供)

【苔湖街旧城改造】 2017年，文成县大峃城市新区管委会苔湖街旧城改造总用地面积6.51公顷，总建筑面积约27万平方米，总投资180506万元。年底，完成投资143467万元。C、E区块第二季度交付使用，BD区块基本完成主体15层，累计完成投资41486万元。

【兴福堂一期安置房】 2017年，文成县大峃城市新区管委会兴福堂一期安置房项目总用地面积49551平方米，总建筑面积172347平方米，总投资57447万元。年底，7至13号楼结顶，5、6号完成主体12层，累计完成投资26030万元。

【周村农贸市场和安置房】 2017年末，文成县大峃城市新区管委会周村农贸市场和安置房项目总用地面积7501平方米，总建筑面积18835平方米，总投资8631万元。年底，市场部分完成砌筑工程，安置房部分完成地上10层，累计完成投资3744万元。

【龙船垟一期安置房】 2017年，文成县大峃城市新区管委会龙船垟一期安置房项目总用地面积2445平方米，总建筑面积15891平方米，总投资7280万元。年底，完成地上部分12层，累计完成投资1506万元。

【兴福堂城市综合体】 2017年末，文成县大峃城市新区管委会兴福堂城市综合体项目总用地面积7.3万平方米，总建筑面积14.65万平方米，总投资138882万元，年底，完成酒店部分主体工程；住宅部分全部完成7层以上，部分楼完成18层，累计完成投资72401万元。

【宾馆前出让地块】 2017年，该项目占地面积14633.06平方米，总投资7.5亿元。截至2017年，完成2号楼安装工程，3号楼结顶，累计完成投资7.5亿元。

建筑业

【概况】 2017年，文成县有资质建筑业企业21家，比上年增加4家。实现建筑业产值29.65亿元，同比增长20.4%。其中，在外省完成产值9.66亿元，同比增长62.2%。全年房屋施工面积88.65万平方米，竣工面积24.86万平方米。

【产业培育】 2017年，文成县施工总产值达29.65亿元，同比增长20.7%。新培育三级企业7家（温州鹤城建设有限公司、文成县杰晨市政园林有限公司、文成县永山市政工程有限公司、温州众力建设有限公司、温州航远建设有限公司、文成县登丰建筑装饰装修有限公司、温州市华飞市政园林工程有限公司）三级资质均已获批，并取得安全生产许可证，1家劳务分包公司（温州屹立建筑劳务有限公司）。

【规范市场行为】 2017年，文成县严把开工审查关，不具备施工条件和未办理施工许可证的一律不准开工。竣工备案12个工程，竣工面积30万平方米；办理质监手续度21项（含市政工程5项），建筑面积50.93万平方米；出具监督报告19份，竣工建筑面积19万平方米；委托温州建正节能科技有限公司编制县绿色建筑专项规划，完成政府办公建筑和大型公共建筑用能监管示范工程1项（广电中心）并接入市民用建筑能耗监管信息平台。

【质量安全监管】 2017年，文成县利用互联网技术，推进建筑工地"全球眼"和起重机械"黑匣子"安装全覆盖，实现信息化监管。不断加强质量通病防治，开展质量大检查4次，发放质量整改通知书35份；关键部位巡检147次，签发整改通知122份；对6家施工单位、5家监理单位实施通报批评，通过日常质量巡查，行政处罚未办理施工许可证擅自施工的违法案件1起。鼓励施工企业争创优质工程，年末，全县创市级优质工程（瓯江杯）2项，在评市级优质工程（瓯江杯）3项。

【平安工地创建】 2017年末，文成县开展消防、扬尘、污水排放、深基坑、临时设施等专项安全检查，检查301个建筑工地，发放整改通知书146份、巡督查55份，立案处罚3家，罚金27.5万元；通报批评约谈施工企业17家、监理单位8家；对12家施工企业、对10名项目经理6个月的不良记录公示并扣除诚信分。推进标准化工地创建工作，县城区和中心镇开展标准化创建，创建率100%，达标率100%，创成市级标准化工地3个，分别是樟山保障性安置住房、龙川二期保障性住房及苔湖二期工程。

【建筑工人实名管理】 2017年末，文成县推进在建工地用工实名管理，推广各项目用工工资银行发放。依托"智慧安监"平台系统，开展县在建工程用人实名制管理。在建工程100%全覆盖，录入情况90%以上。各在建项目的用工工资80%在各银行办理用工人工资发放卡，逐步形成用工人员工资发放规范化。

【新墙材使用】 2017年末，文成县不定期组织工作人员在各建制镇、住建所、在建工程通过悬挂横幅标语、发放宣传资料、设点咨询等方式广泛宣传新型墙体材料推广应用政策法规。1月—3月31日，征收墙改专项基金119.2万元。根据财政部《关于取消调整部分政府性基金有关政策的通知》（财税〔2017〕18号）精神，为切实减轻企业负担，促进实体经济发展，4月1日起停止征收新型墙体材料专项基金。另外，温州郑鸥新型建材有限公司的"混凝土砖"通过省级新型墙体材料认定，取得《浙江省新型墙体材料认定证书》。"混凝土砖"是文成县首家生产混凝土砖的企业，弥补县建筑业新型墙体材料产品不足，有效的将县建筑废弃物资源化利用。

（董芳芳）

房地产业

【城乡危旧房治理改造】 2017年，文成县房屋管理部门排查农村危旧房10.44万户，鉴定治理C级危旧房1611户、D级危旧房2189户，治理完成率100%，累计排查城镇危旧房1075幢，完成城镇危旧房治理改造三年任务数的100%；工作完成情况全市排名前列。

【房屋安全鉴定机构】 2017年，文成县房屋管理部门 出台《文成县房屋安全鉴定市场管理办法（试行）》，加强县房屋安全鉴定行业监督管理，规范房屋安全鉴定机构和鉴定人员的行为，房屋安全鉴定机构备案11家。

【农房质量安全管理机制】 2017年，文成县房屋管理部门出台《文成县农房建设质量安全管理试点工作实施方案》《文成县个人建房审批管理办法》《组建农房建设质量安全监管平台的实施意见》《文成县农村建筑工匠管理暂行办法》等一系列政策，使农房建设有序、高效、安全等有章可循；县、乡镇两级成立农房建设质量安全管理工作领导小组，依托乡镇"四个平台"建设的基础上，组建农房建设质量安全监管平台，成立乡镇农房建设管理办公室，建立从选址、设计、审批、施工、验收等方面"一条龙"标准体系。

【农房监管平台】 2017年，文成县依托乡镇"四个平台"，统筹派驻国土、住建、综合行政执法、市场监管等派出机构200多名工作人员，组建农房建设质量安全监管平台，建立农房建设质量安全监管平台协调组，成立乡镇农房建设管理办公室，配备农房建设协调员。

【农房建筑立面色彩通用图集】 2017年，文成县针对农村房屋在建筑立面色彩、屋面形式等方面与当地风貌不相衬、不协调的问题，在原有的30多套房屋设计通用图库里补充7种符合文成实际的套型，分别80/100/130独户套型、80/100/130平层户套型以及开间3.6米的排屋套型。

K03三层10.2乘11.7双拼带车库架空层砖混（A-4户型

【农村建筑工匠管理】 2017年，文成县加强农村建筑工匠管理，制定《农村建房施工承包合同》，委托县知源技能培训公司组织全县村镇建筑工匠以乡镇为单位，按计划分批次对1661名村镇建筑工匠集中培训并发放培训证。

图片来源/县知源技能培训公司

【农房建设质量安全知识普及】 2017年，文成县 制作专题宣传片，以文成电视台、文成发布、文成住建微信公众号等平台为依托、对全县人民进行房屋质量安全知识普及。5月初，专门针对新一轮当选的全县300多名村干部举办农房建设质量安全基本知识专题培训班，发挥村干部在农村建房管理中的协管作用。

【住房保障】 2017年，文成县出台《花园新区二期（龙溪花苑）公共租赁住房分配实施方案》，公租房保障力度不断加大。年内，完成花园A区36套廉租住房装修并分配到户；新增实物配租家庭26户；制定《文成县城镇中低收入住房困难家庭公共租赁住房租赁补贴标准》，确定合理的补贴标准。

【住房补贴】 2017年，文成县住房改革覆盖面不断深化。审核75家行政事业全额拨款单位533人次住房补贴申请，发放补贴金额6945745元。审核直属单位住房补贴（供电公司约300多人）。发放供电公司离退休人员100人，补贴金额2370566元。缴存7个单位109人共21万元公积金补贴。提取三个单位公积金补贴42604元，发放国税1人住房补贴10.14万元。

【房地产市场管理】 2017年，文成县房地产市场平稳发展。全年办理预售许可证7个项目，房屋总量1515套，总面积13.49万平方米；销售商品房1574套，16.07万平方米，销售金额13.12亿元。

【农房改造救助】 2017年，文成县农房改造和示范村建设持续开展。完成改造任务1005户，完成率105%，申报省级美丽宜居示范村6个。

【管网建设】 2017年，文成县治水设施建设有序推进。2017年省厅下达计划考核的文成县城镇管网改造工程总投资1亿元、30公里污水管网的建设任务完成投资1.15亿元，污水管网建设34.5公里。

文成县城镇管网改造工程（南田等四标段）：该项目施工合同金额1.64亿元，截止明年1月底，完成投资1.84亿元。四个标段完成全部建设内容，铺设完成污水管225.6公里，完成合同数量（170.2公里）的132.5%。珊溪、百丈漈标段完成预验收工作，南田标段完成竣工验收，玉壶标段计划明年5月预验收。

大峃镇城镇管网改造工程：大峃镇龙川片区、徐村片区分别于10月、12月进场施工；大峃街（苔湖—县前街）、朝阳新村完成施工图审查，阳光酒店片区、建设路西片区1标段预算审核。

城东污水处理厂尾水深度处理工程（二期）：该项目施工合同金额2778万元，分为一级

城东污水处理厂尾水深度处理工程（二期）（县公用事业投资有限公司提供）

A提标工程和尾水深度处理(二期)两个子项目。其中一级A提标工程8月开工,11月初完工进入调试阶段,12月进入尾水深度处理工程部分的施工。明年3月,完成投资1300万元。

黄坦、百丈漈城镇管网改造提升工程:项目总投资2亿元,5月17日完成可行性研究报告的批复。

城镇污水处理设施运行维护(一期):南田、玉壶、百丈漈污水处理厂8月移交至第三方正式运维管理,8月中旬完成南田、玉壶、百丈漈二级管网排查工作。对于南田、百丈漈、玉壶污水处理厂配套管网的缺陷部分,市公用集团和第三方安排人员进行疏通维修。完成局部管道维修工作,南田、百丈漈、玉壶污水处理厂进水水量及浓度相对于移交前均得到改善。玉壶污水处理厂的进水量基本维持在750~900吨/天,南田污水处理厂的进水量基本维持在400~600吨/天,百丈漈污水处理厂的进水量基本维持在200~300吨/天。

玉壶污水处理厂尾水深度处理工程(一期):该项目施工合同金额975万元,10月19日进场施工。

玉壶污水处理厂尾水深度处理工程(一期)(县公用事业投资有限公司提供)

黄坦污水处理厂尾水深度处理工程:该项目总投资660万元,12月底完成招标工作,预计明年4月进场施工。

【小城镇环境综合整治】 2017年,文成县城乡人居环境不断改善。引入EPC承包施工模式,小城镇项目提质提速。年内谋划小城镇环境综合整治项目215个,完成设计215个、开工195个,完工127个。其中第一批计划达标乡镇:铜铃山镇、西坑畲族镇、百丈漈镇、周壤镇、周山畲族乡5个乡镇。安排整治项目58个(计划总投资2.72亿元),全部完工;第二、三批乡镇安排整治项目157个,完成设计157个,开工137个,完工69个。创成小城镇环境综合整治达标乡镇5个,排名同类县第一。

【城中村改造】 2017年,文成县城中村改造全面铺开。城中村改造专项行动(拆改类)完成旧房签约1473户、31.77万平方米;累计拆除1332户、28.74万平方米,完成情况与同类县并列第一。在县城和11个中心镇,围绕危旧房集中区、城镇核心区、旅游配套功能区、城镇形象展示区,谋划推进规模性城中村拆改类项目22个,其中珊溪镇街尾村、玉壶镇龙背村、巨屿镇垟尾村、西坑镇西坑村、铜铃山镇岭垟村、百丈漈镇篁庄村一期、下沙垟村等8个城中村改造项目开工建设。

【节能】 2017年,文成县完成新装太阳能热水器2500盏,,安装太阳能路灯106盏,解决7个无路灯村的照明问题,提高农村群众夜间活动的安全,农村清洁能源利用率83.5%;完成绿色建筑专项规划的编制,完成政府办公建筑和大型公共建筑用能监管示范工程1项(广电中心)并接入市民用建筑能耗监管信息平台。

(董芳芳)

住房公积金

【概况】 2017年,温州市住房公积金管理中心文成分中心内设综合科、业务科(行政审批科)2个科室。事业编制参照公务员法管理6人。中级经济师1人，本科学历4人，专科学历2人。年内，住房公积金管理中心文成分中心荣获文成县年度单位考绩结果优秀，机关党建考核结果优秀，年度"千人评议"活动审批服务类科室得分第二名等荣誉。全年实现住房公积金增值收益1480.02万元，计提财政廉租住房建设补充资金670万元。

【住房公积金归集】 2017年，文成县住房公积金得益于住房公积金的基数调整和制度覆盖面扩大，住房公积金归集额稳步增长，总归集收入2.75亿元，比上年增长12.20%，其中，实际归集收入2.64亿元，归集利息收入1120.12万元。年底，全年新增住房公积金6718.41万元，年末归集余额8.22亿元，比上年增长8.91%。

【住房公积金提取】 2017年，文成县住房公积金全年提取2.08亿元，比上年增长40.40%。其中，退离休提取2741.19万元；购房提取9471.96万元；还贷提取7087.06万元；其他提取1495.48万元；当年提取占归集的比例75.58%，比上年的60.40%上升十五点一八个百分点。年底，职工累计支取住房公积金9.47亿元。

11月4日，县住房公积金工作人员为职工办理业务（县住房公积金办提供）

【住房公积金贷款】 2017年，文成县职工的购房贷款需求旺盛，住房公积金使用继续保持高位运行。年内，各月末住房公积金存贷款比率均保持在95%左右，年末为95.45%，资金基本满额使用，资金流动性继续不足。全年向269户职工发放住房公积金贷款1.38亿元，出具异地贷款证明19件，住房公积金贷款收回7701.81万元，比上年增长43.54%。年底，全年新增贷款6054.99万元，年末贷款余额7.84亿元，比上年增长8.37%，在贷1987户，累计向5082户家庭发放住房公积金个人贷款12.7亿元。

【公转商贴息贷款】 2017年，文成县公积金中心因资金流动性不足，住房公积金贷款轮候时间过长，县公积金中心为职工提供公转商贴息贷款业务，解决全县职工的贷款需求。9月8日，组织全体职工召开"公转商"业务专题学习会。10月初，开始办理"公转商"贴息贷款业务。至12月底，办理"公转商"贴息贷款61笔计3454.7万元，受理量占同期总贷款申请量的46.93%，银行发放"公转商"贴息贷款8笔计457.6万元。

【"最多跑一次"改革】 2017年，文成县公积金中心以"最多跑一次为原则、跑多次是例外"的宗旨，以"数据跑+代跑"为主要形式，以"职工满意+意见反馈"为主要标准，推进"最多跑一次"改革工作，实现审批事项4大类30项业务"最多跑一次"。办事大厅纳入县审批服务中心公积金办事窗口，群众对住房公积金审批事项改革的获得感增强。

【资金安全合理防范】 2017年，文成县公积金中心完善岗位风险防控机制建设，大额资金的存储、划转、使用均由主任办公会议集体决策，按照财经纪律规定执行现金管理、银行存款管理、财务合同管理、固定资产管理、低值易耗品管理工作。定期开展财务自查自纠工作，分析财务活动的漏洞和风险点，做到及时更正，杜绝财务风险。加强风险防控，完善业务内核制度，执行“贷前严审、贷中规范、贷后跟进”的贷款管理机制，按照规定标准受理贷款业务，推进贷款预抵押转抵押业务办理，加强贷后催收、小额支付扣款及时等工作，建立业务自查台账，实现住房公积金个人贷款保持连续18年零逾期。

【资金竞争性存放】 2017年，文成县公积金中心开展增值收益竞争性存放，规范权力运行，建立和完善文成县住房公积金资金竞争性存放机制，提升理财水平，制订《2017年度文成县住房公积金资金竞争性存放实施方案》，将增值收益3700万元作为公开招投标的资金，存放期限一年，年利率2.025%，高于基准利率35%。最终确定农行文成支行、建行文成支行、信用联社三家银行为分中心2017年增值收益存放单位，有效确保住房公积金资金增值效益，服务地方经济发展。

【制度扩面】 2017年，文成县公积金中心实事求是有序推进扩面，县政府召开全县住房公积金扩面工作会议，分解扩面任务列入考绩，加强乡镇扩面工作的督查力度。组织成立年度扩面工作克难攻坚领导小组，以主任为组长，副主任为副组长，各科室负责人为组员，领导小组下设办公室，业务科负责人兼任办公室主任，专人负责统计整理、研究分析、列举措施、信息报送等工作。多方联系有序扩面，制定2017年度承办银行制度扩面考核机制，召开各承办银行扩面工作推进会，联系的非公企业22家，下发催缴通知书计20份，查找扩面新渠道；结合住房公积金年度验审开展扩面工作，对建立住房公积金制度的单位进行审查，查找建缴盲点。年底，在全县549个单位、13981个职工中建立起住房公积金制度，全年新增住房公积金缴存单位63个，净增住房公积金缴存人员411人。

【政策宣传】 2017年，文成县公积金中心以“公开、规范、精细、亲切”为主题，开展住房公积金政策法规宣传月活动。利用公交车车身广告、电视电台、《今日文成》专题报刊、乡镇宣传栏、台板、分中心LED电子显示屏、承办银行LED宣传平台、电信广场LED“公积金小博士”专题视频、12329短信平台、办事大厅宣传资料等宣传载体，“进乡镇、进机关、进楼盘”开展住房公积金政策法规宣传，接受职工政策咨询计1000余人次，发放宣传资料2000余份。

【党风廉政建设】 2017年，文成县公积金中心通过专题学习中共党的十九大会议精神，落实党风廉政建设责任制，推进“两学一做”学习教育常态化制度化，开展“强责任敢担当，治顽疾优环境”作风效能建设活动，开展“思想大讨论、问题大排查、服务大提升”活动等方式推进党风廉政建设和反腐败工作，落实中央八项规定实施细则精神和省委、市委、县委实施办法，改进作风效能，全年没有发生违纪事件。

10月30日，中共党的十九大精神专题学习会（县住房公积金办提供）

（胡晗初 吴方亮）

商贸　流通

综　述

2017年，文成县贸易服务业全年实现社会消费品零售总额43.99亿元，同比增长14.1%。按行业分，零售业零售额38.51亿元，增长12.4%，占社会消费品零售总额的87.5%;批发、住宿和餐饮业零售额分别为0.76亿元、0.43亿元和4.29亿元，分别增长81.2%、17.5%和22.2%。限额以上消费品零售额5.33亿元，增长52.8%。限额以上批零住餐销售额7.44亿元，增长36.4%。

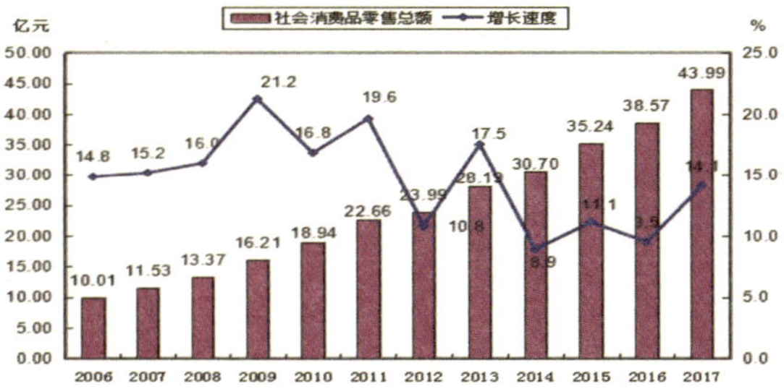

2006—2017年文成县社会消费品零售总额及其增长速度

2017年，文成县进出口总额17885万元，同比下降45.4%。其中，出口总额17598万元，同比下降45.2%，其中自营生产企业出口额1亿元，同比增长43%。外贸公司实现出口供货值6986万元，同比下降70.2%。实际利用外资127万美元。

商品零售

【农产品流通体系】 2017年，文成县贸易服务业成功获批温州县级市唯一的省级批发零售改造试点项目，苔湖商贸综合体如期开业；物流中心项目完成规划方案设计等前期工作，峃口农产品储藏中心的主体工程基本完成；社会消费品零售额排名从全省末位提升到26县第二。

【招商引资】 2017年，文成县生态产业园引进工业企业16家，预计在明年全部投产，三年内规模以上工业产值有望实现翻番；温州名泰五金科技创业园成功转产转型，引进35家紧固件企业入驻开工生产；百丈漈小微园11月动工，小微园完成率居全市首位。引进浙江爱居装饰工程有限公司等9家总部经济企业，其中销售额亿元以上的4家，5亿元以上的1家。

【主体培育】 2017年，文成县在去产能和水电下滑的双重打压下，温州勇炜汽摩零部件有限公司、浙江圣泰箱包有限公司、文成县宏玲服装有限公司、文成县顺昌金属实业有限公司、浙江南钢铸业有限公司5家企业上规模。重点扶持培育领军企业和优势成长性企业，嘉屿管桩销售有限公司、温州杭启贸易有限公司、双丰水果合作社、中石化城关加油站、中石化玉壶加油站5家商贸企业转限上。2017年企业上规转限上数量为历年之最。

【助企服务】 2017年6月初，文成县“双十”助企服务活动动员大会召开后，县50名助企服务联络员立即展开行动，下企业排摸收集企业发展难题，专业协调服务组整合部门力量积极跟进，重点帮助企业解决好“供不了地、进不了场、办不了证、加不了层、融不了资”等突出难题。全年登记梳理“插花地”、退税、用地指标、在建企业项目验收、钢铁企业转型转产、企业建设容积率调整等86个各类难题，化解75个，化解率87%。多年想解决而未得到有效解决的难题逐步得到化解。强力推进最多跑一次改革，对所有工业、商贸企业实行代办制，力争使企业少跑路、不跑路，企业对文成营商环境的满意度得到明显提升。

【企业改制】 2017年，文成县破难推进企业改制等工作，解决搁置12年的县物资总公司下属国有企业县建材物资和县化轻物资企业改制问题。解决黄坦离合汽片厂职工集体上访的问题。在温州市率先完成盐业体制改革各项任务。文成县民爆公司顺利通过民爆行业标准化考评达标，由B级升为A级，全年未发生安全事故。

电子商务

【概况】 2017年，文成县电子商务实现网络零售总额10.08亿元，同比增长39.4%。

【农村电商】 2017年，文成县鼓励企业大力发展电子商务，年内，完成建设50个农村电商服务站，累计343家，覆盖率89.1%。组织开展电子商务技能培训，举办助理电子商务师培训班4次，培训人数3000多人次，培养电商助理师100多人。借助“爱上外送”和“饿了么”电商平台，引导全县餐饮业商家入驻平台，实现线上线下融合发展，完成100家以上新增数。加大招商力度，引进2家电商企业入驻电商园区。开展企业上云，拟定企业上云扶持政策，完成无线AP120个，新建基站12个，改造基站97个。

（吴慧侨）

国有商业

【概况】 2017年，文成县国有商业办有在职人员11人，行政干部7人，事业编制4人。下设综合科、企业管理科、人事秘书科3个职能科室。下辖县商业企业国有资产经营有限公司和县饮食服务公司。负责国有资产保值增值和商业10家破产（改制）企业债权债务清理等工作。全年，国有商业部门有6个党支部，党员82名。

【国有资产管理】 2017年，文成县国有商业办按照国资相关规定，落实经营措施，按时收缴租赁费，全年资产总体租赁费同比增长5%。尤其是周村街商业库区，通过维修房屋，清理调整租约，年租赁费从上年的3.66万元上升到9.38万元，同比增长150%多，实现收益最大化，达到国有资产保值增值目的。

【债权债务清理】 2017年，文成县国有商业十大破产改制企业的债权债务清理工作情况复杂，任务繁重。年内，加大债权清理工作，提高债务偿还能力。原烟糖公司完成破产清算的法律程序，因商业周村库区还不能落实储备收购，商业办对该资产进行整合变现资产，清偿债权人的债务。据统计，全年追讨债权750余万元，偿还债务500多万元。

【原烟糖公司权属争议处置】 2017年，文成县原县糖烟公司所属位于大峃镇栖云路13号商业库区内的烟糖库区原食品加工厂，与周月珠等周氏后人存在权属争议，现被周氏后人占用，根据县领导指示，通过法律途经处置。商业办领导携工作人员到文成档案局、温州市档案局调取大量历史依据，并聘请知名律师，积极应对，进入法律程序，依法维护国有资产合法权益。

【原食品公司车棚公用地分摊】 2017年，文成县原食品公司职工集资联合建房，以前只有一本总证，因车棚公用地牵涉到食品公司职工集资联建户和食品公司建设路沿街店面房购买业主以及商业国资公司等三家的权益，纷争多年，为此，职工联建房业主一直不能办理土地分户，住户经常群防。9月份，经商业办多次核实后，协调处理各种矛盾，按照原食品公司职工联建房的土地总证界限，向县土地局出具土地分户的证明及相关资料后，圆满解决了原食品公司车棚公用地分摊的历史遗留难题，使职工联建房业主成功办理土地分户手续，终结信访程序。

【国有房产清查整治】 2017年，文成县商业办清理违规占用国有房产1300平方米；对烟糖库区、医药公司宿舍等8处1900平方米国有房产危旧房进行结构安全鉴定，对鉴定专家提出的建议跟踪落实；对原百货公司宿舍9间3层D级危房进行拆除，组织清运处理拆除后的建筑垃圾，筑起围墙，消除安全隐患；按要求整治饮服公司和烟糖公司仓库违规搭建和蓝色污染问题。

【商业系统综合维稳】 2017年，文成县商业办健全信访工作制度，畅通信访渠道，实施领导下访、领导包案制，责任明确到人。年内，单位主要负责人亲自接待下岗职工来访11批次，领导下访15天，解决信访案件4个，结案率100%；成功完成对邪教“法轮功”对象的防控任务；稳控事关200多名下岗职工医疗保险问题大串联群访案1起。确保商业系统下岗职工在特殊时期不发生群访及越级访事件。

【职工帮扶】 2017年，文成县商业办采取多渠道救助措施，对下岗困难职工给予最大帮助，年内，慰问困难职工52人，补助特困职工16人，重大疾病药费救助6人，“中秋”“春节”慰问困难党员16人。7月安排28名下属支部老党员健康体检，8月金秋助学5人。重视养老保险经费保障，确保社保经费100%到位。妥善解决下岗职工后顾之忧，维护商业内部稳定。

【党建工作】 2017年，文成县商业办推进“两学一做”常态化教育，开展理论学习教育活动。重点学习中共十九大精神，采取专题会议、民主生活会、组织生活会、上党课等多种形式，使全系统党员深刻领会十九大会议精神。开展“红七月·服务月”“六个一”系列活动。7月，商业办开展“情暖红七月，我为下岗老党员‘送红包’”的服务活动，安排商业系统下属支部退休党员进行健康体检，完成党员基本信息采集工作。将采集到的信息逐一核对，录入全国党员管理信息系统。

（胡小燕）

供销合作

【概况】 2017年，文成县供销合作社联合社成立于1950年1月，机构几经变化，2009年确定为参公事业单位。内设办公室（人事监察科）、财务审计科、综合业务科（社有资产管理科）、合作经济指导科等4个职能科室，年末在职人员19人（行政编制16人，事业编制3人），临时工2人。下属珊溪、玉壶、黄坦3家基层供销社。

【“三位一体”农合联建设】 2017年，文成县供销合作社完善提升生产、供销、信用“三位一体”农民合作经济组织体系，分析县农民合作经济组织发展状况和经验，借鉴瑞安、乐清、鹿城等试点地区的做法，6月，完成全县17个乡镇“农合联”组建工作，会员代表总数948人；8月，完成县级农合联换届，选举产生新一届理事会和监事会。开展金融服务，年内，下属兴合担保公司担保23笔，担保金额1035万元；全县7家农村资金互助会发放互助金合计1219笔，金额1.45亿元。

【基层供销社项目建设】 2017年，文成县供销合作社推进基层供销社项目建设。年内，黄坦供销社生产资料门市部项目通过验收；珊溪供销社、巨屿镇为农服务平台建设工程因“大拆大整”的文件要求，进入项目重新评估设计，处于与巨屿镇政府协商阶段；玉壶供销社完成台风影响后加固修缮工程。全县供销系统领办、吸纳专业合作社46家，联合社3家。组织工作人员深入基层，指导专业合作社建设，建设庄稼医院1家。

【农村流通服务网络建设】 2017年，文成县供销合作社完善和强化农资配送服务网络功能，做好春耕备耕工作。年内，农资销售额3571万元，其中销售各种化肥15512吨，农药65.8吨，农用薄膜类35.3吨。规范烟花爆竹连锁经营配送网络，确保安全经营烟花爆竹业务，烟花公司实现销售收入110万元。

【协会建设】 2017年，文成县农产品经纪人协会一如既往地开展各项活动，为三农服务。年内，协会组织茶叶栽培技术、评茶员、茶苗定植等培训4场，培训200余人次，提升茶产业专业人员的水平。组织会员赴临安、德清、长兴、福安等地学习现代农业先进经验和茶叶种植加工技术；组织6家会员单位参加温州"早茶节"，以优质的品质获评金奖；承办文成县第二届茶文化旅游节暨第四届"采茶节"技能大赛。年内，省协会三届六次会长例会在文成召开，来自全省的协会会长肯定文成协会的工作。

10月，文成县第三期评茶员培训班圆满结束（县供销社提供）

【社有资产监管】 2017年，文成县供销合作社规范社有资产租赁业务。年内，通过评估公司评估到期的出租房，并做好社有资产出（续）租工作，实现资产租赁收入最大化。在大拆大整的形势下，加强社有资产的安全管理，对基层社、县社有关资产危险等级进行评估，排查隐患并整改。老县社办公楼修缮项目进行前期腾空房屋、评估预算等实施阶段。

5月26日，省供销社纪委书记、监事会主任，浙江省农产品经纪人协会会长施祖法（左一）考察二源绿色农业种植专业合作社（县供销社提供）

（钱云飞）

烟草专卖

【概况】 2017年，烟草专卖局文成县局（分公司）领导班子4人，办公室（监察科、法规科）下设1个车队，共17人。专卖监督管理科（内部专卖管理监督派驻工作组、专卖稽查大队）下设1个专卖稽查中队和2个专卖管理所，及1个驻行政审批中心办公室，共20人。业务科下设1个市场部和1个对接点，共20人，财务科4人。

全年完成卷烟销量8915.78箱，同比增长6.45%（全市0.2%）；销售额35555万元，同比增幅13.89%（全市5.39%）；毛利9506万元，同比增幅14.73%（全市6.42%）；单箱销售额3.99万元，同比增幅6.98%（全市5.19%）。全年完成税利8649.92万元，同比增长18.12%。全年查获卷烟实物2948.9条，同比提升158%；单案规模68.6条，同比提升248%；查获总案值57万元，同比提升164%。全年4次市局市场净化率考核均达100%。

市场管理人员进行市场检查(烟草专卖局提供)

【管理服务提质】 2017年,文成县烟草专卖局“市场网格化管理”是文成烟草2016年开始实行的“一县一品”项目。该项目以管理系统论、资源共享理论和协同理论为方法,依托文成烟草对内部职能系统资源的有机优化整合,对市场零售客户资源以网格单元和信息化服务为平台,将辖区市场按照一定的标准划分成若干个网格单元,按照“区域管理、资源共享、三员协同、责任共担”的工作理念,实现市场网格内各种管理服务资源要素的融合优化和提升。该项目自运行以来,全局处理协同反馈信息171条,信息内容涵盖专卖许可证管理、规范经营监管、许可证管理、客户服务等方面,实现网格市场的齐抓共管,在“市场、管理、服务”方面取得实实在在的成效。其中,客户经理提供异常信息反馈单60张,违法经营线索14张,通过违法经营线索查获涉烟违法案件9起,查获违法卷烟705.2条,查获二类细支烟违法案件2起,违法卷烟15条。同时,项目推行的“首问责任制”有效避免三员间互相推诿、职责不清的问题,零售户的困难和问题得到及时有效处理,零售户间、烟草部门与零售户间的信息传递更加顺畅、便捷,建立与零售户间的良好互动和信任。2017年全年实现零投诉。

【社会公益】 2017年,文成县烟草局积极履行社会责任,参与新农村建设与社会公益事业。全年累计进行公益性捐助21万元。

(陈 鑫)

石油石化

【概况】 2017年,文成县石油分公司是中国石化集团公司垂直管理,是中国石化销售有限公司直属企业,承担全县成品油战略储备、市场保障供应任务。年末公司在职员工96人。下设经理室、办公室、零售管理部、安全数质量、财务核算部、商业客户部、非油品管理部、综合销售营业大厅和8座在营加油站。

【石油经营情况】 2017年,文成县石油分公司经营范围涉及汽油、柴油、煤油、燃料油、润滑油、非油品业务等。公司油品总库存容量790立方米。全年销售各类成品油3.15万余吨,其中汽油2万吨,柴油1.15万吨,非油品便利店销售总额1145万元。

【加油站改扩建】 2017年10月,文成石油公司对文成九龙井加油站、玉壶加油站的改扩建做可行性报告,分析、安评、环评等大量的工作,报省商务厅审批。对九龙井、玉壶两座加油站的地下油罐进行扩容更新,对原油罐池区域做防渗池改造。改造后九龙井加油站油罐容量从30立方米三只增加为30立方米四只,从原总容量90立方米扩容为120立方米,增设油品98号汽油,总投入金额260万元;玉壶加油站油罐容量从20立方米三只增加为30立方米三只,从原总容量60立方米扩容为90立方米,增设油品95号汽油,总投入金额230万元。

【安全生产】 2017年10月,文成石油公司有效预防突发事件和火灾事故的发生,做好加油站的安全保障工作,维护国家财产和员工生命安

消防与员工共同演练(石油分公司提供)

灭火演练(石油分公司提供)

全,文成石油公司根据不同季节按月开展“应急预案”的培训和演练,提高全体员工主动防控事故、降低安全风险、有效处置事故的应急处置能力,整体提升公司系统防火、防爆、防污染、防突发事件的应急管理水平。年内,与各加油站签订《2017年度安全、健康与环境管理目标责任书》(简称HSE),与员工签订《安全承诺书》。

【党建工作】 2017年10月,文成石油公司按照上级党委的有关要求和部署,认真学习贯彻中共党的十九大精神,学习习近平总书记十九大报告,开展党的群众路线教育实践活动,做好党支部的思想、组织、作风、反腐倡廉和党风廉政建设。坚持抓好“三会一课”制。通过召开党员大会、座谈会、支部书记上党课、微党课、组织生活会等各种形式开展《新党章》、“党风党纪”、中共党的十九大精神及在十八届六中全会中新通过的《关于新形势下党内政治生活的若干准则》和《中国共产党党内监督条例》等学习教育活动,准确把握党进入新时代的新思想、新判断、新目标、新要求核心任务。

(张　智)

旅游业

综述

2017年，文成县旅游业秉承“紧扣全域，围绕龙头，深耕景观，挖掘文化，促进乡村”的发展主线，持续深化旅游与各产业互融共进，不断增强内生动力，形成以自然观光、文化旅游、生态休闲度假为主导，乡村旅游、红枫古道、体育旅游、康体健身、户外运动、红色旅游等产品共同繁荣的多元化产品体系。2017年，文成县旅游综合指标增长18.6%以上，走在全市前列。年内，全县有百丈漈、铜铃山、龙麒源等国家AAAA级景区3家，刘基庙、峡谷景廊、月老山、猴王谷、九溪欢乐谷、七星武阳等国家AAA级景区7家。启动国家全域旅游示范区、浙江省全域旅游示范县、刘伯温故里国家AAAAA级旅游景区等重点创建工作，旅游产业主业化、全域化的发展势头确立。其中文成森林氧吧小镇通过国家AAAA级旅游景区景观质量评估，天顶湖生态农庄、九溪欢乐谷景区成功创成国家AAA级旅游景区。完成18个A级景区村培育(其中南田镇武阳村、西坑畲族镇让川村为AAA级；玉壶镇垟头村、珊溪镇塘山村、百丈漈新亭村、峃口镇新联村、平和乡大垟口村、铜铃山镇铜铃村为AA级；大峃镇岭脚村、玉壶镇碧溪村、南田镇驮湖村、高村民族村、黄坦镇培头民族村、稽垟村、西坑畲族镇梧溪村、周壤镇周墩村、周山畲族乡官坑村、公阳乡公阳村为A级)。建设完成省级休闲旅游示范村1个(南田镇武阳村)，省级中医药文化养生旅游示范基地1个(玉壶镇山一角中医药文化养生示范基地)，省级老年养生旅游示范基地1个(七星武阳老年养生示范基地)，温州市首批森林康养基地1个(文成悦慢森林康养基地)。年内，刘伯温故里景区通过国家旅游局景观质量专家评审。文成县被评为全域旅游示范县创建工作先进县。刘伯温故里景区被评为浙江省优质旅游经典景区。

规划建设

【规划建设】 2017年，文成县旅游业建设高起点规划，追求项目的前瞻性，年内，完成《百丈漈-飞云湖风景名胜区总体规划》(修编)调整并上报省住建厅审核；完成《天湖旅游度假区总规》编制且通过省环保厅环评会审；委托浙江省国际旅游规划设计院编制完成全域旅游总体规划、委托北京水农规划设计研究院编制完成环湖绿道工程规划、委托浙江大学城乡规划设计研究院编制天湖旅游度假区总体规划等。大力推进核心景区精品化改造，启动刘伯温故里旅游景区国家级AAAAA景区创建工作、全域旅游创建工作。年内，刘伯温故里通过国家AAAAA级旅游景区景观价值评估，推进创AAAAA工程项目建设，在建项目52个，其中纳入EPC承包项目17个，自建项目35个(包括旅投)；推动厕所革命，加强旅游厕所设计、建设和改造、管理和维护，完成新建旅游厕所5座。

7月11日，文成县和浙江省旅游集团战略合作协议签署仪式在杭州举行（旅游功能区提供）

【招商引资】 2017年，文成县旅游局重视旅游项目储备和招商引资工作，引导有实力的企业集团投入旅游产业开发，重点依托天湖旅游度假区、省级服务业集聚区、刘伯温文化园、欧陆风情街、慢城玉壶等产业平台，加快与浙旅集团、物产集团、首旅集团、现代集团、绿城集团、万达集团、自由港集团等大企业的项目洽谈和引进，其中文成县旅游景区合作开发项目（百丈漈景区、铜铃山景区、朱阳九峰景区）、秘途风情小镇项目、文成鑫鸿影视城文化产业园、天顶湖山地运动休闲中心项目，总投资额达30.6亿元。以落实项目要素、抓好项目管理为重点，在确保工程质量的前提下，加快项目进度。推动促进签约的黄坦半岛山镇、猴王谷景区提升工程、九溪欢乐谷提升工程、大岀兴福堂地块、百丈漈景区旅游接待中心、溪后菩提客民宿建设项目、迦南美地项目、李山在水一方民宿建设一期工程、珊湖岛养生度假中心等9个旅游项目建设，全年到位资金5.088亿元，超额完成年初下达任务（3.5亿元）的45.37%。

【产业融合】 2017年，文成县旅游局推进“旅游+”产业融合。注重特色、多元、融合做好“旅游+农业”“旅游+生态”“旅游+健康”“旅游+文化”等文章，使“旅游+”成为经济社会发展新模式。深化文旅融合。把刘伯温文化作为县域主题文化，把刘伯温文化体验作为区域特色文化旅游项目重点打造，传承发展好刘伯温传说、太公祭等文化遗产，深化伯温家宴、畲家长桌宴等系列旅游团队餐饮品牌开发。以央视微电影基地建设为契机，推动文成鑫鸿影视城文化产业园等文化创意产业项目建设。开展非遗、文创等文化旅游项目。深化农旅融合。以培育创建一批省级旅游风情小镇、省级休闲旅游示范村、A级乡村旅游景区为载体，培育引进院落式酒吧、茶餐厅、书吧、文化创意等多元业态。关注生态农庄、休闲农业示范园、高山台地田园综合体项目建设，推动乡村旅游发展，带动群众增收致富。深化体旅融合。结合体育部门创建省级运动休闲基地、省级冰雪运动休闲小镇为载体，逐步培育发展天顶湖水陆空运动、铜铃山冰雪运动、康体养生、慢生活休闲体验、红枫古道健身等新型产品。深化商旅融合。关注欧陆风情特色街区、县城三大商业综合体项目、县城中央水轴休闲廊道为重点的旅游配套服务业发展，推动县城特色旅游购物场所、消费场所改造提升，完善景区商业设施，开发“刘伯温故里”“文成记忆”系列特色旅游创意商品，实现商旅互动。

旅游主播直播大赛（旅游功能区提供）

市场推广

【旅游节庆】 2017年，文成县旅游市场拓展扎实有效。高端策划旅游节庆大品牌，按照“一月一主题、一月一节庆"的思路，做好借节造势、以节促旅文章，其中青春秀文成以电视传媒体+网络新媒体相结合的创新方式，值入当年最红的短视频APP等元素，展示"花香文成、湿身文成、枫情文成、冰雪文成"四季产品，在浙江电视台四次新闻播出，网络直播推广达500万人次以上，全国有420家媒体报道支持。第十节万种枫情节暨温州万人徒步大会、第二届茶文化旅游节，浙江自行车百丈漈爬坡赛、文成县蜂业旅游文化节、5·19中国旅游日活动，情系瓯越哈雷机车活动，诗画旅途活动，全国晚报社长、总编辑赵超构故里行活动，浙江马拉松精英赛等系列节庆赛事活动渲染全年。开拓新的客源市场，举办浙闽粤三省百家旅行商采风活动、全国幸福之旅行社年会及文成旅游推介活动等一系列活动，结合各类展会活动，开辟广东江苏等市场并向全国辐射，以意大利米兰为切入点，设立文成旅游驻德国、米兰、罗马办事处，依托华侨优势，借助"我为家乡代言"系列活动，打开欧洲市场。

【智慧旅游】 2017年，文成县智慧旅游应用进取有力。完成旅游信息化项目的日常维护管理工作；抓好刘伯温故里景区AAAAA信息化建设；配合市旅游局完成数据中心、管控中心等市级平台的共建工作；发展旅游电子商务，做好淘宝网、同程网、携程网等的合作推广，推出文成旅游电子商务平台，实现景区统一网上订票，线下出票，线下检票无缝紧密结合，实现景区线上线下一体化经营。开展"青春秀文成"网络直播大赛，配合主流直播平台联动直播。持续运营好文成旅游微信、微博平台，突出"游客需求、互动沟通"，开展以游客为导向的精准营销。

行业管理

【人才建设】 2017年，文成县加强旅游队伍训练，提升从业人员素质。举办"《旅游法》《浙江省旅游条例》宣贯培训班""导游年审培训班"等各类人才培训班，邀请省市专家授课；全县旅游行业从业人员600余人次参加培训；加强行业安全生产管理培训，举办"旅游企业消防安全知识培训班""旅游企业安全生产知识培训班"等，对消防安全和旅游企业安全知识两个项目进行培训，全县13家旅游企业的主要负责人及安全生产管理人员300余人参加培训。加强乡村旅游人才培训，举办"乡村旅游人才培训班"，邀请省旅职院专家前来授课，全县乡村旅游从业人员200余人参加此次培训，为乡村旅游发展奠定良好人才基础；组织全县各民宿业主、民宿从业人员50余人次参加学习，加强民宿人才队伍建设；定期组织旅游企业相关工作人员开展安全技能培训，督促企业做好新员工的安全教育。

【行业安全】 2017年，文成县加强旅游业监管，维护有序市场秩序。建立旅游系统内层层签订并落实安全生产责任制；与各旅游经营单位法定代表人或负责人签订《文成县风景旅游行业安全生产目标管理责任书》《文成县风景旅游行业消防安全目标管理责任书》《文成县风景名胜区森林消防目标管理责任书》，把安全生产的责任落实到位，节假日期间召集各职能部门召开旅游安全生产工作会议，按各单位职能布置安全生产任务，落实安全生产责任；组织开展行业安全生产隐患整治活动，多次牵头联合农办、公安局、消防局、安监局、质监局等各相关单位，组成检查小组，分别深入全县9大景区、2家星级酒店、5家旅行社及精品农家乐开展安全生产大检查，重点就设施设备运行情况、消防安全情况、安全生产责任制落实情况、汛期安全生产等展开检查整治；同时针对各企业举办演出、展览、娱乐性的大型活动开展检查，重点检查是否建立落实安全责任制，是否制定符合实际的火灾、垮塌等突发事件应急处置方案，有无加强安全保卫、监管工作；开展各项专项行动，平安护航"十九大"；护航"G20"等，确保重要时段旅游安全生产稳定有序，出台各类旅游安全生产专项整治大行动方案。全年，组织检查人员300余人次，检查企业200余家次，排查并落实整改隐患150余处。

文成县部分酒店一览表

表12

序号	饭店名称	地 址	包厢数	桌位数	床位数
1	文成宾馆★★★	大峃镇文青路1号	18个包厢 2个宴会厅	80	151
2	阳光假日大酒店	大峃镇伯温路5号	25个包厢 3个宴会厅	112	153
3	国际大酒店★★★	大峃镇城东大道	21个包厢 3个宴会厅	110	204
4	鑫悦大酒店	大峃镇体育场路818号	1个大厅	1个大厅	122(房间)
5	新凯悦大酒店	大峃镇环城东路1号	6个	15	82
6	君悦大酒店	大峃镇车站东路1号			93
7	万豪酒店	大峃镇建设路135号			107
8	铜铃山森林度假村	铜铃山景区		30	139
9	天鹅堡养生度假酒店	西坑镇石垟林场	5个	17	123

文成县部分餐饮店一览表

表13

序号	餐馆名称	地 址	包厢数	桌位数
1	舍得坊	大峃镇体育场路60号	43	66
2	醉宵园美食城	大峃镇花园村	20	42
3	畲家宴餐厅	西坑镇龙麒源景区	2	22
4	伯温家宴餐厅	南田镇诚意路202-216号	8	50
5	望江楼	大峃镇伯温路	26	32
6	新利晶美食城	大峃镇邮政路81号	12	22
7	嘉盛美食城	大峃镇嘉盛花苑107号	16	24
8	转角一号	大峃镇嘉盛花苑107号	7	9
9	兄弟饭庄	大峃镇伯温路银都大楼一楼	10	32
10	刘基贡面	大峃镇二新街	6	15

文成县部分农庄、农家乐一览表

表14

序号	农庄名称	地址	包厢数	桌位数
1	山水果园★★★★	大峃镇龙川村头村	15	40
2	山城溪鱼庄★★★	大峃镇体育场路法院上首	20	48
3	怡情农庄★★★	西坑镇石垟林场月老山景区	3	27
4	老百姓兔肉馆★★★	峃口镇村桥头	13	20
5	天顶湖休闲农庄	百丈漈镇腾飞小区对面	15	50
6	仙人居生态农庄	黄坦镇富岙大桥旁	12	50
7	畲家寨	西坑镇	5	28
8	葫芦岗农家乐	西坑镇让川村	10	25
9	宏都农家乐	百丈漈镇	7	16
10	百丈飞瀑农家乐	百丈漈镇篁庄村	3	25
11	三毛农家宴	百丈漈镇篁庄村	4	35

文成县部分特色民宿一览表

表15

序号	民宿名称	客房数	床位	联系人	联系电话
1	迷途武阳	58	58	温作廖	13506528711
2	隐居武阳	24	45	胡晓波	13968910329
3	福地人家	10	17	刘爱忠	13868674853
4	石门台	15	26	朱海峰	13695882333
5	悦慢小院	5	10	陈爱琴	13706617326
6	香樟小院	7	16	施正库	15158556050
7	竹篱樟影	7	11	叶育南	13868685117
8	翠竹小院	8	16	周薇红	13868686803
9	猴王谷树屋酒店	30	65	徐　刚	13805729735
10	迷途绵岭	42	74	徐子惠	13868001732
11	云中庄园	11	14	江玲芳	13806612345
12	十亩之间	6	6	胡雄兵	626639

（旅游功能区供稿）

交通　运输

综　述

2017年年末，文成县公路总里程1856.289公里，其中国道56.561公里，省道4.237公里，县道499.856公里，乡道173.31公里，专用公路40.278公里，村道1082.047公里。按技术等级分，二级公路100.252公里，三级公路73.002公里，四级公路665.053公里，准四公路855.137公里，等外公路162.845公里。全县有等级航道6条，文成泰顺两县共有18公里，文成辖区航道33公里(其中飞云湖跨县5级航道1条，文成管辖航道5公里，两县共有航道15公里；6级航道4条，文成管辖航道28公里，两县共有航道3公里)。全县交通运输保持良好的发展态势，重大交通工程项目前期推进和工程建设进展顺利。全年完成交通投资16.97亿元(其中高速公路11.37亿元，国省道3.5279亿元)。

公路工程

【概况】　2017年，文成县交通运输局内设办公室、管理科、行政审批与建设科，年末人员27人(包含县交通建设管理所及县交通工程安全质量监督站事业人员)，其中高级职称5人。

【高速公路建设】　**龙丽温高速瑞文段**　文瑞高速起点文成县樟台枢纽，终点位于瑞安市仙降镇，设置江溪枢纽与温州绕城高速公路西南线相接。路线全长40.3公里(文成段12.1公里)，预算总投资79.84亿元，文成段23.65亿元，预计2019年完成通车。红线内政策处理全部完成，迁移坟墓349穴，拆除房屋190间约22336.6平方米，红线内34.13公顷全部完成交地；隧道工程洞身开挖累计完成11943.2米，二次衬砌支护9657米，其中全长893米的岀口隧道在6月16日实现贯通，完成桥梁桩基145根，桥台9座，系梁17根，墩柱45根。年末，完成投资6亿元，累计完成投资10.98亿元。

溧宁高速文泰段　文泰高速起点设在文成樟台枢纽，终点在泰顺与福建交界，与福寿高速公路相顺接。路线全长57公里(文成段23.5公里)，概算总投资109亿元(文成段概算总投资44亿元)，2017年开工，预计2020年完成通车。7月10日提前完成文泰高速土地组件报批县级审查。在确定红线用地范围后，提前启动政策处理工作。文成段迁移坟墓4306穴；丈量土地106.85公顷(含安置地2.22公顷)已交地85.33公顷；房屋丈量、评估164间，签约141间，拆除30间；10千伏永临结合架空线路工程(文成段)完成验收交付使用。完成文成段主线内政策处理工作，金垟隧道、花前隧道(潘岙)、下山垟隧道、控制性工程等十个先期开工点全线动工。全年完成累计投资5.37亿元。

溧宁高速文景段　文景段起点位于文成樟台枢纽，终点在景宁，与建成的景宁高速顺接。路线全长69公里(文成段34.3公里)，概算总投资125亿元(文成段概算总投资69亿元)。上报交通运输部审查，初步设计地质勘查提前于11月20日开始现场钻探。

【国省道建设】 **G322文成樟台至龙川段改建工程** G322文成樟台至龙川段改建工程全长约13公里，其中主线长约8.5公里，连接线长约4.5公里。主线采用一级公路兼顾市政标准进行建设，设计速度80公里/小时，路基宽24.5米，双向四车道；连接线采用二级公路标准进行设计，项目投资约12.6亿元，项目建设期为36个月。年末，完成年度投资33749万元。项目累计完成投资55789万元。三个隧道都已交地进入施工，完成建安费4000万元。

G322文成西坑至景宁交界段改建工程 项目起点位于文成县西坑镇让川村，与322国道文成花园至西坑段相接，终点为铜铃山镇下垟分界处。路线全长约22.34公里，采用二级公路设计标准，项目总投资约13.18亿元。2月，完成工可批复；9月，完成初设批复；10月26日完成施工图审查；11月完成施工图批复；12月21日完成PPP项目资格预审。

青田至泰顺公路文成玉壶至渡渎段工程 项目起点位于文成县玉壶镇东北面底件头，与文青二级公路顺接，在渡渎口跨过飞云江至终点，与现有道路巨屿至珊溪公路相交。路线全长约27.73公里，其中利用老路约5.973公里，新建路段约21.757公里。设计采用二级公路标准，总投资约12.33亿元。2月，完成工可审查；完成项目建议书编制，各专项委托编制；12月完成市发改委项目联系函。

【县乡道建设】 **西南公路改造提升** 西南公路改建工程总投资8334.98万元，其中建安费5242.4525万元。2017年完成投资3000万元，完成路基挖方约21万立方米、弃方及路基填筑约13万立方米，完成挡墙1.1万立方米。黄坑口桥完成0#、3#台身及台帽，完成1#、2#4个桩基并完成桥墩柱钢筋笼焊接，梧溪桥完成0#台身浇筑，7根桩基，2根地系梁3-4#，完成拦渣坝浇筑110米约1500立方米。

周山通乡公路改造提升 全长14.5公里，概算总投资2918万元，2016年10月动工。完成投资约2300多万元。

南田至十源公路改造提升 路线全长10.0公里，路基平均加宽2.0米，按四级公路提升标准设计，投资约900万元，完成工程量的40%。

平和通乡公路改造提升 全长5.2公里，总投资800万元，完成工程量的75%。

峃口至公阳通乡公路改造提升 本工程新联至公阳乡9.5公里，至周山乡连接线5公里。2017年7月底已完成工可文本编制。已确定建设规模，完成工可审查。

珊溪至桂山公路改造提升 本工程珊溪镇至桂山约16公里，桂山至横坑约5公里，全长约21公里。7月底完成工可文本编制。确定建设规模，完成工可审查，项目分期分段实施，

【“永久基本农田”调整】 2017年，文成县交通运输局工程土地报批受“永久基本农田”(简称“永农”)政策影响较大，土地规划调整、永农调整难度大。年内，交通运输局主动对接县国土部门及沿线乡镇，向上对接省国土厅等部门，按政策处理好“永农”调整，顺利推进工程用地报批工作，属全市首例。

【公交移动支付】 2017年8月20日，文成县县城公交班线在全市率先实现移动支付，乘客可无需投币，通过IC卡、市民卡、银联卡、微信支付、支付宝5种支付方式乘坐公交车，成为公交移动支付功能最全面最便捷的城市之一。文成县城公交全面实现移动支付，适应“互联网+”社会发展趋势，极大便利市民出行，减轻工作量，提高工作效率。

【重点项目交(竣)工验收】 2017年，文成县交通运输局57省道暨文青、文泰公路文成段改建工程于5月3日完成竣工验收；泰顺黄桥至铜铃山公路文成段于7月3日完成竣工验收。新56省道接南田公路工程6月2日完成交工验收。

樟台至柳山公路7月31日完成交竣工验收。峃口绿道大桥12月29日完成交竣工验收。康庄工程遗留15条农村公路全部完成验收。

（刘晓伟）

运 输

【概况】 2017年，文成县交通运输局拥有运输企业16家（其中：客运企业8家，普通货运企业7家，危险化学品运输企业1家）；全县拥有营运客车196辆5376座位、出租车7辆28客位、公交车30辆570客位，开通各类客运线路62条，其中：跨省（市）4条、跨地市3条、跨县20条、县内35条。全县拥有营运货车53辆444吨位，有渡口25个，其中飞云湖库区18个（黄坦镇14个、珊溪镇4个），飞云江上游7个（巨屿镇2个、峃口镇4个、平和乡1个）；渡船10艘，其中钢质“三防”渡船7艘，木质渡船3艘。飞云湖库区有水运企业1家，客船4艘122客位。全年完成客运量2.55万人次，旅客周转量15.3人公里。公路运输全年完成旅客运输量970万人和旅客周转量48943万人公里，同比增长分别为10.4%，10.2%；完成货物运输量249万吨和货物周转量32645万吨公里，同比增长分别为38.3%，38.7%。公路运输总周转量为37539万吨公里。

【春运】 2017年，文成县春运从1月13日开始至2月21日结束，为期40天。公路运输方面，春运期间完成旅客运输量74.57万人次，同比下降1.9%；旅客周转量3329.04万人公里，同比增长1%。水路运输方面，春运期间完成水路营运客流量0.929万人次，旅客周转量5.574万人公里，均为去年同期的84.7%。

【城乡客运】 2017年，文成县建成港湾式停靠站30个，完成指标的同时；通村率达到百分之百，村村通任务顺利实施。

【运政稽查】 2017年，文成县开展安全生产大排查大整治活动。坚持依法行政，结合百日稽查，加强对企业的安全生产隐患排查，督促企业及时完成隐患整改。全年投入稽查力量3280人次，与交警、路政、工商等部门联合执法，检查车辆上千车次。查获违章车辆96辆次，其中黑车7件，排查运输企业302家次，查出安全隐患49起，完成整改49起，与去年同比增长55%，罚款金额161550元。没有发生大的责任事故，确保文成县道路运输市场的有序安全。

【村村通】 2017年，文成县“村村通”作为省、市、县的重点民生工程，交通运输局上下一心，全力以赴，攻坚克难，9月22日，对全县36个偏远行政村开通客运班车，提前2个月完成省市下达的任务。边远山区群众在家门口就能坐上安全便捷的班车，低廉的票价和周到的服务获得群众的一致好评。

7月14日，村村通通车仪式（交通运输局提供）

【抗战禽流感】 2017年，文成县交通运输局全力抗战禽流感。1月3日文成县出现疑似禽流感病例，文成运管听从指挥，服从大局，主动承担起峃口镇城东村设卡检疫的工作。此次防疫工作文成运管局出动人员240余人次，出动车辆60车次，检查车辆2000余辆次。通过文成运管局的努力和各单位的配合，禽流感疫情得到有效的遏制，完成防疫工作。

【保驾护航十九大】 2017年，文成县运输局在十九大期间，全力以赴，做好安保维稳工作。督促客运公司等严格审查驾驶员资格和安全管理工作，严禁不符合要求的驾驶员上路。加强对车辆的审查监督，确保运营车辆技术状况良好，防止不符合安全技术条件的车辆上路运营。重点落实长途客车的安全监督，加强客运站场等人员密集场所的安全管理。稽查队做好道路检查工作，联合有关部门，严厉打击非法运营，非法载客，无证经营，超范围经营，“三超一疲劳”“客货混装”等违法违规行为。

（刘晓伟）

公路管护

【公路美化提升】 **新56省道接南田公路景观美化工程** 2017年，新56省道接南田公路景观美化工程起点位于文成县城现56省道徐村大桥头西侧，终点到达南田镇与十南公路相接，全长24.747公里；二源连接线起于南田石坦头，终点到达二源，全长4.410公里。内容包括沿线绿化、沿线边角地、沿线节点休息点及驿站4个、沿线上边坡边坡防护、沿线下边坡绿化。9月，完成工可批复；11月完成初设批复；12月完成EPC承包项目资格预审。

G322（文成入口—西坑）精品公路及彩叶林大道绿化景观工程 按照精品公路及彩叶林大道打造，在原有绿化的基础上进行总体全面提升，使之不仅能满足生态美丽公路的交通功能，同时在保证道路行车安全的前提下美化景观，使其与西坑特色小镇的建设相对接。工程主要建设内容为绿化及景观节点工程。总投资1300万元。工程6月下旬开工。

【公路管理养护】 **国省道及重要县道水毁工程** 2017年，文成县运管局实施国省道、县乡道、322国道、230省道、学院线、一花线、文青公路、灵溪线6条线路和樟台桥修复，总投资3500万元，完成一期工程，投资2400万元。二期工程于10月12日完成招标，中标价为734万，主要实施322国道、灵溪线的边坡整治。

农村公路提升 2017年，文成县运管局完成41.15公里（市计划任务40公里），提前完成市计划任务。农村公路生命防护工程总投资3450万元，实施一花线、文青公路两条线路。“村村通”安保护栏实施397公里，涉及120个村，总投资8000万元，实现所有行政村安保设施建设。农村公路大中修实施10条61.1公里，其中县道44.75公里，村道16.35公里，完成投资1770万元。

【路政管理】 2017年，文成县交通运输局公路整治工作。以“两路两侧”、公路边“三化”和小城镇“道乱占”整治问题点整治为重点，强化督查考核，实行“路（段）长制”，明确责任，狠抓落实。公路边“三化”整治工作完成全部6个省级问题点和21个市级问题点的整治任务；“道乱占”1453个乱停车，乱堆物，乱摆摊，乱开挖，乱竖牌等问题点位整治全部完成，整治完成率100%；国省道蓝色屋面及赤膊房再排查工作不遗漏。

综合整治超载行动 开展路警联合治超行动，9—12月开展全省百日联合治超行动。出动执法人员329人次，设置检查点5个。集中力量开展“治超”行动，对322国道、峃院线、一花线等干线公路和重要县乡道流动治超管理力度。查处超限车辆51辆，罚款3.29万元，卸载货物821.86吨。

标志标线维修管理 维修和更换指路标志27个、警告标志108个、禁令标志71个、诱导标志92套、广角镜25套、警示柱和道口标柱781根、橡胶减速带343米、漆划公路标线3177平方、安装路口爆闪灯8套、修复轮廓标67根、突起路标159个、拆除废旧标志37套、铺装彩色防滑标线809平方米、桥名牌8块。

【安全生产】 2017年，文成县交通运输局做好“平安护航十九大”等安保工作，开展重点领域隐患排查整治，组织开展公路临水临崖、桥梁隧道，在建工程和消防、危旧房等安全隐患大排查大整治大提升专项行动，实现零伤亡的责任事故。全年，公路部门完成安全管理监督检查47次，参加检查人员210人次，发现隐患253处，其中现场整改228处，限期整改25处，全部整改完成；运管部门排查企业302家次，查出安全隐患49起，完成整改49起，查处超速、超员等违法违规行为156起；港航部门出动安全检查52次，出动146人次，整改渡船消防设备等隐患2个；交通质监部门制发检查意见书39份，质量安全隐患170处，整改率100%。

【议案提案办理】 2017年，文成县交通运输局收到政协各类提案、建议23件（会办件8件），人大建议、议案68件（会办件10件）。会办件除外，运输局解决政协提案方面可解决14件，解决率为94%；列入计划解决的1件，占总百分比的6%，委员满意率100%。人大建议方面解决54件，解决率93%；列入计划解决4件，占总百分比的7%，代表满意率100%。

【廉政建设】 2017年，文成县交通运输局注重主体责任落实，按照“谁主管谁负责”的原则，结合领导班子成员工作分工对应制订《县交通运输局党委领导班子2017年度党风廉政建设和反腐败工作任务和责任分工》，与各下属单位签订《文成县交通系统2017年度党风廉政建设目标管理责任书》。全系统召开半年度廉政报告会暨廉情分析会4场，联合纪检组开展年中、年末从严治党和财务管理交叉检查2批次，针对查出问题逐步规范督促改正。

党风廉政教育 年内，通过理论中心组、“三会一课”等方式，认真学习习近平总书记系列讲话精神及党章党规等。召开“三会一课”30次，组织理论中心组学习12次。组织全系统各单位领导班子、中层干部60人到县反腐倡廉法纪教育基地开展警示教育。邀请县委宣讲团、县纪委领导等上廉政课3次。将各级党风廉政知识发送至干部QQ群、微信群和短信群进行自学57人次。

推进作风建设 成立作风督查组，联合县纪委派驻组开展节日、作风效能、公房整治和行政审批等督查7次，发通报7期，通报干部15人次，解除雇佣关系1人，违法效能规定2人次，作情况说明10人次。

强化惩防体系建设 坚决执行“三重一大”事项一律集中到领导班子会议进行集体研究确定。排查中层以上干部权利清单、廉政风险防控点187条，廉政档案和负面档案建两次52份。专门制作“牵头任务”廉政日志本100多本，明确要求将“一岗双责”落实情况，进行廉政日志记录，并作为平时考核督查的重要依据。开展谈心提醒，对下属各单位班子成员和重点人员进行集体廉政谈话或点对点个别谈心提醒，集体谈6次，个别谈73人次，发送节前短信提醒5次。

【2017年文成县交通运输系统先进集体先进个人名录】

先进集体

2016年度全县交通工程建设先进单位（县交通运输局）

文成县2016年度信访工作先进单位（县交通运输局）

2016年度文成县安全生产工作先进单位（县交通运输局）

2016年度文成县人大代表建议、县政协委员提案办理工作先进单位（县交通运输局）

2016年争取上级资金先进单位（县交通运输局）

2017年度有效投资先进单位（县交通运输局）

温州市防台抢险救灾先进集体（县公路管理局）

2016年度温州市公路系统安全生产先进集体（县公路管理局）

2017年文成县“尊师重教”先进集体（县道

路运输管理局）

2017年温州市港航系统综合“执法比武”竞赛团体项目三等奖（县港航管理局）

2017年温州市道路春运工作先进集体（县道路运输管理局运管科）

温州市公路系统2016年度先进集体（县公路管理局路政综合科、养护工程科）

温州市公路系统2017年度先进集体（县公路管理局路政综合科、机料安全科）

先进个人

季建明（县交通运输局），2016年度全市交通建设立功竞赛先进个人

叶怀华（县交通运输局）

陈圣豹（县交通绿道办公室）

吴士华（县交通工程安全质量监督站）

叶建斌（县公路管理局）

黄少平（县省道、重要县道公路工程建设总指挥部）

邢望峰（新56省道接南田公路工程建设指挥部）

林毅敏（樟台至柳山公路工程建设指挥部）

梅慧珍（县交通项目前期办）2016年度全县交通工程建设先进单位和先进个人

夏克余（县交通运输局）文成县2016年度平安综治维稳工作先进个人

夏克余（县交通运输局）2016年度文成县安全生产工作先进个人

叶李林（县交通运输局）2016年度创建国家卫生县城工作先进个人

叶李林（县交通运输局）文成县优秀专业技术人才

刘尚炼（县交通运输局）2017年度全市交通建设立功竞赛先进个人

刘晓伟（县交通运输局）2017年度温州市交邮系统优秀工会工作者

魏尧君（县交通运输局）2016年度文成县人大代表建议、县政协委员提案办理工作先进单位和先进个人

胡悦斌（县公路管理局）2016年全省公路系统新闻宣传先进个人

胡悦斌（县公路管理局）2016年全市公路系统宣传报道和政务信息先进个人

王孔建（县公路管理局）2016年度温州市公路系统安全生产先进个人

刘永峰、胡悦斌（县公路管理局）2017年度温州市公路系统先进个人

赵文富（县道路运输管理局）2017年温州市道路春运工作先进个人

胡立鑫（县港航管理局）2017年温州市港航系统综合“执法比武”竞赛个人项目二等奖

胡立鑫（县港航管理局）温州市港航管理局2017年度先进个人

林丰（县长途汽车运输有限公司）浙江省汽车驾驶员培训行业协会评为2016年明星教练员

（刘晓伟）

信息传媒

电信通信

【概况】 2017年，中国电信文成分公司设综合管理部、销售部、政企客户部、网络运营部4个职能部室和城关、南田、珊溪、玉壶4个基层支局，在岗职工141人。全年主营收入3081万元，移动通信用户3.2万户，宽带1.9万户，固话用户1.7万户。至年底，公司拥有“省级文明单位”“县先进基层党组织”“县级文明行业”“温州市工会女职工组织规范化建设先进单位”等荣誉称号。

【网络建设】 2017年，中国电信文成分公司有线网络优化最后17个FTTB网格为FTTH网格，完成全光网格建设，存量宽带网格FTTH覆盖率100%，至此光纤入户覆盖率真正实现100%，文成电信全面开启超百兆全光网络时代。

承接国家“宽带中国”战略 文成分公司从2014年启动规模退网，按照“光建、光改、退铜、退网”总体退网思路，经过4年的全光网络建设、光改退网以及网格优化工作，累计完成2个母局、11个模块局、34个接入网、392个网格的全面退网，完成所有主干铜缆及ADSL用户的退网改光。截止2017年末，光缆总皮长827.32公里，管道425.3孔公里，总光交数205个，FTTH宽带接入能力59595线。

无线网络 2017年，优化1.8G/LTE室外站162个，完成800M全网重耕建设LTE基站263个，分公司荣获全市“4G网络建设”劳动竞赛一等奖。至年末，公司拥有CDMA基站362个扇区、85个直放站，拥有4G基站583个（扇区1614个），CDMA/LTE室分105个，NB-LOT物联网723个扇区，全县行政村移动信号覆盖99%以上，全县主要县乡道路信号覆盖99%以上，移动互联网业务感知质量优良率95%以上。

【“最多跑一次”服务】 2017年，中国电信文成分公司为进一步提升服务感知，全年开展“最美服务”大评比、最多跑一次服务改革、服务百日攻坚战等活动，文成分公司荣获全市经营单元年度服务三等奖，城关支局、玉壶支局、南田支局被评为年度服务评价优秀支局。

“最美服务”大评比活动 开展“最美服务”大评比活动，从客户服务可感知重点要素抓起，将营业厅/营业员的短信测评即时满意率、10000号工单率、万笔受理投诉率以及受理规范性列为评比项目，营造营业团队“比学赶帮”的良好氛围，实现客户满意度的提升。

装维服务 明确装移机以及修障时限，亮出承诺，接受监督，落实“慢必赔”；规定使用规范话术，做好宽带工单接单后2小时内联系用户工作；规范上门服务标准，落实“装移机必测速、测速必告知”，宽带速率不达标不报竣。

最多跑一次改革 梳理出客户接触点整改项目33项：营业员触点（21项）、装维触点（5项）、客户经理触点（5项）、星级客户经理（2项），明确整改时限，各服务触点重点从提升满意度参评率、做好业务办理手续“一次性告知”、加强现场测速、提升线上服务能力等方面入手予以整改落实。

【安全生产】 2017年，中国电信文成分公司落实安全生产责任制，强化“一岗双责”管理体系，组织兼职安全员合格认证培训，开展安全生产月、保密知识宣传月、网络安全法宣贯周以及信息安全警示教育活动；加强网络与信息安全管控，推进防范打击通讯信息诈骗专项活动，深化开展电话用户实名登记工作，规范完善基础管理和各渠道接触界面，落实敏感信息防泄露方案；强化主体责任，加强通信建设施工、维护、装维等安全管理，对支局、部门的安全生产检查力度加大，全年发现隐患12处，整改完成12处；协助县消防队到电信综合大楼演练三次，县公安局安全检查一次；全年未发生重大安全事故和失泄密事件，完成十九大通信保障、厦门金砖会议保障及节假日期间保障和应急抢修，为企业健康安全发展保驾护航。

【服务社会】 2017年5月，中国电信文成分公司组织志愿者赴西山礼堂开展活动，9月26日，组织志愿者参加义务献血活动，10月组织志愿者赴兴川养老院开展帮扶活动；全年推进翼支付商家签约工作，打造翼支付生态圈惠及广大客户；积极配合县委、县政府关于实施美丽乡村城镇环境综合整治的部署，完成周壤、百丈漈、西坑、桂山、铜铃山、周山等7个城镇的通信线路专项整治；配合完成高速公路、珊溪、黄坦、西南公路、环城西路、周山、平和公路等线路的迁改工作。

（叶瑞芳）

移动通信

【概况】 2017年，中国移动文成分公司隶属于中国移动通信集团有限公司，在文成拥有8所营业厅，115家社会网点，统一经营文成县的移动通信网络。截至年底，中国移动文成分公司有员工77人，全年实现运营收入1.23亿元，客户总数超过16万户，宽带3.2万户。

【网络建设】 2017年，中国移动文成分公司4G建设完成LTE五期一19个站点；完成LTE五期二5个站点；开通室分LTE五期3个站点；完成“4G+一号工程”358个站点的2G设备替换；开通48个NB站点。加快宽带自然村补网工作，新增宽带覆盖量11826户，总覆盖98660户；完成盲区192个资源点，完成全年目标130%；完成文成6个超大PTN环路华为PTN960设备的替换工作，完成龙川第二骨干机房的入网。至年底，公司拥有2G基站358个，3G基站202个，4G基站459个，WALN站点95个；有线宽带总覆盖98660户。全县384个村移动信号覆盖率100%，交通要道、旅游景区覆盖率99%。

【安全生产】 2017年，中国移动文成分公司 坚持“安全第一，预防为主，综合治理”的方针，以安全检查、隐患整改作为安全生产的工作重点，抓好公司“人身、消防、财产、车辆”四大方面安全保障；强化信息安全的管控力度，完成中共十九大等各类重大活动、突发事件以及自然灾害的通信保障任务；开展信访维稳工作，努力把各种矛盾和问题隐患解决在萌芽状态，实现全年“零事故”“零案件”，为企业创造稳定安全的生产经营环境，促进企业经济发展。

【党风廉政建设】 2017年，中国移动文成分公司学习贯彻习近平新时代中国特色社会主义思想和中共十九大精神，强化“三会一课”制度执行，通过开展自选主题研讨、党员志愿者服务队、岗区队等特色举措，确保主题党日内容丰富、形式新颖、富有吸引力。运用11个党员责任区、1支党团志愿者服务队、5支突击队等有效载体，推进“六好”党支部建设工作稳步有序开展。

年内，组织开展反腐倡廉教育月和“五微”“五结合”活动，开展嵌入式廉洁风险防控检查“回头看”，对存在问题再发现、再了解、再整改。全年检查风险岗位IT工单65份，检查风险点个数累计102个，检查存在的问题落实整改7项；落实中央八项规定，开展作风建设监督检查，全年开展重大节假日、嵌入式风险检查10余次，未发现违纪违规问题，营造风清气正氛围。

突击队全体成员（移动公司提供）

【文明创建】 2017年，中国移动文成分公司公司秉承“善知善行、惟和惟新”的工作文化，履行社会责任，与文成县周山乡养根村、大学镇永安社区签订新一轮为期三年的结对帮扶共建协议书，党员干部到结对村座谈拉家常、谋思路、话发展，与当地的干部群众对面交流，摸清项目实施的情况；落实周山乡2万元扶贫资金，帮助周山畲族乡建设文化阵地；组织党团志愿者到养根村，开展“送温暖”活动，走访该村3户困难群众家庭；组织志愿者到永安社区清理垃圾，为市民提供一个干净、舒适的场所，助力文成县“国家卫生县城”创建工作。

五水共治巾帼行动（移动公司提供）

【慈善公益】 2017年，中国移动文成分公司始终以“优秀企业公民”形象和爱心奉献精神为目标，参与社会公益事业和文明共建工作。公司通过自身行业的延伸，借助全县的代销网点、手机维修、基站代维等渠道，为社会提供500多个就业岗位；响应县委、县政府号召，开展应急短信捐赠、“慈善一日捐”“爱心助学”“慰问空巢老人”“军民共建 警民共建”、保障“两会”、抗击台风及寒潮抗灾通信畅通等系列公益活动，赢得社会各界的高度赞誉。

移动志愿者助力高考现场（移动公司提供）

【集体荣誉】 2017年，中国移动文成分公司三个文明建设齐头并进，先后获得“全国巾帼文明岗”“全国五一巾帼标兵岗”“省级文明单位”“省级工人先锋号”“省级青年文明号”“温州市文明服务示范点”“温州市第五届劳动关系和谐企业”等百余项荣誉。

（许银芳）

联通通信

【概况】 2017年，文成联通分公司坚持“竞争、创新、激情、诚信”的企业文化，深入改革，加强管理，提升服务水平，进一步增强综合竞争和可持续发展能力。在促进公司业务发展的同时，为文成经济社会发展做出应有的贡献。

【网络建设】 2017年，中国联通文成分公司始终坚持技术创新，产品创新和服务创新，全面“实行当月流量不清零”，响应国家号召，提速降费，加大4G网络建设，实现上网快，覆盖广。截止年末，拥有3/4G站点456个，街道站28个，网络人口覆盖率92%以上；公司成功承建文成公安集群通信系统、政务备网、纪委等项目，项目取得的成效得到相关单位的一致好评。

【党风廉政建设】 2017年，中国联通文成分公司履行“一岗双责”，明确“一把手”是党风廉政建设第一责任人，将反腐倡廉建设与生产经营、业务服务等各项工作统一部署。与各部门签订党风廉政建设责任书，确定年度党风建设和反腐倡廉工作任务及相应责任。学习中共十九大会议精神、习近平总书记系列讲话精神，以身作则执行党风廉政建设责任制和廉洁自律有关规定。

【企业文化】 2017年，中国联通文成分公司鼓励员工树立正确的价值观，勤于思考，敢于迎接挑战；在生产经营工作中调整思路，树立规则意识、责任意识，努力创新，破除思维禁锢。

【文明创建】 2017年，中国联通文成分公司把精神文明建设与生产经营工作相结合，热心公益事业，开展各类便民服务，不定期组织义务献血、捐款等公益活动，传递正能量。

（程　文）

邮　政　业

【概况】 2017年，文成县邮政行业业务总量1860万元，增长29%。邮政函件总量6.92万件，包裹总量13.16万件，订销杂志12.73万份、报纸376.99万份。通信业务收入1.49亿元，年末固定电话用户数1.83万户，移动电话用户数19.79万户，互联网用户数21.03万户，其中宽带用户数5.34万户，移动互联网用户数15.69万户。

【党建建设】 2017年3月10日，文成县邮政局分公司组织青年志愿者参加“弘扬志愿精神，助力‘三美’建设”活动。4月11日，组织4名体检合格的党员前往县献血站献血。6月24日，组织党员赴浙南抗日根据地旧址，缅怀抗日救国先烈的英雄事迹。7月6日，组织党员以“宣贯+党课”的形式学习廖俊波先进事迹。7月27日，“一把手”带头深入开展党员服务工作，走访慰问困难党员，做好关爱帮扶生活困难党员工作。11月13日，开展“双十一”生产旺季慰问及帮扶工作，为员工排忧解难，鼓励员工以积极向上、奋发有为的精神状态奋战“双十一”，为公司旺季生产保驾护航。11月24日，组织全体党员学习新《党章》，重温入党誓词。11月29日，组织党员干部开展中共十九大精神及党规党章学习测试，推进“学转促”学习教育常态化、制度化，以建设“党建一流”为目标，推动邮政各项工作。

【《文成刘基故里》普通邮资明信片首发】 2017年9月28，文成县邮政局分公司发行《文成刘基故里》普通邮资明信片一套1枚，80分，由马立航、杨竹设计。《文成刘基故里》普通邮资明信片主图前景选用浙江温州文成县文化广场刘基雕塑，背景选用刘基故里山门，背景饰以翠竹，表现刘基虚怀若谷的品格和刚毅耿介的为人原则。明信片邮票规格为24×32毫米，明信片规格148×100毫米，面值0.8元，并注有“文成”字样，印制于该邮资明信片上。《文成刘基故里》普通邮资明信片是一次邮政业务与刘基文化特有资源的结合，是邮政文化和文成旅游文化的结合。

【业务发展】 2017年7月5日，文成县邮政局分公司南田网点正式开办外币业务，首笔欧元存款成功落地。11月14日,集邮与文化传媒中心设计《十九大报告学习小手册》《一图看懂十九大报告》《砥砺奋进的五年》宣传刊物。集邮文化传媒中心与县安监生产管理局合作,推广“你们的安全是我们的愿望,你们的满意为我们增添彩”为主题的朋友圈广告业务。12月12日,与百丈漈镇合作,推广“十九大精神”墙绘业务。12月12日,县分公司催报催缴管家式外包服务,服务文成县地税局、国税局催报催缴工作。

【邮政普遍服务】 2017年6月8日,文成县邮政局分公司推进落实新《邮政普遍服务标准》,完善基础设施建设,确保13个普服网点顺利开办四项基本业务。6月13日,组织4个自营网点和13个空白乡镇网点人员17人开展普遍服务四项基本业务培训,提升邮政普遍服务监管能力和服务水平。

【公益活动】 2017年1月5日,文成县邮政局分公司城南网点开展“万明山寺祈福腊八粥,城南邮储情暖千万家”施腊八粥爱心活动。3月1日,组织全体干部职工开展“为苍南分公司病危职工李海萍募捐”活动。3月15日,玉壶支局开展保护金融消费者权益的公众宣传。6月1日,玉壶网点开展以“服务+公益”为主题的庆六一活动。6月9日,玉壶支局,组织5名志愿者参与“变废为宝,垃圾换礼品”活动。9月10日,文成县分公司在全辖范围内开展反洗钱宣传活动。9月22日,开展防范电信网络诈骗宣传系列活动。

【企业荣誉】 2017年,文成县邮政局分公司玉壶网点荣获2016年度全国邮政代理金融“十强百优千佳”劳动竞赛“千佳先进网点”荣誉,支行长王镭荣获浙江邮政金融“感动人物”称号。

（蔡雄峰）

广播电视

【概况】 2017年,广播电视台机关内设机构有11个科室:办公室、人事监察科、总编室、后勤保卫科、广播新闻综合频率、电视新闻综合频道、电视党建频道、广告新媒体中心、技术中心、马山转播台、网络管理服务中心。全台总人数144人,台机关在编人数109人,到华数公司29人,编外人数6人。其中,机关编制人数120人,基层编制人数14人,公务员4人。全台全额拨款事业编制人员106人,差额4人,自收自支24人。台领导班子4人,台长1名,副台长1人,总工1人,总编1人,台机关中层干部24人。

【广播电视】 2017年,广播电视台《红色星期一》和《党建周刊》,分别播出59期和65期。《今日关注》加强跟踪反馈报道,年内播出43期,并进行跟踪反馈报道,以新闻的力量推动社会发展。电视连续两年获省、市新闻协作二等奖,广播获省、市新闻协作三等奖,广播并有一外宣作品《文成公证处开公证先河“视频公证”解海外华侨公证难》获全省广播电台优秀作品评比二等奖。

【新闻宣传】 2017年,广播电视台电视稿件在温州新闻联播播出209条,在全市排名第三。在浙江卫视新闻联播播出稿件108条,在全省(70多个县市区台)排名22名。广播稿件在中央台播出15篇,省台65篇,市台播出127篇,稿件质量与往年比明显提升。如:《构建交通大格局 实现经济大发展》《打造全域旅游 开创文成发展新局面》《“四千结对”共育礼堂新风 共创服务新农村》《农村土地确权登记加速度 合同签订率完成91%》《推进“最多跑一次”跑出文成加速度》《助推环境再造 看标杆学经验》《贯彻县“两会”精神 全力推进十大民生实事》《深化

五水共治 剿灭劣Ⅴ类水》《大拆大整行动》《最多跑一次》《百日攻坚 决战决胜》等报道。

【事业建设】 2017年，广播电视台完成采编播网络高清化改造二期工程。投入200万元对硬盘播出网络系统进行改造升级，现已达到三级播出系统的技术要求。投入10万元完成马山转播台工作用房加固改造，9月底验收完成。投资60万完成中央广播电视无线数字化覆盖工程黄坦镇云湖社区补点建设，7月正常转播。提升公共服务的节目数量和收视质量，维护人民群众的收视权益的需要。

【对农栏目】 2017年，广播电视台针对涉农栏目时长不足问题，重新审核改正，从原有的10分增值每期节目15分钟。年内，文成县广播电视台在播电视对农栏目包括《乡韵》《农民之友》《科技之窗》《农事直通车》4档，播出内容按三农政策解读、对农服务、种养殖技术推广等方面进行宣传报道，按规定要求播出时长增至15分，针对时长不足情况根据每个栏目特点以节目版块化、嘉宾访谈等多形式延长在播时长。《乡韵》重点播报农村乡土人文，原播出时长10分延长至15分钟以上。《农民之友》全省各地通用性对农节目推广.原播出时长12分延长至15分钟以上。《农事直通车》重点播报本地三农宣传报道，原播时长10分钟延长至15分钟以上。《科技之窗》是当地最新科技种养殖技术推广栏目增加科技人才系列报道等，原播时长10分钟延长至15分钟以上。

文成县广播电视台对农栏目简介表

表16

栏目	农事直通车	科技之窗	乡韵	农民之友
时间	周三：根据当天广告及新闻条数时间有所浮动。首播：20:00,19:55,19:58，次日白天重播	周四：根据当天广告及新闻条数时间有所浮动。首播：20:00,19:55,19:58，次日白天重播	周三：根据当天广告及新闻条数时间有所浮动。首播：20:00,19:55,19:58，次日白天重播	周日：根据当天广告时间有所浮动。首播：20:00,19:55,19:58，次日白天重播
月/档	2档/月	2档/月	2档/月	4档/月
全年	24档/年	24档/年	24档/年	48档/年
时长	每期15分钟以上	每期15分钟以上	每期15分钟以上	每期15分钟以上

【播出管理】 2017年，广播电视台加强安全保障，护航中共十九大期间安全播出。建立健全《安全保卫管理制度》、制定《安全保卫应急预案》，落实来访登记制度。增加安保力量，加强大楼各主要进出口的检查和管理，对外来人员和车辆实行登记报告制度。配齐防暴设备设施，严格检查消防和电力设施运行情况。实行消防安防24小时巡更制度，增加巡更次数，确保大楼安全无死角。组织采编播人员和设备使用、维护、管理人员学习安全生产、安全播出知识，强化节目内容和节目质量监管，确保设备工作状态良好。制定技术中心安全播出应急措施，开展突发播出故障处理预案演练，通过消防灭火、供电保障、播出事故处置等应急演练，提高相关工作人员的安全播出责任意识和其他部门之间应对突发事故的指挥协调、协同作战和排除故障的能力。制定安全播出值班人员管理制度，实行行政值班和领导值班，班子成员24小时带班值班，值班室张贴值班须知。组织办公室，后勤科等科室人员分上午，下午，晚上三班值守，严格实行交

接班登记制度。十九大期间，累计组织值班、值机人数290人次，确保十九大期间广播电视安全播出工作"零事故"，杜绝播出隐患。

【媒体融合】 2017年，广播电视台推进传统媒体和新媒体的深度融合，更好地服务县委、县政府中心工作。县委县政府成立媒体融合领导小组。在广电台内进行学习传达上级媒体融合发展的有关文件精神，对采编播记者要求逐步向全媒体记者转变。10月16日，县委宣传部部长郑文东、副县长金一玲带领组织部、宣传部、编办、财政局、人力资源和社会保障局、广电台、新闻中心等单位相关人员赴永嘉考察学习。初步拟定媒体融合改革方案（讨论稿）。参加2017年第二十五届媒体融合技术研讨会和省广电集团融媒体中心建设（中国蓝云·中央厨房）交流会。对现行的新媒体进行扩面提质的改版，实现图文、音、视频等同步呈现。文成广电微信公众平台完成初步改版，以《文成新闻》和《红色星期一》等栏目为依托，把"受众需求"作为提炼新闻点的第一法则，实现图文视频等动态化呈现，让新闻内容更贴近本地、贴近受众，微信粉丝和阅读量、转载量明显提升。

【队伍建设】 2017年，广播电视台强化宣传教育，增强学习意识。采取台党组中心理论学习会、基层党支部学习会、干部职工"周一夜学"、公务员"温州网络学堂"、专家讲课等多种载体，学习领会中共十九大精神和习近平总书记的系列重要讲话精神，结合"两学一做"活动，每两个月组织开展一次专题讲座，学习《党章》《中国共产党纪律处分条例》《中国共产党廉洁自律准则》等，以提高干部职工思想认识，营造浓厚的学习氛围。增强台干部职工的廉洁自律意识。建立"逢进必考"选人用人机制，年内新招录事业干部13人。树立良好的用人导向，做到凭政绩用人。全年提任中层干部6名，调整中层岗位4个。

（广播电视台供稿）

华数广电

【概况】 文成县华数广电网络有限公司于2015年8月26日揭牌，是浙江华数下属的一家全资子公司，主要经营广播、数字电视的信息服务及相关技术展务；有线广播、电各建没与组护管理：计算机、广播电视络设备、数字音视频产品、电子产品（不含电子出版物）、办公自动化设备的安装、销售；设计、制作、代理、投资管理、发布国内各类言行实业投资。公司内设综合办公室、财务部、客户服务部、市场营销部、工程维护部及技术运维部。基层设有：大峃中心站、珊溪中心站、巨屿中心站、峃口中心站、南田中心站、百丈漈中心站、黄坦中心站、西坑中心站、玉壶中心站。借用事业全额编制人员19名，自收自支人员11名；公司合同编人员63名；劳务派遣人员9名。办公地址：文成县大峃镇城东大道188号。

【业务发展】 2017年11月底，文成县华数广电网络有限公司在县范围内开通数字电视用户64511户、机顶盒终端有效数102927个，出账78149个。收费高清20184个，出账16166个。互动用户总数4319户，宽带用户总数5929户。2017年新增商业互动电视200多台、商业宽带100条；全年集客收入（监控、数据、ICT）400多万元，公司实现总收入1900万元，基中基本收视费收入约1000万元、增值业务收入280万元、集客业务收入400多万元、网络接入收入约40万元、商品销售及节目传输业务收入50万元、其他收入300万元。

【工程建设】 2017年，铺设主干光缆文成广电大楼至全文成地税局、峃口广电站10．3公里：敷设主干光缆地税局至洞坟村、黄坦镇机房至黄垟、百丈漈机房至洞坟村光交26.5公里。2017年根据市场需要，完成大峃镇龙溪花苑小区、文成首府小区、东风诚园小区、苔湖新村二期小区、龙川保障性安居工程二期小区、樟山功能区、珊溪镇李井扶贫小区一期、黄坦镇栖云花苑、玉壶镇梅园等9个小区的接入网工程；同时完成（开通）文成县政府网数据链路工程、大𡶶镇大𡶶社区监控、文成县地税局专线、文成交警大队数据专线、文成公安云眼监控、文成信用社数据专线、文成南田武阳村监控、大𡶶镇周村村委会会议室监控、铜铃山镇村居监控一期等各类集团客户业务建设40个。年末，全县主干光缆达到289.85公里。

（赵志光）

新闻中心

【概况】 2017年，文成县新闻中心负责承办文成新闻网（网络）、《今日文成》（报纸）两大媒体，内设办公室、编辑部、专题部、技术部4个机构，在职人员26人，其中在编人员13人，编外人员13人。

【文成新闻网】 2017年，中国文成新闻网（www.66wc.com）是经浙江省人民政府新闻办公室批准的文成县新闻宣传为主的综合性新闻门户网。由文成县委宣传部主管，文成县新闻中心主办。坚持“第四媒体，第一时间”的办网理念，及时更新、发布新闻。每天更新国际、国内新闻。日均点击率17万次，日最高点击率20万次；全年及时准确发布本地各类新闻信息3350条；转载发布国内国际及浙江等新闻1.7万条。

【今日文成报】 2017年，《今日文成》由文成县新闻中心主办。设有要闻版、经济版、社会版，重点报道县委、县政府的重要决策和重要活动以及县域经济社会发展的重要成果、动态资讯、社会热点。为周二报（一周两报），发行量约1万份。

【宣传重点】 2017年《文成新闻网》《今日文成》相继开通《2017年两会专题》《大拆大整专项行动》《最多跑一次》《学习贯彻党的十九大精神》《文网看项目》《文网议事厅》《五水共治 用镜头捕捉美中不足的细节》《今日关注》等专题，助推全县重点工作开展。

宣传报道全县“大拆大整”专项行动开辟专栏，聚焦专项行动动员大会、大讨论、各乡镇实施方案等工作内容，全方位持续做好相关报道工作，为深化全县干部群众思想认识、助力专项行动而持续“发声”。对全县重点工程项目进行全面深入报道。通过报纸和网络，结合重点中心工作，做大做深“文网看项目”“百日攻坚”栏目等，以正反典型并列对照、图文并茂的形式，宣传重点项目中态度坚决、措施有效、进展较快的正面典型和先进事迹，及时曝光重视不够、整改不力、行动缓慢的反面典型。11月，文成县新闻中心“最多跑一次”系列报道荣获文成县2017年重大活动创新报道奖。

【新媒体发展】 2017年，文成县新闻中心办公室拓展新闻客户端、微信、微博等新兴舆论阵地，创新报道形态，加强内容建设，做大做强网上正面宣传。截至12月，文成新闻网官方微信客户端关注用户20万人。

【文网微视频】 2017年，文成县新闻中心 打造《文网微视》品牌，推出《文成往事之偶戏人生》

《文成往事之偶戏人生》（县新闻中心提供）

微电影，本视频以木偶戏艺人夏念文的偶戏人生为拍摄主线，向观众讲述数十年如一日坚守的偶戏匠人们的故事，展示木偶戏的独特魅力。进一步丰富文成新闻网宣传载体，与社会影视达人合作制作发布微视频。

【反映民情】 2017年，文成县新闻中心通过民情热线、"民情流动站"、民情联络点，征集急需县委、县政府解决的经济社会发展中的热点、难点、重点问题，以听民声、解民忧为宗旨，通过新闻报道，将问题传递给相关部门和乡镇，帮助群众解决问题，形成群众与政府的良性互动。

【弘扬孝文化】 2017年，文成县新闻中心继续做好"孝行200"栏目，走进更多的乡镇社区，看望孤寡、贫困老人，为他们送上慰问金，深化开展"孝行200"活动，在近7年里，记者随着栏目走遍全县12镇5乡，走过200多个村子，共有452位老人受助，有53位受助者得到一次或多次回访。

2017年10月27日上午，记者一行带着爱心人士捐赠的爱心款到峃口镇看望慰问兰翠玉、邓东花、陈元如、黄荣启、郑明荣等10位孤寡贫困老人，并给每位老人送上200元慰问金。

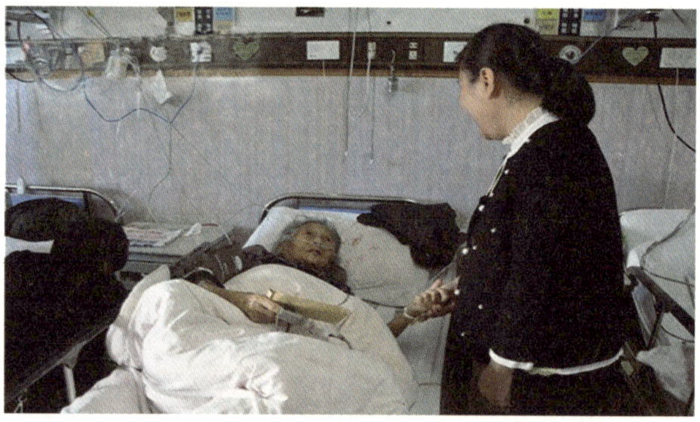

慰问90岁老党员兰翠玉（新闻中心记者提供）

（赵淑金）

综 合 管 理

机构编制管理

【概况】 2017年，文成县机构编制委员会办公室是县机构编制委员会的常设办事机构，在县机构编制委员会的领导下具体负责全县行政管理体制和机构改革以及机构编制的日常管理工作，既是县委的工作机构，又是县政府的工作机构，列党委机构序列。县机构编制委员会办公室设4个职能科室：综合科、机构编制科、监督检查科、行政体制改革科。下属2个事业单位：事业单位登记管理局、机构编制信息中心。核定行政编制9名，其中：主任1名，副主任2名；中层领导职数4名。核定事业编制7名。

【机构编制相关制度】 2017年，文成县编制办制订《实名制管理操作指南》，统一数据口径，规范实名制操作；设计空编核准、出入编等流程，固化制度，保持实名制数据科学性；出台“三制度”，落实实名制管理员责任和考核办法；坚持“四管”，建立长效机制，依法加强机构编制管理;突出理清“四本帐”，规范全县机关事业单位中层干部任前核职，推进干部管理制度化。

【“最多跑一次”改革】 2017年，文成县编制办发挥牵头作用，狠抓事项梳理规范，狠抓办事指南标准化，纵深推进“一窗受理、集成服务”改革，推进“两集中、两到位”工作，实现部门审批事项100%进驻审批服务中心，推进“双随机”督查，实现“双随机”全覆盖，全年公布“最多跑一次”涉批类事项689大项、1081小项，占比达85.5%。不断深化改革延伸辐射，创新打造“三个倒逼”机制、“最多跑一次”海外版、手机移动端审批、农村建房、宣传反馈等五大特色工程，推动“最多跑一次”改革落地生效，在8月份省第五轮“最多跑一次”改革和“四个平台”建设督查中实现零扣分，为温州市在全省取得第一的成绩作出积极贡献，在市“最多跑一次”改革年终考核中处于优秀等次。

8月29日，省第三督察组到文成督察指导“最多跑一次”改革和乡镇“四个平台”建设工作（县编办提供）

【基层治理“四个平台”建设】 2017年，文成县编制办根据省市部署，发挥牵头抓总作用，从加强派驻人员属地管理、建成全科网格、规范综合指挥体系建设、强化信息处置机制运行流畅四方面入手，研究出台《派驻机构人员管理暂行办法》《加强部门派驻乡镇“四个平台”干部管理考核工作实施意见》，促进派驻部门力量下沉；制定《网格员考核办法》，提升网格员服务能力水平，加快实现多元合一、一员多用，全县网格由原来404个增加到424个，网格员人数由原来388人增加到1272人；构建“最多跑一次”+“四个平台”+“便民服务清单”基层治理3.0样版，实现群众办事“最多跑一次”和“不出村”“不出镇”；制定联席会议制度，形成基层信息采集、分析研判、流转督办、指挥协调、问题解决等工作闭环，推动“四个平台”建设在乡镇落地生效。年内，各乡镇综合信息指挥室“四有”硬件全面配齐，基本实现高效运转，信息量得到大幅提升，全年信息29432条，同比增长134.22%。

【“双随机、一公开”抽查监管工作】 2017年，文成县编制办按照省、市统一部署，推行“双随机”抽查监管方式，建立部门间“双随机”联合监督检查机制，指导有关部门梳理制定“双随机”联合抽查事项清单，总结各部门“双随机”工作经验，形成“部门联合、随机抽查、按标监管”的“一次到位”工作机制，实现“双随机”抽查监管领域全覆盖。全县政府部门有23家单位制定“双随机”监管实施细则，23家单位均达到100%全覆盖要求。

【综合行政执法改革】 2017年，文成县编制办研究出台县综合行政执法局“三定”方案，协助做好处罚事项划转公告和人员调整工作，保障综合执法改革稳步推进。年内，处罚事项划转2批，共376项。

【县纪委、监察委、巡视机构改革】 2017年，文成县编制办根据监察体制改革相关要求，成立监察委，及时划转检察院部分职能和人员编制，配合调整人员到岗到位，及时起草设置巡察机构的请示文件和具体方案。

【住建局、金融办、机关事务局等部门重新“三定”】 2017年，文成县编制办理清行政管理职能和管理服务职能，理清现有人员按照岗位规范管理，根据工作职能划转和工作需要，做好住建局、金融办、机关事务局以及市批复新设立机构的“三定”工作。

【科局级机构设置】 2017年，文成县编制办加大向上争取力度，全年向市编委争取到副县级单位1个，正科级事业单位3个。同时，根据市批复及时梳理部门职责职能，理顺体制机制。

【群团改革】 2017年，文成县编制办根据群团改革“去四化、强三性”原则，结合实际，扎根基层，推进工会、妇联、团委、科协、残联等“三定”制定印发。

【承担行政职能和从事生产经营活动事业单位改革】 2017年，文成县编制办按照省、市的统一部署，发挥牵头部门作用，对承担行政职能、从事生产经营活动事业单位的职能和现状全面摸排梳理，拟订从事生产经营活动事业单位改革的实施意见，督促相关部门制订改革配套政策，抓好本地涉改事业单位的组织实施。实行综合设置，重新确定类别，从紧从严重新核定编制，妥善做好人员划转等安置工作。

【创新体制内外事业单位机构编制管理】 2017年，文成县编制办根据省、市出台的创新事业单位机构编制管理办法，进一步盘活存量，优化配置，规范管理，提升事业机构编制管理使用效能。根据温州市人民政府办公室《关于开展各类事业单位统一登记管理试点促进民办公益事业发展的实施意见》，研究探索做好非财政供养民办事业编制报备员额的核定工作。

【政府职能向社会组织转移】 2017年，文成县编制办在总结前两年工作基础上，联合县财政局预算局和采购中心，倒逼部门进一步规范转移工作流程，推动政府职能向社会组织转移工作落实到位。公布《文成县政府职能向社会组织转移目录(第三批)》。

【事业单位登记管理及年度报告书】 2017年，文成县编制办全年办理变更登记单位37家，变更登记事项45项，在线办理率100%。应注销单位2家，1家已经办结，另1家正在办理中。做好事业单位登记管理工作，实地核查新设立事业单位，确保登记信息真实有效。开展全县事业单位法人的档案整理工作，对新设立事业单位纸质材料进行建档，对提交年度报告书和办理变更单位纸质材料进行整理、归档。

【机关群团统一社会信用代码】 2017年，文成县编制办及时学习领会上级文件精神，提升自身业务水平，做好操作流程讲解和政策解答工作。全年完成新赋码单位10家，办理变更换发证书的22家。

【各类事业单位统一登记】 2017年，文成县编制办根据上级部署，开展调研，继续推进各类事业单位统一登记工作。全年实现3家民办公益服务机构登记为事业单位，圆满完成市里要求的"各类事业单位登记试点数有增加"的任务。年内，全县各类事业单位登记试点总数达到5家。

【各类事业单位法人治理结构建设】 2017年，全县5家各类事业单位登记试点均成立理事会。理事会由5名成员组成，理事长1名，理事4名，由业务主管部门、举办单位、职工代表推选产生，每年至少召开2次会议。单位管理层作为理事会的执行机构，由行政负责人和其他主要管理人员组成，实行校长(园长)负责制。按照事业单位章程管理的标准，各单位在原有章程的基础上，完善细化，达到试点工作的要求。

【中文域名注册查漏补缺】 2017年，文成县编制办对全县各机关事业单位域名注册、网站挂标情况进行全面梳理，对经过登记但尚未注册中文域名的机关群团、事业单位，督促其尽快注册，全年注册中文域名数255个，其中政务类域名90个，公益类域名165个，圆满完成中文域名注册任务。同时，开展域名工作"回头看"，确保域名注册与网站挂标"全覆盖"，有65家党政机关和事业单位完成标识申请和挂标，挂标率100%。

【网站挂标情况专项核查】 2017年，文成县编制办对县内党政群机关和事业单位的网站建立和运行管理情况调查摸底，排查全县73个网站，重点审核开办主体职能、网站简介等事项内容，确保党政机关、事业单位网上名称规范、运行安全。截至年末，重点核查20个事项，其中退回整改事项8个。对需要挂标的党政群机关和事业单位网站统一集中办理，对缺乏专业技术或业务不熟悉的部门单位及时答疑解惑，开展现场实时操作指导和电话回访。

【常态化检查和专项检查相结合】 2017年，文成县编制办建立巡回督查和定期检查机制，主动深入到各个部门单位开展调研、督查，掌握机构编制管理的实际使用情况，查摸问题，落实整改措施，确立编制工作及时跟进，服务到位。定期检查各部门单位机构编制使用情况，联合开展"吃空饷"整治，巩固控编减编工作成果。

【控编减编】 2017年，文成县编制办围绕"财政供养人员只减不增"的总目标，严格对照《全省控编减编工作执行情况专项督查实施方案》逐项自查、整改、落实，做好摸底、改革、审编、督查工作。年底，文成县行政编制保持在省定编制范围内不增加，事业编制保持在2012年事业基数内。

【年度用编】 2017年，文成县编制办对事业单位分类分析，统筹岗位安排，科学合理安排用编，有效控制实有人员盲目扩张。行政、事业单位考试用编方面，核准行政机构考试用编申请103名，其中乡镇18名；事业单位招考148名，其中乡镇申报85名，其他事业机构63名。教育卫生系统用编核准方面，核准教育系统用编84名，卫生系统55名。

【日常编制管理】 2017年，文成县编制办各单位严格按照“单位报－编办审－组织（人事）核－入（出）编办理”流程办理出入编，全年系统内出编243人次，入编793人次，划转549人次，完成在编变更2444条；批准调动空编使用单189份，共228名。

【中层干部职数核准】 2017年，文成县编制办建立中层干部核准机制，与县委组织部联合出台《文成县机关事业单位中层领导职数核准暂行办法》。年内，核准61次385位中层干部职数。对一些中层干部超配单位严格把关，要求任前消化再审核，有效防止超职数配备中层干部及混岗情况发生。

【编外用工】 2017年，文成县编制办按照“总量控制，有增有减”的原则，结合全县实际情况进行规范审批。全年受理63家单位编外用工申请数1484名，核准1056名。

【大学生村官招聘“转事业”】 2017年，文成县编制办配合县委组织部、县人社局对全县大学生村官开展调查摸底，搜集掌握第一手资料，结合本轮乡镇区划调整人员分流情况，核实空缺岗位，提出合理建议，优先完成8名大学生村官转事业工作。

【清查机构编制违规违纪问题】 2017年，文成县编制办根据省编办部署，对全县机构编制管理的存量问题进行梳理，发现违规违纪问题75项，其中超越权限审批机构4项，变相增设机构（含挂牌机构实体化运作）1项，违规设置承担行政职能事业单位2项；全县存在自定编制问题88项，违规超编进人28项，因政策原因造成人员超编38项，机构编制批复、改革方案2年以上不落实的1项。年末，整改因政策原因造成人员超编9项。

【实名制信息核查】 2017年，文成县编制办通过规范标准、核查整改、总结反馈三步走，有效提高实名制数据信息的完整性、精准性、有效性。所有单位完成自查自纠，收到在编变更信息申请2000多条，维护修改率达50%。

【经济责任审计】 2017年，文成县编制办根据经责审要求，积极与审计部门沟通，拟定联合审计文件，推动机构编制审计常态化。年内，参与安监局、卫计局、人民医院、百丈漈镇、南田镇等5家单位的审计工作。审计中发现存在混岗、编外超配等共性问题，以及个别在编不在岗、超职数配备领导等问题，及时与被审计单位进行沟通、督促整改。

【学习贯彻中共十九大精神】 2017年，文成县编制办把认真学习、深刻领会、全面贯彻中共十九大精神作为当前和今后一个时期的首要政治任务来抓。及时召开全体领导干部会议，采取专题学习、座谈讨论等方式，深刻领会十九大报告主要内容和精神实质，提高认识，振奋精神，增强信心。深刻理解中共十九大报告中机构编制相关论述，在实际工作中加以贯彻落实。

【党风廉政建设】 2017年，文成县编制办围绕年初工作计划，扎实推进主体责任落实，筑牢防腐拒变防线，严格执行中央八项规定，履行党风廉政建设主体责任，以作风为突破、以教育为基础、以制度为保障、以监督为关键、以纠风为重点，坚决执行县委、县政府的各项决策部署，推进党风廉政建设。

【信息宣传】 2017年，文成县编制办严格按照《关于进一步加强全市机构编制信息宣传工作的通知》文件要求，多渠道、多举措狠抓信息宣传工作，实行信息工作"周任务、月汇报"制度，结合工作实际认真撰写调研信息，总结先进经验和做法，上报信息稿件。完善县机构编制网，公布上级文件精神和工作要求，发布最新工作动态，加大对外宣传力度，提升机构编制部门形象。年内，中央录用信息5篇，省级录用信息42篇，市级录用信息46篇，被评为温州市机构编制信息宣传工作先进单位，获市编办表彰。

【干部队伍建设】 2017年，文成县编制办把政策熟、业务精作为学习目标，结合机构编制工作实际，将机构编制管理政策法规，机构编制监督检查典型案例剖析，上级领导讲话、外地经验列入学习计划，提高机构编制干部的政策水平和业务能力，为研究处理机构编制工作中的重大问题打下基础。

【机关制度建设】 2017年，文成县编制办本着坚持"用制度管人、按制度办事"的原则，对现有制度进行梳理，切实做好"废、立、改"工作，在原有规章制度的基础上，完善岗位责任制、考核考评制、议事、学习、调研等多项规章制度，使机构编制工作有章可循，有条不紊的开展。

（刘晓媛）

发展计划管理

【概况】 2017年，文成县开展《大花园建设对接思路研究》《温州西部生态休闲产业带建设对接思路研究》《文成县高铁新城规划研究》等课题研究，完成《文成县县域发展战略研究》《文成县清洁能源示范县》《文成县国家重点生态功能区产业准入负面清单》等一批重点课题。《从更高层面谋划推进县域发展》《文成县政策性农业保险》等课题被《浙江经济》等主流媒体录用。牵头制定《文成县钢铁企业去产能职工安置和转型发展奖补方案》《关于加强居民家庭光伏建设管理的通知》《文成县公共服务体系建设三年行动计划》等一系列推进供给侧结构性改革、促进转型发展的政策文件。定期就全县经济运行情况、投资形势和重点项目建设情况进行分析，编制《改革与发展》32期、《统计速递》19期、《文成县主要经济指标一览表》11期，创办"文成发改"微信公众号，其中被省级刊物录用5篇，获县领导批示6篇，吸引微信粉丝16323人，发改参谋形象和发改公众形象得到进一步提升。

【项目投资】 2017年，文成县突出重点乡镇、重点领域等投资体量大的项目，结合比学赶超活动、投资短板和招商引资，预安排2018年限上固定资产投资任务211个、95.29亿元。围绕国家政策导向、优化投资结构、突出重点领域等方面，安排大旅游、大交通、大县城、大康养、大平台项目，梳理包装2018年度前期项目192个、975亿元。通过实施"百日攻坚"行动，完善县领导挂钩联系、县长项目工程制度，下沙垟城中村改造、龙丽温高速瑞文段、溧阳至宁德高速公路等亿元以上重大项目取得突破性的

"百日攻坚"项目开工仪式(发改局提供)

进展，全年完成固定资产投资78.72亿元，同比增长9.3%。其中，重大基础设施项目投资、重大产业项目投资、高新技术产业投资增速均居全市第一。为形成重大项目谋划滚动盯引梯队，共谋划盯引项目32个、508.3亿元。此外，争取到中央预算内补助项目及省公建项目3个、5300万元和2018年第一批省发改委专项资金2139万元。

【产业培育】 2017年，文成县集聚资源，积极谋项目、促落地、抓开工，扩大产业投资，全年完成重大产业项目投资13.8亿元。其中，文商回归旅游集聚区获得2016年市级同类县集聚区考核评价第1名，2017年完成投资7.87亿元，实现营业收入18.2亿元。森林氧吧小镇规划顺利通过、完成区域能评等工作，并与怀希医药咨询有限公司签订入驻协议。文成通用机场项目通过民航华东局和东部战区空军选址审查。同时，积极培育主体。加强市场主体培育工作机制建设，牵总建立企业动态培育库，开展市场主体培育行动，全年完成市场主体培育19家。加大产业项目建设扶持力度，扩大"小升规"支持范围，着力培育重点企业、成长型企业。推进服务业发展工作。通过完善机制、狠抓平台改造、引导企业提档升级等多措并举，服务业增加值全年完成投资56.15亿元，占GDP比重63.5%，增速0.6%，对全县经济增长贡献率为77.4%。特别是规模以上营利性服务业营业收入增长110%，增幅居全市首位。服务业质量工作得到市发改委的高度肯定。

【深化改革】 2017年，文成县抓好经济体制改革8项，包括国家级改革试点2个，省级改革试点6个，其中信用建设、体制改革、特色小镇获得同类县第一名。具体抓以下六项：一是积极抓好清洁能源示范县。成功申报纳入2018年度全省清洁能源示范县名单，获得专项资金补助1800万元。二是着力抓好省级低碳试点创建。下达《文成县省级低碳试点2017年工作计划》，列入省循环经济发展"991行动计划"项目2个，完成大峃镇李山村低碳试点村创建。推进天然气、光伏等低碳能源开发与利用。三是全力抓好小城市培育试点，累计获得小城市培育专项补助资金和奖励资金10970万元。四是大力推进地方特色政策性保险。积极开展杨梅采摘期气象指数保险试点扩面工作。年内，杨梅共参保962.07公顷，占全市一半，赔付率107.65%。试行开展茶叶低温气象指数保险试点工作，茶叶承保面积135.54公顷，赔付率35.6%。五是完善社会信用体系建设工作。出台失信惩戒和守信激励文件，建立温州市信用信息综合服务平台文成子平台，完成信息录入50余万条和信用管理清单，组织开展诚信主题宣传活动，启动县前街"诚信一条街"创建活动，做好守信激励和失信惩戒典型案例的收

诚信一条街创建工作座谈会(发改局提供)

杨梅气象指数保险种植大户现场赔付(发改局提供)

集、报送34例，居全市前列。六是推进投资项目“最多跑一次”改革。优化项目服务，受理投资项目93件。

【节能降耗】 2017年，文成县完善低碳产业体系，充分对接浙江省大花园、温州西部生态休闲产业带建设，争取重大产业平台，成功申报文瑞山海协作生态旅游文化产业园，顺利申报省级平台，编制完成《文成县国家重点生态功能区产业准入负面清单》。推进低碳能源开发。做好2家去产能企业的转型升级工作。完成2014年以来高污染燃料锅炉淘汰改造任务46台，提前超额完成任务5台，其中包括2017年市下达任务数4台，同时实际发放高污染燃料锅(窑)炉淘汰改造财政补贴资金155.52万元。规范光伏企业市场行为，颁布《文成县居民家庭光伏建设管理意见(试行)》，完成光伏企业备案17家。推进散装水泥应用。全年完成散装水泥使用量9.72万吨，预拌混凝土供应量30.82万立方米，完成省级预拌混凝土下乡试点工作任务。

【统计服务】 2017年，文成县全力抓好GDP核算工作。重点针对投资建安工程、农业、工业、建筑业、财政八项支出、其他营利性服务等大权重指标，强化与农业、经信、财政、住建等重点部门和乡镇的沟通联系，抓实GDP核算基础数据来源。通过业务辅导、法制宣传、政策引导等措施，推进工业、商贸、服务业限上(规上)单位应统尽统。做好统计数据修订。深入企业查明实情，结合国税申报数据比对分析，逐一排查“四上”企业历年数据虚实，进一步夯实统计数据基础。全力做好考核考绩服务工作。以市对县综合考核为重点，深入分析考核中的强项和薄弱环节，认真讨论研究使强项更强、弱项变强的工作措施。

【粮食安全】 2017年，文成县抓好粮食储备，落实县级储备粮1.43万吨，代储省级储备粮3500吨，做好县级储备粮轮换出库6263吨。建好粮食仓储，确定1个中心粮库搬迁选址方案。推进中心粮库信息化建设，计划总投资483万元，完成投资70%。抓好星级粮库创建，黄坦粮库创建为省“二星级”粮库。争取上级资金，对大峃马垟、黄坦、西坑、二源、南田等地粮库进行维修。搞好为农服务，推广丰粮仓6000套，本年推广数和累计推广数(18105套)均为全省各县(市、区)之首。被市政府评为2016年度粮食安全县长责任制考核优秀单位。落实“订单粮食”政策，收购“订单粮食”150吨。完成国有房产清理整治。整治各个粮管所区域的安全隐患，拆除违章建筑及腾空违规占有建筑15处200平方米，并对黄坦、大峃、西坑、玉壶等粮管所的危房和“两合一”出租房进行安全隐患排查整改。

世界粮食日宣传(发改局提供)

【物价管理】 2017年，文成县抓好价费管理和价格监测。核定县城至南田客运票价和县城花园地块配租的公共租赁住房租金标准。完成水价超计划累进加价、差别化水价等水价改革和儿童医疗服务价格改革。对粮食、食用油、肉禽蛋、蔬菜等重要商品和服务价格实行动态监测。抓好价格监管。开展教育收费、药品价格、景区门票价格、涉农涉企收费、电力价格和商品房明码标价等专项检查，查出违规案件5件，违规收费金额210.95万元，查出金额是2016年同期100倍。受理网络举报咨询45件，立案查处11件。抓好成本监审。开展“糯米山药”农本调查。在成本实地审核阶段中，首次引入第三方审核，提高成本监审公信力。完成2016年度教育培养、保育教育、城市供水三个定期成本监审以及百丈漈景区接送车定调价成本监审工作，总计核减不应计入定价成本的费用1475.16万元。抓好价格认定工作。全年办理各类价格认定64件，认定总额61.66万元，认定结论零复核，案卷评查位列全市第二。

物价分局进行市场巡查（发改局提供）

（胡海燕　黄茜茜）

审　计

【概况】　2017年，文成县审计局完成审计项目16个，政府投资审价项目6个。全年审计或调查60多个单位，查处违规金额23246万元，管理不规范金额6396万元，应上缴财政资金21862万元，应归还原渠道资金1786万元，移送有关部门处理事项5起，1名正科级领导和1名普通干部被诫勉谈话；全年发布审计结果公告12个，向被审计单位提出审计建议35条。

【专业审计】　2017年，文成县审计局财政审计工作，重点审计预算执行、乡镇财政决算、政府投资项目。年内，县本级财政预算执行情况审计围绕文成县经济工作中心和社会关注的热点、难点问题，以促进增收节支，提高财政资金使用效益，查出问题金额21494.64万元，上缴财政资金20264.81万元，收缴税费84.65万元，下拨专项资金749.89万元。审计发现部分投融资公司存贷比过高、部分地方政府债券资金未如期发挥效益等问题。2016年度乡镇财政决算审计发现问题形成综合报告，上报县政府获县长批示，促乡镇盘活闲置资金2546万元。政府投资审计。围绕全县重点项目工程招投标、工程造价的真实性以及财务管理、建设项目资金管理和使用等情况，揭示政府投资项目前期管理中，部分项目未严格执行招投标规定、部分工程项目进展缓慢等问题，相关部门和单位积极采纳审计建议，规范政府投资建设和项目管理。全年超计划完成9个工程造价结算审计项目，9个结算项目送审金额11802.66万元，审定金额10990.47万元，核减金额812.19万元，核减率6.88%，从而节约基建投入，节省财政资金。

【经济责任审计】　2017年，文成县审计局全年完成对4个部门、3个乡镇共计10名领导干部的经济责任审计，查出违规金额4231万元，管理不规范金额1003万元，促进增收节支4250万元，强化对领导干部权力运行的监督制约。重点关注领导干部贯彻执行经济法律法规、党和国家方针政策和决策部署情况、“三公”经费使用等内容，并推动一些单位解决几十年遗留的“老大难”问题。如在一单位的领导干部任期经济责任审计中，发现该单位十几年来存在未实际收到对外投资股金转让费收入，促进该单位收回2001年以来的对外投资原始股金72万元及其收益。

【政策执行审计】　2017年，文成县审计局落实重大政策情况跟踪审计。跟踪审计2016年保障性安居工程、企业去产能等政策落实情况。保障房审计揭示农村危房改造补助审核不严等问题，促成整改问题金额79.8万元，促成下拨使用保障性安居工程上级补助资金4256.05万元。推进“僵尸企业”处置，企业成功拍卖2家，实现重组1家，1家企业转型为小微园管理企业1家，并外招引35家标准件企业入驻，企业生产转入正常1家；同时，相关部门制定有关政策、改善文成营商环境。

专项审计调查。着力监督和检查重大项目推进、民生政策落实，发现和查处民生项目在建设程序、资金管理和使用等方面存在的问题，保障群众权益。实施基本公共文化服务资金和2014—2016年度民政资金审计调查，发现农村文化礼堂等农村公共文化设施后续管护不到位、文化设施及服务成效甚微等问题，助推县委、县政府出台《关于推进农村文化礼堂长效机制建设的实施意见》，从制度层面推动农村文化礼堂“建、管、用、育”一体化建设。针对文成县2014—2016年度民政资金审计调查项目中查出的救灾资金使用不合理、救灾物资管理有待加强等问题，县民政局采纳审计建议，出台《文成县自然灾害生活救治资金精细化管理暂行办法》《文成县救灾物资管理办法》等规定。

【审计管理】 2017年，文成县审计局深化审计整改督促。一方面促进被审计单位边审边改，另一方面加强跟踪回访督促整改，重点跟踪审计历史遗留、重点难点问题和审计移送书、决定书执行情况。落实审计整改挂销号管理制度，对审计整改情况记入挂销号台账，对一时难以整改销号的问题持续跟踪督促，公告整改落实情况，审计整改成效明显。全年整改上缴财政资金21531万元，归还原渠道资金1656万元，促进资金拨付到位5034万元，推动有关部门、单位修订和出台长效管理制度16项，帮助相关单位解决“老大难”问题和历史积案20余个。

强化审计质量控制。对审计项目实施进行事前、事中、事末全程管控。开展审计项目审前调查，审计过程中，创新机制，实行分管领导一线工作法，即根据年度项目计划，由领导靠前指挥，每个班子成员担任1~2个审计项目组长，负责项目的组织、协调、监督。抓项目质量倒逼，每年坚持开展审计档案质量互查工作。3月，集中全局审计干部，利用一周时间，对2016年度审计档案的审计取证、法规应用、审计报告文字表述等方面进行交叉互查，纠正整改不足，促进审计项目提质增效，年末，分别获市优秀项目和省表彰的审计项目1个。

提升审计成果运用。加强对各类问题的综合分析研究，及时向县委、县政府提供有价值的审计信息、专报，为领导宏观决策提供参考依据。开展优秀审计项目评选活动，将评选工作纳入到局机关岗位责任制考核内容，要求各业务科室从日常基础工作入手，按照优秀审计项目标准，结合综合量化考核，打造项目精品。全年向市局报送审计论文6篇，《浅析县级审计机关提高政策落实跟踪审计成效的途径》获省厅审计论文交流文章、《提升公共文化服务体系建设效能的建议》获温州市审计系统审计调研文章三等奖。

【干部队伍建设】 2017年，文成县审计局充实一线力量，对5大业务科室进行人员调整，每个业务科室安排一名“老审计师”带1~2名审计“新兵”，实行“师徒式传帮带”，新增审计一线人员2名，压担子给青年干部，调动新、老审计人员积极性。

提升业务能力。利用干部职工例会、干部夜学“月论坛”等平台强化业务培训，学习审计法律、法规以及审计业务相关规范性文件，促进审计干部依法审计。组织业务骨干到省内在预算执行、经济责任、环境资源审计等方面先进的县（区）交流学习，借鉴先进经验，开拓审计视野。4月，选派精干力量组队赴丽水市遂昌、云和县审计局“取经”，学习经济责任环境资源审计经验。

锤炼过硬作风。修订完善上下班签到制度、请销假制度，实行干部上下班指纹机签到；提高审计效率,根据绩效管理要求,实行"审计项目限时办结制"。加强廉政风险防控,多形式开展党风廉政建设教育活动,全年组织开展集中学习33次,上党课4次,观看电教片或专题片5次。开展谈心提醒活动,全年开展谈心谈话活动26人次。

(县审计局供稿)

市场监督管理

【概况】 2017年,文成县市场监管局内设机构13个:办公室、组织人事科、政策法规科、行政审批科(注册分局)、食品安全综合协调科(应急管理科)、企业监督管理科(个体私营经济监督管理科)、市场规范科(广告监督管理科)、食品生产流通监督管理科、餐饮服务监督管理科、药品医疗器械监督科(保健食品化妆品监管科)、质量与标准化科(商标监督管理科)、计量与评管科、特种设备安全监察科;3个直属机构:稽查大队、网络经营监督管理办公室(信息化办公室)、消费者权益保护分局;8个市场监督管理所:大峃、珊溪、玉壶、南田、西坑、百丈漈、峃口、黄坦市场监督管理所,其中黄坦所于2017年10月新设;辖6个事业单位:县食品药品综合检测中心、县计量检定测试所、县产品质量监督检验所、县消费者权益保护委员会办公室、县非公有制经济组织党建工作办公室、市场监管应急指挥中心(机关后勤服务中心)。年底,全局在职干部155人。

【服务发展】 2017年,文成县市场监管局新增各类市场主体2317户,新增注册资本27.8086亿元。全县在册市场主体13072户,注册资本147.9728亿元,较上年同期分别增长21.53%,22.84%。年内,落实"最多跑一次"改革,梳理90项即办事清单,占所列事项的72%,实现"最多跑一次"的审批事项共计116项,占审批事项总量100%。建设商事登记自助服务中心,开通商事审批咨询服务热线67821890;与邮政部门合作推行"证照快递"服务;设立16个银行代办窗口,在偏远村设立12个村级代办点,开设招商安企服务点。全县新增八大产业小微企业298户,"个转企"39户;推动政银互通解决融资难题,为2103家小微企业减免税、费金额910.9万元。激发企业内生发展动力,开展特色产业标准体系建设,建立糯米山药标准体系。推进文成县途家斯维登酒店有限公司的"景区周边酒店式公寓共享服务标准化试点"项目通过市级立项;新增温州名牌产品1个、复评5个,新增浙江名牌产品1个,新增地理标志证明商标1枚,发放品牌奖励资金125万元;对接金融机构推出商标质押融资项目,促成2590万元商标质押贷款。

局长换位体验"最多跑一次"(市监局提供)

【维护秩序】 2017年,文成县市场监管局全年立案252件,移送涉嫌犯罪案件线索9个,罚没款177.5万元,其中网络案件8起、汽车销售维修单位案件4起、成品油案件5起、建材质量案件1起、制售假劣药案件6起、其他食药案件108起。推进社会信用体系建设,对64家企业和34家农民专业合作社列入经营异常名录,吊销企业营业执照31家、依职权注销个体工商户35家,申报温州市信用管理示范企业7家,列入食品药品严重失信者名单4户。与文成人行、财政局出台联合惩戒制度,征集食品经营主体不良信息50条。开展放心消费示范创建,创成省级放心商店60家、放心网店4家、放心餐饮店14

家，放心化妆品经营单位10家。全年受理消费投诉244件，其中职业打假人投诉举报77件，处理率100%。开展“无传销县”创建工作，17个乡镇创建覆盖面100%。

【食药安全整治】 2017年，文成县市场监管局开展食品、药品、餐饮、农贸市场“四无”整治、“红盾网剑”、广告规范整顿等专项行动，全年检查食药生产经营单位13018户次，定量检测1132余批次，合格率97.4%。推进乡镇食安办实体化运作，17个乡镇食安办全部完成规范化建设。推进阳光厨房建设，学校食堂、大型餐饮店、养老机构食堂100%建成阳光厨房，在线阳光厨房10家，3家厨房实行“4D管理”模式；对202家小餐饮进行前店后厨改造；启动餐厨垃圾油水分离改造工作。加强农贸市场建设管理，完成7家农贸市场改造提升任务，创成5家放心农贸市场；完成农贸市场追溯体系建设，百丈漈及巨屿农贸市场建立电子追溯系统；全县建立免费快检室6个，公众免费送检1512批次。强化学校及周边食品安全管理，抽检各种学校食品357批次。推行食品安全责任保险工作，175家单位参险。对全县45家小药店、34家小诊所药品质量安全整治工作，医疗机构药品购进台账建档率、药品质量年度自查报告提交率、药品储存条件合格率100%。

农贸市场食品安全巡查(市监局提供)

【产品质量监管】 2017年，文成县市场监管局建成市场监管应急指挥中心，启动电梯物联网工程，建立电梯应急救援站，开发96333应急救援平台，实现快速有效救援；对196台电梯和公共场所特种设备进行责任险参保；推行微信随手拍有奖举报制度。有序开展电子计价秤、定量包装商品净含量、水电站计量器具等监督检查行动，自来水表、燃气表首次安装强制检定率100%。农产品质量监督检测站通过验收，农残检测项目从13项增加至65项；投入37.8余万元资金，加强计量检定测试所计量标准建设；对全县1418台(件)燃气表、加油机、自来水表、X光机、呼出气体酒精含量探测器等计量器具进行检定。

【干部队伍管理】 2017年，文成县市场监管局推行双向选聘制度，全局中层干部换岗率为23%，一般干部换岗率为22%；开展周一夜学、业务大比武、“传帮带”新干部拜师学艺等活动，促年轻干部快速成长。搭建监管大数据平台实施智慧监管；筹建应急指挥中心，接入餐饮店、药店、农贸市场和电梯视频，实现远程实时监管；创建四星级规范化市场监管所3个，三星级4个，实现基层星级所建成率100%。发挥纪检组的监督责任，贯彻学习中共十九大精神；加强廉政教育，系统行风、作风效能督查力度，强化干部责任、规矩和担当意识。

(市场监管局供稿)

安全生产监督

【概况】 2017年，文成县安全生产监督管理局设在大峃镇西门街50号，同时挂“文成县安全生产委员会办公室”牌子，由局长兼任主任，核定行政编制14人，事业编制6人，下设下属事业单位县安全生产监察大队，内设科室办公室、综合安监科、危矿(审批)科等3个职能科室。2017年12月31日，全县有非煤矿山1家，危险化学品生产单位1家，经营单位24家；30个烟花爆竹销售点，其中8个为临时点；工贸行业企业82家，其中粉尘冶金企业10家。2017年，全县发生各类安全生产事故7起，死亡7人(其中工矿商贸死亡2人，道路交通死亡5人)，直接经济损失312.3万元。非煤矿山、危险化学品、烟花爆竹、职业卫生等行业领域未发生生产安全事故。没有发生较大以上安全生产事故，保持安全生产形势总体稳定，事故指标连续6年“零增长”。

【责任落实】 2017年，文成县安全生产监督局按照“党政同责、一岗双责、齐抓共管、失职追责、尽职免责”的要求，加强安全监管力度，提升安全监管能力，狠抓责任落实。完善安全生产责任体系。县长与各分管副县长签订领导安全生产目标管理责任书；副县长与分管部门签订责任书；监管部门与有关重点监管企业签订责任书，实施“叠加式”重点监管和责任追究。县政府与17个乡镇、37个部门和重点县管企业签订《2017年安全生产目标管理责任书》，将责任层层落实到社区、村、企业，做到安全生产责任网全覆盖。完善安全生产制度体系。印发《文成县安全生产委员会组织结构设置和工作规则》，建立以专业安委会为载体的“1+8”安全生产责任体系。制订《文成县安全生产“党政同责、一岗双责”暂行规定》《文成县安全生产巡查工作制度(试行)》《文成县安全生产警示约谈暂行办法》等制度，以制度落实责任。完善安全生产考核评价机制。2017年的县政府目标责任制考核中，对安全生产责任制实行单列考核，对责任制落实的监督考核，动态考核。落实安全生产警示通报、诫勉约谈和“一票否决”机制(2016年度对黄坦镇安全生产工作实行一票否决)。

【危险化学品专项整治】 2017年，文成县安全生产监督局对全县各危险化学品、烟花爆竹和非煤矿山企业，“开展大起底、大整治、大提升”工作，要求开展自查自纠，建立专项整治检查台账。年内，检查危险化学品企业66家次，排查出隐患138处，下发限期整改指令书8份、现场措施处理决定书2份，全部整改到位；检查烟花爆竹批发经营企业162家次，排查出隐患243处，没收非法烟花爆竹757件，发放举报奖励金1.3万元，立案8起，移交行政拘留7人，下发限期整改指令书10份，全部整改到位；检查非煤矿山23家次，发现隐患52处，下发限期整改指令书5份。

【“三场所一企业”和“厂中厂”专项整治行动】 2017年，文成县安全生产监督局对全县现有24家“三场所一企业”要求对照自查自改，按照要求完成整治。全县按照市安委会文件精神，落实“厂中厂”整治，年末，有厂中厂企业6家，按照整治要求全部整治到位。

【安全生产大检查行动】 2017年7—12月，文成县安全生产监督局开展为期半年的安全生产大检查。其间，检查各类生产经营单位2315家次，排查安全生产隐患1.08万项，整改完成1.0748万项，整改率99.5%。其中排查重大隐患9项，整改完成9家，整改率100%，5家企业被列入县级挂牌整治，6家企业报送市级挂牌整治并在温州都市报上进行隐患曝光。查处严重违法行为10起，关闭取缔4家，停产整顿18家次，处罚罚款36.458万元。

【职业卫生专项整治】 2017年，文成县安全生产监督局排查摸底职业危害单位82家，接触危害因素780人，完成体检549人，完成职业危害申报备案82家，举办“职业病防治法”宣传周活动，编印发放职业病防治宣传资料4500份。

【隐患自查自报和挂牌督办】 2017年，文成县安全生产监督局以“两化一网”信息平台为载体，督促企业加强隐患自查自报自改工作，确保网格内隐患有效整改，实现“闭环管理”。年内，企业自查自报3617家次，企业隐患自查自报率县市区中同比领先。建立县镇（乡）两级隐患挂牌督办制度，全年市级挂牌督办1家，县级挂牌督办5家。

【企业安全标准化创建】 2017年，文成县安全生产监督局 引导和鼓励企业开展安全生产标准化、规范化和诚信机制创建活动。完成创建三级标准化企业57家（其中规上、限上企业32家）。

【智慧安监监控网络】 2017年，文成县安全生产监督局围绕服务于隐患排查治理和安全生产监管监察业务，建设源共享、互联互通的安全监管信息平台，全县50家企业安装监控。

【较大危险因素辨识管控工作】 2017年，文成县安全生产监督局是县市区中第一个完成市局下达70%以上的指标任务，市安监局在巨屿镇召开全市企业较大危险因素辨识管控工作现场会，组织其他县市到文成县学习参观。

【综合协调】 2017年，文成县安全生产监督局作为安全生产工作的兜底部门，始终以敢于担当的意识，解决监管边界不清、互相推诿的难题。县安委办牵头，对接各乡镇和相关部门，妥善处置漂流旅游项目、百丈漈镇天顶湖游船项目、平和乡打铁铺、养老场所等14个存在重大安全隐患的问题。将安全生产巡查的情况编辑成简报抄送给各乡镇、部门和有关领导。

【宣传培训】 2017年，文成县安全生产监督局组织各乡镇、各部门在各自系统以及属地开展多种形式的安全生产宣传活动。以安全生产宣传教育“七进”活动为主线，在全县范围内（特别是人员密集场所）悬挂安全生产标语100余条，组织人员在安全生产成员单位和17个乡镇巡回播放安全生产公益片和生产安全事故警示片，观看群众9000余人；组织安全生产文艺晚会3场到乡镇进行演出，组织全县党政干部观看安全警示电影《人命关天》；县、乡两级开展安全生产咨询日活动，组织宣讲团安全生产宣讲8次；征集130张安全生产摄影作品参加市局摄影比赛，其中5人6幅作品获奖；通过微信平台开展“安全生产月”知识竞赛，3360人参加安全知识竞赛答题；组织交通、电投等行业部门和企业联动开展安全生产应急救援演练和劳动技能竞赛获得全市团体第三名；在全县教育系统开设校园安全教育课堂。向市安监局上报安全生产工作信息，邀请省安科院副院长吴珂给县四套班子领导、各乡镇部门主要负责人和分管负责人上安全生产课。组织企业负责人和安全管理员培训班、乡镇分管领导和安监员培训班等，提升安全生产管理水平。

【行政提速】 2017年，文成县安全生产监督局按照群众和企业到政府办事“最多跑一次”的理念和目标，以“行政提效、服务提质”为核心要求，以群众和企业满意为主要标准，以充分运用“互联网+政务服务”、大数据和“智慧安监”等平台为重要依托，着力打造“事项透明、申报材料少、审批环节简、流程优、效率高、服务佳”的办事窗口，全面梳理公布“零上门”和“最多跑一次”的事项。全年受理事项67件，对不需要现场审查的实行网上预审，对需现场审查的情况实行预约上门服务。制定的行政审批事项服务指南，进一步便利群众，让群众和办事企业一目了然，对实际运行中的疑点、难点进行统计、解决，优化服务流程，做到全面、详实、准确、易懂。

（县安监局供稿）

行政审批服务

【概况】 2017年，文成县行政审批服务中心与文成县行政审批管理办公室（简称“文成县审管办”）合署办公，为参公事业单位。核定编制19人，年末，在职人员18人。设有综合科、业务科、督查科及下属两个事业单位：代办服务中心、信息服务中心。年内，文成县审管办围绕省委、省政府“最多跑一次”工作部署，坚持问题和需求导向，按照最大程度便民化的要求，扎实工作，奋力推进。“移动互联网+审批”创新模式得到人民网、新华网、央广网、浙江日报、温州日报等国家及省市主流媒体的点赞和报导；5月26日温州市委书记周江勇批示点赞“最多跑一次”文成经验，手机办事得到肯定；8月份文成县代表温州市接受全省“最多跑一次”改革专项督查工作检查，实现“零”扣分，名列全省第一；11月27日，省跑改办印发《政务环境指数评估报告》，在全省100个市、县中文成县“最多跑一次”实现率(83.50%)位于全省第36、温州第4，满意度(98.50%)位于全省第15、温州第1；12月23日，中国经济网公布《2017中国地方政府效率研究报告》，从709个县级政府效率排名，文成县进入全国200强，位为全国第64、华东第47、温州第4。

2017年，县对乡镇(管委会)、县机关单位考绩中文成县审管办被评为优秀单位。周洪胜，评为年度文成县优秀领导者。陈丽文、刘淑芬，被评为年度文成县副科以下公务员年度考核优秀等次；赵闽二，被评为年度文成县事业单位工作人员考核中被评为优秀等次。

【开展“最多跑一次”改革工作】 2017年，文成县审管办”按省里工作部署落实“最多跑一次”改革，按时间节点推进各项工作。全面梳理公布群众和企业到政府办事事项和“最多跑一次”的事项并同步编制办事指南。按时完成事项的比对梳理及办事指南的编制，根据省市要求的时间节点先后开展四轮比对梳理编制工作。同时，推行事项和办事指南动态调整制度，确保线上线下一致。年末，县本级涉批类事项确定为总数848项(子项1264项)，向社会公布“最多跑一次”事项689项(子项1081项)，占比81.2%(按子项占比85.5%)，有159项(子项183项)未实现的“最多跑一次”。同时，集中梳理公布乡镇办事事项123项指导目录，6月30日，集中公布17个乡镇第一批“最多跑一次”事项1233项，其中行政审批类事项485项，公共服务类事项748项。持续推进县级审批平台“一窗受理、集成服务”改革。3月，出台“一窗受理、集成服务”改革总体方案和商事、不动产、项目投资、其他综合事务及社保分中心等各板块的具体实施方案。3月底，完成窗口布局调整，在中心大厅设立商事登记、不动产交易登记、项目投资审批、其他综合事务及公安服务等5个综合受理窗口，并按去部门化理念调整设置各审批专窗。7月份，住房公积金分中心纳入行政审批服务中心统一管理，有事项37项(原来为42项)；其他综合增加司法，总事项增加到75项(调整后的)。8月份，按省市新标准，对中心大厅布局进行再次调整改造提升，同时公安局大岀镇派出所户籍窗口进驻审批中心，与公安综合窗口、出入境窗口整合成片，至此，公安所有行政事项全部进驻审批中心。年内，中心大厅整合为商事登记、不动产交易、项目投资、公积金办事、公安服务、农林水综合、其他综合事务等7大板块。并完善和增设导办台、自助申报查询服务厅及数据查询、邮政快递、实名注册登记等服务窗口。完成一站导引系统和统一申报系统的建设，购置自助查询机、自动填表机和手机充电站。商事登记、项目投资和其他综合事务3个板块的一窗受理平台建成启用。梳理涉及多部门的事项即“一件事”事项79个，完成相应的协调、流程再造等工作，其中有27个事项(一件事)进入一窗受理平台。11月份，国地税分中心联合办税服务厅投入使用，共设置综合通办窗口9个，实现国税124项、地税167项涉税业务一窗通办。切实做好政务服务“四个一”创新工程。(即：一站导引、一网通办、一库共享、一端服务”)首先是做好一站导引系统建设及事项信息维护，用户通过大厅自助查询机或手机“文成行政审批服务”微信公众号，可查询涉及34家部门861项事项的办事指南、申报材料等，并可实时发起互动询问，努力实现“不再无效跑”。其次是启用商事登记、投资项目、其他综合事务综合窗口“一窗受理云平台”，与本地自建审批系统文成县行政综合应用平台相融合，实现数据的实时对接推送，实现“不用多头跑”。第三是开设“数据查询”窗口，启用“一库共享”核查系统，实现包括企业信息在内的55类信息的共享与查询，努力实现“数据替人跑”。第四是开通移动端申报服务，去年底文成县审管办率全市之先开通统一申报平台，实现百个事项只要通过手机点点即可办事。

5月9日，县委书记王彩莲到县审批中心调研“最多跑一次”改革工作（审管办提供）

6月14日，市人大常委会党组副书记、副主任仇杨均一行到县审批中心开展“最多跑一次”改革专项督查工作（审管办提供）

【审批事项办理】 2017年，文成县办理审批事项47件，其中企业技术改造项目备案24件、对外贸易经营者备案登记11件、固定资产投资项目节能备案5项，加油站（点）规划实施确认审核转报4件、直销企业服务网点核查和设立分支机构审核转报1件、再生资源回收经营者备案登记1件、二手车交易市场经营者和二手车经营主体备案1件。对涉及审批事项进行认真梳理，分别导入浙江政务网局管理平台和南威网审批平台，并制作审批事项便民手册。

【“移动互联网+审批”综合服务平台应用】 2017年，文成县审管办突出利用移动终端的便捷性，构建了以“一端”（浙江政务服务网移动客户端APP）、“一号”（文成县行政审批服务中心微信公众号）、“四库”（个人数据库、法人单位数据库、电子证照库、公共信用信息库）为核心的高效便民的“移动互联网+审批”服务平台暨“统一申报平台”，推行行政审批事项外网移动端申报、内网审核办理、在线咨询监督、结果快递送达的行政审批服务方式，实现了群众和企业到政府办事一次都不跑，达到“零跑路”。该平台上年年底开通运行，同步梳理公布通过移动端申报事项（“零上门”）105项及办事指南。6月，移动端申报事项（“零上门”）拓面增项至118项，7月份再增至141项。其中许可类事项86个、服务类事项23个、便民类事项32个。经过对办事流程再造、申报材料大幅简化压缩，特别是为提升手机申报体验度，取消所有事项申报《申请表》的填写，并对有现场踏勘的事项实行现场收取材料等具体工作。141项审批服务事项申报材料从原来的661个减少为373个，简化率达43.5%，办理时限总数从650个工作日缩短为474个工作日，压缩27%；移动端申报的“零跑路”事项数和办件量居全省前列。为加快推进政务服务网APP的应用，出台《关于推广使用浙江政务服务网移动端APP暨“统一申报平台”的通知》（文政办发明电〔2017〕32号）。年末，统一申报平台可申报事项涉及32家单位510项，其中通过手机移动端实现“零上门”事项增加到141项，努力实现“一次也不跑”，全力打造让手机办事成为文成样板。

【乡镇便民服务平台规范化建设】 2017年，文成县审管办”以落实“最多跑一次”改革与基层治理“四个平台”建设工作为依托，逐步完善乡镇便民服务平台建设。落实“最多跑一次”改革工作，先后出台《关于印发文成县乡镇便民服务平台建设工作方案的通知》(文政办发〔2017〕76号)、《关于公布文成县乡镇行政审批事项基本目录的通知》(文政办发〔2017〕81号)，依照上级各项工作要求，对乡镇便民服务平台(行政服务中心)的建设进行指导，为“最多跑一次”改革向乡镇延伸工作，奠定坚实的基础。行政服务中心窗口规范化建设。结合各个乡镇实际办件量情况，科学、合理设置窗口，办件量多的单设窗口，办件量较少的事项统一归并到综合受理窗口办理，同时统一设立农村个人建房综合受理窗口；对乡镇事项进行规范化梳理，共梳理应进驻行政服务中心的行政审批事项123项，结合编办公布的公共服务事项，各乡镇确定公布“最多跑一次”事项目录；编制事项规范化办事指南，整理规范乡镇事项后，统一制定乡镇事项的办事指南模板，要求各乡镇印制事项便民卡，

6月23日，县审管办召开乡镇便民服务平台建设工作推进会(审管办提供)

同时督促、指导乡镇的事项录入政务服务网、南威系统(审批系统)。五是基层站所事项入驻事宜。积极引导乡镇将属地内基层站所事项纳入乡镇行政服务中心窗口办理，依靠人员派驻、授权窗口、委托代办等形式实现事项进驻，逐步将站所的事项办理纳入规范化。

【农村个人建房“一窗受理、集成服务”改革】 2017年，文成县审管办坚持问题导向，针对群众反映最强烈的个人建房审批难、流程复杂、办理时间长等，开展调研，并结合文成县农村危旧房改造提升工作任务，选定在平和乡开展个人建房审批试点。通过实施“一窗受理、集成服务”改革，农村个人建房审批实行“前台一窗综合受理、后台部门流转联办、过程落实委托代办、结果指定专人送达”方式，在乡镇行政服务中心大厅设立“农村建房综合受理”窗口，并整合村建办、住建所、国土所职能。在工作流程上，村民建房到农村建房综合受理后，由村建办牵头召集住建、国土工作人员到实地联合踏勘，之后进行联合公示，并分别签署意见报乡镇政府审批，审批结果由农村建房综合受理窗口通知所在村网格员送达。同时，按一件事的理念，整合建房获批后还需申请人到场办理原不动产权证注销的环节，改由在提交建房材料的同时填写委托书委托村建办代为注销。这项改革把正常情况下需要两三个月的时间、要跑14趟左右才能办好的农村个人建房优化整合为只跑一个窗口一次路20个工作日就能办结，让建房群众分享改革红利，成为农村个人建房“最多跑一次”文成样本。年末，17个乡镇完成农村个人建房综合受理窗口建设，总受理261件，办结184件。

【“两集中两到位”改革和窗口管理工作】 2017年，文成县审管办”通过强势推进“两集中两到位”回头看专项督查和窗口工作人员的管理清理工作，确保涉批部门凡涉及群众和企业办事

的涉批类事项全部进驻中心或分中心；窗口工作人员按岗位设置和人员配备要求进行整改和完善，依据各窗口的办件量、工作量和中心场地等因素，以整改责任书的形式对部门提出并下达窗口安排、岗位设置及人员配备任务，推进窗口规范有序运行。年内，窗口单位工作人员按要求进驻到位，并按照审批性岗位、辅助性岗位进行实名管理。中心大厅有工作人员158人，其中在编人员占比已提高到81%。9月通过招投标落实向社会购买辅助团队，服务于综合受理的10个岗位，进入商事登记、项目投资、不动产登记、其他综合等板块，逐步推进受办分离。同时，注重强化窗口工作人员的业务培训，出台业务培训方案，年末，组织人员培训18批次600多人次，不断提升工作人员业务水平和服务意识。

【审批服务监管】 2017年，文成县审管办对审批服务进行日常监督。每天不定时地对中心大厅进行巡查监督，对违反纪律的工作人员进行记录、当场纠正或通报批评，并结合个人考勤等纳入窗口各项考核指标中。利用中心大厅的72个摄像头，对大厅全面监控，实时掌握大厅状态，及时处置纠纷与突发事件。

督促窗口办件录入。通过审批办件系统（南威系统）对审批全过程进行实时监管，将监察结果落实到每月红旗窗口考评中。对于办件系统中出现的亮红灯的事项，逐一进行核实，查明原因，发现问题及时处理。

每月及时开展案卷评查内审、电子服务评价器跟踪、手机短信和电话回访满意度调查。结合“最多跑一次”改革工作要求，督促各部门加强窗口人员业务培训力度，组织开展窗口人员职业素养和礼仪规范培训，落实窗口工作人员统一着装，做好省市“最多跑一次”满意度调查应对工作，不断致力于群众满意度的提升。

畅通咨询、投诉途径。指定专人负责与12345平台衔接，接受企业和办事群众咨询、举报、投诉，并做出相应的处理。做好科室内群众来电，高度重视作风效能方面的投诉与建议，及时处理群众反映的热点难点问题，真正做到事事有回音、件件有落实。加强分中心的管理。逐步加大分中心的巡查力度，将分中心纳入统一管理，并于8月底前完成社保分中心大厅的调整改造。参与评选群众满意和不满意审批科室与基层站所。

县审批中心窗口工作人员统一制服着装（审管办提供）

（戴丰珍）

公共资源交易

【概况】 2017年，文成县公共资源交易管理委员会办公室（简称“资管办”）、文成县公共资源交易中心（资管办下属单位）办公地点位于大峃镇西门街50号（原县人武部大院）。资管办内设综合科和督查科两个职能科室，核定事业编制5名。文成县公共资源交易中心为事业单位，隶属文成县公共资源交易管理委员会办公室管理，内设办公室、业务科、建设项目交易科、政府采购科、土地交易科和产权交易科6个科室，核定编制15名。经县编办审批，有编外用工5名。2017年度，文成县公共资源管委办在全市公共资源交易系统考核中综合排名同类县第一，全市第五，连续3年被温州市政府评为先进单位。被县委、县政府授予2017年度工作考核优秀单位。

【招投标业绩】 2017年，文成县资源管理办公室累计完成各类交易项目共285个，交易总额38.44亿元，增收节支6.63亿元。建设项目66个，中标价为30.70亿元，节约资金为6.38亿元，平均节约率为17.20%；政府采购项目195个，采购金额为6.68亿元，节约资金2081.02万元，平均节约率为3.02%；土地交易16宗，成交价为9120.08万元，增值资金354.08万元，增值率4.04%；产权交易8宗，成交价为1463.5万元，增值资金129.52万元，增值率9.71%。

【场内综合巡查监管】 2017年，文成县资源管理办公室全面履行场内综合巡查监管职责，在对开评标过程、中介代理、专家、业主等四个方面进行巡查监管。应用电子实时监察系统、现场监控、视频音频系统，强化对开评标活动的现场管理；实行实时网络监控，提高监察力度，对开评标活动过程现场监督，对重点项目做到100%巡查到位。12月，完成视频监控系统改造提升工程，实现开评标过程全程公开透明。

【远程评标扩点增面】 2017年，文成县资源管理办公室远程异地评标进入常态化，扩点增面，打破地域，在与省内兄弟县市区进行异地远程评标的同时，尝试与省外对接，进一步扩大远程试点，2017年完成远程异地评标项目省内15个，省外2个，名列全市第一。

【重大项目招标前置服务】 2017年，文成县资源管理办公室实行重大项目招标“提前介入、主动服务”，制订计划，落实责任。2017年为26个重点工程及民生实事工程项目提供政策、业务咨询等服务187人次；累计参加各类协调会86次；主动与建设单位联系对接163次。接受各类咨询1000多条，协调处理各类问题50多项。在“最多跑一次”改革中，清理出能实现“最多跑一次”的事项9项。

【推行EPC、PPP招标新模式】 2017年，文成县资源管理办公室为加快工程进度、保证工程质量，缩短建设工期，有效控制政府投资，提高项目实施效率，根据省建设厅EPC招标模式试点的有关要求，对部分建设项目的招标方式采用EPC模式试点。如：省重点项目文成县人民医院新建工程；小城镇环境综合整治；百丈漈小微企业园；城东污水处理厂尾水深度处理二期；大峃镇沙洋桥、兴福堂大桥等建设工程均使用EPC招标模式。为加快改善民生步伐、发挥市场的决定性作用、解决民生领域的腐败问题，拓展基础设施建设融资渠道、整合社会资源，成功推行322国道樟台至龙川段、西坑至景宁交界段改建工程PPP招标模式。

【规范化管理代理机构】 2017年，文成县资源管理办公室 加强对招标代理机构的管理，制定相应行为规范，促使招标代理机构不断向规范化、法制化发展。建立完整动态的中介代理机构信息档案（机构信息变更、人员信息变更、进场业务的服务情况）。对代理机构是否严格执行标前备案制、是否严格执行招标文件备案制、是否严格执行工作流程时效制、是否严格执行上岗佩证制、以及开评标过程和服务业主质量采取“一标一评”，定期进行考核公示。起草《文成县政府投资工程建设项目配套服务定点采购考核细则》，进一步完善考核机制，优化代理选定流程，将考核结果作为衡量招标代理业务能力水平，评判招标代理单位承接项目个数的依据，充分保障业主权益。

【队伍建设】 2017年，文成县资源管理办公室加强业务知识培训，通过邀请省市直属部门领导、专家到文成举办培训班和输送干部赴省市专题培训，去其他县市区学习先进或创新做法等，提高干部业务水平和监管能力。政府采购科技骨干人员赴杭州、苍南参加“政采云”网上操作培训学习；4—5月，组织4批次20人，赴龙湾区、平阳县公共资源交易中心考察学习城中村改造项目EPC模式招标案例和建设工程上下浮率等问题；赴乐清市公共资源交易考察学习平台电子系统建设。赴金华市公共资源交易中心浦江县分中心宁波杭州湾新区公共资源交易考察学习城中村改造项目EPC模式招标案例和建设工程相关管理办法等问题。11月，组织各科室负责人前后赴永嘉县、苍南县公共资源交易中心学习考察信息化平台建设问题、小额工程招投标管理、中介代理的管理考核、政采云应用及集中、分散采购的管理，相关科室工作人员就科室相关工作进行相互探讨、交流。

【党风廉政建设】 2017年，文成县资源管理办公室坚持把廉政教育作为强化党员干部底线意识、规矩意识的有效手段，贯穿工作始终。利用开展“两学一做”专题教育活动有利契机，主要领导带头，开展“守纪律、敢担当、作表率”党风廉政专题宣讲活动。一把手上《既要守纪律，也要敢担当，还要作表率》的党风廉政课。10月，邀请县机关工委书记前来上党课。组织全体党员干部到青田、南田刘基廉政文化教育基地实地参观、学习；选派干部参加市资管办组织的赴金华市浦江县郑义门廉政文化教育基地参观学习活动。开展“学新党章，做合格党员”“党风廉政在身边”“喜迎十九大 不忘初心跟党走”“我学十九大”等系列党课活动。开展谈心提醒41人次。观看“中共十九大”开幕会、召开“十九大”专题学习会和中国共产党浙江省第十四次代表大会的报告学习会。学习《新党章》《关于新形势下党内政治生活的若干准则》《党组织八项工作制度》和中央八项规定、省委和市、县等党规党纪纪律作风规定。开展向廖俊波、潘宝良、俞秀成、王一成等党员干部学习活动。开展正风肃纪巡查活动30多次，定期不定期对相关制度落实、收费室运行、开评标室情况、干部上下班纪律、三公经费等方面进行督查，发现问题及时责令进行整改。

【查办提案】 2017年，文成县资源管理办公室认真处理人大、党代表建议提案。年内，按时办理答复建议提案4件，其中，人大建议3件，党代表提案1件。并将人大建议答复上传至文成县人大网上工作平台，主动接受社会监督与批评。及时处理招投标投诉件、质疑函。协助招标人对投标人的质疑函进行回复，通过异议答复解决招投标争议，减少不必要的投诉事件发生，减轻行政负担，以便有效利用有限的行政资源处理异议程序无法解决的投诉。编制《文成县建设工程招标投标投诉指南》以免因补正这些材料而延误投诉时效。积极受理投诉件，及时移交至相关部门并积极协助调查取证工作。派业务骨干协助审计、巡查组、监察委、公安、检察院、法院查办案提供档案材料及业务支持，为净化招投标市场起到积极作用。

（资管办供稿）

财政 税务

财 政

【概况】 2017年，文成县财政局财政收入持续增长。全年实现财政总收入11.03亿元、增长10.2%。其中，一般公共预算收入8.25亿元、增长8.1%。实现税收收入4.05亿元、增长18.5%。其中，国内增值税、改征增值税、企业所得税和个人所得税分别为0.49亿元、0.96亿元、0.52亿元、0.35亿元，分别增长30.1%、127.8%、12.2%、37.5%。财政支出不断增加。全县公共财政预算支出45.46亿元、增长10.2%。其中，一般公共服务支出4.43亿元、增长5.0%。

2017年，文成县实现地区生产总值88.45亿元，增长8.4%。其中，第一产业增加值8.80亿元，增长3.6%；第二产业增加值23.50亿元，增长5.5%；第三产业增加值56.15亿元，增长10.6%；三次产业结构为9.95∶26.57∶63.48。全社会固定资产投资78.72亿元，同比增长9.3%。全社会消费品零售总额43.99亿元，增长14.1%。全县城镇常住居民人均可支配收入35730元，农村常住居民人均可支配收入15859元，分别增长9.1%和10.0%。年末，全县完成财政总收入11.03亿元，同口径增长10.2%。其中，一般公共预算收入8.25亿元，增长8.1%，占财政总收入的74.8%，其中税收收入4.05亿元，占一般公共预算收入的49.0%；一般公共预算支出45.46亿元，同口径增长10.2%。全县财政收支平衡，预算执行情况良好。

文成县2017年公共财政预算支出情况一览表

表17

指 标	总量(万元)	同比增速(%)
公共财政预算支出	454576	10.2
其中：一般公共服务支出	44339	5.0
教育支出	76605	0.2
科学技术支出	3081	10.5
文化体育与传媒支出	7394	-20.2
社会保障和就业支出	50070	40.2
医疗卫生与计划生育支出	45111	-14.2
节能环保支出	10708	-1.9
城乡社区支出	38792	70.9
农林水支出	80627	4.5
交通运输支出	28945	37.2

【组织财政收入】 2017年，文成县财政收入抓好税收征管。紧盯收入目标，做好预测分析，强化欠税管理，结合“信息管税”和“信用管税”等手段，依托“金三”系统从严征管增值税尤其是改征增值税的税源。规范非税管理。完善非税收入预算编制，将全县预算外资金纳入“收支两条线”管理。推进非税收入收缴电子化，建设完善统一公共支付平台，年内，纳入预算单位46家，完成收费63288笔，共计1670万元。全年县本级完成非税收入4.21亿元，其中国有资源(资产)有偿使用收入3.41亿元。

【服务地方发展】 2017年,文成县财政服务地方发展创新融资模式。利用PPP、政府购买服务、资产抵押等多种模式,保障322国道文成西坑至景宁交界段改建、56省道县城至西坑和南田接线改造、成职教迁建、殡仪馆迁建、苔湖街改造和兴福堂改造、美丽乡村、美丽城镇、县城旅游化改造等项目的建设资金。用活产业基金。设立壮大村级集体经济投资基金,出台《文成县壮大村集体经济投资基金管理办法》,开展扶持村级集体经济发展试点,初期规模为5800万元。加快旅游产业基金实质化运作,投入2000万元用于毛泽东像章纪念博物馆和森林氧吧小镇城市客厅项目建设。兑现惠企政策。兑现中央、省、市和县本级惠企政策,下拨各类资金4052.8万元,同比增长99.7%。取消或停征一批行政事业性收费,实现行政事业性收费涉企"零收费"。支持新兴业态。支持电子商务、总部经济、建筑业等8大新兴业态发展,新引进总部企业9家,2013年以来累计引入41家,入库税款4791万元。

【财政支出】 2017年,文成县财政服务地方发展全力保障民生。加大教育、医疗卫生、社会保障、生态环保、公共安全等民生重点领域支出,统筹推进各项社会事业发展。全年民生支出35.34亿元,比上年增长8.1%,占财政总支出的77.7%。统筹城乡发展。落实被征地农民转保政策,新转保3000人;继续推进城乡低保标准一体化,全年安排6500万元,实现人均低保625元,覆盖全县10726户。城乡居民基本医疗保险人均筹资标准675元,城乡居民合作医疗基金规模达到2.23亿元。支持农业发展,落实各项惠农富农强农政策,累计拨付涉农资金7.54亿元。推进农业综合开发,申报实施土地治理、产业化发展、特色园等项目8个,争取省、市资金4679万元。

【深化财政改革】 2017年,文成县财政推进预决算改革。健全政府预算体系,深化"全口径"预算管理,精编细编四本预算,进一步将支出编列到项。推进预决算信息公开,修订《文成县部门预决算公开工作实施方案》。年内,有69个部门实现2016年决算和2017年预算"双公开"。推进国库管理。从2017年1月起,将行政事业单位授权支付权全部下放,明确预算单位责任主体。推行动态监控,采取"系统预警+人工筛查"管理模式确认违规388笔,核实违规资金376.6万元,累计纠正率100%。实行电子化改革,完成业务电子化支付349笔,清算金额8.38亿元。修订《文成县县级财政资金竞争性存放管理办法》,完善财政资金竞争性存放机制,全年完成县本级资金2亿元、部门和乡镇4.36亿元的公款存放。盘活存量资金,开展财政存量资金清理盘活,涵盖17个乡镇、172个县直部门单位和5个县财政专户,清理整合存量资金466项2.38亿元,全部投入社会建设领域。

【强化财政监管】 2017年,文成县财政加强专项资金管理。出台《文成县财政性补助项目资金管理办法》《文成县"两山(一类)"建设财政专项激励资金和项目管理办法》等办法;建立专项资金绩效导向机制,编制2017年度部门专项资金绩效目标并纳入年度预算管理,共计33项1.17亿元。优化支出执行,修订出台《关于规范文成县行政事业单位经费开支控制标准的通知》,全年全县"三公"经费支出1493万元,同比下降23.9%。出台《关于规范文成县国有企业费用开支控制标准的通知》,规范国企经费日常开支。推广运用金财工程一体化政府采购系统以及政采云,搭建政府采购网上交易、监管和服务平台,通过政采云平台发布供货信息226条,完成交易201万元。抓好政府性投资项目审价,共审核项目285个,核减资金6039万元。夯实国资监管。出台《文成县国有资产出租管理办法的通知》,加强资产出租监管。加快公房产权办理进度,全年办理产权163处。

【优化队伍建设】 2017年，文成县财政局加强党风廉政建设。落实党委党风廉政建设主体责任，推行纪实手册，开展廉洁谈话，年内，纪检组对23人次，班子成员对分管科室86人次进行谈心提醒。抓好干部教育，规范规章制度，建立领导值周和巡查制，强调会风会纪，抓好上下班纪律。鼓励干部提升学历、职称，2人取得本科及以上学历，2人取得高级会计师职称。注重干部技能提升，开办3期财税干部读书班、20期税务干部培训，涉学干部200人次。在温州市“金三”大比武竞赛中获得全市第二，在浙江省满意度调查中排名县(市)级第三。丰富财税文化，组织开展“互学互比”“双百结对、文明共建”“四千结对”和“漂流书屋”等精神文明活动。参与党建知识竞赛、微型党课比赛、先进事迹演讲等市县比赛，展示财政风采。

（赵林生）

地方税务

【概况】 2017年，文成县地税部门组织收入12.05亿元，增长32.1%。其中：税收收入3.21亿元，同口径增长25.3%；非税收入8.84亿元，增长25.7%。社保基金收入8.61亿元，同比增长27.0%。主要税种有增有减。受营改增因素影响，营业税入库56万元，下降99.4%，增值税入库1480万元，同比增长473.6%；企业所得税入库4509万元，增长0.5%；个人所得税入库8835万元，增长37.4%；地方九税入库1.72亿元，增长20.0%。除土地增值税和土地使用税外，其余税种都保持较快增长，其中增值税、契税及个人所得税增幅尤为显著，增幅分别为305.5%、43.7%和37.55%，三个税种的增收贡献率将近五成。行业结构不合理。以同口径比较来看，主要行业中房地产、金融业等行业增长较快，而租赁和商务服务业、居民服务和其他服务业等行业降幅较大。其中，房地产业税收入库1.19亿元，同比增长61.6%，税收占比37.1%，成为县地方税收的主要来源和增收点。金融业入库税收4158万元，同比增收1288万元，增长44.9%，税收占比为13.0%。

【地税纳税服务】 2017年，文成县地税局强化组织领导，制订《关于加快推进“最多跑一次”改革的实施方案》，建立分片督导和领导挂钩机制，召开专题会议4次，开展督察4次，实地体验9次，撰写体验报告9篇。统一事项清单。梳理并完成“最多跑一次”项目清单共计17主项83子项。整合办税资源。联合国税部门建立国地税联合办税服务大厅，联合不动产登记中心和住建局成立房屋交易与不动产登记综合受理窗口，实现“一窗受理，集成服务”。加大宣传推广。通过在办税服务厅悬挂承诺横幅、在公告栏和触摸屏中公布事项清单、摆放《办事指南》、设置易拉宝、制播《税务之窗》、推送微信公众号等方式，开展全面宣传。

【地税减税降费政策】 2017年，文成县地税局落实减税降费政策。认真贯彻落实小微企业税收优惠、国务院6项减税等税费优惠政策，全年累计减免各类税费10480万元，纳税人享受减免30427户次。支持实体经济发展，出台《文成县调整城镇土地使用税政策促进土地集约节约利用工作实施方案》，建立以“亩产税收”为导向的评价机制。优化税源管理。联合开展支持实体经济专项行动2次，联合走访重点税源企业11户，优质税源企业5户。

【地税征收管理】 2017年，文成县地税局做好环保税征前准备。出台《贯彻落实环境保护税征管准备工作实施方案》，做好纳税人识别并开展宣传辅导，已识别环境保护税纳税人的面对面辅导率达100%。强化税收征管。联合国土资源局出台《关于进一步明确我县耕地占用税征收管理工作有关事项的通知》，清理历史遗留耕地占用税3000多万元。联合国税推进“五证合一”“两证合一”改革，强化定额、欠税管理，全年联合定额479户次、发布欠税公告143户次。做好数据清理。采取“先上后下”的方式分配清理任务，共清理数据14883条次，清理进度达到99.2%。

【税收宣传】 2017年，文成县地税局 开展广场税宣，联合国税举办“深化税收改革 助力企业发展”的广场税宣咨询活动，吸引70家企业参与，现场发放宣传资料500份，接受咨询60人次。创新宣传途径。创立“文成财税”微信公众号，全年推送消息48条；在文成平安综合频道制播首个税务专题电视节目《税务之窗》，播出“便民服务”与“国地税深度合作”两期。开展联合宣传，联合国税举办“税收带来家乡美”主题摄影大赛，评选并展出优秀作品30幅；联合制作《四季在变 服务不变》的税收公益广告，获得国家税务总局电视类优秀。

【纳税服务】 2017年，文成县地税局开展2017年度纳税信用等级评定。完成全县3667户纳税人的纳税信用评价，其中A级纳税人86户。联合国税局、财政局等20多家单位出台《关于贯彻落实对纳税信A级纳税人实施联合激励措施的通知》，拓展纳税人守信激励和失信惩戒措施，检查核实125户比对异常户。推广应用“银税互动－税易贷”。向8户企业发放融资贷款2190万元。开展企业走访调研。走访企业162户，召开座谈会7次，帮助解决问题73个。

【税收法治】 2017年，文成县地税局做好行政规范性文件的相关工作，清理全文失效废止文件1个。做好执法大督查及日常税收执法督察，按照单位自查、重点抽查、整改落实、配合省局等4个阶段开展，查漏补缺、及时整改。做好重点税源检查。检查重点税源企业7户，查补总额49.5万元，撰写、提交征管部门《稽查建议》6条。依法查处涉票违法企业3户，查补税款2.2万元。开展房地产行业专项整治，查处企业5户，查补总额803.6万元。加速积案清理，举办听证会一次，结案积案一个。

【信息化建设】 2017年，文成县地税局巩固基础设施。整合服务器，扩容服务器虚拟化及存储，整改升级机房消防系统。强化安全设备巡检。每日一检核心数据库、中间件系统、每季度一检机房精密空调、UPS、虚拟机和小机及存储全面综合“体检”。加强信息安全管理，修订《文成县地税网络与信息安全综合应急预案》，举办应急演练2次；加大对全员网络与信息安全的宣传和培训，举办网络与信息安全专题讲座1次。做好信息系统的应用和运行维稳。及时安装并升级360防病毒系统病毒库，防范“勒索”病毒；配合联合办税服务厅整体搬迁，提前完成网络及设备调试。

【队伍建设】 2017年，文成县地税局加强党风廉政建设。落实党委党风廉政建设主体责任，推行纪实手册，开展廉洁谈话，全年纪检组对23人次，班子成员对分管科室43人次进行谈心提醒。加强队伍建设，开办财税干部读书班3期，组织干部参加“最多跑一次”、新录用公务员、纳税服务、财政地税系统骨干、稽查岗位、国地税联合培训等业务培训24期，涉学干部340人次。深化精神文明创建，以创建“基层文明单位”“青年文明号”“巾帼文明示范岗”“星级办税服务厅”等活动为载体，组织开展各类精神文明活动。积极争先创优。直属分局、玉壶分局、珊溪分局、南田分局均获2016年度四星级办税服务厅称号；在2017年度全省满意度调查中，文成县局排名全省第三。

（赵林生）

国家税务

【概况】 2017年，文成县国家税务局内设机构11个，直属机构（稽查局）1个，事业单位（信息中心)1个。年末,全局在职干部职工88人。年内,文成县国家税务局围绕“干好税务、带好队伍”目标,加快推进国税现代化建设,发挥税收职能作用,致力实现税法遵从度、服务满意度、管理精准度、国税美誉度“四度提升”,做好国地税合作、实名办税推广、新版电子税务局上线等多项重点工作。

【国税组织收入】 2017年,文成县国家税务局采取加强税收经济联动分析、强化重点税源监控、深化税收风险管理、加强欠税防范等一系列举措,牢牢把握组织收入主动权。2017年组织税收收入4.01亿元,同比增长51.88%,增收1.37亿元,完成年度计划的133.56%。其中,中央级收入2.18亿元,同比增长40.98%,增收6336万元。组织财政总收入3.45亿元,同比增长57.16%,增收1.25亿元。

【税收政策】 2017年,文成县国家税务局落实国务院出台的六项减税政策,支持“大众创业、万众创新”,助推文成经济发展,全年办理各项减免税9035.15万元,其中,增值税减免4998.65万元,企业所得税减免3677.44万元,车辆购置税减免322.18万元;营改增纳税人免征增值税36.88万元。456户小微企业免征增值税148.18万元,受惠面达100%;82户小微企业减免企业所得税116.4万元,受惠面达100%。起征点以下个体工商户免税销售额6.96亿元,农产品自产自销免税销售额1.39亿元,全年办理出口退税1995万元。县国税局被评为“2017年度产业培育先进单位”“2017年度小微企业培育工作先进单位”。

【国税文化建设】 2017年,文成县国家税务局推进国税文化建设,不断激发队伍活力。联合地税局摄制作品《四季常变 服务不变》,荣获全国税收公益广告电视类优秀奖,作品《税月人生》荣获司法部、全国普法办“我与宪法”微视频征集活动优秀奖。开展“税收带来家乡美”摄影比赛、国地税“学习中共十九大精神”知识竞赛,参加全县微党课比赛、温州国税系统运动会等活动。

【国税办税效率】 2017年,文成县国家税务局持续推进“最多跑一次”改革,开展“减流程、减时限、减资料”三减行动,147项办税事项中143项实现“最多跑一次”,其中35项零次跑。建成国地税联合办税服务厅,设置综合通办窗口12个,实现国税124项、地税167项涉税业务一窗通办。推进“互联网+政务服务”建设,积极推广新版电子税务局、浙江国税APP等互联网办税渠道,网上综合办税率达98.8%。加强纳税信用社会化应用,巩固拓展“银税互动”合作,2017年有关金融机构为7户企业提供信用贷款2190万元。

【国税法治税务】 2017年,文成县国家税务局坚持把创建法治税务示范基地作为推进依法治税的有力抓手,与县法院联合开展模拟法庭活动,提升行政应诉能力。2017年,县国税局被评为“温州市国税系统法治税务示范基地”。强化税收风险管理,全年推送风险纳税户392户,查补税款2272.74万元,缴纳滞纳金33.60万元,调减留抵税额35.33万元。年内立案检查企业27户,审结以前年度案件2件,查补入库税额185.75万元,完成年度稽查堵漏增收任务。

3月30—31日,温州市税务学会工作会议在文成召开(国税局提供)

(李前备 蔡徐莹)

金融　保险

综　述

2017年，文成县金融运行平稳。全县共有银行业金融机构11家，机构网点71家。年末，金融机构人民币存款余额274.29亿元、增长16.7%，其中城乡居民人民币储蓄存款187.05亿元、增长19.0%；金融机构人民币贷款余额114.46亿元，增长12.1%，其中个人贷款104.32亿元，增长12.4%，占年末人民币贷款总额的91.1%；非金融企业及机关团体贷款10.05亿元、增长9.1%。外汇存款3.49亿美元，下降5.21%；外汇汇入7.37亿美元，下降9.7%。年底不良贷款1.14亿元，不良贷款率1.0%，比年初降低0.59个百分点。

2017年，文成县保险业发展良好。保险机构9家，全年保费收入2.74亿元，其中，财产险保费收入0.82亿元，同比下降21.9%；人身险保费收入1.92亿元，同比增长30.6%。全年赔付支出0.62亿元，同比下降39.8%，其中，财产险赔款支出0.34亿元，人身险赔款支出0.28亿元。

金融监管

【概况】 文成县金融办成立于2012年12月。2017年，内设综合科、地方金融科、市场科、发展科4个科室，下设民间借贷服务中心，在编员工8人。全县有银行业金融机构11家，机构网点71家，各项存款余额296.9亿元，各项贷款余额107.33亿元，不良贷款余额1.1亿元，不良贷款率1.03%；保险业金融机构8家，保费收入26943.63万元，理赔5614.63万元，年金(养老金、年金)给付1611.66万元；小额贷款公司2家，贷款余额合计2.14亿元，开业以来累计投放3387笔，金额23.86亿元，开业以来累计缴纳税收4510.94万元；农村资金互助会7家，吸收互助金余额1亿元，投放互助金余额1.54亿元，开业以来累计投放互助金6.6亿元；民间借贷备案服务中心一家，累计发生借贷备案4234笔，金额9.83亿元。

【资本市场】 2017年，文成县金融办联动政府部门服务企业，建立县四套班子领导挂钩拟挂牌上市重点培育企业制度和企业上市工作联席会议制度，明确各乡镇、部门推动企业上市工作职责。部门联动，对辅导企业股改挂牌上市工作中面临的疑难问题给予帮助，协助落实各项优惠政策。针对重点企业重点关注，重点帮扶旅投、安富陵园、双凤、生态农庄等6家企业开展股改上市工作。年末，县主要领导召集协调会8次。

发动基础组织服务企业。沟通乡镇收集辖区内的意向资本市场企业和产值较大的企业的信息，建立梯队式的企业上市动态库和“一企一档案”的资料库，梯队管理，分类指导。充分调动各乡镇的积极性形成任务排摸合力机制建设，积极宣传，针对辖区内的优质企业开展联合走访，定期走访重点企业，落实专项工作联系人进行一对一辅导做好跟踪服务。并邀请条件较成熟的企业参加市区两级上市宣传会议，多方面学习资本市场信息，根据自身需求获取壮大提升的契机。

服务企业落实到位。制定出台《关于鼓励和支持企业股份制改造推进挂牌上市意见的通知》》的基础上，出台《关于进一步鼓励和支持企业股改推进挂牌上市的补充意见》，为推动企业上市工作制定工作目标和措施，加强支持企业上市的政策力度。建立由浙商证券组成上市顾问团队，及市金融办送基层服务的闭门论证会，为企业把脉，提供有效的工作建议。

【风险处置】 2017年，文成县金融办共帮扶风险企业5家，召开银企专题协调会8次，出具相关联系函3份，帮助企业化解风险3家。

建立全覆盖的监测预警机制。金融风险监测管理网格化，通过属地乡镇网格排摸获取辖区的金融风险隐患，牵头组织公安、银监、市场监督等部门实地现场检查及通过银行现金流反映的信息，汇总建立全面的风险档案，召开联席会议开展分析研判。组织5次实地检查。

建立帮扶分类机制。根据掌握的企业信息将企业分成保护、帮扶、处置、逃废债等四类，对不同的类别制定不同的帮扶方案。9家企业利用应急转贷资金转贷18笔，合计金额5216万元；1家利用助保贷续贷186万元；双凤企业引进在外文商进行重组。

建立金融机构考核机制。根据《2016年文成县鼓励和支持金融业改革发展与创新业绩考核办法》的要求，对全县9家银行业机构进行考核评分，以县政府的名义对获奖单位通报表彰，同时，100万元的专项奖励资金落实到位。拟定2017年度文成县银行机构考核办法，加大对不良贷款的处置力度。

强化打击逃废债行为。结合温州市级层面出台的风险企业资产变更信息共享机制，力争对辖内的重点风险企业相关资产实现监管"全覆盖"，防止出现企业借助帮扶的名义进行逃废债。积极开展"构建诚信、惩戒失信"专项行动。开展失信企业和个人约谈行动，建立"失信人名单"库和"约谈名单"库，全年累计向温州市处置办上报失信人48人次，约谈企业5家。

【地方金融监管】 2017年，文成县金融办加强协调机制建设，强化地方金融网格化管理。有效利用金融办、处置办、处非办"三办合一"的资源优势，做好行政区域内风险排查、监测预警、案件查处、善后处置、宣传教育和维护稳定等工作，通过地方金融监管协调机制，发挥地方金融监管协调小组作用，形成工作合力；将民间投融资领域涉稳信息工作纳入乡镇网格化管理，发挥基层社会治理"一张网"作用。多次组织监管员与各镇街网格员联合走访辖内各金融机构，排查风险，有效提高地方金融风险防范能力。

做好日常监管工作。开展全县金融风险排摸和防控、互联网金融风险专项整治，依托地方金融监管协调小组，对小额贷款公司、农村资金互助会、P2P、非融资性担保公司、典当行、投资公司等地方金融组织开展排摸和防控工作。先后约谈文成县百川小贷公司、文成县广纳小贷公司、文成县黄坦镇农产品资金互助会等三家地方金融组织，明确告知整改内容，现三家企业都还未在规定时间内完成整改。建立健全现场检查机制，对每类地方金融组织实施季度日常检查、半年专项检查，联合第三方机构对小额贷款公司、农村资金互助会开展现场检查，并及时出具风险提示函确保规范运营。强化非现场检查手段，将小额贷款公司、农村资金互助会、民间借贷服务中心等地方金融组织纳入非现场监管系统，提升监管精确化。

地方金融组织监管执法水平提升。加大地方金融监管执法行政处罚（移送案件）工作力度，全年完成2例地方金融监管执法行政处罚（移送案件）。两起案件分别移送至市场监管局和银监办处理；开展宣传教育活动。全年组织开展三次关于《温州市民间融资管理条例》为主题的现场宣传活动，通过发放宣传手册、现场知识讲解、培训等形式提高群众知晓度和法律意识；探索在乡镇试行地方金融风险防范网格化管理。根据省市关于探索在镇（街）试行地方金融风险防范网格化管理的有关要求，纳入县综治一张网，建立“区域网格分布图”，纳入地方政府相关奖惩考核体系，9月和11月，县金融办分别举办第一期和第二期地方金融监管网格员培训。

【保险行业普惠金融】 2017年，文成县金融办根据地方特色创新险种。推出全省首单杨梅主产区域提供的政策性保险，全省最早实行杨梅气象指数保险试点，年末，保险953.33公顷，赔款280万元，推出茶叶气象指数保险，保险135.54公顷，赔款10.53万元，水稻种植保险承保3636.18公顷，赔款120.1643万元。对当地的农民来说，有了保险，种植农作物少了后顾之忧。发展小额贷款保证保险。2015年县政府推出了小额贷款保证保险，解决农户贷款难问题，截至2017年年末，为416户农民解决贷款1399万元。

（金融办供稿）

银行业监管

【概况】 中国银监会温州监管分局文成办事处成立于2003年，在编人员4人。2017年，文成办事处根据温州监管分局的授权，负责对辖内银行业金融机构业务活动的监督管理。职责包括对银行业金融机构及分支机构的设立、变更、终止及其业务范围进行初审；组织实施对银行业金融机构的现场和非现场监管，依法对违法违规行为进行查处；审查辖内银行业金融机构及其分支高级管理人员任职资格；负责上报辖内银行业金融机构的有关数据、信息，并依据授权进行通报披露；负责对辖内金融风险进行分析、研究，并会同有关部门及时提出辖内存款类金融机构紧急风险处置意见和建议；维护辖内银行业金融机构公平竞争，指导当地银行业金融机构开展自律工作；会同有关部门打击和取缔擅自设立银行业金融机构或者非法从事银行业金融机构业务活动；承办温州分局交办的其他事项。

【银行业机构】 2017年年末，文成县辖内共有银行业金融机构11家，包括工商银行文成支行、农业银行文成支行、中国银行文成支行、建设银行文成支行、邮政储蓄银行文成支行、温州银行文成支行、民泰商业银行文成支行、台州银行文成小微专营支行、文成县农村信用合作联社、浙江文成北银村镇银行、农发行文成信贷组等11家机构。共有全日制网点54个，非全日制网点17个，各类电子机具2169台，其中ATM机166台，POS机1194台，转账电话614台，自助服务终端205台。

【银行业运行情况】 2017年年末节，文成县辖内银行业金融机构各项存款余额296.94亿元，较年初增加32.11亿元，增长12.12%，其中人民币存款274.30亿元，较年初增加39.32亿元，增长16.73%，各项贷款余额114.46亿元，较年初增加12.34亿元，增长12.08%。

【法人机构监管】 2017年，文成县持续推进文成县农村信用合作联社与文成北银村镇银行两家法人机构审慎经营。重点加强信用风险监管力度。全年共组织召开审慎监管会谈4次，外部审计三方会谈2次。

2017年监管情况通报会

【“一四三”工作框架】 2017年，文成县全年按照“一四三”工作总框架，强化党建核心统领作用，做好控风险、维秩序、优服务、促转升四大任务，深化改革创新、依法监管、监管效能三项工程，开创文成银行业监管工作新局面，助推文成经济金融稳健发展。

【行政许可事项】 2017年，文成县全年审查通过高级管理人员任职资格4人，高管任职备案5人，批准邮储银行金融服务点名称变更、台州银行文成小微专营支行开业、温州银行文成县前社区支行开业、浙江文成农村商业银行股份有限公司筹建。

【金融监管走访检查监测】 2017年，文成县办事处组织对工行文成支行、民泰银行文成支行等5家分支机构开展常规性现场走访，了解各项业务发展、不良贷款防控、合规管理等情况。

组织对浙江文成北银村镇银行开展重点业务常规检查暨“三套利”“四不当”检查工作，参与检查人员5人，累计投入75个工作日。针对辖内部分银行存款偏离度超过监管值、存款余额连续下降、不良余额增加等风险，累计下发经营风险监测预警提示单共15份，要求机构对经营风险进行情况说明，并做好信用风险防控和不良贷款处置工作。

【农信社转型升级】 2017年，文成县办事处落实股份制改革事项，按照股改方案倒排时间表，推进文成县农村信用合作联社转型升级。经过前期原股金处置，股权结构优化，净资产确认及分配，验收整改等关键事项，中国银监会浙江监管局于11月27日批准文成农商行筹建；经过董事、监事、高管任职资格审核，公司章程审查等事项，12月28日正式受理筹建工作小组提出的浙江文成农村商业银行开业的申请。

【不良贷款“双降”】 2017年，文成县办事处开展“风险化解攻坚年”专题活动，按照全县不良贷款余额、比例实现“双降”的目标，分解任务，要求各行制定2017年末不良贷款控制目标。按月对不良贷款新增、处置情况进行监测，对个别信用风险较大的机构预警提示，并指导采取多元化手段加速不良贷款化解。年末，全县银行业不良贷款余额比年初减少3842万元，不良贷款率1.00%，比年初降低0.50个百分点，不良贷款实现“双降”，资产质量居全市第一。

【内控合规宣讲】 2017年，文成县办事处开展“内控合规提升年”专题活动，在中行文成支行、建行文成支行、民泰银行文成支行三家机构开展了内控合规宣讲活动，宣讲内容包括政策讲解、案例警示、信贷管理、柜面操作、员工行为管理等。通过开展合规宣讲的形式推动辖内银行机构，尤其是一线业务部门和基层经营单位进一步提高合规意识，完善内控管理制度，增强制度执行和监督制约能力。

【“三三四一”专项治理】 2017年，文成县办事处召开文成银行业治理“三违反”“三套利”“四不当”“市场乱象”工作会议，组织辖内银行机构自查自纠，督促对检查存在问题的相关责任人采取通报批评、经济处罚等措施，确保专项治理工作落到实处，严守不发生系统性金融风险底线。

文成银行业治理“三违反”“三套利”“四不当”“市场乱象”工作会议（银监办提供）

【网贷风险排查】 2017年，文成县办事处配合政府相关部门对互联网金融平台开展风险排查6次，发现各类问题3个，并共同施压促使违规平台搬离辖区。同时，按月报送分类处置情况调查表、整改情况统计表等，密切监测该网贷平台的运行，防范潜在风险。

【诉调对接机制】 2017年，文成县办事处会同温州市银行业协会与文成县人民法院推进诉调对接机制，探索多元化解银行业矛盾纠纷机制，提升不良贷款处置质效；努力形成"诉调并举、能调不诉、先调后诉"的氛围，节约审判资源，促进高效化解纠纷。全年累计受理案件2起，成功调解案件2起，涉及金额109.04万元，减免包括诉讼费在内的各项费用1.61万元。

【安全保卫】 2017年，文成县办事处全年部署开展安全保卫大检查2次。元旦春节期间分别对文成县银行业进行安全检查，对辖内4家银行网点进行抽查，抽查率40%；城商行专项安全检查，抽查营业网点2家，抽查率66.67%，3台自助设备，抽查率50%。

【消费者权益保护】 2017年，文成县办事处组织辖内10家银行业机构，举行文成银行业"金融知识进万家"活动。活动宣传内容包括防范非法集资、人民币反假知识、电信诈骗、辨别正规金融产品服务、维护个人信息安全、宣传正规信贷、了解投诉调解渠道等。各行采用发放宣传材料、折页、派专业员工现场讲解辨别假币知识、组织开展金融知识有奖竞答、关注微信公众号领取小礼品等形式开展宣传活动。活动促进全民金融知识的普及和推广，提高金融消费者权益保护意识。

"金融知识进万家"活动（银监办提供）

（银监办供稿）

人民银行

【概况】 2017年，人民银行文成支行在温州中心支行领导下，文成支行党组深入学习贯彻党的十九大、十九届一中全会精神以及全国金融工作会议、浙江省人民银行工作会议精神，认真领会党中央对经济金融工作的重要部署，围绕"重点任务"全面铺开工作面，在全行员工的共同努力下，较好地完成全年各项工作任务。

【金融精准扶贫】 2017年，人民银行文成支行组织学习贯彻全国金融工作会议精神，缓解企业融资难问题，引导金融服务实体经济，重点针对低收入农户、小微企业简化贷款审批流程，做到"需贷尽贷"，协调好经济利益与履行社会责任之间的关系。充分运用扶贫信贷政策工具，发挥好"扶贫再贷款"扶贫支小作用。

年内，提升金融精准扶贫力度、广度与深度，惠及广大人民群众和经济社会发展薄弱环节，巩固县金融扶贫发展成果，提升金融服务水平。制定《中国人民银行文成县支行关于开展"金融精准扶贫"深化年活动的通知》（文银发〔2017〕17号），推进"金融精准扶贫深化年"活动。

【设立金融服务点】 年内，在巨屿、东溪、周壤、平湖等乡镇增设金融服务点，将原有的金融精准服务点构架成一张深扎农村扶贫"金融网"。信贷资金向"三农"和小微企业以及低收入农户倾斜,推动扶贫小额信贷增幅扩面,10月末,扶贫小额信贷累放金额106190万元,受益户数累计10481户,期末户数为11550户,贷款余额126602万元,余额较年初增长27%,扶贫小额贴息贷款累计发放8266万元,受益户数累计2851户,期末户数2892户,贷款余额8364万元,余额较年初增长7.6%,金融扶贫取得稳步进展。

【金融精准扶贫示范点建立】 2017年,人民银行文成支行在原有金融扶贫拓展的基础上,打造一批以行政区划、福利企业、农业产业链、安居工程、特色民宿旅游为平台的精准扶贫示范点,加强对有地方特色和优势的产业的扶持力度,如平和乡茶叶种植、岭垟村油茶种植等,10月末,在玉壶角山村、文成县二源绿色农业种植专业合作社、铜玲山镇岭垟村、平和乡田东村、文成县绿洲果禽专业合作社等处建立金融精准扶贫示范点。

【保障货币信贷总量】 2017年,人民银行文成支行加强货币政策窗口指导。根据文成经济金融形势变化,重点强化预期管理,通过季度行长(经理)联席会议,部署窗口指导要求,督促金融机构调整信贷结构,加大对实体经济金融支持力度。11月末,全县银行业金融机构贷款余额113.3亿元,其中全县法人机构人民币贷款新增6.8亿元,促进地方金融经济发展提供较为有力的保障。

年内,依据上级行要求做好存款保险费率管理和保费核定工作,明确落实各项工作程序、标准和要求,将工作任务和责任落到实处。对外,做好政策沟通和解读,宣传存款保险制度对防范和化解金融风险的重要意义。做好对本辖区法人支机构的风险监测与管理。加强对法人机构业务培训和工作指导,履行管理和保费核定职责,依法对涉及投保机构费率计算的相关情况,存款的规模、结构以及真实性,投保机构报送的信息、资料的真实性进行核查。严格保密管理,确保各项工作依法合规、有序推进。

【持续深化金融扶贫】 2017年,人民银行文成支行加大金融精准扶贫力度,提升金融扶贫的广度与深度,支行制定《中国人民银行文成县支行关于开展“金融精准扶贫”深化年活动的通知》(文银发〔2017〕17号),推进“金融精准扶贫深化年”活动。

采用“机具+人”模式,增强服务“三农”能力。延伸农村和社区金融服务网络。点线面相结合开展宣传工作,依托农村地区便民服务中心等,优化并完善银行卡助农服务点设置,扩大自助服务终端的覆盖面。对暂不具备设立网点的偏远山村,鼓励采用流动服务的方式,提供流动驻点的存、取、汇款服务。鼓励金融机构在风险可控前提下设立社区支行,专门定位于服务社区居民,提供贴近基层、便捷灵活的社区金融服务。

持续深化金融精准扶贫服务 推动全县金融扶贫工作再上新台阶,信贷资金进一步向“三农”和小微企业以及低收入农户倾斜,推动扶贫小额信贷增幅扩面,做到需贷尽贷。深化农村金融产品创新,加强对家庭农场、农民专业合作社、种养大户、农业龙头企业等新型农业经营主体的金融支持,支持龙头企业发展带动低收入农户就业。推动金融精准扶贫增量扩面。继续深化金融扶贫,11月末,扶贫小额信贷累放金额117657万元,受益户数累计11534户,期末户数11461户,贷款余额128098万元,余额较年初增长28.51%,扶贫小额贴息贷款累计发放8596万元,受益户数累计2964户,期末户数2829户,贷款余额8241万元,余额较年初增长6.0%。金融扶贫取得稳步进展。

金融精准扶贫示范点的建立 在原有金融扶贫拓展的基础上,打造一批以行政区划、福利企业、农业产业链、安居工程、特色民宿旅游为平台的精准扶贫示范点,加强对有地方特色和优势的产业的扶持力度,如平和乡茶叶种植、岭垟村油茶种植等,11月末,在玉壶角山村、文成县二源绿色农业种植专业合作社、铜玲山镇岭垟村、平和乡田东村、文成县绿洲果禽专业合作社等处建立金融精准扶贫示范点。

强化对金融精准扶贫的定向支持 对支农力度大、资金相对不足的小微企业优先给予支持;用好用活扶贫再贷款,满足农户生产、置业需求,要求借用再贷款的银行机构在分配额度时体现向欠发达地区倾斜,向玉壶、珊溪、南田等乡镇倾斜,支持乡镇低收入农户增收、农业和农村经济发展,支持新农村建设。引导法人机构做好县扶贫发展互助资金帮扶对象的贷款支持工作。为了有效缓解相对贫困村发展生产资金短缺问题,创新财政扶贫新模式,切实保障互助资金在相对贫困村充分发挥作用。引导贷款指定发放机构(文成联社)为全县11个村,共547名帮扶对象做好贷款的发放工作,提高贫困村村民的脱贫高致富提供资金保障。

用好再贷款工具 县支行实行扶贫再贷款定向支持政策,做到点面结合,着重做好扶贫再贷款定向支持,优先支持低收入农户,要求两家法人金融机构将新增扶贫再贷款的一半以上,优先用于全县建档立卡低收入农户的生产经营所需。定向支持当地特色种养殖业(如杨梅产业、水果种植采摘农家乐等)、生态旅游业。截至11月末,累计借用扶贫再贷款2.29亿元,运用扶贫再贷款资金累计发放的贷款金额2.49亿元,其中运用扶贫再贷款资金向当地扶贫部门提供的带动贫困户就业发展的企业和建档立卡贫困户发放的累计贷款金额达1.13亿元。

【开展“信用县”创建】 2017年,人民银行文成支行争取县政府的领导支持,建立相应农村信用建设领导组织,协调和落实相关的工作要求。加强对涉农金融机构的信用体系建设工作指导和督促,协助政府制定信用乡(镇)、信用村、信用农户的评定办法。制定县级三信评定优惠政策,征求县公安部门、计生部门的意见,剔除违反计生政策、赌博、打架、拘留等不良记录农户、行政村,评定县级信用户、信用村;制定县级三信评定优惠政策,要求四家涉农金融机构予以落实,包括级信用户授信额度、贷款利率少上浮20~40百分点、信用村的农户贷款相比一般行政村农户贷款要少上浮10个百分点等内容,充分发挥信用户、信用村的典型示范作用。

发展普惠金融,改善农村信用环境,解决“三农”发展融资难,逐步改善提高农村信用意识,使农村树立形成“要发展讲诚信,讲诚信才能发展”的良好氛围,继续推进农户信用评定工作,以农户信用档案为基础,建立、完善农户信用体系,走村入户、深入农村基层,采集完善信息,有效与农户贷款业务相结合,促进农村金融机构的建立,深入开展三信评定工作的建设。

各涉农金融机构高度重视农村信用建设工作,推进“整村授信”“整镇授信”通过前期对辖内各行政村的走访,在2016年的工作基础上,2017年又选定多个“信用村”,先后在新岳村、让川村、镇头村、项坑边村、珊门村、十源村、三源村、湖底村和陈钟村等村开展“整村授信”工作,通过负面清单、民主评议、实地排查、公开公示、发放信用证的流程,建立农户信息档案,有效缓解以前担保难,无担保人就不能贷款的难题。

开启“公司+农户+银行”授信模式,文成县二源绿色农业种植专业合作社是集种植、农资销售、餐饮于一体的县农业龙头企业,经过10年发展,其合作社已发展社员240人,社员为常年在其合作社购买农资的农户。在种植投入期,因农户资金困难,普遍存在拖欠农资款的情况,也给合作社的资金回笼造成一定的影响。涉农机构经过与合作社负责人商议,为解决农户及企业资金困难,特制定合作社为其社员提供担保。通过实地走访等方式,建立其社员信息档案155户,发放信用证127本,发放精准扶贫贷款65户308万元。

利用民族节日,向少数民族通报宣讲征信知识,联合北银村镇银行在让川村、培头村开展“畲族风情征信主题活动”,通过三月三这个民族文化活动,采用民族姑娘讲课、有奖知识竞答等形式,同时在晚上文艺表演活动中穿插征信知识竞答，给广大游客普及征信知识。“6·14信用记录关爱日”在县行政审批中心设立宣传点，开展“以书传信”“诚信书韵”主题征信宣传活动，取得积极效果。

同时支行联手文成法院在文成电视台新闻综合频道黄金时间开通老赖曝光台栏目。该曝光台以专题栏目的形式在电视台公布失信被执行人名单，播出时间为每晚20：00，节目时长9分钟。除开辟曝光台专栏外，县支行还在文成电视台新闻综合频道、党建影视频道投放征信公益广告，每天播出十次，宣传征信知识。

【办公环境维修改造】 2017年，人民银行文成支行根据2016年11月29日印发的《中国人民银行杭州中心支行办公室关于2016年县支行维修改造项目有关事宜的通知》（杭银办〔2016〕130号）文件批准文成县支行维修改造项目，项目预算资金共计180万元。整个项目包括院内车棚建设、附属楼一楼二楼修缮、三楼平台漏水维修及景观绿化、大楼内外墙修缮、大门维修改造、大院地面修缮等6个施工项目。2017年1月，县支行将6个施工项目打包后招标。1月20日，项目在文成县公共交易资源中心进行专家评标并开标。3月初施工队正式进场施工，5月27日通过竣工验收。年内，各类竣工结算资料上报杭州中心支行，10月，审计部门浙江建银造价咨询有限公司对县支行实地查看，等待审计报告出来后进行最后项目结算。县支行办公环境维修改造工作遵循召开专题会议，研究确定领导小组成员以及办公室成员，制定《文成县支行维修改造项目管理办法》《文成县支行维修改造项目财务管理规定》《文成县支行维修改造项目采购管理办法》《文成县支行基建办档案资料管理规定》等各项制度，填补基建制度缺失，完善招投标流程。与公共资源中心开展合作，学习招投标细则，规范操作流程，杜绝“乱花钱、不花钱、自己花”的纪律问题。

【智慧支付工程】 2017年，人民银行文成支行加强“智慧支付”工具推广。拓宽金融IC卡在民生领域应用范围，指导金融机构在文成百丈漈“智慧农贸市场”设立金融IC卡闪付点，涉及农产品商户45家。在文成铜陵山景区设置金融IC卡绿色通道，突破景区金融IC卡零使用瓶颈，支持IC卡闪付，APPLE-PAY等手机云闪付功能。

市民卡率先全省实现非接支付“T+0”结算功能，不断丰富应用场景。实现市民卡在“智慧菜场”“智慧校园”“智慧出行”“智慧影院”“智慧医院”“智慧食堂”“智慧图书馆”“智慧体育馆”等场景应用，逐步将“智慧支付”渗透至百姓的衣食住行等各个场景。

持续推进“智慧支付”宣传活动。截至11月底，县支行联合各银行开展农村地区支付结算宣传活动10次，发放宣传单4500份，张贴宣传海报500张，发放宣传品6000份，把宣传培训活动推向校园。相继推出“买菜9折”“观影4折”“5元健身观影”等系列活动，提升客户体验，激发客户意愿，宣传和普及“智慧支付”推广应用。

开展“电子支付应用示范县”创建活动。推进网上支付、手机支付等电子支付业务在农村地区的应用，探索支付结算便利措施多样化，开展“电子支付应用示范县”的创建。年内，县支行结合当地农村电子支付发展实际情况，批复文成县大峃镇二新村创建成“电子支付应用示范村”，计划明年将县城大峃镇创建成“电子支付应用示范镇”。

加强支付安全，提供优质服务。协助上级行做好对县域法人机构会计核算质量管理，提高会计核算业务办理水平。配合上级行做好助农系统上线的各项工作，监督承办银行按时保质上报各项数据。充分认识加强支付结算管理、防范电信网络新型违法犯罪的重要性、紧迫性，履行防范电信网络新型违法犯罪中的责任和义务，联合公安部门持续打击防范电信网络新型违法犯罪。

【财政账户清理工作】 2017年,人民银行文成支行根据上级国库统一部署,财政账户清理工作纳入国库重点工作之一,县支行按照上级行对财政账户清理的有关通知要求,配合财政部门做好财政账户清理工作,年内,完成相关清理工作。依托人民银行账户管理系统,统计出财政在各个银行的具体开户数量。向财政部门提供各银行的财政账户开户数,协调配合财政部门按照财政部文件清理口径,进行财政账户清理撤销归并,年内,撤销财政预算专户12户,保留使用28户,财政账户清理工作顺利完成。

【完善内控制度】 2017年,人民银行文成支行重新修订《文成县国库会计数据集中系统应急处置预案》《文成县国库会计数据集中系统业务操作流程》《营业室工作岗位及岗位职责》,制作岗位及岗位职责、代班岗位小册子,明确国库各岗位保管的重要物品、保管的登记簿材料、保管的档案、明确各代班岗位,严格落实岗位职责及内控要求,防范资金风险。

【三大系统上线调试】 2017年,人民银行文成支行实拨资金电子化顺利上线。根据上级行统一培训部署,提高国库财政支出电子化的安全性,协同县财政部门共同研究测试,实现财政电子凭证库与国库前置系统、TCBS之间的报文转换,经在测试环境中测试成功后,实拨资金电子化在生产环境顺利上线,运行情况良好。

二代国库信息处理系统联调测试成功。据上级行统一部署,二代国库信息处理系统于8—10月在温州辖内进行联调测试,县支行及时协调县财政、县国税、县地税及县内各大银行组织实施,负责制定工作实施方案,联合发文明确各联网机构职责、工作步骤,确保二代国库信息处理系统联调测试各项业务测试成功。

集中支付电子化成功上线。辖内包括工行、农行、建行、联社等四家银行开通集中支付业务,经电子化联调测试后均在生产系统成功上线,集中支付电子化运行稳定。

【提升小额货币整洁度】 2017年,人民银行文成支行为进一步改善农贸市场货币流通环境,倡导良好的用现习惯,增强反假货币意识,提高社会公众的硬币循环意识,不断提升银行现金流通服务水平,文成支行开展“银行结对市场优现金流通环境”活动,宣传爱护人民币、反假人民币知识,兑换残损币,兑换小面额新钞。10月末活动结束,受益群众11867人,分发宣传资料11655份、兑换回笼残损币83万元、投放小面额(20元以下)新券63万元。

加强商业银行人民币业务管理以及假币收缴工作,县支行完成对中国农业银行文成支行和中国邮政储蓄银行文成县支行等2家银行业金融机构下属共计5家网点的人民币收付业务及假币收缴工作的检查。

继续做好残币的鉴定兑换、假币收缴、上缴、报表报送、宣传培训等工作。

(人民银行供稿)

中国银行

【概况】 2017年,中国银行文成支行在职员工65人,行长1人,副行长1人,下设综合管理部,业务发展部,营业部,大峃支行,玉壶支行。年末,支行本外币各项存款余额343231万元,比年初增长7225万元。其中,本外币储蓄存款余额为296084万元,比年初负增长4606万元;本外币公司存款余额47147万元,比年初新增11831万元。本外币各项贷款余额73244万元,不良贷款余额为1155万元,较年初下降975万元。

【中间业务】 2017年,中国银行文成支行实现中间业务收入2062万元,个人基础客户数30511户,信用卡发卡3341张,不良贷款清收2930万元。

【金融服务】 2017年，中国银行文成支行紧贴客户需求，诚心为客户排忧解难，2017年8月9日，中国银行文成玉壶支行成立文成金融系统内首个“个人理财工作室”。

8月9日，文成首家个人理财工作室在玉壶支行开业(中行提供)

9月5日，文成首家全自动保管箱开业(中行提供)

【内控建设】 2017年，中国银行文成支行坚持从严治行，通过学习教育、检查监督等形式提高全行内控水平。开展“双遏制”回头看(加强内部管控、遏制违规经营和违法犯罪)专项排查活动、“清雷排险”专项排查活动，定期召开支行防案分析会，组织全员学习最新的内控防案知识，学习典型案例，提升全体员工的内控风险意识。支行开展“学案例、讲操守、防风险”专题教育活动、道德风险警示教育活动、反腐倡廉警示教育活动，组织观看内控案件视频，定期开展桌面推演、案情演练，开展消防培训，反洗钱业务培训，组织召开“两学一做”专题教育活动，定期召开党支部会议，落实内控管理工作，全行内控工作为各项业务的发展保驾护航。

【文化建设】 2017年，中国银行文成支行围绕总行“担当社会责任，做最好的银行”战略导向，按照省行“调结构，抓收入，控不良，防案件，重党建”的总体工作思路，把握“清收化解，增加效益、内控防案”三大工作主线，效益不断提升，资产质量持续“双降”，品牌影响力不断提升。做好党建引领工作，加强领导干部党员的作风建设。将“关爱员工”落实到具体事实上，支行领导班子开展大走访大谈心活动，打造暖心工程，根据员工的需求开展丰富多彩的业余活动。

(夏丹丹)

农业银行

【概况】 2017年，农业银行文成支行本外币各项存款48.6亿元，比年初增加5.57亿元，市场份额比年初提升0.42%，其中人民币存款比年初增加8.4亿元，对公存款比年初增加4.75亿，增幅达87.2%，对公存款全县增量占比达56.12%；贷款余额14.25亿元，四行占比41.99%，比年初提升4.07%，其中对公贷款余额3.03亿，比年初增加2.4亿元，增幅达380%；实现中间业务收入2165万元，比上年增加153万元。

【服务三农】 2017年，农业银行文成支行发挥服务三农主力军作用，不断加大涉农贷款投放。全年，农户贷款余额2.1亿元，较年初增加8714万元，较上年增长71%，其中惠农e贷余额1.19亿元；有效“项目+农户”12户，惠农卡有效增量3653户，惠农理财余额6000万元。

【企业文化】 2017年，农业银行文成支行深化“三线一网格”管理工作，加强全行内部管理。

坚持合规优先，牢记经营需要合规背书，经营与管理形成良性互动，夯实发展的基础，为可持续发展提供坚实保障，加强反洗钱、“三化三铁”“三化三达标”、员工行为管理等工作。加强党建引领，全年开展“党建知识”上墙、“缅怀革命先烈 弘扬民族精神”清明主题活动、“弘扬红色精神，争做先锋模范”七一主题党日活动、“三线一网格”知识竞赛等系列活动。坚持文化传承，固化发扬团结、敬业、务实、创新的优秀基因，注重企业文化建设，把优秀文化作为最宝贵的财富，做好发扬传承，加强员工轮岗交流和培训引导，进一步提升网点基础管理，激发业务经营动力。2017年顺利通过省级文明单位复评。

（农业银行供稿）

工商银行

【概况】 2017年，工商银行在文成县设立两个网点，文成支行与玉壶支行，在职员工52人。年末，全行本外币各项存款余额34.3亿元，比年初新增1.79亿元，其中，储蓄本外币存款余额21.64亿元，比年初新增0.99亿元，对公本外币存款12.67亿元，比年初增加0.79亿元。截止年末各项贷款余额6.07亿元，比年初增加0.87亿元，个人贷款余额4.63亿元，比年初增加1.23亿元；公司贷款1.44亿元，比年初减少0.38亿元，全行不良贷款余额1617.55万元，不良率2.67%，比年初下降1779.45万元，3.87个百分点。实现拨备前利润3926.21万元，同比增加763.64万元。

【金融服务】 2017年，工行文成支行坚持推进客户发展战略，加大信贷投放力度，坚持金融产品创新和金融服务品质提升，深入实施e-ICBC战略，以“三大平台、三大产品线”为核心，发挥工商银行多年来在信息科技、互联网方面所积累的优势，努力推动物流、信息流、资金流“三流合一”，坚持金融产品创新和金融服务品质提升。年内，工行推出“银费通”项目，与县直属机关工作委员会合作上线“银费通”，实现党费收缴由线下转为线上，改变以往各单位缴纳党费时需手工统计、手工缴纳、手工汇缴县委党费户等一系列繁锁程序，提高金融自助，提升客户金融服务体验，成功接入县域政府机关、国有企业、事业单位和中小学幼儿园等170余家单位的党费收缴工作。年内，工行推出“融E借”个人信用消费贷款产品，符合条件的借款人通过手机银行、网上银行即可完成贷款申请、提款、还款等手续，为客户办理贷款推出全新的金融服务。

【精准帮扶】 2017年，工行文成支行贯彻党中央打赢脱贫攻坚战，响应文成县人民政府提出的《文成县“精准扶贫三年行动计划”实施方案》要求，投身到扶贫助困第一线。支行与县贫困村开展结对帮扶；关注县苔湖新区旧城改造等棚改项目，对贫困人口建档立卡，给予贷款优先发放，解决部分老百姓个人住房贷款刚性需求。年末，累计发放贷款1700余万元，支持地方旧城改造经济建设。支行积极向上级行争取政策，帮扶企业解困、化解金融风险，更是延伸金融触角，对网点空白的珊溪镇、南田镇等主要街道的抵押物可办理抵押贷款，对精准扶贫贷款实行优惠利率，对民宿、旅游等文成特色类型的营业执照的农户经营性贷款给予优惠利率，助力文成“美丽党建、美丽乡村、美丽经济”建设。年末，文成支行直接农村精准扶贫20余户，贷款余额2200余万元。

【党工团建】 2017年，工行文成支行创建刘基廉政文化，全行党建工作上了一个新的台阶。配合全县创建“三美文成”建设，推行服务质量提升工程，支行营业部成功摘取系统内省级四星级服务网点。支行发挥党支部的领导核心和战斗堡垒作用，履行社会责任，开展金融知识普及宣传活动，如“3·15”消费者权益保护宣传、反假货币助力美丽乡村建设等宣传活动。

支行工会换届选举产生新一届工会委员，深化职工之家建设，将"关心关爱员工"细化到慰问员工、夏日送清凉等具体事件中，为全行员工办实事。开展员工集体活动、内控知识竞赛、汽排球比赛等丰富员工业余生活。5月24日，文成支行营业部开展反假货币助力美丽乡村建设宣传活动。

5月24日，反假币宣传活动(工行提供)

(工商银行供稿)

建设银行

【概况】 2017年，建行文成支行在全县网点分布2个，在县城设立支行营业部，在玉壶镇设立玉壶支行，全行在职员工48人。存款时点余额为21亿元，其中各人存款余额18亿元，对公存款时点余额3亿元；贷款余额为6亿元，中间业务收入689万元，完成利润总额2171万元。

【业务发展】 2017年，建行文成支行坚持党建引领，凝聚人心，围绕全行中心工作，积极推进转型发展，将全面从严治党和党风廉政建设与业务发展"齐谋共进"，取得较好的成效。个人条线全面落实转型发展规划，对标系统、对标同业，精耕细作、精打细算，紧盯三大目标，聚焦三大动因，实施三大保障，在坚持以客户为中心，抓传统业务的同时，全面转变经营理念，以新产品、厚利型产品销售为抓手，努力推进业务的发展，提升个金业务的产品贡献度，促进个金各项业务持续健康发展.公司条线以转型发展为目标，坚持以客户为中心，提升服务理念，夯实客户基础,促进各项业务的平稳的发展。

【内部管理】 2017年，建行文成支行以合规文化建设为指导，以案件防控为抓手，以平安建设为目的，进一步夯实支行的内控基础，为业务的转型发展提供有力保障。加强合规文化建设，提升员工合规意识。以两个主体责任为重点，以防控案件主线，加强预警和监管，确保无案件。安全保卫工作以平安创建为主线，以安全责任事故防范为重点，确保全行的安全运营。进一步提升风险管理水平，以开展信贷基础文化建设活动为契机，积极推进信贷两个年活动。五是围绕着"重安全、重制度管理、严考核、重质量、重效率"等中心开展营运管理工作。

【队伍建设】 2017年，建行文成支行大力推进队伍建设，为业务发展提供有力支撑:完善用人结构。年内，通过干部人事调整，把一大批工作能力强、业务水平精的青年骨干提拔到支行各管理层；加强企业文化建设，关心关爱员工，提升团队凝聚力，促进业务发展。

(建设银行供稿)

温州银行

【概况】 温州银行文成支行成立于2008年，在职员工24人，内设综合部、业务部、营业部，下设玉壶社区支行和县前社区支行。年末，本外币存款余额为258573万元，比上年增加37077万元，增长16.74%；各项贷款余额110175万元，比上年减少5543万元；资产总额22.2亿元，比上年增加76282万元，增长52.5%；实现利润10500万元，比上年增加1500万元，增长16.67%，为地方经济建设和社会发展做出积极的贡献。

【业务发展】 2017年，温州银行文成支行新增政府背景项目和招商引资项目意向授信13.6亿元，对政府性项目累计授信30亿元，全年发放贷款10.2亿元，主要是支持浙南科技城棚户区改造项目投放10亿元贷款；与栖真寺、建设集团、树德集团等成功签订四方协议，给予意向授信2亿元，创造类PPP合作新模式。有力地支持地方经济的发展。积极践行普惠金融，年末，新增人个贷款790户，发放贷款11764元。

【内控管理】 2017年，温州银行文成支行坚持依法合规经营、稳健经营；狠抓内控建设，压实内控责任，确保安全经营。年初行长室与各部室负责人签订安保、内控责任书，组织员工防暴预案、灭火演练一次，提升应对突发事件能力；加强员工的培训学习，各部室坚持每周学习制度；开展“治乱象 维秩序”“四不当”“三违法”“三套利”自查自纠工作。每年开展员工行为排查和上门家访工作，打造良好的行业廉洁文化。

【党工团建】 2017年，温州银行文成支行做好党建和企业文化建设，不断提升文明服务水平。学习贯彻中共十九大精神，坚持以习近平新时代的中国特色社会主义思想为指引，提高政治站位，增强“四个意识”，不忘初心，牢记使命；注重支行的班子建设，发挥党支部的核心领导作用。履行社会责任。全行员工慈善一日捐4000元，捐赠铜岭山镇的三合村和岭垟村、周壤大坑村4万元；开展有益员工身心健康的活动；做好精准扶贫工作，设立“黄坦仙果园”和“铜岭山镇的三合村和岭垟村”等三个精准扶贫示范点，派驻第一村书记；结对扶贫周壤大坑村。

【网点建设】 2017年，温州银行文成支行新设立文成县前社区支行，于12月19日隆重开业。

【企业荣誉】 2017年，温州银行文成支行被中国银行业协会评为“中国银行三星级网点”；被温州银行总行评为“先进工作单位”和“先进职工小家”、被文成县人民政府评为“文成县金融改革发展和防控金融风险先进单位”。

（温州银行供稿）

邮政储蓄银行

【概况】 2017年，邮储银行文成县支行在职职工46人，党支部书记/行长1人，内设综合管理部、个人/三农金融部、公司业务部、营业部，下设珊溪镇支行、城关支行。2017年珊溪镇支行完成网点装修改造工作。

【主要指标】 2017年，个人储蓄存款日均余额110183万元，比2016年日均净增17657万元，其中自营网点51216万元，比年初净增2393万元；个人外汇存款日均余额917万美元，其中自营网点日均余额397万美元；公司存款时点余额14662万元，日均余额18168万元。辖内小企业贷款余额2705万元，零售贷款结余金额37548万元。累计不良贷款金额829万，不良率2.20%。全年实现收入2916万元、利润1298万元。

【内部管理】 2017年，邮储银行文成县支行始终坚持稳健发展，防控风险，强化管理，常态化开展员工行为排查、检查和各类风险排查。完善基础管理工作，加强员工培训，开展“学法规，促合规”专题学习月、内控合规提升年等活动，以案例导学、集中交流等形式开展警示教育，深化“人人讲合规，事事依制度”的理念，全年全行安全生产无事故。

【服务三农】 2017年，邮储银行文成县支行积极践行普惠金融理念，把“三农”金融服务放在改革发展的重要位置。

注重平台搭建。针对“三农”有效抵押担保物匮乏、风险偏高等难题，邮储银行着力搭建

"银企、银保"合作平台;在银企合作方面,邮储银行文成县支行与光伏公司签订合作协议,针对有安装光伏的小额农户给予资金上的扶助;持续开展"客户大走访"活动,拓宽小微金融服务的渠道,增加服务的深度与广度;在邮保合作方面,邮储银行文成县支行与人寿保险公司合作,按照权责利匹配原则给予农户发放小额保证保险贷款,发挥邮储支农作用。

发展助农特色产品。结合县委、县政府打造"一镇一品牌、一村一特色"思路,通过文成县支行公布的信用村名单,邮储银行文成县支行积极开展信用村镇建设贷款业务,优化产品要素,简化业务流程,针对特色村镇,指定专人集中批量营销,每周下乡入村,做好服农工作,深化三农金融业务的发展。年末,累计发放信用村镇小额贷款327笔,金额3506万元。

8月18日,三农金融事业部文成县营业部成立(邮政储蓄银行提供)

【党工团建】 2017年,邮储银行文成县支行学习十九大精神,开展"两学一做"学习教育活动、基层党组织"强基固本2.0"建设工程等,年末,文成县支行有党员6人,积极分子1名,列为党员发展对象,全年上缴党费14358.01元;完成支部委员补选工作等。开展春节慰问、子女学费补助、生日祝贺、端午节慰问、生育职工慰问等送温暖活动;上半年完成珊溪镇支行及营业部的职工小家建设;组织员工参加温州市分行2017年职工趣味运动会、省市分行游泳比赛、文成县金融系统第一届青年篮球赛、文成县"农行杯"暨第六届金融业务技能竞赛等各项文体活动。

【企业荣誉】 2017年,邮储银行文成县支行获得文成县金融系统第一届青年篮球赛第三名;获得邮储银行温州市分行职工趣味运动会团体第二名;获得邮储银行温州市分行游泳比赛团体第三名。

(刘　静)

北银村镇银行

【概况】 2017年,北银村镇银行在县域主要经济重镇大峃镇、玉壶镇、珊溪镇、南田镇设立营业网点,并增设多个金融服务点,合理布局,实行以总行为中心划分片区服务,实现县域内服务范围全辐射。年末,全行总资产9.26亿元,本外币各项存款余额7.51亿元,贷款余额7.32亿元。

【业务发展】 2017年,北银村镇银行存款业务。始终坚持"存款立行"的理念,夯实发展基础,通过创新产品、业务品种和渠道完善实现存款新提升。创新产品,先后推出鑫旺宝、活期宝、月月宝、季季宝等存款产品。根据文成乡镇特点,力推整村授信精准扶贫。各项存款增量在温州8家村镇银行中排名第4位。贷款业务。秉承北京银行审慎风险管理理念,严把贷款质量关,一手抓质量,一手抓效益,两手都要硬。通过积极对接政府扶贫政策,建立精准扶贫示范点,投放精准扶贫贷款,创新"公司+农户+银行"授信模式,解决农户担保难、融资难问题。同时,推出就业创业小额担保贷款、安居乐、阳光贷、富农贷、芝麻贷等贷款新产品,多措并举,有力提升贷款存量质量。贷款增量在全县10家金融机构中排名第4位,在温州市8家村镇银行中排名第2

位，综合效益显著。立足县域，为县域经济发展贡献力量。2017年实现营业利润1000万元，并解决98名员工就业问题。开业以来，累计缴纳税收近2000万元，累计投放涉农贷款超29亿元。

【内部管理】 2017年，北银村镇银行整章建制。通过开展“三违反”行为专项治理，完善内控制度，深化合规文化建设，筑牢依法依规依章经营的制度基础和机制保障。

梳理业务流程。提高工作效率，杜绝操作风险。严格执行“三查”制度。深入贷前调查、严抓贷中审查、落实贷后检查，贷款责任明确到岗、到人。以制度把控风险。制度先行，以制度管人、管事。思想领航。多层面教育、宣讲、案例分析、专业业务培训，务实务虚结合，以统一思想、提高员工合规意识和成本意识。

【系统建设】 2017年，北银村镇银行依托北京银行的帮扶与支持，年内，先后开通银行卡系统、官方网站，并升级改造反洗钱系统、农信银系统、报表系统。网上银行、手机银行等陆续开发，上线投产。

【支农惠民】 2017年，北银村镇银行各支行因地域特色的不同，各有所长，呈现出差异化的发展趋势。该行立足“三农”，不断进行产品创新，持续推行走村入户、整村授信、精准扶贫工作。年末，累计评定信用户3452户，评选信用村24个，信用镇1个。

【企业文化】 2017年，北银村镇银行发挥党工团作用，丰富员工精神文化生活。先后组织举办新春团拜会、三八妇女节活动、优秀员工演讲比赛、征文比赛，组织员工参加北京银行运动会、北京银行杭州分行运动会、全县金融单位篮球赛等活动，全面展现员工坚持不懈、团结互助、争先创优的精神面貌，锻造队伍的凝聚力和战斗力。

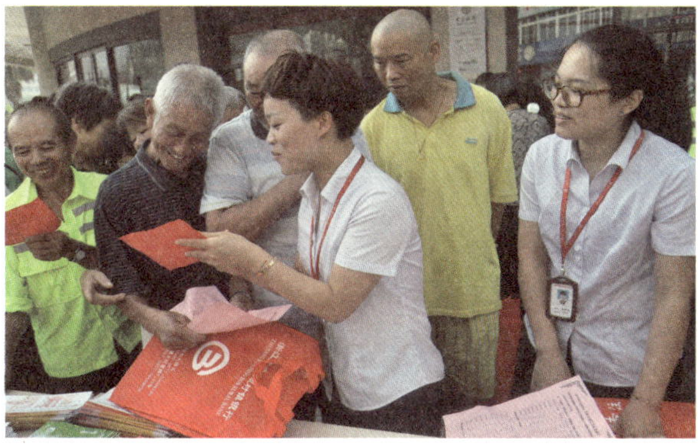

文成北银金融知识宣传（北银村镇银行）

【先进荣誉】 2017年，北银村镇银行获浙江省“成立五年以上资产质量前十佳村镇银行”“100万元以下贷款占比前十高村镇银行”荣誉。

（余荣界）

农商银行

【概况】 2017年，文成县农村信用合作联社下辖1家营业部，10家支行，19家分理处，8个定时定点金融服务点，共38个营业网点，有员工数300多人。该联社连续8年获得全省农信系统“十强信用联社”“十佳成长银行（联社）”荣誉称号；连续9年被评为“省级治安先进单位”；连续7年成为全县“纳税第一大户”。该联社于2017年12月22日召开创立大会，将改制为浙江文成农村商业银行股份有限公司。

12月22日，浙江文成农村商业银行股份有限公司创立大会暨第一次股东大会召开（农商行提供）

【业务发展】 2017年，文成县农村信用社年末各项存款余额106.35亿元，比年初增加16.89亿元，增长18.88%。存款市场份额33.52%，比年初上升2.1个百分点，人民币存款市场份额35.80%，上升2.28个百分点，其中人民币存款市场占有率为37.49%，存款增量占全县各金融机构增量的55.89%，存款总量连续多年位居全县各金融机构首位。各项贷款余额55.51亿元，比年初增加5.84亿元，增长11.76%，贷款市场份额48.43%，比年初下降0.16个百分点，贷款增量占全县各金融机构增量的47.13%。实现财务总收入6.16亿元，比上年增加1.02亿元，增长19.83%，利润总额1.99亿元，增长26.96%。全年缴纳税收0.78亿元。

【创业普惠】 2017年，文成县农村信用社积极发放旧村改造、农房集聚按揭、抗震安居工程等项目贷款，满足新农村建设的信贷资金需求。推出高山蔬菜贷、雪梨贷、茶农乐等支持农业发展的贷款金融产品，满足农户资金需求。

根据县政府精准扶贫三年行动计划，对接开展精准扶贫工作，加大小额扶贫信贷专项资金的投放力度，年末，向9774户农户发放扶贫再贷款9.76亿元，向3000余户农户发放扶贫贴息贷款近1亿元。

推出客户贷款“一站式”服务模式，不断优化小额贷款办贷流程，推行贷款预约制与限时办结制，缩减客户等候与办贷时间。推广手机银行、自助机具等自助放款功能应用，打破客户办理小额循环贷款的时间和地域限制，让客户真正做到有资金缺口随时随地可贷、有资金盈余马上还款。

【便捷普惠】 2017年，文成县农村信用社以覆盖城乡的物理网点为保障，打造客户“家门口的银行”。在全县范围内建成农信助农服务点166家，实现常住人口100人以上行政村金融服务全覆盖。为客户提供小额取款、转账、生活缴费等基础金融服务，不断加强助农服务点建设，叠加残损币兑换、金融知识宣传等服务功能。

持续推进以流动服务车和3G移动终端为载体的流动银行建设。年内，通过流动服务车开展下乡服务60余次，开展3G移动终端下乡200余次，流动银行全年服务人口数量超过1万人次。从地域上、时间上努力解决“金融服务最后一公里”的难题。

以中间业务发展为便民建设主抓手，不断推出各类普惠签约业务。年末，为全县客户提供56项代收代付业务，业务范围涵盖客户日常生活的多个方面。持续多年开展电费、水费、数字电视费代扣优惠活动，客户在节约大量缴费排队时间的同时得到该联社的代扣折扣返还。年末，电费、水费、数字电视费让利惠及客户15万户，累计让利超过1000万元。

【阳光普惠】 2017年，文成县农村信用社开展384个行政村的整村授信，每年开展信用村和信用镇评定工作，挖掘信用资源，体现信用价值，营造信用环境，实现普惠信用价值化。

创新推出“丰收豆”让利机制，不断完善“丰收豆”渠道建设和模式应用。通过完善“攒豆”和“用豆”机制，感恩回馈客户。年末，建成营业部、珊门、玉壶等丰收豆兑换店7家，发展侨品汇、特农汇、1+1超市等积分兑换特约商户32家。

履行社会责任，借助慈善分会平台做好捐助、义工活动等扶贫帮困工作，全年向社会捐赠41.57万元。为助力全县打赢消除集体经济薄弱村攻坚战，积极与高西、江山、四格等75个村开展“强村助农”合作。

【队伍建设】 2017年，文成县农村信用社完善选拔和培养机制，推进中层干部、管理、营销等后备人才培养。搭建员工学习成长平台，组织召开专题研讨会、青年论坛等活动。认真学习中共十九大会议精神以及习总书记系列重要讲话精神。发挥党工团作用，打造和谐企业。加强员工关怀，做好春节、妇女节、劳动节等节假日的关怀慰问工作。开展送春联、“护航中高考”等公益活动。

（农商银行供稿）

人保财险

【概况】 2017年，中国人民财产保险股份有限公司文成支公司（简称人保财险文成支公司）仍租用文成县大峃镇建设路588～596号民用房做临时办公楼。公司设有办公室/人力资源部/财务部、理赔分部、客户服务部/出单分中心、电子商务业务部、个代营销部、直销业务部、非车业务部/银保业务部、农村保险事业部8个本级部门，下设文成县第一营销服务部、文成县第二营销服务部、珊溪镇营销服务部3个营销服务部，公司业务覆盖车险、财产险、意外险、责任险、货运险、信用保证险、健康险、政策性农业保险等所有保险领域，全年保费收入5060万元，支付各项赔款2177万元，上缴税收504.96万元。2017年7月被县政府授予“2016年度全县金融工作先进单位”荣誉称号。

【支农惠农】 2017年，人保财险文成支公司在大峃、公阳、平和、周山、巨屿等乡镇开展茶叶低温气象指数保险，全年承保135.53公顷，实现保费收入29.57万元；在全县开展杨梅采摘期气象指数保险，全年承保955.4公顷，实现保费收入260.6万元。

【理赔服务】 2017年2月2日，文成县百丈漈镇外大会村4间四层半民房坍塌，人保财险文成支公司迅速启动应急响应机制，第一时间奔赴现场，开辟绿色理赔通道，当天下午完成9万元的政策性农房险理赔和2万元的家庭财产综合险理赔工作；4月23日，百丈漈景区通天岭路段发生自然落石，致1人死亡1人受伤，公司迅速启动重大突发事件应急预案，预赔付金额60万元；5月10日大峃镇建设路漳龙巷口因电线引起的突发火灾，烧毁3间房屋，损失1辆车辆，导致1人受伤，接到报案后公司查勘员立即赶赴现场进行实地勘察，逐一对责任范围内受损情况进行登记，对受灾民众进行情绪安抚。

【公益事业】 2017年9月26日，人保财险文成支公司响应县血站的号召，组织员工积极参与无偿献血公益活动；9月27日，党支部助学文成县黄坦镇培头民族小学赵烨楠，送上助学金和学习用品；11月10日，与文成中学、人保寿险文成支公司共同承办文成县第五届“人寿·人保”杯教工羽毛球比赛。

【企业文化】 2017年，人保财险文成支公司节日组织干部员工走访慰问老人活动；3月4日，组织员工及家属开展户外农庄“厨艺”大比拼活动；3月15日，参与“网络诚信，消费无忧”为主题3·15消费者权益日宣传活动；5月9日晚，组织开展主题为“行宜重足下，志当存高远”的公司青年员工座谈会；7月13日，组织全体党员、干部集中学习黄大年的先进事迹；8月1日，开展“八一”建军节拥军慰问活动，走访慰问文成县人民武装部；8月8日，参与县发改局牵头举办“88诚信日”广场主题宣传活动；10月18日，文成支公司组织学习观看十九大开幕式盛况；10月24日，为庆祝建司68周年司庆日，开展“PICC员工爱心日”捐助活动，奉献爱心；11月11日，组织“红枫古道深秋行，促进业务大发展”登山活动。

“2·2”百丈漈镇农房坍塌理赔查勘

2月13日，文成巨屿镇黎明村茶叶保险查勘

10月24日，"PICC员工爱心日"捐助活动现场

（人保财险供稿）

6月17日，杨梅保险查勘

8月8日，"88诚信日"广场主题宣传活动现场

人寿保险

【概况】 中国人寿财产保险股份有限公司文成县支公司（简称国寿保险文成县支公司）位于文成县建设路315号。2017年11月国寿财险文成县支公司经理由赵雪蕾变更为刘晓丽，公司全年在职员工人数共计13人。国寿财险文成县支公司设有办公室、理赔部、银保部、车行业务部、非车业务部、综合业务部、承保出单中心七个部门，业务覆盖车险、财产险、意外险、责任险、建工险、信用保证险、健康险、农险等所有财险业务。全年保费收入1150万元，同比增长

2017年7月，文成县支公司与市公司在文成烈士墓组织"永远跟党走"七一主题党日活动（文成县支公司提供）

24.06%；支付各项理赔金额341万元，同比下降20.33%。年末，被国寿财险浙江省分公司评为“2017年勇立潮头基层示范公司”；被文成县政府评为“2017年度推进全县金融改革发展和风险防控工作先进单位”。

【小额贷款保证保险】 2017年，国寿财险文成县支公司推进小额贷款保证保险业务，为缓解小微企业、“三农”和城乡创业者融资难、融资贵问题分担解忧。2017全年国寿财险文成县支公司联合中国邮政储蓄银行股份有限公司文成县支行共计放贷户数131户，放贷总金额1703万元。文成县支公司将小额贷款保证保险作为有效的担保增信措施，更好的配置金融资源，实现政、银、保、企四方合作共赢。

【食品安全责任险工作】 2017年，国寿财险文成县支公司响应监管部门对于开展食品安全责任险工作的号召。年内，文成县支公司累计承保食品安全责任险60笔，保费收入总计8.92万元，提供风险保障6460万元，涵盖各乡镇人民政府食堂、学校食堂、酒店餐饮、部分食品店等。12月，公司更是承保文成时代广场首届螃蟹美食文化节的食品安全责任险，为消费者解决后顾之忧的同时，也有利于增强食品制造销售主体的安全责任意识，有利于餐饮业的健康发展，促进社会和谐稳定。文成县支司将继续推进食品安全责任保险，以有效防控和化解地方食品安全风险。

【电梯责任险】 2017年，随着城市建筑的日益增高，电梯已经成为楼宇进出的主要通道。近年来各地电梯事故频发，但电梯在相应的保障保险方面却仍然非常缺乏。国寿财险文成县支公司为防范电梯运行风险，在文成县阳光假日大酒店、文成县中欧大厦等15处拥有电梯的大厦、酒店、商场对电梯经过精密的研究与评级，确定各自的风险程度并承保电梯责任险，为保障人民群众的切身利益以及转移商家的风险做出的贡献。

（林潮骁）

科技　教育

综　述

【科技】 2017年，文成县有国家高新技术企业3家，省级农业科技型企业12家、省级科技型中小企业38家、省级区域创新服务中心1家、省级高新技术企业研发中心2家、省级农业研发中心7家、浙江省“高成长科技型中小企业”1家，市级科技创新企业29家、市级企业技术研发中心7家、市级专利示范企业5家、温州市科技创新百强企业3家。年内，建成文成县首家省级众创空间，挂牌成立全省首个科技特派员工作站，文成县山哥哥农业星创天地获省级备案立项。先后与浙江农林大学、温州科技职业学院、温州医科大学等3所院校签订校地合作协议。实施省重点研发计划项目3个，荣获浙江省科技进步奖三等奖1项，开发新产品2个。实施县级农业和社会发展项目61项，下达资金220万元，引导社会资金880万元，产生经济效益3970万元。落实县本级专利专项补助资金102.8万元，授权专利结构进一步优化。全年专利申请量722件，授权量443件、同比增长8.8%。其中，发明专利申请量227件，授权量31件、同比增长19.2%。

【教育】 2017年，全县各级各类学校总计70所（含幼儿园28所），在校学生33461人。其中，民办学校18所（含幼儿园），在校学生6261人。3～5周岁幼儿园入学率98.2%，比上年提升0.2个百分点；小学与初中学龄儿童入学率均为100%；外来务工子女入学率100%。初中毕业生升学率98.54%，比上年提高0.74%。全县人均教育经费投入2386.12元，比上年增长15.3%。全县中小学生均占地面积34.78平方米，建筑面积15.83平方米，生均投入教育技术装备579.75元，生均图书42.18册，每百名学生拥有计算机28台。

2017年文成县各类学校基本情况一览表

表18

指标	学校数（所）	专任教师数（人）	在校学生数（人）
幼儿园	28	395	6976
小学	24	1158	15746
初中	14	616	6849
普通高中	2	216	2784
职业高中	1	73	1046
特殊教育	1	14	60

全县人均教育经费投入2321.26元，比上年增长12.2%。中小学生均占地面积27.74平方米，生均建筑面积15.79平方米，生均投入教育技术装备经费738.93元，生均图书40.53册，每百名学生拥有计算机34台。中小学实验室配齐率、教学仪器设备和音体美器材配备达标学校、公办学校五类基本功能室达标率、无线校园覆盖率、校园网建有率均为100%。创建数字化校园13所、标准化计算机教室64个（其中改造5个）、智

慧教室22个、远程录播教室9个、创客实验室23个。教育技术装备指标达到省平均水平,所有的中小学达到教育信息化建设省级标准。

科 技

【概况】 2017年,文成县科学技术局(地震局)是县政府综合管理全县科学技术和地震工作的职能部门。总编制数15人,其中公务员编制6人,事业编制9人。下设办公室(行政审批科)、科技管理科、科技情报站、地震监测管理中心、星火办、知识产权管理中心等6个职能科室。年末局机关行政人员5人,事业干部8人。文成县被评为全省第十二批科技特派员工作先进集体。文成县科技局连续五年被评为全省科技宣传与普及工作先进单位,连续两年被评为《科技金融时报》先进通联站,连续六年被评为全市科普工作先进单位,连续三年被评为全县政务信息工作先进单位,被评为2016年度全县宣传思想文化工作先进集体和2016年度全县法治政府建设工作实绩优秀部门。

【科技政策】 2017年,文成县科学技术局贯彻落实《浙江省防震减灾条例》,修订《文成县地震应急预案》。深化科技经费管理制度改革,出台《文成县创新创业种子资金管理办法(试行)》。强化对科技特派员项目经费的监督管理,出台《关于印发文成县科技特派员专项资金和项目管理办法(试行)》。修订《文成县专利专项资金管理办法》,重点鼓励支持发明专利的申请。

【科技投入】 2017年,文成县科学技术局全年争取省市科技经费444.13万元,同比增长7.3%。实施县级农业和社会发展项目61项,下达资金220万元,引导社会资金880万元,产生经济效益3970万元。2017年全县规模以上工业研发经费支出0.4亿元,同比增长37.93%;创新券使用额20.04万元,同比增长68.33%;高新技术产业投资0.32亿元,同比增长220%;技术市场交易额0.63亿元,同比增长20%。发放县本级专利专项补助资金102.8万元,发放科技创新券70.4万元。

【科技合作】 2017年,文成县科学技术局积极搭建校地科技合作平台,力促与高校院所建立长期合作关系,全年先后与3所院校签订校地合作协议。5月,文成县与浙江农林大学签订共建"文成县——浙江农林大学协同创新服务中心"协议。11月,文成县与温州科技职业学院、温州医科大学分别签订建立文成县农林科学研究院和文成县中医药研究院协议。浙江华广公司和浙江师范大学合作实施省重点研发计划项目——"高铁轨道扣件系统高性能锻压垫板产业化提升",通过省科技厅中期检查,获得省财政补助150万元。浙江中星公司和浙江师范大学合作的"智能全自动冷轧管机关键技术开发及产业化"项目荣获浙江省科技进步奖三等奖,实现文成县企业获浙江省科技进步奖零突破。温州科技职业学院联合文成圣山公司、文成泉山公司申报的"青钱柳繁育及其深加工关键技术研究与产业化"项目获2017年度省重点研发计划26县绿色技术应用专项立项,获得省财政补助150万元。文成圣山公司和温州科技职业学院联合开发的"畲山牌"青钱柳饮料和青钱柳啤酒成功上市。

5月19日,文成县与浙江农林大学签约共建协同创新服务中心(科技局提供)

11月21日，温州科技职业学院—文成县农业科技合作座谈会在文成召开(科技局提供)

【科技创新】 2017年，文成县科学技术局新增省级科技型中小企业12家。全年专利申请量722件,授权量443件、同比增长8.8%。其中，发明专利申请量227件，授权量31件、同比增长19.2%，重大发明专利产业项目2项。建成首家省级众创空间“文成县农e众创空间”,有创业团队25家，创业导师6人，引进天工智汇、浙江大学文成技术转移中心、科技特派员工作站等服务平台入驻，以低成本、便利化、全要素为创新创业者提供服务。牵头举办“浙江大学文成县众创空间建设与运营管理培训班”，全年举办创业沙龙、项目路演16场，举办科技咨询、创业辅导12次，举办糯米山药、中蜂、食用花卉等众创研讨活动4次，开展创新创业服务日活动3次。

3月15日，副省长冯飞到文成调研创新驱动发展工作(科技局提供)

11月2日，副市长殷志军到文成调研科技创新工作(科技局提供)

【农业科技】 2017年，文成县科学技术局集聚资金、人才、技术等创新要素，开展科技项目立项、关键技术研究、专家技术指导，全面支持糯米山药、高山蔬菜、杨梅、食用花卉等主导产业发展。浙江省农科院和福建省林科院培育的“文成县优良糯米山药无菌繁殖组培苗”试种成功，每株平均产量达2.5公斤。成功举办浙南中药温郁金质量标志物高峰论坛，举办文成县中医药科技与康养产业发展咨询会，邀请中国工程院院士刘昌孝、陈洪铎到会指导。山哥哥农业星创天地获省级备案立项，成为文成首家由省级立项命名的农业星创天地。

【科技特派员】 2017年，文成县科学技术局挂牌成立全省首个科技特派员工作站，全面对接全县科技创新需求。成立“文成县科技特派员创新创业服务中心”，设立养殖业、种植业、创新创意、工业技术等技术服务组4个。21名省市科技特派员帮扶结对全县40家企业，在项目、资金、技术等方面实现全面对接。全年争取科技特派员项目22项，经费220万元。举办中药材产业、茶叶产业等大型科技活动5次，举办技术培训16次，开展科技下乡4次。荆宝德、林庶、金轶伟等3人被评为浙江省优秀科技特派员，浙江大学科技特派员王友明被评为2017年度感动温州十大人物(提名奖)。浙江科技学院科技特派员林庶帮助周山乡发展彩色创意水稻,连续三年举办“稻梦之旅,邂逅畲乡”主题创意农业观光节。

8月25日,科技特派员工作站挂牌成立(科技局提供)

【防震减灾】 2017年,文成县科学技术局完善地震灾害应急预案、响应程序和协同机制,开展首次地震应急桌面演练。组织实施“文成—苍南北西向发震断裂带构造特征研究”和“文泰深层地震探测”等省级项目。开展“5·12”防灾减灾日、唐山大地震纪念日等防震减灾科普宣传活动4场,发放资料6000多份。举办防震减灾科普知识培训,邀请浙江省地震局地震应急救援处处长叶建青做专题讲座。

4月23日,中国地震局震害防御中心副主任王英到文成调研防震减灾及震后重建工作(科技局提供)

【科技服务】 2017年,文成县科学技术局深化“互联网+政务服务”,将37项行政审批事项全部纳入“最多跑一次”改革,同时将“专利资金补助申请”纳入网上直办事项目录。全年受理专利资金补助申请64项,审批64项;受理县级科技项目71项。办理县政协提案2个,协办县人大建议2个,代表反映良好。编写科技简讯、政务信息被录用149篇次,发布“文成科技”微信公众平台图文信息142条,录制《科技之窗》电视节目24期。编印《文成县五年科技工作掠影(2012~2016)》画册,制作《创新驱动发展科技服务民生》专题片。中央电视台《聚焦三农》专栏制作《冬季卖手忙——糯米山药出山记》节目,对文成的糯米山药进行专题报道。中央电视台《美丽中国乡村行》专栏制作《探秘寻味游文成》,对文成的蜜蜂产业进行专题报道。

(包丽君)

教育

【概况】 2017年,文成县各级各类学校总计70所(含幼儿园28所),在校学生33461人。其中,民办学校18所(含幼儿园),在校学生6261人。以创建教育现代化县为目标,加大财政投入,完善基础设施建设,提升办学水平。2017年全县人均教育经费投入2386.12元,比上年增长15.3%。全县中小学生均占地面积34.78平方米,建筑面积15.83平方米,生均投入教育技术装备579.75元,生均图书42.18册,每百名学生拥有计算机28台。3~5周岁幼儿园入学率98.2%,比上年提升0.2个百分点;小学与初中学龄儿童入学率均为100%;外来务工子女入学率100%。初中毕业生升学率98.54%,比上年提高0.74%。

【学前教育】 2017年,文成县有幼儿园28所,其中公办幼儿园13所,民办幼儿园15所。在园3~5周岁幼儿6976人,园均规模249人。3~5周岁幼儿入学率98.2%,比上年提升0.2个百分点。

【义务教育】 2017年，文成县小学24所，在校生15746人，校均规模656人。入学率100%，与上年持平；巩固率100%，与上年持平；毕业生升学率100%，与上年持平。初中14所（含九年一贯制9所），学生6849人，比上年增加320人，校均规模489人。入学率100%，与上年持平；巩固率100%，与上年持平。初升高率97.9%，比上年提升0.05个百分点。

【普通高中教育】 2017年，文成县普通高中2所，学生2784人，比上年增加65人。招生938人，毕业生841人。普通高中高考上线率99.88%；本科率53.4%；第一段上线率达16.16%，比上年提升7个百分点。文成第二高级中学创成省普通高中特色示范校。

【职业教育】 2017年，文成县中等职业学校一所，在校生1046人。2017年招生373人，毕业生378人。毕业生“双证率”100%，一次就业率100%。文成县职业中等专业学校被评定为省二级中等职业学校。

【成人教育】 2017年，文成县乡镇社区学校17所，比2016年增加7所，乡镇覆盖面100%。新增市一级社区学校1所，市二级社区学校3所。乡镇成人技术学校17所，乡镇覆盖面100%。成人高中招生109人，毕业397人。成人技术培训23852人次。文成县成人教育中心举办的“农民转业创业培训”获省“成教品牌”培训项目。

【特殊教育】 2017年，文成县在册6~14周岁持证残疾少年儿童232人，在校就读222人，入学率95.69%。特殊教育学校一所，在职教师14人（专业教师4人），学生60人，送教上门服务25人。随班就读105人，在县外就读32人。

【民办教育】 2017年，文成县民办中小学3所，在校学生2592人；民办幼儿园15所，在园幼儿3669人。2017年落实专项奖补资金120万元，购买服务资金1114.03万元，确保民办学校教师人事代理、社会保险、最低工资、财政扶持、政府购买服务等执行到位。武阳书院学生参加学科竞赛获国家级三等奖1人，省一等奖4人，二等奖14人，三等奖21人。振中学校2017年初中毕业生176人，有17人被镇海中学、温州中学等名校提前录取。学生参加学科竞赛获省一等奖19人，二等奖28人，三等奖55人；参加技能比赛获省二等奖2人。12月，被中国人民大学授牌成为“义务教育阶段国学教育基地”，同时获评温州市义务教育办学水平一级学校、温州市艺术教育特色学校。

【教师队伍】 2017年，文成县在编教职工2489人，在职专任教师2274人，学历合格率100%，高级职称教师占专任教师10.7%，比上年提高2.6个百分点。幼儿在职在编专任教师163人，大专及以上学历比例95.67%，比上年提高9.31%（全县幼儿专任教师395人，持证率93.67%）；小学专任教师1158人，初中专任教师616人，普高专任教师216人。普高研究生及以上学历19人，占8.8%。中职专任教师73人，“双师型”占专业课的比例为86.05%，比上年提高0.35%。21人获评温州市第五届中小学教师“三坛”（教坛新秀、教坛中坚、教坛宿将）称号，1人评上省教坛新秀。获评市师德楷模2人，市终身班主任2人，市农村优秀教师3人，市优秀教育工作者2人，市优秀班主任4人，市优秀教师10人，市园丁奖2人。

【基础设施建设】 2017年，文成县投资1.12亿元，开工建设武阳书院、伯温小学、职业中专、实验三小、大峃镇幼儿园5个项目，建设面积11.41万平方米；总投资1500万元，加固县中心幼儿园、双垟校区、南田中学、南田镇小、珊溪镇小、桂山小学等校舍，共计9874平方米。

【教育装备信息化建设】 2017年，文成县教育装备总值1.02亿元，当年投入资金1728万元，生均投入579.75元。建设功能室达标校6所、书香校园3所、创新实验室2个、学前功能室5个，3个学生实践基地场馆及2个Y基地，生均装备经费与去年同期增长10%。实施“互联网+”行动计划，创建6个创客空间，建设3所创客基地，4个智慧教室；推广翻转课堂、智慧教室等应用项目，初步构筑以无线网络、智慧校园、移动终端等为主要标志的文成县智慧教育学习网络环境。

【教育质量】 2017年，文成县按照学段特点分层推进中小学德育工作，坚持全员、全科、全程育人原则，建立中小学整体育人机制，深入开展“四品八德”德育系列活动，打造区域德育品牌。推进学校阳光体育活动，组织义务教育五至八年级《体育与健康》学业质量测试抽查工作，合格率为97.82%，位列全市第四；全县所有学校开展艺术节活动，在温州市第二十九届中小学艺术节比赛中，学生获一等奖9项、二等奖16项、三等奖47项。完善《文成县高中学校目标管理考核办法》和《文成县高中学校高考质量评估奖励办法》，激发广大教师课堂改革热情，提高课堂效益和教学质量。全县854人参加普通高校招生考试，录取率达98.83%，位居全市第一；第一段（重点本科）上线率16.16%，比上年提升7个百分点；本科录取率53.4%，位列全市第三。

【对外交流】 2017年5月，文成县职业中等专业学校与意大利莱科省卡萨哥市的卡萨哥专业酒店培训中心签订合作办学协议，开展互访交流合作活动，学习和借鉴国外先进办学理念、管理经验和培养模式。

中外合作办学签订仪式（教育局提供）

（胡加斋）

文化·新闻·出版

综　述

【文化】 2017年,文成县拥有文化馆1个(乡镇综合文化站14个),博物馆1个,公共图书馆1个(另乡镇图书分馆7个),城市书房1个,百姓书屋1个,剧院1个,电影放映影院3家,文化驿站3家,艺术表演团体25家。县图书馆书刊文献外借册次42.1册次(县城34.02册次、乡镇8.07册),有效借书证21501本,总流通人次48.9万人次。

年内,举办“百场活动惠万民”系列文化活动。文成县第四届市民文化节、第六届伯温读书节等大型群众文化活动58场,送戏下乡340场,送展览讲座95场,文化走亲11场。创作文艺精品参加省市系列赛事,完成文艺作品创作497个,其中舞蹈类3件,音乐类3件,器乐类1件,小品类2件,戏曲类1件,书画类487件。农村数字电影放映2676场次,观众38.68万人次。分别拥有国家级、省级、县级文物保护单位1处、8处和76处,分别拥有国家级、省级、市级、县级非物质文化遗产2个、3个、65个和148个。

文化事业

【概况】 2017年,文成县文化设施建设扎实推进。建成24小时城市书房、文化中心飞鸟集文化驿站和培头畲风文化驿站,玉壶镇“百姓书屋”,峃口镇文化站,推进浙南民俗文化展示馆、毛泽东像章纪念馆建设。文化惠民服务丰富多彩。做大“百场活动惠万民”服务品牌,举办“文化相伴过大年”“月圆”我们的村晚、第三届少儿音乐舞蹈节等大型节庆活动30余场,阅读推广活动116场,公益培训115场。开展文化下乡“四送一走”活动,举办“喜迎十九大”“贯彻省党代会精神”“剿灭劣五类水　共创秀美文成”等宣传演出、送戏下乡240场,送展览讲座31场,送书下乡1.6万余册,送电影下乡2174场次,文化走亲6场。开展“文艺快递”点单70余场次,文化驿站音乐、诗词等沙龙活动6场。推进全民阅读,举办第六届“伯温读书节”“阅读马拉松”等活动,县图书馆新增读者数量4000余人,借还图书35万余册次。

文艺精品创作有新成果 2017年,完成《诗史刘基》的出版,完成《刘伯温传说(普及本)》和《刘伯温民间传说集成(修订增录版)》的校稿工作,《刘伯温珍惜史料集》入选2017年度温州市社会科学学术资助出版项目。浙江省社科立项资助课题《浙江千年望族:富弼与富氏家族》交付出版社;《富弼文集》《历代帝王庙祭祀名臣:富弼》完成印刷。文成诗人慕白荣获第五届马鞍山李白诗歌奖三等奖、入围首届杨万里诗歌奖现代诗歌奖名单、第五届中国诗歌节最佳诗歌创作作品奖、“核桃漾濞”全国散文诗歌大奖二等奖、“水乡有约”全国诗歌大赛二等奖。文成籍画家刘梅子受邀参加“WOW世界女性艺术节”邀请展。文成书法家陈丕欢作品入选浙江美术书法摄影艺术系列大展。文成根雕艺人包宗良获第十五届中国(大连)工艺美术博览会根雕金奖,并被授予国际工艺美术大师荣誉称号。原创小品《吃饭请关手机》获邀在央视

CCTV3综艺频道“我爱满堂彩”栏目录制并播出。文成选手参加温州市第十六届群众声乐大赛获流行组一等奖。舞蹈作品《阿婆说》获温州市新作大赛获三等奖。

【文化改革】 2017年，文成县推进“最多跑一次”改革（网吧、娱乐场所除外），梳理行政审批服务事项，采取即办、手机申报、网上预审查的形式，实现75项行政许可及其他权力事项“最多跑一次”。继续增加网上服务事项，新增“移动互联网+审批”事项4项，网上预审查审批事项9项。推进电影公司、影剧院体制改革及文化中心剧院委托经营管理。

【公共文化】 2017年，文成县建成首家24小时城市书房（大峃镇大峃街253、255、257号）和玉壶镇“百姓书屋”（玉壶镇文化站一楼，玉泉西路1号）；建成文化中心飞鸟集文化驿站和培头畲风文化驿站、南田武阳文化驿站。建成峃口镇文化站，推进珊溪镇、公阳乡、桂山乡文化站建设，二源镇、周壤镇、铜铃山镇文化站启动项目前期工作。完成建设水乡文化项目5个。

首家城市书房（文广新局提供）

玉壶镇百姓书屋（文广新局提供）

西坑镇培头村畲风文化驿站揭牌（文广新局提供）

【文化活动】 2017年，文成县做大“百场活动惠万民”服务品牌，举办市民文化节、伯温读书节等大型节庆活动58场，开展公益培训213场。开展文化下乡“四送一走”活动，举办“喜迎十九大”“贯彻省党代会精神”“剿灭劣五类水”等宣传演出、送戏下乡340场，送展览讲座95场，送书下乡2.16万余册，送电影下乡2676场次，文化走亲11场。文化驿站开展音乐、诗词等分享活动18场，累积参与观众达2000人。第二届文成好声音比赛、2018年文成县春晚等活动引入网络直播，观看腾讯直播人数突破20万。推出更加贴近农村的文化下乡形式——文艺小分队，“文艺快递”点单110余场次。举办文成县“文化惠民”主题新闻发布会，积极宣传《中华人民共和国公共文化服务保障法》《中华人民共和国文物法》等政策法规。

【文艺创作】 2017年，文成县原创小品《吃饭，请关手机》首登央视三套综艺频道“我爱满堂彩”栏目录播，创作小品《篮子》《妈妈丢了》，话剧《最后的瞬间》，舞蹈《温馨时光》《阳光宝贝》《阿婆说》，歌曲《城市书香》等参加各类省市比赛，均在省、市新作大赛获3银2入围奖、6金4银13铜1优秀组织奖，最佳男演员奖1名；参加温州市第十六届群众声乐大赛盛国锋获流行组一等奖、《城市书香》获新温州市声乐大赛一等奖。

原创小品《吃饭请关手机》首登央视(文广新局提供)

潘小余、叶增良指导的器乐《刘基出山》荣获2017浙江省农村文化礼堂优秀群众文艺作品大赛入围奖(文广新局提供)

【文化市场管理】 2017年,文成县落实各项文化平安工作。以出版物市场和印刷复制业清查、互联网“扫黄打非”、网吧整治等为重点,突出保护未成年人,开展“扫黄打非”、文化市场经营场所调查摸底,规范文化市场,引导企业守法诚信经营。每月开展文化市场(文物)双随机抽查工作2次,依法查处违法违规行为。举行消防安全培训和演练,多次联合平安办、消防局开展文化市场安全生产大检查大整治行动。文化执法大队共出动检查1454人次,检查出动954家次,立案调查8件,办结案件8件,停业整顿1家次,没收违法物品1个。

【文化产业】 2017年,文成县培育影视产业,邀请30多个影视剧组到文成取景看点,引进拍摄《睡前恐怖故事》《绝地重生》等网络大电影6部、《温州青年》《唐伯虎之醉美人》等影视剧3部,抗战题材电影《十三猎杀》在文成举行开机新闻发布会,引进4家影视公司入驻文成,并与东阳鑫鸿影视公司签约巨屿影视产业园建设项目,项目占地面积33万平方米,投资额12亿元。二是推进文旅融合发展。成功举办畲乡“三月三”民俗风情节、平和乡采茶文化节等节庆活动。组织博发工艺公司、根雕协会2家单位参展温州文博会和义乌文博会。推进根雕产业发展,举办“根艺意境”文成县第三届根雕艺术作品展。三是注重文化遗产保护。加强刘伯温文化传承发展,召开“新时期刘伯温传说的保护和创新”研讨会,举办刘伯温太公祭春秋二祭活动,完成《刘伯温传说(普及本)》和《刘伯温民间传说集成(修订增录版)》的校稿工作。开展元宵灯会、非遗民俗摄影技巧讲座等非遗传承活动10余场。开展各级文物保护单位保护修缮工程,新增浙江省第七批省级重点文物保护单位3个。在博物馆内设立施昌秀中国戏画艺术馆,开发施昌秀戏画作品文创衍生品。优化博物馆陈列布展,举办“云江梦”摄影展、“玩味十足”中国传统玩具展等临时展览7场,县博物馆获浙江省陈列展览精品项目优胜奖。

巨屿沙洲影视产业园成功签约(文广新局提供)

【公共图书管理】 2017年,文成县建设畲族之书馆藏,年内新增畲族文书3000多件,出版文成畲族文书集萃(第一辑),县图书馆成为全国收藏畲族文书种类和数量最多最全的公共图书馆,并成为上海华东师范大学授予“民间记忆与地方文献中心教研基地”。推进全民阅读,开设伯温讲坛、伯温学堂、电影学堂,举办“阅读马拉松”等活动161场次,累计读者2.6万人次。

2017年文成县艺术作品获国家、省、市、县荣誉汇总表

表19

序号	奖项	颁奖单位	获奖单位(个人)	获奖时间
1	温州市特色文化工作奖	温州市文化广电新闻出版局	文成县文广新局	2018.1.8
2	温州市2017年广电系统安全播出制度评比三等奖	温州市文化广电新闻出版局	文成县文广新局	2017.11.29
3	浙江省特色小镇题材音乐新作展演活动暨浙江省第十五届音乐新作演唱大赛兰花金奖(《和文成来一个深呼吸》)	浙江省文化厅	文成县文化馆	2017.2
4	2017年受邀参加CCTV3综艺频道《我爱满堂彩》录制(《吃饭,请关手机》)	CCTV3综艺频道	文成县文化馆	2017
5	温州市第二届戏剧小品大赛创作铜奖(《最珍贵的礼物》)	温州市文化广电新闻出版局	文成县文化馆	2017.2.14
6	温州市第二届戏剧小品大赛表演银奖(《最珍贵的礼物》)	温州市文化广电新闻出版局	文成县文化馆	2017.2.14
7	温州市第二届戏剧小品大赛表演铜奖(《21克拉》)	温州市文化广电新闻出版局	文成县文化馆	2017.2.14
8	温州市群众舞蹈大赛暨浙江省群众舞蹈大赛选拔赛创作铜奖(《随风想》)	温州市文化广电新闻出版局	文成县文化馆	2017.2.14
9	温州市群众舞蹈大赛暨浙江省群众舞蹈大赛选拔赛表演铜奖(《随风想》)	温州市文化广电新闻出版局	文成县文化馆	2017.2.14
10	温州市第六届音乐新作大赛金奖(《和文成来一个深呼吸》)	温州市文化广电新闻出版局	文成县文化馆	2017.2.14
11	入围2016年浙江省新农村建设题材小戏会演决赛(越剧小戏《旺财亭》)	浙江省文化厅	文成县文化馆	2017.2
12	入围2016年浙江省少儿音乐大赛(《小迷彩》)	浙江省文化厅	文成县文化馆	2017.2
13	入围浙江省特色小镇群众文艺展演暨免费开放战士活动(《和文成来一个深呼吸》)	浙江省文化厅	文成县文化馆	2017.2
14	温州市第六届音乐新作大赛金奖(《和文成来一个深呼吸》)	温州市文化广电新闻出版局	文成县文化馆	2017.2.14
15	入围2016年浙江省新农村建设题材小戏会演决赛(越剧小戏《旺财亭》)	浙江省文化厅	文成县文化馆	2017.2

续表19

序号	奖项	颁奖单位	获奖单位(个人)	获奖时间
16	入围2016年浙江省少儿音乐大赛(《小迷彩》)	浙江省文化厅	文成县文化馆	2017.2
17	入围浙江省特色小镇群众文艺展演暨免费开放战士活动(《和文成来一个深呼吸》)	浙江省文化厅	文成县文化馆	2017.2
18	2016温州市第四届视觉艺术大赛银奖(草书《人间词话句》)	温州市文化广电新闻出版局	文成县文化馆	2017.2.14
19	2016温州市第四届视觉艺术大赛银奖(草书《汪中诗》)	温州市文化广电新闻出版局	文成县文化馆	2017.2.14
20	2016温州市第四届视觉艺术大赛银奖(摄影《风雨中的留守》)	温州市文化广电新闻出版局	文成县文化馆	2017.2.14
21	2016温州市第四届视觉艺术大赛银奖(摄影《牧羊曲》)	温州市文化广电新闻出版局	文成县文化馆	2017.2.14
22	浙江省文化厅2017"传统文化与精神家园"征文一等奖(《传承民居营造技艺 守护农民精神家园》)	浙江省文化厅	罗静荣	2017.6
23	浙江省第三届数字文化馆建设理论研究征文大赛三等奖(《数字化民俗文化生态保护及传承对策研究》)	浙江省群众文化学会	罗静荣	2017.9.20
24	2017"传统文化与精神家园"第四届中国非物质文化遗产保护(德清)论坛三等奖(《传承民居营造技艺 守护农民精神家园》)	浙江文化厅	罗静荣	2017.6
25	浙江省第十一届新故事作品征文大赛兰花铜奖(《"老"书记》)		罗静荣	2017.8
26	入选"青山绿水 美丽家园"剿灭劣V类水温州市视觉艺术作品主题展(《春来江水绿如蓝》)	温州市文化广电新闻出版局	刘娇娇	2017.6
27	入选"青山绿水 美丽家园"剿灭劣V类水温州市视觉艺术作品主题展(《云江渔晚》)	温州市文化广电新闻出版局	孙琦琦	2017.6
28	入选"青山绿水 美丽家园"剿灭劣V类水温州市视觉艺术作品主题展(《九天揽瀑》)	温州市文化广电新闻出版局	郑国建	2017.6
29	入选"青山绿水 美丽家园"剿灭劣V类水温州市视觉艺术作品主题展(《三垟湿地》)	温州市文化广电新闻出版局	程汉标	2017.6

续表19

序号	奖项	颁奖单位	获奖单位(个人)	获奖时间
30	入选“青山绿水 美丽家园”剿灭劣V类水温州市视觉艺术作品主题展(《畅游云江》)	温州市文化广电新闻出版局	包成义	2017.6
31	入选“青山绿水 美丽家园”剿灭劣V类水温州市视觉艺术作品主题展(《小桥流水》)	温州市文化广电新闻出版局	周好	2017.6
32	入选“青山绿水 美丽家园”剿灭劣V类水温州市视觉艺术作品主题展(《漫步铜铃山水间》)	温州市文化广电新闻出版局	余锋	2017.6
33	入选“青山绿水 美丽家园”剿灭劣V类水温州市视觉艺术作品主题展(《古人词二首》)	温州市文化广电新闻出版局	许秀翠	2017.6
34	入选“青山绿水 美丽家园”剿灭劣V类水温州市视觉艺术作品主题展(《白居易名》)	温州市文化广电新闻出版局	夏丽珍	2017.6
35	入选“青山绿水 美丽家园”剿灭劣V类水温州市视觉艺术作品主题展(《王维诗》)	温州市文化广电新闻出版局	张开尔	2017.6
36	入选“青山绿水 美丽家园”剿灭劣V类水温州市视觉艺术作品主题展(《苏轼词》)	温州市文化广电新闻出版局	林文丹	2017.6
37	入选“青山绿水 美丽家园”剿灭劣V类水温州市视觉艺术作品主题展(《古诗数首》)	温州市文化广电新闻出版局	徐晓莹	2017.6
38	入选“青山绿水 美丽家园”剿灭劣V类水温州市视觉艺术作品主题展(《飞云江边》)	温州市文化广电新闻出版局	郑光	2017.6
39	入选“青山绿水 美丽家园”剿灭劣V类水温州市视觉艺术作品主题展(《猴王谷风光》)	温州市文化广电新闻出版局	赵毅	2017.6
40	入选“青山绿水 美丽家园”剿灭劣V类水温州市视觉艺术作品主题展(《烟雨湖雾景》)	温州市文化广电新闻出版局	罗挺	2017.6
41	入选“青山绿水 美丽家园”剿灭劣V类水温州市视觉艺术作品主题展(《烟雨蒙蒙百丈漈》)	温州市文化广电新闻出版局	吴微华	2017.6
41	浙江省第十一届排舞大赛老年组银奖(《温馨时光》)	浙江省文化厅	文成县文化馆	2017.9.19
42	浙江省第十一届排舞大赛新创组银奖(《阳光宝贝》)	浙江省文化厅	文成县文化馆	2017.9.19

续表19

序号	奖项	颁奖单位	获奖单位(个人)	获奖时间
43	温州市第七届音乐新作演唱(演奏)大赛表演奖金奖(《城市书香》)	温州市文化广电新闻出版局	文成县文化馆	2017.11.27
44	温州市第七届音乐新作演唱(演奏)大赛表演奖铜奖(《水文成》)	温州市文化广电新闻出版局	文成县文化馆	2017.11.27
45	温州市第七届音乐新作演唱(演奏)大赛创作奖金奖(《城市书香》)	温州市文化广电新闻出版局	文成县文化馆	2017.11.27
46	温州市第七届音乐新作演唱(演奏)大赛创作奖铜奖(《水文成》)	温州市文化广电新闻出版局	文成县文化馆	2017.11.27
47	2017温州市舞蹈新作大赛暨浙江群众舞蹈大赛选拔赛表演奖铜奖(《阿婆说》)	温州市文化广电新闻出版局	文成县文化馆	2017.11.27
48	2017温州市舞蹈新作大赛暨浙江群众舞蹈大赛选拔赛创作奖铜奖(《阿婆说》)	温州市文化广电新闻出版局	文成县文化馆	2017.11.27
49	温州市第三届戏剧小品大赛表演奖金奖(《篮子》)	温州市文化广电新闻出版局	文成县文化馆	2017.11.27
50	温州市第三届戏剧小品大赛表演奖铜奖(《妈妈丢了》)	温州市文化广电新闻出版局	文成县文化馆	2017.11.27
51	温州市第三届戏剧小品大赛单项奖最佳男演员奖(《篮子》)	温州市文化广电新闻出版局	文成县文化馆	2017.11.27
52	第十六届温州市群众声乐大赛流行组金奖(《autumn leaves》)	温州市文化广电新闻出版局	文成县文化馆	2017.11.27
53	第十六届温州市群众声乐大赛流行组铜奖(《流浪记》)	温州市文化广电新闻出版局	文成县文化馆	2017.11.27
54	第十六届温州市群众声乐大赛流行组铜奖(《浮夸》)	温州市文化广电新闻出版局	文成县文化馆	2017.11.27
55	温州市第二届器乐大赛银奖(《大漠行》)	温州市文化广电新闻出版局	文成县文化馆	2017.11.27
56	温州市第二届器乐大赛铜奖(《兰花叙事曲》)	温州市文化广电新闻出版局	文成县文化馆	2017.11.27
57	温州市第六届新温州人歌手大赛金奖(《拯救》)	温州市文化广电新闻出版局	文成县文化馆	2017.11.27
58	温州市第九届排舞大赛少儿组银奖(《阳光宝贝》)	温州市文化广电新闻出版局	文成县文化馆	2017.11.27
59	温州市第九届排舞大赛少儿组铜奖(《小提琴挥洒青春》)	温州市文化广电新闻出版局	文成县文化馆	2017.11.27
60	温州市第九届排舞大赛中老年组银奖(《温馨时光》)	温州市文化广电新闻出版局	文成县文化馆	2017.11.27

续表19

序号	奖项	颁奖单位	获奖单位(个人)	获奖时间
61	温州市第九届排舞大赛优秀组织奖	温州市文化广电新闻出版局	文成县文化馆	2017.11.27
62	2017年市民文化节暨温州市第五届视觉艺术大赛书法铜奖(《隶书游鱼拓影联》)	温州市文化广电新闻出版局	文成县文化馆	2017.11.27
63	2017年市民文化节暨温州市第五届视觉艺术大赛摄影银奖(《救灾后疲惫的身影》)	温州市文化广电新闻出版局	文成县文化馆	2017.11.27
64	温州市第一次全国可移动文物普查先进个人	温州市文化广电新闻出版局	郑蕾蕾	2017.5
65	第十二届中国(东阳)木雕竹编工艺美术博览会铜奖	中国工艺美术协会	张玉瑶	2017.11

(陈依倩)

文物保护

【概况】 2017年,文成县新增方坑太阴宫、养根施宅、依仁灯柱3个浙江省第七批省级重点文物保护单位。全面规范县级文保单位“两划”工作,完成第一批32处县保单位“两划”划定。服务“大拆大整”工作,启动全县831处三普登录点复核。开展各级文物保护单位保护修缮工程,国家文物保护单位刘基庙及墓、省级文物保护单位谢林大宅院安防工程基本完成。开展文物保护单位安全大排查,整改消防、安防等安全隐患。

温州市文广新局张纯芳局长(右二)到文成调研(文广新局提供)

【博物馆建设】 2017年,文成县博物馆“帝师故里·天然文成”基本陈列获第十一届全省博物馆陈列展览优秀奖。新增文物400余件(套),举办“云江梦”摄影展、“玩味十足”中国传统玩具展等临时展览9场,建立“第二课堂”,并成为温州市社会科学界联合会授予的“温州市社会科学普及示范基地”。加强对民办博物馆建设的指导,与浙南民俗文化展示馆结对并达成协议,助推毛泽东像章纪念馆建设。

【非物质文化遗产】 2017年,文成县成功举办第三届刘基文化国际学术研讨会、新时期刘伯温传说的保护和创新研讨等会议,举办刘伯温文化进高校活动,开展太公祭春秋二祭、刘伯温

非遗传承米塑(文广新局提供)

传说讲故事培训、第十届刘伯温传说讲故事大赛等活动，出版《刘伯温传说新编》(入选文成县中小学地方课程教材)和《刘伯温传说》(集成)，推动伯温家宴、畲族婚嫁等非遗项目落户巨屿“十亩之间”农庄、培头古村落2个地方。开展元宵灯会、首个“文化和自然遗产日”系列活动、“非遗、薪火、文成”舞台演绎大赛等非遗传承活动。成功申报刘一侠、周光正为国家级、省级非遗项目传承人。

(陈依倩)

档案管理

【概况】 2017年，文成县档案局在职人员12人临时工1人，内设3个科室(办公室、监督指导科、保管利用科)，1个下属事业单位：文成县电子文件和数字档案登记备份中心。

【档案收集】 2017年，文成县档案馆依法接收县商业办、县委办、县政府等单位档案396卷7495件。

【档案基础设施建设】 文成县档案馆新馆于2015年3月份立项，项目位于大峃镇龙川社区下田村，用地面积6.49万平方米，为省重点项目。其中，档案馆设计为一幢五层的框架结构建筑，占地面积1642.1平方米，建筑面积7805.2平方米，其中1~4层为档案馆，建筑面积5866.3平方米(对外公共服务用房1488.4平方米、业务技术用房1459.3平方米、档案库房2918.6平方米)，5层为共享报告厅。2017年6月份签定项目主体工程施工合同，完成监理和施工单位人员备案，7月，项目主体进场；8月，处理好留地、失地农民保险等相关政策，综合楼基础开挖。年末完成60%的边坡处理，主体工程正在打桩施工。同时，在库房紧张的情况下，县政府在原百丈漈电厂调配一个临时库房，档案馆及时对临时库房进行装修，配备7组密集架，扩大了库房容量。

【档案信息服务】 2017年，文成县档案馆局(馆)接待社会各界利用档案资料和现行文件共计3892人次，提供档案资料5532卷(册)次，提供数字化成果信息6302卷(册)，复(打)印资料15590份(页)。

【档案信息化建设】 2017年，文成县档案馆投入资金90万元，完成馆藏档案数字化加工15个全宗8099卷，167.36万页。年内，把所有数据信息导入到一期数字档案馆平台。数字化51个全宗(有些全宗都是以前的临时机构，案卷非常少)，20016卷，49.82万条目录，342.326万页，实际使用数32.65万条，153.68页；婚姻档案、出生医学证明档案可以全部机检。

【档案法制宣传】 2017年，文成县档案馆多形式地开展“6·9国际档案日”宣传活动。举办档案——见证历史发展图片展；6月8日上午，在珊溪镇白鹭广场举行档案走进社区——散存档案捐赠活动。开展《档案法》、颁布30周年宣传活动。在《今日文成》开展《档案法》宣传专栏；在文成县广播电视台专栏播放由省档案局制作的“档案就在你身边”视频，一天两个时段播出，连播3天。联合部门、乡镇开展《档案法》宣传，组织人员到部门、乡镇进行《档案法》知识讲座，通过制作档案法律知识展板、编印《档案法律法

6月8日，县档案局在珊溪镇白鹭广场举办档案走进社区活动(档案局提供)

规知识宣传册》《重点民生档案查阅指南》等宣传资料，把档案法律法规知识送到千家万户。

【档案安全管理】 2017年，文成县档案馆建立日常维护制度，及时切断电源，经常性地检查库房。加强档案信息安全教育，强化安全防范意识，制定各项规章制度。严格技术措施，加强检查监督，杜绝档案信息失密、泄密现象的发生，确保档案信息网络系统安全。

【农业农村档案工作】 2017年，文成县档案馆做好“千村档案”工作：完成平和乡东方村、公阳乡公阳村、珊溪镇街头村、大峃镇岭脚村、黄坦镇培头村、西坑畲族镇梧溪村以及百丈漈镇下石庄村等7个行政村（两个重点村，5个一般村）的数据采集。做农村土地经营权确权颁证工作的业务指导：配合县农业局对各乡镇的农村土地确权登记档案收集、整理和归档做好监督和指。做好“村档乡（镇）管”工作：完成珊溪镇新建村、徐岙村、街尾村及坦歧村等4个村的档案由镇管理。

9月21日，启动农村土地确权登记档案业务指导，市农业局副局长林志保一行到文成实地指导（档案局提供）

【机关档案工作】 2017年，文成县档案馆对机关各单位做好年度归档及数字档案室创建的业务指导，进一步规范机关档案室的档案整理及归档工作。年内，结合文成档案工作实际，县公安局等15家单位完成数字档案室创建工作。

【档案队伍建设】 2017年，文成县档案馆组织档案管理人员参加省、市档案局组织的岗位培训、继续教育培训，数字化培训等；组织全县档案管理员业务培训，参加全省局长培训班，全年参加档案业务培训18人次。配合做好档案专业职称评审工作，2人被考评为馆员，1人被评为副研究馆员。

8月15日，刘化田局长到玉壶镇中村村上党课（档案局提供）

（叶苏红）

史志编修

【概况】 2017年，中共文成县委党史县志办公室，是县委主管中共地方党史、地方志工作的机构和中共文成党史、地方志的科研机构，是县委直属的正科级事业单位，下设综合科、党史科、县志科，编制8名，年末在职人员8人。全年岗位交流中层副职1人，参加省市业务培训11人次，组织全县党史、年鉴主笔培训200余人次。全年形成书稿520万字，其中定稿成书10册共300万字，总计印刷8300册。年末，文成县委党史县志办公室获温州市党史地方志信息工作先进集体，胡珍敏获温州市信息工作先进个人。

【党史工作】 2017年，文成县党史县志办公室编纂的《中国共产党文成历史》第二卷（1949—1978）出版发行。全书40万字，该书总结文成县从1949年5月到1978年12月中共党的十一届三中全会召开前这30年间主要历史经验和教训，用党的历史教育、启迪、警示后人，发挥党史资政育人的作用。6月30举行首发式，为建党96周年献礼。年内，启动《中国共产党文成历史》（第三卷）。拟定、下发《中国共产党文成历史》（第三卷）专题篇目，组织各编写单位编写人员进行多种形式的培训。为进一步推动文成县党史专题修改、编撰工作，提高编撰人员的业务水平，7月18日特邀省委党史研究室三处处长俞红霞到文成授课，60余家承编单位撰稿人参加培训会。年内，完成党史资料的征集和期刊的编写。完成《文成英烈》《红军挺进师在文成》（画册）《文成县优秀调研成果选编》（2015~2016）《古韵今情》等资料共60万字的征集、出版工作。完成期刊《文成史志》第25、26期25万字的出版。完成《改革开放和社会主义现代化建设时期党史专题集（一）》《口述史》共12万字的征集。

7月18日，省委党史研究室处长俞红霞到文成进行党史三卷专题编写指导（史志办提供）

【革命遗址保护】 革命遗址是中国共产党人开展艰苦卓绝斗争的历史见证。保护挖掘和利用好这些城市的历史文化资源，不仅是为了传承和发扬爱国主义、革命传统教育，对提高城市的知名度，塑造城市人文精神，发展旅游业等，都具有现实意义。年内，文成县党史县志办争取到28万元专项经费用于革命遗址保护工作。铜铃山都铺红军大院完成墙面油画的制作；百丈漈外大会耕腾沟红心亭正在建造第三层主体结构；完成珊溪镇新红村刘英旧址陈列布置。

【续志编修】 2017年，《文成县志》合成县志（续志）初稿220万字，送至离退休干部代表、县有关领导审议。10月12日—13日召开《文成县志》（1991—2011）试审会，邀请省专家周祝伟、市专家杨志林、部分离退休干部和领导参加，提出各种意见和建议100余条，之后对续志初稿进行再次核实、补充和修改，初步形成205万字的初审稿。此外，为给修志人员提供一个平台，指导、交流修志工作，编写《文成史志》2期，计25万字。

10月12日，《文成县志》（1991-2011）试审会召开（史志办提供）

【《文成年鉴》（2017）出版】 《文成年鉴》（2017）卷，收录126家单位资料，编纂成书总计59万字，印数700册，年底顺利出版，公开发行。此书全面记述2016年文成县自然环境、经济、政治、文化、社会等方面发展情况，是集权威性、史料性、实用性为一体的地情百科全书，既为现实服务，又具有为编史修志积攒史料的作用。

3月29日，市地方志办公室副主任魏仕阔到文成进行《文成年鉴》编纂业务培训（史志办提供）

【编修史志制度出台】 2017年，文成县党史县志办公室为充分发挥地方志书（地情书）“存史、资政、教化”作用，更好地为县委、县政府提供科学决策依据，对全县志书编纂和出版工作进一步规范，印发《关于规范地方志书（地情书）编纂工作的通知》。为促进文成县史志资料的制度化、规范化和常态化管理，提升史志编纂质量，发挥史志存史、资政、教化作用，印发《史志工作评审专家库的通知》《史志资料年报制度》《浙江省2016—2020年党史工作规划》《浙江省人民政府办公厅关于推进地方志事业发展的实施意见》以及文成县《关于建立文成县史志工作编研人才库的通知》等文件。

【史志宣教】 2017年，文成县党史县志办利用5月18日《地方志工作条例》颁布11周年纪念日的契机，在电信大楼门口进行有关地方志知识的宣传，在全县掀起一股学志修志的热潮；利用伯温讲坛的平台，宣讲文成地方革命史，发放宣传资料1000余份；利用建党96周年等纪念日，开展征文比赛、图片巡展等系列活动。全年开展各类宣教活动26场次，受教育人员1万余人次。

（纪迎春）

新闻出版

【概况】 2017年，文成县文化新闻出版局内设职能科室为办公室、社会文化科（文化遗产科）、行政审批科、文化市场管理科，下属单位10个，在编人员78人（局机关10人，下属单位68人），其中具有高级术职务资格3人、中级13人。

【新闻出版广电工作】 2017年，文成县完成党政机关、网吧、国企软件正版化，新增规范企业1家，完成版权登记24件，建成省级农村电影室内固定放映点7家，全县共计25家。农村应急广播体系建设全覆盖并运行正常，有线电视联网率100%，农村有线数字电视实际入户率99.8%以上。广电低保工程实现全县8415户，低保用户安装率100%，获市广电系统安全播出制度评比三等奖。

（陈依倩）

卫生·体育

综　述

2017年，全县医疗机构诊疗病人178.80万人次，入院人数1.45万人，基层就诊比例61.24%；公立医院门诊均次费用181.81元，公立医院住院均次费用9120.30元，乡镇卫生院病床使用率43.45%；全年无孕产妇死亡，新生儿死亡率1.91‰，婴儿死亡率2.46‰，5岁以下儿童死亡率为3.27‰。

文成县2017年卫生情况一览表

表20

指标名称	计量单位	数量
医疗卫生机构数	个	142
其中：医院、卫生院数	个	21
医疗卫生机构床位数	张	1209
其中：医院、卫生院床位数	张	1209
医疗卫生机构技术人员	人	1970
其中：医生数（执业医师+执业助理医师）	人	766
医院、卫生院卫生技术人员数	人	1897
注册护士	人	688

2017年，全县社区多功能运动场2个，笼式足球场1个，省中心村体育休闲公园1个。新建篮球场3个，健身步道4.5公里。完成省小康体育村提升工程10个。建成高山户外滑雪、滑草、峡谷漂流、山地自行车、户外拓展、真人CS等一批运动休闲项目，创建省级运动休闲旅游优秀项目1个，成功举办浙江马拉松精英赛暨全国媒体人马拉松挑战赛、浙江自行车公开赛。举办群体赛事活动20余次，参加市第十六届运动会（大众体育部）等市级群体赛事活动30余次。参加第十六届市运会（青少年部）项目12个，获金牌数17枚，银牌数16枚，铜牌数18枚，总奖牌数51枚。其中，市运会（青少年部）柔道比赛中获5金、8银、7铜，获团体总分第一名；女子甲组、乙组排球比赛中夺得双料冠军。向市体校输送优秀运动员9名，开展“体育惠民”公益培训班3期，承办温州市“体育送下乡”活动4次，完成国民体质检测1392人次，组织培训社会体育骨干120人次。

卫　生

【概况】　2017年，文成县有医疗卫生机构146家，其中，县属医疗卫生单位10家（县级医院2家）、卫生监督分所4所、乡镇卫生院17家、村卫生室（社区卫生服务站）61家（政府办48家、非政府办13家）、民营医院2家、门诊部医务室10家、个体诊所43家。另巡回医疗点73家。全县卫生和计划生育系统正式职工1235人，卫生技术人员1126人，其中，高级职称90人（正高17人），中级职称267人。全县执业（助理）医师766人，注册护士688人，床位总数1209张；每千人口执业（助理）医师3.15人，每千人口注册护士2.83人，每千人口床位数4.98张（常住人口24.3万）。全科医生80人，每万人全科医生数3.29人。全县人均期望寿命81.17岁，孕产妇死亡率为0，新生儿死亡率2.04‰，婴儿死亡率2.55‰，5岁以下儿童死亡率为3.31‰。全县医疗机构诊疗132.3万人次，住院1.45万人次，基层就诊比例61.5%。门诊病人人均医疗费用130.97元，住院病人人均医疗费用8723.51元。全县农村家庭使用卫生厕所12.1581万户，卫生厕所普及96.51%，无害化卫生厕所普及率94.10%。

【公立医院改革】 2017年，文成县成立应用疾病诊断相关分组（DRGs）推进工作领导小组，推进应用DRGs开展医院医疗服务质量与绩效评价前期准备工作。推行电子化临床路径管理。年内，县人民医出院患者临床路径管理率30.78%，试点病种临床路径入径率77.39%，入径病例管理率81.18%。评估验收第一批文成县医学重点学科建设项目，6个学科达成预期建设目标，授予文成县医学重点学科称号。

【优质资源下沉】 2017年，文成县引进城市优质医疗资源，平均每工作日有13名三甲医院派驻的副高以上职称医务人员在县级医院工作，在县级医院服务3945天，门诊人次11969人，手术412台。依托县级医院资源，继续做好5家乡镇卫生院联办住院分部，新开设专家门诊8家，下派专家653人次，联合病房出院病人939人次，专家门诊累计接诊病人9862人次，开展培训37次，全县乡镇床位使用率提高到48.69%。加大财政资金支持，投入双下沉资金231万元。县级医院积极开展送医送药下乡活动，进行健康指导，举办讲座，服务边远山区老百姓2400余人次，赠送药品1万余元。乡镇卫生院下沉到村卫生室，通过组建流动医疗服务队进村入户、流动服务车上门服务、医师轮流到村卫生室坐诊、邀请名医下沉到村开展专家门诊等多种形式，让边远山区老百姓在家门口享受医疗专家的上门服务。

【分级诊疗】 2017年，文成县构建县乡转诊平台，畅通上下转诊通道，年内，县级医院上转患者到省市医院治疗的524人，下转乡镇卫生院385人，乡镇卫生院上转280人。整合县域卫生资源，实行优质资源共享，建立以县人民医院为中心的区域远程查房中心、区域消毒供应中心、区域心电会诊中心、区域医学影像会诊中心，全年各乡镇卫生院上传医学影像病例3788例，其中会诊病例111例，上传心电诊断病例907例。深入推进责任医生签约服务，全县17家乡镇卫生院启动有效签约、设立签约诊室，建立签约服务团队55个，全县责任医生签约服务覆盖率35.18%，重点人群73.8%。

【基层服务能力】 2017年，文成县以群众满意卫生院创建为契机，南田、珊溪、玉壶、巨屿、百丈漈等5家卫生院先后创成满意乡镇卫生院。以加强社会资本办医为抓手，建立红日医院、安宁医院2家民办医院。喃山骨科医院签订招商引资框架协议，处于医院规划与建筑设计阶段。以特色科室建设为载体，推荐玉壶镇卫生院急诊科和南田镇卫生院外科（骨科）开展基层医疗卫生机构特色科室建设，年内，完成市级评审答辩工作。

【医疗质量管理】 2017年，文成县建立健全医疗质量控制体系，成立16个县级医疗质量控制中心，落实保障经费16万元。年初组织对县级医院、乡镇卫生院、民营医院等医疗机构开展医疗质量安全排查，自查排查医疗机构94家。组织全县基层医疗机构医疗质控检查，对发现的问题进行通报反馈，年终针对存在问题进行回头看。加强实验室生物安全管理，落实监管责任，对全县14家单位开展人间传染的病原微生物实验室生物安全专项检查。

【医养结合】 2017年，文成县黄坦镇卫生院与文成县日月星中心养老医养结合医疗服务签订合作协议。年内，为日月星的老年人提供全科签约155人次，免费体检155人次，医疗咨询坍倒1500余人次，讲座9次，危重病抢救及转诊43人次，黄坦镇卫生院门诊诊疗服务1000余人次，累计住院20人次。南田镇卫生院开设安宁疗护床位4张，65岁以上老人出院人数167人，总床日数1771天。9家乡镇卫生院与属地居家养老服务中心（含敬老院）签订协议，开展全科签约、健康体检、健康知识讲座，医疗咨询等一系列的免费服务。

【基本建设】 2017年11月3日，文成县人民医院新建工程正式破土动工。县中医院迁建项目在开展前期工作，初步确定选址。基层卫生院建设有序推进，完成黄坦镇卫生院建设用地土地拍卖，进行土地功能调整；峃口、巨屿镇卫生院建设项目，南林、西山村卫生室进行内部装修，李井村卫生室施工建设中。

【智慧卫生】 2017年，文成县升级区域HIS系统增加到17家卫生院，全县所有流动服务车配备移动办公设备，为群众提供移动医疗、移动随访、移动体检等服务。建成县级签约平台，实现县内签约模块、与市签约平台共享等功能。

【人才队伍建设】 2017年，文成县开展社区医生定向委培22人，到岗23人。加大人才招录和引进力度，全年招聘85人。继续实施卫技人员素质提升工程，年末，取得执业（助理）医师资格50人，通过率达51.02%，住院医师规范化培训55人，全科住院医师规范化培训19人。连续6年举行基层临床综合技能大比武，有力提升基层医务人员的业务水平。开展文成县“十佳护士”评选，召开庆祝“5·12”国际护士节暨表彰大会，激励基层护士提高服务水平。

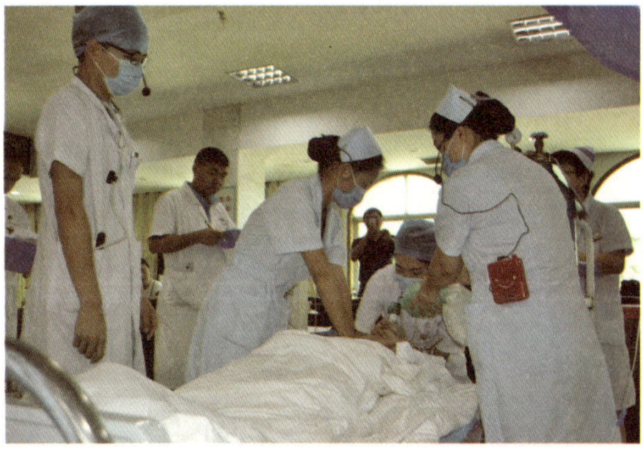

8月16—17日，文成县开展第六届基层临床综合技能大比武（卫计局提供）

【中医药服务】 2017年，文成县创成中医药特色乡镇卫生院4家、建设中医馆5家。开展中医适宜技术的推广活动，下乡义诊53次，下派专家372人次，服务群众6678人次。推进中医“治未病”服务，县中医院开展中医技术诊疗项目40余项，深受群众喜爱。狠抓中医特色专科建设。县中医院先后引进中医研究生1名，本科生8名，专科生4名，中医骨伤科、中医眼科通过县级重点专科建设首轮考核。推进中医药健康服务管理。全年，全县老年人中医药服务管理率49.93%，儿童中医药服务管理率47.49%。

【基本公共卫生服务】 2017年，文成县人均项目经费提升到56.35元，通过建立项目质控员、组织开展量化考核、逐一整改存在问题。年内，全县建立电子健康档案23.72万人，电子健康档案建档率87.64%，档案合格率90.56%,动态使用率52.12%。全县65岁及以上常住老年人健康管理率70.98%，高血压患者血压控制率为57.21%；糖尿病患者血糖控制率为57.1%，辖区登记在册的严重精神障碍患者发现率4.74‰，规范管理率94.11%。

【疾病预防】 2017年，文成县甲类传染病无报告病例，乙、丙类传染病报告22种1022例，死亡病例报告0例。发病报告数与去年同期比下降40.05%。及时预警和处置传染病45起，其中手足口病27起、人感染H7N9禽流感3起、其他感染性腹泻病1起、麻疹6起、流行性感冒3起、流行性腮腺炎1起、疟疾4起。完成食品安全风险监测247份，及时处置1起误食野生毒蘑菇事件。浙江首个国家青爱工程基地落户文成。儿童建证率99.51%，各免疫规划疫苗单苗接种率均超过96%，入学入托接种证查验率100%。开展卫生日咨询宣传活动13场，参与群众6500多人次。

【卫生监督】 2017年，文成县在全市率先完成“双随机”执法检查任务83件，停业关闭13户次，当场行政处罚8件，立案查处2件。开展各类专项检查行动，检查相关单位2572户次，出具卫生监督意见书308份，当场行政处罚16件，立案查处39件，罚款46150元。创成市级规范化卫生监督协管工作站11个。严厉打击非法行医行为，立案查处无证行医4户。

【国卫创建】 2017年6月，文成县正式被命名为国家卫生县城，创成省级卫生乡镇8个、市级卫生乡镇3个、省级卫生村38个，省级卫生先进单位4家，市级卫生先进单位6家。创成省级健康促进学校1所，市级健康促进医院2家、市级健康促进学校1所。

【卫生应急】 2017年，文成县人民医院创成温州市卫生应急规范化医院，妥善处理人感染H7N9禽流感病毒病例3起，完成百丈漈镇民房坍塌紧急医学救援工作。年内，组织文成县卫生应急技能竞赛，开展卫生应急野外拉练和演练，提升应急业务水平和现场处置能力。在县机关单位、乡镇、规模企业等开展院前急救培训41场，培训1460余人，普及应急救护培训和应急救护知识，增强城乡居民自救互救意识和技能。全年急救出车4142车次，同比增长4.6%。全县无偿献血2013人次。

（赵治河）

2月2日，百丈漈镇民房坍塌紧急医学救援（卫计局提供）

体　育

【概况】 2017年，文成县体育事业发展局隶属县政府直属机构，内设办公室、训竞科、群体市场科3个职能科室，下属事业单位2个（县体育中心、县体育总会），兼管少年体校，总编制数23名，年末在职人员19人，其中公务员编制6名，事业编制13名。年内，文成县顺利通过浙江省体育强县复评验收；县体育局荣获浙江省体坛报体育宣传工作先进集体优胜奖。

【体育设施】 2017年，文成县体育局完成省小康体育村提升工程10个，社区多功能运动场2个，笼式足球场1个，篮球场3个，健身步道4.5公里。5月4日，县人武部笼式足球场建成并免费对外开放。6月12日下午，在县政府401会议室召开关于县体育中心操场地下停车库建设项目相关事宜的专题会议。10月12日上午，副县长杨洲召集相关部门在县政府三楼会议室召开文成县民兵训练基地改造群众体育活动场工程相关事宜专题会议。

【群众体育】 2017年，文成县体育局开展送体育下乡活动4次，组织国民体质监测1392人次，社会体育骨干培训120人次，参加市级群体赛事活动30余次，开展全县性群体活动20余次。

1月15日，2017年“体彩杯”56马岙头挑战道徒步活动在56马岙头挑战道举行，约200多名选手参赛。3月7日，由县妇联、县总工会、县体育局联合举办的文成县“巾帼心向党 勇立潮头行”主题宣传活动暨第十三届庆“三八”趣味运动会在县体育馆内隆重举行，来自全县54支代表队，500多人参赛。4月28日上午，县人大视察组一行对全县群众体育开展情况进行视察指导，并实地参观县体育中心体育场馆设施情况。6月8—9日，温州市老年人健身球操表演赛在县体育馆内举行，来自全市各县(市、区)的9支代表队伍，118人参赛。7月6日，县政协、县体育局在二源镇开展“送体育下乡”活动，向群众赠送健身音箱、篮球、足球、围棋、象棋等体育器材。7月12—14日，第十六届市运会(大众体育部)嗒嗒球比赛在县体育馆内隆重举行，来自全市12个县(市、区)的代表队伍，142名运动员参赛。11月15日，省体育局群体处处长陆根沙率省检查组一行到文成开展省级体育强县复评验收工作并召开复评汇报会。12月26日，省体育局公布第九批省级体育强县(市、区)复评结果，文成县顺利通过第九批省级体育强县(市、区)复评验收。

【竞技体育】 2017年，文成县体育局向市级体校输送优秀运动员9名，参加第16届市运会(青少年部)12个项目，获金牌数17枚，银牌数16枚，铜牌数18枚，总奖牌数51枚。5月19—21日，第十六届市运会(青少年部)柔道比赛在县体育馆内隆重举行，比赛下设23个级别，吸引全市9支代表队伍，121名运动员参赛。8月12日，第十六届市运会(青少年部)女子排球比赛在县体育馆内结束，比赛为期5天，来自全市9个县(市、区)的代表队伍，167名运动员报名参赛。9月15—17日，文成县代表队荣获第十六届市运会(青少年部)举重比赛团体总分第三名。9月22日，文成县代表队在第十六届市运会(青少年部)射击比赛中收获金牌2枚、银牌1枚。10月3日晚，文成籍运动员蔡颖颖荣获第十四届世界武术锦标赛武术散打女子60公斤级冠军。11月19日，县第十八届体育节暨第四十四届中小学生田径运动会正式落下帷幕，来自全县各中小学校的26支代表队伍，799名运动员参赛。12月16日晚，文成籍散打健将蔡颖颖获得首届亚洲杯武术散打比赛女子60公斤级冠军。

【天顶湖山地运动休闲中心】 项目选址百丈漈西段村八坦，租赁土地面积约86.67公顷，总投资约5.6亿元，由温州乐酷体育文化发展有限公司投资，于12月16日正式开工建设，分为二期工程，主要开发汽车、全地形车、摩托车越野、山地自行车速降、水上极限运动、峡谷探险、露营、运动康复、电子音乐节、农业观光科普等项目，致力于建设成为国际化、国家级汽车运动基地，创新型特色体育旅游目的地。

【航空运动飞行营地】 项目选址百丈漈镇西段村砖厂，由温州索鹰航空科技有限公司投资，一期工程占地面积2公顷，总投资约3000万元，年内，获得中国人民解放军海军92919部队航管处批准以百丈漈水库为中心，半径20公里范围内的空域可进行滑翔伞、体验带飞、空中旅游、竞赛培训等项目，着手申报国家航空运动飞行营地，引领文成航空体育和低空旅游产业快速发展。

【品牌赛事】 2017年6月3日，环浙江自行车公开赛(文成站)中华第一高瀑·百丈漈爬坡赛和2017环瓯自行车骑游—文泰线在百丈漈举行，两项赛事吸引全国53支车队，700余名运动员参赛。11月23日，2017浙江马拉松精英赛(温州文成)暨全国媒体人马拉松挑战赛在文成县召开新闻发布会，县人民政府副县长杨洲、县体育局局长刘飚、副局长吴刚出席发布

2017 环浙江自行车公开赛(文成站)(体育局提供)

中国文成第十届万种“枫”情节开幕式暨温州徒步大会(体育局提供)

会并接受记者提问。12 月 3 日，由市旅游局、市体育局、县人民政府联合主办，县委宣传部、县风景旅游管委会、县体育局承办的第十届万种“枫”情节开幕式暨温州徒步大会在县旅游集散中心开幕。12 月 10 日，2017 浙江马拉松精英赛暨全国媒体人马拉松挑战赛在县体育中心鸣枪起跑，1000 名精英组参赛者和全国各地 300 多名媒体工作者，以及本地 6000 多名运动爱好者参加。

【荣誉表彰】 2017 年 7 月 13—14 日，文成县体育事业发展局荣获 2017 年度浙江省体坛报体育宣传工作优胜奖。10 月 16—18 日，文成县天鹅堡室内滑雪项目荣获 2017 年浙江省运动休闲旅游优秀项目。12 月 11 日，浙江省体育局正式批复将“浙江马拉松精英赛”长期落户文成。12 月 26 日，文成县通过第九批省级体育强县(市、区)复评验收。

(朱佳利)

社会生活

居民生活

【城乡居民生活调查】 2017年，文成县据城乡居民住户调查，城镇常住居民人均可支配收入35730元、增长9.1%，人均生活消费支出28607元、增长8.7%，其中食品支出9535元，城镇恩格尔系数为33.3%；农村常住居民人均可支配收入15859元、增长10%，人均生活消费支出14287元、增长7.8%，其中食品支出5370元，农村恩格尔系数为37.6%。全县城镇单位（不含私营）从业人员平均劳动报酬7.52万元，其中在岗职工平均工资9.82万元。

【城乡居民基本养老保险】 2017年，文成县城乡居民基本养老保险参保11.68万人，企业职工基本养老保险参保3.65万人；城乡居民基本医疗保障32.47万人，城镇职工基本医疗保险参保2.48万人；参加工伤保险2.24万人；参加生育保险0.80万人；参加失业保险1.15万人。企业退休人员基本养老金月人均水平2717元；城乡居民基础养老金月人均最低标准提高到135元；失业保险月人均标准1224元。全年下岗失业人员实现再就业743人，其中就业困难人员再就业288人。年末城镇登记失业人员2114人，城镇登记失业率2.1%。

年末在册最低生活保障对象10726户13829人，低保人数占比3.5%。全年下达低保资金6673万元。低保边缘户10302人，低边占比74.5%。农村低保标准提高到664元/月，同比增长6.24%。农村五保集中供养率98%，全年支出162.7万元。全县社会福利收养性单位10家，其床位2202张，当年新增400张；居家养老服务照料中心281家，当年新建52家；农村老年食堂136个，当年新增36个。社会组织145家，其中社会团体115家、民办非企业单位99家，基金会1家。当年新登记社会团体21家、民办非企业单位10家。全年办理结婚登记2421对、离婚登记741对，办理收养登记34件。

计划生育

【概况】 2017年，文成县含补报共上报婴儿出生4980人，其中符合政策出生4837人，上报二孩出生2845人，二孩占比57.13%，全县当年含往年计划生育率为97.13%，出生率（含清查）为12.33‰，自然增长率为4.5‰。出生性别比户籍（当年）为106.31∶100；国统卫生性别比为106.96∶100。

（计生数据）

【计生管理】 2017年，文成县严格执行“一票否决”制度，审核单位500个，否决41个，审核个人9565人，否决360人，其中审查村组织初步候选人人选6800余人，否决293人。南田镇创成2016年度第一批全市优质服务乡镇，西坑镇、百丈漈镇创成2017年优质服务乡镇。公共场所设置母婴设施7处，建成率70%。规范计划生育证件办理，全县发放生育登记服务卡3350份，再生育审批158份。建立行政执法监督制度、过错责任追究制度、公示制度，规范行政执法行为。审查70余份社会抚养费卷宗，组织一次征收社会抚养费案件集中办理。部门联合开展集中整治“两非”专项执法检查活动2次。向全国各省、市、区反馈、提交育龄妇女信息1105条，流动待办处理146703件，核查县外怀孕、出生信息247人，流动育龄妇女登记管理率90%以上。

【妇幼健康服务】 2017年，文成县无孕产妇死亡，婴儿死亡率2.55‰，5岁以下儿童死亡率为3.31‰。孕产妇系统管理率95.12%，高危孕产妇管理率100%，高危孕产妇住院分娩率100%，孕产妇艾滋病、梅毒和乙肝检测率100%，产前筛查率90.52%。7岁以下儿童健康管理率95.89%，3岁以下儿童系统管理率96.19%；筛选出高危儿筛出率6.33%，营养性疾病筛出率3.08%，新生儿代谢性疾病筛查率99.87%，新生儿听力筛查率99.47%。实施孕妇诊断补助政策，规定给予孕妇产前诊断和终止妊娠手术的高风险孕妇最高1500元补助，年内，产前筛查447人，免费补助31人。发放孕产妇住院分娩补助2526人次，叶酸发放2279人。“两癌”免费筛查增加HPV及TCT等筛查项目，对象扩展为全县参保的适龄妇女，全县宫颈癌筛查4416人，乳腺癌筛查4339人，超额完成筛查任务。避孕药具管理，添置7台避孕药具免费发放机。创建完成2家省级“三优”示范点（南田、大峃）和2家市级“三优”示范点（百丈漈、西坑），举办“三优”宣传培训活动40余场。

【计生家庭发展】 2017年，文成县计生家庭奖励扶助投入265.71万元，受惠1901人；特别扶助投入81.6万元，受惠69人；养老保险补助投入3024.05万元，受惠9130人；公益金补助投入29.7万元，受惠114人。开展“生育关怀暖冬行”慰问活动，慰问基层计生工作者、困难计生家庭和计生新居民113人，重阳节前夕为36户计生特殊家庭送去米和油。走访慰问失独家庭64户435人次，建立完善计生特殊家庭信息，提供免费责任医生签约服务，为49周岁以上特殊家庭购买重大疾病保险。建立“向阳村”工作室，创成四星级工作室。围绕家庭成员全生命周期，开展新家庭计划项目活动1100次，惠及7.66万人。评选全县“最美计生幸福家庭”10户。

1月12日，联合人寿文成支公司等单位在南田镇中心小学启动“生育关怀-圆梦微心愿”活动（卫计局提供）

【计划生育协会】 2017年12月25日，文成县计划生育协会召开第六次会员代表大会，审议通过第五届理事会工作报告，选举产生新一届领导机构，副县长金一玲当选为新一届计生协会会长。全县乡镇级计生协会17个，村级计生协会385个，换届工作完成。创成市级精品协会4个，县级精品协会7个。组织学习《中国计划生育协会章程》，开办培训班，开展网络学习《章程》有奖知识问答活动。全县各级计生协开展各类主题宣传活动258场次，群众参与31790人次，发放宣传资料48105份。开展青春健康教育进校园、进社区、进企业活动，全县累计开展240场《成长之道》，23场《沟通之道》，受益群众1.16万人次。实施“计划生育困难家庭幸福生活促进行动”，帮扶计生困难家庭239户，其中健康促进40户，助学成才60户，关爱留守儿童54户、扶助贫困基层计生干部19户、关爱老人（80周岁独生子女父母）51户，优秀学子奖学金15户。与保险公司联合为南田镇中心小学困难学生兑现微心愿36份。完善计生家庭社会保障体系，在巨屿镇试点女性安康保险，全面实施计划生育妇幼幸福意外伤害保险，对育龄妇女孕育过程中的流产、婴儿疾病等风险给予保障。修订完善385个行政村计划生育村规民约，修订完善率100%。

【卫生计生宣传】 2017年，文成县卫生计生宣传报道文章被《健康报》《中国人口报》等国家级媒体录用29篇，被省卫生计生委网站、《健康浙江》等省级媒体录用47篇，被市卫生计生委网站、《健康温州》等市级媒体录用188篇。全县开展健康教育讲座446场次，健康咨询宣传活动153场，受益人数3.5万人，更新健康教育宣传栏121期次，开展“护航幸福家庭，共筑健康文成”卫生计生文艺巡演14场。

【廉政教育】 2017年，文成县卫生和计划生育局开展廉政教育，举办专题讲座学习《准则》《监督条例》和刘基廉政思想。严格选人用人，严把提名关、考察关和决定关，提拔任用23名年轻优秀中层干部。对新提任的干部开展任前廉政集体教育和廉政测试，筑牢岗前“第一防线”。开展巡察监督工作，黄坦镇卫生院、县人民医院，存在6个问题整改到位，县人民医院存在5个问题反馈整改。落实廉政风险防控，年内，局领导与干部谈心提醒142人次，全系统谈心提醒718人次。通报批评违纪违规干部6人次，并进行不良行为记分，开展约谈5人，诫勉谈话2人。

（赵治河）

人力资源

【公务员考录】 2017年，文成县进一步完善公务员录用、过渡工作。按照“公开、平等、竞争、择优”的原则，做好录用、调任、考试过渡的每一个环节。全年公务员考录计划99人，经过网上报名，资格初审、资格复审、面试、体检等程序，年末招录公务员94名，其中本科及以上学历87人，占92.5%。完成往年录用的50人公务员转正任职登记工作。

【公务员能力提升】 2017年，文成县开展公务员“四类培训”，以职业道德教育为重点实施新一轮公务员更新知识培训，继续开展公务员网络学堂工作，督促各单位网络学堂管理员组织开展2017年度的在线学习。组织继续教育3期，培训119人。公务员网络学堂完成61班次学分申报和30批次学员调动审核。开展“学法用法3年轮训行动”专项，年内，完成473人的培训任务。配合县普法办完成全县公务员网络法律知识考试任务。完成2016年度录取公务员60人的初任培训工作。

【公务员考核和管理】 2017年，文成县根据省市要求，及时召开会议部署全县公务员平时考核工作，会同组织部门贯彻实施《关于进一步做好公务员平时考核工作的实施意见》，要求各单位建立平时考核制度，全县76家公务员单位均已全部推行公务员平时考核工作。做好2017年度国家行政机关副局级以下1374名公务员年度考核，全县有1393人参加考核，其中被评为优秀等次254人，称职1040人，不称职1人，不写评语不定等次1人，只写评语不定等次3人，见习期间不定等次94人。公务员立功嘉奖上报及发证，记三等功25人，嘉奖240人。

【人才资源开发】 2017年，文成县进一步完善育才引才政策，加大各类人才培养力度，引进紧缺人才。经面试合格，县人民医院紧缺人才直接进单位试用人员38人。依托富阳中学等名校名家，联合创办振中实验学校和武阳书院，引进教育名师团队60人。组团参加赴合肥举办2017年温州—合肥人才专场招聘会。开展人才服务下基层，收集金飞、成工等两家企业上报的困难问题和建议，组织一次企业家代表座谈会。组织40家企业到温州参加“千企百校”对接会。组织15家民营企业参加海外高层次人才交流大会暨创业大赛。

【人员录用调配】 2017年，文成县严格执行公开选调和调配制度。完成全县事业单位招聘工作人员的考录工作。事业单位招考设25个岗位64人次不限专业，占比35.8%，招收人数179人，考生2167人，是文成县招考事业单位工作人员以来参加人数最多的一年。事业单位新招录300人，其中，教育系统81人、卫生系统77人、其他系统142人，本科及以上222人，占74%。全年为249人办理人事调动手续，其中县内调动198人，调出45人，调入6人。

【毕业生就业服务】 2017年，文成县落实未就业毕业生扶持政策，引导和鼓励高校毕业生面向企业、农村基层就业。收到人事档案908份，寄出人事档案130份，开调档函137份，大中专毕业生报到人数516人，开出未就业落户通知书16份，大中专毕业生未就业帮扶32人，签订高校毕业生就业协议389份。

【职称评聘】 2017年，文成县发文公布初定专业技术职务192人，其中教育系统65人。现场审核职称报名工程师21人，农艺师2人，畜牧师1人，高工2个，高级讲师1人。聘任高级职称42人，中级职称121人，技师(事业工勤)13人。

【人事管理】 2017年，文成县调整卫计系统高级职称推荐评委会并完成从16人中推选15人的任务。会同县教育局完成2017年度高级教师推荐和一级教师初审报名工作。组织继续教育一般公需科目现场笔试一次，参加考试的专技人才210人。审核通过顺宝建设有限公司等1家单位录入继续教育系统。岗位设置完成县纪委后勤服务中心、县公路管理局、县扶贫开发服务中心、大峃镇、县委办、县行政审批信息服务中心等36家事业单位方案的核准，审核通过岗位晋升及调动变动803人。

【工资福利】 2017年，文成县全面保障工资福利。严格执行机关公务员职务与职级并行制度，按照工资政策规定，做好机关、事业单位工作人员职务、岗位(技术等级)变动后的增降工资和重新确定工资工作。执行公务员工资制度，及时完成公务员津贴补贴规范及事业单位工作人员基础性绩效工资的审批等工作。

【军转干部日常管理】 2017年，文成县完成企业军转干部收入情况核定上报工作。按照市局要求，做好“深入推进关爱活动，做好新形势下企业军转干部思想政治工作。全年发放各项补助及慰问金13.28万元。

(金茜茜)

劳动保障

【就业和再就业】 2017年，文成县加强就业服务和管理，强化职业技能培训，完善就业援助制度。执行各类人员的认定标准，做好各类人员的认定和各项扶持政策落实工作。全县城镇新增就业人员1770人，完成目标任务的147.5%；下岗失业人员实现再就业人数582人，完成目标任务的145%，其中就业困难人员实现再就业人数240人，完成目标任务的185%，失业率为2.7%，控制在2.8%目标任务内。

做好农村电商创业就业孵化工作。推进文成县农村电子商务持续发展，加深不同年龄段人群对电子商务的认识，全年总报名人数1019人，实际参训777人，到园创业实践与实训11556人次，运行92448课时，确实提高农村电子商务人群知识与技能，促进创业孵化和就业能力。

搭建就业平台，开展职业介绍、职业指导等工作，促进再就业。依托县人力资源市场，每季度定期召开大型人力资源招聘会，给用人单位和求职者提供一个固定场所。年内，举办4次人力资源招聘会，300多家单位进场设摊招贤引智，提供就业岗位1000多个，进场交流人数达4000多人次，达成就业意向600多人，同时通过供求洽谈会、赴外劳务协作等多种形式为用人单位和求职者作好职介工作，取得较好社会效果。

9月11日，文成县2017年秋季招聘会在县城举行（人社局提供）

【劳动技能培训】 2017年，文成县规范农民知识化办公室及各职能部门、乡镇的工作职责，将培训任务分解到农业、劳动、经贸、教育等部门，落实责任，整合资源。加大培训力度，完成农村电商培训827人，完成目标任务的137.8%；扶持农村电商创业人数227人，完成目标任务的189%；农村电商创业带动就业875人，完成目标任务的145.8%；发放创业担保贷款601万元，完成目标任务。完成培训农民1897人，完成市下达1752人指标的108.3%。其中农村实用人才和新型职业农民培训1351人，完成指标107.9%，"转移农民"培训546人，完成指标的109.2%，通过转移就业技能培训直接转移到二、三产业的有520人，转移就业率95.2%。鉴定中心对制冷设备维修工、化妆师、养老护理员、母婴护理、企业班组长、中式烹调师等工种开展技能鉴定，完成技能鉴定898人，合格发证723人，其中初级508人，中级26人，高级189人。

【劳动法律法规宣传】 2017年，文成县加强劳动保障法律法规宣传力度，利用到企业、建筑工地检查的机会及和各种专项行动向劳动者发放《劳动合同法》《农民工维权手册》《严禁非法使用童工》等宣传资料4000余份、宣传册600多册，增强劳动者维权意识。到劳动密集型企业、建筑工地宣讲劳动法规政策，营造良好的知法、守法的社会氛围。

【劳动关系调处】 2017年，文成县 推行"人性化"仲裁服务，坚持法律程序的严肃性与仲裁调解的灵活性紧密结合，增强柔性调解与人性仲裁的有序衔接，提高服务效能。全年受理劳动人事争议案件30起，其中不予受理案件7件，予以立案23件，办结23件，结案率100%，涉案金额87万；其中开庭裁决3起；调解结案16起，调解结案率100%。

【劳动监察】 2017年，文成县联合公安、建设、工会等部门开展各项专项检查活动，规范用人单位的招工用工行为。开展用人单位劳动用工书面审查工作，全年完成用人单位劳动用工书面审查1632家，受理处理劳资纠纷投诉举报案件37件，涉及人数734名，涉及金额1239多万元。处置110应急联动案件34件。行政处理案件3起，涉及人数26人，涉及金额20.7万元。因涉嫌拒不支付劳动报酬犯罪向公安机关移送案件1件，涉及人数58人，涉及金额111.65万元。

（金茜茜）

社会保障

【概况】 2017年，文成县人力资源和社会保障核定编制103名，在职人员91人，其中行政63人，事业28人。局机关设立8个科室，机关党总支1个。局直属事业单位10家，其中，社保中心有8个下属科室。全局领导班子成员6人，中层干部39人，中层正职22人，副职17人。

【社保扩面】 2017年，文成县通过创新工作机制和方法，加强政策宣传等多项举措，扩面工作取得一定成效。新增养老、医疗、工伤、生育、就业分别4820人、1833人、218人、1302人、1770人，超额完成市下达目标任务。

【社会保障水平】 2017年，文成县被征地农民参保转保性高，有2650人办理转保手续，转保转入9306万元，补缴收入18930万元，1044人领取待遇，月平均待遇1840元/月。将城乡居民基本养老保险基础养老金从最初的每月60元提高到135元，惠及全县61460人。7月末，将全县机关事业及企业职工养老退休人员工资调整到位。提高医保待遇水平，离休干部和在职退休职工医保住院床日费，分别由原来的45元和35元提高到180元和50元，并将离休人员部分药品和诊疗服务列入报销范围。完善大病保险制度，将城乡居民大病保险支付比例从4月1日起由50%提高到55%。

【市民卡服务】 2017年，文成县社会保障市民卡数据新录入425人，完成制发卡37.3万人。不断拓展市民卡功能，实现退休人员退休金发放、医疗保险报销费用支付、社保就业业务查询、公共自行车借用、城乡公交、超市购物、农贸市场等方面应用，广大参保人享受到信息化带来的便利。

【医保改革】 2017年，文成县推进医疗保险跨省异地结算。实现与国家跨省异地就医平台的对接工作。年内实现部分跨省异地安置退休人员住院费用直接结算。扩大医保机构范围。新增2家乡镇卫生院和3家零售药店纳入医保定点，扩大城乡医药机构的覆盖范围，方便参保群众在家门口就医购药。

【社保基金监管】 2017年，文成县加强社保基金监管力度，集中时间和力量核查全县定点医药机构，协同市医保巡查组巡查全县17家医保两定机构，勒令平安大药房、县人民医院2家问题机构和药店做好整改。落实医保医师违规处理，查处县人民医院4位医生违反省市医保医师管理规定给予扣分处理，追回医保基金479.38元。推进医保智能监管平台，对新认定的两定机构完成医疗保险“同城互认”、医保智能监管和市民卡诊间结算等平台建设，做到三大平台建设全覆盖。全年社会保险5项基金收入148566万元，支出109371万元，累计结余157619万元。

【公务监督】 2017年，文成县人力资源和社保局严格按照规定做好公务接待和公务用车，全年全局“三公”经费支出13.46万元。加强对重点领域、重要岗位、关键环节的监督，在人事考录、干部选拔任用、行政执法、重大项目支出等重大事项上，始终坚持民主集中制原则，领导班子讨论决定。开展社保、就业等专项资金检查，确保各项资金合理使用、安全运行。配合市县作风巡查，对巡查组反馈的问题，及时整改落实。接待群众来信来访，及时办理人大代表议案建议5件。

11月9日，文成县人力社保局全体党员干部在学习党的十九大精神（人社局提供）

（全茜茜）

民政优抚

【概况】 2017年，文成县民政局人员编制数62人。内设科室：办公室、优抚安置科、救灾救济科、行政审批和社会事务科、浙江省文成县慈善总会、浙江省文成县村务公开和民主管理办公室、浙江省文成县社会救助管理服务中心、浙江省文成县婚姻登记中心、浙江省文成县殡葬管理所、浙江省文成县火化殡仪馆、浙江省文成县民政工业公司、浙江省文成县光荣院、浙江省文成县民政局地名办公室、浙江省文成县社会工作管理中心、浙江省文成县社会养老服务指导中心、浙江省文成县居民家庭经济状况核定中心、浙江省文成县烈士陵园管理所。

【城乡低保】 2017年，文成县最低生活保障标准由625元提档至每人每月664元。年内，深入推进低保边缘户扩面工作，开展最低生活保障和最低生活保障边缘户家庭经济状况核查工作，核查8000人。加强救助对象动态管理，委托第三方机构先期在峃口镇开展家境调查试点，对峃口镇540例困难对象开展家境调查。其中，复查人员440人，主动发现47人，边缘户调查53人。加大低收入家庭经济核对工作，年累计核对低保补助、医疗救助、临时救助等申请对象经济状况1.6万余人次，全年注销城乡低保对象653户794人、调整2181户2727人、新增634户748人。至12月底，全县在册低保对象10826户14028人，低保占比3.54%，全年发放保障金6673万元。低保边缘户对象6200户9105人，低边占比65.7%。启用《浙江省浙江社会救助信息系统》，共将2.5万条低保、低边、特困人员信息录入数据库。

【医疗救助】 2017年，文成县全年支出医疗救助金额1315.23万元，救助1982人次，其中医中救助341人，支出金额317.09万元。年内，做好困难群体参加基本医疗保险工作，资助13980名低保人员参加城乡居民合作医疗保险，标准为每人补助75元，合计104.85万元。

【集中供养】 2017年，文成县全年农村“五保”集中供养对象149人，集中供养率100%。

【困境儿童】 2017年，文成县将4981名农村留守儿童信息登记录入全国农村留守和困境儿童信息管理系统。全年核定困境儿童296名、孤儿18人，按季度发放基本生活费137.4万元。开展农村留守儿童“合力监护、相伴成长”关爱保护专项行动，选择具有较强监护能力的亲属作为受委托监护人，签订《农村留守儿童委托监护责任确认书》78份。

【流浪乞讨】 2017年，文成县加强流浪乞讨和精神障碍等对象的排查和救助力度，全年劝返和护送流浪乞讨人员23次，救助困难流浪乞讨人员348人次，发放临时救助金6.09万元，其中发放流浪乞讨人员医疗救助2.25万元。

【自然灾害救助】 2017年，文成县出台《文成县自然灾害救助应急预案》，健全自然灾害救灾机制。下达乡镇灾后重建资金600万元，每户补助1~3万元，完成163户灾后重建工作。扎实做好物资储备，采购并发放物资总价100余万元。开展防灾减灾宣传活动，发放宣传资料5000余份，宣传品5000余份，接受现场咨询1000余人次。邀请省厅救灾专家，组织85位村（干部）举办灾害信息员培训班，提升基层干部灾害信息管理和传递、灾情评估等救灾业务能力。

【避灾安置场所】 2017年，文成县启动避灾安置场所建设，将其列入文成县“十大民生实事”项目，出台《文成县避灾安置场所建设方案》。全年投资约5000万元，建成避灾安置场所219

个，其中乡镇避灾安置中心4个，村级避灾安置点215个，全部启用可容纳灾民3.15万人，实现地质灾害点和地震等重点区域避灾安置场所全覆盖。得到省委书记车俊、省政府副省长孙景淼的批示肯定。省委书记车俊、省民政厅厅长王剑侯、副厅长余强副先后视察文成县避灾安置场所建设情况，年内，温州市避灾安置场所建设工作现场会在文成县召开。

2月10日，文成县民政局组织人员下户排查房屋质量，以防灾害发生(民政局提供)

6月29日，温州市避灾安置场所建设现场会在文成召开(民政局提供)

【临时救助】 2017年2月2日上午8时，文成县百丈漈镇外大会村发生4间四层半房屋倒塌，导致2户9人被困，其中7人死亡。文成县全力开展“2·2”百丈漈民房坍塌事件紧急救助，下拨资金60万元和物资，保障转移人员的日常生活，稳妥做好遇难者善后处置工作。全年为3899位困难群众发放临时救助资金295万元。对家庭主要劳动力死亡或伤残、重特大疾病、突发性火灾、其他重大临时困难，以及流浪乞讨、自然灾害、“三无”病人等困难群体进行急难救助，全年实施急难救助32例，支出33.8万元。加强12家社区爱心驿站规范建设，新建周壤镇联丰村、公阳乡公阳村爱心驿站，引导社会力量参与救助工作。

2月3日，温州市民政局倪忠礼一行到文成指导“2·2”百丈漈房塌救助工作(民政局提供)

【社会救济定补】 2017年年末，文成县有社会救济定补对象646人(其中精减退职职工51人，支宁返文人员175人)，全年安排社会救济定补经费389.19万元。春节、七一等节日走访慰问老党员，发放慰问金95.52万元。

【优待抚恤】 2017年，文成县新增认定带病回乡退伍军人3名、伤残军人1名，参战退役人员1名，60周岁农村籍退役军人66名，注销优抚对象71名。完成全县316名优抚对象核查工作，完善1701名优抚对象数据信息，更换“残疾军人证”2本，换证率100%。按自然增长机制，提高部分重点优抚对象抚恤补助标准，发放优抚对象抚恤和生活定期补助经费700万元、特困临时生活补助38万元、医疗补助80万元、1078名60周岁农村籍退役士兵老年生活补助金186万元。落实600多名优抚对象电视费减免50%及免费乘坐公交车有关事宜。为547名定补的优抚对象统一缴纳“城乡居民合作医疗保险费”，支出4.1万元；为26名一至六级残疾军人缴纳“城镇医疗保险费”，支出13.36万元。开展“情系老兵—关爱复员军人”“共建文成拥军情”“文成优抚—你我同行”3项政府购买优抚（双拥）服务，支出18万元，惠及重点优抚对象419名。开展庆祝建军90周年系列活动，元旦、春节、“七一”“八一”“九卅”等重大节庆和纪念日，走访慰问驻文成部队、军烈属、复退军人、困难优抚对象等，发放慰问品和慰问金92万元。

【退伍安置】 2017年，文成县完成2016年度的126名退役士兵档案的审查移交以及自主就业信息（税收优惠管理）汇总上报工作。年内，接收退伍军人137名，安置转业士官4名。开展退伍军人职业技能培训工作，发放培训告知书137份，组织89名退伍军人参加短期技能培训和高等学历教育，支出培训经费45万元。2017年，义务兵优待金提高到每人每年1.88万元，发放293名义务兵优待金572万余元。支出2016年126名退役士兵自主就业一次性经济补助金355万元，推荐30名退役士兵到市、县有关企业单位工作。不断深化复退军人信访和维稳工作常态机制，接待来访80余人次，妥善处理信访1件，来信来访处理率100%。

【烈士褒扬】 2017年，文成县开展《烈士褒扬条例》宣传学习活动，按照自然增长机制调整在乡烈属抚恤补助标准，完成20名烈士遗属、2名因公牺牲军人遗属、6名病故军人遗属、82名部分烈士子女的“三属优待证”办理工作，协调县公交公司做好“三属”免费乘坐公交车爱心卡办理工作。

【养老服务】 2017年，文成县出台《文成县人民政府办公室关于全面推进居家养老服务工作的实施意见》（文政办发〔2017〕146号）、《文成县人民政府关于深化公办养老机构管理体制改革的意见》（文政发〔2017〕150号），推进养老服务和机构发展。完成文成县光荣院、大峃镇敬老院“公建民营”工作，县光荣院由文成县新悦养老院承接，大峃镇敬老院由文成县夕阳情养老院承接。整合学校教学楼闲置资源，在大峃镇茶寮村建成“微型养老园”，解决临时有入住养老机构需要的老年人的养老需求。新增完成77个居家养老服务照料中心建设，其中结合避灾功能54个，新增老年食堂36个。全县机构养老床位数2202张，床位人均占比3.07%。开展居家养老与医养结合工作，全县82个居家养老服务照料中心和6家养老机构与乡镇卫生院签订医养结合协议，定期为老人开展医疗服务。加大政府购买服务力度，完善提升养老服务水平，委托文成县你我同行志愿者服务队对申请养老服务补贴对象进行评估，全县累计评估2000多人；委托温州佳和长者健康服务中心上门对服务对象提供包括助餐助浴、清洁卫生和医疗保健等养老服务；委托文成县益启帮公益服务社对30家照料中心开展社会化运营，为居家老人提供医疗保健服务；委托县知源职业技能培训中心开展养老护理员培训，加强养老专业队伍建设，培训301人次，其中高级护理员培训人数91人。全县养老护理员增至944名，家庭护理员增至5273名。落实老年人优待工作，享受养老服务补贴1976人，发放养老服务补贴200多万元。加强养老机构消防安全排查整治，开展消防应急演练，落实“一桶水”计划，推动养老机构消防和食品卫生安全“零遗漏”向“零隐患”转变。

【老龄工作】 2017年，文成县深化高龄补贴、养老服务补贴、无起点医疗救助、关爱慰问、基本丧葬费减免等老龄优待政策，全年办理老年人优待证514件，发放高龄定补等补贴204.6万元，为70周岁及以上老年人办理城区公交免费乘坐证。加强老龄服务设施建设，年末，有老年电大教学点41个、老年活动中心230个、老人协会224个、“银龄互助”组织67个。组织举办迎春慈善宴、“情系夕阳、关爱老人”等活动，敬老助老爱老氛围进一步浓厚。

（民政局供稿）

移民安置

【概况】 2017年，文成县移民安置办坚持“情系移民，用心服务，和谐融入”的理念，围绕“大力改善库区移民村的生产生活环境，发展特色产业，促进移民增收致富，维护移民社会稳定”目标开展工作。年末，文成县移民安置办公室被浙江省水库移民安置办公室评为年度优秀单位。

【移民后扶资金】 2017年，文成县移民办修订《文成县水库移民专项资金和项目管理办法》，完善水库移民专项资金和项目管理办法，简化操作流程，以政策法规为依据，推进资金使用安全。按时发放移民直补资金，全年按时、足额将每人每年600元发放到7155位移民的账号上，累计发放移民直补资金429.3万元，保障移民的基本生活。加强对移民的复核力度，本着客观公正、公开公平的原则，对不符合条件的，信息错误的移民进行校准核减。落实移民项目资金，全年落实移民项目资金2323万元，资金累计拨付率91.4%，同比增长3.9%。

【移民后扶项目管理】 2017年，文成县移民办全年累计接收上级移民资金2752.3万元，全额下达到10个乡镇69个移民村，由乡镇统筹申报，主要用于库区、安置区移民村的基础设施建设和村集体发展。在完善库区基础设施的基础上，县移民办积极响应全县关于助力薄弱村发展壮大集体经济的政策。全年，投入566.86万元用于扶持村级物业购置、光伏发展、新建楼房出租等，为13个移民村每村增加经营性收入2万元以上，在逐步完善补助制度的基础上，逐年增加资金投入比例。

【避险解困】 2017年，文成县移民办，根据有关要求开展相关工作，助推移民群众搬迁。自2016年11月，县移民办在深入孤岛村反复调研的基础上，多次与省、市移民办对接，争取避险解困试点工作，并在全省水库移民工作会议就避险解困工作做表态发言。5月10—11日，全省避险解困工作调研座谈会在文成县召开，省民政厅副厅长、省移民办主任王忠志肯定文成县避险解困试点工作的做法。及时出台《文成县珊溪水库孤岛村移民避险解困工作实施意见》政策，为避险解困工作有序开展提供依据。年底，完成131户342人搬迁，完成资金拨付513万元。

全省避险解困工作调研座谈会在文成召开（移民办提供）

【移民分类融合】 2017年，文成县移民办根据《温州市民政局关于开展移民分类融合工作的通知》(温民移〔2016〕64号)文件精神，坚持3年全覆盖，分批创建原则，选择珊溪镇下排坦村，南田镇横山村、新岳村，黄坦镇杜山村，西坑镇叶岸村，二源镇谈阳村作为移民创建分类融合村，有效改变社会对于移民的传统印象，使移民逐步融入当地社会生产生活。1月17日，全市分类融合工作现场交流会在文成召开，文成县分类融合工作做法得到温州市移民办的充分肯定。

【库区移民信访维稳】 2017年，文成县移民办重视抓好库区信访维稳工作，贯彻落实上级和县关于维稳工作的决策部署，办理上级机关和领导交办的信访来访案件，加强对移民不稳定因素的排查和调处力度，做好政策宣传解释工作，把矛盾化解在萌芽状态。在重大节日和敏感时期进行水库移民问题矛盾纠纷排查和零报告制度，确保十九大期间和重大节假日期间无人进京赴杭上访。全年收到水库移民来信7件，来访7批31人次，办结率100%。

【政策宣传与培训】 2017年，文成县移民办通过各种宣传形式，加大相关水库移民政策的宣传力度，使移民了解更多国家水库移民新政策，提高法制意识。年内，加强移民生态农业技能培训，使更多的移民群众学会并掌握农村实用技术，增强致富本领，提高生活水平，县移民办通过举办培训班、部门联合培训等方式，在百丈漈、南田镇、巨屿镇等地方举办生态农业技能培训，2017年，组织培训8期820人次。加强移民干部理论知识与业务知识培训，加强移民干部的服务意识，提升业务能力，县移民办组织全县65个移民村主要干部和移民办全体干部参加后扶业务知识培训会，派骨干干部赴杭州参加全省移民干部培训，全年共组织移民干部培训92人次。

(郑晓莉)

基层政权

【概况】 2017年4月14日，文成县率全省之先完成第十一届村民委员会换届选举，全县385个村委会、6个社区居委会、1个居委会顺利选出“当家人”。选举产生新一届村(居)民委员会主任392名，村(居)委成员1522名，村(居)民委员会委员与村党组织委员交叉任职58名。其中女性434人，35岁以下221人，大专及以上学历113人，90后年轻干部72名。被温州市委、市政府评为温州市村和社区组织换届工作先进集体。开展新任村干部、村民代表的培训工作，完成村(居)民委员会统一社会信用代码平台信息核对工作。指导全县385个村委会、6个社区居委会、1个居委会组建村(居)务监督小组、民主理财小组，组织全县各村(居)实行村(居)务公开，实现村(居)务每季公开1次。

【社区建设】 2017年，文成县出台《文成县推进城乡社区协商实施办法》，完善社区协商机制，143个村(居)民委员会完成1次以上的民主协商，总覆盖率36.2%。下达社区建设补助资金40万元，用于周壤镇大壤社区、双桂乡双桂社区、二源镇二源社区、铜铃山镇下垟社区、公阳乡公阳社区、平和乡平和社区6个城乡社区规范化建设工作。

【社会工作】 2017年，文成县出台奖励措施，发动组织107名40岁以下的机关及所属事业单位相关岗位干部职工报名参加全国社工考试，开展考前培训，免费发放教材，做好考试保障工作，新增全国持证社工13名，其中初级10人，中级3人。开发设立社会工作专业岗位9个，分布县委办、大峃镇双垟社区、象溪社区、府前社区、黄坦镇雅梅社区、云湖社区。与全市首位社会工作督导、国家社工师、香港中文大学女性社会工作专业硕士研究生张露娜续签聘任合同，每月定期对文成县社工机构及一线社会工作者面对面进行督导，提升社工机构整体水平和社工实务能力。召开“‘和合’文化视野下的温州精神”“社会组织参与村居治理的探索分享”社工继续教育课程，组织100余人参加培训。开展“社工，让社区更美好”社工文化节暨宣传周活动，开展宣传活动、教育讲座、社工沙盘公益讲座等系列活动，推动社会工作发展。创新“社工+养老”模式，通过政府购买服务，启动“情暖夕阳—文成县日月星养老中心社会工作服务项目”，委托文成县春雨社工服务中心为老人们提供专业的老年人健康管理、康复服务、养生理念宣讲等服务。

【社会组织】 2017年，文成县民政局将党建情况纳入社会组织登记、年检、评估工作体系，全年完成204家社会组织年检工作，6家社会组织被评为AAA级社会组织。出台《文成县政府职能向社会组织转移目录和县本级具备承接政府职能转移条件的社会组织目录（第三批）》，新推荐社会组织12家，年末，有105家社会组织纳入推荐目录。推进社会组织的政府购买服务和公益创投资助，全年累计投入资金695万元，向10家社会组织购买社会服务项目15个，资助社会组织20家23个公益创投项目。制定《文成县行业协会商会与行政机关脱钩实施方案》、制定《文成县行业协会商会负责人任职管理办法（试行）》。完成第一、二批8家行业协会商会脱钩，开展对社会团体收费和机关事业单位干部在社会团体兼职等情况的清查整治行动。全县各社会团体年末资产总额3700万元，会员总数27460人，在职及退（离）休干部在社会团体兼职总合计121人次。

（县民政局供稿）

民政事务

【公共地名服务】 2017年，文成县民政局完成《文成县地名志》初稿启动审核工作。不断完善全国第二次地名普查，收录各类地名4574条，涉及11大类31小类，其中水利电力通信设施类地名197条、陆地水系类地名50条、陆地地形类地名749条、行政区域类地名26条、非行政区域类地名34条、群众自治组织类地名423条、居民点类地名2313条、交通运输设施类地名465条、纪念地与旅游景点类地名81条、建筑物类地名37条、单位类地名199条，多媒体照片5100张，涉及条目4574条。做好地名日常服务工作，新增标准道路名称14条，住宅区命名4个，编制安装门牌802块，幢牌11块，室牌209块。

【平安边界创建】 2017年，文成县民政局配合周边县市区完成文瑞线、文泰线联检，定期开展平安边界互访，着力维护边界区域平稳安定。

【殡葬管理】 2017年，文成县出台《2017年“青山白化”整治专项行动实施方案》《2017—2018年度殡葬改革责任追究实施意见（试行）》《文成县党员干部、公职人员带头推动殡葬改革的暂行办法》，明确对殡改工作履职不力、不作为等情况进行追责。加强青山白化治理，全年开展明察暗访800余人次，查处2012年以来违法私坟82座，联合执法10次，开展骨灰安放流向跟踪管理2159例。加强“三边区域”坟墓生态化改造，以龙丽温高速公路文成段工程、322国道线建设为契机，迁移坟墓3199座，生态化改造坟墓1153座。

【殡葬设施】 2017年，文成县民政局新批建村级节地生态公墓14座，周壤镇节地生态公墓完成基础建设，投入使用300余穴。完成全县85家公墓年检。推进殡仪馆迁建工程，依法解除与浙江峰华控股集团关于县殡仪馆迁建工程的施工合同，由县政府召集县招投标中心、审计局、纪委、规划建设局、国土局、财政局、法制办、法院、国税局、民政局、发改局、代建办等单位组成工程量清算小组，委托第三方中介，开展建成工程量的清算审计工作。完成二次招标，由浙江省第三建设集团有限公司承建。

【殡仪服务】 2017年，文成县殡仪馆火化遗体2159具，火化率100%，减免基本丧葬费约173余万元，惠及2462户家庭。

【婚姻收养】 2017年，文成县全年办理结婚登记2421对、离婚登记741对，补办婚姻登记证526本，出具无婚姻登记记录证明90份，开展婚姻家庭婚前辅导18件。办理收养登记34件，转递公安部门办理户口登记82件。继续做好婚姻登记档案历史错误数据核对及修改工作，基本完成2004年集中登记以来的婚姻档案电子化扫描工作。

【福利企业】 2017年，文成县民政部门5家福利企业工业总产值1亿元，产品销售收入9323万元。安置残疾职工121名，残疾职工安置比例40%。残疾职工人均每月劳动报酬2029元，人均每月参保金额952元，全年发放残疾职工劳动报酬294.6万元，参保金额138.2万元。

【福利彩票】 2017年，文成县中福在线销售额490万元，筹集福彩公益金98万元，其中文成县留成49万元。举办即开型福利彩票小卖场活动，销售额645万元，筹集福彩公益金129万元。

【安福利生基金会】 2017年6月7日，文成县民宗局浙江安福利生慈善基金会成立大会在温州市文成县安福寺隆重举行。省民宗委副主任倪忠扬及各界人士约3000人出席成立大会。达照法师秉承佛教大乘精神，汇聚大众愿力，发起成立浙江安福利生慈善基金会。以"观弱势群体，怀慈悲大爱，回安福家园，树东方文明"为宗旨，以"禅修、养生、怀老、慈教"四大志业为指导思想，将"安仁、安心、安康、安养、安净、安学、安济"七大计划为事业内容，传承中华优秀传统文化精神，服务社会。安基金的成立，把文成县广大宗教界人士和广大信教群众的爱心激发出来、力量凝聚起来、积极性调动起来，为促进文成经济发展、文化繁荣、社会和谐发挥作用。

6月7日，浙江安福利生慈善基金会成立大会在文成县安福寺隆重举行(县民宗局提供)

【慈善事业】 2017年，文成县出台《文成县人民政府关于促进慈善事业健康的实施意见》，推进慈善事业健康发展。年末，全县慈善分会10个、社区工作站55个、村级帮扶基金33个，累计登记在册义工562人，新增基金25万元。通过开展"慈善一日捐"、设立个人慈善冠名基金、开通"定向捐资"绿色通道，共募集款680万元。全年助学631人次，发放助学金130.17万元；慰问贫困老人2000多人，发放慰问金50多万元；开展临时困难救助和大病救助487人次，发放救助金61.5万元。开展"明眸工程"活动，420位疑似白内障患者接受市眼视光医院医生检查，其中132名白内障患者接受免费复明手术；开展"净血工程"活动，救助33人，发放救助金10万元；开展"无障碍进家庭"助残活动，为254名中风瘫痪和行动不便的残疾人员配发轮椅。开展"慈善法"颁布一周年宣传活动，推进慈善宣传进机关、进农村、进社区、进学校、进企业，发放《中华人民共和国慈善法》单行本1000本。新建南田镇"祝斌食品店"邮善邮乐网上慈善超市实体点，实行慈善线上线下融合。

5月25日,一对一慈善敬老院活动“走进峃口镇敬老院”(民政局提供)

(民政局提供)

民族宗教

【概况】 2017年,文成县民宗局编制10人,其中行政编制4人,事业编制6人,承担执行党和国家民族宗教政策,促进少数民族地区经济、政治、教育、文化、科技等事业发展,保障少数民族合法权益,维护平等、团结、互助的社会主义民族关系健康发展,实现各民族共同繁荣,推进全县宗教场所管理有序,保障正常宗教活动有序进行,保护宗教团体合法权益维护宗教领域和谐稳定的重要任务。年内,文成县民宗局推进民族团结进步事业发展,开展民族团结宣传,推进民族乡镇精准帮扶工作,争取各类帮扶资金7785万元,推进民族特色村寨和民族文化乡村旅游,加强宗教及民间信仰管理,有序推进乡镇民宗所建设和宗教法治化建设,构建和谐宗教关系,维护宗教领域和谐稳定,在温州市民宗系统考核评比中获“两创”工作优秀奖。

【宗教】 2017年,文成县有佛教、道教、基督教,信教群众约3万人,教职人员131人,登记的佛教场所63处,基督教场所23处,无道观。

【民族宗教法律法规宣传】 2017年,文成县民宗局贯彻落实中央、省、市民族宗教工作会议精神,大力实施《中华人民共和国民族区域自治法》《民族乡行政工作条例》《浙江省少数民族权益保障条例》国务院新修订的《宗教事务条例》《浙江省宗教事务条例》等民族宗教政策法律法规。全年开展民族宗教政策法规宣传月活动,举办民族宗教政策法规培训班,提高广大干部群众对民族宗教工作的认识,推进民族地区的团结发展和宗教领域的和谐稳定。

【民族团结进步】 2017年,文成县民宗局开展民族团结进步宣传月活动,开展统战系统干部上好一堂课活动,贯彻落实全市民宗工作会议精神暨民族团结进行宣传活动,在县府宣传栏展示《浙江省少数民族权益保障条例》,举办民族工作成效图片展,发放宣传资料2200多份;利用文成发布平台,开展民族宗教知识有奖竞赛,通过世界文成人微信公众号宣传民族政策;在县广播电视台开设《民族之窗》和《民族科技》栏目,全年播出48期。同时通过网络、微信、农民信箱等形式大力宣传党的民族政策信息2万多条。开展城市民族“六进”工作,建立“四微”组织,为少数民族群众服务,培育“六进”示范单位5个,建立“四微”组织3个。培头民族小学成功推荐为温州市十佳民族团结进步示范单位,文成县华兴药材种植有限公司评为温州市十佳少数民族企业。

【民族乡村精准帮扶】 2017年12月底,文成县民宗局争取各类帮扶资金7785万元,创历史新高。其中,争取各级少数民族专项资金345万元(中央115万元,落实项目3个;省140万元,落实项目6个;市90万,落实项目8个);宗教界“慈爱慈行.共帮共创”到位帮扶资金60万元;省工商联到位帮扶资金20万元;督促落实省财政给民族乡镇的400万转移支付资金;做好与省财政厅、国土厅和余杭区、余姚市、龙湾区等5个单位的沟通对接联系,结对资金全部落实到位，其中余杭区结对帮扶西坑畲族镇100万元，结对帮扶玉壶洪地村和大峃余山村各10万元，余姚市结对帮扶周山畲族乡50万元，龙湾区结对帮扶石竹寮村15万；争取县级各类资金6775万元。开工建设西坑叶岸避震小区、半岭移民小区、黄坦栖村垟避震小区二期(新康村整村搬迁项目)、周山畲族乡通乡公路等级提升等一批重大项目。

【民族特色村寨建设】 2017年，文成县民宗局推进培头、西坑、周垟、高村等4个民族特色村寨建设。其中，培头村入选第二批中国少数民族特色村寨名录和市级农家乐休闲旅游特色村；全力打造西坑畲族镇让川畲族特色民宿村落，建成悦慢小院、香樟小院、红枫小院、畲家小院等一批特色民宿，带动村民增收致富。

【民族文化乡村旅游】 2017年，文成县民宗局循遵文化搭台，经济唱戏的理念，先后举办西坑、培头“三月三”畲族风情旅游文化节、培头“凤凰吟 畲家情 畲歌唱响新时代”为主题的畲歌创办分享会、周山“稻梦之旅，邂逅畲乡”主题创意农业观光活动；常规性举办长桌宴、百家宴、看婚嫁表演、农事体验等旅游活动，全方位展示畲族文化，打响畲族文化品牌，引入团队旅游，迎来游客3万人，带动地方旅游经济收入1000万元，助力民族文化旅游产业大发展。

【民族人才培养】 2017年，文成县民宗局定向招录少数民族公务员1名，事业单位干部3名；新增民宗局副局长1名；新提任县政协副主席1人，新提拔任用或转任重要岗位正科级少数民族干部6人；副科级转任同职级重要岗位4人；新提拔使用副科级5人。举办2期少数民族乡村干部和致富带头人培训班，培训人员220人。文成中学继续降30分招收少数民族学生52名，学杂费减半收取，所减免资金由县财政补足。开展“金秋助学”活动，向24名家庭生活困难的应届高考本科上线少数民族考生每人发放1000元的助学金。安排10万元的专项资金，慰问少数民族困难户，帮助他们解决一些实际的困难。

【宗教民间信仰场所维稳】 2017年，文成县民宗局成立十九大、世界互联网大会维稳安保工作领导小组，制定维稳安保工作总体方案，层层落实工作责任。联合维稳、公安(国保)等部门，加大对重点人员、重点场所的排查管控力度，及时帮助化解矛盾纠纷。加强情报信息员队伍建设，健全信息情报定期报告制度，及时获取准确有效信息。开展宗教和民间信仰场所大排查大整治活动，完成86处宗教活动场所和441处民间信仰场所安全排查整治工作。加强依法管理，严格落实大型宗教活动和非通常宗教活动的审批制度，实施“事前审批、事中监督、事后总结”的全过程监督管理。建立民族宗教工作重点乡镇三人驻堂小组和村(居)宗教事务管理小组。全县宗教和民间信仰场所安全稳定。

【安福寺和佛学院建设】 2017年，文成县民宗局推进安福寺怀老中心和浙江佛学院温州佛学院建设。养老院、利生大楼和温州佛学院男众部新教学综合楼及师生宿舍建设项目顺利推进，养老院完成装修，利生大楼顺利结顶。佛学院1—11月份完成固定资产投资1.85亿元。争取佛学院办学经费，全年县政府帮助解决佛学院办学经费400万元。

【栖真寺重建和净福寺迁建】 2017年，文成县民宗局加快黄坦镇凤凰山文化园暨栖真寺震后重建工程和净福寺迁建工作。栖真寺扩建项目得到省民宗委批复同意，政策处理完成，其他相关手续正在办理中，净福寺迁建项目得到省民宗委批复同意，完成施工道路。年内，2个项目相关工作有序推进。

【宗教传统文化提升】 2017年，文成县民宗局以建设“东方佛国、福地文成”为重点，打造特色宗教文化。开展佛教讲经交流会、安福利生年会，举办世界文成人大会中秋情景音乐会《世界再大，也要回家》）等系列活动，弘扬佛教文化正能量。加强佛教文化交流，8月，安福寺参访团先后应邀赴欧洲、加拿大开展为期1个月的弘扬传统佛教文化交流活动，其间，达照法师代表安福寺与加拿大湛山精舍签订缔结友好寺院开展文化交流与合作协议。系列交流活动的开展进一步扩大文成佛教“药师文化”影响力，提升文成城市品牌的知名度和美誉度。成立浙江安福利生慈善基金会，该基金会为温州首个佛教慈善基金会。利用慈善基金会这个平台，组织宗教界开展慈善公益活动，年内，安福利生慈善中心救助61位大病病人，医疗救助金额901413元，帮助面临失学学生7名，给予助学金4.3万元，合计金额953913元，1—11月累计向五水共治、结对帮扶等捐赠善款100多万元。

【民间信仰事务管理】 2017年，文成县民间信仰事务管理不断深化。根据省市要求，县民宗局开展民间信仰场所编号登记管理工作，按照规范化建设，建立健全人员、财务、消防等8项规章制度，全年完成民间信仰场所登记编号111处（其中甲类33处，乙类78处），对甲类登记编号民间信仰活动场所全部开设单位银行账户，悬挂印有二维码标识的铜牌。

【乡镇民宗所建设】 2017年，文成县民宗局高标准高质量完成乡镇民宗所规范化建设。17个乡镇50名民宗员配备到位，其中超额完成12个重点乡镇的15名专职民宗员招录聘用工作，完成率为115.%（任务数为13名）；其他5个非重点乡镇均配备兼职民宗员；全县17个乡镇民宗所正式挂牌运行，举行乡镇民宗所成立新闻发布会和授牌仪式。

【宗教法治化】 2017年，文成县民宗局宗教法治化专项工作有序推进。年内，开展佛道教专项整治及行政执法工作，加强对佛道教活动场所常住人员管理，完善常住教职人员报备机制，指导佛道教活动场所做好人员的入册登记工作，查处假僧及违规违戒僧人4名。完成宗教教职人员认定备案83人，完成86个宗教活动场所信用代码赋码和登记换证工作，开设单位银行账户。开展“和谐寺观教堂”创建，创成三星级以上场所13处。

【宗教团体建设】 2017年，文成县民宗局成功召开道教协会第二次代表大会，破解文成县道教协会12年不换届的难题，完成道教协会换届工作。针对县宗教团体办公费拮据的问题，向县政府报告为每个宗教团体增加1万元的专项经费，列入每年的财政预算。

（县民宗局供稿）

乡镇概貌

大峃镇

【概况】 大峃镇位于温州市西南部、飞云江中上游，距温州市区87公里，因地形似举翅待飞的白鹤，故名“鹤城”。是文成县政治、经济、文化中心，对外开放的重要窗口、著名侨乡，国家重点镇、国家级生态镇，国家卫生县城、省级重点生态功能区小城市培育试点镇、省级文明县城、省级森林城市、省级体育强镇。2017年，全镇区域面积125.3平方公里，建成区面积9.54平方公里，下辖6个居民区、77个行政村，全镇户籍人口10.22万人。常住人口6.82万人。行政编制数95名，事业编制数84名。全镇有党总支13个，党支部135个，党员3219名。

【人代会】 2017年6月26日，召开文成县大峃镇第十六届人民代表大会第二次会议，薛乐之代表镇人民政府向大会作政府工作报告，回顾总结2016年工作，研究部署2017年主要目标和重点任务及全面加强政府自身建设，刘文光代表镇人大主席团向大会作人大主席团工作报告，书面审查2016年财政预算执行情况和2017年财政预算草案报告及民政工作报告。会议通过政府工作报告、人大主席团工作报告、2016年地方财政预算执行情况和2017年地方财政预算草案的报告、民政工作报告等四个决议。大会选举产生薛乐之为大峃镇人民政府镇长。

【经济发展】 2017年，大峃镇实现地区生产总值31.95亿元，同比增长8%；全年完成固定资产投资25.02亿元，同比增长5.9%；财政总收入1.06亿元，地方税收4.4亿元，同比分别增长15.3%、35.8%；城镇居民人均可支配收入35690元，农民人均纯收入15780元，分别同比增长9%和9.1%。

【有效投资】 2017年，大峃镇项目建设在破难攻坚中收获新成果。围绕县委、县政府重点项目“百日攻坚”行动，发扬“5+2、白加黑”的工作精神，克服“项目攻坚时间集中、干部力量不足、战线长、任务重、压力大”等重重困难，全面攻克下沙垟城中村改造项目、龙丽温高速樟台枢纽、文泰高速、G322樟台至龙川段改建工程、县人民医院新建项目等一批文成县重大建设项目的政策处理难题，全年完成土地丈量征收128公

10月30日，县长章寿禹（中）督查高速公路周边拆迁情况（大峃镇提供）

顷、房屋征收签约1030间套、拆除旧房12万平方米、坟墓迁移3950穴，年征迁量创下大岙镇历史新高。破解土地要素制约，完成高标准农田立项64公顷、认定类验收415.67公顷，启动陈庄、新垟等村“旱改水”项目前期13.33公顷，全年完成供地33.68公顷，有效破解建设用地和占补指标制约。

6月9日，县委书记王彩莲（左二）督查大岙镇下沙垟村城中村改造工作（大岙镇提供）

【招商引资】 2017年，大岙镇招商引资实现新突破。全面开展招商引资项目攻坚行动，引进总部经济企业1家，全年实际利用资金3.83亿元，增长52%。

【产业发展】 2017年，大岙镇产业发展在动能转换中实现新提升。全年落实粮食播种面积1586.67公顷、产量9240吨，新建农业示范园3个，新增农业专业合作社5个。加快土地确权颁证工作，基本完成农村土地承包确权45个村。旅游主业不断壮大。加快推进省级文商回归旅游配套服务业集聚区建设，成功申报省级现代商贸特色镇试点，城市广场萨维尔皇家酒店完成主体工程，完成“八大”产业等小微企业培育151家，个转公司15家，完成“四无”生产经营单位整治1030家，新增“四上企业”6家，限上消费品零售额增速15%。全年完成工业性投资5000万元，工业总产值达到10.5亿元。新兴业态发展迅速。苕湖新区时代广场完成招商，绿云电子产业园再次入选省电子商务产业基地名录，建成省级众创空间1家，做大做强电商企业41家，网络零售额达4.8亿元，增长33%。

改造后的苕湖新区（大岙镇提供）

【环境再造】 2017年，大岙镇生态环境在重整重治中展现新形象。全面深化“治水剿劣”专项行动，消除劣Ⅴ类水体，完成东城村小池塘、象溪小支流等小微水体和26个排污口整治，4条县级以上河道水质均在Ⅲ类以上。启动龙川、徐岭等5个片区38公里截污纳管建设，完成小二型水库标准化建设4个、农村生活污水治理6个村和农村生活垃圾减量化资源化处理18个村。开展“清洁家园”“三边三化”专项行动，巩固提升创建成果，成功创成国家卫生县城。新建公共绿地3.5公顷，开工建设体育场地下停车场，建成投用停车场2个。开展“青山白化”专项整治行动，完成“三边区域”生态化坟墓改造786座。高要求推进“大拆大整”行动，完成拆违4万平方米，开工建设“三改”安置房23万平方米。高起点启动县城旅游化改造，县城中央水轴景观工程、泗溪两岸建筑立面改造、寨山公园一期、桥系改造等项目的前期工作加速推进。

【除险安居】 2017年，大岙镇“除险安居”工作成效显著。坚持“安全是最大民生”的理念，以最大努力实现群众“安居梦”。全年完成地质灾害点原房拆除131户153间、地质灾害治理项目3个，原房拆除率和工程治理率均达到100%。完成86户D级危房拆除和50户C级危房的综合治理工作，D级危房拆除率和C级危房整治率均达到100%。按照“一年保重点、两年保覆盖”的要求，建成投用避灾安置场所29个。

【精准扶贫】 2017年，大峃镇 精准扶贫工作扎实推进。实施产业扶持精准到户工程，做好3606户4974人低收入农户的认定结对帮扶工作，完成低收入农户兜底救助脱贫238户391人，低收入农户人均纯收入增长15%。

【民生事业】 2017年，大峃镇社会事业多点开花。加快完善教育设施建设。武阳书院、县第三实验小学等项目扎实推进，建成大峃中心幼儿园。完善社会保障体系，城乡居民医疗保险和养老保险户籍参保率分别达到99%和93%。实施“全面两孩”政策，让城乡居民享受更好的医疗卫生计生服务，开工建设县人民医院新建项目。加快实施“村村通”工程，完成农村公路安全生命防护工程第一批7个村。

【平安建设】 2017年，大峃镇社会治理持续加强。开展信访积案督查化解专项行动，完成中共十九大等重点时段维稳安保任务。完善社会矛盾隐患大排查大化解体系，成功化解信访积案27件，各类矛盾纠纷917起。加快推进基层治理“四个平台”建设，有效信息日均上报量达30条以上，月办结率100%，实现省市督查零扣分。持续推进出租房、合用场所和安全生产十大重点领域专项整治，全年完成居住出租房、合用场所、民宿和“四无”生产经营单位消防安全整治3272家，信息采集率和整治合格率均100%。

【基层党建】 2017年，大峃镇党的建设得到全面加强。以打造“忠诚、善战、担当、自律”的干部队伍为标杆，制定出台《关于加强领导班子建设的意见》《关于打造“大峃铁军”干部队伍的试行意见》等1+7文件，实行“全员驻村”“干部核编”组建攻坚组等措施，使工作力量向基层一线倾斜，向重大项目倾斜，让每名干部肩上有担子，心中有压力。开展中层干部竞争上岗活动，全年任免中层干部47人次，调整提任村干部20人次。顺利完成83个村（社区）换届选举工作，实现77个村经营性年收入达5万元以上，提前2年完成51个村消薄任务。创新发展区域化党建，把落实“三务公开”“五议两公开”“三会一课”制度作为提升基层组织的基础工程，推进“两学一做”学习教育常态化制度化，筑牢基层党组织红色堡垒，打造样板村1个、示范村8个、达标村45个，建成投用党建馆2个。严把党员发展关，接收入党积极分子77名，发展预备党员45名、转正党员38名。狠抓意识形态领域工作，创新落实主体责任，开展宗教活动场所安全再排查再整治，增强主流文化宣传阵地。

【党风廉政建设】 2017年，大峃镇党风廉政建设全面落实党风廉政主体建设“两个责任”，履行“五个一”“三书两报告”工作机制，推进新一轮农村基层作风巡察，完成周徐、城南、坪头等6个村的巡察工作。严肃查处村级违纪违法案件，办结信访件30件，结案46件，处理农村党员干部46人。严格落实中央“八项规定”精神，全年“三公”经费支出在上一年的基础上下降51%。开展村级财务审计，对涉及烟酒问题的71个行政村实现全面整改。

2017年文成县大峃镇先进集体名录

表21

单 位	时 间	荣誉名称	授奖单位
大峃镇	2018年1月	第三次全国农业普查先进集体	温州市第三次农业普查领导小组
大峃镇	2018年5月	2017年度市重点建设工作立功竞赛先进集体	温州市发展和改革委员会 温州市总工会 温州市重点建设领导小组
大峃镇	2018年1月	2017年度政协工作先进集体	政协文成县委员会
大峃镇	2018年2月	2017年度平安建设先进单位	中共文成县委 文成县人民政府
大峃镇	2018年2月	2017年度落实全面从严治党主体责任工作先进集体	中共文成县委 文成县人民政府
大峃镇	2018年2月	2017年度工作考核优秀单位	中共文成县委 文成县人民政府
大峃镇	2018年1月	平安建设考绩优秀奖	中共文成县委 文成县人民政府
大峃镇	2017年12月	全县党的十九大维稳安保工作先进集体	中共文成县委 文成县人民政府
大峃镇	2017年12月	2017年度信访积案化解先进单位	中共文成县委 文成县人民政府
大峃镇	2017年12月	文成县党的十九大精神暨“我最喜爱的习总书记的一句话”主题微党课比赛组织奖	中共文成县纪律检查委员会 中共文成县委宣传部 文成县文化广电新闻出版局
大峃镇	2017年5月	文成县第六届“话治水 强担当 聚力‘三美’文成”微型党课赛课活动组织奖	中共文成县委宣传部 文成县水利局
大峃镇	2017年10月	文成县第二届时评挑战赛优秀组织奖	中共文成县委宣传部
大峃镇人武部	2018年1月	基层武装部标兵单位	温州军分区
大峃镇象溪社区	2017年9月	温州市群众体育工作先进单位	温州市体育局
大峃镇凤溪社区合唱团	2017年10月	喜迎十九大“我们的村歌我来唱”2017温州市村歌合唱展演“最佳风采奖”	中共温州市委宣传部 温州市文化广电新闻出版局

2017年大峃镇先进个人名录

表22

个人	时间	荣誉名称	授奖单位
赵东佐	2017年12月	浙江省党的十九大维稳安保工作先进个人	中共浙江省委 浙江省人民政府
薛乐之	2018年2月	2017年度优秀领导者	中共文成县委 文成县人民政府
薛乐之	2018年1月	温州市党的十九大维稳安保工作先进个人	中共温州市委 温州市人民政府
叶　胜	2018年1月	文成县党的十九大维稳安保工作先进个人	中共文成县委 文成县人民政府
毛跃锋	2017年12月	2017年度信访工作先进个人	中共文成县委 文成县人民政府
陈永登	2018年5月	2017年度人大工作先进工作者	文成县人大常委会
胡启侯	2018年1月	温州市党的十九大维稳安保工作先进个人	中共温州市委 温州市人民政府
邢金旺	2018年3月	2017年度县级公务员考核优秀等次	中共文成县委组织部 文成县人力资源和社会保障局
王周琪	2018年4月	2017年度未成年人思想道德建设工作先进个人	文成县精神文明建设指导委员会
陈　开	2018年1月	文成县十九大维稳安保工作先进个人	中共文成县委　文成县人民政府
陈　开	2018年3月	2017年度县级公务员考核优秀等次	中共文成县委组织部 文成县人力资源和社会保障局
雷　宇	2018年3月	2017年度县级公务员考核优秀等次	中共文成县委组织部 文成县人力资源和社会保障局
赵国城	2018年3月	2017年度县级公务员考核优秀等次	中共文成县委组织部 文成县人力资源和社会保障局
程学伍	2018年3月	2017年度县级公务员考核优秀等次	中共文成县委组织部 文成县人力资源和社会保障局
林　蓝	2018年1月	第三次全国农业普查工作市级先进个人	温州市第三次农业普查领导小组
刘时杰	2018年3月	2017年度县级公务员考核优秀等次	中共文成县委组织部 文成县人力资源和社会保障局
朱旭新	2018年1月	温州市十九大维稳安保工作先进个人	中共温州市委 温州市人民政府
朱旭新	2018年3月	2017年度县级公务员考核优秀等次	中共文成县委组织部 文成县人力资源和社会保障局
刘新华	2018年1月	文成县十九大维稳安保工作先进个人	中共文成县委 文成县人民政府
王　恒	2017年12月	2016年部门决算二等奖	文成县财政局

续表22

个人	时间	荣誉名称	授奖单位
王　恒	2018年3月	2017年度县级公务员考核优秀等次	中共文成县委组织部 文成县人力资源和社会保障局
祝洪热	2018年3月	2017年度县级公务员考核优秀等次	中共文成县委组织部 文成县人力资源和社会保障局
潘文鑫	2018年1月	文成县十九大维稳安保工作先进个人	中共文成县委　文成县人民政府
潘文鑫	2018年3月	2017年度县级事业人员考核优秀等次	文成县人力资源和社会保障局
潘文鑫	2018年4月	2017年度温州市优秀团干部	共青团温州市委
潘文鑫	2018年4月	2017年度文成县“新青年下乡”活动优秀个人	中共文成县委宣传部 共青团文成县委员会
潘文鑫	2017年6月	文成县村和社区组织换届工作先进个人	中共文成县委 文成县人民政府
陈伟康	2018年1月	文成县十九大维稳安保工作先进个人	中共文成县委 文成县人民政府
李森满	2018年3月	2017年度县级事业人员考核优秀等次	文成县人力资源和社会保障局
李森满	2018年2月	2017年度优秀农村指导员	文成县人民政府
田金星	2018年3月	2017年度县级事业人员考核优秀等次	文成县人力资源和社会保障局
周海鑫	2018年1月	文成县十九大维稳安保工作先进个人	中共文成县委 文成县人民政府
徐俊杰	2018年3月	2017年度县级事业人员考核优秀等次	文成县人力资源和社会保障局
刘　宏	2018年3月	2017年度县级事业人员考核优秀等次	文成县人力资源和社会保障局
陈　奇	2018年3月	2017年度县级事业人员考核优秀等次	文成县人力资源和社会保障局
陈　奇	2018年1月	第三次全国农业普查工作市级先进个人	温州市第三次农业普查领导小组
朱锦云	2017年11月	基层文化建设突出贡献奖	温州市文化广电新闻出版局
朱锦云	2018年3月	2017年度县级事业人员考核优秀等次	文成县人力资源和社会保障局
包静洁	2017年1月	温州市文化广电新闻出版工作先进个人	温州市文化广电新闻出版局
金爱丹	2017年12月	2017年度文成县职业技能带头人	文成县卫生和计划生育局 文成县总工会
胡喜燕	2018年3月	2017年度县级事业人员考核优秀等次	文成县人力资源和社会保障局
胡喜燕	2018年2月	2017年度优秀民兵干部	文成县人民政府 文成县人民武装部
胡泽平	2018年1月	第三次全国农业普查工作市级先进个人	温州市第三次农业普查领导小组
陈宇欣	2018年1月	第三次全国农业普查工作市级先进个人	温州市第三次农业普查领导小组
刘永丰	2018年3月	2017年度县级事业人员考核优秀等次	文成县人力资源和社会保障局
赵海珍	2018年3月	2017年度县级事业人员考核优秀等次	文成县人力资源和社会保障局
何淑云	2018年3月	2017年度县级事业人员考核优秀等次	文成县人力资源和社会保障局

续表22

个人	时间	荣誉名称	授奖单位
叶也斌	2018年3月	2017年度县级事业人员考核优秀等次	文成县人力资源和社会保障局
陈　凡	2018年3月	2017年度县级公务员考核优秀等次	中共文成县委组织部 文成县人力资源和社会保障局
郑伟伟	2018年5月	2017年度温州市计划生育荣誉工作者称号	温州市卫生和计划生育委员会
张丽彬	2018年3月	2017年度县级事业人员考核优秀等次	文成县人力资源和社会保障局
郑国武	2018年3月	2017年度县级公务员考核优秀等次	中共文成县委组织部 文成县人力资源和社会保障局
刘日南	2018年1月	文成县十九大维稳安保工作先进个人	中共文成县委 文成县人民政府
刘日南	2018年3月	2017年度县级事业人员考核优秀等次	文成县人力资源和社会保障局
钟剑萍	2018年3月	2017年度县级事业人员考核优秀等次	文成县人力资源和社会保障局
夏景茜	2018年3月	2017年度县级事业人员考核优秀等次	文成县人力资源和社会保障局
陈思勇	2018年3月	2017年度县级事业人员考核优秀等次	文成县人力资源和社会保障局

（邢金旺）

珊溪镇

【概况】 珊溪镇地处文成县西南部、飞云江上游，是国家重点工程珊溪水库所在地，文成县次经济文化中心，位于温州西部生态休闲产业带建设节点上，东与巨屿镇相邻，南与平阳县接界，西与泰顺县接壤，北与黄坦镇相连，文泰公路穿境而过，距县城22公里。2017年，镇辖珊溪、李井、南坑、西龙、仰山5个社区，41个村（居）民委员会，总人口4.51万人，面积117平方公里。珊溪镇曾获得过浙江省重点综合改革试点镇、市级教育强镇、体育强镇等荣誉称号，是文成县第一个党小组成立地，是著名的革命老区。

珊溪入城口（夏肇旭提供）

【文泰高速】 2017年，珊溪镇 把“圆梦公路”建设作为全年工作重中之重来抓，集中精力攻破文泰高速等重大交通项目政策难关，比县规定时间提早一个月完成所有政策处理任务。在3个政策攻坚组的努力下，完成坟墓迁移2482穴，土地征用55.5公顷，房屋征收111间，线管迁移16公里，租用施工便道30公里，为各个节点工程上马建设提供保障。

【重点工程】 2017年，珊溪镇重点工程完成固定资产投资8.57亿元。李井抗震安居小区一期D区块160套联建房主体竣工，蔡宅口131间拆迁安置房经摸文确定；二期B区块430套联建房部分完成主体四层，A区块方案会审通过。直面老账旧账，梳理城镇“补丁破相”的停滞项目，推动珊湖岛养生度假中心项目重新动工，展现全新活力。

【旅游发展】 2017年，珊溪镇借“全域旅游”东风，启动旅游蓄势工作，梳理出山水资源、村落资源、文化资源、人才资源等四大项十余类，各类农民专业合作社100余家，各类蜜蜂、果蔬家庭农场40余家。牛栏湾省级森林公园和林业部门完成对接；塘山村民宿完成AA级创建提升；环飞云湖村落开发利用项目左岸村庄完成征收补偿方案和对比方案，右岸项目启动码头至塘山段6.5公里绿道建设。

【产业培育】 2017年，珊溪镇围绕农业供给侧结构性改革，扶持壮大茶叶、杨梅、高山蔬菜等优势主导产业，进一步扩大蜂蜜、蓝莓、香柚、无花果、百香果等特色农产品规模。推进珊溪蓝峰生态农业采摘园果蔬采摘旅游基地创建，完成1200平方米管理房、580立方米冷库建设，380平方米道路硬化。借助“四无”生产经营单位专项整治行动，认真梳理来料加工等小微企业和潜力型个体工商户，促进有提升意愿的“好苗”由个体向企业转型、由“低散弱”向“高精优”升级，并及时纳入主体培育储备库。培育规模工业企业一家，文成县宏玲服装有限公司营业收入2205万元，其中，出口额为1773.6万元。

【大拆大整】 2017年，珊溪镇坚定不移推进“大拆大整”“大建大美”。街尾片区旧村改造项目（一期）全部结顶，坦歧湾底旧村改造项目ABC三幢完成主体四层建设；农村C、D级危房治理改造任务全部完成，全镇41个行政村完成“无违建村”创建，处置违法建筑93处28925平方米。排查整治“四无”生产经营单位379家，居住出租房、合用场所、民宿等三类场所消防安全527家，整治合格率为100%。旧市场整治提升1家，处置市场内违法建筑面积3600平方米，处置率为100%。

【环境再造】 2017年，珊溪镇高标准实施环境再造工程，完成小城镇环境综合整治规划编制，开展“清洁家园”行动，全面开展市级卫生镇创建和文明镇创建工作，启动滨江路、江北路、新建西路、沿溪西路等主要干道整治。推动实施“三创三治”环境治理方案，与41个村（居）民委员会完成5666份责任书签订，全面攻坚阶段一个星期出动人员806人次，开展清扫110余次。推进路网优化整治，全长1.2公里，总投资1500万元的街尾至下山垟通村公路开工建设。

【五水共治】 2017年，珊溪镇落实河长制，深化“治水剿劣”专项行动，完成五水共治投资2000多万元，8条主要河道水质优良率走在全县前列。下排坦、雅坪、鳌洋、松坑、塘山等5个农村饮用水工程及君阳村管道灌溉工程竣工。百万山水库等7个工程完成标准化创建。飞云江治理二期工程完成政策处理和李井口土地平整工作。城镇三级污水管网改造工程接连推进，沿溪西路、新建西路、新建东路等道路管网改造陆续完成，新建污水管网总长6.76万米。

【除险安居】 2017年，珊溪镇推进地质灾害隐患综合治理，4个避让搬迁点（涉及15户65人）完成协议签订和原房拆除任务，完成率100%；2个避让搬迁点涉及的安置工程开工建设；3个工程治理点完成治理。避灾安置场所建设有序推进，21个改造提升场所完成镇级验收，验收合格率100%；项坑等11个拆建场所主体完工。

【民生事业】 2017年，珊溪镇坚持壮大村集体经济和薄弱村消除工作，25个薄弱村成功消薄。教育事业向好发展，珊溪李井小学、李井幼儿园进入农转用土地报批阶段。推进全民健身工程，滨江公园篮球场正式投入使用。加强思想文化建设，开展各类文化活动350余场次，评选“最美”等先进共197人，各渠道开展“最美文成人”好故事宣讲128场次。震后重建进入扫尾阶段，本年度落实各项指标1434户。

【社会治理】 2017年，珊溪镇坚持以“平安护航十九大”为主线，推进信访维稳、治安防控、安全生产、消防安全等各项工作，社会环境总体平稳向好发展。不断健全人民调解组织建设，排查整治各类隐患598起，化解各类矛盾纠纷64件，整治率、调解率达100%，强化火灾等安全事故防控综合治理体系建设，重点突出居住出租房和合用场所消防安全隐患排查整治，累计开展联合执法12次，10人以上居住出租房全部完成整改。

【改革创新】 2017年，珊溪镇推进“最多跑一次”改革，梳理最多跑一次事项50余个，增设街尾、新建两个村级便民服务中心试点。基层治理“四个平台”不断完善，41个村(居)民委员会50名专职网格员完全优选，《以奖代补方案》正式投入使用，成功召开全科网格建设工作现场会获广泛好评。创新推行重点工作月报及重点工作项目表，明确责任分工、人员组成及时间节点。完善人大督查反馈机制，重点工作“一周一查、一月一反馈、一季一会商”的人大监督模式基本形成。法治政府建设深入推进，新增具有执法证的公务人员2名。完成团委、妇联等组织换届工作，乡贤恳谈会成功召开，建言献策、征求民意机制进一步健全。

【基层党建】 2017年，珊溪镇 "党建示范带"助推村级发展。深入挖掘孝文化、红色文化、特色产业、经济发展，按照梯度培育、错位发展的原则，推进“云江律动”一带两区三联盟党建示范带建设工作，择优重点打造“三村一企一广场”，以“红色三步曲”建设“红色云江、品读街尾”；以“四大红色主题”串起坦歧村“红色新时代”；以“六大破难行动”实现徐岙村“红色蝶变”，以及珊溪“红色专线”客运有限公司，“云江红”党建主题公园。“主题党日”助推认识提升。各村主题党日活动学习不间断，以“挖掘特色、凸显亮点”为导向，使主题党日初显“一村一品”，坦歧村以“不灭的星火”为出发点，串联月光会议、板凳会议，延伸发展“互联网会议”，构建“走进新时代”的特色学习园地。“领头雁”工程助推“尖兵”发力。通过“深学提质、实干增效”统筹升级“村干部、镇干部、党员干部”等团队力量。立足《珊溪镇组工信息》、“实干大擂台”等多种载体，强化“选育关爱”，实施“源头、活力、强识、暖心”等四大工程，铸造“珊溪尖兵”，成功举办全县乡村干部队伍建设现场会。

街尾村党建示范带(珊溪镇提供)

2017年文成县珊溪镇集体先进名录

表23

单位	荣誉称号	授奖单位	颁发时间
珊溪镇	2017年度有效投资先进单位	中共文成县委 文成县人民政府	2018年2月
珊溪镇	2017年度文成县宣传思想文化工作先进单位	中共文成县委宣传部	2018年2月
珊溪镇	2017年度文成县农村文化礼堂建设工作先进单位	中共文成县委 文成县人民政府	2018年2月

(周 情)

玉壶镇

【概况】 玉壶镇是浙江省著名侨乡，位于文成、瑞安、青田三县交界处，2017年，镇域面积182.11平方公里，户籍人口5.1万人，在外华侨6.8万人，分别旅居在欧洲、中北美等40个国家和地区。2017年，全镇在建限额以上固定资产投资项目14个，新开工11个，续建3个，完成固定资产投资4.45亿元。

【国际慢城】 2017年，玉壶镇根据《“侨韵玉壶·国际慢城”建设三年行动计划》，近三年，慢城项目主要安排在主城区的侨乡悠镇、水巷炊烟、城郊野趣三大板块。2017年，重点推进7个项目，分别是入城口景观提升、壶山路风情街改造、五一绿道工程、花海基地、风车宿营基地、水巷炊烟项目、玉壶中美合作所修缮工程。

风车宿营基地（玉壶镇提供）

【城乡统筹】 2017年，玉壶镇城镇功能逐步得到完善。中村农贸市场完成改造提升，建设完成2000平方米的停车场，320个停车位，完成城镇三级管网建设5.1公里，主要街道基本实现白改黑。玉壶小城镇环境综合整治规划方案被评为省优秀方案，壶山路立面改造工程成为市级改造样板。开工建设龙背城中村项目，代表县里接受市里考核。清理批而未供地4.80公顷，完成长丰、南河、雅龙、樟坑4个村旱改水项目24.33公顷，垦造水田1.97公顷，超额完成立项任务，项目用地得到有效保障。

龙背村城中村改造透视图（玉壶镇提供）

【产业培育】 2017年，玉壶镇围绕打造慢城旅游休闲产业体系，搭建产业平台，推进产业融合发展、转型发展。生态农业稳步增长。围绕农业供给侧结构性改革，扶持壮大中药材、油茶、蜜柚、青钱柳等传统优势主导产业，种植面积分别达到83.66公顷、146.67公顷、12公顷、36.67公顷。服务业稳步增长，鼓励建城区和玉泉溪两岸发展酒吧、咖啡吧、茶吧等特色餐饮业25家。加快培育民宿经济，金星山一角民宿获评省级中医药文化旅游基地，正全力争取省级森林康养项目落户挂牌。

【生态环境】 2017年，玉壶镇狠抓“国际慢城”配套环境治理。启动交通主干道、壶山路入城口等重要区域的形象提升工程，新建冰心街、沿溪路自行车骑行道、垟头绿道游步道、慢行彩道等慢行系统。“三边三化”“大拆大整”“三改一拆”“五水共治”持续推进，全年“三改”项目完成综合整治3.5万平方米，拆除违法建筑2.42万平方米，完成坟墓生态化改造443座，完成危旧房治理260间。持续开展“清洁家园”专项行动，成功创成全国文明村镇。严格落实河长制，获得五水共治先进集体荣誉称号。

【社会事业】 2017年，玉壶镇坚持将政府主要财力用于改善民生，全年城乡居民医保参保28904人，基金征缴224.5万元。发放低保金480多万元，惠及1985名困难对象。新建赵基、洪地、吴坑三个养老服务照料中心，对44个村避灾点进行安全检测排摸，完成7个村的新建和18个村的改造提升。新建农村文化礼堂1个，成功举办国际慢城第一届趣味运动会，建成具有侨韵特色中心幼儿园并完成招生9个班，持续开展“亲情中华·汉语桥”夏令营活动。征兵工作顺利完成，征集新兵10名，大学生比例达到100%。全年开展平安自查行动112次，发现安全隐患895处，整改到位100%。开展信访“百日攻坚”行动，完成平安护航十九大任务。

【玉壶镇集体荣誉录】

2017年全国文明村镇

2017年平安护航十九大先进集体

2017年文成县村和社区组织换届先进集体

2017年全县宣传思想文化工作先进集体

2017年文成县农村文化礼堂建设工作先进乡镇

2017年文成县未成年人工作先进集体

村级荣誉录

2017年温州市五美乡村精品村

【先进个人荣誉录】

2017年全县宣传思想文化工作先进个人：蔡丽英

2017年温州市侨联系统先进个人：蔡丽英

2017年温州市农普先进个人：曾邓晓、周强、白梓锋

2017年文成县人大工作先进工作者：胡建南

2017年文成县人大宣传信息工作先进个人：钟希英

2017年文成县“平安护航十九大”工作先进个人：严成、林涛、邢德成、苏特、刘永健

2017年文成县村和社区组织换届工作先进个人：周扬清

（玉壶镇供稿）

南田镇

【概况】 南田镇明朝开国元勋刘伯温的诞生地，其中刘伯温是浙江省第一位上央视“百家讲坛”的历史文化名人，刘伯温廉政文化教育基地也是温州市第一个省级廉政文化教育基地。自古以来，南田镇人杰地灵，人才辈出。史书有记载的就有北宋名相富弼五世祖、唐松州刺史、太常寺卿富韬，宋节度使、中书令钱晌，宋承务郎佥枢密院事富直亮，宋端明殿学士富直言，婺州刺史钱旭等90多人。南田镇曾是红色文化阵地，红色文化资源丰富，抗日战争爆发以后，相继成为省图书馆（通志馆）、杭州联立中学（简称联高）等机构、学校的避难所。先后走出刘劲持、刘鹤翔、刘振清等十位黄埔军校的军人。他们为南田留下丰富文化遗产。2017年该镇通过省刘伯温文化旅游风情小镇评审、省卫生镇创建复评、获得省文明镇称号并创成文成首个“零四无”示范乡镇；武阳村先后荣获国家AAA级旅游景区、浙江省美丽乡村特色精品村、全国美丽乡村示范村、浙江省首批AAA级景区村庄和浙江省老年养生旅游示范基地等殊荣。

【项目建设】 2017年，南田镇紧盯政策处理、项目开工和项目谋划三大环节，有效促进投资增长。完成投资3.5亿。问道刘基馆装修与布展工程顺利完工，南田伯温小学、南山线公路提升工程等项目建设有序推进，南田镇56省道入城口景观工程、美丽乡村综合体、西南公路提升改造工程等旅游项目及配套设施建设等新建项目基本按时间节点要求开工。完成“旱改水”垦造水田26.67公顷。完成浙商回归4400多万元。开展六福山禅意小镇、明朝风情小镇、南田镇畲乡高村康体养生度

假中心等3个招商项目的包装推介工作。

问道刘基馆(南田镇提供)

【环境优化】 2017年,南田镇 打好“美丽小镇”攻坚战。以国家AAAAA景区评定标准为标杆,紧抓“全域旅游”建设契机,致力打造旅游风情小镇建设。小城镇整体整治计划完成66%,完成投资额达7631万元。刘基庙外围仿古街区征地拆迁项目,23天时间完成151户拆迁户的签约,涉及面积4.8公顷,签约率达100%;完成房屋拆除清理工作。下好“美丽乡村”创建先手棋,武阳创成AAA级景区村庄;生态畲乡高村完成节日广场、廊桥、凤凰广场等工程;山水田园驮湖着手方案设计。布好“五水共治”生态维护网,完成城镇管网与农村生活污水治理设施建设,抓好“清洁家园”创建行动。

刘基故居(南田镇提供)

【平安高地】 2017年,南田镇加大信访积案化解,受理各类矛盾纠纷390起,化解率为98%,处置非正常死亡引发的矛盾纠纷6起;化解信访积案9起。围绕“推动化解稳控一批、不刺激使其静默一批、通过相关关系人稳控一批、安排精干重点盯控一批、设置卡点守牢一批”的方案因人施策、因事而谋,成功实现厦门峰会、中共十九大、互联网大会期间零非访。整治“四无”生产经营单位132家,完成率为100%。

【民生事业】 2017年,南田镇深入实施除险安居工程,完成利明村、西垟村、梅树村3个点的施工和高新村、叶山头村、富头村等避让搬迁工作。重拳出击危旧房改造,完成76户C级危房修缮改造工作,完成107户D级危房拆除工作。同时继续深入对危旧房屋的动态排查。加强避灾安置场所建设,基本完成三甲、新南、光明等12个点的避灾安置点建设。拆除处罚处置各类违法建筑28871.22平方米。全年城乡居民医保参保32410人,参保率为100%;发放各类困难对象补贴补助资金835万余元,惠及1600多名困难对象。开展元宵节舞龙灯、太公祭等群众喜闻乐见的文体活动品牌及宗教和谐共建行动。

【生态经济】 2017年,南田镇立足本镇资源优势,深入推进品牌创建,基本形成以高山大米、高山蔬菜、高山水果为主的“老三宝”,扩大猕猴桃、黑木耳、杨梅等种植规模,推广黄菊优质中草药等经济作物种植模式。2017年,南田大米产量5100多吨,高山蔬菜产量17410余吨,高山水果499吨,其中猕猴桃面积发展到33.33公顷,糯米山药166.67公顷、红心柚100公顷。改善农业基础设施,建设三源、十源、九都种植业标准化示范片4个,培植皇菊基地6.67公顷。突出“接二连三”,推进农旅深度融合发展,扶持10家雪梨、猕猴桃、生态大米、杨梅等龙头企业。做好伯温文化产业、电子商务、民宿经济等南田“新三宝”,拓展产业渠道。据统计,全镇接待游客15.5万人次，实现旅游收入900多万元。全镇新增民宿4家，年末，有民宿28家，入住率达76%。同时，狠抓生态经济与信息经济的全面融合发展。

【基层党建】 2017年，南田镇全镇基层党组织55个，党员总数1516名。以党建为统领，破难推进，克服南田镇村情复杂因素影响，采用“五位一体”工作法，成功完成村级组织换届。以“两范两促”工作为抓手，围绕中心工作来谋划推动刘基党建清廉示范带建设。以“三探索”规范支部“主题党日”活动，创新推出党员“十问”自我，激发党员活力。履行“一岗双责”全员抓党建职责，以镇领导挂村、党建指导员包干抓落实等“组团式”帮扶机制，推动软弱落后村转化。工作作风更加扎实。按照中央和省、市委统一部署，扎实开展“中共十九大”精神学习，全镇广大党员得到深刻的党性锤炼，先锋模范作用进一步发挥。贯彻中央八项规定和省、市、县委系列规定的要求，持之以恒正风肃纪。选人用人更加科学。坚持用好的制度、好的方法、好的作风选人用人。年内，22名干部提拔任职中层岗位，一批优秀、年轻干部在拆迁一线、项目现场、平安建设等困难多、矛盾大的地方得到锻炼和成长，为南田事业发展增添后劲。查处党员干部违纪案件7起，开除党员4人。

9月6日，南田镇在武阳村开展“美丽庭院·诗画乡村”(南田镇提供)

2017年文成县南田镇先进集体名录

表24

先进单位	荣誉称号	授奖单位	颁发时间
南田镇党委	村和社区组织换届工作先进集体	中共文成县委 文成县人民政府	2017.6
南田镇人民政府	浙江省文明镇	中共浙江省委 浙江省人民政府	2018.2
南田镇人民政府	2016年度温州市信访工作先进集体	温州市人民政府	2017.
南田镇人民政府	文成县消防安全先进单位	文成县人民政府	2017.3
南田镇人民政府	文成县村和社区组织换届工作先进集体	中共文成县委 文成县人民政府	2017.6
南田镇人民政府	温州市第三次全国农业普查市级先进集体	温州市第三次农业普查领导小组	2018.1
南田镇人民政府	2017年度质量工作先进单位	文成县人民政府	2018.3
梅树村	省级卫生村	浙江省爱国卫生运动委员会	2017.12

续表24

先进单位	荣誉称号	授奖单位	颁发时间
高村	浙江省第一批传统村落	浙江省住房和 城乡建设厅	2017.9
武阳村	文成县年度平安村居建设先进集体	中共文成县委 文成县人民政府	2017.4
武阳村	浙江省首批3A级景区村庄	温州市旅游局 市委农办	2017.10
武阳村	浙江省卫生村	浙江省爱国 卫生运动委员会	2017.12
武阳村	浙江省老年养生 旅游示范基地	浙江省旅游局	2017.12
武阳村	浙江省第一批省级 传统村落	浙江省住房和 城乡建设厅	2017.9
三甲村	温州市文明村	温州市精神文明 建设指导委员会	2017.12

2017年文成县南田镇先进个人名录

表25

先进个人	荣誉称号	授奖单位	颁发时间
廖广贤	浙江省优秀护林员	浙江省绿化与湿地保护 委员会与浙江省林业厅	2017.11
刘志斌	文成县优秀民兵干部	文成县人民政府 县人民武装部	2018.2
赵东夏	2016年度安全生产工作先进个人	文成县人民政府	2017.3
林碎勇	村和社区组织换届工作先进个人	中共文成县委 文成县人民政府	2017.6
林卫斌	村和社区组织换届工作先进个人	中共文成县委 文成县人民政府	2017.6
刘健明	村和社区组织换届工作先进个人	中共文成县委 文成县人民政府	2017.6
赵东夏	温州市第三次全国农业普查市级先进个人	温州市第三次农业 普查领导小组	2018.1
吴哲海	温州市第三次全国农业普查市级先进个人	温州市第三次农业 普查领导小组	2018.1
吴丽丽	温州市第三次全国农业普查市级先进个人	温州市第三次农业 普查领导小组	2018.1

（包芳芳）

黄坦镇

【概况】 黄坦镇地处文成县西南部，直线距县城10公里，全镇总面积约196.5平方公里，是文成县国土面积最大的镇，其中林地面积1600公顷，耕地面积1426.7公顷。2017年，镇总人口3.5万人。政府办公地址设在黄坦镇镇前路2号，行政编制数52名，事业编制数45名，下设镇办公室（法制办公室）、党群工作办公室、经济发展办公室、村镇规划建设办公室、社会事务管理办公室、综合治理（信访）办公室、人口和计划生育办公室、财政财务管理办公室、综合信息指挥室、人大办公室等10个行政办公室；设有便民服务中心、农业综合服务中心、农业站、农经站、林业站、水利管理站、综合治理和社会事业服务中心、文化体育站、计划生育服务站、财政所、统计站、劳动保障所、安全生产监督管理所（消防安全管理工作站）等13个事业编制科室；另设镇纪委、镇人武部、镇工会、镇团委、镇妇联等5个机构。镇辖雅梅、王宅、稽垟、黄垟、富岙、云湖6个社区，45个行政村，其中7个少数民族村。全镇有基层党组织93个，党员总数1837名，其中农村党员1541人。年内，黄坦镇围绕建设“三美文成”，团结带领全镇干部，立足自身优势，补齐问题短板，集中精力抓好城镇拓展、环境再造、产业培育、除险安居等重点工作，全力以赴打造“浙南休闲旅游目的地名镇”。

远眺黄坦（黄坦镇提供）

【项目建设】 2017年，黄坦镇全年完成限额以上固定资产投资6.79亿元，完成率122%，居同类镇排名第一。其中全年安排限额以上项目22个，总计划投资5.55亿元，实际完成投资7.2亿元，完成率130%，在同类镇中排名第二；以抗震安居工程为代表的民生类项目7个，完成投资额3.3亿元，占比45%；招商引资项目以东方慢城飞云湖小镇为主，浙商回归资金1.18亿元，同类镇排名第一。

黄坦入口公园秋季效果图（黄坦镇提供）

【招商引资】 2017年，黄坦镇围绕打造“浙南休闲旅游目的地名镇”要求，招商引资工作呈现新气象，招商引资到位资金13563万元，居同类镇第二。旅游开发核心项目“东方慢城·飞云湖小镇”，顺利与浙江慢城建设有限公司签订投资框架协议，协议总投资126亿元；成功促成浙江双坤实业有限公司注册资本5000万元（未实缴）的紧固件产业链基地落户黄坦；文成县生态农产品批发中心重新启动，注入“新能量”项目进展顺利。

【产业培育】 2017年，黄坦镇有各类市场主体944家，2017年新登记126家，注销61家，实现新增市场主体65家，完成限下转限上企业2家，新增资质建筑企业1家，梳理完成圣山食品有限公司等6家企业作为重点培育对象。

黄坦糖匠人(黄坦镇提供)

【城镇建设】 2017年,黄坦镇按照“一轴带动、两翼突破”的总体定位,依托重大项目实施,黄坦镇新城区建设取得显著成绩。抗震安居工程建设顺利推进,基础配套设施逐步完善。栖村垟三期-A、四期-2小区550套住房主体结构全部封顶;栖村垟二期工程140套住房实现部分主体结构封顶;王宅小区140套住房正进行部分三层施工。云湖路建设完成路基全线贯通。云峰村公墓建设,完成上山道路修建和土地政策处理,上报林地许可审批申请。黄坦综合供水工程建设,大坝主体完工,库容量升高至39.59万立方米,并通过蓄水验收,6月份开始供水。结合小城镇综合整治,加速推动入城口景观建设、整治线缆乱拉、房屋立面装修等,城镇综合面貌有效提升。

【大拆大整】 2017年,黄坦镇力行“大拆大整”,实现“大创大美”。黄坦镇出台《黄坦镇D级危房综合治理补助办法》,治理完成D级危房434户,C级危房356户,治理完成率达到100%,其中济下桥楼35户35间C.D级危房整自然间一次拆除;严本村东降地块的城中村改造,完成20户签约及13户房屋拆除工作,3幢安置房进入部分五层施工阶段;完成229家合用场所和83家居住出租房整治,备案率100%;拆除违章建筑28912平方米,完成率100.4%,其中拆后利用面积7938.43平方米,拆后土地利用率85%,位居全县前列。“四无”生产经营单位排查工作有序开展,排查一家整改一家,整治合格率100%。

【环境整治】 2017年,黄坦镇环境建设常抓不懈,城镇面貌华丽蜕变。全年取缔店铺占道经营2300余处,清理处置流动摊贩1600余起,拆除遮阳棚20余处;协同交警整治车辆违法停放,缓解城镇交通拥堵,城镇管理成效显著;成立“清洁家园”攻坚行动领导小组,研究制定出台《黄坦镇“清洁家园”、村村比美工作方案》,形成干群携手共建清洁家园的良好氛围,荣获2017年第三季度全县清洁家园“最佳乡镇”称号;持续深化《河长制》《河道长效保洁机制》等制度,保洁经费投入35余万元,实现城区境内主河道10小时保洁制,开展河道清洁31次,清淤1万立方米,清理河道垃圾160余吨,10月,完成黄坦坑上游劣V类水体整治,五水共治取得阶段成果。

云湖风光(黄坦镇提供)

【生态工农业】 2017年,黄坦镇加大力度发展生态庄园经济,特色庄园品牌不断凸显。仙人居农庄荣获“浙江省休闲农业与乡村旅游示范点”称号,仙果庄园被授予“浙江省果蔬采摘旅游基地”。做好农业“精品化”文章,扶持高山蔬菜、鲜切花卉等特色农业,成功创成省级示范合作社2家,市级示范合作社1家,县级示范合作社7家,其中逢左花卉获得2017年浙江省第八届花卉展示展销会“金奖”，猕猴桃等6种产品被认证为绿色无公害产品。

仙人居油菜花（黄坦镇提供）

【生态旅游】 2017年，黄坦镇镇域旅游化改造纵深推进，利用湖滨养生、畲乡风情、区位优势等资源，打造休闲旅游目的地名镇。栖真寺扩建项目一期计划投资2.85亿元，完成林权审批、环评审批和农转用报批组件，项目取得实质性进展；东方慢城·飞云湖小镇项目成功与浙江慢城建设有限公司达成总投资126亿元框架合作协议，完成投资1.8亿元，完成半岛小镇12幢别墅主体结顶。培头村、稽垟村、富康村、周岙底村等美丽乡村建设工作全面启动。

畲家婚嫁风俗表演（黄坦镇提供）

【社会保障】 2017年，黄坦镇合理配置社会养老服务资源，在全镇范围内对困难老年人养老服务需求进行评估，新建居家养老中心15个，完工15个。落实社会保障政策，开展低收入农户排查，全镇落实1058户、1730人，全年发放低保经费6071005元；完成低边扩面工作，低边人数609户，1107人。深化殡葬改革，重点对“三沿五区”重点地段的坟墓进行整治，拆除新建、翻建坟墓192座，巩固“青山白化”治理成果。做好避灾安置中心建设，完成改造提升避灾安置点9个，完工建设避灾安置点5个。谋划新建黄坦镇中心小学、黄坦敬老院、黄坦卫生院等一批民生福祉项目建设。

【平安建设】 2017年，黄坦镇以创建“平安黄坦”为契机，扎实推进平安建设工作。建立社会治安综合治理工作领导机构，制定矛盾纠纷排查化解工作机制、信息报送制度、领导包案干部包人调处责任制，出台应急处置工作预案，促进预防和排查化解矛盾纠纷工作的经常化、制度化、规范化。年内，出色完成中共十九大、世界互联网大会等重要会议安保工作；全年出动法制宣传车20台次，张贴宣传标语150多条，发放各类宣传册6000多份；成功处理治安安全隐患23起，调处纠纷矛盾176起，受理信访件29件，排查整改安全生产隐患200多起，化解信访积案19件。

【基层党建】 2017年，黄坦镇开展“两学一做”学习常态化制度化，规范组织生活会的程序和内容，9月，成功举办全县固定主题当日活动现场观摩会。创新中共十九大宣传方式，以镇机关党支部为示范，结合互联网、文化汇演等多种方式将十九大精神送到群众一线，十九大学习覆盖45个村1800余名党员，收到十九大学习笔记682篇；加强党建责任制度建设，制定《村级考绩一村一清单》，形成“奖罚分明、行之有效”的精细化考核体系，制定《村干部正负面信息清单》，形成干部激励约束体系；强化村级党建督察，按照干部履职“双十清单”要求，开展“补短板、抓提升、促发展”专项攻坚行动，全年督查6个社区32个村的党建工作，落实整改意见132条；落实“两范两促”，成立云江片区联合党委，有效破解移民片区党员分散学习管理不便的问题，开展村级活动阵地建设，完成山后村等3个村新建任务，完成严本村、占里村等11个村的提升工作；率先推行党费“按月收、不找零”制度；成功激活集体经济“造血功能”，新增完成经济薄弱村转化35个，新增经营性收入达到5万元以上的行政村44个，有9个村完成物业购置；严格党员发展管理，按照党员积分制管理，把握“宁缺毋滥”的原则，全年发展党员27名；完成45个行政村的村级组织换届工作。

全县固定主题当日活动现场观摩会（黄坦镇提供）

2017年文成县黄坦镇先进集体名录

表26

单位	荣誉名称	授奖单位
黄坦镇人民政府	2017年度有效投资先进单位	中共文成县委 文成县人民政府
黄坦镇人民政府	2017年度工作考核优秀单位	中共文成县委 文成县人民政府
黄坦镇人民政府	2017年度全县支持文商创业创新促成文成发展工作先进单位	中共文成县委 文成县人民政府
黄坦镇人民政府	第三次全国农业普查先进集体	温州市第三次农业普查领导小组
黄坦镇人民政府	“我最喜爱的习总书记的一句话”主题微型党课最佳组织奖	中共文成县委 文成县人民政府
黄坦镇人武部	2017年度先进武装部	文成县人民政府 文成县人武部
黄坦镇人民政府	清洁家园专项行动先进集体	中共文成县委 文成县人民政府

（周一琦）

西坑畲族镇

【概况】 西坑畲族镇位于文成县西北部，镇总面积48.29平方公里，平均海拔350米，辖11个行政村，170个村民小组，总人口12188人，其中有4个畲族村，畲族人口2680人，为浙江省4个畲族镇之一。耕地68.67公顷，林地面积3306.47公顷。政府办公地点设在镇前路1号，行政编制数24名；事业编制数25名。下设党政办公室、党群工作办公室、经济发展办公室、村镇规划建设办公室、社会事务管理办公室、综合治理（信访)办公室、便民服务中心、农业综合服务中心、综合治理和社会事业服务中心等。境内山青水秀,自然风光优美,生态环境良好。2017年西坑畲族镇被确定为刘伯温故里国家AAAAA级景区联合创建的3个重点镇之一。

【项目发展】 2017年,西坑畲族镇固定资产投资完成2.2亿元,完成率133%。结合森林氧吧小镇以及“刘伯温故里AAAAA级旅游景区”创建工作,修缮富家大院,成功举办全国晚报社长、总编辑“超构故里行”活动,使其成为全国晚报记者定点培训基地。完成安福怀老院、义工大楼、塘垟避灾小区、让川精品村、天圣逸境中华庄园一期等项目建设,启动建设特色小镇客厅、毛泽东像章展览馆、叶岸抗震安置小区、仙花谷现代农业园、西南公路改造提升工程、溪后菩提客民宿、美丽西坑等工程,抓好二级旅游服务中心、让川避灾安置小区、梧溪河道整治二期等项目前期工作。

【旅游产业】 2017年,西坑畲族镇以森林氧吧小镇创建为抓手,不断提升发展基础和环境面貌。让川悦慢成为温州首批森林康养基地,获评AAA级旅游村,通过盘活让川村老屋,培育畲乡小院、竹蔭樟影等7家民宿,推出畲家长桌宴,成为远近有名的特色餐饮;围绕做大乡村旅游、做特康养产业、做强文创产业,重点推进精品村和精品景区的改造提升,完善西坑民族村、让川村和梧溪村基础设施建设;深化本土文化遗产资源保护,打响梧溪“最牛外婆家”。年末全镇景区接待游客21.5万人,旅游门票收入2501.2万元,同比增长20%。

【除险安居】 2017年,西坑畲族镇在危旧房治理方面,全面排查房屋3625户4876间,排查出D级危房91户124间,C级危房44户57间,其中D级危房全部拆除,C级危房拆除11户,修缮33户;在地质灾害点搬迁方面,全镇地质灾害点有11处70户,完成地质灾害点治理2个,让川半岭避让搬迁点9月前实现避让搬迁协议签订率和原房拆除率100%;在避灾安置场所建设方面,建成旁边垟、塘垟两个避灾中心,正在建设让川村民中心,改造提升4个避灾场所,均通过县级验收;在“三改一拆”及无违建镇创建方面,全镇工作处置违法建筑1.6万平方米,没收存量违建52处,共计891平方米,拆除存量违建132处,共计17202.08平方米,完成年度拆除任务的107.513%,全年累计拆除各类违法违章建筑17202平方米,完成率107.5%。

【环境再造】 2017年,西坑畲族镇陆续投入4950万元,坚持从“拆、改、建、治、管”入手,组织实施平改坡、立改特、上改下、白改黑工程(注释:房屋平顶改坡顶,外立面改造特色化,管线地埋,水泥道路改柏油路),建设入城口、文化广场、河道整治、农贸市场等项目,让川美丽乡村综合体和小城镇环境综合整治项目代表文成县接受全市“比学赶超”现场观摩,顺利通过省级考核验收。全年完成赤膊房粉刷2.7万平方米,拆除各类违法违章建筑17202平方米,完成率107.5%,完成劣V类小微水体整改和销号2处,并开展河道清理志愿者活动30余次,累计出动1000多人,实施耕地垦造10.67公顷。

【民生事业】 2017年,西坑畲族镇落实农村低保人员458户,584人,注销49户50人,调整标准36户59人,新增39户44人,发放低保金288万多元;大病医疗救助76人,发放救助金40.86万元;贫困残疾人生活补贴190人,发放救助金39.4万元;重度残疾人护理补助125人,发放救助金39.8万元;发放13名优抚对象定期补助款(包括:三属、伤残军人、复员军人、退伍军人),发放补助款12.4万元;发放民政社救定补10人(包括:老党员、精减人员、支宁返文人员),发放资金7.8万元;发放60周岁退伍军人生活助救29人,发放6.3万元;殡葬改革工作中“三沿五区”青山白化治理率96%以上,完成县定任务；建成居家养老照料服务中心9个，完成60周岁老年人、329名残疾人、留守儿童调查，并在全国留守儿童系统录入172个留守儿童和19个困境儿童，开展慈善一日捐助活动，捐得人民币3万余元；顺利完成11个村级组织换届选举工作，选出49名村委会干部，选出527名村民代表。

【平安建设】 2017年，西坑畲族镇平安护航中共十九大，实现全年零非访、零越级访。充分发挥镇村群防群治队伍作用，开展平安巡防90余次；食品安全监管工作有效开展，群众生命健康有保障；整治出租房56处，整治合用场所137处；加大对旅游景区各种安全提示和监控、危险项目及路段安全、密集场所人员疏散等排查整治；全年接待来信来访50多起，化解各类矛盾纠纷27起。建成“四个平台”“三三一”社会矛盾联调中心和“一三五”应急处置指挥中心，推进立体化治安监控体系建设，不断提升全镇维稳工作科学化水平。

【基层党建】 2017年，西坑畲族镇以发展壮大农村集体经济作为基层党建的首要任务，以“六型党建”为引领，精心打造双强善治、引领致富、特色文化、服务奉献、民主管理、主题活动等“一村一品”。创新推出驻村干部履职“三十清单”、村主职干部履职擂台赛、周行程公示等举措，加强基层铁军建设，凝聚乡村振兴红色动能。将发展壮大农村集体经济作为基层党建的重要任务，发挥好生态资源、文化资源、产业资源的优势，因地制宜，通过盘活存量资产、兴办实业经济、搭建服务平台，走出一条“活思路、强班子、富集体”的路子。率先打赢“消薄”攻坚战，专题研究“消薄”工作30次余次，到各村开展座谈会进行调研20余次，通过帮扶八法增强村集体“造血”功能，消薄任务全部完成，11个行政村均实现经营性收入5万元以上。通过党建引领乡村振兴，环境面貌不断提升，群众生活质量明显提高，社会事业全面发展，基层组织力不断提升，勾勒出了产业发展、环境改造、乡风文明、乡村治理、农民增收的农村新图景。

【推进两新组织】 2017年，西坑畲族镇新成立天悦天两新党支部，通过结对帮扶推动让川村民宿产业发展，帮助让川村村集体经济达到5万元以上。年内，西坑畲族镇先后获得国家级生态镇、第一批浙江省美丽乡村示范乡镇、省级卫生城镇、省级验收通过小城镇环境综合整治达标镇、市级基本无违建镇、市级征兵工作先进集体、市级平安建设先进集体、市级村社换届工作先进集体等荣誉称号。

2017年文成县西坑畲族镇先进集体名录

表27

单位	荣誉称号	授奖单位	颁发时间
西坑畲族镇	省级卫生城镇	浙江省卫计局	2017年11月
西坑畲族镇	省级验收通过小城镇环境综合整治达标镇	浙江省城镇环境综合整治领导小组	2018年2月
西坑畲族镇	党建工作先进单位	县委县政府	2018年2月
西坑畲族镇	市级平安建设先进集体	市委市政府	2017年4月
西坑畲族镇	市级村社换届工作先进集体等荣誉称号	市委市政府	2017年6月

（西坑畲族镇供稿）

百丈漈镇

【概况】　文成县百丈漈镇位于县城北部，以全国最高瀑布“百丈漈”作镇名，镇域面积47.85平方公里，其中耕地面积411.67公顷。，林地面积2115.4公顷。2017年，镇辖篁庄、镇头、西段、西里、长塘、上石庄、下石庄、同垟、盖后、长垄（少数民族村）、底大会、外大会、新亭、富洋14个行政村，人口1.3万。全镇在编工作人员51人，全年新任中层干部正职2人，中层干部副职5人，年内，干部违纪立案6起，严重警告5人，警告1人。全年，镇财政总收入2882.6万元；固定资产投资6.83亿元。

百丈漈镇整体处于南田山夷平面（俗称高山小平原或小台地）上最高点大会顶海拔796.9米；最低点下培山脚，海拔约200米；平均海拔600多米。辖区内有中华第一高瀑--百丈漈（落差207米）、天顶湖、峡谷景廊、天顶湖农庄等景区景点，保存全县较好的石庄古建筑群、大会岭古枫道、大会岭会云禅寺和篁庄福慧寺等。

【项目建设】　2017年，百丈漈镇重点建设项目21个，其中新建项目12个、续建项目9个。全年引进天顶湖山地运动中心、喃山骨伤养生医院、大月湾田园农庄等项目5个，总投资12.7亿元；通景公路、天湖庄园等项目开工建设；洞式电梯、景区停车场、篁庄城中村改造有序推进；推进嘉南美地度假区、天顶湖农庄提升工程，其中天顶湖农庄创成AAA级景区；完成石庄历史文化古村落项目，完成“旱改水”立项13.47公顷，验收8公顷。完成工业用地9宗10.2公顷，挂牌出让并开工建设。

天顶湖山地运动中心效果图（百丈漈镇提供）

天顶湖农庄夜景（百丈漈镇提供）

【产业发展】　2017年，百丈漈镇新增社会资本注册成立市场主体53家，同比上升112%，其中成立影视公司5家，引进途家斯维登酒店1家；引进石门台、牛栏咖啡等民宿11家，完成3家；引进企业9家，开工建设4家；百丈漈生态产业园有55家企业，26家投入生产，完成工业生产总产值3.2亿元。

石门台民宿（百丈漈镇提供）

【城乡环境】 2017年,百丈漈镇 启动小城镇环境综合整治项目,整治项目32个,总投资3.13亿元,完成镇农贸市场改造提升创成省级放心市场和省级三星级文明规范市场;改造完成百丈漈路沿街立面,整治一批破旧卷拉门、广告标语和赤膊房,完成城区3个市民广场建设;新增停车场一处,车乱开、线乱拉等得到整治。城镇垃圾中转站完成结顶,成功创成省级卫生镇,获评市级美丽乡村标杆乡镇。新亭村成功评为省级美丽乡村特色精品村。完成美丽乡村规划设计初稿7个,完成审查3个,启动3个。完成美丽庭院建设140个。开展"大拆大整、大建大美"工作,全年拆除违法建筑面积1.63万平方米,完成沿路沿湖114座坟墓生态化改造。推进"五水共治"工作,完成天顶湖清淤20万立方米,投入240万元治理长塘坑劣V类小微水体。

百丈漈镇农贸市场(百丈漈镇提供)

【民生事业】 2017年,百丈漈镇完成包垟水库开工前所有准备工作。全面落实城镇职工和城乡居民医保政策;完成新一轮低收入农户认定排查,全镇落实农村低保人员500户,五保户10户、享受残疾人生活补助128户。全年申报临时求助41例发放救助款4.94万元。镇慈善分会发放各类救助款1万元。完成居民中心、文化礼堂、避灾场所等村级物业8处,在建1处。整合提升镇便民服务中心,落实"四个平台"建设,全年收集上报处理各类信息693条,处理反馈率100%。为方便群众办事,推进"最多跑一次"改革,落实清单事项30件,建立村级代办试点2个。

新亭村文化礼堂(百丈漈镇提供)

【平安建设】 2017年,百丈漈镇 推进"危房整治,除险安居"工作,整治农村CD级危房216户,拆除地质灾害避让搬迁36间原房,实现三年任务一年完成;镇村避灾安置场所新建或改建10个,其中4个获评市级示范点,实现村级避灾场所重点区域全覆盖;开工腾飞小区避灾安置一期工程,推进二期安置工程建设。落实全国、省市"两会"、中共十九大、世界互联网大会期间维稳安保工作,13个信访案件基本化解,成功调处各类矛盾纠纷218起,及时调处和化解非正常死亡事件3起。开展居住出租房、沿街店面、人员密集场所、高层建筑及农村老旧民房等重点领域消防安全隐患专项整治10余次,排查安全隐患123条次。实施"雪亮"工程,投入100多万新建各类治安卡点和摄像头100余个。

百丈漈镇避灾安置中心(百丈漈镇提供)

【基层党建】 2017年3—4月完成百丈漈镇村级组织换届工作，14个行政村选出149名村四套班子干部，其中村两委干部选出108名。全年新成立支部3个，新发展党员15名。推进党建示范带建设工作，完成3条党建示范带建设，完成11个村示范提升，完成两新阵地提升3处，新建党建广场2处，长廊4条；投资20多万元，完成廉政文化墙、廉政长廊及4个村的廉政文化建设；推行"强村十策"，落实"一村一策"项目，14个行政村中的8个薄弱村全部完成"消薄"摘帽，各村总收入280万元，其中经营性收入90.19万元。通过督查与整改，开展基层党建无告知检查20余次，村与村交叉检查4次，下发通报20期，累计查到坐班值班问题7人次，其中6个村主职干部被扣发工资和约谈，免去村书记一名，完成1个软弱落后村整转，促进党建工作振风肃纪。

百丈漈镇党建广场一角（百丈漈镇提供）

2017年文成县百丈漈镇先进集体名录

表28

单位	荣誉名称	授奖单位
百丈漈镇人民政府	2017年度文成县宣传思想文化工作先进集体	中共文成县委宣传部
百丈漈镇人民政府	2017年度文成县农村文化礼堂建设工作先进乡镇	中共文成县委办公室 文成县人民政府办公室
百丈漈镇人民政府	全县支持文商创业创新促进文成发展工作先进单位	中共文成县委 文成县人民政府
百丈漈镇人民政府	2017年度有效投资先进单位	中共文成县委 文成县人民政府
百丈漈镇人民政府	2017年度产业培育先进单位	中共文成县委 文成县人民政府
百丈漈镇人民政府	2017年度温州市社会主义新农村建设美丽乡村标杆乡镇	温州市社会主义新农村建设领导小组

2017年百丈漈镇先进个人名录

表29

姓名	荣誉名称	授奖单位
刘旭红	2017年度全县宣传思想文工作先进个人	中共文成县委宣传部
刘　懿	2017年度十佳政务新媒体及 全县网络文化传播工作先进个人	中共文成县委宣传部
林来来	2017年度全县质量工作先进个人	文成县人民政府
赵东远	2017年度优秀企业家	文成县人民政府
雷晓敏	2017年度村和社区组织换届工作先进个人	中共文成县委

（施世威）

峃口镇

【概况】 峃口镇位于文成县东部，全镇总面积29.19平方公里，2017年，镇辖峃口、龙车、鱼局、城东、新联、九山、驮垟尾、良坑、渡渎、溪口10个行政村。全镇户籍人口12750人。镇党委下辖党组织21个，党员495人。镇政府下设镇办公室(法制办公室，财政财务管理办公室)、党群工作办公室、经济发展办公室(统计办公室)、村镇规划建设办公室、社会事务管理办公室(民政事务办公室,人口和计划生育办公室)、综合治理(信访)办公室等6个行政内设机构科室，设便民服务中心、农业综合服务中心、综合治理和社会事业服务中心等3个事业单位综合性公共服务中心，全镇在编工作人员43人。

【项目建设】 2017年，峃口镇完成招商引资3332万元，完成限额以上固定资产投资4.49亿元，完成率126.75%。完成飞云江二期工程7个村12个段面的政策处理并实现进场施工、完成桂溪河段土地丈量工作；完成龙丽温高速文瑞段峃口隧道贯通工程；完成文泰高速渡渎段顺利完成主线红线范围内1.57公顷征用土地和施工便道4公顷临时用地政策处理工作；蔬菜配送中心完成主体工程建设实现结顶；九溪电站建成大坝即将蓄水；中意康乐养老院二期完成招投标挂牌出让，进行土地平整；万信度假酒店经过深入对接基本完成环评报告函审和政策处理，建成围墙；柳山搬迁水垄垟地块安置建设项目完成规划、设计，通过可行性研究，地块初步设计完成;耕地垦造城东村横培路项目完成5.85公顷。

【产业发展】 2017年，峃口镇生态旅游有新亮点。九溪欢乐谷完成灾后修复，创成国家级AAA景区，旺季日接待游客4000人，经营收入在全县景区中排名第二。新联村创成AA级旅游乡村。云江漂流项目计划在飞云江峃口段实施漂流项目制定可行性方案，将樱花岛、绿道、梅花岛、桃花岛、流连岛打包经营，实现“四季开花、四季常绿，四季有果、四季可摘”的全域旅游模式。

【生态农业】 2017年，峃口镇围绕生态精品发展农业。驮垟尾、渡渎、溪口、良坑等村充分利用抛荒用地发展糯米山药基地133.33多公顷，年产精品糯米山药50多万公斤，产值达1000多万元，增加低收入农户致富的路子。糯米山药软糯香甜的品质广受好评，品牌响彻温州内外，更是上到中央台《聚焦三农》栏目得以宣传。良坑33.33公顷茶园做大做强，年产值500多万元，茶叶销往上海等地。另外，葡萄、火龙果、小番茄、砂糖橘、猕猴桃、红心柚等水果打响品牌，实现“一年四季有水果”的目标，采摘游更是火热。

【第三产业】 2017年，峃口镇新发展、提升农家乐酒店4家，民宿一家，年经营性收入150万元。副食品、农产品等零售行业欣欣向荣。

【生态环境】 2017年，峃口镇水源保护形成常态。治水掀起新高潮。践行“绿水青山就是金山银山”发展理念，将治水工作与镇村干部绩效进行捆绑，部署早、责任明、排查细、动作快。推进“劣V类水”工作，通过无盲区、不留死角的排查，未发现问题水体。落实排污口专项整治行动，整改三处污水外溢问题。组织开展生活污水治理工程修复和验收工作，提升生活污水处理能力。强化“河长制”，“治水”责任有效落实，飞云江水质成为浙江八大水系之首。

护水取得新突破 2017年，峃口镇有效开展畜禽养殖整治，对散养户清理整治，剿杀河边散养鸡鸭50只，确保畜禽粪便不污染水源。关停鱼局八大碗农家乐，属赵山渡水库一、二级水源保护区内6家农家乐中唯一关停整治的。化解群众阻力，拆除大垟培下培生态公厕，有效保护水源和生态环境。

兴水形成新经验 2017年，峃口镇以"绿水青山就是金山银山"的发展理念，全面整治河岸乱点，开展绿化、美化，兴建滨水公园，规划湿地公园建设，打造集水上、岸上、山上三位一体的初显规模的立体"云江画廊"。实现樱花岛迎客超万人，梅花岛旺季引客日均千人，飞云江水成为两岸百姓"生钱"的聚宝盆。新联治水、兴水经验在温州电视台"瓯江先锋"栏目播出。

【村镇环境】 2017年，峃口镇"美丽庭院"成为样板。以"五化十美"为目标，投入300万元，通过引入好的团队先试先行，考绩办、妇联等县级部门、镇、村无缝对接群策群力，党员群众参与持续持久，在全县率先打造峃口乡村美丽庭院样本。完成6处精品庭院、150户农户庭院及一处生态停车场建设，成效明显，深受当地群众好评，作为全县环境再造工程推进会现场观摩点进行展现。

"清洁家园"形成示范 2017年，峃口镇实行路段长制、流动红旗评比、曝光栏、妇女带头等多种新方式掀起全民参与新高潮，"清洁家园"工作经验在全县第一季度现场会上典型发言。全年拆除违章搭建30处，约1100平方米，出动2000多人次，清运垃圾约40吨。特别是峃口甲岸堂自然村在村干部及党员"一对一"的强力攻坚下实现了整治，一改往日"脏、乱、差"形象成为亮点。

综合整治扎实有效 2017年，峃口镇创成省级卫生镇和一个省级卫生村。开展小城镇环境综合整治工作，完成规划设计，11项整治项目全部开工，8项已完工。结合"云江传承党建示范带"建设，开展沿路美化、绿化、洁化并接受全市"三边三化"现场会的检验。重点开展鱼局村街道美化提升工程，完成沿线的绿化美化、公园建设和433.33公顷彩叶林带基础建设并通过验收，峃口作为文成东大门的入口形象得到提升。

【除险安居】 2017年，峃口镇打好危旧房治理攻坚战。在全县率先制定"农村住房安全工作流程"，高效高质地完成全镇3315户4593间排查、建档、鉴定工作，建档率、系统输入率、鉴定率100%，先进做法在全县推广。率先出台《危旧房网格化巡查制度》和《危旧房应急预案和应急处置机制》，建立"联村领导、镇级网格员、村级网格员"包干负责的动态巡查机制，实行常态化动态管理，确保危旧房不漏排、不漏管。排查建档与整治销号相结合，制定"一户一策一监管"责任表，落实人员，倒逼责任，完成97户D级危房，161户C级危房整治任务，整治率100%。

【"无违建镇"创建】 2017年，峃口镇建立完善网格化管理巡查防控体系，乘势推进无违建镇创建工作，做到建档无遗漏、存量处置无水分、防违控新无死角。全年累计开展集中拆违行动10余次，处置违法建筑面积11234平方米，拆违完成率100%，拆后利用率87.28%，"一户一档"落点建档率和巡更点建立率100%，通过"基本镇无违建镇"市级复评验收。

【地质隐患整治】 2017年，峃口镇开展地质灾害隐患整治，结合地质灾害点实际和农户意愿，提前完成2017年龙车、溪口3处地质灾害点的工程治理任务和龙车1处地质灾害点避让搬迁任务，完成2018年5处工程治理勘察设计。完成8处避灾安置点改造提升，拆建的渡渎村避灾安置点建成主体工程，完成新建的城东、驮垟尾、良坑、吴垟岭根4处避灾安置点选址。推进平安创建，开展安全生产隐患排查整治，全年累计检查生产经营单位421家次，排查各类大小隐患225项，整治完成率100%。

【基层管理体系建设】 2017年，峃口镇构建基层治理体系。高度重视"四个平台"建设，受理、流转、处置平安APP爆料信息461条，实现社情、村情、民情全掌握，处置高效。健全人民调解组织建设，形成“三三一”人民调解机制，作为全县乡镇的试点召开现场会。年内镇村两级人民调解委员会受理各类民间纠纷129件，成功调解128件，移交派出所1起，大量不稳定因素和矛盾纠纷化解在基层。开展信访积案排查化解，坚持控源头，打防结合，抓好重点人、重点事，中共十九大期间社会平安稳定。

【构建基层服务体系】 2017年，峃口镇开展体育小康示范村提升工作，投入30万元，完成鱼局村、新联村两村室内健身设施和室外标准化篮球场建设。关心镇学区教育工作，通过学前教育达标乡镇评估。丰富群众文化生活，提升农村书屋4个，率全县之先完成新联文化礼堂建设。提升便民服务中心建设，设立7个窗口，梳理公布“最多跑一次”事项119项。投入资金40万元，结合市级党建示范带建设完善村级党群服务中心建设，探索“红色代办”服务机制，实现群众办事“不出村”、一般事务性村级层面解决。新建新联居家养老服务中心，每日两餐供应伙食，得到群众热烈欢迎和支持，成为全县示范点。

【基层组织建设】 2017年，峃口镇坚持以扎实的基层基础、优良的作风保障各项事业发展。多种形式发展村集体经济，6个经济薄弱村全部完成“消薄”任务，全镇10个村年经营性收入均达到5万元以上。探索出台“三规”建设、镇村干部“规矩十条”捆绑考核等工作机制，创建干事创业的良好环境。深入推进“两学一做”常态化制度化教育，中共十九大精神宣讲进美丽庭院在央视新闻联播播出。建成廉政示范带，开展10个村的村级财务自查自纠，实行村帐第三方管理机制，持之以恒纠正四风。

（章森海）

巨屿镇

【概况】 巨屿镇位于文成县南部，东南与平阳县接壤，西南连珊溪镇，西北倚黄坦镇，东靠峃口镇，距县城19.8公里。全镇域总面积48.5平方公里，2017年，巨屿镇围绕打造“产城联动示范区和云江秀水十里画廊核心区”的发展战略要求，狠抓项目建设、经济产业培育、生态环境整治、社会事业发展、基层党建等工作，通过“省级卫生城镇”“省级放心农贸市场”等创建工作考核验收，获得省级“小升规”培育及小微企业运行监测工作优秀单位、市级“护航十九大”工作先进集体等荣誉称号，开展平安建设、“大拆大整”工作等，经济社会呈现良好发展态势。

巨屿稠泛农贸市场（巨屿镇提供）

【重点项目】 2017年，巨屿镇把投入作为拉动发展的主引擎，推进项目建设。加大项目前期特别是政策处理工作力度，严格项目时间进度限时加以攻坚，文泰高速公路巨屿段、飞云江治理二期、垟尾城中村改造、公路管理站和东洋小学扩建等项目破难推进；稠泛抗震安居小区二期、稠泛抗震安居小区四期、垟地边抗震安居小区一期等一批重大安居工程项目加快推进。在项目招商上实现招商引资大突破，与东阳鑫鸿影视文化投资公司签约，鑫鸿影视城文化产业园即将落户巨屿沙洲。

文泰高速巨屿段开工点(巨屿镇提供)

【产业发展】 2017年,巨屿镇推进特色农业、效益农业发展,成功打造徐龙猕猴桃基地、张平油茶基地、正湾白枇杷基地等项目。督促企业实施技改,组建县规模最大的小微企业园——温州名泰五金科技创业园,引入35家标准件生产企业,其中22家开始试生产。此外,督促德卡控制阀仪表有限公司完成年产1000台气动闸阀的技改项目。

温州名泰小微创业园(巨屿镇提供)

【城乡环境】 2017年,巨屿镇推进环境再造工程,融入"全域旅游",改善人居环境。开展"大拆大整",危旧房治理改造工作走在全县前列,完成垟尾城中村改造163户拆除任务,建成107建间房屋,稠泛抗震安居小区三期完成主体建筑五层;拆除违法建筑19485.23平方米,完成年度任务的194.85%。推进"五水共治",飞云江治理二期工程政策处理工作平稳快速,项目建设有序推进,穹口湿地公园、白鹭洲、婚庆沙洲基本成型,巨屿公园、巨屿亭公园进场施工;同时,完成城镇污水二级管网建设工程,有效整治镇域范围畜禽养殖,桥头坑劣五类小微水体剿灭任务完成。重点推进小城镇环境综合整治,计划20个整治项目,完成项目初步设计14个,另外6个列入EPC统一设计建设;开工11个,其中巨屿农贸市场改造提升工程、桥头坑东路人行道美化亮化工程等6个项目完工,巨屿农贸市场于12月6日顺利通过省级放心农贸市场验收。"清洁家园"专项行动初显成效,完成6个村的垃圾分类工作,整治环境乱点300余处,全镇"脏、乱、差"现象明显好转。加大青山白化整治力度,拆除坟墓46座,生态坟墓治理7座。

穹口湿地公园(巨屿镇提供)

稠泛抗震安居小区二期(巨屿镇提供)

【社会事业】 2017年,巨屿镇不断完善农村基础设施建设,建成扶贫路等一批道路建设和农村饮用水改造项目。加快避灾场所建设,新建避灾安置场所4个,改造提升12个,设置临时安置点11个,实现镇域避灾安置点全覆盖。开展地质灾害点治理,金面盂村地质灾害点治理工程完成并通过验收。推进平安建设工作,围绕平安护航“十九大”的目标要求和创建“平安巨屿”两大重点任务,开展矛盾纠纷排查和消防、食品安全、安全生产等各领域隐患排查,做到矛盾纠纷和安全隐患排查整治化解不留死角。此外,“四个平台”建设和“最多跑一次”改革工作走在前列,率先探索实施“最多跑一次”便民服务事项办理向村级延伸及利用影音同步技术搭建的“云眼声控”平台两项创举,政府服务的能力和水平进一步提升。

【基层党建】 2017年,巨屿镇将“两学一做”常态化制度化作为基层党建规范化基石,严格落实“主题党日”“三会一课”,开展中共十九大、省十四次党代会、习总书记系列重要讲话等重要会议精神学习,认真领会“六制六规范”“金十条”等重要内容。督促落实驻村干部“三十清单”、村干部“双十清单”,增强干部工作执行力;选优配强村干部,完成23个村村级组织换届选举工作;健全完善党员干部考评机制,激发干部干事创业活力。全力打造“红动两岸”党建示范带,持续深化“党建+五水共治、党建+美丽乡村”等“一村一品”党建品牌,在全市党建示范带“互学互比”中取得好成绩;做好“一村一策”发展壮大村集体经济工作,完成“消薄”任务,促进村级集体经济可持续增长。打造“两新”组织党建工作品牌,不断夯实两新组织党建基础。履行党委主体责任和纪委监督责任,严格落实党风廉政“一岗双责”工作机制;推进农村基层党风廉政建设,深化村级民主监督,继续推进村监会规范化建设;不断强化监督执纪问责力度,营造风清气正的政治生态。

(巨屿镇供稿)

周壤镇

【概况】 周壤镇位于文成县东北部,由大峃镇大壤、周南两社区行政优化调整而成,东连玉壶镇上林社区,南接大峃镇塔山社区,西邻大峃镇里阳社区、金朱林场,北抵玉壶镇,距县城9公里,文青线纵贯5个行政村。2017年底,户籍人口19113人,常住人口2653户、7762人。低保户352户472人。

周壤镇是温州著名侨乡,有8000多人旅居海外20多个国家和地区,担任副会长以上的侨领有50多人,侨胞侨眷热心支持家乡公益事业和教育事业,近年来累计捐款7000多万元。全镇面积30.94平方公里,耕地650.27公顷,山林1704.13公顷。周壤镇交通设施较为完善,大十线,57省道交错境内,2007年实现行政村通路;供排水设施齐全,农村安全饮用水实现全覆盖;村村实现通电,建有供电所,220千伏变电站,1座农村小水电。集镇垃圾中转站,污水处理设施齐全,垃圾处理率100%,污水处理率91%。辖区范围内有2所小学,2所幼儿园,各类医疗机构5个,商业网点105个,金融网点3处,居家养老服务中心、社区服务中心等设施齐全。

曾先后获得省级生态乡镇、市级卫生强镇、教育先进乡镇等荣誉。居家养老服务中心、社区服务中心等设施齐全。

迎宾亭(周壤镇提供)

【党代会】 2017年2月1日上午，中共周壤镇第十三届代表大会第三次会议召开，全镇48名正式代表、38名列席代表参加会议。周壤镇党委书记林永波向大会作题为《不忘初心紧跟新时代 砥砺奋进迈上新征程 为加快建设宜居宜养美丽周壤而努力奋斗》的工作报告。报告回顾总结2017年的主要工作，研究部署2018年的重点工作任务。大会审议并通过周壤镇党委工作报告、周壤镇纪委工作报告以及《周壤镇基层党建工作督查制度》。党代表们现场进行民主评议并签订履职承诺书。

【人代会】 2017年4月26日上午，周壤镇第十五届人民代表大会第三次会议在雄壮嘹亮的国歌声中拉开帷幕。此次会议有41名镇人大代表参加，同时邀请镇领导班子成员及中层干部、村主职干部、镇属县人大代表、退居二线老干部、县下派第一书记、各基层站所负责人、侨联代表、老干部代表等58人列席会议。大会听取并审议通过镇长刘丽丹所作的《政府工作报告》，镇人大主席叶华所作的《人大主席团工作报告》，书面审议通过《关于周壤镇2016年财政预算执行情况和2017年财政预算的报告》《民政工作报告》《环保工作报告》《总体规划报告》。大会选举副镇长1名。新当选副镇长朱军作了表态发言，并进行宪法宣誓。

4月26日，镇十五届人大三次会议召开(周壤镇提供)

【项目建设】 2017年，周壤镇坚持以抓项目建设为突破口，开启城镇建设新篇章。全年10个限上固定资产投资项目，累计完成投资7724万元，超额完成年度任务。攻坚年度重点工程，举全镇之力，克难攻坚完成11个小城镇环境综合整治工程，包括入城口改造、主街区线路“上改下”、截污纳管、外立面改造等，城镇面貌焕然一新。重大项目加速推进，选址联丰村牛塘岗，立项开工建设试点节地型生态墓地项目，总投入1000多万元，完成530万元600个墙式穴位的建设；全年完成岭南降脚、丁山、联丰牛塘岗3个“旱改水项目”，垦造水田17.33公顷。

【产业培育】 2017年，周壤镇努力壮大经济发展实力，兴一方产业，富一方百姓，以可持续的生态经济为着力点谋划发展，规划打造具有周壤特色的“一带六区”产业布局方向，明确生态高效农业、健康服务业、乡村旅游、文化创意等新兴产业培育导向。培育新兴产业力度，发展“民宿+观光体验”模式，结合华兴中药材基地建设完成民宿山哈山庄建设并对外营业；发动群众自筹200多万元，开工建设周墩、大坑至金珠林场通景公路，为红枫古道、乡村休闲等旅游产业的开发做好配套设施建设。推进全市首个侨届爱老护老基地——项山村居家养老照料中心智慧养老试点工作。利用周墩鸿源山庄的办学优势，推广传统国学教育新理念，发展促进传统文化产业。以著名清官陈茂烈廉政从官事迹为辐射点，挖掘廉政文化底蕴，结合周墩村的生态资源打造廉政文化园。

【环境整治】 2017年，周壤镇响应县委、县政府一系列环境再造、全域旅游化工作部署，整治城乡环境。开展小城镇环境综合整治，主要围绕治脏、治乱、治差3大领域，以整治项目建设为载体，整治到边到角。通过石墙、竹木、青砖等原生态自然元素的运用和改造，重点打造大壤街特色背街小巷、欧式入城口等，使周壤镇城乡面貌显著改善，年底省级验收考核评比中获得全省同类镇第二的佳绩。开展“卫生督查亮灯警示”“村村评优”等活动，“清洁家园”行动成效显著，带动全体干部和广大群众参与建设美好家园行动中，相继创成市级、省级卫生乡镇，美丽小镇和美丽乡村交相辉映，城乡魅力日益彰显。推进“无违建镇创建”和“大拆大整”工作，按照“力减存量违建、严控新增违章”的要求，巩固“无违建镇”创建成果，累计拆除违法建筑面积13191.31平方米，推进拆后乱点整治和绿化，累计拆后土地利用率93.83%，以点带面形成“大拆大整、大建大美”格局。有序推进“五水共治”，投入160多万元完成联丰河道治理、清淤工程及外南湖田、岭岙陈丝岙等山塘水库的治理。加大农村污水治理力度，上龙、路山、中南等3个村的农村污水治理工程完成镇级预验收，新南、岙底等农污治理改造提升工程基本完成。

【除险安居】 2017年，周壤镇做好“除险安居”工作，让老百姓住有所居、居有所安。完成危旧房排查整治工作，排查房屋5364户6326间，完成全部C级178户270间、D级79户148间的危旧房治理，治理率100%。实施地质灾害点综合治理，按照避让搬迁为主、搬迁和治理相结合的工作要求，完成路山村梁作新屋前、岭岙村文青公路半岭路口、麻山村驮路滑坡等3处地质灾害点的综合治理工作，治理工程项目全部完工验收，避让搬迁人员全部搬离，原房拆除到位。高质量完成村级避灾安置场所建设。新建(拆建)大坑、路山、新南等3个村级避灾中心，提升项山、岭南和岙底等3个村级避灾中心，开工建设周南社区避灾中心，在灾害来临时群众有安全的避灾场所和基本的生活保障。

【民生事业】 2017年，周壤镇完善社会保障体系，全年发放农村低保、大病救助、抚恤救助、医疗补偿等救助救济资金294万元，惠及群众1677人次。落实丧葬陋习改革工作，推进青山白化治理，拆除“三边三化”区域坟墓24座，生态化改造597座，一次性通过验收385座。建设平安周壤，构建多元化矛盾纠纷化解机制，解决群众矛盾纠纷和合理诉求，依法处理信访事项，全年排查解决各类矛盾纠纷103起，全镇各类信访案件均化解到位，群众息诉息访率达100%，矛盾纠纷排查化解建档率100%，完成中共十九大等重点时段维稳安保任务。建设完成镇综合指挥中心，发挥“四个平台”作用，整合有关科室统一办公，规范建立综合信息流转处理机制。设立全科网格员，明确网格职责定位，延伸治理触角。开展移风易俗树新风活动，推进社会主义精神文明建设，结合“两学一做”、小城镇环境综合整治、剿灭劣V类水等重点工作开展文艺演出42场次。建立健全安全生产巡查机制，强化监管力度，开展安全生产大排查大整治大检查活动，全年开展集中排查整治81批次，出动486人次。

【基层党建】 2017年，周壤镇根据上级要求及工作内容，在全县率先出台《周壤镇党建工作责任制》，形成党委统一领导，人人头上有指标，全员抓党建的工作格局。完善更新《党建每月工作清单制度》，并纳入《党建工作责任制》中，实时跟进工作任务，细化工作任务清单。出台《周壤镇村干部“比干劲、创佳绩、展风采”铁军擂台大比武实施方案》，打造一支真正想干事、能干事、勤干事、干成事的基层“铁军”队伍。实行“月评月通报、季考核季排名、年度总考绩”，并将考核结果作为村干部报酬工资、绩效工资发放的重要依据，精细化打造周壤段侨胞创业党建示范带，打造“欧陆风情线”，以南垟线、樟马线两翼延伸拓展，打造以项山、联丰、周墩、大坑、新南、岭岙、岙底、岭南、路山、外南等10个村的党建示范带(群)，并辐射全镇15个村，实现全覆盖。年内完成换届选举工作，提拔任用中层干部9人。

【2017年文成县周壤镇先进集体、先进个人名录】

周壤镇——2017年获浙江省卫生城镇

周壤镇——2017年度食品药品安全工作先进单位

周壤镇——2017年度信访工作先进单位

周壤镇——2017年度安全生产目标管理责任制考核优秀

周壤镇——2017年度小城镇环境综合整治达标乡镇

林永波——2017年度信访工作先进个人

翁仕鹏——文成县村和社区组织换届工作先进个人

吕忠义——文成县村和社区组织换届工作先进个人

周世锋——第三次全国农业普查市级先进个人

林　委——第三次全国农业普查市级先进个人

(周壤镇供稿)

二 源 镇

【概况】 文成县二源镇位于文成县西北部高山平台，东邻玉壶镇，南倚大峃镇，西连百丈漈镇，北靠南田镇。2016年1月，经省民政厅批准，二源设镇。2017年二源镇辖二源、朱阳、新东3个社区，17个行政村，3944户12516人，镇政府办公地址设在二源镇二源村初阳路3号。行政编制数23名，事业编制数22名。下设镇办公室、党群工作办公室、经济发展办公室、村镇规划建设办公室、社会事务管理办公室、综合治理(信访)办公室。辖区内最高海拔951.8米，最低点海拔590米。浙江省首个绿色农业稻米生产示范基地、浙江省第二批无公害农产品基地、温州市放心农产品基地、文成县重点农业镇和产粮区，素有“文成粮仓”美誉。

【项目推进】 2017年，二源镇完成固定资产投资1.5043亿元，完成县下达任务数1.36亿元的110.6%。在项目建设的过程中，突出抓重点、攻焦点、破难点全力推进投缘花海、二金线道路改造、旱改水等重点项目，完成朱山、谈阳旱改水15.46公顷，垦造水田3.33公顷。谋划做实项目前期，完成镇卫生院、旅游集散中心、农产品交易展示中心、农耕文化广场等项目的土地规划修编、预审和农转用材料组件上报等工作。招商引资到位资金4427万元，完成任务数110.68%。

【除险安居】 2017年，二源镇城乡危旧房治理，全镇排查鉴定C、D级危旧房179户，其中D级危房129户，8月底拆除完毕，C级危房50户于9月份整治到位。推进地质灾害综合治理，全镇6处地质灾害点，其中4处避让搬迁治理9月份原房拆除，2处工程治理完工，实现三年行动计划一年完成。加快避灾场所建设，完成二源、庄后、陈钟、呈岭等4个村级避灾安置场所提升工程，湖底、榅树根2个村级避灾安置点按时完成翻建任务。

【大拆大整】 2017年，二源镇城中村改造，启动占地3.67公顷二源宫前城中村改造项目建设工作，建成后可安置拆迁户、“三类”危房户、地质灾害迁移户240户。年内，完成地界图、红线图和土地预审、农转用组件上报等，区块内公园路、玉才路路基工程竣工，房屋征收补偿方案获县政府批复，完成危旧房拆除8300平方米。推进违法建筑拆除，全年，拆除违法建筑11489平方米，超额完成年度计划的164.13%，拆后利用率为87.04%。年内，整治“四无”小作坊全面到位，完成10人以上居住出租房和合用场所整治33家。

【产业培育】 2017年，二源镇打造二源至朱阳九峰农业休闲观光产业带，将邱老汉农业产业园、聚欢农业采摘园、千亩野生杜鹃花海基地、山头雪梨园、投缘花海等点串成线，推进农旅融合，千方百计推进湖田生态园建设。高山蔬菜产业发展，成功申报省级高山蔬菜特色园。对农业龙头企业的扶持，按照"龙头企业+基地+农户"的发展模式，做优做强"邱老汉"高山蔬菜品牌，建成蔬菜气雾栽培、连栋大棚等设施农业示范点10万多平方米。扶持高山雪梨发展，扩大雪梨种植规模10公顷，年内，全镇雪梨基地66.67多公顷，加大雪梨品牌包装设计和营销力度，成功举办首届梨花节。强化农业招商，完成13.33公顷中药材种植基地和千亩辣椒基地的土地流转。

【环境再造】 2017年，二源镇以全域旅游化环境再造工程为契机，推进小城镇环境综合治理，抓好"上改下"整治工作，弱电"上改下"完成总进度的30%。年内，完成污水给排水工程、拆除破旧房屋2600多平方米、建设塑胶篮球场，新建农贸市场。推进主街道的人行道改造。在全镇范围内开展"清洁家园"大比武活动，对各行政村每月进行评比并排名通报奖励，各村环境卫生有显著提高，荣获县2017年度清洁家园专项行动先进集体。完成7个村的垃圾分类工作，建成二源村垃圾分类资源化处理中心并投入使用。

【五水共治】 2017年，二源镇扎实推进"五水共治"工作，全年完成"五水共治"投资820万元。完成岭头、四格、廷坑下等村管道灌溉项目，完成安塘水库除险加固工程项目前期。开展小微水体排摸，成功剿灭劣五类水体1处并销号。年内，启动"河长制APP"电子巡河，完成11个村的农村生活污水设施建设。推进城镇水厂建设，完成初步设计和土地农转用组件上报。开展农业面源污染防治工作，在二源村先行试点采取茭白减肥减量标准化种植试验。

【党组织建设】 2017年，二源镇贯彻中共十九大精神，落实从严治党主体责任，推进"两学一做"常态化、制度化。平稳高效地完成17个村村级组织换届选举工作。践行"村干部履职双十清单"，建立健全村干部监督管理机制，开展"擂台赛""大比武"，提升村干部履职能力。开展"两范两促"工作，打造镇田园风情多彩党建示范带，精细铸造"红色舞台·绿色田野""红色阵地·金色家园""五色党建·两星强村"3个党建品牌。落实"强村十策"，因地制宜，采取"一村一策"的方法，完成全镇各村"消薄"任务，促进各村集体经济可持续增长。

2017年度文成县二源镇先进集体名录

表30

先进单位	荣誉称号	授奖单位	颁发时间
二源镇党委	温州市村级组织换届选举先进集体	中共温州市委 温州市人民政府	2017.6
二源镇党委	2017年度落实全面从严治党主体责任工作优秀单位	中共文成县委 文成县人民政府	2018.2
二源镇人民政府	2017年度工作考核先进单位	中共文成县委 文成县人民政府	2018.2
二源镇人民政府	2017年度平安建设先进单位	中共文成县委 文成县人民政府	2018.2
二源镇人民政府	2017年度清洁家园专项行动先进集体	中共文成县委 文成县人民政府	2018.3

续表30

先进单位	荣誉称号	授奖单位	颁发时间
二源镇人民政府	2017“喜迎十九大，我们的村歌我来唱”合唱比赛三等奖	中共文成县委宣传部	2017.9
二源镇人民政府	2017年度信访工作“三无”乡（镇）	中共文成县委 文成县人民政府	2017.12
二源镇人民政府	文成县2017年“尊师重教”先进集体、个人名单	文成县人民政府	2017.9

2017年度文成县二源镇先进个人名录

表31

先进个人	荣誉称号	授奖单位	颁发时间
张　敏	2017年度优秀领导者	中共文成县委 文成县人民政府	2018.2
张　敏	2017年度信访工作先进个人	中共文成县委 文成县人民政府	2017.12
周智华	2017年度优秀领导者	中共文成县委 文成县人民政府	2018.2
赵智勇	在全县党的十九大维稳安保工作中做出突出贡献的个人	中共文成县委 文成县人民政府	2017.12
林素丹	温州市村和社区组织换届工作先进个人	中共温州市委 市政府	2017.6
胡伟光	2017年度全县支持文商创业创新促进文成发展工作先进个人	中共文成县委 文成县人民政府	2018.3
叶　斌	文成县2017年“尊师重教”先进集体、个人名单	文成县人民政府	2017.9
卢健斌	文成县村和社区组织换届工作先进个人	中共文成县委 文成县人民政府	2017.6
卢健斌	2016年度全县支持文商创业创新促进文成发展工作先进个人	文成县人民政府	2017.6
余晨芳	第二届温州流行音乐年度最佳词人入围奖	温州市文化广电新闻出版局	2017.5
余晨芳	“苍南旅游体验师”聘书	苍南县风景旅游管理局	2017.5
余晨芳	文成县“话治水 强担当 聚力三美文成”微型党课赛课活动二等奖	中共文成县委宣传部、 中共文成县直属机关工作委员会、 中共文成县委党校、文成县水利局	2017.7
余晨芳	文成县市民宣讲团成员聘书	中共文成县委宣传部	2017.7
余晨芳	2017温州市“乡愁民间故事演讲大赛”网络人气奖第三名	温州市社会科学界联合会、温州市乡村文化建设促进会	2017.7

续表31

先进个人	荣誉称号	授奖单位	颁发时间
余晨芳	2017温州市“乡愁民间故事演讲大赛”二等奖	温州市社会科学界联合会 温州市乡村文化建设促进会	2017.10
余晨芳	政协文成县特邀信息员聘书	政协文成县委员会	2017.12
余晨芳	2016年度文成县文化精品创作奖	中共文成县委办公室 文成县人民政府办公室	2017.12
余晨芳	2017年度县政协优秀提案	政协文成县委员会	2017.12
余晨芳	文成新闻网2017年优秀评论员	文成县新闻中心 文成新闻网	2017.12
梅　忠	温州市第三次全国农业普查市级先进个人	温州市第三次农业普查工作小组	2018.1
赵海军	在全县党的十九大维稳安保工作中做出突出贡献的个人	中共文成县委 文成县人民政府	2017.12
赵汉政	在全县党的十九大维稳安保工作中做出突出贡献的个人	中共文成县委 文成县人民政府	2017.12
金耀南	2017年度武装工作优秀民兵	文成县人民政府 文成县人民武装部	2018.2
雷本清	基层文化建设突出贡献	温州市文化广电新闻出版局	2017.11
黄　昕	温州市第六届音乐新作大赛金奖	温州市文化广电新闻出版局	2017.2
黄　昕	浙江省第十五届音乐新作演唱大赛兰花金奖	浙江省文化厅	2017.2
黄　昕	文成县“传承好家风 建设三美文成”主题演讲比赛三等奖	中共文成县委宣传部 文成县文化广电新闻出版局	2017.8
黄　昕	温州市第七届新月新作演唱（演奏）大赛金奖	温州市文化广电新闻出版局	2017.11
黄　昕	浙江省第十六届音乐新作演唱大赛银奖	浙江省文化厅	2018.2
黄　昕	文成县首届“最美文化使者”称号	中共文成县委宣传部 文成县文化广电新闻出版局	2017.11
黄　昕	文成县第六届广场舞（排舞）大赛少儿组金奖	中共文成县委宣传部 文成县文化广电新闻出版局	2017.12

（王　迪）

铜铃山镇

【概况】 铜铃山镇地处文成县西北部，东临畲乡民族西坑镇，西接景宁畲族自治县东坑镇，西北与景宁梅歧乡相邻，南连泰顺县黄桥乡，距县城45公里，区域面积155平方公里，镇区总人口10845人。2017年辖17个行政村，共分为下垟、石垟、岭后3个社区和石垟林场、叶胜林场、种羊场3个国有场部。铜铃山镇气温冬冷夏凉，夏能避暑冬赏雪，是文成境内少有的避暑观雪胜地。境内生物旅游资源多种多样，拥有"避暑胜地""天然氧吧"的美誉，境内拥有"壶穴奇观，华夏一绝"的铜铃山国家AAAA级景区；月老山、猴王谷等国家AAA级景区；天鹅堡室内滑雪场、绿水尖室外滑雪(草)场两个浙江省运动休闲旅游优秀项目和迷途绵岭、隐心谷树屋等众多精品民宿，是浙南闽北地区一处集森林康养、避暑度假、休闲旅游、养生度假、运动休闲于一体的绝佳胜地，是名副其实的旅游大镇。

【项目发展】 2017年，铜铃山镇固定资产投资完成2.2亿元，完成率133%。以打造北欧风格小镇为目标，启动城镇旅游化改造和城镇旅游综合体项目前期工作，完成城镇规划前期测绘和镇区的总体规划及控制性详细规划(审核中)，攻克322国道西坑至景宁段改建工程政策处理，举办全县第一批集中开工项目暨322国道西坑至景宁段改建工程举行动工仪式，2处小型生态停车场80个停车位建设，致力提升城镇品质。重点谋划天鹅堡旅游综合体、绿水尖岩体民宿、隐心谷·树屋酒店、仙竹湾农庄、多彩枫龙珍稀彩叶林观赏园、铜铃山居等精品项目，利用全省特色小镇招商会全力推广，并建立镇、村、站所三级服务网络，保障项目与客商的无缝对接。

【旅游产业】 2017年，铜铃山镇以创建省级冰雪运动休闲小镇为契机，依托天鹅堡、绿水尖等现有滑雪场，并不断完善基础配套设施，引进冬季品牌赛事。盘活国有林场及林用区用房建设用地，引进火烧桥康体养生中心、科技特派员康养创客空间等项目。成功开发建设13幢隐心谷树屋民宿和8间云中庄园特色民宿的基础上进行经验总结，推进"绿水人家""不夏拾光里"等特色民宿开发建设，增强铜铃山镇旅游吸引力。加快谋划推进绵岭民宿二期、月老山露营基地、火炉间民宿等项目建设。2017年全镇景区接待游客21.5万人，旅游门票收入2501.2万元，占全县的半壁江山，同比增长20%。

【除险安居】 2017年，铜铃山镇危旧房治理方面，排查房屋2070户3347间，精准拆除37户60间，维修加固35户46间，C、D级危房治理完成率均达100%；累计处置违法建筑14592.85平方米，完成年度任务12800平方米的114.01%，通过基本无违建镇验收；全镇地质灾害点有11处70户，6月7日签订协议搬迁4处34户；验收通过下庄村市级避灾点落户，其余避灾安置场所(除镇级避灾场所)和临时避灾安置点完成且物资到位。

【环境再造】 2017年，铜铃山镇整治建设类总投资1.1832亿元，10月起全面采用EPC模式，"5+2""白+黑"，加速推进小城镇环境综合整治项目，完成投资1.1987亿元，完成率101.05%，成为全省小城镇环境综合整治先进镇。开展环境卫生、城镇秩序综合整治行动，建立环境卫生综合整治长效机制，统筹推进"治水剿劣"和"大建大美"专项活动，仅建成区整治乱点737处，拆除鸡鸭棚265个，清理垃圾1000多吨。开展"五水共治·呵护母亲河"行动30余次，累计出动1000多人，建成堰坝10处，完成一期双向河道整治300米及周边范围内的2000多平方米构筑物拆除、河道沉积泥沙的清淤及城区防洪堤加固、排污、排水、给水三级管网设计等工作，完成G322穿镇国道两旁景观树布置50处及绿化带补种3000平方米、绿水尖至入镇口彩叶林带改造13.33公顷（十里杜鹃），全镇16条河流均达到纯净水质，绝大多数属于一类，顺利通过市级卫生镇验收。

【民生事业】 2017年铜铃山镇农村最低生活保障户数310户387人；申请临时救助和受灾户救助190户，发放救助金18.9万元；农村五保分散供养3户3人，国家抚恤、补助各类优抚对象15人，发放各类资金14万余元。年内，城乡居民养老保险新参保35人，续保1187人，1213人享受待遇；7007人参加城乡居民医疗保险，收缴2017年参保费51.4万元；推进医疗义诊1200余人次，节免看病购药费用近6万元，城乡居民合作医疗保险参保率100%。推进农业精准扶贫工作，完成申报低收入重点帮扶对象64户107人，消除“原4600对象”246户353人，完成1537余户农业技术指导，检测农产品301批次。推进“青山白化”治理工作，对三边视线范围内的74座坟墓全部进行生态改造，完成整治率52%，树立殡葬文明新风，火化率100%；避灾示范点完工2处，改造提升7个，临时避灾安置点增设8个。文化服务中心1个，村级文化活动中心4处，农家书屋3个，共藏书1万余册。开展公共文化服务活动21场次。村民自发组织演出团2个。

【平安建设】 2017年，铜铃山镇平安护航中共十九大，实现全年零非访、零越级访。发挥镇村群防群治队伍作用，开展平安巡防70余次；开展基础排查管控专项行动36次，发现安全隐患点13处，整改13处；排查整治旅游景区各种安全提示和监控、危险项目及路段安全、密集场所人员疏散等；对县平安建设工作专项督查查出的5处安全隐患问题及时整治；矛盾纠纷排查化解组织调解12次；关停存在安全隐患的在建工程、宾馆、出租房47处，整治出租房7家、合用场所24处、民宿1家；启动社区消防站的建设，推进民房电气线路改造整治，安装独立感烟报警器600个，消除安全隐患14个。成功建成“四个平台”“三三一”社会矛盾联调中心和“一三五”应急处置指挥中心，推进立体化治安监控体系建设，提升全镇维稳工作科学化水平。

【基层党建】 2017年，铜铃山镇推进“党建+”模式。发动镇村企520多名党员干部积极参与“清洁家园”，助推小城镇环境综合整治行动，剿灭劣V类水，累计处置违法建筑14592平方米，完成年度任务的114%，生态改造74座坟墓，完成年度任务的350%，获评浙江省卫生城镇、省级森林特色小镇，上垟、下垟被命名为省级森林人家。推进“三包五岗”制，累计为群众代办380多起，惠民慰问帮扶226人次。精心打造党建示范带，研究解决阵地建设和党建示范点创建资金200多万元，规范“两栏”建设，改建村民中心2个，提升标准村民中心6个，新建党建长廊2个，点到线上的党建示范带初具成型。率先打赢“消薄”（消除经济薄弱的村）攻坚战，专题研究“消薄”工作20次余次，到各村开展座谈会进行调研20余次，制定出台强村六策，通过多元化经营投资收益，增强村集体“造血”功能，完成“消薄”任务，10个村实现经营性收入5万元以上，4个村投资入股兴村公司，3个村物业出租信用社。推进两新组织红色动力工程，新成立猴王谷和天鹅堡小镇两新党支部，联合举办铜铃山镇第二届森林美食、都铺村断节笋文化节等活动，促成省级森林康养基地落户猴王谷。

2017年文成县铜铃山镇先进集体名录

表32

单位	荣誉称号	授奖单位	颁发时间
铜铃山镇	第二批省级森林特色小镇创建名单	浙江省林业厅	2017年1月
铜铃山镇	省级卫生城镇	浙江省卫计局	2017年11月
铜铃山镇	2017年度省级小城镇环境综合整治样本镇	浙江省城镇环境综合整治领导小组	2018年2月
铜铃山镇	2017年度信访积案化解先进单位	中共文成县委 文成县人民政府	2018年2月
铜铃山镇	2017年度环境建设先进单位	中共文成县委 文成县人民政府	2018年2月
铜铃山镇	2017年度文成县网络文化传播工作先进单位	中共文成县委宣传部	2018年3月
铜铃山镇猴王谷	市级森林康养基地	温州市卫计局	2018年3月

（陈星星）

周山畲族乡

【概况】 周山畲族乡是文成县乡镇区域调整后唯一一个民族乡，距县城25公里，全乡总面积约14平方公里，2017年，镇辖1个社区9个行政村，总人口5071人，其中少数民族村4个，共有畲族人口1781人，占总人口35%。乡机关少数民族领导干部4人，占40%；全乡5名县“两代表一委员”中，少数民族代表（委员）2人，占40%；43名乡人大代表中，少数民族代表14名，占32.6%；34名乡党代表中，少数民族代表11名，占32.4%。全乡低保救助对象286户364人。

小城镇环境综合整治（周山畲族乡提供）

【小城镇环境综合整治】 2017年，周山畲族乡小城镇综合环境综合整治项目包括规划设计、运动场、道路改造、房屋立面改造、破旧房拆除、施氏古宅环境整治、村貌整治提升等7个项目，投资总额为865万元，所有项目于2018年1月中旬竣工，成功通过温州市第一批小城镇环境综合整治省市验收，并荣获温州市分类考核第一。

小城镇环境综合整治（周山畲族乡提供）

小城镇环境综合治理效果(周山畲族乡提供)

【通乡公路等级提升】 2017年,周山畲族乡峃双线通乡公路等级提升工程涉及峃口镇下徐自然村至周山乡政府段通乡公路长14.5公里,总投资3953万元。周山乡境内13公里路段完成路基建设,完成总工程量75.8.%,累计完成投资额2916万元。

航拍通乡公路建造中(周山畲族乡提供)

【生态环境】 2017年,周山畲族乡统筹推进城乡危旧房治理、“三改一拆”“清洁家园”工作。巩固“大拆大整”工作成效,扩大排查范围细化排查内容,全乡排查房屋1296户234590.1平方米。经鉴定,全乡确定D级危房98户9394.5平方米,C级危房8户1480平方米。全部完成D级危房拆除和C级危房维修加固,并安排两个D级危房集中安置点,78%的D级危房户重建。继续巩固“无违建乡”成果,拆除违建4610平方米,完成全年工作目标115.25%,拆后利用率达到80.76%,全乡无一例新增违建。推进“清洁家园”行动,举行大型环境清理活动15次,发动干部村民参与500余人次,清理屋后、背街卫生死角176处、拆除乱搭乱建点80余处。并成立行动小组,拿出20万元,作为“清洁家园”专项资金,用于奖优罚劣,兑现环境卫生保洁经费。并在全乡范围内新增垃圾桶300个,垃圾车12辆,为每家每户免费配发分类垃圾桶。成功创建2017年“省级卫生乡镇”。

大拆大整(周山畲族乡提供)

清洁家园(周山畲族乡提供)

【美丽畲韵】 2017年,周山畲族保护畲族民族村落文化,把畲族文化融入到规划设计中并培育特色产业，开展畲族文化展示、畲乡风情民俗民事体验活动。继续培育茶叶、红心猕猴桃、铁皮石斛三大生态产业，开发中药材、特色水果种植、经济林木等新型项目，引进红心猕猴桃、红心柚、台湾冬枣等特色水果，铁皮石斛、黄栀子等中药材以及油茶经济林木的种植，争取项目资金用于农业基地道路、厂房、管理房、棚架及冷库等配套基础设施建设，扶持生态农业产业化发展，着力塑造周山特色农业品牌。双新民族村建设油茶基地10多公顷。浙江森宇控股集团正式进驻周山注册分公司，在官坑村开发基地3.33公顷。同时乡政府出台“三三模式”，即农户示范+公司合作+政府扶持方式，推动周山铁皮石斛产业化发展。打造乡村旅游项目，发展休闲观光农业和乡村休闲游，依托产业特色推出农事体验、捣畲粑、亲子采摘等特色项目。在官坑、吴垟、包山底、际下四个村进行“彩色稻”创意农业种植，打造官坑创意农业观光园，吸引众多游客及省市县新闻媒体的关注。养根村、吴垟村荣获2017年度“浙江省文明村镇”称号。

彩色稻田(包山底村)(周山畲族乡提供)

【社会事业】 2017年，周山畲族乡提升防灾避灾能力。改造5个避灾安置中心，新建2个，总投资约170万元。地质灾害点7处，其中综合治理4处：完成一处治理，其余三处进场施工并完成总工程量80%；避让搬迁点3处共10户31人，原屋全部腾空并拆除。防汛抗台实行主要领导带班制、干部职工24小时待命、党政办24小时值班工作制。4月份前绘制完成9个村防洪形势图完善应急预案，防汛应急抢险物资储备充分。推进平安周山建设，严格坚持一月两次和节假日前安全大检查，全年开展安全检查30次，隐患排查24次，发布道路交通安全信息35条。落实信访工作责任制，做好重点人员管控工作，有效控制越级上访和集体上访事件的发生。排查各类纠纷60起，成功调处矛盾纠纷60起，调处率100%，保障全乡经济社会发展和各项工作的推进。开展防邪宣传工作，喊出“邪教害人、害已、害家庭”的口号，做好道路交通安全、森林防火、食品药品安全等其他重要领域的安全工作，为群众打造安全的人居环境。推进惠民政策，结合“四个平台”建设，实行全员网格化管理，让服务真正便民；结合本地实际认真梳理出低保申请、医疗救助、生育证、独生子女证等50多项“最多跑一次”办理事项。消除经济薄弱村，制定“一村一策”项目计划表，引导各村从本村经济基础、区位优势、资源条件等实际情况出发，围绕发展乡村休闲观光旅游等中心工作，采取“帮扶八法+传统农业”相结合方式，以集体山林、村集体用房用地出租、异地购买店面、入股兴村公司等方式，增加村集体经济收入，完成消除经济薄弱村9个。

平安宣传(周山畲族乡提供)

【基层党建】 2017年，周山畲族乡完成村级换届工作，全乡9个行政村，选举产生村两委班子148人，其中中共党员91人。清理流动党员，对“关系在、人不在”的，及时劝导转走组织关系。规范党费收缴，组织党员按月、足额缴纳党费。2017年，培养入党积极分子5人，发展预备党员5人，预备党员转正6人。常态化制度化推进“两学一做”专题教育。督促指导各党支部全面落实“三会一课”、主题党日、政治生日、党建述职、党员评议、党务公开、远程教育、民主生活会、农民夜校等有关制度，组织党员干部认真学习习近平总书记系列讲话、新党章党规、十八大以来历次全会、十九大以及省、市、县各级重要会议精神，发动党员“做合格党员，当干事先锋”“走基层、办实事”。重点整治“微腐败”“微权力”。全年制作党风廉政建设宣传横幅8幅，宣传展板5处，运用LED电子显示屏经常性宣传4处，制发宣传扇1000把，发放宣传折页1000份，开展警示教育20余次，开办“廉政党课”15次，进村入户集中“大走访”4次，为群众办实事、好事15件。

党日活动(周山畲族乡提供)

(周山畲族乡供稿)

双桂乡

【概况】 2017年，双桂乡位于文成县东南部，地处飞云江中上游，东连周山畲族乡、公阳乡，南邻平阳县怀溪镇，西接巨屿镇，北靠峃口镇，距县城21公里，文平公路横穿乡腹地，是文成县东南大门的交通要塞。全乡总面积22平方公里，地势东南高西北低，像个“V”字形峡谷区，2017年，镇辖8个行政村，耕地222.33公顷，水田136.93公顷，旱地90.6公顷，山林675.2公顷，总人口9720人。

双桂秋季梯田图(双桂乡提供)

年内双桂乡围绕灾后重建主线，坚持稳中有进的主基调，负重前行，完成全年经济社会发展各项任务，获得县落实全面从严治党主体责任先进单位和县有效投资先进单位等荣誉称号。

【生态资源】 2017年，双桂乡境内层峦叠翠、山清水秀，拥有深厚的耕读文化、佛教文化，始建于道光十五年的净因禅寺曾经是文成最有名的佛教圣地和旅游景点，民国时期著名的佛教学者叶均居士原籍双桂桂东村，叶均居士对佛法的弘扬有较大贡献；农品资源丰富，肉兔、蜜柚、蓝莓、酒糟、糯米等农副产品远近闻名，自然景观有余姚岭红枫古道、鹤狮洞、雪峰漈、天化寺等秀美景点，农旅融合生态发展潜力大。

【项目建设】 2017年，双桂乡持续推动吊降井移民安置小区、朱大垟农房集聚、自来水厂等3个历史遗留项目建设，完成吊降井移民小区后山挡墙治理,启动朱大垟房屋销售,破土建设自来水主体大坝工程。完成桂溪河灾后重建、桂西农业基地喷滴灌提升及土地综合整治等项目,启动2条通村道路提升建设,完成净因禅寺(叶均文化园)前期文本设计。全年完成有效固定资产投资6257万元,完成率178%,位居全县第一。

双桂乡自来水大坝破土动工(双桂乡提供)

【环境整治】 2017年,双桂乡围绕"宜居宜游·桂乡福地"生态休闲旅游化建设,开展拆违控违、五水共治、青山白化治理和清洁家园整治行动。结合"大建大美"专项行动,完成拆违面积9646平方米;高标准推进农污水毁修复,完成6个村修复并提交运维,其中宝丰村被评为市级示范村;加大丧葬陋习改革力度,完成坟墓生态化整治121座;村庄环境整治,开展清洁家园行动32次,落实"村村比美"制。健全落实环境卫生、畜禽养殖、"河长制"、垃圾分类运营等长效管理机制,城乡环境进一步改善。

【民生保障】 2017年,双桂乡完成城乡居民医疗保险参保9358人,完成率100%;落实低保帮扶515人,残疾人保障106人;重视人民武装工作,输送新兵2名,完成征兵任务100%;完成2个居家养老服务照料中心建设。严格落实"跑一次"便民服务,实施党员跑办、代办制度,有效落实服务160余次。支持文体科教活动,文化、体育基础设施完成2个村文化礼堂建设,文化送演34场,丰富群众精神文化生活。

【平安建设】 2017年,双桂乡开展248户D级危房和73户C级危房拆除治理,完成率双100%,新建提升3出避灾安置场所,完成4处地质灾害点人员腾空和危房拆除工作,进一步保障人民群众居住安全。全年开展科教普法活动3次。化解矛盾与排查,通过接访、走访,全年受理并化解各类矛盾纠纷21件,成功处置1起重点信访案。中共十九大、世界互联网大会等重点时段做好安保工作,开展安全生产、消防安全、食品安全重点领域排查,全年督查40余次,实现辖区和谐平稳。

违法建筑拆除工作(双桂乡提供)

对作坊、商铺进行常态化安全巡查(双桂乡提供)

【基层党建】 2017年，双桂乡推进党的十九大精神学习和“两学一做”制度化常态化教育，结合实际创新“重建+党建”考核体系，推行“周督查、月排名”制度，抓牢基层组织常态化规定工作。加强基层阵地建设和经费保障，完成5个村党建示范建设，落实基层组织运转经费40万元，开展消除经济薄软弱落后村转化，完成6个村消薄工作，保障基层组织正常运转。强化干部队伍建设，推行“周一夜学”、干部周工作汇报、干部座谈会、干部述职、工作督查等系列新形式新制度，干部工作作风和精神风貌产生新的变化。落实从严治党责任制，开展作风专项巡查，查处违纪违法案件，处理群众反映的突出问题，党风廉政建设和反腐败斗争深入推进。

（双桂乡供稿）

平和乡

【概况】 平和乡位于县城东南面，处于文成、平阳、瑞安三县的交界处。辖区总面积22平方公里，乡政府驻地平和村。2017年，镇辖平和、双垮、廿五坑、田东、郭山、新田、东方、梅垟下、大垟口、下沙园10个行政村，56个自然村，总人口数8851人。乡党委下辖党组织党支部11个，党员402人。平和乡下设党政综合办公室、经济发展和村镇规划建设办公室、综合治理和社会事务管理办公室等3个行政内设机构科室，便民服务中心、农业综合服务中心、综合治理和社会事业服务中心等3个事业单位综合性公共服务中心。2017年末，全乡在编在岗25人，其中行政编制数14名，事业编制数11名。茶业是平和乡的重要特色产业，是全县三大主导农业之一，全乡茶园面积302.5公顷。

【项目建设】 2017年，平和乡全年完成限额以上固定资产投资3962万元，完成年度任务132%。完成龙丽温高速公路瑞文段工程的政策处理，护航高速无障碍施工；启动平和通乡公路拓宽工程，完成工程量50%；东方村至九龙山茶园的公路改造工程正式复工；打通了平和至公阳，平和至平阳等连接线。郭山村“旱改水”工程（17.0061公顷）完成整个工程量的82%。大垟口农房集聚项目通过预验收。抓好沿线各节点美丽村庄、茶园旅游化改造及茶文化长廊一期等项目建设。

【除险安居】 2017年，平和乡全面治理地质灾害点8处，其中2处搬迁点完成搬迁并拆除原房，实现治理工作三年任务一年完成。完成避灾安置场所建设任务，其中新拆建田东、新田、东方3个，改造提升廿五坑、大垟口2个。全年

平和乡地质灾害点整治（平和乡提供）

新建成的新田村避灾安置场所（平和乡提供）

完成拆除违章建筑37处,拆违面积7405平方米,完成率103%,拆后利用率91%。完成65户D级危旧房的拆除和26户C级危旧房的维修加固,完成率100%。开展生产经营单位“四无”集中整治47处,完成打铁铺整治工作。

【生态环境】 2017年,平和乡开展“清洁家园、擂台比净”活动,各村打擂台赛,按月排名、季度评奖,获得文成县“清洁家园”创建工作三季度最佳乡镇荣誉。通过市级卫生乡镇创建。大垟口村,创成文成县首个无垃圾桶村,获浙江省AA景区村庄。完成平和、东方、下沙园、大垟口4个村的河道治理工程,完成新田、郭山、田东3个村的生活垃圾分类量化处理和大垟口、下沙园、梅垟下、东方、双垴5个村的垃圾中转站建设,全乡水质始终保持在Ⅱ类水以上。

【社会事业】 2017年,平和乡作为全县农村个人建房审批最多跑一次的改革试点乡。平和乡整合村镇建设办公室、国土资源所、住建所等职能,设立“农村建房综合受理窗口”,解决农民建房跑路难、审批难问题,试点做法在5月29日《浙江日报》上刊登,并入选温州市“最多跑一次”改革优秀案例。完善“四个平台”建设,统筹条块力量,整合各大员,配备全科网格员。建成文化礼堂5个,覆盖率50%,全年开展各类活动、宣讲126次。成功举办第四届茶文化节。

平和乡第四届茶文化节(平和乡提供)

【基层党建】 2017年,平和乡新发展党员5名,查处党员干部8人,其中留党察看1人,严重警告7人。11月,平和乡校党支部12名党员整建制迁入县教育局党委。采取多种形式宣传中共十九大会议精神,推进“两学一做”教育常态化、制度化,先后6次专题研究。开展“两范两促”工作,完成大垟口村和东方村党建示范点建设,建成大垟口村党建公园和渡口红色驿站。开展清洁家园、关爱老人送温暖、红色驿站等党员志愿服务活动120余次。全年拍摄《红色星期一》栏目3期。实施“一村一策”,通过物业出租、小水电分红、资产参股、发展特色产业等形式,全乡10个村均完成消薄任务。成功承办县级第三季度基层党建现场会。平和乡党委获得文成县委年度党建工作先进单位。

(朱飞飞)

公阳乡

【概况】 公阳乡位于文成县东南部,区域面积18.2平方公里,2017年,镇辖公阳村、水碓宅村、鹿堡村、上岳头村、白石坑村、金岭村、驮尖民族村等7个村,总人口为6807人。2017年,公阳乡围绕打造“东方太极小镇”战略目标,以项目促发展,以作风增效率,以民生保稳定,实现经济社会各项事业的发展。

【项目建设】 2017年,公阳乡按照年度投资建设任务,加快推进重点项目建设。年内完成8个固定资产限上项目建设任务,完成投资额5195万元,完成率173%。金岭村项岭宅扶贫迁村点、水碓宅旱改水质量提升工程、龙霞生态园项目、普济寺扩建工程完工,公阳乡入城口基础配套工程、公阳村灾后重建工程、上岳头垦造水田项目、百潭谷农业园建设工程等4个项目完成年度建设任务。谋划开展九公线改线提升工程、太极小镇等项目前期工作。

【城镇整治】 2017年,公阳乡原定2018年验收的小城镇综合整治工作提前到2017年验收。坚持将太极元素和古韵公阳元素合理融入到各景观节点中的理念,高标准编制整治设计,被评为市级小城镇综合整治优秀方案。一期计划整治项目11个,总投资2520万元,全部完工。12月,全县环境再造工程推进会上,公阳乡小城镇综合整治项目列为现场观摩点,在会议上作交流发言。年内,公阳乡通过小城镇环境综合整治验收入选省级样板乡镇。

【五水共治】 2017年,公阳乡对全乡域内的25条河道,20个小微水体、8个水塘及污水排放情况调查摸底,根据乡具体情况,制定截污纳管、保洁等治理措施,明确时间表、项目表,落实责任人。年末,公阳坑等流域都属于二类水,水质良好。

【清洁家园】 2017年,公阳乡对全乡主要道路实行全天候保洁,做到垃圾转运、清运及时,制定《公阳乡"清洁家园"行动方案》《公阳乡"清洁家园"考核办法》等机制,以交叉检查方式对村庄环境卫生实施"每月一考核、每月一通报",对村集体、村干部、保洁员、农户等分别给予奖惩,每季度兑现落实。在全县清洁家园年度考核排名中,公阳乡排名同类乡第一,年内,创成市级卫生乡镇。

【除险安居】 2017年,公阳乡严格落实"五个一律"措施,实行每周巡查制度,推进危旧房整治工作。8月末,完成全乡54户C级危房,16户D级危房整治工作,率全县之先完成整治任务。完成乡级避灾中心主体建筑建设,投入使用两个村级新建避灾点。对乡域范围内的经营单位、合用场所排查,排查出15家"四无"经营单位,其中13家合用场所,2家小作坊,完成整改12家合作场所,取缔1家合用场所和2家小作坊。年内,整治宗教及民间信仰场所的消防安全。

【产业培育】 2017年,公阳乡建设公阳村、鹿堡村、上岳头等村的标准和高标准农田建设3个。建设扶贫项目6个,山区经济项目1个,促进农业增效增收,打造集铁皮石斛、黑木耳、槟榔芋、覆盆子等基地为一体的休闲观光采摘园,总面积204多公顷,将传统的农耕方式升级成现代先进的管理种植模式,建设一批精品农业生产示范基地和农业精品园,促进农业旅游的发展。做好"农业+旅游"。利用彩色稻田观光、利柿节、覆盆子网红采摘活动,增强农产品的知名度和美誉度,实现农产品展销吃住玩一体的农业观光农旅结合体验园。

【文化挖掘】 2017年7月,公阳乡邀请叶绍东老师为200多名村民教授太极拳。举办5次太极拳和太极剑展示活动,其中11月邀请市武术协会、各县市区武术爱好者表演太极拳、太极剑。对第三份古民居进行修缮,完成公阳民俗、民风的展示工作,对公阳村等村基础设施改造提升,尤其加大对古民居和历史文化遗迹(物)的保护开发力度,挖崛叶大密、陈步云等历史名人文化内涵,倾力打造文化特色乡村。推进文化礼堂建设,传承文化传统,丰富群众文化生活,把家风、家训融入文化礼堂建设,成为农民的精神家园。

【民生事业】 2017年,公阳乡逐步完善以城乡低保制度为基础的医疗救助、临时救助、救灾救济等多项制度,补充新型社会救助体系。以村为单位,做实基础工作,做到符合低保标准的一户不漏、户不漏人,对填报的低收入农户的家庭人员、收入、住房、健康等基本情况信息数据真实可靠。把好低保政策审批关，实行低保动态管理，全年新增低保28户，29人，注销18户18人；发放低保补助金63万元。年末，全乡完成65户170人低收入农户的上报工作。

【平安公阳】 2017年，公阳乡制定排查隐患短板、党政同责，受理各类矛盾纠纷94起，成功化解矛盾纠纷94起，化解率为100%。特别是中共十九大维稳期间，通过每周一联查、每月一大查、各网格常态查"三查制"，发展提供和谐稳定的环境。年内，接到县纪委信访转办件3件，县巡察组转办件1件，经调查清楚处理完毕，群众满意率100%。

【平台建设】 2017年，公阳乡多级联动，构建覆盖综合指挥体系，设立"四个平台信息指挥室"，专门落实4名专职工作人员和1名总联络员。年末，受理、流转、处置平安APP等平台信息289条。运行总体平稳有序，平台处置有力，信息反馈有效。建立监控系统，实现指挥中心能将监控画面切换到出现问题地点，实时掌握现场情况，及时对突发事件进行研判和处置。

【便民服务】 2017年，公阳乡挖潜借力、多头并举，夯实乡、村、组便民服务体系基础，跑出"最多跑一次"新速度。通过优化流程、简化环节、减少前置、编印办事指南、开通网上办理等形式，为审批环节及事项"瘦身"，将"独立式岗位"改造为"流水线作业"，实现一窗口接收受理、多部门并联审批、同窗口办理完结。其中，乡计生办开通生育登记APP等网上申报平台，变"群众跑腿"为"数据跑腿"，群众还可通过电话、网络、手机APP和省政务服务网等渠道查询事项办理信息，方便办事群众。

【干部队伍】 2017年，公阳乡每周进行无告知督查一次，对个别无故不在岗的村干部发文通报，扣除相应报酬。基本上的主职干部都能按时在岗在位。成立党建联盟创建小组，结合各村实际和重点工作定期召开联盟小组联席会议，协商创建工作事项，根据各项重点工作开展"比、学、赶、超"擂台赛，调动村干部积极性，激发干事创业激情。

【集体经济】 2017年，公阳乡实施"强村惠民三年行动计划"消除经济薄弱村，争取实现"三年任务一年完成"。针对软弱薄弱村—水碓宅村存在的主要问题，乡党委帮助找准症结，定期与村两委谈心谈话，灌输干部团结意识，强化责任担当。结合村情村貌，制定切实可行的壮大村集体方案，以入股公阳水电站使村级收入每年达5万元以上，解决村集体薄弱的困境。通过半年多的整转工作，水碓宅的整体面貌得到明显提升。年内，7个村的经营性收入5万元以上，消薄任务完成。

【党建文化】 2017年，公阳乡结合基层党建示范带创建要求，利用高山小盆地四村相邻的地理优势，以公阳、水碓宅、鹿堡、上岳头四个党支部以村为界，将四村的特色串珠成链，建成一条党建示范带，依托"组织共建、事务共管、资源共享、文化共兴、品牌共创的"五共"机制，将4个村共同组成党建联盟，在合作中激发共赢效应，以党建引领四村共同发展。为发挥党建引领作用，将小城镇环境综合整治、清洁家园、五水共治等重点工作与"两学一做""三会一课""主题党日"相融合，发挥基层党组织和党员干部在环境整治中的模范带头作用，激发群众建设美好家园的热情。通过修建村民中心、党群活动室，新建党建地标、党建长廊、设立党员责任岗等措施，沿路党建元素尽显，使公阳乡面貌焕然一新。

【学习中共十九大精神】 2017年，公阳乡制定学习计划，开展十九大精神的学习宣传。除召开专题学习、宣传活动外，开展“庭院式”宣讲。走进群众家，与群众零距离接触、互动式交流，用短小精悍的篇幅、通俗易懂的语言，把党的理论面对面、心贴心地传递给群众，有效调控民间舆论场。

【党风廉政】 2017年，公阳乡先后4次召开专题会议研究部署党风廉政建设工作，对党风廉政建设和作风建设等工作进行汇报和专题研究。定期召开班子成员“一岗双责”报告会、党风廉政和作风效能工作部署会、班子民主生活会等内容，经常性监督检查并约谈相关对象。年内，对落实党风廉政建设责任制不力的乡属单位、科室、村和个人进行谈心提醒60余人次，及时遏制苗头性倾向。成立农村作风巡察小组，对鹿堡村、驮尖村进行作风巡察，发现问题7起，立即约谈该村主职干部，按要求及时整改。

【2017年文成县公阳乡先进集体】

2017年度浙江省小城镇环境综合整治样板乡镇

2017年度文成县工作考核优秀单位

2017年度文成县环境建设先进单位

2017年度文成县宣传思想文化工作先进集体

2017年度文成县食品安全先进单位

文成县第四届市民文化节组织奖

（吴美琴）

桂山乡

【概况】 桂山乡地处文成县境南端，与泰顺、平阳、苍南三县交界，乡域总面积27.5平方公里。2017年，镇辖7个行政村，户籍人口6360人。该乡有正式工作人员27人。

境内山峰陡峭，层峦叠嶂，最高峰“仙岩山”海拔高1125米，被誉为“文成西藏”“文成青藏高原”。夏季气候凉爽，是个养生避暑胜地。1985年，桂山乡被温州市命名为“革命老根据地乡”。2011年桂山乡并入珊溪镇成立桂山社区，2016年1月20日行政区划调整后重新设立桂山乡。

桂山乡政府所在地（桂山乡提供）

【项目发展】 2017年，桂山乡如期完成全年固定资产投资任务3000万元。10月底，建成分水村震后集中安置小区，帮助17户无房或住房困难家庭实现幸福安居梦。11月，凤狮村“旱改水”项目通过验收，总面积为3.53公顷。桂山乡卫生院迁建项目建设完成定界、红线图、图纸设计、用地报批等前期工作。

分水村震后集中安置小区（桂山乡提供）

【除险安居】 2017年，桂山乡出动乡村干部300多人次，排查住房1685户，其中C级146户，治理率100%；D级49户，拆除45户，修缮加固4户。农村困难群众危旧房改造20户，完成率100%。完成15家合用场所整治，整治率100%。8月，完成对新兴村吴地地质灾害点治理验收工作，年内，建成2个避灾场所，推进乡避灾(文化)中心主体建设。

【产业培育】 2017年，桂山乡精心扶持壮大农业主体，全乡有各类农业专业合作社20余家，其中“绿环”被评为2016年度文成县省级现代生态循环农业示范主体，“禄祥”(香菇种植)成功申报浙江省农业综合开发产业化发展项目。平溪等村完成10户68千瓦的光伏装机任务。建成平溪、新兴来料加工示范村，发挥桂山风能潜力，做好风电场前期风力测试工作。

【环境再造】 2017年，桂山乡推进小城镇环境综合整治。完成中心村主入口景观、乡政府围墙改造、三垟坑河道建设、体育设施提升等项目建设，加速人行道改造、“上改下”等项目实施进度。乡7个行政村9个垃圾中转站投入使用，6月，通过市级卫生乡镇创建验收，11月，通过省级卫生乡镇验收。首次实现桂山生活垃圾村收县运集中处理。推进平溪古树(千年古银杏)村落、桂库古鳌源头村落建设，完成凤狮村旅游特色村规划方案编制。深入推进“五水共治”，打好劣五类水剿灭战，水体持续保持在Ⅱ类，完成桂山乡小流域农业生态工程、平溪垟尾湖公园、龙井瀑公园二期工程建设。

三垟村主入口景观(桂山乡提供)

【基层党建】 2017年，桂山乡发展党员8名，开展18轮党建督查，通报9人次。打造以凤狮、桂库、平溪等村为中心的党建示范点。7个村通过盘活资产、资源入股、电站分红等形式，决定12个发展项目壮大村集体经济。全年开展宣讲活动15次，以文艺汇演形式宣传活动2次。实施春泥计划村1个，覆盖率100%。评选文明家庭20户，道德模范12人。协助福全村双面山教堂成功完成视频和红旗安装、宣传栏和制度牌安装，排查全乡12处宗教场所和民间信仰场所房屋建筑安全和消防安全整治。

【民生事业】 2017年，桂山乡开展“青山白化”整治工作。全年完成全乡坟墓生态化治理141座，完成率259%。推进避灾体系建设，增强灾害防御能力。完成新兴村、三垟村避灾中心建设，开工建设分水村避灾中心，开展福全、凤狮、桂库避灾中心前期工作。

【纪检工作】 2017年，桂山乡组织广大党员干部开展廉政教育学习5次，开展正风肃纪检查13次，通报批评18人次，落实谈心提醒32人次。受理办结群众诉求8起，信访件2件。立案查处违纪案件4件，结案4件，党纪处分4人。开展农村作风巡察，查摆整改问题7个，警示谈话2人。“四个平台”服务上线后，定期开展监督工作，配合乡党委政府开展“大拆大整”“五水共治”等专项督查工作。

【平安建设】 2017年，桂山乡完成乡“四个平台”信息指挥中心、综治工作中心、“一三五”应急处置、“三三一”司法调解体系规范化建设，建立桂山乡巡逻队，调委会等组织建设，协同公安部门收缴气钉枪2把，拆除收缴电网1副。加强防控体系建设，交通主干道、村居监控探头接入综治指挥室。组织召开文成桂山乡、泰顺泗溪镇、平阳顺溪镇、苍南莒溪镇四地毗邻乡镇社会综合治理“联防联调”协作会议，建立四地社会治安综合治理“五联”机制。

【扶贫领域专项整治】 2017年，桂山乡完成“六清”工作，实施扶贫领域专项整治。审计单位全面开展并完成“清底”“清零”“清风”“清障”“清仓”以及“清帐”行动。将全乡收入在4600元以下农户纳入动态管理，完成7个村的重点扶贫对象摸底调查，做好登记造册。

（徐明德）

人物

历史人物

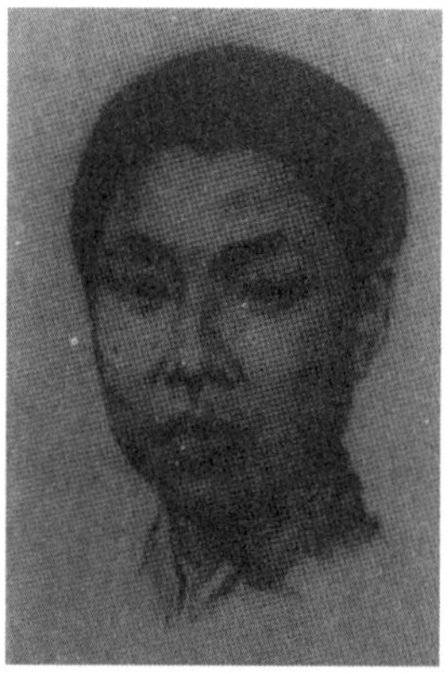

郑嘉义（1907—1937），又名加义、嘉彦、郑颐、怀青、槐卿、范丘、万秋。文成县富岙乡莲头村人。民国14年（1925）冬，在杭州蕙兰中学读书时，加入中国共产党。民国16年（1927）冬，接受省委特派委员周定指令，在温州配合组织实施《浙东暴动计划》。事败后被通缉，潜回家乡开办莲头小学，于贫民间宣传革命道理，伺机寻找党组织。民国19年（1930）春，得悉红十三军在永嘉建立，即日夜兼程赶去加入队伍。越2年，顽固派重兵围剿浙南，红十三军受挫，再避家乡。组织贫农佃户抗粮救荒，开展"二五"减租，直接损害富豪、生父郑寿亨利益，被大骂为"忤逆的败家子"，勒逼停止推行。嘉义当众宣布："革命要革，租一定要减，首先从我家减起！"于是"二五"减租运动很快在黄坦、西坑一带开展。其父恨之入骨，把嘉义逐出家门，并亲自到温州，在《浙欧日报》上登载"脱离父子关系"声明。此后，嘉义完全脱离封建家庭，矢志革命，在双溪、汇溪和泰顺县边界秘密活动，发展朱绍唐、叶德松等数十名骨干，筹建"中国工农红军浙南独立军"。未绪。民国24年（1935）10月底，红军挺进师抵双溪岩门，即赶去找上刘英政委、粟裕师长，出示党的文件和党员身份，汇报当地具体情况，成为浙南第一个主动找上红军挺进师的当地共产党员。并接受工作任务，配合红军作战。26年（1937）3月初，在汇溪排前执行任务时，遭反动保长叶青引来的顽固派军队围捕。押解珊溪监狱，受尽酷刑，坚不泄密。同月22日，被杀害于珊溪渡船头。1988年2月，经浙江省人民政府批准，追认为革命烈士。

池传根（1924—1942），文成县珊溪垟尾山人。出身贫苦。6岁时父瘫痪，14岁便挑起家庭生活重担。抗日战争初期，地下党组织在该地创办夜校，传根入校读书，懂得不少革命道理。后经重工大学区委书记朱大孝介绍入党，任交通员。自此，经常把党的密件缝进旧棉衣或夹在笠帽内，装作砍柴或割草少年，在雷公尖、双尖、赤砂一带穿梭，不管严寒酷暑，艰险重重，均能出色完成任务。一次，在珊溪南阳顽固派的1名便衣侦探，到垟尾山活动，传根施巧计将其诱至悬崖顶上推其坠崖。为此，顽固派数次派兵抓捕，未获。民国31年（1942）11月6日，因当地保长引路，遭大批武装便衣队包围后被捕，关进珊溪监狱。敌人欺其年少，始而引诱、哄骗，企图从其口中获得党的机密。阴谋落空后，对其施行灌辣椒水、坐老虎凳、燃香烫腋窝、烙背和膀胱等酷刑，最后竟在其屁股上用刀挖个大洞，倒进桐油，点上灯芯燃烧。传根严守党的秘密，坚贞不屈。同年冬被枪杀于山西鲤鱼山，年仅18岁。1958年7月，经文成县人民委员会批准，追认为革命烈士。

胡伯庄（1889—1932），原名照瑞。文成县李林乡李山村人。民国元年（1912）毕业于瑞安师范讲习所。回乡后创办李山国民学校，担任校长兼教师20年。办学初期，借用其三叔的红楼作校舍，课桌凳和教学用具，自己设法筹措。教师薪金由较富裕的学生家庭平均分担，部分贫苦学生免费入学，伯庄还送给课本或簿册。几年后，发展到6个班级，70多名学生，使地处偏僻山区的李山村，读书识字蔚然成风。民国28（1939）年，温州专员许蟠云曾来李山组织民兵，在民兵成立庆祝会上，100多名民兵都能在签到簿上写上自己的姓名，许大为惊奇。伯庄在教学实践中，深感通用的小学课本，不适应农村实用需要，用1年时间，编成《簿记适用》初稿，在学生中手抄试用。因该书取材于日常生活俗语，易记实用，读起来又琅琅上口，既可作学生的补充教材，又可作成年人的识字课本，深受学生及当地群众欢迎。经修改定稿后，于民国7年送青田县振新石印局出版，印数2000册，不久即销售一空。民国8年、10年、14年，振新石印局曾再版四次，总数达1万册，风行温州、瑞安、平阳、丽水、青田一带农村，称之为《李山书》。伯庄多才多艺，除教学编书外，还自学中医，为乡亲义务治病。为人慷慨大方，自奉却十分节俭，其家饭桌旁板壁上贴有自作的节俭诗一首，以教育子女。诗云："寄语少年发轫初，莫将家事看轻过米盐日日需钱买，儿女餐餐要饭多。人面难求土面易，棒头有拆箸头无。春来及早通盘算，莫使残冬唤不敷。"

国际工艺美术大师

包宗良 男，文成人。首批温州市优秀民间文艺人才，首届福建根雕艺术大师。早期为根雕爱好者，后拜国家一级美术师、著名根雕大师刘勇为师。根雕自成一派，创作了自己独特的抽象风格。作品追求天然美与修饰美融合一体，以独树一帜全新的作品面貌展现：自然、和谐、流畅。作品富于气势与飘逸之美。2011年，其作品《梦》获得浙江根雕精品博览会金奖；2013年《梦》再次获奖，荣获第十一届中国工艺美术博览会优秀作品评比金奖；2014年《祥梦飞扬》在第四届中国、浙江工艺美术精品博览会上获得"中信杯"金奖；同年九月《梦回敦煌》在"追寻中国梦"第二届福建省根雕艺术展上荣获金奖；2015年《中国之云》在第三届福建根雕艺术展上荣获金奖；2016年《血脉》在中国·长治"神农杯"崖柏根雕艺术展上获得银奖；同年，《彩云》在纪念中国现代根雕艺术发祥地56周年全国邀请展金奖等。2010年，其为纪念建国60周年而创作的作品被收进《名家名作》一书，各种权威报刊杂志都对他的事迹进行了报道。2017年8月份，包宗良根雕作品《丰碑无言》获得第十五届中国（大连）工艺美术博览会金奖与国际工艺美术大师称号，并被邀请赴京参加2017中国梦爱心行六周年颁奖庆典活动。

世锦赛武术散打冠军

蔡颖颖 女，1992年出生，文成县二源镇廷坑下人，现就读于上海体育学院。2003年被选入温州体育运动学校，师从国家高级教练陶开群，练习女子自由式摔跤。2007年输送至上海体育学院练习散打。2008年，第二届世界青少年武术锦标赛中，获得女子52公斤级冠军；之后连续多次保持全国冠军赛、锦标赛60公斤级冠军;2013年全国第十三届全运会女子60公斤级冠军;2016年亚洲武术散打锦标赛获得女子60公斤级冠军。2017年10月获第十四届世界武术锦标赛武术散打女子60公斤级冠军。

勇攀珠峰　登峰高手

潘正胜 男，出生于1981年，文成县巨屿镇人。从2013年登上海拔5396米的云南哈巴雪山开始，他用四年的时间先后于2014年登上海拔5895米的非洲乞力马扎罗雪山、海拔5180米的四川鹰鸽嘴峰；2015年登上海拔3775.63米的日本富士山、海拔7509米的新疆慕士塔格山；2016年登上海拔8163米的世界第八高峰马纳斯鲁峰。攀登世界最高峰珠穆朗玛峰是他的梦想，也是他挑战自己的新目标。

浙江“助人为乐”好人榜

胡志潺　男，1940年9月出生，文成县玉壶镇长丰村人，他是一个乐善好施，乐于助人的人。在异国创业的他，从不忘祖国情和家乡情。1968年国家灾难时期，胡志潺闻讯后主动捐款20万元给灾区；1970年长丰村建设公路，资金紧缺，他第一个带头捐资10万元；1972年以来，支持本村自来水及村办公楼、老人亭等公益捐资50多万元；1993年文成建设二中实验楼，他捐资23.6万元；2003年玉壶建设灵阴寺他捐资10.2万元；2004年以来支持贫困生助学，五保户求助等善事，捐资10多万元；2002年文成县侨联修志，他捐资3万元；2008年四川地震捐资2万元；2007年本村建新殿捐资3.5万元；2010年玉壶侨联建教育楼、博物馆、医院等捐资13万元；2013年玉壶镇建设风景区，他动员子女全家捐14.5万元；还有平时1000至2000元捐资难以计数。50年来，胡志潺先生全家省吃俭用，积极为国家争光，为社会贡献，关心教育，情系桑梓，共捐资300多万元。上浙江“助人为乐”好人榜。

浙江2016年度“最美浙江人”

叶　希　男，2014年分配到文成县公安局巨屿派出所担任社区民警，因为社区警务工作出色，于2016年破格提拔为副所长。从一名社区警务的“门外汉”成长为现代警务条件下的“社区达人”，叶希依靠的法宝是自己创造总结的“四零四员”工作法，即“警民沟通零距离，当好百姓身边的服务员；信息采集零疏漏，当好社情民意的调查员；安全防范零盲区，当好平安创建的指导员；矛盾纠纷零激化，当好群众信任的调解员。”2014年、2015年连续两年被评为文成县优秀社区民警，2015年度被评为全市优秀社区民警。2016年，叶希四起救人事迹被省市报纸相继报道，因为其感人的事迹，被市公安局评选为2016年“温州市第五届十佳爱民警察”。并在“‘最美浙江人’大型公益活动——万朵鲜花送雷锋’”活动中，荣获“活雷锋”称号。2016年度“最美浙江人。

温州市第五届“十佳爱民警察”

叶　希　文成县公安局巨屿派出所副所长

温州市第五届“十佳助警市民”提名奖

苏　洁　文成县特警大队

2015—2016年温州市劳动模范和模范集体

林清芳　文成县实验小学副校长
田　毅　文成县人民医院医务科科长
郑伟斌　文成中学校长
王　义　温州英桥生物科技有限公司经理
文成县城镇环境卫生管理所

温州市十六届市运动会“农行杯”太极拳(剑)比赛获奖名单

集体太极器械项目铜牌：王淑金、叶黎明、蒋海南、周　莉、叶慧明、陆春兰、周俏玮、周建国

女子42式竞赛太极剑个人项目银牌：王淑金

2015—2016年度文成县劳动模范

刘晶晶（女）浙江万喜精密铸造有限公司总经理，

邓林波　文成县烟草专卖局稽查中队

叶紫黎（女）文成县公安局交警大队大峃镇中队交警

刘守丽（女）文成县百丈漈-飞云湖旅游开发有限公司高级导游

纪承居　文成县第二实验中学校长

邢珍海　龙丽温高速公路文成段工程建设指挥部工程建设管理科技术员

陈海波　文成县人民医院外一科副主任医师

李明德　浙江金飞车辆配件制造有限公司管理员，

邱春珠(女)　文成县二源镇湖底村村委会主任

张蔚滨(女)　文成县大峃镇妇联主席

吴　箭　文成县新闻中心技术部主任

林　丰　文成县长途运输有限公司驾校教练

郑　华(女)　文成县委农办县农业经济发展科高级农艺师

赵红芳（女）　文成县实验中学教师

胡雄兵　温州十亩之间休闲农庄有限公司负责人

2015—2016年度文成县模范集体

百丈漈镇新亭村

文成县公安消防局

龙丽温高速公路文成段工程建设指挥部

浙江德卡控制阀仪表有限公司

文成县首批“最美文化礼堂人”

（以姓氏笔划为序）

王延括　双桂乡宝丰文化礼堂总干事

王莲华　珊溪镇新建文化礼堂总干事

包学冠　珊溪镇街头文化礼堂时政宣讲员、街头村老协名誉会长

周运懿　西坑畲族镇敖里文化礼堂建设负责人、退休教师

胡友台　玉壶镇龙背村村委会主任、龙背文化礼堂总干事

胡绍流　周壤镇新南文化礼堂总干事

钟维禄　黄坦镇培头文化礼堂总干事、培头民族小学双语教学教师

徐　放　玉壶镇吕一村党支部副书记、吕一文化礼堂总干事

徐世槐　西坑畲族镇让川文化礼堂、铜铃山镇丰龙文化礼堂文字撰稿人、退休教师

蒋素凤　南田镇十源文化礼堂总干事

文成县首批“文化礼堂公益达人”

（以姓氏笔划为序）

叶有根(公阳乡鹿堡村)

李立宪(周山畲族乡官坑村)

陈延雪(大峃镇凤垟村)

林太松(周壤镇大坑村)

周建华(玉壶镇龙背村)

翁　阳(平和乡东方村)

统 计 资 料

文成县2017年国民经济和社会发展统计公报

2017年，面对严峻复杂的宏观经济形势，全县上下认真贯彻落实市委、市政府决策部署，紧紧围绕“宜游宜居生态县”总战略，创新实干，攻坚破难，统筹推进经济、社会、民生各项工作。全县经济发展稳中有进，生态优化取得新进步，民生改善取得新成效，社会事业取得新发展。

一、综合

2017年，全县实现地区生产总值88.45亿元，同比增长8.4%。其中，第一产业增加值8.80亿元，同比增长3.6%；第二产业增加值23.50亿元，同比增长5.5%；第三产业增加值56.15亿元，同比增长10.6%。按户籍人口计算，全县人均GDP为21893元（按年平均汇率6.7518折算为3243美元），较上年增长7.1%。

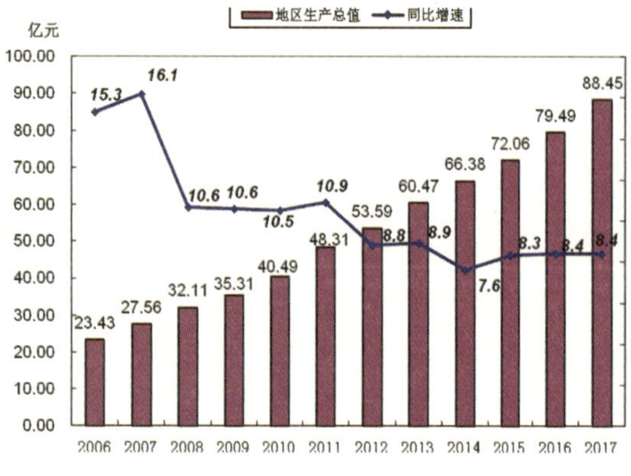

2006—2017年文成县生产总值及其增长速度

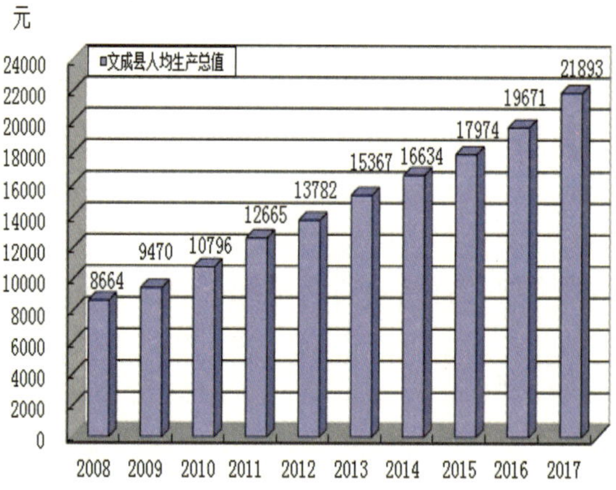

2008年—2017年文成县人均生产总值(按户籍人口计算)

一、二、三次产业对经济增长的贡献率分别为4.4%、18.2%和77.4%。三次产业的构成由上年的10.9∶26.7∶62.4调整为9.9∶26.6∶63.5，第三产业比重比上年提升1.1个百分点。

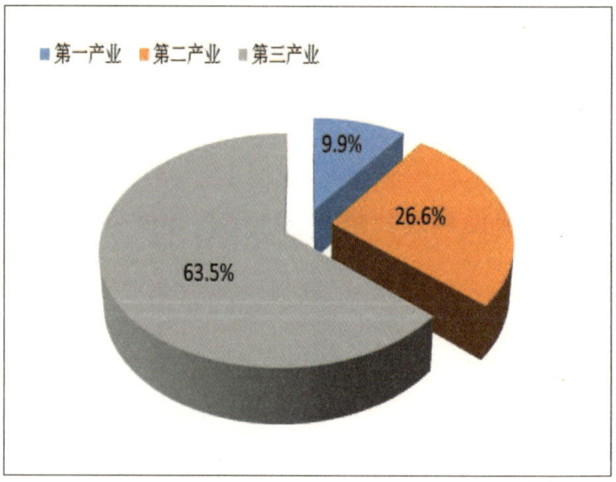

2017年文成县生产总值构成

二、农业和农村建设

农林牧渔业产值实现稳步增长。全县农林牧渔业总产值12.76亿元,按可比价格计算,比上年增长3.6%。其中,农、林、牧、渔业产值分别为10.31亿元、0.92亿元、1.23亿元和0.16亿元,分别同比增长3.6%、4.5%、2.1%和8.6%,农林牧渔服务业0.15亿元,同比增长7.9%。农、林、牧、渔、服务业行业结构为80.8:7.2:9.6:1.3:1.1。

农作物种植面积稳中略增。全县农作物种植面积1.83万公顷,比上年增加493公顷。粮食种植面积8358公顷,比上年增加126公顷,其中豆类种植面积增加153公顷,谷物种植面积减少30公顷。蔬菜种植面积6186公顷,较上年增加150公顷。中药材种植面积802公顷,较上年增加45公顷。

粮食作物持续丰收,经济作物大多增收。全县粮食作物产值1.64亿元,增长1.7%。蔬菜、水果、药材、茶叶等经济作物实现增产,产值分别为3.26亿元、2.52亿元、1.29亿元、0.61亿元,分别增长5.9%、4.5%、5.8%、2.9%;受天气和市场等因素影响,食用菌产值下降明显,全年产值0.36亿元,同比下降15.8%。

全县肉类总产量3763吨,比上年增产24吨。其中,猪肉产量613吨、增长5.0%,禽肉产量1406吨、下降3.7%,禽蛋产量625吨、下降0.8%。年末生猪存栏0.29万头,年内生猪出栏0.71万头;牛存、出栏分别为2454头和1318头;羊存、出栏分别为1.4万只和2.22万只;家禽存、出栏分别为33.03万只和98.96万只;兔存、出栏分别为30.75万只和73.27万只。发展生态养蜂产业,蜂箱共1.1万箱。

农业质量效益不断提升。引进农业招商引资项目2个,计划总投资3.27亿元,到位资金5659万元。扶持壮大茶叶、杨梅、高山蔬菜等优势主导产业,新建农业产业基地8个;精心谋划文成高山台地风情田园综合体发展,全力推进二源高山蔬果特色农业强镇创建,先后建成二源镇富农高效蔬菜气雾栽培设施、邱老汉智能蔬菜育苗(水培设置提升)设施。大力推进省级农产品质量安全放心县创建,完成农产品定量检测538批次、定性检测7215批次,合格率分别达99.7%、98.71%。全县食用农产品标牌标识追溯率100%,农业生产标准化覆盖率66.8%。

推进"美丽乡村"扩面提质,新建成省美丽乡村示范乡镇1个、省美丽乡村特色精品村2个,建成市"五美"乡村6个。开展历史文化村落保护利用重点村1个、一般村3个。在册农家乐经营户(村、点)70个。抓好长效运行维护,实施并完成珊溪镇西山村等4个村的农村生活污水治理提标改造,2014-2016年农村生活污水治理竣工验收和设施运维移交村223个,建成农村生活垃圾分类减量化资源化处理村114个。加强农村土地流转,累计流转面积7133.33公顷。"两山(一类)"建设财政专项激励资金、精准扶贫取得实效,实现低收入农户人均可支配收入13324元,进一步巩固"消除家庭人均收入4600元以下的贫困对象"。

全县水库59座,其中大型水库1座,中型水库3座,小型水库55座。全年水利基建投资3.86亿元,完成率118%;"五水共治"建设美丽山水田园智城重点项目累计投资7.5亿元,完成率116%。完成14个省级农村饮水安全巩固提升工程,2个农村供水标准化管理创建工作;完成飞云江治理8公里,水土流失治理面积1424公顷,拆除涉河违章2600平方米,查处非法捕捞案件1起。

三、工业和建筑业

全年实现工业增加值11.68亿元,比上年增长3.3%。全年规上工业增加值5.43亿元,比上年下降7.3%。其中,轻工业增加值0.95亿元、增长17.5%,重工业增加值4.48亿元、下降10.7%;高新技术产业、装备制造业、战略性新兴产业增加值分别比上年增长25.4%、17.9%、33.1%,占规模以上工业的12.2%、12.5%、8.5%。

规模以上工业销售产值20.78亿元，下降9.5%，其中出口交货值0.44亿元，下降1.3%。新产品产值率为11.6%，比上年降低0.5个百分点。全年规模以上工业企业实现利润总额2.44亿元，下降35.7%。全年规上工业全员劳动生产率30.85万元/人，比上年增长5.1%。

年末，全县共有资质建筑业企业21家，比上年增加4家。实现建筑业产值29.65亿元，同比增长20.4%。其中，在外省完成产值9.66亿元，同比增长62.2%。全年房屋施工面积88.65万平方米，竣工面积24.86万平方米。

四、固定资产投资

全年固定资产投资76.21亿元，比上年增长9.3%。其中国有投资39.30亿元，增长27.1%；民间投资36.91亿元，下降4.9%，占固定资产投资的48.4%。

在固定资产投资中，第一产业投资5.34亿元，下降24.3%；第二产业投资2.68亿元，下降38.3%，其中工业技改投资2.38亿元，下降35.5%，占工业投资的90.2%；第三产业投资68.18亿元，增长16.9%。

在重点领域投资中，重大基础设施投资8.18亿元，增长56.0%；重大产业项目投资13.81亿元，增长70.5%；高新技术产业投资0.32亿元，增长208.3%；生态环保投资0.13亿元，增长550%。

全年房地产开发投资15.97亿元，比上年下降15.2%；商品房销售面积18.15万平方米，增长30.1%。

五、国内贸易和旅游

全年实现社会消费品零售总额43.99亿元，同比增长14.1%。按行业分，零售业零售额38.51亿元，增长12.4%，占社会消费品零售总额的87.5%；批发、住宿和餐饮业零售额分别为0.76亿元、0.43亿元和4.29亿元，分别增长81.2%、17.5%和22.2%。限额以上消费品零售额5.33亿元，增长52.8%。限额以上批零住餐销售额7.44亿元，增长36.4%。

2006-2017年文成县社会消费品零售总额及其增长速度

旅游业进一步发展。全年来文成旅游总人数600.46万人次，增长4.2%；实现旅游总收入31.84亿元，增长11.2%。各主要景区（点）累计接待游客141.75万人次，增长40.5%；实现门票收入5094.30万元，增长18.4%。全年接待过夜游客45.05万人次，增长21.6%。年末，全县旅行社10家，星级饭店4家；国家AAAA级和AAA级旅游景区分别为3家和7家，其中新增九溪欢乐谷和天顶湖休闲农庄为国家AAA级旅游景区；刘伯温故里旅游景区申报国家级AAAAA景区通过国家级资源评估。创建成1个省级中医药文化养生旅游示范基地，3个市级特色旅游村（新联村、新亭村、塘山村），5个市级旅游特色客栈。

六、对外经济和资金利用

全年进出口总额17885万元，比上年下降45.4%。其中，出口总额17598万元，比上年下降45.2%。外贸公司实现出口供货值6986万元，比上年下降70.2%。实际使用外资127万美元。

全年新签约项目10个、协议资金171.1亿元。招商引资到位资金16.81亿元，完成率76.4%。当年新项目省外到位资金4.35亿元，占省外总到位资金的25.9%；结转项目省外到位资金12.46亿元，占省外总到位资金的74.1%。当年引进总部经济企业9家。

七、交通、邮电和电力

年末,公路总里程1856公里,其中国道57公里,省道4公里,县道500公里。按技术等级分,二级公路100公里,三级公路73公里,四级公路665公里,准四公路855公里,等外公路163公里。

年末实有城市公交车30辆,拥有农村客运班车102辆,城乡客运班车通村率为100%。年末,全县保有机动车4.76万辆、增长3.9%,其中汽车保有4.04万辆、增长12.4%。公路旅客运输量970万人次、增长10.3%;旅客周转量48943万人公里、增长10.2%。公路货物运输量249万吨、增长38.3%,货物周转量32645万吨公里、增长38.7%。

邮政行业业务总量1860万元,增长29%。邮政函件总量6.92万件,包裹总量13.16万件,订销杂志12.73万份、报纸376.99万份。通信业务收入1.49亿元,年末固定电话用户数1.83万户,移动电话用户数19.79万户,互联网用户数21.03万户,其中宽带用户数5.34万户,移动互联网用户数15.69万户。

全社会用电量38145万千瓦时,同比下降9.8%。其中,工业用电11150万千瓦时,同比下降38.3%;建筑业用电2302万千瓦时,同比增长91.2%;信息传输、计算机服务和软件业用电1831万千瓦时,同比增长9.1%;商业、住宿和餐饮业用电2232万千瓦时,同比增长10.8%;公共事业及管理组织用电3575万千瓦时,同比增长5.4%;城乡居民生活用电15110万千瓦时,同比增长5.2%。

八、财政、金融和保险

财政收入持续增长。全年实现财政总收入11.03亿元、增长10.2%。其中,一般公共预算收入8.25亿元、增长8.1%。实现税收收入4.05亿元、增长18.5%。其中,国内增值税、改征增值税、企业所得税和个人所得税分别为0.49亿元、0.96亿元、0.52亿元、0.35亿元,分别增长30.1%、127.8%、12.2%、37.5%。财政支出不断增加。全县公共财政预算支出45.46亿元、增长10.2%。其中,一般公共服务支出4.43亿元、增长5.0%。

文成县2017年公共财政预算支出情况

表33

指标	总量(万元)	同比增速(%)
公共财政预算支出	454576	10.2
其中:一般公共服务支出	44339	5.0
教育支出	76605	0.2
科学技术支出	3081	10.5
文化体育与传媒支出	7394	-20.2
社会保障和就业支出	50070	40.2
医疗卫生与计划生育支出	45111	-14.2
节能环保支出	10708	-1.9
城乡社区支出	38792	70.9
农林水支出	80627	4.5
交通运输支出	28945	37.2

金融运行平稳。全县共有银行业金融机构10家,机构网点71家。年末,金融机构人民币存款余额274.29亿元、增长16.7%,其中城乡居民人民币储蓄存款187.05亿元、增长19.0%;金融机构人民币贷款余额114.46亿元、增长12.1%,其中个人贷款104.32亿元、增长12.4%,占年末人民币贷款总额的91.1%;非金融企业及机关团体贷款10.05亿元、增长9.1%。外汇存款3.49亿美元、下降5.21%;外汇汇入7.37亿美元、下降9.7%。年底不良贷款1.14亿元,不良贷款率1.0%,比年初降低0.59个百分点。

保险业发展良好。保险机构9家,全年保费收入2.74亿元,其中,财产险保费收入0.82亿元,同比下降21.9%;人身险保费收入1.92亿元,同比增长30.6%。全年赔付支出0.62亿元，同比下降39.8%，其中，财产险赔款支出0.34亿元，人身险赔款支出0.28亿元。

九、教育和科学技术

全县学校70所，在校学生33461人。其中，民办学校17所，在校生5701人。3-5周岁幼儿入园率98.2%，比上年提高0.2个百分点；小学与初中学龄儿童入学率均为100%；外来务工人员子女入学率100%。初中毕业生升学率98.1%，比上年提高0.25%。教学质量明显提高。2017年高考第一批录取130人（其中体艺类51人），创历史新高；高考录取率98.83%，比上年提高2.13%。

2017年文成县各类学校基本情况

表34

指标	学校数（所）	专任教师数（人）	在校学生数（人）
职业高中	1	73	1046
普通高中	2	216	2784
普通初中	14	879	6849
小学	24	895	15746
特殊教育	1	14	60
幼儿园	28	360	6976

全县人均教育经费投入2321.26元，比上年增长12.2%。中小学生均占地面积27.74平方米，生均建筑面积15.79平方米，生均投入教育技术装备经费738.93元，生均图书40.53册，每百名学生拥有计算机34台。中小学实验室配齐率、教学仪器设备和音体美器材配备达标学校、公办学校五类基本功能室达标率、无线校园覆盖率、校园网建有率均为100%。创建数字化校园13所、标准化计算机教室64个（其中改造5个）、智慧教室22个、远程录播教室9个、创客实验室23个。教育技术装备指标达到省平均水平，所有的中小学达到教育信息化建设省级标准。

教育创建活动取得成效。创成全国数字化学习先行区、省教育装备管理示范县；省示范社区学校1所、省标准化成技校17所，创建市示范和标准化书香校园分别为7所、12所，市一级和二级社区学校分别为7所、8所；创建一级、二级和三级幼儿园分别为1所、2所、3所，复合二级、三级幼儿园分别为3所、10所；创建温州市义务教育办学水平一级、二级分别5所、16所。

全年新增省级科技型中小企业12家。荣获浙江省科技进步三等奖项目1个，实现了文成县企业获浙江省科技进步奖零突破。2项发明专利获得市级重大发明专利产业化项目立项。省重点研发计划项目“高铁轨道扣件系统高性能锻压垫板产业化提升”顺利通过省科技厅中期检查，获得省财政补助150万元。“青钱柳繁育及其深加工关键技术研究与产业化”项目获年度省重点研发计划26县绿色技术应用专项立项，获得省财政补助150万元。“文成县农e众创空间”获得省创新平台建设200万元专项经费支持。

全年实施农业和社会发展项目61项，下达资金220万元，引导社会资金880万元，产生经济效益3970万元。落实县本级专利专项补助资金102.8万元，授权专利结构进一步优化。专利申请量722件，授权量443件、增长8.8%，其中发明专利申请量227件，授权量31件、增长19.2%。

十、文化、卫生和体育

年末，拥有文化馆1个（乡镇综合文化站14个），博物馆1个，公共图书馆1个（另乡镇图书分馆7个），城市书房1个，百姓书屋1个，剧院1个，电影放映影院3家，文化驿站3家，艺术表演团体25家。县图书馆书刊文献外借册次42.1册次（县城34.02册次、乡镇8.07册），有效借书证21501本，总流通人次48.9万人次。

积极举办"百场活动惠万民"系列文化活动。文成县第四届市民文化节、第六届伯温读书节等大型群众文化活动58场,送戏下乡340场,送展览讲座95场,文化走亲11场。积极创作文艺精品参加省市系列赛事,完成文艺作品创作497个,其中舞蹈类3件,音乐类3件,器乐类1件,小品类2件,戏曲类1件,书画类487件。农村数字电影放映2676场次,观众38.68万人次。分别拥有国家级、省级、县级文物保护单位1处、8处和76处,分别拥有国家级、省级、市级、县级非物质文化遗产2个、3个、65个和148个。

全县医疗机构诊疗病人178.80万人次,入院人数1.45万人,基层就诊比例61.24%;公立医院门诊均次费用181.81元,公立医院住院均次费用9120.30元,乡镇卫生院病床使用率43.45%;2017年无孕产妇死亡,新生儿死亡率1.91‰,婴儿死亡率2.46‰,5岁以下儿童死亡率为3.27‰。

文成县2017年卫生情况

表35

指 标 名 称	计量单位	数量
医疗卫生机构数	个	142
其中:医院、卫生院数	个	21
医疗卫生机构床位数	张	1209
其中:医院、卫生院床位数	张	1209
医疗卫生机构技术人员	人	1970
其中:医生数(执业医师+执业助理医师)	人	766
医院、卫生院卫生技术人员数	人	1897
注册护士	人	688

全县社区多功能运动场2个,笼式足球场1个,省中心村体育休闲公园1个。新建篮球场3个,健身步道4.5公里。完成省小康体育村提升工程10个。建成高山户外滑雪、滑草、峡谷漂流、山地自行车、户外拓展、真人CS等一批运动休闲项目,创建省级运动休闲旅游优秀项目1个,成功举办浙江马拉松精英赛暨全国媒体人马拉松挑战赛、浙江自行车公开赛。举办群体赛事活动20余次,参加市第十六届运动会(大众体育部)等市级群体赛事活动30余次。参加第十六届市运会(青少年部)项目12个,获金牌数17枚,银牌数16枚,铜牌数18枚,总奖牌数51枚。其中,市运会(青少年部)柔道比赛中获5金、8银、7铜,获团体总分第一名;女子甲组、乙组排球比赛中夺得双料冠军。向市体校输送优秀运动员9名,开展"体育惠民"公益培训班3期,承办温州市"体育送下乡"活动4次,完成国民体质检测1392人次,组织培训社会体育骨干120人次。

十一、人口计生、人民生活和社会保障

全县12镇5乡,年末总户数13.76万户,总人口40.60万人,男女比例为112.36∶100(以女性为100)。全县出生人口7761人,出生率19.21‰;死亡人口3159人,死亡率7.82‰;自然增长率为11.39‰。计划生育率97.13%。全年国家免费孕前优生健康检查1728人,目标人群覆盖率84.71%。

2017年文成县人口数及其构成

表36

指 标	年末数(人)	比重(%)
全县总人口	406018	100.0
其中:城镇人口	100874	24.8
乡村人口	305144	75.2
其中:男性	214825	52.9
女性	191193	47.1
其中:0-17岁	84153	20.7
18-34岁	88813	21.9
35-59岁	159637	39.3
60岁及以上	73415	18.1

据城乡居民住户调查，城镇常住居民人均可支配收入35730元、增长9.1%，人均生活消费支出28607元、增长8.7%，其中食品支出9535元，城镇Y恩格尔系数为33.3%；农村常住居民人均可支配收入15859元、增长10%，人均生活消费支出14287元、增长7.8%，其中食品支出5370元，农村恩格尔系数为37.6%。全县城镇单位（不含私营）从业人员平均劳动报酬7.52万元，其中在岗职工平均工资9.82万元。

全县城乡居民基本养老保险参保11.68万人，企业职工基本养老保险参保3.65万人；城乡居民基本医疗保障32.47万人，城镇职工基本医疗保险参保2.48万人；参加工伤保险2.24万人；参加生育保险0.80万人；参加失业保险1.15万人。企业退休人员基本养老金月人均水平2717元；城乡居民基础养老金月人均最低标准提高到135元；失业保险月人均标准1224元。全年下岗失业人员实现再就业743人，其中就业困难人员再就业288人。年末城镇登记失业人员2114人，城镇登记失业率2.1%。

年末在册最低生活保障对象10726户13829人，低保人数占比3.5%。全年下达低保资金6673万元。低保边缘户10302人，低边占比74.5%。农村低保标准提高到664元/月，同比增长6.24%。农村五保集中供养率98%，全年支出162.7万元。全县社会福利收养性单位10个，其床位2202张，当年新增400张；居家养老服务照料中心281家，当年新建52家；农村老年食堂136个，当年新增36个。社会组织145家，其中社会团体115家、民办非企业单位99家，基金会1家。当年新登记社会团体21家、民办非企业单位10家。全年办理结婚登记2421对、离婚登记741对，办理收养登记34件。

十二、资源、环境和安全生产

年末，拥有森林面积9.68万公顷，森林覆盖率71.5%，森林蓄积量635万立方米，当年人工造林97公顷。

生态环境良好。根据监测数据显示，县域地表水11个断面水质情况均达标；珊溪水库库中及坝前两个断面的水质监测均为II类水质，满足功能区要求；文瑞交接断面水质为Ⅰ类水质，水质情况有所改善。空气质量为优的189天，空气质量为良的158天，空气质量优良率为97.5%。城市环境空气PM2.5年均浓度为29微克/立方米。区域环境噪声等效声级（昼间）53.6dB（A），道路交通噪声加权平均声级值63.0dB（A）。

全县单位GDP能耗比上年下降8.8%，其中规模以上工业单位增加值能耗下降43.2%。

全县发生各类事故7起（不包含火灾事故），死亡7人，比上年度减少2人。其中，道路交通事故5起，死亡5人；工矿企业事故2起，死亡2人。

注释：

1. 本公报所列部分数据为年度初步统计数据。部分数据因四舍五入原因，存在与分项合计不等的情况。

2. 全县生产总值和各产业增加值绝对数按现行价格计算，增长速度按可比价格计算。

3. 规模以上工业是指主营业务收入2000万元以上的工业企业。限额以上批发、零售、住宿和餐饮贸易业是指批发企业年营业收入2000万元以上，零售企业年营业收入500万元以上，住宿和餐饮企业年营业收入200万元以上。固定资产投资是指计划总投资500万元及以上的固定资产投资项目和房地产开发项目的投资。

4. 居民家庭恩格尔系数：指居民家庭食品消费支出占生活消费总支出的比重。

全市各县(市、区)和功能区主要经济指标情况表

表37-1　　单位:亿元

地区	地区生产总值		第一产业增加值		第二产业增加值		#建筑业增加值		规上工业增加值		第三产业增加值	
	实绩	同比(%)	实绩	同比(%)	实绩	同比(%)	实绩	同比(%)	实绩	同比(%)	实绩	同比(%)
全市	5453.17	8.4	144.08	3.5	2149.22	7.1	405.92	5.0	1087.07	7.9	3159.87	9.7
鹿城区	936.99	5.6	1.80	1.3	225.39	−1.0	70.44	−10.6	54.97	−0.7	709.81	8.0
龙湾区	416.35	8.7	2.30	1.2	208.75	5.1	35.95	2.3	70.62	6.7	205.30	13.2
瓯海区	531.91	8.9	6.40	1.4	264.49	7.4	15.82	1.5	123.72	8.6	261.02	10.8
洞头区	76.46	8.6	5.00	2.0	24.94	6.4	10.67	3.6	7.87	13.7	46.53	10.6
瑞安市	863.00	8.7	22.60	3.2	354.18	7.4	49.09	8.3	201.55	6.6	486.22	10.0
乐清市	947.45	9.1	21.50	3.3	416.88	7.1	36.55	−9.4	279.78	9.1	509.06	11.5
永嘉县	383.52	9.3	14.60	4.6	175.60	8.2	42.39	4.9	80.74	10.4	193.32	10.7
平阳县	410.46	9.2	16.80	4.5	152.30	7.6	34.38	2.0	67.79	10.4	241.37	10.7
苍南县	512.67	9.2	34.40	4.3	190.30	8.2	48.52	4.6	79.58	11.0	287.97	10.5
文成县	88.45	8.4	8.80	3.6	23.50	5.5	11.81	8.4	5.43	−7.3	56.15	10.6
泰顺县	91.71	8.4	8.00	3.8	26.25	5.3	17.18	6.4	3.74	−6.6	57.46	10.6
瓯江口产业集聚区	–	–	–	–	–	–	–	–	2.82	10.8	–	–
浙南产业集聚区	209.54	9.1	0.60	−3.2	141.22	7.6	15.82	1.5	80.36	8.9	67.72	12.8
浙南科技城	–	–	–	–	–	–	–	–	17.79	3.1	–	–

注:龙湾区不含经开区,洞头区不含瓯江口;瓯江口产业集聚区采用核心区数据,浙南产业集聚区采用经开区数据,下同。

表 37-2

单位：亿元

地区	限上批零业商品销售额		限上住餐业营业额		规上营利性服务业营业收入（1-11月份）		限上消费品零售额		外贸出口总额		实际利用外资（万美元）		温商回归引进到位资金	
	实绩	同比（%）	实绩	同比（%）	实绩	同比（%）	实绩	同比（%）	实绩	同比（%）	实绩	完成率（%）	实绩	完成率（%）
全市	3724.43	26.6	83.56	12.2	108.74	59.3	983.92	10.6	1157.94	9.2	35822	119.4	696.00	107.1
鹿城区	1054.36	7.0	24.99	1.9	32.54	22.8	185.41	6.4	213.67	6.7	1818	51.9	62.45	100.7
龙湾区	1158.32	33.8	6.22	15.3	18.25	70.5	192.29	3.7	135.19	11.3	3400	121.4	69.46	112.0
瓯海区	262.11	34.4	7.00	43.3	12.32	81.6	111.88	17.1	128.39	8.8	3538	101.1	68.89	111.1
洞头区	55.35	53.3	1.00	50.9	1.50	45.2	6.50	23.1	2.19	-27.7	228	76.0	22.03	100.1
瑞安市	359.17	18.4	13.73	17.3	12.90	58.4	137.87	12.0	213.42	7.5	3888	129.6	82.05	109.4
乐清市	266.47	49.8	12.69	15.3	6.10	100.5	128.45	13.1	134.51	8.4	4043	134.8	87.41	112.1
永嘉县	116.48	44.6	5.98	10.7	6.66	98.0	59.37	16.3	45.75	10.8	2005	100.3	63.28	111.0
平阳县	65.44	28.1	3.06	-10.2	9.16	103.9	29.15	15.4	57.46	17.7	2007	100.4	63.14	110.8
苍南县	132.19	41.8	5.01	18.0	2.96	87.6	80.88	12.6	37.50	8.2	2495	124.8	62.29	109.3
文成县	5.95	36.4	1.48	36.7	0.48	109.9	8.28	31.2	1.70	-44.2	127	63.5	16.54	75.2
泰顺县	6.32	24.9	1.90	14.9	0.76	99.6	10.37	20.6	2.77	4.6	18	9.0	22.07	100.3
瓯江口产业集聚区	0.09	19.1	0	–	0	–	0.09	19.1	0.90	3.0	4500	450.0	34.35	110.8
浙南产业集聚区	242.18	66.8	0.50	5.7	5.11	153.1	33.37	12.2	76.23	12.6	6551	119.1	39.23	100.6
浙南科技城	267.83	9.2	0.12	-72.2	10.96	10.8	18.69	20.0	11.84	-7.3	1204	120.4	15.00	125.0

注：外贸出口数据为海关口径，不包含浙江一达通等平台分解数据。

表37-3 单位：亿元

地区	财政总收入		#一般公共预算收入		一般公共预算支出		#财政预算八项支出		银行不良贷款		商品房销售面积（万平方米）		城镇居民人均可支配收入(元)		农村居民人均可支配收入(元)	
	实绩	同比(%)	实绩	同比(%)	实绩	同比(%)	实绩	同比(%)	余额	不良率(%)	实绩	同比(%)	实绩	同比(%)	实绩	同比(%)
全市	778.26	7.5	465.35	7.2	761.61	14.2	580.81	17.6	166.53	1.92	1070.35	38.3	51866	8.5	25154	9.4
鹿城区	48.05	9.0	29.38	7.0	44.41	16.1	38.28	15.3	54.95	2.05	78.89	-8.1	57834	8.0	30255	9.0
龙湾区	42.59	9.2	25.83	7.0	32.59	29.9	24.37	16.0	14.70	2.32	91.54	32.6	52210	8.3	31361	8.7
瓯海区	59.15	7.6	33.57	6.8	44.62	23.9	37.17	25.0	19.28	2.28	116.00	5.6	53560	8.2	30640	9.2
洞头区	12.22	14.1	7.10	26.5	22.30	9.6	15.98	15.9	0.70	1.03	12.49	134.4	41891	8.9	24840	9.8
瑞安市	105.04	7.2	63.47	7.3	98.23	5.9	77.98	22.7	15.17	1.44	140.85	34.9	55127	8.3	27903	9.1
乐清市	140.00	9.2	79.40	6.3	95.21	10.4	76.14	13.2	21.83	1.91	187.81	43.0	54504	8.4	29423	9.2
永嘉县	50.46	2.8	31.60	6.3	73.99	21.6	55.44	19.4	7.72	1.40	110.70	61.4	41760	9.2	20271	10.2
平阳县	47.29	7.7	29.80	8.1	60.28	10.2	47.36	20.1	7.84	1.61	155.15	75.9	43305	9.3	20725	9.9
苍南县	55.87	8.2	33.72	7.6	80.62	15.0	61.52	21.9	14.75	1.97	124.50	69.0	43457	9.4	20286	9.8
文成县	11.03	10.2	8.25	8.1	45.46	10.2	28.94	10.6	1.16	1.00	18.15	30.1	35730	9.1	15859	10.0
泰顺县	11.43	7.2	7.91	9.1	45.15	16.2	30.06	20.0	1.53	1.40	12.16	-16.8	34175	9.1	15532	9.9
瓯江口产业集聚区	1.47	12.3	0.92	28.0	3.74	62.4	1.43	42.8	-	-	-	-	-	-	-	-
浙南产业集聚区	23.68	15.7	13.25	13.0	14.06	13.6	12.15	15.1	6.89	3.07	14.26	58.6	-	-	-	-
浙南科技城	-	-	-	-	-	-	-	-	-	-	-	-	-	-	-	-

表37-4

单位：亿元

地区	固定资产投资		#工业投资		#工业技改投资		#民间投资		#重大基础设施投资		#重大产业项目投资		#高新技术产业投资		#生态环保投资	
	实绩	同比(%)	实绩	同比(%)	实绩	同比(%)	实绩	同比(%)	实绩	同比(%)	实绩	同比(%)	实绩	同比(%)	实绩	同比(%)
全市	4178.49	11.9	963.82	7.0	725.65	2.6	2545.94	11.7	550.44	15.2	1269.09	25.0	332.66	33.9	33.43	15.9
鹿城区	349.38	-2.1	21.38	-43.9	14.58	-49.5	234.26	25.8	28.32	-10.2	105.29	-9.7	14.42	-0.7	0.56	-84.0
龙湾区	386.65	15.7	77.65	3.0	57.32	-2.2	169.72	11.5	81.27	21.6	231.86	35.5	42.84	16.0	1.62	22.0
瓯海区	436.01	13.4	45.90	-7.1	33.82	-9.9	246.97	11.4	55.94	22.7	172.49	19.6	15.91	30.5	4.09	27.1
洞头区	58.90	13.3	4.11	-62.2	2.22	-71.4	18.52	16.1	21.02	14.8	35.39	8.8	1.01	19.8	1.47	476.7
瑞安市	615.50	13.8	214.92	13.1	171.17	2.8	497.73	7.2	55.07	33.7	141.37	52.9	48.55	47.0	6.74	26.2
乐清市	684.91	13.9	264.69	13.2	220.46	10.4	444.99	4.1	78.82	25.4	152.65	50.8	110.26	22.6	9.31	19.2
永嘉县	342.90	13.5	63.71	8.0	48.81	6.5	234.54	17.2	26.79	38.1	57.79	17.9	9.71	-34.1	2.92	14.5
平阳县	419.49	13.7	75.93	8.5	59.64	12.9	206.61	16.5	49.23	19.7	92.23	32.5	18.83	242.5	4.05	33.8
苍南县	491.86	12.4	99.21	2.3	67.43	10.8	313.87	9.5	55.04	14.7	98.15	29.1	20.23	58.8	1.88	31.2
文成县	76.21	9.3	2.64	-39.2	2.38	-35.5	36.91	-4.9	8.18	56.0	13.81	70.5	0.32	208.3	0.13	550.0
泰顺县	80.90	9.9	6.95	175.9	1.55	413.2	41.65	4.8	2.68	65.6	8.02	65.7	0.44	44.4	0.23	30.9
瓯江口产业集聚区	89.28	2.4	28.72	180.0	2.30	74.2	27.51	223.5	45.71	-25.2	80.11	-2.8	24.21	225.7	0.23	18.8
浙南产业集聚区	146.52	16.1	58.01	-2.8	43.96	0.6	72.65	21.3	42.35	21.1	79.93	19.4	25.93	28.3	0.21	-
浙南科技城	94.30	-	15.11	-	6.94	-	18.58	-	15.25	-	78.73	-	14.07	-	0	-

表37-5 单位：亿元

地区	规上工业科技活动经费支出		高新技术产业增加值		装备制造业增加值		战略性新兴产业增加值		新产品产值		全社会用电量（亿千瓦时）		#工业用电量（亿千瓦时）	
	实绩	同比(%)	实绩	同比(%)	实绩	同比(%)	实绩	同比(%)	实绩	同比(%)	实绩	同比(%)	实绩	同比(%)
全市	96.10	30.3	450.41	10.1	494.01	10.7	137.96	9.6	1474.28	30.1	399.12	5.5	239.97	5.8
鹿城区	5.84	27.1	17.59	2.8	13.62	6.9	3.04	4.8	71.44	30.5	41.64	1.0	14.46	3.7
龙湾区	7.11	27.8	23.30	8.9	22.38	6.7	8.71	7.5	122.65	44.4	54.29	3.2	40.61	3.9
瓯海区	9.98	29.1	27.59	6.5	36.86	9.1	7.77	5.4	160.35	19.6	40.32	2.3	23.47	-2.6
洞头区	0.71	11.7	3.08	7.1	1.55	-9.6	2.39	14.4	10.38	49.7	3.10	11.4	1.08	15.7
瑞安市	18.95	30.8	86.43	8.9	91.54	12.0	31.15	1.0	299.64	25.7	70.77	5.8	47.24	5.8
乐清市	28.54	34.2	159.55	11.2	210.36	9.1	56.40	12.9	435.30	34.0	58.11	3.5	32.36	1.3
永嘉县	7.64	36.3	35.10	10.9	29.25	10.3	2.72	9.6	109.17	18.0	27.98	8.9	16.50	10.0
平阳县	5.11	25.2	30.17	14.8	22.17	17.7	7.77	26.5	90.50	28.7	32.96	10.7	20.54	13.8
苍南县	4.65	20.2	18.95	11.0	8.68	18.3	5.27	23.7	66.37	70.6	57.09	10.9	36.37	14.2
文成县	0.44	49.9	0.66	25.4	0.68	17.9	0.46	33.1	2.43	-12.3	3.81	-9.8	1.11	-38.3
泰顺县	0.43	-4.1	0.47	22.6	0.47	31.4	-	-	3.15	32.3	4.12	6.6	1.34	8.4
瓯江口产业集聚区	0.17	108.5	0	-	0.47	30.2	-	-	2.57	10.5	-	-	-	-
浙南产业集聚区	6.53	28.6	47.32	11.6	55.98	18.2	12.29	10.8	100.33	25.8	-	-	-	-
浙南科技城	1.80	21.7	5.33	1.7	3.76	7.9	1.21	1.0	24.98	38.7	-	-	-	-

注：因用电量指标无法分解，龙湾区用电量包含经开区数据。

索 引

说 明

一、本索引采用主题分析法编制。
二、索引按主题词首字拼音字母顺序和音序排列,按标引词首字的汉语拼音音序排列,首字相同按第二字音序排列,以此类推。
三、标引词后的阿拉伯数字表示内容所在的页码。
四、正文索引仅限于具体条目、类目、分目及条目中的"综述""概况""概述"不作索引。
五、《特载》《大事记》《人物》》《统计资料》的内容不做索引。

阿拉伯数字

A

B

C

D

E

F

G

H

J

K

L

M

N

P

Q

R

S

T

W

X

Y

Z